IDIR DHÚCHAS AGUS DUALGAS

LEABHAIR THAIGHDE
An 91ú hImleabhar

IDIR DHÚCHAS

agus

DUALGAS

Staidéar ar Charachtair Mhná sa Ghearrscéal Gaeilge

1940-1990

AISLING NÍ DHONNCHADHA

An Clóchomhar Tta
Baile Átha Cliath

An Chéad Chló 2002
© An Clóchomhar Tta

ISBN 0 903758 70 9

Faigheann An Clóchomhar tacaíocht airgid
ó Bhord na Leabhar Gaeilge.

Dundalgan Press a chlóbhuail.

Do Tony
agus
dár dtriúr mac
Cillian, Éanna agus Fionnán

AN CLÁR

NODA

AA	*Athaoibhneas*
An Bhratach	*An Bhratach agus Gearr-sgéalta Eile*
AT	*Ar na Tamhnacha*
BA	*Bean Aonair agus Scéalta Eile*
Bás	*Bás Bharra agus Scéalta Eile*
BB	*An Braon Broghach*
BBh	*Beoir Bhaile*
BM	*Bullaí Mhártain*
BP	*Buicéad Poitín agus Scéalta Eile*
Cathair	*Mo Chathair Ghríobháin agus Scéalta Eile*
CC	*Cois Caoláire*
Cladóir	*Cladóir agus Scéalta Eile*
Clár	*An Clár is an Fhoireann*
Cúl	*Cúl le Muir agus Scéalta Eile*
Ding	*Ding agus Scéalta Eile*
Díthreabhach	*An Díthreabhach agus Scéalta Eile as <u>Comhar</u>*
DLD	*Na Déithe Luachmhara Deiridh*
E	*Eiriceachtaí agus Scéalta Eile*
Eochair	*Eochair na Sráide agus Scéalta Eile*
Fallaing	*Fallaing Shíoda*
Fête	*An Fête agus Scéalta Eile*
FG	*Fuine Gréine*
Fód	*Fód a' Bháis agus Gearr-sgéalta Eile*
Fraochán	*Ag Baint Fraochán agus Scéalta Eile*
GC	*Gleann an Chuain*
GG	*Gort na Gréine*
GL	*Gleann an Leasa*
ISD	*Idir Shúgradh agus Dáiríre*
L	*An Lánúin agus Scéalta Eile*
LF	*Lilí agus Fraoch*

LS	*Leath na Spéire*
M	*Muintir*
Mac	*Mac an tSagairt*
NÁ	*Ó Neamh go hÁrainn*
O	*Oineachlann*
ÓR	*Ór na hAitinne*
Oidhche	*Oidhche Shamhraidh agus Scéalta Eile*
PS	*Póg ó Strainséir*
SD	*Seandaoine*
SDT	*An tSraith Dhá Tógáil*
SL	*An tSraith ar Lár*
Slán	*Slán leis an gComhluadar*
SME	*Sléibhte Mhaigh Eo*
SSE	*Sweeney agus Scéalta Eile*
ST	*An tSraith Tógtha*
Stáca	*An Stáca ar an gCarraigín*
Stiléirí	*Na Stiléirí agus Scéalta Eile Aniar*
SÚ	*Scéal Úr agus Sean-Scéal*
Tinte	*Tinte Sionnaigh agus Scéalta Eile*
Tráigh	*Tráigh is Tuile*
TTSE	*An Teach nár Tógadh agus Scéalta Eile*
TTC	*Thiar i dTír Chonaill*
TTT	*Taobh Thall den Teorainn*
Úna	*Úna Bhán agus Scéalta Eile*

AN RÉAMHRÁ

Is é is cuspóir don saothar seo ná staidéar a dhéanamh ar ghné amháin de ghearrscéalaíocht na Gaeilge sa tréimhse 1940-1990, agus chomh maith leis sin, spléachadh a sholáthar don léitheoir ar chuid de stair an ghearrscéil Ghaeilge ó thaobh foirme, acmhainne agus scóipe de thar thréimhse leathchéad bliain. Féachfar le cuntas a thabhairt ar chuid de na slite inar deineadh carachtair mhná agus saoltaithí ban a chruthú agus a léiriú trí mheán ealaín agus cheardaíocht an ghearrscéil. Agus féachfar leis an iomlán a shuíomh laistigh de chomhthéacs scríbhneoireacht agus léirmheastóireacht Ghaeilge na linne.

Agus cúrsaí gearrscéalaíochta faoi chaibidil, ní foláir a rá ón tús gur deacair sainmhíniú a aimsiú a dhéanfaidh achoimriú sásúil ar eisint agus ar thréithe an ghearrscéil mar fhoirm liteartha. Deir Valerie Shaw (1983:21):

> It seems reasonable to say that a firm definition of the short story is impossible. No single theory can encompass the multifarious nature of a genre in which the only constant feature seems to be the achievement of a narrative purpose in a comparatively brief space. . . . No sooner is a definition of the short story formulated than exceptions begin to multiply, insisting on their value as literature and properly upsetting the tidiness of a homogenizing approach.[1]

Nó mar a deir criticeoir eile:

> If, then, one is justified in pulling short stories from the vast sea of narrations, the following definition might be advanced: a short story is a *short, literary prose fiction*. At first glance such a formulation seems uncontroversial but, at second remove, one realizes that every one of the definition's four key words covers a library of controversy. (Pasco 1994, 118)

Ina alt 'An Gearrscéal sa Ghaeilge' thug Máirtín Ó Cadhain (1981:101) faoi thréithe an ghearrscéil a áireamh:

> Is gaire é an gearrscéal don dán, do liricí filíochta, ná do ghné ar bith eile den litríocht. Ní call 'scéal', scéal críoch-chleasach go háirithe, a bheith ann. Is cuntas é ar eachtra nó staid intinne, nó imeacht amháin, tréith amháin ar leith de cháilíocht duine ag feidhmiú, nó ag spairn le rud eile, fiú cuntas ar ghotha den dúlra. Mar sin is léir nach bhféadfaidh mórán pearsan a bheith ann agus

díobh sin féin nach léirítear ach cor beag i méin duine amháin mar a d'fheicfeá ag dul thart ar an mbóthar é. Ní féidir aon fhorás ar phearsantacht nó ar mhéin a fhoilsiú agus is mó a chaitear gan rá ná a deirtear. . . . Is beag de chur síos an úrscéil a fhéadfas a bheith ann. Mar sin is fíoraontas an tréith is suntasaí sa ghearrscéal; gach rud a bheith fuinte fáiscthe: is beag nach aontas áite, ama agus gnímh é ar nós an dráma chlasaicigh.

Scríbhneoir é Ó Cadhain féin a thug tosaíocht iomlán do neamh-spleáchas an ealaíontóra agus don tsaoirse chruthaitheach seachas do fhoirmle ná do aon leagan amach réamhcheaptha ionas gur aimsigh sé foirm sách scaoilte - nó neamhfhoirm - a d'oir dá chuspóirí liteartha féin.[2]

Leag gearrscéalaí aithnidiúil eile béim ar neamhspleáchas dúchasach an chumadóra:

Níl rud ar bith is contúirtí don scríbhneoir ná rialacha. Srathair anuas air is ea é. Úmacha, geimhleacha.... A luaithe is atá bagairt rialacha air tosaíonn réabhlóid istigh ann, tosaíonn sé ag cur a chos uaidh. Agus is cineál réabhlóidí é gach scríbhneoir. (Breathnach 1981, 47)

Thrácht Pádraic Breathnach (1978:74), leis, ar a dheacra a bhí sé sainmhíniú sásúil a thabhairt ar an ngearrscéal: 'Foirm éalaitheach í. Foirm ghéimiúil luaimneach luathintinneach fhiodarluasach bhradach. . . .' Nocht sé a thuiscint féin ar an ngearrscéal in alt eile leis:

Sí an scal an chéad ghin i mbeatha gearrscéil. . . . Séard is 'scal' solas a lastar. A lastar de phreab. Mianach tréan; mianach díograiseach. Ach gan inti ach lasair bhídeach. Fad trí shoicind as réimse chúig nóiméad déag, nó leath uair a chloig, b'fhéidir.

Go hiondúil tá eithne an charachtair sa scal agus níl ag an bhfile a dhéanamh ach faire go dílis uirthi, éisteacht léi agus fanacht go humhal; an eithne a fhorbairt chomh dílis don scal is a fhéadas sé; déanamh cinnte nach gcasfaidh sé suas cúlbhóithríní a thabharfas cor cam don scéal, cúlbhóithríní mealltacha gur deacair theacht slán as a gcrúba. Tá comhairle amháin práinneach aige, íonbhlas na scaile a chaomhnú. (Breathnach 1981, 42, 43)

Glactar leis go coitianta gurb é Anton Chekhov, - 'an máistir ba mhó a bhí ann' (Ó Cadhain 1981, 101) - is mó a chuaigh i bhfeidhm ar ghearrscéalaíocht an fichiú haois trí chéile. Is gnách cumasc den réalachas, den rómánsachas, den íoróin agus den impriseanachas á lua lena chuid scéalta.[3] Bhí an léiriú cumasach

ar chastacht shaol inmheánach an duine aonair ar cheann de na
buanna ba mhó a léirigh Chekhov ina chuid scéalta agus ba leis an
ngné scéalaíochta ar leith seo a chaith mórchuid gearrscéalaithe a
ndúthracht ó aimsir Chekhov i leith.

Tabharfar faoi deara sa staidéar a dhéanfar anseo ar charach-
tair mhná sa ghearrscéal Gaeilge, a mhinice a bhíonn fócas an
scéil dírithe ar an tslí a músclaítear tuiscint an phríomhcharach-
tair ar a haonaránacht féin nó ar an mífhreagracht róléir a
shonraíonn sí idir taithí a saoil féin agus saoldearcadh an phobail
ina maireann sí. Níor ghá, ar ndóigh, gur eispéireas diúltach a
bheadh i gceist i gcónaí agus an gearrscéalaí ag foilsiú ghné na
haonaránachta óir d'fhéadfaí bheith ag díriú ar chumas slánaithe
na féintuisceana nua, cuir i gcás.[4] Agus an méid sin ráite,
tabharfar faoi deara gur minic an gearrscéal ag díriú go téamach
ar mhothúcháin dhaonna ar nós mhothú an uaignis, na díomá nó
na cailliúna pearsanta agus, thairis sin, tuigtear gurb é an
neamhréiteach soiléir idir réimse na braistinte príobháidí agus
éilimh an tsaoil phoiblí laethúil faoi deara teannas síceolaíoch an
ghearrscéil. 'The aesthetic imperative of short fiction' (Shaw 1983,
138) atá sa choinbhleacht sin, dar le criticeoirí éagsúla agus gan
amhras, chífear a thábhachtaí is atá an ghné úd i mórán scéalta a
phléifear sa saothar seo.[5] Tuigfidh an léitheoir, ar ndóigh, go
bhfuil anáil an Rómánsachais le haireachtáil go soiléir ar an
tsíorbhéim a leagtar ar chás agus chinniúint an duine aonair sa
ghearrscéal.[6]

Ag filleadh dúinn ar Chekhov agus ar chúrsaí carachtrachta sa
ghearrscéal, ba ghnách a chur in iúl nárbh aon phearsa
dhrámatúil mhórghníomhach é / í an príomhcharachtar, ach gur
dhuine mar chách ba ea é / í. Ina theannta sin, ba mhinic a
leagtaí béim ar neamhiomláine shaol an duine aonair agus ar
neamhchumhacht an duine aonair i gcomhthéacs an chórais agus
an tsaoil mhóir.[7] Beifear ag tabhairt suntais do na tréithe carach-
trachta sin mar aon leis na slite ina dtugann scríbhneoirí Gaeilge
faoi théamaí uilíocha a fhorbairt sa ghearrscéal nua-aimseartha
sna caibidlí atá romhainn.

Ina shaothar *Conamara agus Árainn 1880-1980: Gnéithe den Stair
Shóisialta*, pléann Micheál Ó Conghaile (1988:417) tábhacht agus
fiúntas na litríochta cruthaithí mar fhoinse staire agus sa sliocht
seo a leanas tarraingíonn sé anuas scéal na mban:

Go deimhin tá an litríocht chruthaitheach thar a bheith luachmhar mar fhoinse staire go háirithe nuair a chuirtear san áireamh gur beag ardán a tugadh do thaobh na mban den saol i bhfoinsí eile a bhíonn in úsáid ag stairithe go minic. Cuirim i gcás is beag plé a dhéantar ar shaol na mban pósta i dtuarascáil *Bhord na gCeantar Cúng*, i *gCoimisiún Dudley* ná i dtuarascáil *Choimisiún na Gaeltachta*, ainneoin gur cáipéisí fíorthábhachtacha atá iontu don stair shóisialta.

Tamall ina dhiaidh sin dearbhaíonn an t-údar céanna:

Má tá muid chun pictiúr iomlán a aimsiú agus an stair - go háirithe an stair shóisialta - a thuiscint chomh fada agus is féidir tá sé riachtanach foinse mar an litríocht chruthaitheach a áireamh i measc na bhfoinsí eile - nó is boichte go mór ár dtuiscint ar an stair dá héagmais. (Ibid., 421)

Faoi mar a scríobh Margaret MacCurtain (1985:37): 'It is rare for historical research to accomplish the task of getting a society to contemplate its own identity without the help of literature as auxilary'.[8] Díol suime é ráiteas seo J.J. Lee (1989:384) agus é ag tagairt do shaothair chruthaitheacha scríbhneoirí Béarla agus Gaeilge ina bhfuil trácht ar chúrsaí imirce: 'It is to the writers that the historian must turn, as usual, for the larger truth.'

Ina saothar *Women of Ireland: Voices of Change*, deir Jenny Beale (1986:22):

It is difficult to get a clear picture of women's role in the Ireland of the 1930s to 1950s. Personal memories, the occasional government report and the literature of the period all help, but there is a serious lack of anthropological and sociological data.[9]

Tamall níos sia anonn sa saothar céanna tagraíonn Beale don ghearrscéal 'An Bhearna Mhíl' (*BB*) le Máirtín Ó Cadhain i gcomhthéacs an phlé a dhéanann sí ar mhná agus cúrsaí cleamhnais.[10] Tagraíonn Beale (1986: 37), leis, don phortráid rí-éifeachtach a dhearann an Cadhnach de Bhríd ina scéal 'An Bóthar go dtí an Ghealchathair' (*BB*) agus deir sí: 'To gain some insight into the feelings of women in this closely circumscribed world we can once again turn to literature'.[11]

Tabharfar faoi deara gurb é an dearcadh sin, cuid mhaith, a chuirtear chun cinn sa saothar seo, go háirithe agus iniúchadh á dhéanamh ar scéalta 'réalaíocha' na tréimhse luaithe. Tuigtear gur téarma agus gur coincheap fíor-achrannach aimpléiseach é an 'réalachas'[12] agus ar ndóigh, gur coinbhinsean liteartha[13] atá i gceist sa phlé a dhéanfar anseo. Dá bhrí sin ar mhaithe le soiléireacht, moltar go nglacfaí le ráiteas iomráiteach de chuid Thomáis Uí Fhloinn - nó Flann Mac an tSaoir mar a thugadh sé air féin go rialta - mar threoir ghinearálta don méid atá i gceist le 'réalachas' laistigh de fhráma tagartha an tsaothair seo:

> Ní dlitear ó údar litríochta ach riachtanas amháin - rud éigin fiúntach, tábhachtach, bunúsach a bheith le rá aige, rud éigin a chuirfidh lenár n-eolas agus ár dtuiscint orainn féin agus ar ár gcomhdhaoine, soilsiú nua ar fhaidhb agus ar rún agus ar thragóid na beatha. (Mac an tSaoir, Meitheamh 1952, 8)

Tuigtear go mbeifear ag bogadh lastall de limistéar an réalachais chomh maith sa staidéar a dhéanfar anseo agus go mbeifear ag féachaint ar shaothair ghearrscéalaíochta agus ar shaothair ficsin ghearr ina bhfuil toise na samhlaíochta nó toise na fantaisíochta nó an cur chuige iarnua-aoiseach in uachtar. Chomh fada agus a bhaineann le carachtair mhná de, thuigfí, ar ndóigh, agus na réimsí cumadóireachta sin i gceist, nár ghá in aon chor gurbh í an phortráidíocht a mhúsclódh nó a stiúródh flosc cruthaitheach an scríbhneora.

Ceist bhunúsach amháin a d'fhéadfaí a ardú is ea: 'Cén saghas léitheoireachta a éilíonn scéalta Gaeilge a cumadh daichead nó caoga bliain ó shin?' Gan amhras, is iomaí slí inar féidir tabhairt faoi théacs a léamh agus i gcás ábhar an tsaothair seo, féachadh le léitheoireacht airdeallach a dhéanamh a thabharfadh suntas ar leith do dhifríochtaí meoin idir ré amháin agus ré eile. Tuigtear agus an cur chuige sin á chur i bhfeidhm go n-athraíonn luachanna, tuiscintí, patrúin agus gnásanna iompair pobail de réir mar a athraíonn cúinsí eacnamaíocha, sóisialta agus cultúrtha an phobail sin agus go n-athraíonn idir mheanma, fhéidearthachtaí agus réimse fócais na n-ealaíon dá réir. Dá bhrí sin, agus gné athraitheach na sochaí agus na scéalaíochta á cur san áireamh, creidtear nach foláir pé dearcadh i leith dhualgais agus dhúchas mná atá á phlé a shuíomh go soiléir ina chomhthéacs staire, cultúrtha agus liteartha.

Rud eile a thabharfar faoi deara i gcur chuige na léitheoireachta i gcás scéalta a phléitear sa saothar seo is ea go ndéantar iarracht ar éifeacht na scéalta ar a gcéad phobal léitheoireachta a mheas, agus chífear go mbaintear leas as léirmheastóireacht na linne chuige sin. Meabhraíodh an léitheoir ar ráiteas seo Alicia Ostriker (1986:9) 'Writers necessarily articulate gendered experience just as they necessarily articulate the spirit of a nationality, an age, a language'. Agus, faoi mar a deir Gillian Beer (1989:70): 'Things mean differently at different historical moments and different things need to be asserted at different times. This is both obvious and often ignored'.[14] Mura ndéanfaí ach mórthéama amháin a iniúchadh, cuir i gcás, ról na hEaglaise agus an chreidimh Chaitlicigh i saol laethúil mná, gheofaí léas léargais an-spéisiúil i ngearrscéalaíocht na tréimhse 1940-1990 ar chúrsaí saoldearcaidh agus saoltaithí.[15]

De ghnáth, nuair a roghnaíonn scríbhneoir carachtar mná mar phríomhcharachtar scéil, chítear go ndéantar cíoradh éigin ar chúrsaí grá agus caidrimh nó / agus ar ghnéithe den saol pósta.[16] Ní haon eisceacht í gearrscéalaíocht na Gaeilge sna cúrsaí seo. Is de thoradh an phatrúin ríshoiléir sin a beartaíodh ar leagan amach traidisiúnta a úsáid agus caibidlí an tsaothair seo á réiteach, mar atá, an bhean óg, an bhean phósta, an mháthair agus an bhean aonair. Sa chomhthéacs seo, d'fhéadfaí tagairt do ráiteas faobhrúil a dhéanann príomhcharachtar *Cití*, dráma le Siobhán Ní Shúilleabháin:

> Bean ina bean, aisti féin, cá'il sí? Cá'il a marc go seasfaidh sí ann? Cad is fiú bean gan a bheith ina hiníon ag fear éigin, nó ina bean chéile ag fear éigin, nó ina máthair ag fear éigin? Aisti féin, gan a bheith ag tabhairt seirbhíse do fhear éigin, an fiú faic í?[17]

Faoi mar a scríobh Tuula Gordon (1994:1):

> Romantic love, partnership, marriage and motherhood form the cultural context of women and resonate in representations of them. They form a framework within which personal lives and subjectivities are constructed. Locating themselves outside families provides opportunities for women, but also places them in a contradictory and difficult position.

Ag féachaint ar an saothar seo trí chéile, ba dheacair don léitheoir gan sonrú a chur i bhfad na chéad chaibidle, 'An Bhean Óg', i gcomparáid leis na caibidlí eile. Cad é mar fhlosc chun scríbhneoireachta a thagadh ar ghearrscéalaithe Gaeilge – agus ba fhir iad a bhformhór mór – agus an bhean óg mar charachtar nó mar ábhar scéil acu! 'Óinseach bean gan pósadh' a deir an seanfhocal[18] agus níl aon amhras ná gurb é sin an dearcadh is láidre a shonraítear agus staidéar á dhéanamh ar charachtair mhná i ngearrscéalta na tréimhse trí chéile. Déanfar plé ar impleachtaí agus ar thorthaí an mheoin sin, faoi mar a nochtar iad sa ghearrscéalaíocht, i gceithre chaibidil tosaigh an tsaothair seo.

Chífear go ndéanann Caibidil 5, 'An Gearrscéal Gaeilge 1940-1990', léargas níos fairsinge agus níos iomláine a chur ar fáil don léitheoir trí chúlra agus chomhthéacs liteartha soiléir a sholáthar don taighde a deineadh ar charachtracht mhná sa ghearrscéal. Socraíodh go bpléifí conclúidí an tsaothair ina iomláine i gCaibidil 6 seachas conclúid mhionphléite a chur le gach caibidil.

Nuair a thugann duine spléachadh ar liosta na gcnuasach scéalta idir 1940 agus 1990, chíonn sé láithreach gur beag scríbhneoir mná a d'fhoilsigh cnuasach scéalta sa tréimhse sin. Níor líonmhar iad na mná a chuaigh i mbun léirmheastóireachta nó critice ach chomh beag. Ar léitheoirí go príomha iad na mná mar sin? Rud eile de, an raibh próifíl ard ag mná sa Chlub Leabhar, ar Bhord na Leabhar Gaeilge, i gCumann na Scríbhneoirí, i gciorcail léitheoireachta agus i gcomórtais liteartha an Chomhchaidrimh agus an Oireachtais, cuir i gcás? Ábhar taighde ann féin atá sa mhéid sin, ní foláir.

Pé míniú a thabharfaí ar theirce banscríbhneoirí Gaeilge sa tréimhse luath, agus is dócha go luafaí sainmheon na linne úd i dtaobh dhúchas agus ról mná mar aon le cúinsí soch-chultúrtha agus socheacnamaíocha sa chomhthéacs sin, is deacra go mór cúiseanna a sholáthar mar mhíniú ar neamhspéis nó neamhthoil ban chomh fada is a bhain le prós-scríbhneoireacht sa tréimhse tar éis 1970, cuir i gcás. 'Col ag Mná le Próschruthú na Gaeilge?' ba theideal d'alt suimiúil a d'fhoilsigh Siobhán Ní Fhoghlú i 1991[19] agus gan amhras, ceist thábhachtach is ea an cheist úd agus carachtracht mhná i ngearrscéalaíocht na Gaeilge á hiniúchadh againn. Faoi mar a deirtear i gCaibidil 6, dhealródh sé, ar an gcéad fhéachaint ach go háirithe, gur foirm liteartha cuíosach tarraingteach é an gearrscéal don scríbhneoir mná, ar bhonn aeistéitice agus ar bhonn scóipe, cumais agus dúshláin. Ag cuimhneamh dúinn ar scríbhneoirí ar mhaith leo tuiscintí seanbhunaithe a cheistiú nó a chur de dhroim seoil, cuir i gcás, féach go raibh David Marcus (1972:12) ag fógairt i dtosach na seachtóidí gur 'instrument of protest' a bhí sa ghearrscéal agus thairis sin, go bhféadfaí an gearrscéal a áireamh mar 'the injustice recorder *par excellence*' (ibid.). Ar an taobh eile den scéal, d'fhéadfaí cuimhneamh ar an gcuspóir a chuir Katherine Mansfield roimpi agus í i mbun scríbhneoireachta: 'To go deep. . . . to speak to the secret self we all have.'[20] Dhealródh sé, ó thaobh scríbhneoireacht na Gaeilge de, gur fearr go mór a d'oir réimse na filíochta ná réimse an phróis do mhná ar theastaigh uatha labhairt leis an bhféin rúnda. 'Fuinsean de chuid na samhlaíochta agus an anama' a bhí san fhilíocht do Chaitlín Maude, cuir i gcás, agus is suimiúil é a cur síos ar a cás féin mar scríbhneoir:

> . . . is cineál marana dom an scríbhneoireacht. Bíonn an ealaín i leith na sástachta agus an tsonais ach téann go leor i muinín na healaíne de bharr fulaingt freisin. Ní éiríonn le healaíontóirí áirithe – agus mé féin ina measc ag staid áirithe – a dhul níos faide ná sin. Bíonn said ag únfairt ina gcuid míshástachta féin agus in ainneoin go gcruthaíonn said nithe iontacha ní chuidíonn siad leo féin ná le lucht a léite. Tig leis sin a bheith contúirteach agus ina údar lagmhisnigh. (1984:9)[21]

Tráchtann an file Eavan Boland (1996: 247) ar chineál áirithe mná a chastar uirthi ag ceardlanna scríbhneoireachta agus ar a dheacra atá sé don bhean sin, bean a scríobhann dánta go rialta, misneach a ghlacadh agus 'file' a thabhairt uirthi féin toisc go mbraitheann an bhean chéanna sin '. . . a profound fracture between her sense of the obligations of her womanhood and the shadowy demands of her gift.' Ceist neamhréitithe an dúchais agus an dualgais atá ardaithe anseo aici. Tráchtfar ar na cúrsaí seo i gCaibidil 6.

Beartaíodh ar chloí le cnuasaigh scéalta den chuid is mó agus ábhar an tsaothair seo á chur i dtoll a chéile óir bhí breis agus seachtó cnuasach i gceist sa tréimhse 1940-1990. I gcás Mháire, a d'fhoilsigh dhá chnuasach déag idir 1940 agus 1968, socraíodh go roghnófaí scéalta agus carachtair ionadaíocha a shásódh idir aidhm agus scóip an tsaothair seo.[22]

Tabharfar faoi deara gur tagraíodh do scéalta eile nár cnuasaíodh riamh (nó i gcás Shiobhán Ní Shúilleabháin, scéalta nár cnuasaíodh roimh 1990) scéalta ar braitheadh fuaimint faoi leith iontu ó thaobh carachtrachta nó téama de. Tabharfar faoi deara, leis, go dtagraítear do roinnt scéalta ábhartha as an gcnuasach *Idir Shúgradh agus Dáiríre* le Máirtín Ó Cadhain cé gur i

1939 a foilsíodh an cnuasach úd. Gan amhras, aireofar go gcaitear aga níos faide ag plé scéalta áirithe de chuid Uí Chadhain ná mar a dhéantar le scéalta scríbhneoirí eile. Ní fhéadfaí gan moill bheag a dhéanamh agus móriontas a dhéanamh de scéal ar nós 'An Strainséara' (*CC*) ó thaobh mianaigh agus cumais de. Faoi mar atá scríofa ag Louis de Paor faoi phrós ilbhuach an Chadhnaigh :

> In dhá roinn a shaothair ghearrscéalaíochta scaoil sé fuadar aigneo-laíochta an phróis idirnáisiúnta i dtraidisiún liteartha na Gaeilge le friotal inste a bhfuil a chló Cadhnúil féin go follasach air. Le fuinneamh indibhidiúil a shamhlaíochta, bhuail sé cló an dúchais ar an bhfuadar iasachta is chuir beatha arís i bprós na Gaeilge. (de Paor 1989, 164)

Ní fhéadfaí aon tuairisc cheart a thabhairt ar chúrsaí scríbh-neoireachta na Gaeilge sa tréimhse 1940 - 1990 gan scéal na teanga féin a chur san áireamh.[23] Scríobhadh an méid seo faoin nGaeilge sa bhliain 1951, cuir i gcás:

> Níl ag teastáil ón Ghaeilg ach aclú. Tugadh meas seanmhná uirthi agus fágadh ina suí sa chlúdaigh í ag faire ar a cónair, nuair d'fhéad-fadh sí éirí amach ar na bóithre mar chailín óg. Níor ligeadh gnaoi na hóige uirthi, ar eagla go dtréigfeadh sí a dúchas le scléip. (Ó Dónaill 1951, 65)

Táthar ag súil go léireofar an forás éachtach a tháinig ar an nGaeilge i réimse na litríochta cruthaithí sa staidéar a dhéanfar anseo ar shaothar an iliomad gearrscéalaithe. Thairis sin, táthar ag súil go soláthróidh ábhar an tsaothair seo trí chéile treoir shoiléir don té ar mhian leis dúiche na gearrscéalaíochta Gaeilge a thaisteal agus a thaiscéaladh.

BUÍOCHAS

Gabhaim buíochas ó chroí leis an Ollamh (Emeritus) Breandán Ó Buachalla a stiúraigh an saothar seo nuair a bhí sé á ullmhú mar thráchtas dochtúireachta agam agus a thug idir threoir agus chomhairle go mórchroíoch cineálta dom i gcónaí. Ba mhaith liom buíochas a ghabháil leis an Ollamh Ruairí Ó hUiginn agus le mo chomhleacaithe i Roinn na Nua-Ghaeilge, Ollscoil na hÉireann, Má Nuad, as an misniú agus an tacaíocht chroíúil a thugadar dom feadh na slí. Táim faoi chomaoin ag Éamon Ó Ciosáin, Roinn na Fraincise, Ollscoil na hÉireann, Má Nuad, a roinn idir thuairimí agus eolas go fial liom. Tá buíochas ar leith tuillte ag Gearóidín Ní Ruadháin a thug mórchúnamh comhairleach agus praiticiúil dom maidir le cúrsaí ríomhaireachta agus le leagan amach an tsaothair seo trí chéile.

Táim buíoch de fhoirne na leabharlann seo a leanas: Leabharlann Ollscoil na hÉireann, Má Nuad, Leabharlann an Choláiste Ollscoile, Baile Átha Cliath agus An Leabharlann Náisiúnta. Táim faoi chomaoin, leis, ag Liam Ó Maolaodha, Stiúrthóir an Oireachtais, ag Máirín Oman agus ag Caitríona Bhreathnach a chabhraigh go lách móraigeanta liom nuair a bhí eolas á lorg agam faoi chomórtais nó faoi thuairiscí Oireachtais.

Tá buíochas ar leith ag dul do mo chairde gaoil as misneach agus spreagadh a thabhairt dom fad is a bhí an saothar seo idir lámha agam. Luaim go háirithe mo dheirfiúr dhílis, Éadaoin, a thug tacaíocht iontach dom ó thús deireadh an tionscnaimh seo.Táim fíorbhuíoch den Dr Aoibheann Nic Dhonnchadha agus den Dr Siobhán Ní Laoire as a muintearas geanúil dea-chroíoch, as an spéis a chuireadar sa taighde agus sna tuairimí agus as na cineáltais a dhein siad orm fad is a bhí mé ag gabháil don saothar seo. Gabhaim buíochas faoi leith leis an Dr Máirín Nic Eoin a léigh cuid den saothar seo agus a chuir comhairle ghaoismhear orm ina taobh. Tá buíochas nach beag tuillte ag an Dr Stiofán Ó hAnnracháin, leis, as an dua a chaith sé leis an leabhar agus é á réiteach don chló aige.

Murach lántacaíocht dhílis bhuanseasmhach mo chéile ionúin, Tony, ní chuirfí an saothar seo i gcrích go deo. Agus tuigim go maith gur ábhar mór faoisimh agus gliondair é dár dtriúr mac óg, Cillian, Éanna agus Fionnán, go bhfuil an clabhsúr curtha anois ar an 'scéal fada' a bhí ar siúl agam le tamall de bhlianta anuas!

Is mise amháin atá freagrach as na tuairimí agus na hearráidí sa saothar seo.

Caibidil 1

AN BHEAN ÓG

Réamhrá

I dtosach na caibidle seo beifear ag féachaint ar an tslí a ndéantar cás na mná óige a chur i láthair i gcomhthéacs an chleamhnais. Faoi mar a bheadh súil leis, baineann ábhar agus téama an chleamhnais le tús na tréimhse scríbhneoireachta atá á plé sa saothar seo. Beidh aird á díriú ar spleáchas agus neamhspleáchas na mná óige, ar ról agus ar charachtracht an athar, ar thagairtí don mháthair, ar chúrsaí spré agus, gan amhras, ar an gcoimhlint idir an grá rómánsúil agus meon praiticiúil na sochaí. I scéalta le Máire, Máirtín Ó Cadhain, Liam Ó Flaithearta, Conchubhar Ó Ruairc agus Críostóir Ó Floinn, chítear an bhéim a leagtar ar údarás an athar, gné a thagann go hiomlán leis na tuairiscí ag eitneolaithe agus ag staraithe ar an gcleamhnas in Éirinn sa tréimhse i ndiaidh an Ghorta Mhóir. Faoi mar atá scríofa ag J.J. Lee (1978: 38):

> Because the daughter had little to bring except the dowry she got from her father her marriage prospects now depended more completely on him and she had to become more subservient to his wishes. The relative independence that daughters had enjoyed in choosing a mate before the Famine diminished. [1]

Chítear idir mhná neamhspleácha agus mhná fadcheannacha i scéalta Mháire agus léirítear gur bean chorr i súile an phobail í an bhean a dhiúltaíonn dul i gcleamhnas le fear toisc tuairimí dá cuid féin a bheith aici i dtaobh an ghrá agus an phósta.

I dteannta roinnt scothscéalta le Máirtín Ó Cadhain ina bhfeictear toradh an chleamhnais ar shaol mná - agus is scéalta iad seo a phléifear i gCaibidil 2 - tá cúpla scéal leis an údar céanna ina dtagraítear do chás an fhir nár phós an bhean a raibh sé i ngrá léi agus a ghéill go neamhfhonnmhar do thoil a thuismitheoirí agus don chleamhnas a socraíodh dó. Tagrófar do na scéalta sin, leis.

Tá an scéal 'Teangabháil' (*Dúil*) le Liam Ó Flaithearta ar cheann de na gearrscéalta is cumasaí sa Nua-Ghaeilge ó thaobh

1

ionramháil agus ealaín stíl na hinsinte de agus d'fhéadfaí a áiteamh gur fórsúil é an ráiteas a dhéantar sa scéal sin faoi chás na mná óige i gcomhthéacs an chleamhnais.

Uaireanta is é an greann a shaothraítear i ngearrscéalta ina mbíonn cur síos ar an gcleamhnas agus féachfar ar shamplaí den chur chuige áirithe sin.

Sa dara cuid de Chaibidil 1, beifear ag féachaint ar charachtracht na mná óige i gcomhthéacs théama na himirce. Chífear trácht ar mhná óga ag dul ar imirce go Meiriceá i roinnt mhaith scéalta le Máire agus faoi mar a bheifí ag súil leis, bíonn trácht ar an tórramh Meiriceánach, ar litreacha, ar airgead agus ar ghrianghraif agus, gan dabht, ar éadaí galánta Mheiriceá. Cuirtear béim ar an dúil mhillteach imeachta i measc na mban óg mar go dtuigtear dóibh nach bhfuil ach saol bocht ainnis i ndán don té a fhanannn sa bhaile fad is atá féidearthachtaí gan áireamh á dtairiscint ag Meiriceá dóibh.[2] Sna scéalta imirce seo, is minic a phósann an bhean fear de bhunadh na háite dúchais thall i Meiriceá agus ar an mórgóir, dhealródh sé nach mbíonn aiféala ar na mná seo gur fhanadar i Meiriceá. Maidir leis na mná a fhilleann ar na Rosa, thuigfí ó phatrún phlota na scéalta seo go ndeachaigh a dtréimhse imirce chun tairbhe dóibh ó thaobh stádais eacnamaíoch de agus gur ní é sin a rachadh i bhfeidhm ar dhearcadh an phobail ina leith.

'For both Irish men and Irish women emigration became an expected episode in the life-cycle, akin to marriage or inheritance' (Fitzpatrick 1980, 126). Ní deacair an cúlra seo a shamhlú leis an sárscéal 'An Bhliain 1912' (*An Braon Broghach* [=*BB*]) le Máirtín Ó Cadhain, scéal a fhanann i gcuimhne an léitheora ar feadh i bhfad toisc a éifeachtaí is a éiríonn leis an scríbhneoir tocht agus corraíl na máthar agus na hiníne a chur in iúl agus toisc go dtuigeann an léitheoir a fhírinní is atá gné uilíoch an scéil imirce seo.

Agus an léitheoir ag féachaint ar cheist na himirce sna daichidí agus sna caogaidí agus ar charachtracht imirceoirí na tréimhse sin i ngearrscéalaíocht na Gaeilge, tabharfaidh sé faoi deara gur toil le roinnt mhaith de na himirceoirí óga bailiú leo amach as an tír, iad ag tabhairt a ndroim le tíorántacht agus le ró-údarás aithreacha dúra agus le sclábhaíocht agus spadántacht shaol na tuaithe agus fonn orthu a saoirse agus a neamhspleáchas

a dhearbhú i gcathracha móra Shasana. Tagann na téamaí seo leis
an gcur síos atá ar fáil i dtuairisc an choimisiúin ar chúrsaí imirce
na linne a foilsíodh i 1956, mar atá, *Report of the Commission on
Emigration and Other Population Problems 1948-1954*.[3]
Tugtar spléachadh ar shaoirse mhorálta agus chollaíochta an
imircigh Éireannaigh i saothair a bhaineann le tréimhse na
seascaidí ar aghaidh agus tagrófar don ghné áirithe sin i gcás
roinnt scéalta le Dónall Mac Amhlaigh agus Pádraic Breathnach.
   Is sa tríú cuid de Chaibidil 1 a fhéachfar ar an léiriú ar an
mbean óg i gcomhthéacs théama an ghrá. Chífear gur gnách le
Máire an grá neamhurchóideach, an grá idéalach agus an grá gan
chúiteamh a tharraingt chuige féin mar théama scéalaíochta.
   Gheofar sceitsí éadroma den bhean óg i gcomhthéacs théama
an ghrá i scéalta le Donncha Ó Céileachair, Síle Ní Chéileachair,
Tarlach Ó hUid, Séamus Ó Néill agus Annraoi Ó Liatháin.
Múscailt na collaíochta i gcailín óg soineanta a chítear in 'An
Scáthán' (*Dúil*) le Liam Ó Flaithearta agus tuairimíocht an údair
faoin 'dualgas banda' (*Dúil* 32) á foilsiú féin go soiléir tríd an
insint. Chífear an meon céanna faoin 'dualgas banda' á chur féin
in iúl ar shlite éagsúla i scéalta eile leis an scríbhneoir céanna.
   Cé go bhfuil léiriú éigin ar an mbean óg atá tar éis titim i ngrá
i scéalta luatha de chuid an Chadhnaigh, níl doimhneacht an-
suaithinseach ag roinnt le formhór na scéalta sin. Tugtar faoi
deara go bhfuil suíomh cathrach ag cuid díobh sin, agus go bhfuil
na mná óga neamhspleách ar mheon agus ar chleachtadh na
seanmhuintire dá réir. Maidir leis an mbean óg chathrach a
chuirtear i láthair i gcuid de scéalta déanacha an Chadhnaigh, is í
an t-áilleagán mná nó an gligín a bhíonn i gceist go minic, í ina
hábhar dúile agus sásaimh ag na fir shámhasacha ainmhianacha
atá mar chomhleacaithe nó mar shinsearaigh aici in oifigí na
Státseirbhíse agus a leithéidí.
   Scéalta éadroma rómánsúla a scríobh Éibhlín Ní Dhuibhir,
scéalta a thairg peirspictíocht na mná óige ar chúrsaí casta an
ghrá, tríd an insint a chur sa chéad phearsa uatha.
   Scríbhneoir é Dónall Mac Amhlaigh a thug faoi chúrsaí
caidrimh idir fir agus mná a chur i láthair ar bhealach ionraic
suimiúil. Airítear oscailteacht shonraíoch i dtaca le cúrsaí gnéis i
ngearrscéalaíocht na seachtóidí agus na n-ochtóidí. Ba é Pádraic
Breathnach an scríbhneoir ba bhisiúla agus ba dhásachtaí i réimse

an ghearrscéil sa tréimhse sin agus níl aon amhras ná gur chruthaigh sé scata bancharachtar óg bríomhar, idir mhealltóirí agus mhná 'liobrálacha' a raibh tóir ar chaidrimh chollaí acu. Féachfar ar ghnéithe éagsúla den charachtracht sin.

Ba léir gur spéis le Micheál Ó Conghaile agus le Mícheál Ó Brolacháin tabhairt faoi ghnéithe áirithe de chúrsaí caidrimh agus collaíochta i saol mná óige a phlé laistigh de fhráma an ghearrscéil. Tagrófar do chuid de na scéalta sin.

An bhean óg mar shás cathaithe a dheartar i gcúpla scéal le Seán Mac Mathúna, scéalta ina bhfuil an spraíúlacht thaitneamhach agus an íoróin fhaobhrach ag uainíocht ar a chéile.

Scríbhneoir ardchumasach dúshlánach é Alan Titley a chaith idir chur chuige, choinbhinsiún agus chiútaí carachtrachta an ghearrscéil chlasaicigh i dtraipisí. Agus an méid sin curtha san áireamh, chítear go bhfuil a sciar féin de mhná óga teaspúla in *Eiriceachtaí agus Scéalta Eile* agus féachfar ar an léiriú a dhéantar ar chuid díobh sin.

1.1 An Cleamhnas

Féachfar anois ar na slite a gcuirtear an bhean óg i láthair an léitheora i gcomhthéacs théama an chleamhnais i ngearrscéalaíocht na Gaeilge. Féachfar ar dtús ar shaothar gearrscéalaíochta Mháire, saothar ar minic tagairt do chúrsaí cleamhnais ann.

Sa scéal 'Beirt a bhí seal i nGrádh' ón gcnuasach *An Teach nár Tógadh agus Séalta Eile* [= *TTSE*], chímid an t-athair crua cadránta, an mháthair chiúin shoilíosach agus Nuala, an ógbhean dhóighiúil cheansa, ar samhail eiseamláireach í den bhean óg i scéalta Mháire trí chéile:

> Bhí sí ar chailín comh dóigheamhail is bhí ó Ghaoth Dobhair go Gaoth Beara. Bhí sí cumtha geal-chroicneach sollusta. Bhí, mar adubhairt an file, ór-fholt snoighte go féar léi, agus bhí loinnear ina súile mar tchífea réalt oidhche shiocáin. (*TTSE* 80)

Tá fear óg scafánta darb ainm Mícheál Eoghain Óig i ngrá le Nuala ach níl talamh ná trá dá chuid féin aige agus dá bhrí sin níl dóchas ar bith aige óir tuigeann sé gnó an chleamhnais go rímhaith agus tuigeann sé dá réir : 'nach dtabharfaidh Séamus Airt a iníon dó mar chéile' (*TTSE* 82). Athair géarchúiseach é

Séamus Airt : 'Bhí crudh maith daithte aige díthe, agus ní bheadh gar do fhear a theacht de lámha folamha dhá h-iarraidh' (ibid.).

Bhí Mícheál meáite ar dhul go Meiriceá ach ní fhéadfadh sé Nuala a mhealladh chun imeachta: 'Ní imtheochadh sí ar chrois a muinntire, ba chuma caidé an cúmhaidh a bhí uirthi ag scaradh leis an ógánach dhathamhail a chuir ó chodladh na h-oidche í' (*TTSE* 83).

Agus an reacaireacht ag cur go tréan le meanma rómánsúil an scéil, tagraítear do na 'caisleáin óir' a chuir aoibhneas ar an mbeirt óg agus iad ina leanaí agus arís nuair a bhíodar níos sine agus iad doirte dá chéile:

> Ar feadh bliadhna bhí siad ina gcómhnuidhe ins na caisleáin óir a bhí ós cionn luighe na gréine. Áit álainn, dá dtigeadh le péire fanacht ann. Ach ní chríochantar cleamhnas ar bith thuas annsiud. Caithfear theacht anuas chun talaimh, agus ní féidir a bheidh beo i bhfos gan biadh agus éadach agus cró toighe de chineál éigint. (*TTSE* 84)

Imíonn Mícheál ar imirce agus cuirtear síos ar aiféala Nuala gur lig sí chun siúil é:

> Dá mbeadh sé aici anois, d'iarrfadh sí air fanacht. Phósfadh sí é, d'ainneoin an tsaoghail. Agus annsin d'imtheochadh sí leis, áit ar bith, ba chuma cá h-áit. Shiubhailfeadh sí na seacht dtíortha leis. Chruinneochadh sí a cuid ó dhoras go doras ina chuideachta, mur' mbéadh gléas ar bith eile beatha aca. Acht bhí sí buille mall. (*TTSE* 91)

Ceithre bliana ina dhiaidh sin socraíonn athair Nuala cleamhnas di le fear nach bhfuil puinn aithne ag Nuala air. Aithníonn Nuala gur maol gualainn gan mháthair:

> D'aithin Nóra [sic] go raibh a h-athair ar shon gnoithe. Bhí 'fhios aici gur fear ceann-dána a bhí ann, agus nár bh'fhuras ghabháil thar n-a chomhairle. Ní rabh rún ar bith géilleamhainte ag Nualainn. Rachadh sí i ndeabhaidh le n-a h-athair, dá mb'éigean é. Acht ba mhaith léithi cuidiughadh a bheith aici. D'amharc sí anonn ar a máthair. Acht bhí an mháthair ina suidhe annsin ag casadh a cuid ordóg ar a chéile mar nach mbéadh baint ar bith aici do na gnoithe. D'aithin Nuala nach rabh cabhair ar bith i ndán díthe, agus go gcaithfeadh sí a h-iomaire féin a threabhadh. (*TTSE* 93)

Glacann sí misneach, ámh, agus diúltaíonn sí don socrú a bhí
ceaptha ag a hathair di :

> Bhí eagla uirthi. Bhí sí ar crioth. Bhí sí ar tí rud a dhéanamh nach
> dearn sí riamh aroimhe - ghabháil thar chomhairle a h-athara agus a
> fhearg a tharraingt uirthi. D'amharc sí eadar an dá shúil air. 'Ní
> phósfaidh mé Doimnic Sheáin a' Stualaire as Doire na mBoc, ná
> Doimnic ar bith eile,' ar sise. 'Déan do rogha rud liom anois. Cuir
> go teach na mbocht mé, má's mian leat é. Acht ní phósfaidh mé fear
> ar bith go dtaraidh sé de mhian orm.' Ní thug an t-athair freagra ar
> bith uirthi. Bhí 'fhios aige nach rabh gar dó ann. D'éirigh sé agus
> amach ar an doras leis. (*TTSE* 93-4)

(Spéisiúil go leor, tar éis don athair dul amach, molann an
mháthair a hiníon as an seasamh a ghlac sí. Míníonn sí dá hiníon
an fáth gur fhan sí féin ina tost: 'Tá mé faoi smacht aige, is bhí
riamh' (*TTSE* 94).)

Críoch neamhdhealraitheach a cuireadh leis an scéal seo,
áfach, mar a bhfuil macallaí soiléire *Caisleáin Óir* le tabhairt faoi
deara. Níor phós Nuala riamh. Filleann Mícheál ar na Rosa tar
éis dó cúig bliana is tríocha a chaitheamh i Meiriceá ach imíonn
sé leis arís mar nach féidir leis glacadh le fírinne an tsaoil i dtaca
lena rúnsearc, mar atá, go bhfuil sí imithe in aois agus nach ann
dá háilleacht mheallacach ná do mheanma na hóige a thuilleadh.
Maidir le Nuala:

> Chaoin sí a sáith an tráthnóna seo. Agus ní fá'n fhear a tháinig agus
> a d'imthigh arais a chaoin sí. Níor bh'eadh acht fa ógánach
> dhathamhail agus fá ainnir áluinn a rinne cúrsa damhsa ag
> conbhóidh agus d'imthigh mar d'imtheochadh daoine atchífeá i
> mbrionglóid. (*TTSE* 98)

Faoin léitheoir atá sé a dhéanamh amach arbh é nós seanbhu-
naithe an chleamhnais a scrios an saol orthu beirt agus iad i
mbláth na hóige.

Sa scéal 'Cluandaighc' (*TTSE*) as an gcnuasach céanna,
chítear an t-athair seiftiúil, ar siopadóir mírathúil é, ag cuimh-
neamh ar a dhroch-chás féin a leigheas tríd an gcleamhnas a
chuirfidh sé i gcrích dá iníon, Nábla. Bhí Nábla agus dochtúir óg
an cheantair mór lena chéile cheana féin ach níor leor é tuarastal
an dochtúra i dtuairim athair Nábla : 'Ba mhaith liomsa cliamhain
a fhagháil a mbéadh oiread airgid aige agus chuirfeadh ar mo
bhonnaí arais mé' (*TTSE* 135). Ag trácht dó ar an bhfear atá

beartaithe aige do Nábla, fear ar a dtugtar 'Cluandaighc', deir athair na mná óige: 'Fear breagh é ar an uile dhóigh. Dá dtéigheadh againne clíce a chur ann, bhíomar ar rothaí an tsaoghail' (*TTSE* 137). Agus freagra na hiníne?

'Clíce a chur ann,' ars' an bhean óg agus mothughadh feirge uirthi, dar leat. 'Is cuma, is cosamhail, acht greim a fhagháil air, cibé atá mo thoil-se leis nó nach bhfuil. Nach mb'fhéidir nach mbéadh mo spéis ar chor ar bith ann nuair a chasfaidhe orm é, má chastar orm é.' (Ibid.)

Is suimiúil é freagra Nábla ar cheist a hathar nuair a fhiafraíonn sé di an bhfuil sí 'iongantach geallmhar' ar an dochtúir:

'Fear laghach cneasta é. I dtaca le grádh de, níl a léithéid in mo chroidhe ins an am i láthair. Dá mbeinn ar a' neamh-acra mar bhí lá den tsaoghal, ní phósfainn fear ar bith.' (Ibid.)

Ach ní bean neamhacrach í agus ní foláir di rogha a dhéanamh. Thairis sin, agus caint mheafarach an ghliceadóra ar bharr a ghoib aige, comhairlíonn a hathair di gan an cumann leis an dochtúir a bhriseadh go fóill: 'Bíodh a' dochtúir mar chárda cúil agat ar fhaitchíos go gcaillfidhe an chéad chúig sa chluithche' (*TTSE* 138).

Is é íoróin an scéil neamhchorraithigh seo, áfach, ná go bpósann Nábla agus Cluandaighc a chéile agus gur léir gan mhoill nach bhfuil puinn saibhris ag an bhfear seo ach é ag súil le bheith ina shuí go te toisc iníon siopadóra a bheith pósta aige!

I dtaca le cúrsaí maoine agus saibhris de, tá cur síos sa scéal 'Coigilt agus Cathamh' in *Oidhche Shamhraidh agus Scéalta Eile* [=*Oidhche*] ar athair mná óige agus é ag cinntiú go mbeidh saol breá sócúil ag a iníon má phósann sí an fear atá á mholadh aige di:

Ní dhéanfadh Tarlach Dubh a dhath le toibinne; ní dhearna riamh. Chuaidh sé suas go Gleann Léithín go bhfaca sé an talamh is a' t-eallach is na caoirigh, agus a' t-airgead a bhí i dtaisgidh sa phota agus leac ós a chionn. Ar theacht arais dó dubhairt sé gurbh' é leas a nighne Séimisín a phósadh. Ní raibh amhras dá laghad air. 'Beidh saoghal mná uaisle agat,' ar seisean le Peigí. 'Taobh tíre de thalamh. Seacht gcinn eallaigh agus seilbh chaorach comh breágh is chonnaic mé riamh. Agus le cois an iomláin lán pota d'airgead.' (*Oidhche* 343) [4]

Is i ndiaidh do Pheigí - a bhí, ar ndóigh, i ngrá le fear nach mbeadh saibhir go deo - is i ndiaidh di glacadh le comhairle a hathar agus Séimisín Ghleann Léithín a phósadh, a thuig sí go raibh sí ceangailte le sprionlóir cruthanta.

Gan amhras, ba ar chúrsaí eacnamaíochta, maoine agus talún a bhí córas an chleamhnais bunaithe agus faoi mar a deir an tráchtaire agus é ag tagairt do stádas na mná óige neamhphósta, sa scéal 'Oidhridheacht Mhághnuis Uí Dhómhnaill' in *Ó Neamh go hÁrainn* [=*NÁ*]:

> Tá dhá rud ann a gheibh céile do mhnaoi - sgéimh agus airgead. Ní raibh ceachtar den dá thiodhlacadh seo ag Róise Chonaill Ruaidh. Agus nuair nach raibh, bhí na bliadhanta dá gcathamh agus gan na madaidh a' tafann. (*NÁ* 191)

Nuair a chuaigh an scéala amach ar fud an phobail go raibh oidhreacht ag teacht chuig Conall Ruadh, tháinig claochló suntasach ar mheon fhir an pharóiste i leith Róise: 'I n-aon seachtmhain amháin d'éirigh Róise Chonaill Ruaidh comh h-álainn sin is nach raibh a leithéid eile sna trí phobal' (*NÁ* 194). Dála an-chuid scéalta de chuid Mháire, baintear feidhm as casadh íorónta i gcríoch an scéil seo.

Bean óg a bhfuil tuairimí soiléire daingne aici féin i dtaobh an ghrá is an chleamhnais is ea Siubhán Fheargail sa scéal 'Aisling Shiubhán Fheargail' in *Úna Bhán agus Scéalta Eile* [=*Úna*]. Tuigeann sí go rímhaith an fáth go bhfuil an oiread sin fear ag léiriú spéise inti tar éis di carn airgid a fháil le huacht. Díol suime é an tslí a mbaineann an bhean óg féin leas íorónta as friotal rómánsúil an ghrá:

> Maighistirí sgoile agus lucht siopaí, doctúir an Inbhir Bhig agus oifigeach píléirí as Port na Long. Agus Padaí Mór Chaisleán na Finne féin bhí an t-iomrádh go raibh a shúil aige uirthí. Chinntigh seo do Shiubháin gurbh' aicí féin a bhí an dearcadh ceart i gcómhnuidhe. 'Tá mé iongantach dóigheamhail anois,' ar sise lá amháin le Méaraí Pheigí Taimí. 'Ní raibh mo leithéid eile riamh ar a' tsaoghal. Ní raibh Helen na Traoi ná Deirdre na Craobhruaidhe leath féin ion-churtha liom. Mo bhrágha mar chlúimh na h-eala, mo shúil mar réalt na maidine. . . . Acht ní mé féin atá áluinn acht mo chuid airgid.' (*Úna* 192)

I scéal dar teideal 'Colorado' (*Oidhche*) tagaimid ar bhean óg a bhfuil fios a hintinne féin aici de réir dealraimh:

Ní raibh de theaghlach ag Séimidh Ó Braonáin is ag a mhnaoi acht Méadhbh. Bhí talamh is eallach is caoirigh aca, agus dornán maith airgid. Agus, ar ndóighe, le Méidhbh a thuitfeadh an t-iomlán. Bhí fir óga sa dúithche adéarfadh go mb'fhiú a pósadh ar mhaithe léithe féin, gan trácht ar chor ar bith ar chrudh. Cailín críonna a bhí innti agus cailín deagh-lámhach. Bhí a dearcadh a' cur le n-a buaidheannaí. Bhí droch-mheas a' tsaoghail aicí ar 'chailíní baile mhóir.' 'Béarógaí beaga beadaidhe,' adeireadh sí. 'Ciotacháin gan lámh gan cos. Ar shiubhal is cultacha aeracha ortha. Cultacha a tógadh ar cáirde.' Ní théigheadh sí chuig damhsa ná chuig cuideachta de chineál ar bith. Ní théigheadh sí 'un an aonaigh acht nuair a théigheadh sí ann a dhíol a cuid abhrais. Ní phósfadh sí go mbeadh sí i gcionn a seacht mbliadhan fichead - an aois chéadna a bhí a máthair nuair a pósadh í. Bhí a fhios aicí cé a phósfadh sí nuair a thiocfadh an lá. (*Oidhche* 314-5)

Dála go leor scéalta eile leis an údar seo, braitear faobhar na híoróine in imeachtaí an scéil seo, go háirithe sa chasadh i gcríoch an scéil. Ar an iomlán, ámh, caithfear a rá gur scéal gan spionnadh gan spréach é, toisc nár bacadh le forbairt d'aon saghas a dhéanamh ar smaointe ná ar mhianach neamhspleách na mná óige ionas go n-airítear ar deireadh thiar nach bhfuil substaint ar bith i gcarachtracht na mná céanna.

Sa scéal 'Rogha an Dá Dhíoghadh' in *Fallaing Shíoda* [= *Fallaing*], feictear bean i mbun cleamhnais, bean strainséartha ó cheantar Ghleann Beara a thagann le 'teachtaireacht' chuig Nuala Thuathail Óig atá á hullmhú féin le filleadh ar Mheiriceá ó tharla nár cuireadh ceiliúr pósta uirthi ina ceantar dúchais féin. Tar éis roinnt laethanta a chaitheamh i mbun machnaimh agus i mbun agallaimh lena deartháir, toilíonn Nuala an fear as Gleann Beara a phósadh agus an chuid eile dá saol a thabhairt sa cheantar sin ar an gcoinníoll go gcuirfear i gcuideachta a muintire féin í tar éis bháis di.

Tugtar faoi deara gurb í máthair na mná óige atá i mbun cleamhnais sa scéal 'Íseal agus Uasal' (*NÁ*): 'Comh luath is bhí an bhean óg ion-phósta thoisigh an mháthair dh'iasgaireacht fear. B'iomdha uair a chaith sí amach an eangach agus tharraing sí isteach arais folamh í' (*NÁ* 217). In ainneoin scéiméireacht na máthar sotalaí seo, ámh, chuaigh di an fear ar mhaith léi dá hiníon a mhealladh chuici.

Sa scéal 'Gile na Gile' (*An Bhratach agus Gearrsgéalta Eile* [= *An Bhratach*]) tráchtann fear arbh é a chúram cleamhnas áirithe a chur i gcrích ar an tslí a ndeachaigh sé i mbun a dhualgais ionas gur deineadh cleamhnas sásúil.[5] Cuireann sé lánúin an chleamhnais i gcomparáid le lánúin a phós le teann grá. Is sonasaí agus is suaimhní go mór é saol lánúin an chleamhnais ar deireadh.[6] Mar a bheadh súil leis, déantar codarsnacht idir an 'grá' agus cur chuige praiticiúil an chleamhnais sa scéal seo, mar shampla:

> 'B'fhéidir sin,' arsa Muircheartach. 'Acht nach iad muinntir na h-áite seo atá i bhfad ar gcúl. Acht b'fhéidir nach cóir bheith i n-a dhiaidh ortha. Níor shiubhail siad. Ní fhaca siad a dhath. Níor léigh siad a dhath. Ní fhuil ciall ar bith do ghrádh aca. Ní fhuil ann acht nuair bhéas aois a phósta ag fear a ghabháil amach dh'iarraidh mná mar rachadh sé go h-Aonach Jack a cheannacht bó. Annsin dhéanfar cleamhnas eadar giota talaimh agus cupla punta de chrudh. Ní fhuil sa lánamhain, dar leat, acht leithsgéal.' 'M'anam gur maith sin giota talaimh agus dornán airgid,' arsa mise. 'Ní bhíonn aonduine beo ar a'ghaoith.' 'Má tá beirt i ngrádh le chéile,' ar seisean, 'tiocfa siad i dtír ar dhóigh éigin.' (*An Bhratach* 147-8)

Is iomaí blúire eolais a chrochfadh an léitheoir leis i dtaca le cúrsaí cleamhnais de agus scéalta Mháire á léamh aige, eolas a gheobhfaí i seanchas agus i seanfhocail na muintire, leis. Mar shampla, cuirtear in iúl go ndéantaí muintir agus cúlra an duine óig a mheas agus a iniúchadh go géar, ar eagla na drochdheoire. Chítear an tagairt éadromchroíoch seo sa scéal 'Ciall na Mná Duibhe' (*NÁ*), cuir i gcás: ' An raibh sí céillidhe? Chuirfeadh sé faisnéis, ar eagla na h-eagla. Sgiordaidh éan as gach ealt' (*NÁ* 145). Agus deirtear i scéal dar teideal'An Droch-dheor'(*Úna*):

> B'fhéidir go bhfuil tú féin ar fheabhas Éireann agus ar an ádhbhar sin muintir a' bhaile laghach carthannach leat. Acht má bhí aon bhall dubh ar aon duine dá dtáinig rómhat ar feadh sheacht líne siar, is miste duit é nuair bhéas do chleamhnas dá dhéanamh. (*Úna* 240)[7]

Thabharfadh an léitheoir leis ó scéalta Mháire go raibh an tuiscint ann, leis, nár rathúil an mhaise é do mhuintir oileáin muintir na míntíre a phósadh, téama a fhorbraítear in 'Do Bhean is do Chlann' (*NÁ*), cuir i gcás:

> Ba é cómhairle an duine aosta riamh anall 'do chleamhnas ar a' charn aoiligh agus do charas Críosta i bhfad ó bhaile.'Ar feadh na gcéadtaí bliadhan rinne muinntir an oileáin an chéad chomhairle

aca seo a choimhlíonadh. Rinne siad a gcleamhnas sa bhaile. Ní thiocfadh fear ar bith amach go tír mór dh'iarraidh mná. Ní bheadh maith d'aon fhear as tír mór a ghabháil'un an oileáin dh'iarraidh mná. Ní ghlacfaidhe é. (*NÁ* 80) Tagraítear sa scéal céanna do chleamhnas atá á bheartú ar Oileán na Glaise. Cuid suntais é an cur síos moltach ar an mbean óg sa ghiota seo:

> Ba é Conall Brocach' ac Conóglaigh an fear a ba láidire a bhí ar an oileán le n-a linn féin. Fear neartmhar a bhí ann, agus bhítheas a' déanamh cleamhnais dó féin agus do chailín as an oileán. Bhí an cailín sin a' foirstin dó ar an uile dhóigh. Bhí sí comh mór is comh láidir le fear comhthrom ar bith. Dá bhfeictheá a' teacht anuas a' dóirling í agus curach ar a druim léithe; dá bhfeictheá í 'ghá lannsáil i mbéal na tuinne agus a' gabháil de léim isteach ann; dá bhfeictheá i gcionn a céasladh í agus í ag imtheacht amach béal a' Tuir Bhuidhe a thógáil potaí gliomach, déarfá dá mba dual sliocht díthe féin is do Chonall Bhrocach go mbeadh clann mhac aca nach raibh a leithéid fá na cladaigh ó bhí Balor i dToraigh. (*NÁ* 81)

Ach, faoi mar a deir an scéalaí - agus faoi mar a thuigfeadh léitheoirí díograiseacha scéalta Mháire go binn - '. . . níor cheaduigh an chinneamhaint é' (ibid.).

Tagraíodh ó chianaibh do fhir a phósadh mná ar son na spré a ghabhfadh leo. Patrún scéalaíochta de shaghas eile a shonraítear i scéalta seo an chleamhnais ag Máire is ea an fear óg a bheith gan sméaróid i ndiaidh a mhuirnín - ar spéirbhean sciamhach suáilceach í - agus ansin chítear go dtuirlingíonn scamall an duaircis ar an bhfear céanna toisc go dtoilíonn an bhean óg dul i gcleamhnas le fear eile a bhfuil níos mó saibhris nó talún aige ná mar atá ag an ógfhear tréigthe atá i bpian an ghrá.[8] Ní deacair téamaí na n-amhrán grá a aithint - amhráin ar nós 'Bríd Óg Ní Mháille', 'Buachaill ón Éirne' agus 'Cuaichín Ghleann Neifín,' cuirim i gcás. Tréigean fuarchroíoch nó cleas fealltach a bhíonn i gceist go minic, dar leis an bhfear óg cráite i scéalta Mháire. Deir fear díomuach amháin:

> Bídh súil ag fear len-a rúin-searc go dtéigh a méar i sealán le fear eile. Ansin mar adubhairt a' fear a teilgeadh 'un a chrochta, tá deireadh gach aon sgéil aige. Ní fhuil ann i n-a dhiaidh sin acht a' seachrán agus a' dorchadas'. ('Lán de Stuaim,' *Fallaing* 157-8)

De ghnáth, áfach, tagann an fear chuige féin arís, pósann sé bean eile agus bíonn saol sona sásta aige ina dhiaidh sin. Rud eile, ní annamh an fhaoileann mná a loic ar an bhfear ag iompú amach ina báirseach dhéanta (agus í ina bean phósta) ionas go mbíonn an fear ríbhuíoch ar deireadh nár phós sí é nuair a bhíodar araon i mbláth na hóige. Pléifear an t-ábhar seo arís i gCaibidil 2.

Féachfar anois ar théama an chleamhnais i scéalta an Chadhnaigh. Scéal luath dá chuid is ea 'An Cleamhnas' a foilsíodh in *An Stoc* sa bhliain 1930.[9] Mar seo a chuirtear mothúcháin Cháit in iúl tar éis di a chlos i dtaobh an fhir atá roghnaithe ag a hathair di:

> Nach breagh nach leigfeadh a h-athair dhi féineacht! Le h-aghaidh léin a rugadh í dar léithi féin; le h-aghaidh 'aisteamhlachta' a h-athar a shárú. Níorbh fhiú leis í a cheadú fiú amháin go dtiubharfadh sé do'n fhear seo í. Shílfeá gurb é an chaoi a raibh sí aige, le bronnadh ar a rogha duine. Bhí sé ceapadh go gcuirfeadh sé faoi deara dhi é phósa, sin nó go meallfadh sé í nó rud eicínt. Ba mhór a' mearbhall a bhí air, muis. Ní phósfadh sí féin ach Peadar Sheáin Éanna, dá mbeadh sé léithe go liathfadh a cheann. (*An Stoc*, Meitheamh 1930, 10)

Agus é ag trácht ar an gcleamhnas i gcomhthéacs an scéil seo, deir Gearóid Denvir (1987:19): 'Bhíodh an lá i gcónaí ag an dearcadh fóntaíoch ar an dearcadh rómánsúil'. Agus maidir le Cáitín: 'Earra a bhí inti le reic ar mhargadh an tsaoil leis an gcustaiméir ab fhearr a thiocfadh an bealach' (ibid.).

Cuireann an cleamhnas cor mór i gcinniúint Nóra agus Bhríd sna scéalta 'An Bhearna Mhíl' agus 'An Bóthar go dtí an Ghealchathair' a foilsíodh sa chnuasach *An Braon Broghach* [= *BB*], scéalta a bheidh á bplé i gCaibidil 2. Tagann cúrsaí cleamhnais i gceist i roinnt scéalta in *An tSraith ar Lár* [=*SL*] leis, mar shampla sa teidealscéal, 'An tSraith ar Lár', áit ar léir gur mhair grá an fhir don bhean nár ceadaíodh dó a phósadh, ar feadh a shaoil:

> Treasna ón séipéal sa gcúinne thiar adua bhí an chrois íseal   phointeáilte, an scríbhinn ar chúl doininne, gaoithe agus gréine, sudóg bheadaí shuáilceach de chrois, ar nós an té a bhí fúithi: a roghain féin thar mhná, ach nach raibh sí sách maith ag a mhuintir. Ba dheacair a ligean i do ghaire nach raibh i gCáitín mheanmnach ach meall den chré dhubh. D'éalaigh an deoir mar bheadh ciaróg ann amach ó íochtar a fhora críonchneasaí. D'oscail í len a cuimilt le droim críonláimhe giongaí . . . (*SL* 44)

Sa scéal 'Beirt Eile' (*SL*), is léir go dtagann cruachás Mhicil chun léargais de réir a chéile i gcomhthéacs an chleamhnais a deineadh dó. Níor theastaigh ó Mhicil Bríd a phósadh toisc go raibh sé splanctha i ndiaidh Mháirín ach chuaigh a thuismitheoirí bog agus crua air go dtí gur ghéill sé go drogallach ar deireadh:

> De ghrá an réitigh, leisce na síorsháraíocht, drogall a dhul coilgdhíreach in aghaidh a athar agus a mháthar - chaithfeadh sé gur saghad as an lios a bhuail é as a dheire - phós Micil an céad punt, na cupla bearach agus Bríd. (*SL* 98)

Is é íoróin an scéil, ar ndóigh, ná nach raibh aon rath orthu mar lánúin phósta. Tá sé le tuiscint nár cuireadh an pósadh i gcrích. Scrúdófar ról agus íomhá na mná céile i gCaibidil a 2 ach i dtaca le cúrsaí cleamhnais de, is léir nár mhaolaigh ar mhíshástacht Mhicil lena thuismitheoirí agus na blianta á gcaitheamh, ach a mhalairt ghlan. Braitear nach maithfidh sé dóibh choíche é. Le teann frustrachais, seirfin agus cantail deir sé agus é ag machnamh ar a shaol seasc gan phaisean, gan pháiste: 'Anois b'fhéidir an dtiúrfaidís leanbh dhó? An dtiúrfadh a gcual cré sa reilig sin thiar oidhre dhá ghabháltas mór a bhí ag dul chun báin?'(*SL* 99).

Chonacthas do Chriostóir Mac Aonghusa (1967:30) go raibh 'neart thar fóir agus fírinne scáfar' sa scéal áirithe seo. I dtaca le míshonas an fhir de bharr an chleamhnais a deineadh dó, tagraíonn Mac Aonghusa do amhrán de chuid an phobail ina bhfuil na línte seo a leanas:

> Is trua nach dtagann Acht amach,
> Mar thigeann ar bhó nó ar chaora
> An té nach dtaitníonn a bhean sa leaba leis
> Í thiomáint ar an aonach. (Ibid., 31) [10]

Gearrscéal fuaimintiúil dodhearmadta é 'Teangabháil' (*Dúil*) le Liam Ó Flaithearta, scéal a foilsíodh ar dtús in *Comhar*, Iúil 1946. Foilsíodh dhá leagan Bhéarla den scéal [11] agus faoi mar a deir Tomás de Bhaldraithe (1967: 37):

> Is mór idir stíl an Bhéarla sna haistriúcháin seo agus stíl na Gaeilge... sa chaoi nach ionann atmasféar, blas ná stíl don leagan Gaeilge is do na haistriúcháin; agus go bhfuil athrú bunúsach ar bhrí an scéil sa chéad leagan Béarla.

Chonacthas do Niall Ó Dónaill (1953: 18) go raibh 'Teangabháil' ar cheann de na gearrscéalta aigneolaíochta ab fhearr dar léigh sé riamh. Tráchtann sé ar a ghafa is a bhí sé leis an scéal agus ar an díomá a tháinig air féin ar thuiscint dó gur mheatachán ba ea Beartla:

> Níl a fhios agam cad chuige ar léim chun m'intinne ar an toirt an pictiúir le Seán Céitinn: *An Aran Fisherman and his Wife*. An chéad uair fadó a bhreathnaigh mé an pictiúir sin chonacthas dom go raibh barruaisleacht an iarthair in aghaidh agus in iompar na mná agus go raibh luaimneacht an ghearria san fhear.

D'fhéadfaí an scéal a léamh mar cháipéis ar shaol sóisialta Árann[12] agus faoi mar a dhearbhaíonn Louis de Paor (1998:23) agus é ag tagairt do chaint na bhfear ar an trá i dtosach an scéil:

> Theastódh eolas éigin ar shaol traidisiúnta na tuaithe in Éirinn anuas go dtí an chéad leath den aois seo ón léitheoir chun brí shásúil a bhaint as allagar na bhfear sa mhéid sin. Tá luachanna eacnamúla na talún agus riachtanas cruálach an chleamhnais fite go dlúth in uige a gcuid cainte.

Maidir le radharc tosaigh cáiliúil an scéil[13] sonraítear an 'vivid visual imagination' (A. A. Kelly 1976, 39, 63) ar dlúthchuid de scéalaíocht Uí Fhlaithearta trí chéile é agus thairis sin, tuigtear cad ina thaobh go sonrófaí tréithe agus rithimí fileata i bprós an údair seo.[14] Braitear an fuinneamh iontach neamhshrianta, primitíveach i ngluaiseacht thosach an scéil, '. . . an nádúr ar fad i dtiúin leis an duine agus ag tórmach le bríomhaireacht na beatha' (Ó Dúshláine 1978, 87). D'fhéadfaí ráiteas de chuid Brendan Kennelly (1979:175) i dtaobh Uí Fhlaithearta a lua agus duine ag trácht ar thosach 'Teangabháil', mar atá: 'He seems attuned to the astounding energies of life itself; and this is why his prose frequently has the intensity and strong momentum of a poetry whose primary impulse is wonder, admiration and praise'.

Cruthaítear codarsnacht choscrach idir spleodar agus anamúlacht theaspúil Cháit i dtosach an scéil agus an chloíteacht agus an lagsprid a ghlacann seilbh iomlán ar a croí cráite i gcríoch an scéil. Tá tuigthe ag Cáit, ar 'cailín tréan de chuid Árann í, agus í, mar cheapfá ar shliocht Nietchze' (Mac Aonghusa 1953, 18), gur meatachán é Beartla nach seasódh an fód in aghaidh a hathar go deo agus tá tuigthe aici, leis, go bhfuil a margadh déanta: 'Tá mé díolta acu mar bheadh banbh muice' (*Dúil* 127). Ráiteas beacht cráite a nochtann tocht agus dólás an phríomhcharachtair atá sa mhéid sin.

Seans go rithfeadh an líne 'Is a' gcuala sibh mar seoladh mé go hóg a dhéanamh m'aimhlis' leis an léitheoir, líne as an amhrán ' Fuígfidh Mise an Baile Seo' a chuirtear i mbéal mná ar deineadh cleamhnas di.[15] Chítear Cáit i radharc deiridh an scéil, í ar foscadh faoi chlaí ard toisc go bhfuil clocha sneachta ag titim go tréan; a croí scólta mar go dtuigeann sí gurbh é an chéad teagmháil le Beartla an teagmháil deiridh a bheidh aici leis:

> Tháinig scread go dtí béal a scornaí, ach ní dheachaigh sé níos faide aníos. Bhí an dólás seo ró-dhoimhin anois le haghaidh caoineacháin. Níor rinne sí ach breathnú ar chlaí thall an bhóthair agus ar na clocha fuara geala bhí ag gabháil go borb ar na clocha fliucha glasa. (*Dúil* 127)

Chítear gur fágadh abairt deiridh leagan *Comhar* 1946 ar lár, mar atá: ' Aie! Aie! Clocha sneachta agus cailín óg gan caoineadh os cionn corpáin a grádha' (*Comhar*, Iúil 1946, 3). Pointe beag inspéise é an tagairt shoiléir do dhéistean Cháit i ndara leagan Béarla an scéil:

> Then the sorrow of eternal hell followed close upon that drunkening thought, as she realised that this first touch of love would be the last and that she was henceforth sold to a man whose touch would be a torture to her flesh. (O' Flaherty 1948, 63)

Maidir le críoch 'Teangabháil':

> Le friotal simplí tugann Liam Ó Flaithearta a shainléargas ar an saol cruálach a chrapann fás mothálach an duine agus ar an ngaol comhbháidh idir an duine agus an dúlra a bhfuil a chroí mór ag bualadh ar aonluas le croí truamhéileach an duine. (de Paor 1998, 27)

Níl aon amhras ná go n-éiríonn go seoigh leis an údar cás coscrach an phríomhcharachtair a áiteamh ar an léitheoir agus is follas go bhfuil an méid sin déanta go healaíonta aige i mbeagán focal. Maidir le hathair Cháit, 'fear beag cruiteach é' (*Dúil* 117) agus is leor an cur síos gonta Flaitheartach sin air le go dtuigfeadh an léitheoir nach aon ghaiscíoch móraigeanta é ach a mhalairt ar fad - é cancrach drisíneach tútach. Chítear nach dtéann aon stad air ach é ag radadh maslaí le Beartla nuair a thuigeann sé conas tá an scéal idir a iníon agus an t-ógfhear dathúil. Baineann áibhéil leis an léiriú a dhéantar ar an athair, díreach mar a bhaineann iarracht den róshimplíocht le carachtracht Bheartla. Ach tuigtear nach spéis leis an ngearrscéalaí seo aon róthamall a chaitheamh i mbun anailíse ar shíceolaíocht a chuid carachtar, rud a chiallaíonn gur minic na carachtair scéil aige dubh nó bán agus iad ina bhfeidhmeanna nó ina dtípeanna de chuid na sochaí atá á léiriú.

Tugtar faoi deara i luathscéal Béarla de chuid Uí Fhlaithearta, scéal ar a raibh an teideal íorónta 'Lovers',[16] go dtagraíonn seanbhean do easpa sonais a saoil de bharr an chleamhnais a deineadh di ina hóige agus dearbhaíonn sí nach bhfuil aon ní fanta ina saol anois: '. . . nothing only a sad, sad memory of a love that was strangled in its cradle' (Mercier 1992, 244).

Scéal cleamhnais eile ina bhfeictear toil an athar á comhlíonadh is ea 'Margáil' (*An Stáca ar an gCarraigín* [= *Stáca*]) le Conchubhar Ó Ruairc. Is léir go raibh athair Mháire Ní Dhálaigh dian uirthi chomh fada is a bhain le siamsa agus meidhréis na hóige. Uair dar thagair Máire don halla rince, d'fhreagair sé í go pras:

> Ach cad ab áil leatsa de hallaí rince, a chailín! Do thoicí gan spré gan talamh a ceapadh na hallaí sin an chéad lá riamh, do chailíní a fhéadfaidh codladh go headra an lá ina dhiaidh sin gan bó le crú ná muc le beathú acu. Tá rud is fearr ná rince agat; tá feirm talún agat. (*Stáca* 82)

Insítear don léitheoir go raibh a chúiseanna féin ag athair Mháire le bheith ag deimhniú na socruithe cleamhnais di:

> Mura raibh go raibh sé báite i bhfiacha agus an dlí á bhagairt air ag an mbanc ní bheadh baint, páirt ná déileáil aige le Brianaigh an ocrais; ach nuair a bhíothas ag teannadh air ba mhór an chabhair Dé dó trí chéad punt spré a fháil. D'fhágfadh an fáltas sin i mbun a neamhspleáchais é. (*Stáca* 82)[17]

Ógbhean chiúin ghéilliúil í Máire:

> . . . ba chuma i dtaobh aon ní. Bhí gach rud socair di ag a hathair agus ag a máthair. Ba iad ab fhearr chuige. Ní dheachaigh Máire ina gcoinne in aon socrú dar dhein siad riamh di agus níor bhaol di é a dhéanamh anois. (Ibid.)

Scéal neamhchasta dea-inste é 'Margáil', mar a bhfeictear an bheirt óg atá ina dtost agus tuismitheoirí na beirte acu i láthair i gcúlsheomra theach tábhairne chun socruithe an chleamhnais a dheimhniú agus a chur i gcrích. Is iad na fir a dhéanann an mhargáil, ar ndóigh, ach tugtar éachtaint don léitheoir ar smaointe na máithreacha agus na ndaoine óga leis. Is léir claonadh chun róshimplíochta agus chun éadoimhneachta i gcúrsaí carachtrachta trí chéile. Ar an iomlán, airítear go bhfuil gnátheachtra i saol tuaithe na ré áirithe sin á léiriú.[18] Tuigtear a oiriúnaí is atá teideal an scéil agus, ar ndóigh, cuireann suíomh agus cúlra an scéil treise le ról fulangach na mná óige.

Tagraíonn Críostóir Ó Floinn don chleamhnas sa scéal 'Ag imeacht le sruth' (*Oineachlann* [=*O*]), scéal ina léirítear déine agus brúidiúlacht athair na mná óige agus géilliúlacht mhífhonnmhar phríomhcharachtar an scéil:

> Ghéill sise riamh dá hathair, chomh coileánach céanna is a ghéill seisean do Pháid agus dá n-athair féin. Chonaic sé rian na beilte ar a cneas. Ghéill sí go dúrúnta, a dhála féin. Níor fhan beo inti ach an dúil. Níor fhan de mhná sa taobh tíre ach í agus na cailleacha, ionas gurbh ábhar maíte le Páid é gur ghnóthaigh seisean i gcleamhnas í thar a raibh d'fhir ag teacht dá hiarraidh as na paróistí máguaird. . . . (*O* 76) [19]

Scéal éadrom i dtaobh an chleamhnais atá in 'Cúrsaí Cleamhnais' (*Na Stiléirí agus Scéalta Eile Aniar* [=*Stiléirí*]) le Seán Ó Conghaola, mar a bhfeictear fear i mbun margála agus éirithe go geal leis, dar leis, go dtí go gcloiseann sé gur éalaigh an bhean óg lena dhearthair féin! Faoi mar a thuigfí, is dócha, níor bhuail aon daol pósta an fear bocht ina dhiaidh sin agus ba ag a dhearthair agus ag mac a dhearthár a fágadh a ghabháltas ar deireadh thiar. Bean threallúsach í ógbhean an scéil seo.

Agus meon éadromaigeanta i leith an chleamhnais á phlé againn, chítear an greann ag spréacharnach sa scéal 'Cleamhnas Thomáis Pheadair' (*Fuine Gréine* [=*FG*]) le Pádhraic Óg Ó Conaire, go háirithe san agallamh beirte idir Micil, an basadóir, agus Tomás, feirmeoir ar beag a spéis i gcúrsaí cumainn agus pósta. Is í an mháistreás scoile ar bean óg shuáilceach í, atá á moladh ag Micil ach tá Tomás go dubh in aghaidh an phlean sin:

> 'Ach ní dhéantar cleamhnas ar bith do dhaoine móra mar mháistreásaí scoile. Tá ré an chleamhnais thart pé scéal é, san áit seo chaoi

ar bith. Ag déanamh dearg-leibide díom féin a bheinn dá dtéinn soir
ann. Sé an gadhar a scaoilfí ionam. Seo é saol na fichiú aoise'. (*FG*
91)

Ní ghéilleann Micil don dearcadh réasúnta seo, áfach:

> 'Deirimse leatsa, a Thomáis, gur ríméad a bheas ar an máistreás agus
> í ag beathú do chuid eallaigh. Feicfidh tú féin nach ar sheanrothar
> gíoscánach meirgeach a bheas tú ag dul chuig an Aifreann feasta ach
> i mótar mór agus brat glún ar do ghlúine móra cnapacha'. (*FG* 92)

Tá fios a intinne féin ag Tomás, ámh:

> 'Bruach de bhean nár mhór domsa leis an ngabháltas seo a oibriú i
> gceart. Tá sé ag déanamh luachra cheal saothraithe. Bean níocháin,
> cléibh, cuinneoige is fuála a theastódh in áit mar seo. Cén mhaith
> domsa bean a bheadh ag greadadh pianó Domhnach is dálach?' (*FG*
> 92-3)

Tagraítear don chleamhnas i dtosach an scéil 'An Dílleachtaí'
(*Athaoibhneas* [=*AA*]) le Pádhraic Óg Ó Conaire, leis, mar a bhfuil
cur síos ar fhear meánaosta nach n-éiríonn leis aon bhean a
mhealladh, in ainneoin a shaibhris. (Tuigtear ó chur síos
coiméideach an údair nach bhfuil sé ar an bhfear is dathúla sa
pharóiste.) Nuair a chloiseann Colm Bán go bhfuil sé ar intinn ag
an bhfear seo, ar a dtugtar Maol, dul ar thóir mná i bhfad ó
bhaile, déanann seisean cleamhnas a shocrú dá iníon leis go pras:
'Mí tar éis an ama sin bhí Maol agus Meaig Choilm Bháin pósta'
(*AA* 59). Ní deirtear aon ní in aon chor i dtaobh conas a bhraith
an bhean mar ghcall ar an gcleamhnas a socraíodh di.

Tráchtar sa scéal 'Clann a Thóigeanns' (*Stiléirí*) ar chúrsaí
cleamhnais mar shlí áisiúil chun fáil réidh le 'gairmneach
dhiabalta mná' (*Stiléirí* 87) - ar deirfiúr chéile í sa chás seo agus ar
bior sa bheo í, nach mór.

Sa scéal 'Mac a Mháthar' (*AA*) le Pádhraic Óg Ó Conaire, tá
trácht ar chleamhnas a deineadh do bhean óg a raibh aistíl ag
baint léi:

> Ach níor dheacair Antaine a bhogadh. Ní raibh uaidh ach an iníon, a
> thugadh bunáite an lae thiar sa seomra ag cniotáil agus ag caint léi
> féin, a chur i gcrích.... Ag Aifreann an Domhnaigh, an uair annamh a
> théadh sí ann, thiúrfá suntas di thar aon bhean eile, í dathúil, fionn,
> séimh, scoilt i lár a gruaige agus an folt álainn ceangailte go docht
> ina bhurla ar chúl a cinn, í gléasta go snasta córach. Thoiligh sí sa
> deire, nó dúirt a hathair gur thoiligh, dul faoi chuing le Seán Ó
> Giolláin. (*AA* 122)

Athair a bhfuil fíorchion aige ar a iníon a chuirtear i láthair sa ghearrscéal 'Arraingeacha' (*An Lánúin agus Scéalta Eile* [*=L*]) le Pádraic Breathnach, athair atá buartha toisc gur ríléir dó go bhfuil a iníon meallta ag scabhaitéir cealgach. Is sa chomhthéacs seo a luann an t-athair fear a bheadh oiriúnach dá iníon, dar leis, is é sin, fear cneasta scafánta, oibrí den scoth a bhfuil idir thalamh agus airgead aige, fear a d'fhéachfadh chuige go mbeadh saol maith ag a bhean chéile.[20] Níor léir dá iníon, Sail, ámh, gur mhaith an chuid mná é Beairtle Mhailic. Airítear greann na háibhéile sa chur síos ar an bhfear seo ó thaobh pheirspictíocht na mná óige de :

Ba díol fonóide é murach gur díol truaí. Dia idir sinn is an anachain, dronn dhona coca féir air, spideog síoraí lena shrón mura préachán féin scaití é. Mála domhain donn ina chroibh a chuirfeadh snáthaidí samhnais i do ghoile, agus seanchóta crónliath ó aimsir Chluain Tarbh caite ar a chabhail; péire wellingtons brocacha ón díle air. Cloigeann carrach faoi chaipín speic. (*L* 138)

B'fhearr go mór leis an mbean óg dul go Sasana:

'Cén mhaith saol más lena chaitheamh le broc i muclach é? Cén mhaith a bhruach portaigh, a gharraí fataí, a chúilín tornapaí? Bíodh an diabhal acu agus iad aige! Saol cathrach atá uaimse! Saol glan! Éadaí deasa! Cé d'fhanfadh san aistreán uaigneach seo ach deis éalaithe a bheith [aige]? Fágfadsa í. Fágfadsa fós í le bealach. Gabhfad go Sasana...'. (*L* 138)

Ar deireadh thiar, ní phósann Sail an cealgaire ná Beairtle Mhailic ná ní éiríonn léi Sasana a bhaint amach. Tráchtfar ar an scéal seo arís i gcomhthéacs théama an ghrá.

1.2 An Imirce

Chítear gnáthphatrún scéalaíochta sa scéal 'Beirt a bhí seal i nGrádh' (*TTSE*), mar atá, an t-ógfhear a chaithfidh dul go Meiriceá toisc nach bhfuil talamh ná trá aige ná aon dóchas dhul chun cinn aige ina cheantar Gaeltachta féin. Mar a dhéantar de ghnáth i scéalta imirce mar seo, déantar cur síos ar an gconbhóidh agus dírítear aire an léitheora ar an gcumha a bhraitheann tuismitheoirí an duine óig atá ar tí imeacht, ar

ghnaíúlacht agus mhuintearas na gcomharsan agus ar shuaith-
eadh croí agus aigne an té atá ag dul ar imirce. Sa chás seo, tá
teipthe ar an ógfhear a ghrá geal a mhealladh chun imeacht go
Meiriceá leis. Níor mhaith leis an mbean óg a tuismitheoirí a
bhuaireamh. Mar is gnách sa scéal imirce ag Máire, tá an t-
imirceoir dóchasach nach fada go mbeidh sé ag filleadh ar a
cheantar dúchais. Ní chreideann a rúnsearc, ámh, gur mar sin a
bheidh. Faoi mar a deirtear i saothar eile le Máire: 'Cúig bliadhna
a chuir siad uilig ortha féin'.[21] Cruthaítear pictiúr beo coscrach
den bheirt óg agus iad ag rince lena chéile den uair dheiridh:

> Ó tháinig an oidhche bhí an bheirt fá chúmhaidh agus fá bhrón.
> Bhí ualach trom ar an chroidhe aca agus gan a dhath le faoiseamh a
> thabhairt dóbhtha. Ní thiocfadh leo toiseacht a chaoineadh i lúb na
> cuideachta. Ní rabh gléas ar bith aca a racht a leigean amach gur
> thoisigh siad a dhamhsa. Ba é seo a n-am le slán a fhágáil ag a chéile.
> B'fhéidir gur samhladh dóbhtha araon gur bh'é an cúrsa deirean-
> nach aca é. Chonnaictheas don mhuinntir a bhí ina suidhe thart ag
> amharc ortha go rabh coraidheacha agus céimeannaí aca nach
> bhfacthas ariamh roimhe sin aca. Bhí siad mar rachadh an damhsa
> ina gceann dóbhtha. Nuair ba cheart dóbhtha bheith ag éirghe
> tuirseach, ní rabh siad acht ag teacht 'un béil. Fuair an fidileoir é féin
> croidhe agus aigneadh. D'éirigh sé ina sheasamh. Bhí ceol dá bhaint
> as an fhidil aige nár bhain sé riamh aroimhe aisti. Bhí sé mar
> thuigeadh sé go rabh dhá anam ag ceileabhradh dá chéile agus gur
> bh'é a dhualgas a gcomóradh le ceol a mhairfeadh ina gcroidhe agus
> ina gcuimhne go gcastaidhe ar a chéile iad i Ríoghacht na Glóire.
> (TTSE 86-7)

Agus é ag trácht ar an turas a chuir Mícheál de go Loch an
Ghainimh agus a mhuintir agus a chairde gaoil ina theannta,
tugann an tráchtaire cuntas ginearálta ar an turas sin:

> Ag an Chúirt a théigheadh an deoraidhe ar an charr a bhéarfadh go
> Leitir Ceanainn é, agus bhí malaidh Dhún Lúithche comh crochta is
> go dtiocfadh leis na daoine cos a choinneáil leis an chapall go
> mbéadh siad amuigh ar an airdeacht ar bhruach Loch an Ghainimh.
> Sin an áit ar scar muinntir na h-áite s'againne riamh leis an té bhí ag
> imtheacht. Is iomdha deor ghuirt a sileadh ar chladach uaigneach an
> locha sin ar feadh chéad bliadhan. (TTSE 90) [22]

Sa scéal 'Culaith an Phósta' (NÁ) chítear beirt ógbhan a
bhfuil tuairimí difriúla acu i dtaobh na himirce go Meiriceá. Bhí
fonn mór imeachta ar Mháire agus bhí sí riamh ag áiteamh ar a
cara dul in éineacht léi:

'Ní fhuil i ndán do cheachtar againn annseo sna Rosaibh acht a' t-
ánródh agus a' t-ocras. I n-ainm Dé músgail do mhisneach, agus
imtheóchaimid i ndeireadh an Fhóghmhair s'chugainn.' (*NÁ* 204)
Ach bhí leisce ar a cara, Nábla, an fód dúchais a fhágáil. B'fhearr
léi bheith beo bocht ina ceantar dúchais féin ná a bheith ag
iarraidh riar a cáis a bhaint amach i Meiriceá. Is gnách an
chodarsnacht seo a fheiceáil i saothar Mháire, mar atá, go bhfuil
saol na bhfuíoll i Meiriceá don té a shantaíonn é ach nach féidir
an suaimhneas anama a fhaightear sa cheantar dúchais a shárú.
Sásamh an neamhábharachais a bhíonn i dtreis, cuid mhaith.
Scríobh Máire chuig Nábla:

'. . . go raibh im ar uachtar agus mil ar luachair i Meiriceá, agus nach
bhfanfadh aon duine acht duine gan chéill i mbothógaí ocracha na
Rosann'. (*NÁ* 205)

Nuair a phós Máire fear óg óna ceantar dúchais thall i
Meiriceá, sheol sí grianghraf di féin agus dá fear ar lá a bpósta
chuig Nábla agus tugtar le tuiscint gurbh í culaith álainn na
brídeoige sa ghrianghraf sin a d'adhain beagán formaid agus
míshástachta i Nábla. Bhí sí trína chéile:

Ba mhaith léithe an chulaith sin a fheiceáil. An síoda mín a
mhothachtáil eadar a méara. An chulaith a chur uirthí tamall beag.
Tamall beag buídeach. Siubhal aníos is síos a' t-urlár inntí. A
ghabháil amach agus seasamh ar bhruach a' tobair agus amharc ar a
sgáile san uisce.... B'fhéidir go bhfaca sí sgáilí eile. Ní fhuil a fhios
againn. Ní fhuil a fhios againn acht go dtáinig smúid bheag
ghruamdha ar ghnúis an Eargail seal beag gearr. (*NÁ* 205)

Níor dheacair siombalachas a shamhlú leis an méid sin agus
tagann culaith na brídeoige sin i gceist arís níos sia amach sa scéal
ach faoin am sin tá teipthe, nach mór, ar pé inchreidteacht shíceo-
laíoch a ghabh le carachtracht Nábla go dtí sin.

Bancharachtar óg sciamhach a shamhlaíonn galántacht agus
flúirse le saol Mheiriceá, agus a shantaíonn an saol sin dá réir, a
chítear i dtús an scéil 'An Bhean Thug Tusa Domh' (*NÁ*):

Ba chuma caidé an t-éideadh a bhí uirthi bhí sí inneallta. Déarfadh
daoine mur' ndéanadh sí acht mála saic a chur aniar fá n-a guailnibh
go luighfeadh sé léithe mar bheadh fallaing bainríoghaine ann.
    Ar ndóighe bean ar bith a bhí comh h-áluinn sin i gcruth bhí
spéis ar leith i n-éadach aici. Nuair atchíodh sí cailín as a' chómhar-

sain a' teacht as Meiriceá agus culaith ghalánta uirthi ghoilleadh sé go dtí an croidhe uirthi. . . .

Is minic a chonnaic sí soitheach mór Mheiriceá ag éalódh siar taobh amuigh de na Mic Ó gCorra. Nár mhéanra a bheadh ar bórd uirthi, a'tarraingt siar ar a' tír i n-a raibh cultacha síoda, agus bróga geala agus fáinní óir! (*NÁ* 46) [23]

Sa scéal 'Na Sean-Fhóide' (*An Clár is an Fhoireann* [=*Clár*]) déantar cur síos ar bheirt a chaithfidh dul go Meiriceá más áil leo pósadh, óir níl mórán de mhaoin an tsaoil ag an bhfear óg agus dá bharr sin níl sé inghlactha mar chliamhain, dar le hathair Nuala. Níor theastaigh ón mbeirt óg gabháil thar chomhairle a muintire agus bhí drogall orthu a gceantar dúchais a fhágáil. Ní deacair an chaint seo a leanas a shamhlú le roinnt mhaith carachtar de chuid scéalta Mháire, a chaithfidh dul ar imirce mar go dtuigeann siad nach acmhainn dóibh pósadh go dtí go mbeidh bun déanta acu:

> Dá mbeinn-se ag imtheacht agus fios agam nach dtiocfainn arais, phógfainn carraigeacha an chladaigh, le cumhaidh. Saoilim go mbrisfeadh mo chroidhe. . . . Tá gaol againn uilig le Colum Cille. B'fhearr liom a' t-éag annseo ar a' Báinsigh ná sír-bheatha i Meiriceá. (*Clár* 84)

Agus, faoi mar a thiteann amach go minic sna scéalta seo, caitheann siad daichead bliain thall sular féidir leo filleadh ar Éirinn - iad dulta in aois agus dulta ó aithne ar an bpobal, a dtréimhse saoil geall le bheith caite agus na caisleáin óir a bhain le tréimhse na hóige fágtha ina smionagar anois.

Sa scéal 'Rogha an Dá Dhíoghadh' (*Fallaing*) chímid Nuala, bean a d'fhill ó Mheiriceá agus í ag súil le socrú síos ina baile dúchais:

> Acht ní rachadh sí ar ais go Meiriceá, ba chuma caidé mar bhéarfadh sí a beatha i dtír. Agus ar ndóigh ní raibh sí ó mhargadh go fóill. Ba dóighche go raibh pinghinneacha beaga airgid aici. Agus gheobhadh sí fear. (*Fallaing* 22)

Níor tháinig aon fhear óna ceantar dúchais á hiarraidh, áfach, agus is ag ceapadh go gcaithfeadh sí filleadh ar Mheiriceá a bhí sí nuair a tháinig bean ó cheantar eile chuici chun a rá léi gur spéis le fear sa cheantar sin, Gleann Beara, Nuala a phósadh. Tá dhá ní spéisiúla le tabhairt faoi deara sa scéal seo ó thaobh théama na himirce de: a) an fáth go raibh Nuala á lorg mar chéile ag Séarlas Fada agus b) an cur síos ar an obair mhaslach a dhein Nuala i Meiriceá - obair a ghoill ar a meanma agus ar a sláinte.

Maidir leis an gcéad phointe thuas, theastaigh saghas áirithe mná ó Shéarlas Fada mar chéile:

Ba mhaith leis 'Yankee' mná aige. Bean a choinneochadh cómhrádh leis ar a tsaoghal a bhí aige i Meiriceá. Bean a thuigfeadh an chéimid-heacht a bhí a' siubhal le cronomator óir agus le trí bhríste de'n Khentucky jean. (*Fallaing* 22)

Chítear go raibh an lánúin sona sásta lena saol i dteannta a chéile agus tuigtear go bhfacthas don bheirt acu go raibh céimíocht faoi leith ag baint leo mar lánúin i measc an phobail toisc taithí Mheiriceá a bheith acu.[24]

Maidir leis an obair a dhein Nuala Thuathail Óig i Meiriceá:

An teach nigheacháin a raibh sí ag obair ann. Dhá uair déag de lá sé lá na seachtmhaine. Gal trom dlúith i n-a timcheall. An t-urlár agus na ballaí fliuch báithte. Tormán na n-inneall i n-a cluasa...Annsin an chasachtach tháinig uirthi agus a lean díthe i rith Geimhridh, go dtí sa deireadh go dtáinig sí 'un a' bhaile le n-a bás, mar saoileadh. (*Fallaing* 23)

Ní minic a fhaightear tagairtí mar sin don sclábhaíocht i Meiriceá - agus go deimhin is beag cur síos a dhéantar sna gearrscéalta ar thaithí na mban Gaeltachta seo i Meiriceá - mar de ghnáth is ar an bhfonn éalaithe atá ar na mná ó dhearóile agus ó bhochtanas an bhaile a dhírítear.[25]

Sa scéal 'Meiriceá' (*Fallaing*), chítear an gnáth-théama á fhorbairt, mar atá, an dúil mhillteach atá ag na mná óga i Meiriceá mar go bhfeictear dóibh gurb ann a dhéanfaidh siad dul chun cinn dóibh féin. Déantar codarsnocht idir an méid sin agus an íomhá atá i gcroí an phríomhcharactair, Toirdhealbhach:

Chonnaic Toirdhealbhach deoraidhe bocht uaigneach agus a chroidhe 'á bhriseadh le cumhaidh i gcathair choimhighthigh. Chonnaic Róise bean i dtráigh fheamnaighe lá feannach Márta agus gan uirthí acht cóta dearg is máirtíní. Í a' teacht 'un a' bhaile nuair a bheadh a' tráigh déanta aicí, marbh leis an ocras agus gan fá n-a coinne acht preátaí fuar-bhruighte agus sgadán caoch. An Domhnach a' teacht agus gan aon snáithe aicí le gabháil amach ann acht sean-seál sgánta. (*Fallaing* 100)

Chítear go molann bean óg eile do Thoirdhealbhach go rachaidís
go Meiriceá: 'Ní raibh a dhath ag aonduine sa bhaile. Ní raibh
ann ach creagacha loma agus portaigh dhubha. Ba ghoirid
d'fhanfadh duine ar bith ann!' (*Fallaing* 101).
Diúltaíonn an fear seo dul go Meiriceá. Pósann a chéadsearc,
Róise, thall i Meiriceá. Tar éis di cúig bhliain is tríocha a
chaitheamh thall, filleann sí féin agus a fear agus is follas go bhfuil
cuma na sástachta agus na rathúlachta orthu araon. Fiafraíonn
Toirdhealbhach de Róise an rachadh sí go Meiriceá arís dá
mbeadh sí i dtús a saoil. Díol spéise é freagra na mná agus
íomháineachas an fhreagra sin:

'Rachainn', ar sise. 'Dhéanfa mé an fhírinne leat. Ní fhuil aon lá ó
d'imthigh mé nach raibh cumhaidh orm. Acht dá mbeinn óg arís
d'imtheochainn mar d'imthigh mé. Bhí dhá phioctúir a' teacht ós
coinne mo shúl, ceann i ndiaidh a' chinn eile. Ceann aca 'á mo
mhealladh 'un a' bhaile agus ceann eile 'á mo choinneáil thall. An
chéad phioctúir, an cuan agus na sléibhte mar atá siad anois. An dara
pioctúir, bean chostarnacht ag iomchur leathaigh i gcliabh aníos a'
dóirling. . . . Sin buaidh agus díombuaidh na tíre seo. Meallaidh sí
chuicí le n-a h-aoibh thú. Acht ní fhuil aon ghreim aicí le tabhairt le
h-ithe duit ná aon snáithe le cur ar do dhruim.' (*Fallaing* 104)

Sa scéal 'Bean gan Chroidhe' (*Oidhche*) tagraítear do bhean óg
a bhí ar tí dul ar imirce ach gur tháinig athrú meoin uirthi tar éis
an chonbhóidh nuair a d'iarr fear óg de chuid na háite uirthi
fanacht sa bhaile agus é a phósadh. Stadann an gol agus tagann
aoibh an áthais ina áit. Ruaigeann an lúcháir an t-uaigneas agus ní
dhéantar a thuilleadh cainte faoi Mheiriceá.[26]
Sa scéal 'Colorado' (*Oidhche*) tráchtar ar Éamonn 'Ac
Niallghuis a bhfuil dúil mhór aige sa taisteal, sna mná dóighiúla
agus sa ghalántacht:

'Acht go Meiriceá atá mé a' brath a' ghabháil an iarraidh seo, beo
slán bhéas mé. Tír a bhfuil airgead le saothrughadh inntí, agus le
cathamh....Tír chuirfeas faobhar orm agus bhainfeas boladh na
mónadh díom. B'fhéidir gur thall a phósfainn. Má chastar bean orm
bhéas i n-aice le mo thoil. Bean a mbeidh deigh-mhéin aicí agus
síoda is ceaismír uirthí.' (*Oidhche* 314)

Theip ar an bhfear seo aon bhean ghalánta shásúil a fháil dó féin i
Meiriceá agus tar éis dó ceithre bliana a chaitheamh ann, d'fhill sé

ar a cheantar dúchais agus phós sé bean de chuid na háite - tar éis
dó an fear a raibh a shúil aige ar an mbean áirithe seo a ghríosú
chun dul go Meiriceá!

Sna scéalta 'Eagna na Mná' (*Clár*) agus 'An Seachtmhadh
Nighean' (*Oidhche*) chítear aithreacha ar mhaith leo go n-imeodh
a n-iníonacha go Meiriceá. B'fhearr leo sin, de réir dealraimh, ná
go bpósfadh na hiníonacha na fir a bhfuilid geallmhar orthu!

Agus an tsracfhéachaint seo tugtha ag an léitheoir ar ghnéithe
de théama na himirce i ngearrscéalta Mháire, thuigfí, gan amhras,
gur téama tábhachtach i saothar an údair seo é. Dhealródh sé gur
ábhar é an imirce a chuaigh ó smior go smúsach ann, mar gur
róléir dó an tslí a raibh buille an bháis á thabhairt ag an imirce do
phobal agus do shaol traidisiúnta na Rosann. Chonacthas do
léitheoirí áirithe gur bhain luach faoi leith le saothar Mháire mar
fhoinse staire sóisialta [27] agus bhéimigh léitheoirí eile a rómánsúla
is a bhí cur i láthair an údair:

> Mar shompla, cé nach ndéanann sé dearmad tagairt do phríomh-
> fhaidhb a chomharsanachta féin, mar atá an imirce, is saothar i n-
> aisce é bheith ar lorg cur síos agus cíoradh fírinneach ar na cortha a
> chuireann an imirce ar shaol na n-imirceoirí, agus éiríonn leis an
> scéalaí an t-ábhar mór seo, a bhfuil saibhreas ann do níos mó ná
> úirscéal réadúil amháin, a dhathú le maothnas aoibhinn tarrantach a
> aislinge féin. (Mac Cana 1956, 50)

Níor dheacair éadóchas Mháire a aireachtáil, go háirithe sa
saothar déanach aige, a deir Philip O'Leary (1986: 84): '...but it
seems clear, especially from a reading of his later work, that his
view of America and Americans played a role in his growing
hopelessness about Ireland'.

Ag féachaint dúinn anois ar shaothar scríbhneoirí eile, is
áirithe gurb iomaí léitheoir Gaeilge a déarfadh gurb é an
gearrscéal 'An Bhliain 1912' (*BB*) le Máirtín Ó Cadhain an
gearrscéal is corraithí agus is máistriúla a phléann téama na
himirce go Meiriceá. Scéal fuaimintiúil é a thugann
dianmhothúcháin máthar agus iníne chun léargais. Tuigeann an
léitheoir do chrá agus do chiapadh na máthar agus do thranglam
mothúchán na hiníne agus ní deacair tréine agus suaitheadh na
mothúchán sin a chreidiúint. An tórramh Meiriceánach atá i

gceist. Teanga agus samhlaoidí an bháis is túisce a ritheann leis an máthair agus í ag féachaint ar an trunc agus ar éadaí Mheiriceá a hiníne.

Chonacthas do Fhlann Mac an tSaoir (Meitheamh 1952:7) gur éirigh leis an gCadhnach cás an imirceora óig agus imshníomh na máthar a thabhairt leis go cruinn :

> Tá coimisiún fá láthair ag iniúchadh agus ag bailiú fianaise fá fhaidhb na himirce sa tír seo. Níor ghá dhóibh dul níos sia sa chuardaíocht ná 'An Bhliain 1912' a léamh sa chnuasacht so. Tá an fhianaise ar fad, é go huile iomlán, sa scéal san: tnúthán an chailín óig leis an saol nua thar lear, í chomh sceinneadach íogar dúlmhar le peidhleacán ar dhuille ag fanacht go dtriomaíodh an ghrian a peidhre úrdhéanta sciathán chun go lingeadh sí ar luas agus ar mire in aoibhneas an aeir. An mháthair chéasta chráite á faire agus a fhios aici go mba chomhfhaid a mhairfeadh aoibhneas físe a hiníne agus ruaig mhire an pheidhleacáin.

Ní deacair don léitheoir mothúcháin ghuairneánacha Mháirín a shamhlú:

> Bhí luisne na splaince ina ceannaghaidh: tnúthán, anbhá, iontas agus beophianadh a hintinne á n-ionchollú féin ina grua. An Ghealchathair an t-achar ab fhaide ó bhaile a bhí Máirín riamh. Ach ba sheanchas faoi Mheiriceá an chéad bhia sa sliogán di. Ba ghaire go fada do chomhlaí a tuisceana agus a samhlaíochta South Boston, Norwood, Butte Montana, Minnesota, nó California ná Baile Átha Cliath, Belfast, Wexford, ná go fiú is áiteacha nach raibh thar chupla míle ar thaobh an Achréidh den Ghealchathair. Fuinneadh agus fáisceadh a saol agus a smaointe as cáil Mheiriceá, as saibhreas Mheiriceá, as siamsa Mheiriceá, as fonn cráite a dhul go Meiriceá.... Agus ainneoin go raibh cumha uirthi an baile a fhágáil anois, níor chumha é gan an gliondar, an dóchas agus an t-iontas a bheith ina orlaí tríd. Faoi dheireadh thiar bhí sí ar thairseach na Bruíne Draíochta. . . . (*BB* 159)

Ní heol do Mháirín conas a cuid mothúchán a chur i bhfocail. Tugtar faoi deara a thíriúla is atá na samhlacha sa chur síos seo:

> Tháinig fonn uirthi rud eicínt a rá lena máthair ach ní raibh a fhios aici go barainneach cén rud. Bhí a cuid smaointe ag sméaracht fúthu agus tharstu mar bheadh aineolaí ar eanach caochphollach oíche dhubh. Níor mhór don bheirt a bheith ar aon leaba, an solas a bheith múchta, agus ga gealaí isteach tríd an bhfuinneoigín mar bheadh maide milis ann leis an teanga a bhealú. (*BB* 155)

Díol spéise é a bhfuil le rá ag Louis de Paor (1991:105) faoi dheacrachtaí teagmhála na hiníne agus na máthar:

Dá mhéid a mbriseadh croí, ba mheasa fós é dá n-éireodh leo teangbháil dhíreach a dhéanamh le chéile agus ualach an dá chroí a dhúbailt. Le róchleachtadh ar an gcuibhiúlacht teipeann orthu a ngrá dá chéile a nochtadh i bhfocail, rud a mhaolaíonn beagán ar alltacht na scarúna dóibh.

Agus é ag trácht ar fheidhm an tórraimh Mheiriceánaigh, thuairimigh David Fitzpatrick:

> We cannot avoid suspecting that these stereotyped events were almost purposely designed both to *formalise otherwise unendurable emotion* and also to impress a deep and lasting sense of grief, duty, and even guilt, upon departing emigrants. (Luaite ag Ó Conghaile 1988, 247) (Liomsa an bhéim.)

Éiríonn leis an gCadhnach corraíl na beirte ban a chruthú go fíoréifeachtach. B'fhéidir go gcuimhneodh an léitheoir ar scothscéal Béarla Liam Uí Fhlaithearta, mar atá, 'Going into Exile' (1924).[28]

Léirítear an tocht a thagann ar chroí Mháirín agus ar chroí a máthar nuair atá an bhean óg ag fágáil sláin ag a máthair chríonna den uair dheiridh:

> 'Ní fheicfidh mé go brách arís thú, a mhamó,' arsa Máirín, agus meacan goil ag cur a cuid cainte as a riocht faoi dheireadh agus faoi dheoidh. 'Tá Dia láidir,' arsa an mháthair, buille stuacach. (*BB* 163)

Ní foláir a admháil, áfach, go mb'fhéidir go dtéann an scríbhneoir beagán thar fóir agus é ag iarraidh tost agus básmhaireacht na seanmhná a chur in iúl. Deirtear, mar shampla, go raibh béal na seanmhná 'chomh seasc le hadhmad cónra úrdhúnta' (*BB* 163) agus : 'Smid ná smeaid ní raibh ag an tseanbhean ach an oiread is dá mba mheall créafóige í cheana féin' (ibid.).

Chítear go bhfuil ógbhean Ghaeltachta scéal Uí Chadhain ar tí páirt a ghlacadh i bpróiseas leanúnach eisimirce na mban. Aintín le Máirín a chuir an phaisinéireacht chuici ó Mheiriceá agus tá deirfiúracha Mháirín ag brath uirthi chun a bpaisinéireachtaí a sholáthar dóibhsean, leis.

Chítear i sárscéal eile leis an gCadhnach, 'An Bóthar go dtí an Ghealchathair' (*BB*), go mbuaileann taom aiféala Bríd toisc nár imigh sí ar imirce go Meiriceá roinnt blianta roimhe sin nuair a bhí an deis aici seachas glacadh leis an gcleamhnas a socraíodh di:

'Nach mairg nach go Meiriceá a chuaigh sí san am a bhfuair sí a dhóigh, i leaba géilleadh dá muintir' (*BB* 139).

Sa scéal 'An Taoille Tuile' (*BB*) chítear Mairéad a chaith deich mbliana i Meiriceá ag saothrú a spré agus ríméad uirthi anois toisc í a bheith ar ais ina tír dhúchais agus í pósta lena céadsearc, Pádraig. Ach is geall le coimhthíoch í ar go leor slite, gné a phléifear arís i gCaibidil 2. Braitear go mbuaileann claon amhrais Mairéad le linn di a bheith ag stracadh le sclábhaíocht na trá, amhras faoin gcinneadh a dhein sí, is é sin diúltú do fhear gustalach a chuir ceiliúr pósta uirthi i Nua-Eabhrac agus cur suas de shaol na bhfuíoll i Meiriceá. Ní thuigeann Nóra Loideáin conas a d'fhéadfadh Mairéad saol Mheiriceá a fhágáil ina diaidh: 'Dá mbeinnse i Meiriceá, a Thiarna, is fada go bhfágfainn é' (*BB* 41). Tuigtear gurb í Mairéad féin a roghnaigh filleadh ar a tír dhúchais agus socrú síos inti.[29]

Ábhar spéisiúil ann féin é íomhá an Phoncáin sa litríocht. Dar leis an staraí Kerby Miller (1985:479) is é a bhí le tuiscint agus 'Yank' á thabhairt ar dhuine ná : '. . . a half-envious, half-contemptuous appellation which accurately reflected western peasants' deeply ambivalent feelings toward America and themselves'.[30]

Scríbhneoir é Conchubhar Ó Ruairc a shaothraigh gnéithe éagsúla de théama na himirce ina chuid gearrscéalta.[31] In 'An Lá Meiriceánach' (*Seandaoine* [=*SD*]), cuir i gcás, cuirtear síos ar ócáid bhliantúil faoi leith, mar atá, an lá Meiriceánach a d'eagraíodh aintín an tráchtaire mar cheiliúradh cuimhne ar an tréimhse a chaith sí i Meiriceá agus í ina bean óg. Thagadh beirt bhan sa chomharsanacht a chaith seal ag obair i Meiriceá, leis, ar cuairt an lá sin agus thugadh an triúr tamall sa pharlús, éadaí galánta Mheiriceá orthu, caifé Meiriceánach á ól acu, 'cakes' á n-ithe acu agus iad ag tabhairt 'Caitríona', 'Neora' agus 'Brigina' ar a chéile seachas a ngnáthainmneacha, Cáit, Norraí agus Bidí agus iad ar a ndícheall ag iarraidh Béarla Nua-Eabhrac a labhairt:

> Lá sa bhliain dheinidís gach dícheall an teanga laethúil a chaitheamh ar leataobh agus teanga na himirce a chur ar uachtar ach, d'ainneoin a n-iarrachtaí, bhriseadh an Ghaeilge aníos faoi mar a bhriseann an luachair tríd an bportach míntírithe. (*SD* 41)

B'údar faoisimh do na mná é éirí as an ócáid bhliantúil seo ar deireadh. Gné a fhónann don scéal seo is ea an rud ar fad a bheith á fheiceáil trí shúile an bhuachalla óig.

Suite in aimsir Chogadh na gCarad atá an scéal 'An Béal Iata' (*SD*), scéal a insítear go bríomhar sa chéad phearsa uatha. Bean atá ag cur síos ar an tslí ar fhás an ghráin inti ar chúrsaí polaitíochta agus grá tíre de bharr eachtra a bhain di féin agus í ina bean óg shomheallta. Thug sí Meiriceá uirthi féin le teann déistine agus díomá. Tráchtfar ar an scéal seo arís i gcomhthéacs théama an ghrá.

Tagann téama na himirce i gceist i roinnt gearrscéalta le Pádhraic Óg Ó Conaire.[32] Sa scéal 'Inis Léith' (*AA*), chítear bean óg ag teacht aniar go Baile Átha Cliath le fáil faoi réir chun dul go Meiriceá :

> Ní fhéadfadh sí dul amú mar bhí an óstlann lán beagnach le cailíní as an Iarthar, cuid acu go gealgháireach, a bhformhór fíorthostach cumhach. Ba dhuine den tréad imirceach Máire Ní Chasaide í féin anois. (*AA* 173)

In 'An Chéad Urchar' deirtear leis an léitheoir go bhfuil Máire agus Síle Ní Dhuarcáin ag filleadh ar a n-áit dhúchais tar éis dóibh fiche bliain a chaitheamh i St. Paul (*AA* 136). Sa scéal 'Oíche Nollag' (*AA*) is go Sheffield, Sasana, a imíonn Peadar Nóra Bhig nuair a dhiúltaíonn a mháthair glacadh leis an mbean óg a bhfuil a mac i ngrá léi ach féach go bhfanann an ógbhean ghrinnsúileach in Éirinn :

> Bhuail spadhar agus taom feirge an mac agus ghread leis go Sheffield, i Sasana, ar an tuiscint go rachadh an ógbhean anonn agus go bpósfaidís thall, ach ba ghearr imithe é gur chuir sí slis uirthi féin le fear as an áit a chaith tamall i Meiriceá agus a raibh dhá chlárfhiacail óir ann, agus phós siad. (*AA* 193)

Scéal cumasach seolta atá bunaithe ar théama na himirce é 'Blimey! Peaidí Gaelach Eile!' (*Bullaí Mhártain* [=*BM*]) le Síle Ní Chéileachair. Smaointe agus cuimhní feirmeora, ar baitsiléir é, atá anseo cuid mhaith, a cheantar dúchais á fhágáil aige agus a aghaidh á tabhairt ar Shasana aige, 'mar a raibh airgead mór le tuilleamh ag an té bheadh imníoch' (*BM* 181). Is léir nach aon óganach aigeanta é Mícheál ach gur fear meánaosta é atá cortha dá shaol uaigneach agus de sclábhaíocht na feirme. Thairis sin, is léir nach bhfuil an pósadh caite as a cheann ar fad aige, ná baol air:

B'fhearr go mór an t-airgead tirim ar do bhois agat. Sin é an chúis go raibh sé féin ag rothaíocht síos go teach na bPeadar ar a shlí go Sasana. Dá rithfeadh leis dhá chéad nó trí a chur i dteannta an méid a bhí aige, agus luach na gcaorach agus pé méid a gheobhadh sé ar an seanáit, d'fhéadfadh sé aghaidh a thabhairt ar aon cheant a thiocfadh suas in Inse an Ghleanna. . . . Nó tharlódh gur siopa a chuirfeadh sé suas sa tsráid. Is túisce go mór a phósfadh na mná atá anois ann fear siopa. Ní bhíonn aon chailín ag obair sa bhaile mar a bhíodh iníonacha an Phuirséalaigh ach iad go léir ina nursanna i Sasana. Dá mbeadh fios a gnótha ag bean acu ní hiarrfadh sé puinn spré léi. Ba mhór an scrupall, ámh, toradh a dhíchill a chaitheamh le giobstaer ná beadh d'aidhm sa tsaol aici ach í féin a mhaisiú. Agus mura bpósfadh sé cad a bheadh roimhe? Sin í an fhadhb! Cad chuige ar cuireadh ar an saol seo sinn? (*BM* 186)

Tagraítear do na heaspaig atá 'ag iarraidh gach éinne a choimeád sa bhaile' (*BM* 187) agus don amhras a spreag caint dá leithéid in intinn Mhíchíl. Cuimhníonn an léitheoir, b'fhéidir, ar ráiteas cáiliúil de chuid an Dr Cornelius Lucey, Easpag Chorcaí, mar atá: 'The rural population is vanishing and with it is vanishing the Irish race itself. Rural Ireland is stricken and dying and the will to marry on the land is almost gone' (O' Brien 1954, leathanach teidil). Gan dabht, is scéal de chuid a linne é 'Blimey! Peaidí Gaelach Eile!' (*BM*), nuair a chuirtear i gcomhthéacs na himirce agus bhánú na tuaithe agus na Gaeltachta é. [33]

Tagraítear don imirce go Sasana i roinnt scéalta le Críostóir Ó Floinn. Maidir le mná óga a bheith ag fágáil na tíre, féach an tagairt seo sa scéal 'Ag imeacht le sruth'(*O*):

Conas nár thréig sise Páid agus teitheadh roimpi go Sasana? Bhí na céadta cailíní ag gluaiseacht sall de shíor, iad ina mbanaltraí agus ina seirbhísigh sna hospidéil, ina ngiollaí i monarchana agus i dtábhairní agus in óstáin. Ach níor mhar sin do Shíle. (*O* 76) [34]

Sa scéal 'Comhairle' (*O*) músclaítear bá thuisceanach an léitheora leis an mbeirt chathróirí óga a chaithfidh dul go Sasana mar nach acmhainn dóibh pósadh agus socrú síos in Éirinn. Tuigtear do chantal agus do shearbhas an fhir óig agus do shuaitheadh na mná óige a chaithfidh a hintinn féin a dhéanamh suas faoin saol ar mhaith léi feasta. An rachaidh sí thar chomhairle a muintire agus na hEaglaise? Faoin léitheoir atá sé a rogha brí a bhaint as críoch an scéil dhea-scríofa seo.

I scéalta Mhíchíl Uí Odhráin téann na daoine óga ar imirce toisc nach bhfuil scóip, saoirse, suaimhneas ná sócúlacht le fáil acu sa bhaile.[35] Sa scéal 'Cosán na nDeor' (*Slán leis an gComhluadar* [= *Slán*]), cuir i gcás, chítear Peigín agus Séamas ag fágáil a gceantair dhúchais agus ag dul go Sasana toisc thíorántacht na n-aithreacha acu nach scaoilfidh leis na daoine óga dul i gcumann lena chéile. Is maoithneach é an cur síos a dhéantar ar Shéamas agus é ag éaló i gcoim na hoíche:

Oíche bhreá ghealaí a bhí ann. Bhí ciúnas brónach ar an dúiche go léir ag an tráth sin d'oíche agus an dúlra go léir ina tromchodladh. Chuaigh sé thar thithe a raibh seandaoine ina gcodladh iontu agus a mic is a n-iníonacha scaipthe ar fud an tsaoil ó Bhirmingham go Toronto. Bhrostaigh sé tharstu agus é ag smaoineamh go raibh sé féin ag teitheadh ó chruatan na tuaithe is ó chur isteach seandaoine. Níorbh fhada go raibh a theach féin imithe as a radharc ar a chúl leis an siúl bríomhar a bhí faoi. (*Slán* 27-8)

Toilíonn Peigín dul ina theannta mar go bhfuil lán a dóthain de dhrochíde agus de mhaslaí gránna a muintire faighte aici. Agus iad ag féachaint anuas ar theach Pheigín sa ghleann faoi sholas na gealaí, fiafraíonn Séamas di an mbeidh uaigneas uirthi ina dhiaidh.

'Ní fearr rud a thaitníos liom ná an radharc deiridh seo a fháil air agus ní bheidh brón nóiméid orm mura bhfághfaidh mé súil air go deo arís,' ar sise go nimheanta. (*Slán* 28)

Ní annamh a fhaightear seirbhe de thoradh chníopaireacht agus neamhthuiscint na seanmhuintire i scéalta an údair seo mar aon le rúndaingne na ndaoine óga a neamhspleáchas a bhaint amach agus a cheiliúradh agus iad ina n-imirceoirí i Sasana. Maidir le híomhá an athar chrua chadránta, íomhá choitianta sa scéalaíocht seo, tagtar ar an bpearsa scéil chéanna i scéalta Chonchubhair Uí Ruairc.[36]

Gné charachtrachta shuimiúil i scéalta Uí Odhráin is ea a ghéilliúla is atá mná céile na bhfear dorrga seo, gné a dtagrófar di arís i gCaibidil 2. Tugtar faoi deara i gcás an scéil 'Cosán na nDeor' (*Slán*) gurb í máthair Pheigín a bhuaileann í le teann feirge toisc Peigín a bheith ag siúl amach le Séamas[37] agus tuigtear gurb é an buille sin a sháraíonn foighne Pheigín agus a mhúchann aon dílseacht a bhraith sí i leith a muintire go dtí sin.

In ainneoin lochtanna liteartha Uí Odhráin[38] níl aon amhras ná go raibh an ceart ag an Ollamh J.J. Lee tagairt do Mhícheál Ó

hOdhráin i gcomhthéacs scríbhneoirí a chaith solas ar impleach-
taí agus ar thorthaí na himirce ina gcuid saothar liteartha.
Tagraíonn an tOllamh Lee do Dhónall Mac Amhlaigh, do
Mhícheál Ó hOdhráin, do John Healy agus do scríbhneoirí eile a
shaothraigh téama na himirce agus deir sé:

> It is to the writers the historian must turn, as usual, for the larger
> truth. It is they, some themselves emigrants, who best convey the fetid
> atmosphere of the forties and fifties, the sense of pervasive, brooding
> hopelessness at home, the emptiness, the uncomprehending
> remorse, the heartbreak and heroism of many caught in the web of
> the 'experience of abandonment' as families were sundered and
> communities withered. (1989: 384)

Is é Dónall Mac Amhlaigh mórscríbhneoir Gaeilge na himirce,
ar ndóigh, agus i gcomhthéacs na caibidle seo is ar chás na mná
óige a théann ar imirce a bheifear ag féachaint. I luathscéal le
Mac Amhlaigh, scéal dar teideal 'Scarúint',[39] chítear ógfhear
rómánsúil saonta a shamhlaíonn go bhfuil sé i ngrá le bean óg
scéimhiúil atá ag imeacht go Sasana le bheith ina banaltra. Fágtar
i nduibheagán an éadóchais é, ámh, nuair a thuigeann sé nach
bhfanfaidh sí sa bhaile in ainneoin a chuid cainte léi faoi
phósadh. Airítear an íoróin shéimh ag sní tríd an insint ach
chomh maith leis sin, airítear ráiteas á dhéanamh os íseal ag an
údar faoin imirce go Sasana.

Scéal éifeachtach é 'Filleadh' (*Sweeney agus Scéalta Eile [=SSE]*)
faoi bhean Éireannach a d'fhág a tír dhúchais ina hóige, a
chuaigh chun cónaithe i Sasana agus atá anois ar tí imirceach
Éireannach a phósadh. Filleann an bheirt acu ar cheantar dúchais
an ógfhir agus tuigtear gur in Éirinn a phósfar iad mar gur tháinig
sé de mhian ar Stiofán é sin a dhéanamh. Ní mó ná sásta atá
Mairéad agus is go neamhfhonnmhar a ghéilleann sí don socrú
sin. De réir mar atá an traein ag druidim le baile dúchais an fhir,
tá ag méadú ar lúcháir an fhir agus ar chantal na mná. Tugann an
t-údar faoi mhothúcháin agus smaointe na mná a nochtadh go
tuisceanach:

> D'fhéach sí leis an fhuasaoid domlasta a fhógairt uaithi agus chrom
> ar a bheith ag baint sóláis as tnúthán an tsaoil a bhí roimpi amach. Ar
> a mbeith ar ais i Luton dóibh bheadh gach ní ar deil. (*SSE* 25)

Uaigneas na dtithe feilme is iad mar a bheidís ag crapadh is ag cúbadh chucu féin ar chúl an sciathbhrat crann a bhí thart faoi chaon cheann acu – ba shin a ba mhó a chuaigh i gcion uirthi, á scanrú le cianchuimhne na tuaithe mar ar chónaigh sí féin sul má thugadar a n-aghaidh anonn ar an gcoigcríoch. A Dhia is a Mhuire, dá mba ann agus go mbeadh ar dhuine a shaol a chaitheamh i dteach acu, sáinnithe amuigh sa bhfiántas i bhfad ó ghleo is ó fhuadar caidreamhach an bhaile mhóir. (*SSE* 26)

Tá a dtábhacht féin ag gabháil leis na tagairtí don mheirg agus don chaonach, don chiúnas agus do na díomhaoinigh i ngar don stáisiún traenach i gcomhthéacs chuimhní agus mhíshocracht Mhairéad a bhraitheann go bhfuil sí ar deighilt agus as áit in Éirinn anois.[40]

Treisítear ar mhíshuaimhneas Mhairéad agus í sa teach tábhairne tamall ina dhiaidh sin, í i gcomhluadar Stiofáin, athar Stiofáin agus Thaimí Lacey, comrádaí an athar. Timpeallacht fhireann a airíonn Mairéad timpeall uirthi i dtolglann an tí tábhairne:

D'aithin Mairéad gur bhuail meanma nua athair Stiofáin agus an fear eile a luaithe agus a thrasnaíodar tairseach an tí óil. Bhí mar a bheadh tnúthán nó tinneall leathsmachtaithe ag suanbhruith istigh iontu. Ná níor mhó ná go mba thaise do Stiofán féin é. Chuaigh claochló airsin chomh maith - bhí sé le haithint ar na goití aige ag dul suas don chuntar dó tar éis dóibh áit suí a fháil i gcúinne den *lounge*. (*SSE* 29)

Taibhsítear do Mhairéad go bhfuil sí á brú amach san uaigneas ag saoldearcadh, ag teanga agus ag braistintí nach bhfuil baint ná dáimh aici leo. Smaoiníonn sí go mianchumhach ar a baile i Luton: ' D'airigh sí arraing obann chumha i ndiaidh na tíre thall' (ibid.).

Samhlaíonn bean óg 'Deireadh Míre' (*Beoir Bhaile* [=*B Bh*]) dóchas agus dul chun cinn le Sasana:

Gheobhadh sí féin obair mhonarchan thall ansin go réidh agus tuarastal breá flaithiúil gach Aoine, agus dar léi, ní raibh teorainn ar bith leis na poist a gheobhadh seisean. Bhí oiread aici féin is a thabharfadh an bheirt acu anonn agus a chothódh iad nó go mbeidís ar a mbonna; ba mhairg, a dúirt sí, a chuirfeadh a shaol amú anseo san áit nach raibh aon slí cheart bheatha le fáil. (*B Bh* 32)

Diúltaíonn an fear (dífhostaithe) a bhfuil sí mór leis an deis a
thapú, ámh, agus chítear don bhean óg - ar cailín aimsire sa
chathair í - nach fiú di leanúint ar aghaidh ag siúl amach leis an
bhfear dáigh seo agus toilíonn sí fear a tháinig as a ceantar
dúchais 'á hiarraidh' (*B Bh* 34) a phósadh. Tuigtear gurb é
stuacacht an fhir faoi deara dóibh scarúint, cuid mhaith, agus go
bhfuil a chuid mothúchán féin trangláilte casta. Gné shonraíoch
amháin dá scéal siúd is ea a dháimh leis an gcathair, mar
shampla:

> Agus ar ócáidí mar seo freisin thagadh maoithneas air leis an
> seanbhaile stáidiúil, le gach cúinne agus áirse chlochliath ann, gach
> camshráid is lána, gach túr agus spíle ar a fuaid. Agus ba chuid
> chomh dílis den chathair eisean leis na damhna sin go léir; ba de
> smior is de smúsach na cathrach é, níor bheo dó in áit ar bith eile. (*B
> Bh* 29-30)

Faoi mar a ghoilleann sé ar mhuintir na tuaithe a gcuid talún a
fhágáil nó a dhíol le strainséirí, goilleann sé ar an bhfear cathrach
seo imeacht óna áit dhúchais, dá tharraingtí iad na deiseanna a
bheadh ar fáil dó i Sasana. Ar ndóigh, ní haon ábhar iontais é go
dtiocfadh an dáimh a bhraitheann duine lena áit dhúchais aníos
mar théama nó mar fhothéama i gcuid mhaith de shaothar Mhic
Amhlaigh (agus tuigtear gur rídheacair an maoithneachas a
sheachaint i gcás an ábhair sin) óir is léir óna shaothar
iriseoireachta agus óna thráchtaireacht shóisialta trí chéile gur
ábhar é seo a bhí an-ghar dá chroí féin.[41]

Bean óg atá lánsásta gur fhág sí a tír dhúchais í Meaig in 'An
Aint' (*SSE*) le Mac Amhlaigh. Tá na smaointe agus na cuimhní ag
tulcadh trína hintinn i ndiaidh di litir a fháil óna haintín in
Éirinn. Cailín aimsire ba ea Meaig a raibh an ghráin dearg aici ar
an gclann a raibh sí fostaithe aici ar feadh trí bliana agus ar
'bhoicíní caca eile an bhaile bhig ghortaigh sin' (*SSE* 57). Tá saol
sona compordach á chaitheamh ag Meaig i Sasana anois; í ina
máistreás ar a teach féin agus gach aon áis nua-aimseartha aici
ann. Í pósta agus leanaí aici. Ag cuimhneamh di ar chúrsaí a saoil
mar chailín aimsire in Éirinn, tagann múisiam uirthi: 'I dtobainne
bhuail gráin í do Bhaile an Rí is dá mhuintir agus ar a shála sin
don tír ar fad. Dá gcaithfeadh sí a dhul siar arís ann ag cur fúithi !
B'fhearr léi an bás féin' (*SSE* 59).[42]

Tugtar faoi deara go gcaitheann reacaire scéil 'An Stáisiún' (*B Bh*) dímheas ar 'na Brídíní Éireannacha a chastaí air go rialta agus é ag obair i Sasana. Seo iad na smaointe a ritheann leis agus é ag tabhairt suntais do bhean dhathúil a chíonn sé i seomra feithimh an stáisiúin, bean a samhlaíonn sé dea-mhúineadh agus galántacht léi:

> . . . má ba bhanaltra í níor dhóichí rud ná go mbeadh speic curtha cheana uirthi ag boc mór éigin, dochtúir nó múinteoir nó garda féin, b'fhéidir. Ba bhean dá samhail a shantaigh sé féin gach lá riamh, bean fhionnbhán, dhea-réitithe, phostúil. Níor chomórtas dá leithéid na Brídíní a chastaí leis thall i Sasana, ní rabhadar sa rang céanna léi beag ná mór. (*B Bh* 93)

Tráchtfar arís ar chúrsaí aicmeachais i saothar Mhic Amhlaigh.

Sa scéal 'Fear Beag É Joe Mór' (*SSE*) chítear a thábhachtaí is atá an halla rince mar ionad teagmhála agus caidrimh ag na himirceoirí Éireannacha. Tá Joe Mór ag súil go mbuailfidh sé le bean áirithe, bean 'a thug saghas leathgheallúint go rachadh sí leis an chéad oíche eile' (*SSE* 110):

> Duine de chailíní Arm na Talún a bhí inti, agus bhí sí mór, urranta, mealltach; d'aithin Joe Mór uirthi, an chéad nóiméad dar leag sé súil uirthi, gur phéiceallach mná í, a dhéanfadh a comhairle féin gan bheann ar éinne agus a rachadh go fonnmhar le cibé fear dá dtabharfadh sí taitneamh. Shantaigh sé í mar nár shantaigh aon bhean ó chroch sé leis an ceann mór as Ciarraí amach as an Garryowen an bhliain roimhe sin, agus ar chríochnú na Mearchéime di, sul má bhí sé d'uain ag aon fhear eile speic a chur uirthi, chuaigh sé anonn chuici á hiarraidh amach ar an Tango. Chuaigh sí leis, agus fáilte, agus an t-amharc dána, dínáireach, feasach sin a thug sí ar Joe Mór sul má sheol siad leo chomh héadrom le cleite a scuabfaí le gaoth - ba fhadú ar thine na collaíochta a bhí chomh tréan riamh ann an t-amharc sin. (*Ibid.*)

Tuigtear go soiléir ó scéalta de chuid an údair seo agus ó scéalta le Pádraic Breathnach, cuir i gcás, nach gcuireann smachtbhannaí Eaglaise ná pobail aon bhuairt ar imirceoirí, faoi mar a dhéanadh in Éirinn, b'fhéidir, ach iad ag baint ceoil as an saol de réir mar is toil leo féin é. D'fhoilsigh Mac Amhlaigh alt suimiúil dar theideal 'Mímhoráltacht agus an deoraí: scéal i mbéal an phobail' i 1964.[43] Tráchtann sé ar na hallaí damhsa Éireannacha san alt sin agus deir sé:

. . . agus is é mo bharúil chneasta féin nach bhféadfadh fear óg ar
bith - ní fheadar faoi na mná - bheith ag freastal go rialta ar na rincí
sin gan é bheith á thástáil go géar ag mianta na colna. Cailíní óga
faoi bhun seacht mbliana dhéag a bhíonn i gcodán mhaith de
ghnáthóirí na hallaí seo, créatúirí beaga díchéillí nár tugadh cead a
gcinn riamh dóibh faoin tuath in Éirinn, b'fhéidir, agus más é an
milleadh atá i ndán dóibh, is minic nach iad na págánaigh
Shasanacha ach a gcomhthírigh Chaitliceacha féin a sheolas ar
bhealach a n-aimhleasa iad. (Mac Amhlaigh 1964, 7) [44]

I scéal le Pádraic Breathnach faoi imirceoir Éireannach i
Londain, déantar cur síos ar eachtra i halla rince mar ar chuir
bean óg ar a shúile don phríomhcharachtar, Seáinín Sheáin,
nárbh aon ghaiscíoch tarbhánta é ach gur thútachán taghdach a
bhí ann. Roimhe seo tugadh cuntas ar an gcineál mná a thait-
níodh leis na sléibhteánaigh Éireannacha seo agus iad ag cur
fúthu i Londain:

Is breá le fear sléibhe cailín a bhfuil dóthain leathair inti a bheith ag
sodar lena thaobh mar tá fhios aige gur tóir leis na fir storrúla go léir
a leithéidí, agus go mbí siad in éad.
    Ní an-mhinic a phósann a leithéid cailín fear sléibhe, ámh, ach tá
siad breá toilteanach comhluadar a choinneáil leis. Faigheann siad
airgead go réidh uaidh. Lena ghradam a choinneáil agus a ardú i
measc a chomhshléibhteánach caitheann seisean go fial uirthi.
Chomh maith céanna faigheann sí compord agus sábháilteacht i
mbaclainn fir scafánta, fad is nach bhfuil sí ceangailte leis i bpósadh.
Tuigeann sí go rí-mhaith go mbí sé sportha gan aon ró-achar.
Scarfaidh siad ansin. Ach táid araon sásta. Gheobhaidh sise fear
caifeach eile. Tá seisean gradamach mar bhí 'gleoiteog' ina theannta
feadh scaithimh. ('Seáinín Sheáin', BA 61)

Sa scéal 'Arraingeacha' (L) le Pádraic Breathnach, léirítear
cluanaire neamhscrupallach ag bréagadh ógmhná trí na huirc
agus na hairc a ghealladh di agus é ag cur síos ar an saol a bheadh
acu i Sasana. Is léir gur chothaigh sé dúil na mná saonta i saol na
tíre thall trí leabhair agus irisí pornagrafaíocha ó Shasana a thais-
peáint di agus trí bhéim a leagan ar an airgead mór a shaothródh
sí féin ach í a bheith le feiceáil i leabhair agus in irisí dá leithéid.[45]
    Is sa chéad roinn eile den chaibidil seo a fhéachfar ar na slite
éagsúla inar thug gearrscéalaithe na tréimhse 1940-1990 trí chéile
faoi ionramháil a dhéanamh ar théamaí an ghrá agus na
collaíochta.

1.3 An Grá

Agus é ag cur síos ar shaothar luath Mháire, tagraíonn Breandán
Ó Doibhlin (1975:119) don phictiúr idéalach rómánsúil a
bhreactar de mhuintir na Gaeltachta, 'dream uasal daoine á mbrú
síos ag ansmacht a naimhde ach a bhfuil fiú amháin a gcuid
duáilcí ina suáilcí' agus leanann sé air: 'Tá an grá ina chuid
aiceanta den phictiúr idéalach sin; mothú aoibhneasach
neamhurchóideach nach dtagann smúid ar bith de pheaca an
tsinsir trasna air'. Ag trácht dó ar ghrá Shéimí agus Bhabaí san
úrscéal *Caisleáin Óir* (1924), deir Nollaig Mac Congáil (1990:101):
'Tá sé geanmnaí, maoithneasach, rómánsúil'. D'fhéadfaí an méid
céanna a rá faoi théama an ghrá i saothar gearrscéalaíochta
Mháire trí chéile, faoi mar a léireofar anseo thíos agus staidéar á
dhéanamh ar na slite a gcuirtear an bhean óg i láthair an
léitheora.

Gheofar sampla den ghrá gan chúiteamh agus é á léiriú go
héadromchroíoch íorónta sa scéal 'An Teach nár Tógadh' (*TTSE*)
mar a bhfeictear Mánus Giobach, fear corr fiáin a bhfuil na
géaráin curtha go maith aige, agus é faoi gheasa ag bruinneall
ainglí, ar foghlaimeoir Gaeilge caoinbhéasach í:

> Bhí sé mar bheadh fear ann a bheadh i ndiaidh tamall fada a
> chaitheamh sa dorchadas agus a ndallfadh an solas é nuair a
> thiocfadh sé amach faoi an ghréin. Bhí neach áluinn ina seasamh
> annsin ós a choinne. Neach diamhrach a bhí ag cur iongantais agus
> uathbháis agus aoibhnis san am chéadna air. Ba mhaith leis
> teicheadh, agus ba mhaith leis fanacht. Ba mhaith leis a shúile a
> dhrod, agus ba mhaith leis bheith ag amharc uirthi. Bhí sé faoi
> dhraoidheacht. Ní raibh sé cinnte gur ar an tsaoghal seo a bhí sé, ar
> chor ar bith. Ar bh'é rud a tugadh as é? Ar shíogaidhe an ainnir
> áluinn a bhí ina seasamh ag a thaoibh? (*TTSE* 13-4)

Ar an iomlán, ní foláir a rá gur scéal neamhdhóchúil é seo atá ar
maos sa mhaoithneachas Máiriúil.

Is mar seo a chuirtear síos ar an ngrá sa scéal 'Beirt a bhí Seal i
nGrádh' (*TTSE*):

> Bhí an grádh sin aca dá chéile a chuireas duine a rámhaillígh as a
> chodladh, nó a sheolas duine ar shiubhal leis féin a chois trágha,
> agus a bheir air a shílstin go bhfuil sé do-mharbhtha agus gur i
> Ríoghacht na n-Aingeal atá sé i n-áit a bheith i bhfos ar an tsaoghal
> seo. (*TTSE* 81)

Faoi mar a chonacthas cheana agus faoi mar a thuigfí ón gcur síos maorga úd a bhfuil an íoróin ina horlaí tríd, ní hé an rath a bhíonn i gceist i gcás an ghrá idéalaigh sin.

Ciúta stíle a úsáideann Máire ó am go chéile agus é ag cothú nóta na híoróine ina chuid scéalta grá is ea labhairt go díreach leis an léitheoir faoi charachtair an scéil agus a bhfuil ag tarlú dóibh agus ceisteanna a chur ar an léitheoir. Mar shampla, is geall le tráth na gceist é an giota seo as scéal dar teideal 'Airgead le Dóghadh' (*NÁ*):

> Caidé tháinig ar a' phunta chorr a bhí leis a' cúigeadh sraith a líonadh? Caidé an mhalairt saoghail tháinig agus a chuir sgalláin sa mhaoin? Tá, a rún, a' rud a chuir a' saoghal go minic 'un sioparnaighe. Caidé a sheol Cú Chulainn ar bhealach a aimhlis? Caidé d'fhág Diarmaid Ó Duibhne ar a sheachnamh i mbarraibh fuarbheann? Caidé a dhíbir Naoise go h-Albain, agus thug arais ar chuireadh feille é gur cuireadh 'un báis é? Caidé tharraing léir-sgrios ar aicme na Traoi? (*NÁ* 72)[46]

Ní annamh an bhean óg ina spéirbhean aoibhinn i scéalta Mháire agus 'sgéimh na mílte ban in gach deallramh dá gruaidh' ('Deireadh an Lae', *Fód a' Bháis agus Gearr-sgéalta Eile* [= *Fód*] 117). Bíonn an cur síos uirthi faoi mar a gheofaí sna hamhráin ghrá é agus airítear an casadh beag íorónta fite tríd ag Máire, mar shampla:

> Bhí beirt fhear sa tír s'againne agus bhí siad a' brath ar phósadh. Bhí cailín ag gach aon fhear aca i n-a shúile, agus ní raibh leithéid na gcailín sin ar a' tsaoghal ariamh, 'le gile, le finne, le maise, is le dhá dtrian sgéimh.' B'fhéidir nárbh' amhlaidh ar chor ar bith, nó deir siad go bhfoluigheann grádh gráin. Acht is cuma. Bíonn meath radhairc ann nach féidir a leigheas le spéaclóirí. B'fhéidir gurab amhlaidh is fearr é, agus gur barraidheacht spéaclóir atá ar a' tsaoghal. ('Dhá Bhearach', *NÁ* 22)

> Tháinig sí agus bhain sí an mhaise de luighe na gréine agus de éirghe na gealaighe. De'n Eargal agus de na Maola Fionna, agus de gach rud eile dá raibh áluinn. Ar sgor ar bith chonnacthas sin do Mhuircheartach Mhór 'Ac a' Bháird. Agus cé h-aige a bhfuil a fhios nach i n-a shúile a bhí an t-amharc ceart? ('Gealltanas', *An Bhratach* 126)

Go minic, tugtar le tuiscint go mbaineann áilleacht faoi leith le gruaig na spéirmhná, mar shampla:

> Bhí Nuala Chonchubhair Dhonnchaidh thar bheith dóigheamhail. Bhí 'sgéimh na mílte bainrioghain' inntí. Agus bhí an ghruag uirthí

ba deise dá bhfacaidh súil ariamh. Gruag dhonn-ruadh a bhí go com léithe agus a bheadh go féar léithe dá leigtidhe díthe fás. Acht ní i ndath na gruaige ná i n-a dlúthas ná i n-a toirt a chuirfeá sonnrughadh, níorbh' eadh sin acht sna trillsí agus sna fáinní a bhí inntí. Bhí a shliocht uirthí mar Nualainn: tugadh leas-ainm uirthí i n-a h-óige agus lean sé díthe go lá a báis. Nuala Bhachallach tugadh uirthí. Agus gan bhréig ar bith bhí an t-ainm a' fóirstean díthe agus bhí sí sásta leis. ('An Gaisgidheach', *Oidhche* 277)

Ba cheart a rá gur minic a bhíonn an cur síos ar an bhfear óg a bhfuil an fhaoileann i ngrá leis go deas rómánsúil, leis, mar shampla:

Bhí fear amháin ar fhuireann Thobair an Chonnaidh ar chuir Nóra sonnrughadh ann thar an chuid eile. Fear óg i gcionn a chúig mbliadhan fichead a bhí ann. Bhí déanamh trom láidir air, acht san am chéadna é comh h-umhal le h-eascoin agus comh h-éadtrom ar a chois le h-eilit. Bhí ceann catach gruaige air a bhí comh dubh le cleite an fhéich agus súile aige mar bheadh druithleogaí teineadh ann. Ní thiocfadh le Nórainn a súil a thógáil as. ('Croidhe Mná', *Scéal Úr agus Sean-Scéal* [=*SÚ*] 128)

Agus treise á cur le héirim rómánsúil na scéalaíochta, ní annamh an grá ina aicíd nach bhfuil lia ná leigheas air agus is ríléir ó stíl reacaireachta agus ó theilgean íorónta fhormhór na scéalta grá go mbaineann an grá le réimse na filíochta agus na gcaisleán óir. Féach an giota seo as 'Caoineadh Sídhe' (*An Bhratach*), cuir i gcás, scéal ina bhfuil an íoróin ag lonrú tríd an insint agus scéal ina dtráchtar ar mheallacacht na filíochta:

Mághnus Éamoinn Sheáin Óig an chéad fhear ariamh sa tír s'againne a bhí i ngrádh. Mar adéarfá, ba é an chéad fhear é a bhfuarthas an focal i n-a bhéal i gcómhrádh chaithte gach aon lae. Bhí an focal sna h-amhráin ar ndóighe. B'ionann sin agus go raibh an grádh ann. Acht galar a bhí ann nár thóg aonduine riamh acht file. Bhí sé tuigthe againn an bhean a gcuirfeadh an file ceileabhar pósta uirthí go mbeadh a brágha mar chlúimh na h-eala agus a súil mar réalt na maidne. Agus dá bhfealladh air go mb'fhearr dó bheith gan súile ná a feiceáil ariamh. Sin agat an saoghal fileadhanta. Acht saoghal na Rosann! Tháinig tú i n-aois do phósta. D'iarr tú a leithéid seo de chailín. Má ghlac sí thú, chuaidh tú i ndeabhaidh leis a' tseanduine fá'n spré. Má dhiúltaigh sí thú, d'iarr tú an dara bean. Má dhiúltaigh sí sin thú thug tú bualadh éadain dóbhtha, riamh nó gur ghlac ceann éigin thú. (*An Bhratach* 40)

Thit Mághnus i ngrá agus ligeann an t-údar scód lena dhúil san áibhéil íorónta:

> Ó'n lá sin amach ní raibh as béal Mhághnuis acht a' grádha. Bhí sé mar bheadh fear ann a dtiocfadh solus ó Neamh chuige agus ar dhual dó dorchadas na gcéadtaí bliadhan a sguabadh 'un siubhail ó shléibhte na Rosann. (*An Bhratach* 41)

Sa scéal 'An Crann Caorthainn' (*NÁ*) chítear fear atá i ngalar na gcás mar nach féidir leis a intinn a shocrú faoin mbean is fearr a d'oirfeadh dó. Beirt atá sna scálaí tomhais aige, agus spré mhaith acu araon, ach téann den bhfear duine díobh a roghnú thar an duine eile. Ansin tagann an spéirbhean anaithnid aniar aduaidh air:

> Agus annsin, lá amháin, tháinig an ainnir air ó thaobh na fairrge, mar tháinig Niamh Chinn Óir ar Oisín. Bhuail sí a chuid sgálaí tómhais le slat na draoidheachta, agus rinne sí deannach díobhtha.
> Ní raibh spré ar bith leis an ainnir chuig Micheál nuair a pósadh iad. Acht ba chuma le Micheál. Ní spré a bhí sé dh'iarraidh acht mian a chroidhe. Fuair sé sin, agus bhí sé ar a sháimhín suilt. (*NÁ* 89) [47]

Ríomhtar scéal na mná ar scorn léi nós an chleamhnais agus a bhfuil a cuid tuairimí féin faoin ngrá aici i roinnt scéalta de chuid Mháire. Gheofar samplaí de seo in 'Aisling Shiubhán Fheargail' (*Úna*) agus in 'An Gaisgidheach' (*Oidhche*). I dtuairim an phobail, bhí na mná seo beagán ait toisc nár phósadar riamh, pointe a bheidh á phlé i gCaibidil 4. Is suimiúil an ní é go gcuirtear an milleán ar na scéalta seanchais agus ar na hamhráin ghrá a chuala na mná seo ina n-óige. Bhíothas den tuairim gur líonadar a gcinn le hamaidí.[48] In 'Tuathal S'Againne' (*SÚ*) chítear an laoch rómánsúil a mhaireann i mbrionglóidí Nóra ach toisc go bhfuil na blianta á gcaitheamh agus go bhfuil bláth na hóige ag imeacht agus gan 'an gaiscidheach fuileachtach dubhfholtach geal-chroicneach ag teacht as Tír na h-Aislinge' (*SÚ* 30), géilleann Nóra go drogallach d'éilimh phraiticiúla an tsaoil agus pósann sí fear nach dtagann in aon ghiorracht d'fhear a brionglóide.

Bean óg álainn fhadcheannach a chastar ar an léitheoir in 'Sgáilidhe Spéire' (*NÁ*), bean a dhiúltaíonn grá an ógánaigh dhíograisigh bhoicht agus a ghlacann leis an Yankee Liath rachmasach mar chéile. Labhraíonn tráchtaire 'An Réalt' (*An Bhratach*) faoi ainnir ar thit sé i ngrá léi - agus tugtar faoi deara a rómánsúla agus atá an friotal sa chuntas seo - ainnir a phósann fear eile ina dhiaidh sin. Tagann téama seo cluain na mban saolta santach i gceist i roinnt scéalta eile, leis.[49]

Fear breá bríomhar a bhfuil bua an cheoil agus na filíochta aige é Tuathal in 'Siabhrán' (*Tráigh is Tuile* [=*Tráigh*]). Tá sé sa chéill is aigeantaí ag Úna agus cuireann sé ceiliúr pósta uirthi. Baineann freagra Úna siar as Tuathal:

> Baineadh léim as Tuathal. Ní raibh sé a' súil le n-a leithéid de fhreagar. Shaoil sé go n-abóradh sí go rachadh sí 'amach ar an fharraige' leis, mar adeireadh na spéirmhná a bhí sna sgéaltaí. Acht níor dhubhairt. 'C'air a mbeimid beo?' ar sise. (*Tráigh* 135)

Déantar codarsnacht shoiléir idir meon fileata rómánsúil an fhir agus meon pragmatach na mná:

> Ní torc allta nó fiadh a bhí sí dh'iarraidh mar bhiadh, acht mar a deireadh na seandaoine, preátaí agus iasg agus toradh na bó. Tá plúr is méad is cnuasach craobh maith go leor ag 'síogaidhe beag leinbh.' Acht is fearr leis a' mhór-chuid de mhnáibh na Rosann bláthach is bocstaidhe is preátaí gainimh. (*Tráigh* 136)

Cé go dtéann Tuathal go hAlbain ag saothrú airgid - agus is léir go dtéann a dhúil nua-ghinte san airgead lastuas de - ní phósann siad a chéile ar deireadh.[50]

Bean nár fhan dílis dá rúnsearc a bhí ag saothrú in Albain agus a thoilíonn fear eile a phósadh a léirítear in 'Buaidh agus Díomuaidh' (*NÁ*). Mar seo a chuirtear imní Chormaic in iúl:

> Bhí Eibhlín geallmhar air. Acht an bhfanfadh sí leis? Na mná úd a bhí sna ceoltaibh d'fhanfadh siad seacht mbliadhna fá thrí go dtaradh an gaisgidheach arais as a' chogadh nó ó'n gcoigcrích. Acht na mná nár cuireadh riamh i gceol? Cé acu badh rogha leo? An t-éan i gcúl duirn nó an dá éan ar a' chraoibh úd thall? Cé acu b'fhearr le h-Eibhlín, fear a raibh áit suidhe aige, nó fear nach raibh talamh ná tráigh aige? (*NÁ* 136) [51]

Faoi mar a deirtear go neamhbhalbh i scéal eile: 'Tá na mná fadcheannach. Dearcann siad rompa. Tá fhios aca nach mbíonn duine beo ar ghrádh' ('Toinnte na Cinneamhna', *SÚ* 202).

Is ar ghnó praiticiúil an chleamhnais agus an phósta a dhíríonn an tráchtaire scéil a aird i scéalta faoi leith. Seo é Muircheartach Mór Mac Suibhne in 'Ciall na Mná Duibhe' (*NÁ*), fear nár chaill codladh na hoíche riamh de bharr a chroí a bheith suaite ag saigheada géara an ghrá agus fear ar mór aige seanchas na muintire nuair atá cinneadh tábhachtach le déanamh:

> Níor bhuaidhir sé a cheann le mná riamh nó go bhfuair a mháthair bás. Annsin bhí bean toighe de dhíoghbháil air, agus thoisigh sé a smaoineamh ar phósadh. Acht cá bhfuigheadh sé bean a bheadh i n-a shásamh? Caidé an cineál mná ba mhaith leis aige? Bean dóigheamhail, nó bean dheagh-chroidhtheach, nó bean chéillidhe? Bean chéillidhe ar ndóighe, acht caidé mar d'aithneochadh sé í? Smaointigh sé ar chainnt a' duine aosta: Sgéimh na mná finne, croidhe na mná ruaidhe, agus ciall na mná duibhe. (*NÁ* 145)

Agus cad a déarfaí le Domhnall Chonchubhair Bháin in 'An Bhean Thug Tusa Domh' (*NÁ*), ar geall le Flúirsín Conallach é, nach bhfuil sásta bean ar bith seachas an bhean a thuigeann agus a chreideann 'soiscéal na feoirlinge' a phósadh?

In 'Gile na Gile' (*An Bhratach*) chítear an fear atá sásta cúrsaí cumainn agus cleamhnais a fhágáil faoi chúram a mháthar agus ní séanta gur fear stuama céillí a fheictear sa scéal 'Bean Ruadh de Dhálach' (*Fód*):

> Bhí rún pósta ag Pádruig Dubh 'Ac Suibhne. Ba dhóighche, an Geimhreadh sin a bhí chugainn, nuair a bheadh iasgaireacht na sgadán thart, go rachadh sé amach agus go bhfuigheadh sé céile mná. Dhéanfadh sé an rud a rinne ár muinntir ariamh anall. Chuirfeadh sé cunntas in-a intinn ar chailíní an phobail. An bhean a b'fhearr a líonfadh a shúile rachadh sé amach agus d'iarrfadh sé í. Acht ní rachadh go mbeadh cárda cúil aige i n-a intinn, ar eagla go ndiúltóchaidhe sa chéad teach é. (*Fód* 81)

Samhlaítear easpa fearúlachta leis an bhfear a chorraítear rómhór ag diúltú nó ag tréigean mná, mar shampla:

> Chonnacthas do mhuinntir a' bhaile nach raibh ciall ar bith aige, mar Mhághnus. 'Ní h-eadh amháin nach bhfuil ciall aige,' arsa Eoin Ruadh, 'acht ní fhuil aon órdlach amháin de'n fhear ann. Dá mbeadh, chan i n-a luighe ar malaidh shléibhe a bheadh sé i lár a' lae ghil ós coinne an tsaoghail agus é a' caoineadh cion is gur imthigh cailín óg de chuid a' bhaile go Meiriceá.' ('Úna Bhán', *Úna* 16)

Ní mar sin a bhíodh an scéal ag na fir óga sa seanreacht, de réir dealraimh:

'San am sin nuair tháinig aois do phósta chugat chuaidh tú amach agus d'iarr tú bean. Má dhiúlt sí sin thú caidé a rinne tú? Ar thoisigh tú a chaoineadh is a rádh go mb'fhearr dhuit bheith gan súile ná a feiceáil ariamh? M'anam féin é nárbh eagal duit. D'imthigh tú comh tiugh géar is tháinig leat gur iarr tú an dara bean, agus a' dubh-dheifre ort, ar eagla go n-éireóchadh an sgéala amach gur diúltadh sa chéad teach thú. Sin a' gnás a bhí fad ó shoin ann. Acht d'imthigh an fiúntas.' (Ibid.)

Ag filleadh dúinn ar rómánsúlacht scéalta grá Mháire, tagtar ar an nóisean go bhfuil duine faoi leith 'daite ag an gcinniúint' do fhear nó do bhean áirithe i roinnt scéalta dá chuid, mar shampla:

Ní raibh aithne aca ar a chéile. Acht, an oidhche sin, bhí Nóra ag meabhrughadh go domhain fá n-a croidhe, agus í 'chomhair a bheith cinnte gur bh'é seo an fear a bhí daithte díthe ag an chinneamhaint ó bhí tús an tsaoghail ann. ('Croidhe Mná', *SÚ* 129)

Sin a' lá a bhí an t-ádh orm má bhí sé ar aon fhear ariamh. Casadh orm í agus mé ag teacht aníos a' tráigh. An rud is mó ar chuir mé sonnrughadh ann a' dá shúil a bhí aicí. Bhí doimhne na síorraid-heachta ionnta. Comh luath is chonnaic mé í d'aithin mé gurbh' í mo chinneamhaint í. ('Sonas agus Donas', *NÁ* 105) [52]

Gné eile de théama agus d'íoróin an ghrá i scéalta Mháire is ea an daille agus an neamhthuiscint i dtaobh ilchastacht an ghrá a shamhlaíonn an ghlúin óg leis an seandream. Gan ach sampla amháin a lua, féach a ndeir tráchtaire an scéil 'Seachtain Chinneamhnach' (*NÁ*):

Is furas ceileabhar pósta a chur ar chailín nuair atá an ócáid fóirstineach. Nuair atá dhá chroidhe lasta le grádha, agus gan le déanamh ach canamhaint a chur ar rún nár cheil rosg le fada roimh sin. Acht rud eile ar fad a ghabháil go dtí seanduine lá fóghmhair agus a nighean a iarraidh air. Ní fhuil lasair ar bith i gcroidhe an tseanduine. Má bhí riamh ní fhuil fágtha anois acht aibhleógaí dóighte agus gráinín luatha. (*NÁ* 163)

Agus í tar éis scagadh a dhéanamh ar úrscéalta Mháire, thagair Máirín Nic Eoin don chur síos rómánsúil áibhéalta a deineadh ar bhancharachtair na scéalta sin agus don tslí nár léiríodh aon droch-thréithe i gcarachtracht na mban. Sonraíodh, leis, go raibh tionchar mór ag filíocht Burns ar Ó Grianna ó thaobh phlé

théama an ghrá de.[53] Gan dabht ar domhan, déarfadh duine agus
é ag féachaint ar théama an ghrá i saothar gearrscéalaíochta
Mháire, gurb é an maoithneachas an tréith is treise ann, maoith-
neachas a chothaítear toisc a mhinicí is a bhíonn an grá éagmaise
nó an grá gan chúiteamh mar phríomhthéama scéil. Tráchtann
Alan Titley (1991:88-9) ar 'fhoirmle éiritheach' ar bhain Máire
earraíocht aisti ina shaothar úrscéalaíochta, foirmle ar féidir
achoimriú an-ghonta a dhéanamh uirthi: 'San úrscéal Máiriúil
smiotar dóchas agus idéil na hóige'. Agus, a deir Titley go
deaschainteach: 'Aon duine a ardaíonn úrscéal de chuid Mháire
le léamh faigheann sé instealladh in aghaidh an dóchais agus an
áthais agus ba mhór go léir é a dhíomá dá dtiocfadh críoch shona
air i ngan fhios'.

Gan amhras, is annamh a chítear impleachtaí nó deacrachtaí
cúrsaí caidrimh á bplé go suimiúil corraitheach toisc nach
ndéantar cás na beirte a áiteamh ar an léitheoir. Faoi mar a deir
Peigí Rose (1992: 54) agus é ag trácht ar théama lárnach shaothar
Mháire, mar atá, an grá:

> Perhaps it would be more accurate to state that infatuation is the
> central theme. In *Nuair a bhí mé óg* Ó Grianna says: ' Bhí mé i ngrá
> san am le cailín beag rua as Port na mBó. Ní raibh mé riamh a' caint
> léi' (248).
> It could possibly be argued that this is a tongue-in-cheek
> comment. Yet it is precisely the type of infatuation that overcomes
> many of Ó Grianna's characters whose exaggerated emotionalism is
> seldom based on mutual knowledge and understanding.

Tráchtann seisean, leis, ar an gcríoch mhíshona mar
shainghné de scéalaíocht Mháire - agus dála Alan Titley,
admhaíonn sé gur cás eisceachtúil é an t-úrscéal *Bean Rua de
Dhálach* - agus deir sé:

> Emigration, war, time, fate are but some of the forces at work against
> love. The constant crushing of love is not, one feels, an assertion by
> the author that relationships based on ignorance and sentiment will
> flounder. Rather is it an expression of his pessimistic outlook on life
> and a reflection on the bitter practicalities which outmatched
> romantic love in the Rann na Feirste Ó Grianna knew. The physical
> expression of love barely occupies Ó Grianna at all - a kiss here and a
> hug there but at quite a remove from his contemporary, Lawrence!
> (Ibid., 55)

Díol spéise é gur thrácht Con Houlihan (1968:16) ar Lawrence i gcomhthéacs Mháire, leis, agus dar leis siúd: 'Tá amanna ann nuair is binn béal ina thost – rud nár fhoghlaim Lawrence riamh.'

Glactar leis gur sa bhliain 1950 a foilsíodh aon chnuasach scéalta Tharlaigh Uí Uid, *Taobh Thall den Teorainn* (= *TTT*) agus faoi mar a bheadh súil leis i gcás an údair seo, tráchtar ar shaol chathair Bhéal Feirste agus ar theannas an tseicteachais ina chuid scéalta. Braitear cuid den teannas a spreagann ceiliúradh 'an dara lá déag' in 'Guth an Aoire' (*TTT*) ach téann den scríbhneoir dul i bhfeidhm go héifeachtach ar an léitheoir mar: '... tá a ainnliú ró-éadrom agus an nóta ann gan bheith dáiríre go leor agus thairis sin gan aon téama cinnte ann' (Mac an tSaoir 1950b, 29). Ó thaobh spléachadh a sholáthar ar an mbean óg sa scéal seo, is suimiúil é an tagairt seo do mhná óga a bhí ina n-oibrithe monarchan in aimsir an Chogaidh agus iad ag ullmhú i gcomhair rince:

> Bhí cailíní óga a bhí ar fostú i monarchain tobaca Mhuintir Uí Ghallchobhair nó sna muillte sníomhadóireachta, iad anois go dathúil péacach faoin seiche throm de phéint agus de phúdar as Woolworth's; an méid nach raibh stocaí de shíoda shaorga orthu bhí líne tarraingte le peann luaidhe aníos na mealltaí orthu mar i ndúil agus go gcreidfeadh an té nach mbreathnódh go ró-ghrinn iad gur stocaí lán-chumtha den chuid is míne a bhí á gcumhdach. (*TTT* 14)

Scríbhneoir é Ó hUid a chreid go daingean i gcur chuige an réalachais i gcúrsaí litríochta [54] agus tá sé sin le haithint i scéalta an chnuasaigh seo. Sa scéal 'Fáilte chun an Bhaile' (*TTT*) chítear Cathal Mac Néill ag fágáil phríosún Bhóthar na Croimghlinne tar éis dó breis agus bliain a chaitheamh ann. Tugtar le tuiscint gur brathadóir é agus déantar an mearbhall, an coimhthíos agus an eagla a bhraith sé ar theacht amach as an bpríosún dó a chur in iúl ar bhealach inchreidte. Agus é ar bís lena ghrá geal, Jinny, a fheiceáil arís, cuimhníonn sé ar an gcéad uair a phóg sé í tamall de bhlianta roimhe sin agus ar aoibhneas na tréimhse ina rabhadar ag siúl amach le chéile:

> Rinne sí gáire agus streachail í féin ar shiúl uaidh, chuir suas lámh le dlaíóg streachlánach fhionnrua a chur ar ais ina háit, agus scéith tógáil na láimhe sin ar chaoinchruth agus ar bhoige uilig a brollaigh. A Dhia, bhí sí álainn....

Oícheanta a chaith siad i ndorchadas an Forum nó i bPictiúrlainn na Páirce, a méara beaga mosacha ina luí i gcroí a bhoise, a glún buailte ar a ghlúin-sean, agus gan ar iúl na beirte ach a fhoigse agus bhí siad dá chéile. Tráthnónta gréine a chaith siad ar Chnoc na hUamha, snaidhmthe ina chéile ar leabaidh raithní, ag cogarnaigh go grámhar le chéile, nó ag éisteacht go codlatach le ceiliúr fuiseoige. (*TTT* 111)

Is go borb feargach a bheannaíonn Jinny na boige agus na háilleachta dó anois, áfach: ' Tóg ort amach as an teach seo, a chlaitseach. Níl áit ar bith anseo do bhrathadóir' (*TTT* 118).

Is é aer-ruathar na nGearmánach ar Bhéal Feirste le linn an Dara Cogadh Domhanda an cúlra drámata atá ag an scéal éadromchroíoch 'Níl Léamh Orthu' (*TTT*). Scéal é seo ina bhfeictear bean óg i ngalar na gcás, bean shoilíosach a tháinig aneas ó Bhaile Átha Cliath chun teacht i gcabhair ar a huncail, baintreach fir ar ghoill an t-uaigneas go mór air:

Níor theach ceart é gan bean ann. I ndiaidh bheith tamall fada ag caibidil na ceiste ina intinn is amhlaidh d'iarr Sean-Dáibhidh ar a neacht theacht andeas go Béal Feirste a bhanachas tí dó. (*TTT* 81)

Titeann ceathrar ógfhear i ngrá le Máire láithreach, rud a chuireann an bhean óg i bponc, ar ndóigh. Maidir le Máire, leagtar béim ar ghaois agus stuaim annamh na hainnire canta seo: 'Bhí Máire i bhfad ró-bhanúil le bheith dall ar an scéal, ach bhí sí stuama fadcheannach comh maith, rud nach bhfuil baol ar comh coitianta leis an bhanúlacht' (*TTT* 83). Agus déanann sí an rud ciallmhar réasúnta is dual do mhná óga dá leithéid: ' Chuir Máire na gnóithe uilig i láthair a hathar mhóir' (ibid.) (Dealraíonn sé gur deineadh claochlú ar an uncail uaigneach!) Tagann teideal magúil Conaireach an scéil seo ón méid a deir Sean-Dáibhidh léi. Tar éis dó a chuid tuairimí faoin gceathrar ógfhear a nochtadh, deir sé: 'Ach is cuma. Bhéarfaidh tú toil do dhuine gan mhaith agus pósfaidh tú é. Níl léamh oraibh mar mhná' (*TTT* 84). Tugtar le tuiscint go dtagann an tuar faoin tairngreacht i gcríoch an scéil neamhmhóiréisigh seo.

Gearrscéalaí eile de chuid na linne sin nár fhéach le gabháil ródhomhain i gcastacht shíceolaíoch a chuid carachtar é Séamus Ó Néill. Sa scéal 'An Ealaí Uasal' (*Ag Baint Fraochán agus Scéalta Eile* [= *Fraochán*]) faightear an cur síos seo a leanas ar bhean óg chathrach, cur síos a bhfuil an-dealramh aige le stíl Mháire, ó thaobh na híoróine de:

Bhí cailín ag fanacht leis i ndoras an halla. Cailín de chuid na monarchan a bhí inti. Í gléasta go péacach in éadaí saora. Bhí sí fionn ar ndóigh, mar bhí an fhinne san fhaisiún ag aisteoirí na bpictiúirí san am. Ní raibh hata uirthi, ach bhí barraíocht phúdair ar a haghaidh. Agus smearadh trom péinte ar a béal. Bhí a lámha garbh. Ach ní fhaca Bil í, mar chonaic mise í. Ba í Helen fár tréigeadh Traoi í. (*Fraochán* 83)

Scéal é 'Céadsearc' (*Fraochán*) ina gcuirtear síos ar mhúscailt an ghrá in ógánach staidéartha agus ní deacair anáil Mháire a thabhairt faoi deara arís i stíl na hinsinte, mar shampla:

Nuair a bhí an cúrsa thart, thug sé buíochas di, agus d'imigh amach as an halla. B'éigean dó a bheith leis féin ar feadh tamaill. Bhí eagla air go dtabharfadh daoine fá dear go raibh sé san chéill ab aigeantaí ag ainnir na gciabhfholt fionn, go léifeadh siad rún a chroí, go n-aithneodh siad ar a aghaidh lasta agus ar a shiúl aerach go raibh an galar sin air nach bhfóirfeadh luibh ná liaigh. (*Fraochán* 98)

Níl aon amhras, ámh, ná go seachnódh Máire cur síos chomh lom leis an gcur síos seo ar chéad phóg na beirte:

Tharraing sé an cailín chuige, agus thug iarradh a pógadh. Bhrúigh sé a bhéal ar a grua. D'fhan sí ina lámha seal beag gearr, ach scaoil sí í féin uaidh, agus dúirt, 'Caithfidh mé deifir a dhéanamh.'
'Bhfuil fearg ort?' ar seisean.
'Níl,' ar sise, 'níl, ar chor ar bith,' agus rinne sí gáire leis. Tháinig tocht air. Ba mhaith leis a shnaidhmeadh féin inti, agus a pógadh ar an bhéal. Ach bhí leisc air....
'Caithfidh mé deifir a dhéanamh,' ar sise, 'beidh na cailíní eile ag fanacht liom.' (*Fraochán* 99)

Níor chuir léirmheastóir *Feasta* fiacail ann agus é ag trácht ar an scéal seo:

An gearrscéal é, beag nó mór? Tuairisc é, mar mheasaim ar ní a thit amach: buachaill agus cailín ar bhruach na mara i ndiaidh damhsa tusach-oíche; agus sin a bhfuil ann de. Nuachtóireacht é agus ní scéalaíocht. (An tAthair Fiachra 1955b, 17)

Os a choinne sin, is léir gur thaitin an scéal céanna le léirmheas-tóir (gan ainm) *Comhar*:

Tá 'Céadsearc' chomh mín síodúil sin, tá an mhiontuarascáil chomh cruinn sin ann agus an ghluaiseacht chomh héadrom san faoi gur i ngan fhios don léitheoir beagnach a thig an scéal chun forbartha: *epiphania* atá ann, léiriú ar bhláthú obann na hóige. (*Comhar*, Nollaig 1955, 30)

Tá iarracht de bhláthú obann na hóige sa scéal 'Ag Baint Fraochán' (*Fraochán*) chomh maith. Cailín óg íogair í Anna, a bhfuil mothúcháin chasta ag géarú agus ag neartú inti, go háirithe an tuiscint nach bhfuil gnáthshaol i ndán di. Is léir di anois gur cuma ann nó as í i saol Mhichíl Uí Ghallchobhair mar go bhfuil seisean i ngrá le hógbhean aigeanta dhathúil ó cheantar eile sa pharóiste. Is in abairt dheiridh an scéil a insítear don léitheoir go bhfuil Anna balbh, ciúta stíle nó casadh scéil nach n-éiríonn go ró-iontach leis sa chás seo.

Cruthaítear cúlra agus atmaisféar an scéil mar aon le cumha, aonaránacht agus trí chéile an chailín go cáiréiseach éifeachtach. Féach, mar shampla, an giota seo i gcríoch an scéil:

> Bhí tuirse mhór uirthi ón lá, ach ní thiocfadh léi codladh. Luigh sí ansin ag stánadh ar phictiúir bheag den Mhaighdean Mhuire a bhí crochta ar an bhalla os comhair na leapa. Bhí lann trí chroí na Maighdine, agus dreach brónach uirthi, agus choimhéad Anna a haghaidh, mar bheadh sí ag iarraidh míniú a fháil ansin ar a pianpháis féin, go dtí gur éag an léaró deireannach solais san tseomra. Ach nuair a dhlúthaigh dubhdhorchadas na hoíche ina timpeall, ní raibh an míniú aici, agus ní thiocfadh léi codladh ansin féin. Luigh sí ansin, ní raibh fhios aici cá fhad, agus í ag tiontó ó thaoibh go taoibh go cráite. (*Fraochán* 16)

Ó am go chéile chítear ró-chlaonadh an údair chun soiléirithe. Féach, mar shampla, an giota seo a leanas, mar a bhfuil Anna ag féachaint ar a scáil féin sa sruthán:

> Dhearc sí isteach ina súile féin. Súile móra gorma a bhí iontu, agus d'aithin sí sin. Súile móra gorma tláithe brónacha a bhí iontu, ach níor léir di an brón. Mar sin féin, ar dhóigh éigin nach dtiocfadh léi a mhíniú, tháinig cumha uirthi agus í ina suí ansin léi féin ag amharc ar a haghaidh féin san uisce. D'ardaigh sí a cosa agus shín amach iad fá theas na gréine. Nach geal a bhí siad i loinnir na maidne? Nach téachta coimir a bhí siad? Chuir Anna sonrú ina ngileacht, ach ní thug sí an dea-chuma fá dear. (*Fraochán* 12)

Agus duine ag meabhrú ar an scéal seo agus ar shaothar gearrscéalaíochta Uí Néill i gcoitinne, seans go n-aontódh sé le Pearse Hutchinson a scríobh i léirmheas ar dhráma áirithe de chuid Uí Néill:

> Scríbhneoir é a bhfuil tuiscint lonrach dhoimhin aige do phríomhfhírinní an chroí, tuiscint níos láidre, b'fhéidir agus níos

dírí ná ag éinne eile sa nualitríocht seo. Ach diabhal éigin na saobhshaontachta ag síordhéanamh luíocháin roimhe. (Hutchinson 1961, 22)

Maidir le téama an ghrá, níor bhac Ó Néill le haon ró-scrúdú a dhéanamh air ina chuid gearrscéalta, ní ionann agus a chuid úrscéalta. Faoi mar a dúradh cheana, bhí easpa doimhneachta agus scóipe le tabhairt faoi deara i ngearrscéalta Uí Néill. Eisceacht suntasach amháin is ea 'An Colúr', scéal a bheidh á phlé mar aon le scéalta eile de chuid Uí Néill i gCaibidil 2.

Maidir le hAnnraoi Ó Liatháin, scríbhneoir eile de chuid na linne sin a thug faoin ngearrscéalaíocht, is cinnte go raibh scéalta Uí Liatháin inspéise agus soléite agus gur léiríodar sárbhua tabhairt faoi deara agus acmhainn grinn an-taitneamhach. Maidir le cúrsaí caidrimh agus téama an ghrá, is fiú féachaint ar an scéal 'Cúiteamh', scéal a foilsíodh den chéad uair sa bhliain 1945 agus a athfhoilsíodh in *Gleann an Leasa agus Scéalta Eile* (= *Gleann*) sa bhliain 1973. Tá fear atá ag saothrú an bháis ag cuimhneamh siar ar an gcoir mhór a dhein sé na blianta fada roimhe sin. Bhí sé ag tiomáint rómhear agus é ar an taobh contráilte den bhóthar agus bhí timpiste aige inar maraíodh rothaí. Bhí Olga, gligín mealltach ar bean leithleasach leanbaí í, sa charr leis agus mhol sise dó leanúint ar aghaidh agus gan cúram a dhéanamh den fhear marbh. Bheartaigh sé glacadh lena comhairle-se agus teitheadh leis ó láthair na timpiste óir bhuail néal buile é agus é ag smaoineamh ar bheith teanntaithe i gcillín príosúin agus é scartha ó Olga:

Agus é féin istigh i gcillín uaigneach. Agus Olga. Rómhaith a thuig sé an cailín seo a thug an oiread sin pléisiúir dó le ráithe anuas. Litir chun an phríosúin, litir eile b'fhéidir, tost agus í sa tóir ar fhear eile a mbeadh an t-airgead agus sócmhainní an airgid aige. Bheadh sí ag dul chun na rincí agus na rásaí le fear eile. Bheadh fear eile ag láimhsiú na colainne áille sin. Bheadh fear eile ag .... Bhain Gearailt díoscán as a fhiacla. ' Téanam ort,' ar sé agus rith sé i dtreo an ghluaisteáin. (*Gleann* 67)

Mheabhródh Olga cuid de bhancharachtair Shean-Phádraic Uí Chonaire don léitheoir, í meallacach guagach agus í freagrach as teip mhorálta an fhir.

Scéal cumasach de chuid Uí Liatháin is ea 'Sop' (*Gleann* 1973), scéal a phléifear arís i gCaibidil 3. I 1946 a foilsíodh an scéal ar dtús, scéal inar léiríodh éiginnteacht agus cráiteacht phearsanta an ábhair sagairt a bhfuil an t-amhras ag creimeadh a anama agus pé rúndaingne a bhí le maíomh aige roimhe sin.[55] Méadaíonn an t-aighneas idir Searlaí agus a dheirfiúr, Cáit, ar uaigneas agus ar lagmheanma an ábhair sagairt. Chítear Searlaí ag cúléisteacht lena dheirfiúr agus a stócach agus iad ag suirí sa scioból, oíche na cóisire:

> 'Éirigh as sin nó ligfead scread asam' i gcogar ard cailín.
> 'Mar dhea is nach dtaitníonn sé leat,' arsa glór fir.
> 'Nach maith leat é sin anois?'
> Níor tháinig de fhreagra ach mar a bheadh mearanálú gáire.
> (*Gleann* 85)

Ar ball, braitear an ghruaim agus an drochmhisneach a thagann ar Shearlaí ar a thuiscint dó nach dteastaíonn uaidh leanúint ar aghaidh leis an tsagartóireacht ná le saol na haontumha: 'Is níor theastaigh uaidhsean ach bheith ag ól is ag rince is ag bladar le cailín aerach éigin, sea, agus í a bhreith leis amach go dtí dorchacht chaoin an sciobóil' (*Gleann* 86).

Is spéisiúil iad na tagairtí breise a chuir an t-údar i leagan 1973 an scéil, tagairtí soiléire a chuireann treise le frustrachas an ógfhir. Féach an pictiúr seo, cuir i gcás, a thagann os comhair intinn Shearlaí agus taibhreamh na súl oscailte á dhéanamh aige:

> D'ardaigh an cailín a cos go hard is í ag dreapadh thar an sconsa agus chonaic sé an cheathrú bhán ag ramhrú ó ghlúin go cromán. Leag sé a lámh ar an gcneas bog mín. (*Gleann* 82)

Ag cuimhneamh dó ar an tsaoirse a bheadh aige ach an coláiste sagartóireachta a fhágáil, ritheann an smaoineamh seo le Searlaí: 'Bheith saor ó na samhlacha banda a chuir le buile mhacnais istoíche é, agus nach bhféadfadh paidreoireacht dá dhéine an ruaig a chur orthu' (*Gleann* 84).

Scéal suimiúil leis an údar céanna é 'Idir Ainnir is Uaigneas' (*An Iris*, Feabhra 1946). In ainneoin gur típeanna iad na carachtair, tá idir acmhainn grinn agus éascaíocht stíle an scríbhneora le moladh sa scéal seo ar geall le dráma gearr é. Chítear feirmeoir stuama macánta darb ainm Liam, atá ag siúl amach le Brighid le deich mbliana anuas agus is follas nach bhfuil sé splanctha ina diaidh ná aon ní amaideach dá shórt. Ina theannta sin, ní gnách lena athair a ghráin ar Bhrighid a cheilt, mar shampla: 'Cé'n breall a bheadh ort is go dtógfá cráidhteachán atá chomh seirgthe le práta Mheithimh agus chomh buidhe le sean-bhuailtreach bó mar chéile?' (*An Iris*, Feabhra 1946, 41). Is tar éis bhás a athar a thosaíonn Liam ag machnamh ar chúrsaí pósta agus seans go n-oirfeadh an ráiteas seo mar chur síos ar a chás: 'Marriage... was likely to be contemplated not when a man needed a wife, but when the land needed a woman' (Connell 1962, 503). Dhealródh sé nach meallfaí an fear sochma seo ag draíocht ná ag paisean an ghrá:

Níorbh duine le taidhreamh ná le haisling ariamh é. A chuid oibre do dhéanamh, na ba is na barraí a bheith folláin agus an t-airgead sa bhannc a bheith ag dul i méid, b'shin a bhíodh uaidh. Agus anois níor chóir go mbeadh uaidh acht bean chun obair na cistine agus obair a mhacha a dhéanamh. Bean lághach gharúil a bheadh fuinte go leor chun obair fheirme a dhéanamh. Agus ba í sin Brighid. Níor threasnuigh sí riamh i bhfocal ná i ngníomh é agus nach raibh sé i gcumann léi le deich mbliana. Agus má bhí sí ag dul amach ins na blianta, bhí sí níos óige ná é féin. (*An Iris*, Feabhra 1946, 43)

Ach féach gur phrioc an bheach ar deireadh é! Chítear go bhfuil leisce ar Liam ceiliúr pósta a chur ar Bhrighid toisc go bhfuil spéirbhruinneall áirithe ag cur speabhraídí air, is í sin Peigí, an bhanaltra óg atá tagtha abhaile ó Shasana ar saoire agus a chuidigh go mór le hathair Liam sa tréimhse sular cailleadh é. Socraíonn Liam go rachaidh sé chun cainte le Peigí sula rachaidh sé go teach Bhrighid. Ag iarnáil atá Peigí nuair a bhuaileann Liam isteach chuici:

D'fhéach sé ar an gcarn éadaigh ar an mbord. Cóireacha beaga de shróill is de shíoda. Cóireacha beaga pearsanta de ghlas is de bhándearg is iad ag deallramh fé sholas an lampa. Iad chomh mín is chomh meallltach léi féin. Thosnuigh a chroidhe ar bhualadh go trom. Tháinig snag corruithe ina scórnaigh. Dhearc Peigí anonn air. Mhéaduigh ar an luisne in a gruadhna agus chaith sí tubháille thar an gcarn éadaigh. Dhein Liam casachtach beag corrbhuaise. (*An Iris*, Feabhra 1946, 45)

Míníonn Liam don bhean óg cad faoi deara a chuairt agus geallann sé di go mbeidh saol compordach aici ina theannta,

cailín aimsire aici agus aon ní eile ar mhian léi. Dearbhaíonn sé
nach spéis leis Brighid a thuilleadh. Is léir go bhfuil sé gan
sméaróid i ndiaidh na mná óige seo. Agus í siúd?

D'fhéach Peigí air is é ina sheasamh crom-ghuailneach, a lámha
móra garbha á gcrapadh is á ndío-chrapadh aige. Scrúdaigh sí an
ghnúis ruadh-gharbh agus an folt scáinte a bhí ag éirghe liath ar na
h-uiseanna.

'Ní fhéadfainn é, 'Liaim,' ar sise. 'Is oth liom é, acht...' Bhain sí
searradh as a guailne.

'Ba chóir go dtuigfeá féin nach féidir é. Níor b'fhéidir liom
filleadh ar an saoghal seo.'

Bhí deimhne na síorraíochta féin sa searradh san, mheas Liam,
agus ní raibh ina súile acht truagh agus drithle beag grinn. Acht, a
Dhia, narbh í a bhí tarraingteach iondúilithe. Chómh mín sin,
chómh caomh, chómh banúil. D'éirigh fiuchadh buile ina chuislean-
na. Chaithfeadh sé an cailín seo bheith aige. Chaithfeadh. Bhí
saothar anála air. Thug sé coiscéim eile ina treo, acht láithreach
tháinig cruadhas i súile an chailín.

'Bíodh ciall agat, a Liaim,' ar sise i nglór fhuarchúiseach.

Le fuaire a gotha shíothluigh an coipeadh teasaidhe i gcroidhe
Liaim, agus tháinig dubhachas aindeis air. Stán sé ar an gcailín go h-
impidheach, fé mar fhéachfadh madra ocrach ar a mháighistir, acht
níor thréig an cruadhas a súile. Gan focal ar bith eile do rádh, thionn-
tuigh sé agus d'imthigh an doras amach. (*An Iris*, Feabhra 1946, 46)

D'éirigh go seoigh leis an Liathánach an chothromaíocht chuí a
aimsiú agus a choimeád sa bhlúire sin idir greann agus truamhéil
na hócáide, idir saobhghrá an bhaitsiléara agus tuiscint
charthanach na hógmhná ar an taobh eile. Ar éigean is gá a rá go
bhfeictear Liam i radharc deiridh an scéil agus é ag déanamh a
bhealaigh go tromchroíoch atuirseach go teach Bhrighid.
Cruthúnas í Brighid, ní foláir, ar fhírinne an tseanfhocail a deir go
bhfaigheann foighne fortacht. Cé gur cuid bhunúsach den scéal é
an greann éadrom agus cé gur típeanna so-aitheanta iad na
carachtair, mar sin féin éiríonn leis an údar scéal beo suimiúil a
chumadh, scéal atá fréamhaithe go maith i saol tuaithe na
tréimhse inar cumadh é.[56]

Cás Birgitta (bean óg Ioruach a thagann go hÉirinn chun
taighde a dhéanamh) atá á ríomh sa dá scéal fhada ghabhlánacha
'Cuan an Fháil Bhig 1 –Birgitta' agus 'Cuan an Fháil Bhig 2 –
Éamann' (*FG*), le Pádhraic Óg Ó Conaire. Ní bhíonn aon rath ar
chúrsaí grá sa dá scéal seo agus ar deireadh thiar, tugann Birgitta

an clochar uirthi féin. Tá idir áiféis agus leadránacht ag baint leis
an dá scéal seo, scéalta ina mbaintear leas as ciúta scéalaíochta a
fheictear i gcodanna eile de shaothar Uí Chonaire, mar atá, an t-
eachtrannach a dhéanann iarracht ar chora agus chinniúint
phobal Iarthar na hÉireann a thuiscint.[57] I dtaca le Birgitta na
scéalta thuasluaite, is mar seo a thugann sí faoin míshuaimhneas a
bhraitheann sí in Éirinn a mhíniú:

> 'Is ait an scéal é,' ar sise, 'ach ó tháinigeas chun na tíre seo is a
> chuireas aithne ar na daoine go mothaím rud éalaitheach
> domhínithe éigin in easnamh orm, rud is cúis le míshásamh dom
> amanta. Gur sórt éan ar an gcraobh mé. Ní amháin go bhfeictear
> dom nach de na daoine anseo mé, ach measaim nach den chine
> daoine mé, sé sin an chuid is tábhachtaí den chine. Airím corr
> cuideáin. Ní easpa airgid ná sláinte é, agus is ríchinnte nach fonn
> liom cúl a thabhairt le dúchas.'
> 'An míshuaimhneas agus an t-athrú aeir a théann le cúrsaí taistil
> is siocair leis, b'fhéidir. Tá sé bliain anois ó d'fhág tú do thír féin?'
> 'Tá, ach cá bhfios nach den aistíl é a bhaineas leis an mbantracht?
> Bíonn na fir níos cinnte díobh féin, iad níos socaire. Nílid cho
> sochorraíoch ná cho goilliúnach linne. Agus is fearr a thuigeann siad
> a n-aigne féin.' (*FG*, 172-3)

Thuigfí ón méid sin gurb é guagacht nádúr na mban an míniú is
ciallmhaire ar a cás, dar léi féin.

Agus ábhair chrosta mar seo faoi chaibidil againn, mar atá,
nádúr diamhair na mban agus feirmeoirí a raibh ag dul díobh
ainnireacha aigeanta a mhealladh chucu féin mar mhná céile,
féach go raibh a léamh staidéartha féin déanta ag an Athair P.B.
Noonan CSSp.(1954: 52) ar an scéal:

> The past decade has indeed witnessed a striking change in Irish
> girlhood. The combined influence of emigration, the tourist influx,
> the craze for pleasure, and all the modern trends in thought and
> conduct have well nigh transformed the traditional colleen into a
> sophisticated miss. A rural existence no longer appeals to her.

Bean amháin ar chuir scannáin Mheiriceá cor ina cinniúint, de
réir dealraimh, í Cáit sa scéal greanntraigéideach 'Mearbhall'
(*Dúil*) le Liam Ó Flaithearta. Is trí chuntas a dearthár a fhaightear
eolas i dtaobh na mná seo. Fear ait amach is amach é an deartháir,
tábhairneoir liobarnach a dhéanann faillí ina chúraimí agus a
thugann le tuiscint don tráchtaire gurbh é imeacht a dheirféar go
Meiriceá agus cúinsí na himeachta sin faoi deara uaigneas agus

follús dofhulaingthe a shaoil féin. Treisítear ar fhearg an fhir seo le mná i gcoitinne le linn dó scéal Cháit a ríomh. Dhealródh sé gur fhág Cáit an scoil sula raibh ceann cúrsa bainte amach aici agus gur fhan sí sa bhaile ag tabhairt aire dá deartháir leice ar feadh sheacht mbliana déag:

> Cailín chomh staidéarach agus d'fhéadfá castáil léi. Maidir le fonn oibre! Bhí sin uirthi. Á! A dheartháir! Naomh críochnaithe bhí inti. *Ní raibh máthair níos cineálta ag aon fhear riamh.* (*Dúil* 59-60) (Liomsa an bhéim.)

Scannáin Mheiriceá faoi dear titim thubaisteach mhná na dúichí sa tslí gur bhris dúchas Éabha amach iontu an athuair, dar leis an tábhairneoir oibrithe:

> . . . thosnaigh daoine fiúntacha ag gabháil ag na pictiúirí, go speisialta na mná. Is gearr go raibh taispeáint ann trí uaire sa tseachtain agus an teach lán gach uile bhabhta. Lán le mná, idir sean agus óg. Cogar mé seo leat. Siad na mná tá ciontach le gach uile shalachar gallda a ligtear isteach sa tír naofa seo. Mná! Bhí droch-cháil riamh ar ghabhar, maidir le caidéis. Má ligtear go doras í, gabhfaidh sí go haltóir. Ach deirimse leat go bhfuil bean níos caidéisí ná gabhar. Tá sí toilteach leis an bpeaca agus ní foláir smacht a choinneáil uirthi. Tá éirí in airde inti ón gcliabhán, á gléasadh agus á cóiriú féin i gcomhair an ragúis. (*Dúil* 61)

Maidir le Cáit, deir a deartháir leis an tráchtaire go raibh an anchain déanta laistigh de mhí. Stíl nua gruaige aici, nósanna nua á gcleachtadh aici, agus í gearánach toisc an áirithe sin blianta a bheith caite sa bhaile aici ag obair agus gan faic aici dá bharr. Ní mó ná sásta a bhí an deartháir leis an gcasadh nua seo ina shaol:

> Go maitear dhom ar lá an bhreithiúnais an chaoi ar lig mé léi, nuair ba cheart dom deatach a bhaint as a craiceann le slat shailí. Ligeas, muis. Lig mé léi, ar eagla go mbuailfeadh sí bóthar agus go bhfágfadh sí aonraic mé. Shín mé aici gach ar iarr sí orm, gan bacadh lena chomhaireamh, airgead a saothradh go cruaidh. Airgead! Bhí sé á scaoileadh le gaoith aici; ag ceannach éadaigh ghalánta agus á deisiú féin mar bheadh stríopach; na hingne daite aici agus a héadan lofa le púdar; gléas ceoil as Sasana ina seomra; gach uile shaghas beadaíocht ag bord; ag imeacht i ngluaisteán in éineacht le dailtíní agus ag rince ar fuaid an chontae. Á! Go deimhin! Bhainfeadh sí deor as an gcloch. Cailín chomh caoidhiúil agus chonaic tú riamh sul má chuir pictiúirí Mheiriceá an diabhal uirthi. (*Dúil* 63)

Nuair a thosaigh Cáit ag ól, theip ar fhoighne an dearthár agus dhíbir sé as an teach í. Chuaigh sí go Sasana ar dtús agus go dtí a deirfiúr i Meiriceá ina dhiaidh sin. Phós sí agus shocraigh sí síos i Meiriceá.

D'fhéadfaí féachaint ar an tábhairneoir mar dhuine easlán a ndeachaigh meon agus teagasc na hEaglaise Caitlicí i bhfeidhm rómhór air sa tslí nach raibh ar a chumas déileáil leis an saol agus go bhfacathas dó nach raibh sna mná ach mealltóirí agus sás cathaithe agus peaca. Duine é ar theip air dul i ngleic le castacht agus le dúshlán an tsaoil; feictear é sa scéal agus é mar a bheadh scáil ar uairibh [58] nó mar dhuine ar mhian leis teitheadh ó éilimh daoine agus an ghnáthshaoil 'díreach mar a bheadh caora ag cur a ceann faoi chlaí ard i bhfolach ar an ngrian' (*Dúil* 55). '. . . possibly *Dúil*'s most powerful recreation of frustration' a thug William Daniels (1988:127) ar an scéal seo agus tráchtann A.A. Kelly ar an bhfrustrachas, leis.[59] Ar leibhéal níos leithne, b'fhéidir go bhféadfaí 'Mearbhall' a léamh mar aoir ar na hÉireannaigh sin a ndeachaigh meon an phiúratánachais, an ghráin ar scannáin Mheiriceá agus galar na cinsireachta i gcoitinne in ainseal orthu. Cuimhnímis, leis, gurb é 'The Fanatic' is teideal do leagan Béarla an scéil. [60]

Is trí shúile a dearthár a fheictear Cáit an scéil seo. De thoradh chlaonadh an chur i láthair agus ionramháil na hinsinte, cothaítear bá an léitheora leis an mbean seo a raibh uirthi an loch amach a thabhairt uirthi féin.

'An chéad *pin- up girl* a bronnadh orainn sa Ghaeilge' a thug Niall Ó Dónaill (1953: 19) ar an gcailín óg sa scéal 'An Scáthán' le Liam Ó Flaithearta. Is mar seo a thagair léirmheastóir eile do scéal Uí Fhlaithearta: 'He describes a girl ripening eagerly into womanhood' (Power 1954, 61). Ba é a dúirt Vivian Mercier (1956: vii) faoi leagan Béarla an scéil ná:

> The young girl in 'The Mirror' terrified of maturity and the perils of motherhood, becomes the bride of the sun and learns the lesson of that acceptance of Nature which brings joy and disarms fear.

Cuireann Fiachra Ó Dubhthaigh (1981:30) an bhéim ar uilíochas an chailín óig:

> Is maighdean uilíoch í, áfach. Ní thugtar a hainm dúinn ná eolas ar bith faoina cúlra. Is ionann í agus neart eile ógbhan a mbíonn

borradh na hóige agus breacthuiscint don mháithreachas ag dúiseacht ina n-intinn. Ní neamhdhuine í seo ach an bhean uilíoch ag dul i ngleic leis an athrú ó aois an ógánaigh go haois duine fhásta. Scéal maith é, ach ina dheireadh ní bá mar dhuine a bhíonn againn léi ach mar bhall den aos baineann i gcoitinne.

Deir Pádraic Breathnach (1986: 132): 'Scéal é 'An Scáthán' le Liam Ó Flaitheartaigh a réitíonn thar cionn liom féin arae feicthear dhom go bhful eisint a ógmhná ann foilsithe go cruinn aige'.

Is cinnte go bhfuil buanna scríbhneoireachta Uí Fhlaithearta le haithint in 'An Scáthán' (*Dúil*), go háirithe sa tslí ina gcruthaítear atmaisféar do-dhearmadta an scéil; teas marfach an lae agus an tionchar láidir céadfaíoch a bhí ag an ngrian agus ag an bhfarraige ar an gcailín, gné a mheabhródh stíl D.H. Lawrence do léitheoirí áirithe. Is suimiúil agus is ábalta é an cur síos ar dhúiseacht na collaíochta sa chailín óg agus ar an trí chéile a bhraith sí dá bharr sin ach milltear éifeacht an iomláin ag tuairimíocht ró-údarásach an scríbhneora faoin 'dualgas banda'. I ndiaidh mhóreachtra na féinaithne, is é sin, nuair a chonaic an bhean óg scáil a coirp nochtaithe den chéad uair i 'scáthán' an uisce agus nuair a ghlac sí go toilteanach agus go ríméadach lena háilleacht fhisiciúil féin ar deireadh, seo isteach leis an rómhíniú fireannach:

> Aie! Aie! A chailís mhíorúilteach an bheo! Anois chuimhnigh sí go bródúil ar an áilleacht a chonaic sí in aistíl na scailpe. Ghlac sí go fonnmhar leis an ngleoiteacht a bronnadh uirthi, le rún diamhair a broinne a chur i bhfeidhm.
> Aie! Aie! Maighdean ghlégheal ag unfairt faoin ngrian i gcaonach síodúil agus gan eagla dá laghad uirthi roimh dhoilíos an iompair.
> (*Dúil* 36)

Baineann ciotarúntacht áirithe le habairt deiridh leagan Béarla an scéil chomh maith: 'Aie! Aie! A radiant virgin wantoning naked in the sunlight on silken moss and no longer afraid in the least of love's awe-inspiring fruit, the labour of pregnancy' (O'Flaherty 1956, 376). Dar le Maureen Murphy (1973:21) a chreideann, dála scoláirí eile, gurbh fhearr go mór a d'éirigh le gearrscéalta Gaeilge Uí Fhlaitheartha ná leis na leaganacha Béarla: 'The tender moment of physical awareness in 'An Scáthán' is made more explicitly sexual in 'The Mirror'. . . . the sexual overtones lay a heavy hand on the delicacy of the story'.

Táthar ann - agus luaitear go háirithe A.A. Kelly [61]- a d'fheic-feadh fabht shoiléir i síceolaíocht an scéil seo agus a bheadh san amhras i dtaobh fhorbairt mhothúcháin an phríomhcharachtair, mar atá, go ndúisítear meanma na collaíochta go tréan sa chailín óg, go ngéilleann sí tar éis tamaill do shóúlacht chéadfaíoch na huaire agus dá thoradh sin go nglacann sí go fonnmhar lena 'dualgas banda' sa tslí nach mbeidh aon phioc eagla uirthi feasta roimh 'dhoilíos an iompair'. Nár dhealraithí go mór go dtosódh an cailín óg ag brionglóideach faoin ngrá rómánsúil, faoi fhear óg dathúil ar mhaith léi dul i gcaidreamh leis seachas í a bheith ag machnamh ar chúrsaí toirchis agus ar 'dhoilíos an iompair'?

Tá sé le tuiscint go dtrasnaíonn príomhcharachtar 'An Scáthán' (*Dúil*) teorainn áirithe sa tslí go mbaineann sí amach réimse nua taithí agus féintuisceana di féin - patrún scéalaíochta nó forbairt charachtrachta a shamhlaítear go minic leis an ngearrscéal clasaiceach, ar ndóigh.[62]

Leagtar béim nach beag ar áilleacht mheallacach na beirte ban in 'Oifig an Phoist' (*Dúil*) le Liam Ó Flaithearta, scéal fada ar geall le dráma grinn é. Is Meiriceánach í duine de na mná agus is Spáinneach í an bhean eile; an bheirt acu go gleoite féinmhuiníneach:

> Bhí an bheirt bhan siúd i gcéadbhláth na hóige agus iad thar a bheith dathúil, maidir le ceannaghaidh agus snua agus leagan coirp. Mar deirtear, chuirfidís fonn pósta ar na mairbh. . . . Bhí gach uile chruinneas dá bhfuil ag baint le háilleacht bhanda múnlaithe go deas flúirseach agus go feicseanach ar a gcumraíocht. . . . Bhí seoda ag lonradh ina ngruaig agus ina gcuid fáinní cluaise agus ar mhéaracha a lámh. Níor thugadar aird dá laghad ar na daoine a bhí ag dearcadh orthu. Choinníodar orthu ag comhrá le chéile os íseal agus ag dathú a mbéil. (*Dúil* 175-6) [63]

Tugann an seansaighdiúir faoi chleamhnas a dhéanamh, geall leis, idir an t-ógfhear (atá mar threoraí ag na mná strainséartha) agus an bhean Mheiriceánach, agus díograis mhargáil an aonaigh á spreagadh:

> 'Dá siúlfá an domhan ar fad,' adeir sé, 'ní bhfaighfeá máthair chlainne níos fearr ná í sin. Cé go bhfuil sí caol ard, tá sé siar agus aniar inti ina dhiaidh sin, mar d'ordaigh Dia le haghaidh na hócáide. Tá fairsingeacht bhreá idir na gorúin aici agus doimhneacht ina cliabh. Tá a meáchan roinnte go stuama. . . . Ná bac le deiseacht a

ceannaghaidh agus a coirp; ach breathnaigh ar a súile agus ar a béal.
Sin bean chneasta, fírinneach agus dílis. Tabhair fúithi, adeirim leat.
Tabhair fúithi gan mhoill.' (*Dúil* 203)

Deir Gearóid Denvir (1991: 17) agus é ag trácht ar an saol-
dearcadh patrarcach a nochtann leithéidí an tseansaighdiúra i
scéalta Uí Fhlaithearta trí chéile: 'Tá de chosaint ar dhearcadh na
bhfear seo, áfach, gurb iad muintir a linne iad agus gurb í breith a
mbéil féin i gcaint dhílis, nó sin a gcuid gníomhartha, a
chrochfadh go hiondúil iad'.

Gné scéalaíochta ar thug A. A. Kelly (1976: 50-1) suntas ar
leith di ba ea an aithris ar fhilíocht Lorca a cuireadh i mbéal an
chailín Spáinnigh.[64] Is mar seo a chuireann Kelly síos ar an gcuid
sin den scéal:

> The Spanish girl's ironic recitation of Lorca's poetry, which is to
> form her telegraphed impression of Praiseach, is in curious contrast
> to the shouts of applause with which it is greeted by the villagers. In
> fact each time in this story that the villagers shout, applaud or roar
> with laughter they are providing an ironic refrain, for the laughter is
> at their own expense.
>
> Lorca's attitude to the primitive Andalusians is not dissimilar to O'
> Flaherty's attitude towards Aran and western Ireland. There is
> subtlety in the poetic quotation. O' Flaherty, like Lorca, is on the side
> of the peasants against the dehumanising effects of civilisation, so
> many facets of which appal him, but the peasants also stand for a way
> of life which faces destruction - hence the first word of the Spanish
> telegram 'Muerto', with which the story ends. It is significant that the
> characters in the post office are all old people waiting to draw their
> pensions and the only young characters are the three strangers. This
> deliberate accentuation of the generation gap is not accidental.

Chonacthas do Niall Ó Dónaill (1953:19) 'gur bhreá an dréacht
gheamaireach' a bhí sa scéal áirithe seo, fad is a nocht Máire
Mhac an tSaoi (1953a:19) an tuairim go raibh 'ábhar den
niamhracht thacair a bhaineann le saghas áirithe iris do mhná'
ann. Thug John Crawford (1953:4), léirmheastóir *The Irish Press*,
breithiúnas an-dian ar an scéal áirithe seo: '...the final story "Oifig
an Phoist" is pretty well a failure all round'.[65]

Dar le Maureen Murphy, bhí an scéal seo ar an scéal ba
ghreannmhaire dar scríobh Ó Flaithearta, agus dhearbhaigh sí i
gcás an scéil seo, faoi mar a dhein sí i gcás 'An Scáthán' roimhe
seo, nach raibh aon amhras uirthi ach go mb'fhearr iad scéalta
Gaeilge Uí Fhlaithearta ná leaganacha Béarla na scéalta sin.[66]

Agus ár n-aird á díriú againn anois ar mhórchnuasach eile de chuid na linne sin, mar atá, *Bullaí Mhártain*, le muintir Uí Chéileachair, chímid téama an ghrá á chur féin in iúl i scéalta éagsúla. Tógaimis teidealscéal an chnuasaigh, mar shampla. Bean óg tuaithe í Áine Bheití, bean a bhfuil fonn uirthi cultúr an tsaoil nua-aimseartha a bhlaiseadh, na rincí nua-aimseartha san áireamh. Tuigtear do Bhullaí Mhártain gurb é an fear (an 'gaige' a thabharfadh seisean air) a bhfuil sí i ngrá leis faoi deara di drochmheas a chaitheamh ar Bhullaí, a comharsa féin. Samhail éifeachtach a chaitheann solas ar chóras machnaimh Bhullaí Mhártain is ea samhail na caorach seachránaí: 'Agus í ag féachaint thar guala a páirtnéara, is é a thug sí chun cuimhne caora sléibhe a mbéarfaí uirthi i ngarraí curaíochta' (*BM* 13).

Is de thoradh dhílseacht dhiongbháilte Bhullaí do luachanna an tseansaoil a chnagtar ar deireadh é.[67] I radharc deiridh an scéil, is follas gur ghoill an bhruíon bhrúidiúil ar Áine ach airítear gur treise é an mhífhoighne ná an trua a bhraitheann sí agus í ag machnamh ar chás a comharsan buailte, Bullaí Mhártain. Is léir an méid seo ón bhfreagra a thugann sí ar an óstóir (a dhearbhaíonn go raibh pé buille a bhí faighte ag Bullaí ag dul dó, go dóite):

> ' An ceart agat,' arsa Áine, an chrobh go néata ar an ngloine aici, 'cé an fáth nár fhan sé sa bhaile? Duine nár rinc céim riamh!' (*BM* 20)

N'fheadar, ámh, an bhféadfaí a rá go dtagann bogadh beag i ndearcadh Áine i gcríoch an chomhrá?

> 'Chuala bróga tairní ag grátáil ar an urlár mápla,' arsa Áine go buartha. Ansin tar éis sosa chas sí timpeall: 'Goimh san inchinn, an mbeadh sé sin contúrthach?' ar sise go simplí.
> Agus aghaidh an fhir ardghairme air d'fhreagair an 'Dochtúir' d'aon fhocal:
> 'Maraitheach.' (*BM* 20)

D'fhéadfaí trácht ar a oiriúnaí agus atá stíl na scéalaíochta sa ghiota sin thuas cé gur dócha go bhfuil an ceart ag Pádraigín Riggs (1978: 102-3) nuair a deir sí go bhfuil an comhrá lag tanaí i mír dheireanach an ghearrscéil agus é ag teacht i ndiaidh na coda eile den scéal, 'mar a bhfuil stíl na reacaireachta beo, fuinniúil, lán d'atmaisféar an iontais'.[68]

Gan dabht, don té ar spéis leis a leithéid, gheofar cur síos cumasach ar an halla rince, ar an mbanna ceoil, ar na rincí nua-aimseartha, ar na fir 'stóinsithe chruachneasacha' (*BM* 12) ina seasamh i mbun an halla agus, ar ndóigh, ar na mná a bhí ag fanacht go n-iarrfaí amach ag rince iad:

> Bhí mórán ban ar na taobhshuíocháin, dealramh ciúin dáiríre orthu, a mbéal druidte, gan ag corraí dhíobh ach na súile. Idir gach dhá rince d'aistrídís ó áit go háit nó hiarrtaí cuid acu dul ag rince. Ach bhíodh na suíocháin lán acu i gcónaí. (*BM* 11) [69]

Déantar cur síos ar an halla rince arís sa scéal 'Réamann' (*BM*) le Síle Ní Chéileachair agus 'laoch' de chuid lár na fichiú haoise é príomhcharachtar an scéil: 'Faoi mar ionchollaigh Cú Chulainn ré na gcuradh ina phearsa féin, ar an gcuma chéanna is é Réamann ionchollú agus barrshamhail na haoise seo' (*BM* 45). Chítear Réamann agus Cití, an bhean óg lena bhfuil sé geallta, agus iad ag triall ar an halla rince:

> Ní thagaid go mbíonn an slua bailithe. Seasann siad sa doras agus iompaíonn gach éinne timpeall ag stánadh orthu. Smíste gaigiúil ceart is ea Réamann nuair a bhíonn sé gléasta suas....
>
> Siúlann an bheirt suas trí bholg an halla, greim éadmhar ag Cáit ar uilinn air, agus suíd fán stáitse i dtreo go bhfaighid a gceart den cheol. Cuid mhór de na rinceoirí iompaíonn siad i leataoibh chun beannú dóibh. (*BM* 47-8)

Déantar cur síos ina dhiaidh sin ar a oilte is atá an bheirt i mbun rince i gcomórtas le cuid de na cúplaí óga fiáine. Maidir le Cití, is follas go ngéilleann sí do dhearcadh agus do bhreithiúnas Réamainn i dtaobh gach aon ní mar go samhlaítear di gur fear éirimiúil fadcheannach é. Dealraíonn sé go dtéann den tráchtaire a s(h)earbhas a cheilt:

> Ní bheadh ionadh ort a chlos go bhfuil fonn ar Chití pósadh go luath le fear atá chomh tuisceanach. Tá, ach deir Réamann gur fearr fanúint. Níl an uain fábharach agus an Eoraip go léir ina cíorthuathail. Ós rud é go mbíonn an ceart ag Réamann i dtaobh díol beithígh nó cur páirce, níl aon bhaol ná go bhfuil an ceart sa phonc seo leis aige. Nach mór an trua gan an Eoraip uile bheith faoi? Ansin féin, b'fhéidir ná beadh an uain fábharach. (*BM* 46)

Ar ball, ligeann an tráchtaire lena racht:

> Sa tuaith in Éirinn faoi láthair tá deisciobail againn arís go líonmhar
> agus go cumhachtach. Is iad a dhealbhaíonn snó an náisiúin, agus
> nach méanair dúinn gurb é ár Réamann-ne an príomhdhealbhóir? Is
> mac gach duine den aois dar di é. Mar sin tá Réamann ina athair
> agus ina mhac ag an 'Éire' atá anois againn. Sinsear agus clann,
> tuisme agus toradh, síol agus barr san aon duine amháin. Is beag ná
> go gcomáineann an smaoineamh sin chun filíochta mé, ach mar
> adeir Réamann féin, 'Cuirimis uainn an ráiméis!' (*BM* 53)

> Nuair rinne Dia, i dtosach aimsire, conradh leis an gcine daonna
> shamhlaigh Sé go raibh ceangal curtha aige ar an duine é féin a
> athnuachaint. Is baolach ná raibh aon choinne Aige le Réamann, ná
> lena iliomad deisciobal ar fuaid Éireann. Pér domhan é tá spior spear
> déanta acu d'aithne an tsíolraithe. An ndéanfaidh an Cruthaitheoir,
> moladh go deo leis, breab bhreise a thairiscint dhóibh? Mura
> ndéanann ní bheidh a leithéidí arís ann. (*BM* 54)

Fear é Réamann ar scorn leis aon trácht ar bheirt a bheith ag
pósadh le teann grá.[70] Ní thuigeann sé an meon sin. Níor
dheacair an gearrscéal seo a léamh mar aoir ar fhir a dhiúltaigh
géilleadh do nóisean an ghrá agus d'inmhianaitheacht an phósta
cé gur líonmhar iad na mná a bheadh sásta iad a phósadh. Maidir
le Réamann:

> Féadaim a rá ná raibh sé riamh ó shroichint fiche bliain dó gan cailín
> aige, agus uaireannta beirt. An é eagla an athar más ea a choinnigh ó
> phósadh é? Díchéille! Níor thug sé fáinne ná a ainm ar pháipéar
> d'aon chailín acu. (*BM* 45-6)

Agus léirmheastóir áirithe ag tagairt don scéal seo, dúirt sé go
raibh 'faobhar rásúir ar an tarcaisne a chaitear le Réamann'agus i
dtaca leis an gclabhsúr a chuir an scríbhneoir ar an scéal: 'cailín
misniúil a chaith an tsleá sin le baitsiléirí na hÉireann!' (Ó
Dónaill 1955, 5). I dtuairim léirmheastóra eile is é a bhí i
gcarachtar Réamainn ná cumasc:

> Is cumasc é. Ní duine amháin atá i gceist ag an údar, ach glúin
> baitsiléirí. . . . Ní duine atá á aoradh ag Síle Ní Chéileachair ach aois,
> nó glúin.
> Aoir ghéar shearbhasach atá anseo againn, í cliste, agus greann-
> mhar ar bhealach, ach baint aici le tréimhse áirithe staire. Ní hé mo
> thuairim go bhfuil cineál Réamainn flúirseach forleathan sa lá inniu.
> (Ó Dubhthaigh 1986, 55, 57) [71]

Tá cúpla scéal sa chnuasach *Bullaí Mhártain* ina bhfeictear mná óga i gcomhthéacs cathrach. Tóg, mar shampla, an sceitse éadrom 'An Grá Géar' le Donncha Ó Céileachair, mar a dtugtar éachtaint ar mhná óga in árasáin, iad lán de ghiodam agus de dhúil sa rómánsaíocht. Is follas gur bean óg shoineanta í Caitlín nach bhfuil a neamhspleáchas féin aimsithe go fóill aici ach í fós ag tabhairt breithiúnais uirthi féin de réir luachanna agus thuiscintí a máthar.

Scéal éadrom é 'Pedro' (*BM*) leis an údar céanna, scéal ina bhfeictear bean óg shuáilceach a tharraingíonn dualgais chreidimh agus teanga chuici féin nuair a bhraitheann sí spréach na dúile á hadhaint inti féin ag ógfhear dathúil meanmnach. Cuirtear síos ar Eibhlín Máire agus í ag rince leis an mairnéalach breá slachtmhar:

> Thóg sé timpeall í chomh líofa rithimiúil gur shamhlaigh sí go raibh an meáchan tráite as a colainn. Bhí a cosa, casúir an druma agus eisean ag déanamh 'aon, dó, trí' in éineacht díreach mar dob é an inchinn chéanna a bheadh á n-oibriú uile. Dá mba duine rómánsúil í déarfadh sí go raibh a cuisle féin i dtiúin le cuisle an mhairnéalaigh. Ach ní bhíonn éifeacht i gcaint den tsórt sin. (*BM* 107)

Míthuiscint na mná óige faoi deara íoróin éadrom an scéil, ar ndóigh, mar atá, í ag ceapadh gur Spáinneach uaigneach seachas Éireannach cuideachtúil é Pedro:

> Tháinig trua an domhain aici dhó. Óganach óg álainn gan chaime, agus é bodhar balbh i dtír iasachta! Chas sí a dá láimh ar a mhuinéal, tharraing chuici agus do phóg sa bhéal é. Póg dhlúth a bhí saor ó fhéineachas agus mar sin saor ó pheaca. Póg ghairid; is maith an comhartha ar phóg í bheith gairid. Ach ar eagla ná tuigfeadh Pedro í dhruid sí uaidh agus d'fhéach air le meallta á súl. (*BM* 109-10)

Tagann mearbhall ar Eibhlín Máire nuair a shoiléiríonn an fear óg an scéal di ach ní fada go ruaigtear idir mhearbhall agus amhras:

> 'Peadar Ó Dubhghaill, Droimneach, is é toil Dé é,' ar sise. Faoi sholas an lampa tháinig áilleacht ina súile agus ina haghaidh a mheallfadh óganach cloiche.
> 'Istoíche amárach? An mbeidh tú ann?' ar seisean de chogar.
> 'Beidh mé,' ar sise, agus bhí a glór chomh bog le siúl an chait, 'má thagann tú ar rang craoibhe liom.' (*BM* 111)

Seans gurb é feabhas na hinsinte an tréith is mó a bhaineann le 'Pedro' cé gur cháin léirmheastóir amháin 'drochiarsmaí O. Henry' sa scéal céanna.[72] Greann an 'situation comedy' atá in uachtar sa scéal, dar le léirmheastóir eile.[73] 'Tá aithne againn go léir uirthi san fhíor-shaol, mar tá sí le feiscint i mbeagnach gach paróiste in Éirinn,' a scríobh léirmheastóir eile fós faoi Eibhlín Máire.[74] Scéal é seo a bhaineann go dlúth le tréimhse faoi leith i stair na teanga agus an chreidimh Chaitlicigh sa tír seo. Níorbh fholáir é sin a mheabhrú agus meon na príomhphearsan á phlé, cuir i gcás.

Ní fios an suíomh cathrach nó tuaithe atá ag an sceitse 'Fiosracht Mhná' (*BM*) le Síle Ní Chéileachair, míchruinneas scéalaíochta a chuir as do dhuine de mholtóirí Oireachtas na bliana 1951.[75] I bhfoirm chomhrá idir bean óg agus a grá geal atá an 'scéal', agus an greann go soiléasta tríd. 'Iarracht dhána is ea 'Fiosracht Mhná' le foirm nua scéalaíochta d'fháisceadh as líofacht chaint na Gaeilge' (Ó Dúshláine 1978, 101). Ní thagann doimhneacht ná mórchorraíl anama i gceist sa saghas seo scéil. Airítear gluaiseacht bhríomhar faoin insint ó thús go deireadh.[76]

Ní fhéadfaí doimhneacht ná suaithinseacht a shamhlú leis an scéal 'Caitríona agus an Laoch' (*BM*) le Donncha Ó Céileachair, scéal sciglaochta ina ndéantar an plota a fhorbairt timpeall ar mhíthuiscint nach dtagann chun solais go dtí abairt dheireanach an scéil. Drochiarsmaí O. Henry arís, b'fhéidir!

Gearrscéal é 'An Béal Iata' (*SD*) le Conchubhar Ó Ruairc ina bhfeictear ógbhean chiamhair chiaptha a thug Meiriceá uirthi féin toisc gur baineadh an dalladh púicín di i dtaobh an ghrá agus an tírghrá sa tslí nach bhféadfadh sí fanacht sa tír seo, dar léi féin. Thit Cáit i ngrá le Poblachtánach óg a gortaíodh ag na 'Staters' agus a chaith tréimhse téarnaimh i dteach athair Cháit. Deir sí: 'Bhíos bliain is fiche d'aois an tráth sin agus níor bhraitheas lámh fir faoi chom orm ach uair amháin i mo shaol go dtí sin' (*SD* 73). Tráchtann sí ar an eachtra úd a tharla dhá bhliain roimhe sin:

Bhagair iníon Pheaid orm dul amach sa chlós léi ar ghnó práinne agus lasmuigh den doras sa leathdhorchadas thug Tadhg Mhicí áladh orm; áladh amplach faoi mar a thabharfadh madra ar speireacha bó. Déistin a chuir sé orm. Ba chuma nó deilgneacha le mo leiceann guairí a choinligh agus an boladh tobac is pórtair a bhí uaidh ba shamhnasach liom é. Bhrúigh mé uaim é agus mé ar crith. Agus mé

ag dul a luí an oíche sin bhorraigh rud éigin ionam. Leagas lámh ar
m'ucht mar ar leag Tadhg a lámh agus samhlaíodh rudaí dom. (*SD*
74-5)

An babhta seo, músclaítear mianta collaí pléisiúrtha i gCáit nuair
a tharraingíonn an Poblachtánach óg (nach n-ainmnítear) chuige
féin í:

> Tháinig sé ar mo chúl agus shleamhnaigh lámh leis faoi m'ascaill
> agus trasna m'uchta. Luigh a leiceann mín cumhra le mo leiceannsa.
> Ní déistin a chuir sé orm ná níor bhrúigh mé uaim é. Lean
> smaoineamh na teagmhála díom go ham luí, agus ina dhiaidh sin....
>   An oíche sin agus mé ag dul a chodladh chuir mé m'aprún ar
> fhuinneog an tseomra leapa.... Faoi sholas coinnle d'fhéach mé orm
> féin sa scáthán. Bhí luisne na sláinte agus na hóige ionam an tráth
> sin, gruaig chíordhubh orm agus mé plucach aibí. Chíor mé mo
> chuid gruaige mar seo is mar siúd, d'íligh mé barr mo bhlúis go
> raibh mo bhráid le feiceáil. Chas mé is chas mé ar an urlár lom. Go
> maithe Dia dom é ach ní dúirt mé paidir ná cré an oíche sin agus mé
> ag dul a luí. Bhí a fhios agam nár chóir dom na smaointe a bhí i mo
> cheann agam a choimeád ann, ach a Dhia dhílis, ba rómhilis liom iad
> lena ruaigeadh uaim.
>   Samhlaíodh rudaí dom an oíche sin. I mo dhúiseacht dom, i mo
> leathdhúiseacht, nó i mo chodladh – ba chuma, bhí cumhracht na
> gallúnaí sin i mo thimpeall, bhí brú na láimhe sin ar mo chíocha ba
> chuma cén chaoi a n-iontóinn sa leaba, agus níorbh é garbh-bhaifití
> an philiúir a bhí faoi mo leiceannsa ach leiceann mín, glanbhear-
> rtha. (*SD* 77-8)

Ní nach ionadh, tá Cáit croíbhriste nuar a imíonn an fear óg
cúpla seachtain ina dhiaidh sin agus é ag caint ar an obair mhór
atá fós gan déanamh ar son na tíre. Tuigtear go ngoilleann
neamhchúis an fhir ar Cháit agus é ag imeacht:

> Ag caint lena chairde de dhroim a ghualann a bhí sé agus lámh leis á
> síneadh chugam ag fágáil slán agam. Lámh fhuar, lámh gan chorraí,
> gan mhothú. Ansin bhí an doras amach aige. (*SD* 82)

D'fhéadfaí an scéal seo a rangú mar scéal taitneamhach faoin
ngrá gan chúiteamh murach an chaint mhíchuíosach seo a leanas,
a thagann i gcríoch an scéil agus a scriosann inchreidteacht an
phríomhcharachtair, nach mór:

> Níor shil mé deoir an oíche sin. Ní bhíonn deora i gcroí cloiche.
> Agus cá mb'fháth go silfinn? Bhí nathair imithe: nathair a tháinig le
> hamhastrach an mhadra agus a d'imigh is gáire an mhagaidh ar a

bheola; nathair a lúbfadh is a shnaidhmfeadh go ceanúil i mo
thimpeall agus ansin a dheolfadh braon deireanach mo chuidse fola
siar ina chraos. Agus ní Cáit Ní Chróinín a bhí ionamsa feasta ach
nathair a gineadh i mbroinn gach drochbhean riamh a ghéill do
chathuithe fola, feola is ifrinn. (*SD* 82-3)

Féachfar anois ar na slite a léirítear mná óga agus cúrsaí grá i
saothar Mháirtín Uí Chadhain. Bhí éadroime shonraíoch le
haithint ar théama an ghrá i scéalta luatha an Chadhnaigh.
Chítear é sin i scéalta mar 'Gan Murcha gan Mánas' (*Idir Shúgradh
agus Dáiríre* [=*ISD*]), 'Má chaill mé Báire, ghnóthaigh mé Báire'
(*ISD*), 'Lá Scíthe' (*BB*) agus 'Oscailt an Dorais' (*BB*). Airítear stíl
shocair údarásach an scéalaí uilefheasaigh sna scéalta luatha seo.
Mar seo a osclaíonn 'Má chaill mé Báire, ghnóthaigh mé Báire'
(*ISD*), cuir i gcás:

> D'iongabháil Peigín Mhicil saighead léanmhar an Ghrá, fearacht na
> dtáinte dá macasamhail a chuaigh roimpi agus is cosúil dá dtiocfadh
> ina diaidh. D'iongabháil sí í coicís mhór fhada i mbéal a chéile.
> 'Saighead' arsa mise, ach ba mhó ba chosúla í le miodach maol
> mantach ar an gcaoi a ndeachaigh sí tríthi an chéad uair.... Ní díol
> milleáin an óige, agus beidh baothóga ar Shíol Éabha go dté an saol
> ar suíochan. (*ISD* 71)

Agus is mar seo a chuirtear síos ar ghéarchúis Nóra i gcúrsaí
cumainn sa scéal 'Gan Murcha gan Mánas':

> Níor mheall a chuid bladair Nóra. Ba bheag an baol. An t-ath-Naoise,
> ní chuirfeadh an chluain Mhuimhneach uirthi, mura bhfeileadh sé
> di féin. Má chuaigh aon saighead ón ngrá faoina croí riamh, ba
> bheag an géilleadh a thug sí dó, mura raibh áirge nó ailp eicínt eile
> mar bhealaíocht air. (*ISD* 156)

'. . . greann a fhuintear as an eachtra féin agus nach bhfuil de bhrí
leis ach an méid sin' (Denvir 1987, 220) atá sa scéal seo, greann
éadrom neamhdhíobhálach. Deir Diarmaid Ó Gráinne (1990: 8)
agus é ag tagairt do théama an scéil: 'Téama súchaite é seo ar
chaith scriptscríbhneoirí Hollywood an tsíoraíocht á chleach-
tadh'.[77]
   Ní raibh aon mhianach cruthaitheach an-suaithinseach le
tabhairt faoi deara i scéalta luatha Uí Chadhain.[78] 'Rudaí éadroma
éadoimhne' a bhí iontu, dar le léirmheastóir amháin:

. . . tochas barrithreach, ceapadh an chubhráin. An gearrcach ag triail na sciathán ar faobhar an nid agus ag tabhairt corrgheábh faiteach eitill ach gan dul i bhfad ó láthair. (Mac an tSaoir Bealtaine 1952, 28)

Guagacht agus luaineacht intinne mná atá á léiriú in 'Lá Scíthe' (*BB*) agus an bhean chrosta mháistriúil seo i gcomhluadar a carad, Liam. Smaointe na mná atá á nochtadh don léitheoir, mar shampla:

B'útamálaí é. Níorbh é a díol sise de chaoifeach é. Dá thúisce dá n-éirídís as an gcumann léanmhar seo b'amhlaidh ab'fhearr don dís acu é. Thug sé a dheargéitheach. Níorbh ise a thosaigh ag brú air arís an uair dheiridh ar tháinig briseadh amach eatarthu. Nach aige a bhí an t-éadan, an cleiteachán? Ní bhrúfadh sí air agus bíodh Éire taobh leis. Is iontach é nach n-agródh Dia air a leithéid a rá. Inseoidh an aimsir an mbrúfaidh sí air. . . . (*BB* 183)

Leis an athrú stíle a chuirtear i bhfeidhm, chítear an bhean chéanna ina mealltóir milisbhriathrach géilliúil nuair atá an baol ann go mbailcoidh Liam bocht leis, é sáraithe traochta díomuach. Chítear í ag plásaíocht leis amhail is dá mba leanbh é:

D'ólfadh Liam cupáinín tae dá scairdeadh duine deas amach dó é. D'íosfadh Liam stiallóg aráin dá gcuirfeadh duine deas im air do. Póg do Liam. Póg eile do Liam. Póigín do Liam. Póigín bheag bhídeach bhídeach. Póigín dom féinín, a Liam. Blas gach meala. Mo chraoibhín chumhartha. Ní bheidh mé sách go deo, a Liam. Cén fáth nach mbíonn Liam ag caint? (*BB* 184)

Bean óg 'róghéilliúnach, rófhulangach, ró-sho-mhaiteach' (*BB*187) atá ag brath cumann a bhriseadh atá in 'Oscailt an Dorais'. Chítear í á hullmhú féin don scarúint seo, í ag cleachtadh os comhair an scátháin, mar shampla:

'Níl tú múinte ná muiníneach ná taitneamhach. . . . Ní fiú leat thú féin a bhearradh, do chuid gruaige a shlíocadh ná bóna glan a chur ort féin ag teacht faoi mo dhéin. Cumann gan chúitiú mo chumannsa. Meas meirdrí atá agat orm gan fiú is coibhche na meirdrí ina ómós. . . .' D'ardaigh sí a glór go raibh sí gartha scréachánta. 'Is díol náire dom thú. Níor buaileadh an mí-ádh riamh orm gur casadh orm thú, agus níor tháinig an séan i mo líon go dtí anocht agus mé ag scaradh leat go héag.' Chuaigh sí coiscéim ar a haghaidh agus tháinig claochló ar a glór arís ainneoin go mba nimhe neanta é ná roimhe sin. 'Sin é an doras, agus ná feicim i mbealach ná i ndearmad le mo lá arís thú. . . .' (*BB* 189-190)

Tuigtear ó chlaonadh agus ó mheanma na reacaireachta nach mbeidh ar chumas na mná óige seo dul ar aghaidh leis an bplean drámatúil atá ceaptha agus ullmhaithe aici di féin ach go ngéill-fidh sí don fhear réchúiseach arís.

Cúlra cathrach atá ag an dá scéal dheireanacha seo, scéalta éadroma ina bhfaightear spléachadh ar mhíshástacht agus fhrus-trachas, ar ghéilliúlacht agus cheannasaíocht na bpearsan éagsúla agus iad i gcaidreamh le chéile.

Sa scéal 'Críonadh na Slaite' (*BB*) athchruthaíonn an trách-taire atá ag dul siar ar bhóithrín na smaointe an aislingíocht agus an ghaiscíocht a bhain leis féin agus é ina ógánach forránach ar éirigh leis damhsa a dhéanamh leis an mbean ba spéiriúla dá raibh ar an bpobal, oíche áirithe na blianta roimhe sin. Ní raibh teorainn le misneach ná le teaspach an ógánaigh agus tháinig sciatháin ar a chroí, ní nach ionadh:

> Bhí mé i ngrá le Nóra. . . . Cá bhfuil an té nach mbeadh? Bean dhathúil ar bith in aois a bliana agus fiche, is furasta di croíthe a shlad. Ach an aoileann seo! Ba bhean diongbhála Chúchulainn nó Aodha Rua Uí Dhónaill í. Arae níorbh áilleagán í Nóra. Níorbh é séimhe agus míne agus áilleacht bhreoite na raithní gallda a bhí inti, ach scéimh aranta uaibhreach an chaorthainn righin sléibhe arbh é a bhuac a bheith ar aghaidh na riteachta agus na doininne ar an bhforsceird. D'fhéadfadh sé gurbh eo í Fionnuala Nic Dhónaill, an Iníon Dubh, Emer, Meadhbh, nó Macha Mongrua féin.... Bheadh Nóra ina banríon i gCruachain nó in Eamhain Macha tráth.... Dúisíodh as m'aisling mé, le scoireadh an cheoil. (*BB* 56-7)

Leantar den teanga rómánsúil laochta seo chun draíocht na mná meallacaí seo ar an ógfhear díocasach dóchasach a chur in iúl. Ní mhaireann an t-aoibhneas, áfach, óir nuair a iarrann an t-ógánach coráistiúil cead uirthi í a thionlacan abhaile, múintear fios a bhéas dó go pras gonta - agus tuigtear a thábhachtaí is atá nóta na híoróine éadroime tríd an tráchtaireacht :

> 'Thusa!'
> Lig sí amach d'aon iarraidh mé, agus tháinig scail chontúirteach sna súile spéiriúla.
> 'Is sónta an mhaise dhuit é...grabairín de ghasúr!' (*BB* 59)

Cúig bliana déag ina dhiaidh sin tá athrú ó bhonn tagtha ar chúrsaí. Ábhar magaidh agus cúlchainte í Nóra Mhór anois, i measc an chomhluadair óig, ach go háirithe, agus glactar leis go

coitianta go bhfuil sí fágtha ar an trá fholamh. Ar ndóigh, is
tomhaiste agus is fuarchúisí é breith an tráchtaire an uair seo agus
é ag trácht uirthi thar ceann an phobail (phatrarcaigh), geall
leis:

> An bhean seo a raibh an grá aici ar bharra a méar tráth, agus a n-
> imreodh scail a dhá súil an chluain mhaoineach ar chroí dá dhúshlá-
> naí, bhí sí ar an dé deiridh; agus mura raibh ádh an chearrbhaigh
> uirthi rachadh sí sa ngearradh dhíobh. Bhí a coinneal caite. Ag
> caitheamh an orlaigh a tháinig sí anseo anocht agus ní bhfaigheadh
> sí an té a bhainfeadh gaisneas na haon oíche aisti! (BB 65)

Faoin léitheoir atá sé a dhéanamh amach cad ina thaobh ar
tháinig an claochló suaithinseach seo ar bhean arbh í plúr na
mban i measc an phobail í tráth. Peaca an uabhair? Cora crua an
tsaoil? Pé scéal é, dealraíonn sé go spreagann cás Nóra an trách-
taire chun machnaimh agus chun gnímh: 'B'fhurasta a tionlacan
abhaile anocht...' (BB 66).

Is léir an cháiréis stíle agus an claonadh láidir chun íoróine sa
scéal seo, scéal a n-éiríonn leis dhá thréimhse éagsúla i saol mná a
thabhairt chun léargais trí shúile agus trí chuimhne fir ar gheal
leis í.

Sa scéal 'An Beo agus an Marbh' (SL) chítear Micil, fear a
bhfuil ocht mbliana is fiche slánaithe aige agus a bhraitheann go
bhfuil sé ar deighilt ón aos óg ina thimpeall, go háirithe chomh
fada is a bhaineann le mná de:

> Ní raibh duine de na spriosáin dhólom seo nach bhfaigheadh bean
> ar ardú orm. Bhí an geis-fhocal, an bua-fhocal, acu. Tar éis cho
> furasta is bhí sé mná a fháil dheamhan arbh é an oiread sin seansan-
> naí a d'éiríodh leis féin. Na corr-bhean sin féin níor iarr sé aon duine
> acu, dhá mhéad an luadar pósta a bhí faoi. D'airíodh sé i gcónaí mar
> bheadh farraige théachttha, seiscinn nach raibh ineolta, idir é féin
> agus iad. An chuid acu ar chóir dóibh é a mheas in a ndíol de chéile
> agus de chaoifeach, b'fhearr leo duine de na boideoidí seo, ceann ab
> óige i bhfad ná iad féin agus nach mbeadh de rún aige ach a dhíocas,
> gaisneas na huaire a bhaint astu. Agus fios maith acu mar mhná air
> sin! I leaba a chéile níorbh fhéidir leis gan ligean len a ais go mba
> fhear sa ngearra dhíobh é, ceann de dhrámhasaí na cinniúinte.
> (SL 126) [79]

Airíonn Micil go mbaineann a shaol féin le réimse teanga, le
luachanna, le nósanna agus le tuiscintí eile seachas iad sin atá ag
an dream óg timpeall air. Agus é ar thórramh duine mhuinteartha

leis, músclaítear a spéis agus a dhúil i mbean faoi leith, Meaig
Mhicilín, bean a mbraitheann sé dáimh éigin léi: '...ceann nár
fhága Éirinn ariamh agus nach dtaobhaíodh damhsaí an bhaile
mhóir oícheantaí Domhnaigh' (*SL* 130). Tugann sé suntas dá
pearsa agus dá méin:

> Cosa bríomhara ar dhúshlán fear ar bith iad, ba chuma cé hé, dhá
> gcuireadh sí i dtaca iad. Páin mhaith de thóin. Cairiú, cairiú má ba
> thaitneamhach le súil fir, a bhí dhá dhéanamh aici go hanabaí roimh
> aois, ina bhoilscean ó chairín agus ó mhásaí suas go clár a droma
> taobh thiar agus abhus go dtí a cíocha a bhí as a chéile in a sceimhil
> ó ascaill go hascaill. Ghrinnigh Micil an dubhfholt ach chinn air
> sciúnach liathachain a fháil ann. . . .
>   Ba lán leapan de bhean í. Ní fhéadfadh sí a bheith i leaba i ngan
> fhios do dhuine, níorbh ionann is cliobógaí beaga seanga na
> cisteanaí thíos a bhí cho briosc beagthéagarach le coc an cheanna-
> bháin nach bhfágfadh séideog a dhath dhe i gcraiceann a chéile. . . .
> Tháinig fonn tobann air tosú ag cur a lámha ar Mheaig, an braon
> allais a ghlana, a bhois a fháisce isteach ar an sceimhil chíocach sin,
> na másaí boilsceanta sin a mhuirniú, bosóg a thabhairt aniar di ar a
> boimbiléad de chairín. (*SL* 132-3)

Tagraítear do mhúscailt an mhiangais iontu araon [80] agus airítear
nóta dóchasach i gcríoch an scéil, is é sin go mbeidh Micil beag
beann ar choimhthíos an aosa óig feasta agus go bhféadfadh rath
agus bláth a bheith ar an gcumann idir é féin agus Meaig amach
anseo.[81]

Gné shonraíoch i scéalta déanacha an Chadhnaigh is ea an
oscailteacht agus an greann gáirsiúil a bhaineann leis an gcur síos
ar chúrsaí caidrimh agus ar éilimh chollaí na bpearsan. Sna
scéalta seo, samhlaítear luathintinneacht, neamhspleáchas áirithe
agus miangas le mná na cathrach, ar mná neamhphósta iad, den
chuid is mó.

Cuimhníodh an léitheoir, mar shampla, ar na tagairtí do mhná
macnasacha éagsúla atá fite trí scéal J. in 'An Eochair' [82] nó ar
Fháiscín Fionn in 'Fuíoll Fuine' (*An tSraith Dhá Tógáil* [= *SDT*]),
cara rúin na bhfear, bean ar geall le samhailchomhartha traidis-
iúnta den chathair í, bean a sholáthraíonn tamall suaimhnis agus
faoisimh do N. agus é ar odaisé seachránach i ndiaidh dó scéala
báis a mhná a fháil:

Páirt de thaitneamh, de chluain áirid Fháiscín, go dtéadh sí in éindigh le chuile fhear gan droichead a dhéanamh d'fhear seachas a chéile. Mar sin bhíodh a taithí ar na táinte le cur de chomaoin aici ar an duine ar a ndéanfadh sí roghain aon uair ar leith. Ní hí féin amháin, Fáiscín, a bhíodh sí a tabhairt don duine sin ach na fir sin uilig a raibh cuid de na giodáin ab uaigní in a gcroí aici. (*SDT* 236)

Is sa scéal aorúil 'Ag Déanamh Páipéir' (*An tSraith Tógtha* [= *ST*]) is léire a fheictear mná gligíneacha na n-oifigí, rúnaithe nach bhfuil iontu, de réir dealraimh agus tuairisce, ach féileacáin phramsacha ar ábhair spraoi agus sámhais ag fir na n-oifigí céanna iad. Tóg Cáití agus Miss A., mar shampla. Mar seo a labhraíonn tráchtaire mústrach an scéil fúthu:

Chuimhnigh mé gurb í Cáití a bheadh ag triall orm agus 'tabharfa mé sciúra na seanchuinneoige dhi,' arsa mise liom féin. Inneall feistithe a dhéanamh di ar an tolg! (*ST* 142)

Ní bheadh iontas orm dá mbeadh A. mhór crochta. Sé a bhí sí a thuara di féin. Bhí buala mór uirthi. Diabhal duine san oifig nach raibh ag baint a speal féin aisti....

Is breá an cnap de thóin atá ar A., ach builín bruite amach as an mbácús atá ar Cháití. B'fhurasta aithinte a dhá claise agus síos a mása sa scamall de sciorta údan ar maidin. Tháinig an-fhonn orm cuire chun an toilg a thabhairt di, ach bhí pus uirthi faoinar dhúirt mé le F. fúithi. Foicte go raibh F.! Sílim gurbh fhearr sinneán a thabhairt fúithi. Má chuirim ceann sa seol cén dochar. Ní fhéadfa mé an bheirt acu a phósa. (*ST* 149)

Maidir le Miss J., tugtar le tuiscint ó pheirspictíocht an tráchtaire de gur bean í a dteastaíonn uaithi 'neamhfheidhm' a saoil a réiteach agus í ag lorg treorach ó theagasc Freud, ó Cháití agus ón tráchtaire féin.[83]

N'fheadar an í an éagantacht an tréith is túisce a shamhlódh an léitheoir le mná na n-oifigí cathrach seo? Dála íomhá na mban místuama i ndán iomráiteach Uí Dhireáin, 'Ár Ré Dhearóil'[84], is áilleagán mná í an bhean a chruthaítear go minic, nó is óinseach chríochnaithe í nach bhféadfaí doimhneacht ar bith a shamhlú léi, gan trácht ar phearsantacht, ar éirimiúlacht ná ar ghéarchúis a lorgódh tuiscint, léargas agus réiteach éigin ar dheacrachtaí agus ar dhúshlán an tsaoil. Deir Gearóid Denvir agus é ag trácht ar an scéal 'Ag Déanamh Páipéir':

Níl sna mná ar aon nós i gcaitheamh an scéil ach feidhmeanna gnéasúla, *ladies* gan ainm ceart ar nós Miss A., Miss J., agus Cháití, atá ann le bualadh, le tuargan, le cláradh d'fhonn sásamh a ragúis a thabhairt don fhear. Cuireann raibiléiseachas chuntas seo Uí Chadhain agus na tagairtí follasacha agus folaigh do Freud agus do chúrsaí gnéis i gcoitinne an bhéim in athuair ar easpa fiúntais an duine agus íslíonn sé go dtí leibhéal feidhmiúil an ainmhí é. (Denvir 1987, 138)

Tugtar faoi deara sa scéal 'Idir Dhá Chomhairle' (*ST*) go bhfeictear do Mr. F., rúnaí Roinne sa Státseirbhís, gur 'siamsóigín dheas de bhean bheag a níodh teanntás ar chuile dhuine ón Aire anuas' (*ST* 88) í Éidín, an bhean a thugann cuireadh go dtí a cóisir imeachta dó. Tá Éidín ag fágáil toisc í a bheith geallta: 'Ag dul ag pósa an bhanbh de Shasanach seo. Ba é a bhara sin a bhí faoi Éidín i gcónaí, pósa...' (*ST* 88). I dtuairim Mr. F., níorbh aon mhaighdean mhánla í Éidín ach í géimiúil teaspúil: 'Mná! Ní raibh leath a ndíol fir timpeall. Chodlódh Éidín le ceathrar fear i ndiaidh a chéile agus leis an mbanbh de Shasanach ina ndiaidh uilig' (*ST* 89).

Is é atá sa scéal 'Oileán Tearmainn' (*O*) le Críostóir Ó Floinn ná scéal faoin díoltas a imrítear ar bhanscríbhneoir glóirmhianach neamhscrupallach a chumann idir scéalta agus dhrámaí atá bunaithe ar shaol agus ar phobal a baile dhúchais féin in Éirinn. Léargas neamhbháúil dímheasúil a thairgeann saothar an scríbhneora seo, Maudie O'Brack, ar phobal a ceantair dhúchais agus ar ndóigh, aithníonn muintir Leiríne carachtair an tsaothair sin gan aon dua. An masla ba mhó a ghoill ar an mbeirt rámhaí a thoiligh í a thabhairt amach go dtí Oileán Tearmainn ná an t-aineolas agus an tútachas i dtaca le cúrsaí gnéis a samhlaíodh le carachtair ar ríchosúil leo féin iad. Beirt bhaitsiléirí iad na rámhaithe seo:

. . . d'inis an smúsach dúchais do Mháidí Bhraic go raibh an bheirt tar éis a bheith ag caint mar gheall ar a colainn, na caolsúile sin acu ag nochtadh a brollaigh. Abairt as an gcéad úrscéal aici: *Their sex relations with women were all imaginary.* (*O* 125)

''Bhfuil a fhios agat, a Mháidí, cad dúirt cailín ón sráidbhaile le Sleabhac? Bhí rince meithile acu thiar ar Lios Ard, Murtaí Ó Riada. Ní dhéanfadh cuid de na cailíní rince linne. Dúirt an cailín úd le

Sleabhac gur fhág Dia gan bhiach sinne, buachaillí Leiríne. Go raibh sé ráite ag Máidí Bhraic ina cuid leabhar thall i Londain.' (*O* 136)

Is de réir a chéile a dhéantar rún oilc agus díoltais na bhfear a nochtadh agus géaraítear go drámatúil ar theannas an scéil dá bharr. Ba dheacair críoch scéiniúil an scéil seo a ligean i ndearmad. Déantar atmaisféar bagrach an oilc agus na míchinniúna a chruthú go máistriúil agus tuigtear a nimhní is atá buille na híoróine i dteideal agus i gcríoch an scéil.

Edna O'Brien Leiríne í Maudie O' Brack, í ina bean dhathúil shofaisticiúil a chónaíonn i Londain agus a bhfuil ag éirí go seolta léi mar scríbhneoir, scríbhneoir ar minic trácht ar chúrsaí caidrimh agus gnéis aici:

> Banlaochra óga aontumha de dhéantús Miss O' Brack, bhí an oiliúint chóir chuig an dá shaol faighte acu le linn dóibh a bheith ina mbaill dheabhóideacha de Chuallacht Mhuire gan Smál i scoileanna cónaithe na mban rialta. Ach bhain siad díobh go pras agus chuaigh de léim lúcháireach sa leaba sheirce an túisce a theagmhaigh méar eachtrannach an laoich le beol bog nó le cneas cailce. D'aithris don ghaiscíoch sa chogar iarchomhriachtana cad iad mar phiseoga duaibhseacha a chuir an chléir bhanfhuathach agus na mná rialta seasca ina bhfál deilgneach idir iad agus lomfhírinne choipiúil sin na colainne. (*O* 131)

Stílí rómánsúil milisbhriathrach í an scríbhneoir Miss O'Brack mar is léir ón ngiota scéil a thugtar faoin mbanlaoch agus a leannán ar Oileán Tearmainn.[85] Ní théann íoróin na codarsnachta idir rómánsúlacht an scéil sin agus brúidiúlacht intuigthe chríoch 'Oileán Tearmainn' amú ar an léitheoir.

Scríbhneoir é Dónall Mac Amhlaigh ar fiú na scéalta luatha aige a chur san áireamh agus duine ag trácht ar théama an ghrá agus an chaidrimh. Ní annamh a airítear guth íorónta magúil á chur féin in iúl sna scéalta seo. Tóg 'An Coinne' (*SSE*),[86] mar shampla. Seo é scéal an ógfhir ar thit an lug ar an lag aige nuair nár tháinig an bhruinneall sciamhach a raibh coinne aige léi. Braitear an magadh séimh éadrom faoi ródháiríreacht agus mhórdhíograis an ógánaigh, go háirithe agus é ag adhradh na hainnire gleoite seo, nach mór:

> Ar chuma ar bith bhí an gliondar ag fiuchadh istigh ann agus ina theannta sin mhothaigh sé umhlaíocht a bhí gaolmhar don naofacht. Ní thiocfadh leis aon neach saolta a bheadh chomh hálainn ná

chomh fiúntach ná chomh míorúilteach leis an gcailín a shamhailt, ba chosc agus cosaint ar ainmhianta na colla a hiontacht aingealda. Dílseacht agus deabhóid ba mhó a mhúscail sí ann. (*SSE* 34)

Scéal inchreidte ina bhfuil an charachtracht go beo suimiúil é 'Deireadh Míre' (*B Bh*) le Dónal Mac Amhlaigh. Chítear beirt ag scaradh lena chéile, beirt a bhí ag siúl amach le chéile le bliain ach nach bhfuil aon rógheallúint le brath ina gcaidreamh le tamall anuas. Braitheann an bhean óg go gcaithfidh sí slí eile a roghnú di féin feasta. Is trí smaointe an fhir a ríomhtar scéal a gcumainn, mar shampla:

Arae níorbh áil dó léi i dtosach ach mar ab áil dó le bean ar bith a bheadh measartha cumasach agus nach mbeadh róchrua faoina cuid, nach mbeadh ródheacair le mealladh.... Ba ghearr ag dul le chéile iad nuair a ligeadar lena mianta go scópúil sásta, agus níorbh ionann agus cinn eile a d'éirigh leis ní raibh cur i gcéill ná bréag-chráifeacht ná achasán as a béal amach aici leis tar éis na dála. (*B Bh* 30)

Tá fear as ceantar dúchais na mná óige tar éis í 'a iarraidh' agus glacann sí leis, fiú más go drogallach féin é.[87] Cuirtear mothúcháin na beirte mar aon le míshuaimhneas na scarúna i láthair go cumasach agus cruthaítear atmaisféar na cathrach go héifeachtúil leis.

Ábhar spéise é leagan tosaigh an scéil seo a léamh [88] óir is léir láithreach gur leagadh béim bhreise ar mhíshuaimhneas an fhir a d'aithin gurbh eisean i ndáiríre faoi deara don bheirt scaradh. Agus é ag cuimhneamh ar phléisiúr an chaidrimh a bhí aige leis an mbean óg, ceistíonn sé 'peacúlacht' an chaidrimh sin:

Ghabhadh aithreachas é ach ní mar gheall ar aon aithne a bheith briste aige. . . . ba é ba bhun leis mar aithreachas buanaíocht a bheith déanta aige uirthi agus í ar a laghad sin de chosaint air. Nó níor fhan amhras ar bith air go raibh sise i ngrá leis féin.
Dob ionann agus sárú é, beagnach, a thabhairt uirthi a bheith páirteach leis sa pheaca. Is é sin má ba pheaca i ndáiríre é? Bhíodh sé ina amhras scaití. Bhí sé i bhfogas 'go mbeannaí Dia' don deich mbliana fichead, é gan mhaoin, gan phost, gan mórán dóchais, fiú. Naomh a chaithfeadh bheith ann le cur suas don aoibhneas a chruthaíodh sise dó. (*Comhar*, Nollaig 1972,12)

Prós-scríbhneoireacht chruthaitheach fhileata a chleachtann Diarmaid Ó Súilleabháin ina chuid scéalta agus is geall le dréacht filíochta é 'Mná' (*Muintir* [=*M*]), mar a músclaítear na smaointe seo in intinn an tráchtaire atá ag tabhairt suntais do mhná éagsúla ar Shráid Grafton:

> Malairt mo chnis. Piotalach. Péarlach. Púdartha. Gruagach.
> Macasamhail mo chnis.
> Déanaid deimhin de go bhfeictear an cneas. Na húrshuf-
> fráideacha. Quanta?
> Na mná a thiomsaigh go húllach é. Na mná a shlánaigh go
> Messiach é. Na mná a dheimhnigh é go raibh ré na siombal agus na
> ngrástaí thart.... Na mná sa ré iarcharraigeach, túismhúchta, aibídb-
> hainte, frithcheiléibeach.... Ruathar don teas a cailleadh (mar dhea)
> ó Naomh Iosaf i leith.
> Bail ó Éabha orthu mná a chaith geimhil díobh i ndeireadh báire.
> Thuig siad. Thuig siad do shúilmhian na bhfear.
> Ná níor bhain fear ar bith de na fir súil amach....(*M* 101-2)

Ba dheacair neamhaird a thabhairt ar ghontacht, ar thagracht agus ar dhrámatacht stíle an sceitse thrialaigh seo, pé géilleadh a thabharfaí do dhúil an tráchtaire i dtéamaí bíobalta agus a leithéidí.

Sa scéal 'Gallán' (*M*) déantar mná óga na seascaidí a chur i bhfrithshuí le mná cróga 1916:

> Sheas an fear. Ar thairseach '66. Cois an Philéir. Bhraith sé an
> ghirseach ina ghaobhar...Go piteanta péinteáilte ag feitheamh. Í ar
> coinne. Agus an diabhal ar fad de éirí-in-airde agus ligim-orm uirthi.
> Fiú an tslí a chlaonadh sí a meáchan ar a scáth báistí . . . chonaic sé
> bean agus bean agus bean óg eile acu péinteáilte piteanta ag
> feitheamh. . . . A súil go sceabhach ar na cloig. . . . Cá bhfuil na fir
> uainn? (*M* 169)

Smaoiníonn an fear ar mhná 1916:

> Agus mná. Lasmuigh. Mná go cumannach dílis nach raibh piteanta
> péinteáilte. Éire in éide. Éire ina banúlacht, ag misniú na laochra
> mar a bheireann an branar misneach don síol. (Ibid.) [89]

Agus é ag trácht ar 'Excalibur' (*M*), míníonn an t-údar cad a bhí i gceist sa scéal fada seo:

> Séard atá in 'Excalibur' ná scéal allagórach faoi réimeas na
> gCinnéideach i Meiriceá. Hyannis Port, báid seoil, teach samhraidh,
> airgead, rachmas. Oswald a chomhshuítear in aghaidh na nDaoine
> Órga, rothar goidte aige is é chun na trá, a cheann lán d'éad is
> d'fhormad chucu. (Ó Súilleabháin 1985, 23)

Tagraíonn sé don tslí a spreagann na mná rachmasacha dea-dhéanta dúil chun caidrimh agus fantaisíocht ghnéis in Oswald.[90] Sampla den fhantaisíocht sin is ea an giota seo a leanas mar a mbraitear an claonadh chun foiréigin:

Ba chuimhin leat í – ar shlí, nó bhí sí gléasta an taca sin. Is ní raibh anois. Ball i ndiaidh baill, go mall i dtosach, bhainis di... anuas go seoda, airní, rúibíní maotha ar chorcra a cneasa. Ba chuma mar a theastaigh uaithi screadaíl, eiteach, éalú uait – í faoi thámhnéall agat. Í i ndol agat mar a bheadh coinín agus a dhroim le claí ag easóg. Ach nárbh í a fuil a chuardaís ach a cneas; a cneas agus maothacht a paisin...Nár tháinig uaithi. Nó tháinig fallaing a moráltachta idir í is tú.... (*M* 165)

Típeanna seachas mná indibhidiúla a chastar orainn den chuid is mó i saothar gearrscéalaíochta Uí Shúilleabháin. Ní foláir a rá, ar ndóigh, nárbh í an charachtracht an ghné scéalaíochta ba thábhachtaí i saothar an scríbhneora seo. Ba mhó go mór a shuim i gcúrsaí teicníce agus i múnlú cruthaitheach ábhar na scéalta. Pléifear na cúrsaí seo arís i gCaibidil 5.

Níl aon amhras ná go bhfuil idir éirim agus leagan amach an scéil éadroim rómánsúil le haithint ar scéalta an chnuasaigh *Póg ó Strainséir agus Scéalta Eile* [= *PS*] le hÉibhlín Ní Dhuibhir, cnuasach a foilsíodh sa bhliain 1971. Tóg 'Féileacán Pharlúis', mar shampla, mar a bhfuil comhrá saoithiúil idir fear agus bean a bhfuil lúb istigh ina chéile acu agus arb é toradh an chomhrá seo ná 'ceangal croí agus aigne ...a leanfadh trí na míonna agus trí na blianta...go dtí bruach na síoraíochta' (*PS* 22).

Tráchtaire baineann a bhíonn i scéalta an scríbhneora seo. In 'An tÓr atá sa Chroí' (*PS*) castar bean óg neamhspleách aigeanta ar an léitheoir, bean atá ag baint suilt as a post nua mar fháilteoir in óstán sómasach i mBaile Átha Cliath. Tugann sí cuntas ar na fir ar chuir sí spéis iontu, an mealltóir dathúil Seán Ó Dúill ina measc:

Uair amháin, chuamar chuig scannán le chéile. I ndiaidh dúinn an phictiúrlann a fhágáil, chuamar ina mhionghluaisteán úrnua ag tiomáint amach faoin tír. Thug sé an fheithicil chun cónaí ar chuid chiúin den bhóthar agus amach lena lámha chun greim a bhreith orm! Bhrúigh mé a ghéaga siar uaim go tréan, ach le gáire beag. 'Go réidh, a Romeo!' arsa mise leis. 'Ná tabhair ruathar fúm! Is gearr mé i ndiaidh na cnoic a fhágáil, agus táim i mo nóibhíseach maidir le saol na cathrach, ach ní bograchán ar fad mé, bíodh a fhios agat!'

Rug sé barróg ar an roth tiomána athuair. Bhí meangadh gáire ar
a dhreach, ach chonacthas dom go raibh sórt iontais air.
'Mo dhearmad!', ar sé. 'Tá aiféala orm! Déanta na fírinne, ní
maith liom an dream a ghéilleann go ró-éasca. Is tú féin go fíor mo
shórtsa cailín!' (*PS* 68)

In 'Croí le Briseadh' (*PS*) pléitear cás na máthar neamhphósta
ar shlí indíreach. Ní hí Máire, tráchtaire an scéil, máthair an
bhuachalla bhig ach ghlac sí ról na máthar go fonnmhar chuici
féin nuair ba léir di nár spéis lena deirfiúr neamhfhreagrach aon
ní seachas imeacht le haer an tsaoil. Bhí ag dul de Mháire aon
chompánach fir a sholáthar di féin (toisc gur chreid na fir óga gur
ábhar scannail é an páiste a bheith aici) go dtí gur casadh Seán
Mac Aindriais uirthi:

'Ní .. ní thuigim thú!' arsa mise.
'An mbeadh seans ar bith go bpósfá mé, a Mháire?'
    Ar ndóigh, d'inis mé an fhírinne dó níos déanaí maidir leis an
ngaol idir mé agus Seáinín. Ach níor ghá an scéal a thabhairt dó.
B'aisteach liom an fear sin, Seán Mac Aindriais: ór, tríd agus tríd, a
bhí ina chroí, dar liomsa. Bhí sé sásta ó thús glacadh liom féin agus le
Seáinín mar a fuair sé sinn. Measaim gur gainne leithéidí Sheáin
Mhic Aindriais ná fáinleoga faoi Nollaig in Éirinn. (*PS* 14)

Ag iarraidh an dúil chollaí a shrianadh atá an bhanaltra óg in
'I gCuimhne Órnaite - Bláthfhleasc' (*PS*). Aithníonn Muirnín go
bhfuil sí ag titim i ngrá le Siofraidh, fear céile Órnaite (ógbhean
chaoin álainn a raibh drochthimpiste aici) agus tuigeann sí go
bhfuil spéis aigesean inti ach ní theastaíonn ó cheachtar acu
fealladh ar Órnait. I ndeireadh na dála is í Muirnín a chaitheann
ceannas morálta a ghlacadh agus cinneadh cinnte a dhéanamh:

D'airigh mé meascán mothúchán ionam. D'aithin mé ar chaoi éigin
go mbeadh an scéal sa bhile buac gan mhoill. Bhí sceon i mo lár,
agus san am céanna saghas fiántais agus lúcháire faoi mar a bheadh
cosc agus bac agus srian i ndiaidh sleamhnú díom agus gur chuma
liom sa tubaiste céard a tharlódh feasta.
    D'fhéachamar ar a chéile, agus bhí ár súile i ngreim ina chéile sa
chaoi nárbh fhéidir fírinne agus réaltacht ár méine a cheilt. Trí thine
ar an toirt le mo chuid fola i láthair na sainte a bhí lom nocht ar a
aghaidh tharraingthe. Amach lena ghéaga agus bhíomar snaidhmthe
ina chéile in áit na mbonn. . . .
    Céard a theilg mé go tobann ar ais chuig an domhan mar a bhí
sé? Ní raibh le déanamh ach mo shúile a dhúnadh agus ligean do na

beola cíocracha sin cuimhne an tsaoil a ruaigeadh. Chuile ní a
fhágáil faoi Shiofraidh - nár threise ná mise é? - ba é sin an fonn a bhí
orm. Ach ansin, rith sé liom: an raibh Siofraidh ag brath ormsa?
'Ní hea! ní hea!' arsa mise de mhionscread sul ar bhain ár
mbeola le chéile.
Stróic mé mo chloigeann aniar agus bhrúigh mo lámha in
aghaidh ucht Shiofraidh, a bhrú amach uaim. Scaoil sé a ghreim
chomh tobann sin díom gur bheag nár thit mé ar an
gceannstaighre.... Chonaic mé ansin go raibh a lámha ar crith.
'A- a Mhuirnín, tá uafás orm!' ar sé faoi náire. 'Céard a tharla
dom in aon chor? Agus gan Órnait bhocht ach roinnt bheag slat
uainn taobh thiar den doras sin! Mo bhuíochas ó chroí leat as ucht
mé a shábháil... orm féin!'
D'iompaigh sé uaim agus na guaillí crom, agus chuaigh sé síos an
staighre : fear briste brúite. Is ag doirteadh fola ar a shon a bhí mo
chroí féin, gach céim den bhealach.
Líon mé mo mhálaí an oíche sin. . . . An mhaidin ina dhiaidh sin,
gan focal a rá le Siofraidh Ó Glarcáin, ná seoladh nua a fhágáil, bhí
mé ar an gcéad thraein as Gleann na Gréine. (*PS* 41-2)

Cé gur follas go bhfuil an scéal ag feidhmiú de réir foirmle ar
leith, déantar cur síos inchreidte ar mhearbhall na mná óige agus
ar an gcoimhlint ina croí idir na mianta láidre a dúisíodh inti agus
'na prionsabail ar a raibh mo shaol agus mo ghairm bheatha
bunaithe' (*PS* 41).

'Nílimid anseo gan an comhábhar is riachtanaí i ngearrscéalta
an lae inniu - an gnéas' (Ó Murchú 1974, 19). Ráiteas é sin as
léirmheas a scríobhadh ar chéad chnuasach gearrscéalta Phádraic
Bhreathnaigh, .i. *Bean Aonair agus Scéalta Eile* [= *BA*] (1974). Ba
shuaithinseach é an nóta úr dásachtach dúshlánach a bhain le
hábhar agus stíl scríbhneoireachta an ghearrscéalaí seo, a d'fhoil-
sigh sé chnuasach scéalta idir 1974 agus 1987. Chonacthas do
roinnt léitheoirí go ndeachaigh Breathnach thar cailc leis an
mionchur síos ar chúrsaí gnéis i roinnt scéalta leis. Tóg an scéal
'Spallaíocht' (*L*), cuir i gcás. Is follas ón gcomhfhreagras a lean
foilsiú an scéil seo gur ghoill an gháirsiúlacht ar léitheoirí
áirithe.[91] Maidir leis an scéal féin, fantaisíocht bhaitsiléara atá
ann, cuid mhaith, fantaisíocht a mhúsclaítear ag 'bé ró-álainn' (*L*
34) a chaitheann tamaillín ina theannta. Greann bog a airítear i
dtús an scéil agus an léitheoir ag tabhairt suntais don
chodarsnacht bhreá idir an bheirt phríomhcharachtar:

Ag aistear go spadúil ina sheanmhorris minor leathbhasctha a bhí
Páidín nuair a d'airigh sé Earrama ina leith go crochta troighsheolta.
Chuir sé an carr ina stad agus bhuail bleid anonn uirthi; agus shuigh
sise isteach go fáilteach bíogúil, á caitheamh féin isteach gan mórán
cuma nó slaicht mar is gnás go minic le buinneáin óga a dhéanamh.
Chaith a cosa in airde sa chaoi go raibh a glúine ar chomhairde le
barr a cloiginn, a droim ar fiar ó dhroim an tsuíocháin. Bhain amach
toitín agus rinne ceann a thairiscint do Pháidín. (*L* 33)

Maidir leis an draíocht a chuir banúlacht na bé áirithe seo ar
Pháidín:

Bhí a háilleacht ag imirt air agus fós ní raibh sí ag baint na céille de.
Banúlacht chaoin ar fad, a smaoin sé, idir bholadh is boige. Facthas
dó gur fhorbair sé ina láthair agus níor mhian leis mórán anois ach
go bhfanfadh an scéal mar a bhí go ceann achair fhada. *Ba bhoige go*
mór í ná tarracóir, carr nó bó, a shíl sé. (*L* 35) (Liomsa an bhéim.)

Tosaíonn an spochadh, an clipeadh agus an magadh idir an bheirt
agus ruaigtear cúthaileacht Pháidín gan aon rómhoill. De réir a
chéile, méadaítear ar a mhisneach ionas go samhlaítear dó gur
ríbhreá a oiriúnódh an bheirt acu dá chéile. Spreagann giodam
agus cumraíocht tharraingteach Earrama é agus géilleann sé
d'aoibhneas neamhshrianta na fantaisíochta. Is ag an bpointe seo
a shonraítear an áibhéil, an áiféis agus cuid den gháirsiúlacht a
ghoill ar léitheoirí áirithe, mar shampla:

Ina shamhlaíocht thosaigh Páidín féin á bualadh go te bruite. Níor
bhaileach é a mba istigh sa charr ar an suíochán cúil a bhí sé dhá
dhéanamh nó amuigh sa bhféar ard glas taobh istigh den fhál sa
móinéar. Bhí an dá shuíomh ag meascán ar a chéile ach go mb'é
amuigh sa móinéar a bhí ag fáil an treise. Earrama greamaithe go
dlúth leis an talamh úr aige i bhfolach na dtráithníní agus é ag cur go
dtí an chlimirt ag radadh isteach ina poll. . . .

An bualadh seo a rinne Páidín ar Earrama bhí sí i gcosúlacht leis an
marcaíocht a rinne tarbh Mhicilín Tom ar a bhó bhán. Ba bhodóg
arís í Earrama agus d'ardaigh sé féin uirthi. D'fhan sí ina seasamh go
socair nó gur bhuail sé í arae bhí dáir mhaith uirthi. Bhuail seisean í
go togha, ina churadh lán. . . . Bhí boinn aigesean! Rósetteanna!
Cáipéisí a chruthaigh a chineál! Nárbh é an gradam é ag Earrama
gur bualadh í le buailteoir dá réim? (*L* 38)

Is follas gur ag láidriú agus ag géarú atá faobhar na híoróine sa
scéal nuair a thugtar faoi chuid de smaointe Earrama a nochtadh,
mar shampla:

A shoineanta féin is atá Páidín ainneoin a aois, a cheap sí. A éascaí is atá sé a spochadh! Leanbh! É ag meas chuile shórt go scléipeach greannmhar, an t-amadán bocht! B'fhurasta an marc é agus é ina mharc chomh maith lena leithéide ar bith eile, a smaoin sí. (*L* 41)

Bheadh sí lántsásta le Páidín sna bólaí seo, b'fhearr an t-am a bheadh aici leis ná le hógánach tíobhasach. Bhí Páidín flaithiúil, agus dheamhan ceapadh a bhí aici titim i ngrá nó cumann a cheangal faoi láthair. Amach anseo le cúnamh Dé a dhéanfadh sí é sin th'éis margaíocht mhaith, ach bhí Páidín bocht feiliúnach idir an dá linn. (*L* 43)

Seans go rithfeadh sé le léitheoirí áirithe go laghdaítear beagáinín ar inchreidteacht Earrama mar shampla den bhean óg mhaighdeanúil ag cuid de na 'smaointe' a shamhlaítear léi. A leithéid seo, mar shampla:

Ba phota mór bruite ag plobadh gáire é tráth ar bith ar baineadh úsáid as téarmaí den chineál: dáir, macnas, teaspach, radaíocht is eile, pérbh é féin nó ise a rinne a dtrácht. B'iontach go deo a bhfuair sé de mheidhir as an bplanda 'boidíní Geimhridh' a lua! Bhí Earrama ag meas gur chuir sé uaidh síol nuair a bhíothas ag tagairt na dtéarmaí seo. (*L* 41)

Dar le léirmheastóir amháin: 'Ní rithfeadh a leithéid de smaoineamh le haon mhaighdean (ná le neart ban eile ach oiread) is cuma cé chomh 'sofaisticiúil' is a bheadh sí' (Uí Chonaire 1979, 23).

Is é bua an scéil seo, b'fhéidir, ná go ndéanann sé léargas báúil bríomhar a thairiscint don léitheoir ar uaigneas an bhaitsiléara a bhfuil a leagan amach féin aige ar chúrsaí caidrimh agus pósta agus gur cosúil nach bhfuil tráite go hiomlán ar an dóchas go fóill aige:

Nárbh é an riachtanas do chuile bhean óg colainn óg súpáilte a bheith aici dar le Páidín. Murab ionann is fir go leor eile ba dá ngrá a shantaigh seisean iad agus bhí colainn óg riachtanach chuige sin; agus ba leasc ar fad leis go gcuirfí adhastar oibre orthu. Chreid Páidín i gcónaí riamh go ndearna anró mná a mhilleadh arae bhí mná ró-leochaileach chuige sin, a shíl sé. Má bhíodar sách acmhainneach chun síolraithe d'eile a bhí ó fhear ceart? (*L* 37)

Ach ba dhuine séimh é féin, a shíl sé, bhí sé cineálta le mná, agus ba chóir a bheith cineálta le mná. Níor do obair í an bhean, b'shin a theagasc féin agus ní chuirfí a bhean seisean ag obair, ní chuirfí ag tindeáil muca nó laonna ach go háirid í.
(*L* 39)

Mar a dúradh roimhe seo, tuigeann an léitheoir a thábhachtaí is atá an íoróin i bhfíodóireacht an scéil seo. Chítear ceann de phríomhthéamaí an údair seo á fhorbairt go héadromchroíoch in 'Spallaíocht'(*L*), is é sin, a chasta agus a bhíonn cúrsaí caidrimh idir fir agus mná, go háirithe de thoradh míthuairimíochta nó toisc míthuiscintí a bheith orthu i dtaobh a chéile.

Ógbhean neamhspleách í Sail Ní Chonaill, príomhcharachtar 'Arraingeacha' (*L*). Diúltaíonn sí dul i gcleamhnas le feirmeoir atá á mholadh ag a hathair di toisc í a bheith i ngrá le Mícheál, fear óg storrúil milisbhriathrach. De réir a chéile, déantar éagantacht agus saontacht Shail a nochtadh mar aon le neamhscrupall an fhir spreasánta a bhfuil sí i ngrá leis. Níl tásc ná tuairisc ar Mhícheál nuair a thuigeann Sail go bhfuil sí ag iompar clainne.

Fothéama sonraíoch de chuid an scéil seo is ea an léargas a thugtar ar aicmeachas an phobail tuaithe. Cailín aimsire i dteach an tsagairt pharóiste í an príomhcharachtar, bean óg atá ag brath ar dhul chun cinn a dhéanamh sa saol. Bean í atá an-phráinneach as na héadaí agus na bróga deasa atá aici:

> Glaodh 'cailín Domhnaigh' uirthi. Glaodh 'péacóigín', 'péarla' is 'puischailín' mar mhaslaí uirthi ach níor mhiste. Níor mhiste léi scubaidí an bhaile a bheith ag glaoch ainmneacha dá tháire uirthi. (*L* 134)

Ní cheileann Sail a drochmheas ar shaol agus ar mhuintir na tuaithe agus is léir go bhfuil sí meallta ag an saol spleodrach sofaisticiúil galánta a shamhlaíonn sí leis an gcathair. Dearann an t-údar portráid de bhean óg ríshaonta, bean atá chomh gafa sin le rómánsachas agus le brionglóid an ghrá nach bhfeiceann sí gurb í ainnir na huaire í ag scraiste atá ag breith buntáiste uirthi. Ní hé sin lé rá nach dtaitníonn an caidreamh collaí le Sail. A mhalairt atá fíor. Sa ghiota seo a leanas faoi phléisiúr an chaidrimh sin, airítear iarracht den ghreann íorónta san insint, go háirithe san abairt dheireanach:

Fear a raibh oiread sin eolais aige le Mícheál! Fear a bhí oiread sin teann as féin! Fear a bhí chomh hinniúil! Cén t-ionadh go mba dóbair di leá ina smuga coinnle an lá áirid a dúirt: 'Tá leanaí sna hútha sin an té a bhainfeadh astu iad, a Shail!' agus é ag fuint a cíoch ar mhodh nach ndearna aon fhear eile é. Bhí sí corraithe agus bhí seisean corraithe. A aoibhne is a bhí a chorp gruaigeach aimhréidh seisean le hais síodúlacht a cuid sise. . . . 'Tusa an té sin, a Stail!' a chinntdhearbhaigh sí le rím. (*L* 143)

Scéal é 'Arraingeacha' ina sonraítear bá an údair lena phríomhcharachtar, tréith a airítear i gcur i láthair agus i modh inste an scéil trí chéile.

Mná óga ar fochéimithe nó iarchéimithe iad a chastar ar an léitheoir i roinnt scéalta le Pádraic Breathnach [92] agus is gnách leis an údar na mná seo a léiriú ina n-ábhar miangais agus cathaithe ag léachtóirí agus lucht teagaisc. Cé nár dheacair easpa dóchúlachta a chur i leith codanna den scéal 'Místáid' (*L*), is follas gur ag díriú ar cheist chasta an ghinmhillte a bhí an scríbhneoir, ábhar nár pléadh mórán i litríocht na Gaeilge suas go dtí sin (1978):

Chuir sí an locht ar an gcóras, córas a chuir éigean uirthi a gin a mhilleadh. Cad chuige a mb'éigean di ginmhilleadh a dhéanamh?
Cad chuige nach nglacfaí léi sa bhaile agus í ag iompar?
Cad chuige a mb'éigean di féin, agus do oiread eile seo cailíní, dul ar a dteitheadh ar nós francach; coirpigh a dhéanamh astu féin? (*L* 202)

'. . . an Raibiléiseachas bainteach le saol na fantaisíochta i gcúrsaí gnéis' atá i gceist sa scéal 'Tráithníní' (*Na Déithe Luachmhara Deiridh* [= *DLD*]), dar le Caitlín Uí Anluain (1996:29). Scéal é ina bhfeictear 'machnamh tipiciúil Seoigheach / Freudach ag bualadh suas in aghaidh fíric leamh de chuid an ghnáthshaoil' (Mac Cóil 1981, 26). Léachtóir fireann atá i gceist agus é ag feitheoireacht i halla scrúdaithe:

Ba chailíní bunáite na n-iarrthóirí seo agus ligeadh sé a intinn le ceann éigin acu! Siúladh sé thart ina measc agus déanadh sé a gcumraíochtaí a iniúchadh. Caithfidh go mbeadh duine éigin orthu a dhéanfadh é a spreagadh ar bhealach áirid agus ba leor sin; d'oibreodh sé forbairt ar an mball spreagtha sin, cos, brollach nó eile é, agus d'fhairsingeodh do réir a shamhlaíochta. (*DLD* 36)

Léachtóir a fheictear arís in 'Dritheanna' (*LF*) agus é mearaithe ag bean óg atá i gceann dá chuid ranganna. Ní fheadair sé cad ab fhearr dó a dhéanamh nuair nach n-éiríonn leis neamhshuim a dhéanamh den 'femme fatale' seo. Dála na mná óige in 'Místáid' (*L*) a d'éagaoin rialacha dochta na sochaí i dtaca le caidreamh idir fir agus mná de, cronaíonn príomhcharachtar fireann an scéil seo oscailteacht agus saoirse sa réimse mothúchán céanna, mar shampla:

Collaíocht mar lárionad sa chaidreamh draíochtúil tráill idir fheara is mná. Ach níor ghá go mba ionann collaíocht agus buaileadh craicinn amháin. Séard a bhí inti, comrádaíocht, síol, gin, fás. An bréagadh álainn síoraí idir fheara is mná chuir sé inscne ina chumhrán beatha ag pléascadh áthais fuid an tsaoil. B'í an t-aon fhallaing bheo dhídeanach a bhí ann. (*LF* 133)

Príomhcharachtar bíogúil sciamhach muiníneach atá sa scéal 'Danóib' (*DLD*), í ar a dícheall ag iarraidh múinteoir meánscoile a mhúin í tamall roimhe sin – agus a thug teip i scrúdú di – a ghriogadh agus a mhealladh chun caidrimh léi. (Tugtar le tuiscint nach n-aithníonn seisean an mealltóir mná.) Mar seo a chuirtear síos ar Dhanóib, an scéiméir agus an mealltóir:

Bhí a haigne socraithe aici. Bhéarfadh sí ar an iasc lúbach seo, Neachtan. Bhéarfadh sí ina heangach air agus bhainfeadh craitheadh síoraí as. Bheadh sé ina heangach iata sna mogaill.... (*DLD* 126)

Bhreathnaigh sí an-mheallacach. Chuirfí lagar ar Neachtan le tnúthán. Bhí a béal is a súile ag púscadh leathair. Ba thíogar í, slím socair grástúil muiníneach. Bhí a troigh tomhaiste; bhí a tóin ag sclóineadh. (ibid. 128)

Cuirtear scéiméireacht na mná óige ó rath, ámh, agus cuirtear clabhsúr an-drámatúil ar an scéal, 'scéal a bheadh deacair ag cuid againn a chreidiúint ach scannáin mar "Looking for Mr. Goodbar" a bheith ann atá a fhios againn atá bunaithe ar eachtraí fírinneacha' (Mac Cóil 1981, 26).[93] Bean óg theanntásach a chuirtear i láthair an léitheora sa scéal seo, í bródúil as a scéimh agus í liobrálach leathanaigeanta, dar léi féin. Í in ainm is a bheith ag freastal ar choláiste tríú leibhéal ach gur léir gur mó go mór é an sult a bhaineann sí as bheith ag máinneáil agus ag tóraíocht fear lena cara, Fíona, ná bheith ag staidéar. Féileacán fómhair í

Danóib, baothóg ghiodamach ar cumasc í, de réir dealraimh, den ghearrchaile giodamach ábhailleach agus den striapach chealgach a bhfuil seanchleachtadh ar a ceird aici:

> Shiúladh sí na duganna agus áiteanna aduaine. Rinne í féin a luacháil le fir. Rinne spochadh agus bhain feancadh a n-anama astu. Ach b'annamh léi glacadh le airgead. Agus nach aici a bhíodh an spraoi i gcaifé an choláiste nuair a d'íocfadh sí a bille agus a déarfadh: 'An t-airgead sin anois ba ar mo thóin a rinne!' (*DLD* 124)

Níor dheacair glacadh leis an tuairim gur áitreabhach de chuid réimse na fantaisíochta fireannaí í Danóib an scéil seo.

Bean óg ar bhreá léi spéis ógfhir strainséartha a mhúscailt inti féin a chítear sa scéal 'Is Áirid' (*DLD*). Forsheomra óstáin a fheidhmíonn mar shuíomh neamhphearsanta an scéil agus seo leis an mbean á hullmhú féin don teagmháil a chuirfidh spréach agus anam ina saol feasta, dar léi. Ní fada go scuabtar an bhean seo isteach i réimse na fantaisíochta (baineannaí / fireannaí?), í ina leannán soilíosach a bhféadfaí dúchas na máthar a mhúscailt inti go furasta:

> Níor mhiste léi, níor mhiste léi chor ar bith, go ndéanfadh seisean í a ionramháil ar leaba the theolaí óstáin. A leaba the theolaí féin, a smaoin sí agus chonaic sí cheana an scoraoid bhán gona pluideanna druidte siar, na bráillíní bándearga ag sméideadh. Bándearg don leanbh baineann, a smaoin sí. (*DLD* 100)

Teipeann ar na goicí agus ar an ngalamaisíocht, áfach, óir ní léiríonn an fear aon róshuim inti agus nuair a shiúlann bean chéile an fhir isteach, baintear stangadh as an mbean aonair agus tuigeann sí láithreach gur lánúin shona shuáilceach atá os a comhair amach.

Eachtra bheag neafaiseach atá á ríomh anseo ach airítear go bhfuil cuma áibhéalach mhéaldrámata ar smaointe na mná, go háirithe i gcríoch an scéil -mar a bhfuil cur síos ar an díomá a bhraith sí - agus lagaítear ar pé inchreidteacht a fhéadfaí a shamhlú leis an gcarachtar seo dá bharr, mar shampla:

> D'airigh sí tréigthe. Mearaí uirthi. Buile...
> D'airigh sí olc i leith an fhir, nós má bhí bob buailte aige uirthi, gur mheall sé í agus ansin gur theilg i dtrapaisí tráth a raibh a hanam nochtaithe. . . . Eisean staidéartha daingean níorbh fholáir, dearcadh

cinnte aige, cuspóir, muinín agus dóchas, luachanna lána. Ise gan
ancaire, a shíl sí, gan stiúir, ina haonraice. An bhfuil fírinne ar bith
go mbíonn fir sa tóir ar chraiceann, a scinn go hamhrasach trína
cloigeann. (*DLD* 102-3)

Carachtar a chastar go minic ar an léitheoir i ngearrscéalta an
scríbhneora seo is ea an bhean dhíomách dhiomachroíoch nach
ndéantar a mianta a chomhlíonadh. Tráchtfar ar an gcarachtracht
seo arís.

Sagart a chaitheann mórán ama ag meabhrú ar chúrsaí
leathair atá sa scéal 'Avec Marcel' (*Ar na Tamhnacha* [=*AT*]). Dar
le criticeoirí áirithe, d'fhéadfaí a áiteamh gur i ndomhan na
samhlaíochta amháin a mhair an ógbhean rí-tharraingteach a
mhúscail dúil dhrúisiúil sa sagart.[94] Ábhar conspóideach go maith
ba ea ceist na haontumha san am — ábhar a chothaigh aighneas
agus plé bríomhar oscailte nuair a foilsíodh *Súil le Breith*, le
Pádraig Standún i 1983, cuir i gcás. Maidir le hógbhean an scéil
seo, faoi mar a bheadh súil leis, is mealltóir cruthanta í, í aoibhiúil
mistéireach agus gan d'aidhm ná d'fheidhm aici ach an dúil, an
fiuchadh foinn agus an drúis a spreagadh sa sagart uaigneach
leathanaigeanta. Faoi mar a chítear go minic i gcás fhir áilíosacha
scéalta an údair seo, feidhmíonn buataisí leathair na mná
meallacaí mar spreagadh láidir chun ragúis, chun fantaisíochta
agus chun gnímh.

Seans go bhféadfaí brí shiombalach a shamhlú leis an
mórchumhacht dhosmachtaithe bhanda a airítear i dtús an scéil,
mar a bhfuil cur síos ar an ngaoth mheardhána:

> Mar bhean sí mhíshocair a shamhlaigh sé an ghaoth. Í ag éirí amach
> as a lios, sách fáilí ar dtús, sách suáilceach. Gan aon fhuadar ró-
> chinnte i dtosach fúithi, gan aon aidhm shuntasach aici. Tosaíonn sí
> ag coisíocht. Gan choinne tá macnas ina fuil, tá teas ina cuislí. Tá
> meanma mhire ina ceann. Ardaíonn sí ó thalamh agus taistealaíonn
> sí le brí. Séideann sí síobanna móra gaoithe as a polláirí. Líontar an
> domhan lena hanáil. Gluaiseann sí níos mire agus níos mire. Í ar
> mire le ríméad is le cumhacht. Ríméad fuadair, ríméad faobhair. A
> fallaing éadrom bhán shíoda dhá ropadh ina diaidh. Tá a lúcháir
> fhiáin ó smacht. Réabann sí ar cosa in airde trasna tíre. . . . (*AT* 44)

An griogaire atá i gceist sa scéal 'Bíogadh' (*Lilí agus Fraoch*
[=*LF*]), í gleoite cealgach neamhchúiseach. Í á cruthú agus á
tabhairt chun beochta i saol fantaisíochta an fhir. Fear a
chloiseann coisíocht ógmhná ar shráid i gcoim na hoíche:

Plinc-planc ceolmhar. Rinceach. Tinechreasach. Dingliseach. Ar
leacracha crua an chosáin... Sála deilgneacha na hógmhná foirfe.
Bitse! (*LF* 67)

Dála an scéil 'Dritheanna' (*LF*) sa chnuasach céanna, tá a sciar
féin den gháirsiúlacht nó den 'áibhéil Raibiléiseach' (Uí Anluain
1995, 59) le sonrú ar an scéal seo - agus feitis na mbuataisí leathair
i gceist arís i gcríoch an scéil.

Agus sinn ag trácht ar an mbean óg mar ghriogaire, cuimh-
nímis ar chaint chréúil fhaobhrúil na seanmhná sa scéal fada 'An
Chailleach' (*AT*) agus í ag cur síos ar roinnt de na 'gleoiteoigíní
gleadhracha' (*AT* 147) sa chomharsanacht, mar shampla, 'Bibi
bhrilleach':

> Bhíodh sí ar paráid ar nós mainicín ina machaire cúil gan snáithe
> éadaí uirthi cé is moite de ribín beag íochtair bicíní. . . .
> Í ina suí aniar go síoraí ar shúsa ina bán ag cur snasa dheirg le
> scuaibín ar ingne a cos agus a lámh. Ó, a Thiarna, a bundún bog
> agus a brollach brothallach sise! B'í an strapairlín í. Ní fhaca tú a
> samhail ariamh, ina suí aniar di agus í ag oibriú a scuaibín go triopal-
> lach, ach cat Siamach dhá shlíocadh féin. Nuair a luíodh sí ar bolg
> agus nuair a chrochadh sí a cloigeann ní bhíodh de shamhail aici ach
> nathair nimhe.... í dhá goradh féin go codaltach i dteas sócúil na
> gréine. Ó, b'í an nathair nimhe í cinnte. B'í an griogaire í. (*AT* 146)

Tagraíonn sí do bhean chluanach eile sa chuntas céanna, bean a
d'imir draíocht ar Mheaití (deartháir na seanmhná atá i mbun na
cainte):

> Mheall a glóirín binn é, a béilín milis, a catchruth cuarach. Ba
> gheáitsí agus goicí ar fad í. Lúb sí agus shníomh sí í féin os a
> chomhair. Bí ag trácht ar shleamhainshlíomadóir. Bhí sí ag púscadh
> úscadh sú. Bhí a fhios agam féin go mba Éabha í, go mba dhiabhal i
> riocht ógmhná í. Cat í sin i ndealbh maighdine, a dúras-sa le Meaití.
> (*AT* 146-7)

Ó thaobh na stíle de, níor dheacair a áiteamh gur soiléire é glór
sultmhar an údair féin agus é ag cur síos ar na mná óga sna blúirí
áirithe sin ná glór nó caint seanmhná agus í ag cur síos ar eachtraí
a tharla tamall de bhlianta roimhe sin.

In 'Gealt Ghnéis?' (*BA*) is follas gur ag díriú ar an léitheoir
fireann atá tráchtaire an scéil / scríbhneoir na litreach, mar
shampla:

Mise i mbannaí, is deas ar fad an staidéar iad na mná! Molaim duit go práinneach, áfach, stopadh ar leataobh na sráide, in ionad coinneáil ort ag tiomáint, má tá fút an staidéar seo a dhéanamh. Tá sé diabhalta féin contúirteach a bheith ag tiomáint trí lár cathrach agus tú ag iarraidh na cailíní a fheiceas tú a ghrinneadh chomh maith.... Mura mbeadh féin chuile sheans go siúlfaidh duine éigin amach roimh do ghluaisteán fad is atá tusa ag gliúcaíocht buinneáin ghléigil ar an gcosán. (*BA* 141)

An banaí cruthanta atá á chur i láthair ar bhealach éadromchroíoch sa scéal seo.

Tagrófar do 'na cailíní pléisiúir' (*BA* 140) agus don léiriú ar striapacha Phárais sa scéal 'Oíche i bPigalle' (*Buicéad Poitín agus Scéalta Eile* [=*BP*]) sa chuid dheireanach de Chaibidil 4.

Gan ach an spléachadh sin tugtha ag an léitheoir ar phortráidí ógbhan i scéalta an Bhreathnaigh, tuigfidh sé gur mhór agus gur dhásachtach an fairsingiú a dhein an gearrscéalaí tréitheach seo ar réimse théamaí agus fhoclóir na collaíochta i bprós-scríbhneoireacht na seachtóidí agus na n-ochtóidí. Ar an iomlán, bhain anamúlacht, úire agus oscailteacht thaitneamhach lena shaothar agus, ar ndóigh, cuid suntais é mórshaibhreas teanga an údair seo. Maidir leis an léiriú ar mhná óga i saothar an Bhreathnaigh, ní miste cúpla pointe a lua. Agus an bhean óg á plé mar charachtar gearrscéil, chítear gur chruthaigh an scríbhneoir seo cineálacha áirithe ban óg ina shaothar idir raideoga, ghriogairí, láireoga, phramsóga, ghleoiteoga, bhodóinseacha, thoicí, straipeanna agus chailíní pléisiúir. Téarmaí fireannacha iad sin, ar ndóigh, agus is d'aon ghnó atáid á n-úsáid anseo toisc gurb annamh a dhearmadann an léitheoir gur ag féachaint ar mhná óga trí shúile lonracha fireannacha atáthar. Faoi mar a thuigfí, tá dlúthbhaint ag claonadh agus teilgean reacaireacht na scéalta le híomhá na mbancharachtar a chruthaítear agus a dhaingnítear in intinn an léitheora.

Ag an bpointe seo, is leor a rá gur chuir Pádraic Breathnach go suaithinseach le líon agus le réimse na mbancharachtar i bprós-scríbhneoireacht na Gaeilge (sa tréimhse 1974-1980 go háirithe) agus dá theoranta é scóip, doimhneacht agus indibhidiúlacht na carachtrachta sin i gcás roinnt scéalta, ní mór a rá gur mhinic a bhain beocht agus spreacadh tarraingteach leis an gcarachtracht chéanna. Tá sé ar shlí a ráite anseo, leis, gur tréith shuntasach í daonnacht an ghearrscéalaí seo agus má chuaigh sé ar strae ó thaobh shíceolaíocht a chuid bancharachtar, idir liobrálach agus eile ó uair go chéile (agus chuaigh!), ba ábhar spéise - agus conspóide? - í an stíl nua-aoiseach lenar léiríodh a thuiscintsean ar chás an duine agus ar chora an tsaoil.

Sa bhliain 1987, in aiste dar teideal 'An Coimpléasc Priompallánach', thrácht Tadhg Ó Dúshláine ar phrós-scríbhneoirí na Gaeilge agus ar an lé mhór a bhí acu le cúrsaí caidrimh agus collaíochta mar théamaí ina gcuid saothar:

> Le fiche bliain anuas nó mar sin tá litríocht na Gaeilge tar éis cuibhreach morálta na hathbheochana a bhriseadh agus a cloigeann (nó a tóin) a shá isteach go dána stóinsiúil sna réimsí sin a bhí faoi their uirthi roimhe seo. Le blianta beaga anuas tá nuafhaisean seo na saoltachta tagtha chun buaice (d'aon ghnó a úsáidim an focal) agus tá sí i mbaol a báite anois in umar na graostachta agus na cinicúlachta. . . .
>
> Samhlaímse an nua-scríbhneoir Gaeilge le hábhar sagairt nó siúrach a thug léim thar líne amach agus ón gcéad fhéachaint ar *Playboy* agus *Private Eye* acu líon an drúis agus an tsaint ina rabharta chucu tar éis a dtroscadh fada agus chuir an ateagmháil seo acu le pléisiúr agus diabhlaíocht an tsaoil saobhchán céille orthu. (Ó Dúshláine 1987, 4)

(N'fheadar faoi na siúracha, ámh, óir ba rí-ghann iad prós-scríbhneoirí mná na Gaeilge, drúisiúil ná eile!)

Scríbhneoir óg amháin a thug faoi chúrsaí gnéis a léiriú go lom neamhrómánsúil ina chuid scéalta ba ea Mícheál Ó Brolacháin, ar foilsíodh a chéad chnuasach gearrscéalta, *Laochra*, i 1983. Ní mór a rá go mbaineann leimhe áirithe leis an gcineál sin cur síos, ar uairibh, gné stíle a bhféadfaí glacadh léi mar scáthánú ar an gcaidreamh atá á léiriú, ar ndóigh, ach gur baol gur neamhchríochnúlacht cheirde a chasfaí léi i gcás scríbhneora óig, nach raibh a dhintiúirí bainte amach go fóill aige.[95] Nocht Séamas Mac Annaidh (1984: 36) a thuairim i dtaobh na gcúrsaí seo agus léirmheas á dhéanamh aige ar *Laochra*:

> Tá scéalta eile sa chnuasach a dtiteann leibhéal an chur síos ar an gcumarsáid idir charachtair iontu go leibhéal fisiceach amháin. Sílim nach bhfuil gá i gcónaí lena leithéid. . . . Is ar na mothúcháin agus ar na smaointe taobh thiar den chaidreamh a ba cheart don scríbhneoir

a aird a dhíriú. Tabharfar faoi deara gur minic a dhéantar an cur síos
is éifeachtaí ar an gcaidreamh idir fear agus bean gan baill na gcorp
agus a leithéid a lua in aon chor. [96]

Tagann cúrsaí caidrimh agus an bhean óg chathrach i gceist i
gcuid éigin de na scéalta seo a leanas sa chnuasach *Laochra*:
'Samhlaíocht', 'An Scian Leictreach' agus 'Beirt', scéalta ina
bhfuil an fócas scéalaíochta dírithe ar fhadhbanna caidrimh an
fhir arb é príomhcharachtar an scéil é.

Scríbhneoir óg Gaeltachta a chuir é féin in aithne do phobal
léitheoireachta na Gaeilge sna hochtóidí ba ea Micheál Ó
Conghaile. Foilsíodh a chéad chnuasach scéalta, *Mac an tSagairt*
[=*Mac*] sa bhliain 1986. Dála Phádraic Bhreathnaigh roimhe, ba
léir go raibh an scríbhneoir cumasach seo i dtiúin go hiomlán le
meon a linne agus le 'béarlagair na mianta', más ceadaithe leas a
bhaint as frása de chuid an Ríordánaigh.[97] Sa scéal 'Féincheist'
(*Mac*), labhraíonn an tráchtaire, ar fear óg é, faoina chara agus
faoi bheith ag tóraíocht ban:

> Lead óg. Lead óg a bheadh bliain is fiche an Fómhar seo chugainn.
> Ní raibh sé ag dul *steady* ag an am. Sílim nach raibh ar aon nós.
> Bheadh fhios agam dá mbeadh. B'fhada Pauleen imithe uaidh cé nár
> thúisce imithe ná tagtha í. Bhí Róisín caite i dtraipisí aige. Ní raibh
> aon mhaith inti a deireadh sé.... Ní raibh aon bhean ag ceachtar
> againn an oíche sin....
>   Leis na leads eile a bhí muid formhór na hoíche. Thug muid
> cúpla geábh timpeall an bheáir ceart go leor ach ní bhfuair muid
> tada. Bhí stumpaí deasa ann. Cuma an-chainteach scléipeach orthu
> nó go gcuirfí caidéis orthu. Rinne muid ár ndícheall iad a mhealladh
> ach ní raibh aon mhaith bheith leo. Bhí chuile leithscéal acu. Ní
> raibh siad ag iarraidh dul chuig an damhsa. Bhí *boyfriends* cheana
> acu. Ní raibh aon spéis acu ionainn. Bhí daoine eile leo. D'fhéach a
> mbunáite orainn go ceanndána agus cineál pus orthu. Craiceann a
> bhí uainn ar deireadh thiar thall nó sin a thugadar le fios dúinn cibé
> é. Ba chuma linn ar bhealach eicínt. (*Mac* 11-2)

Sa scéal 'Comhaduimhreacha' (*Mac*) chítear an bhean óg a
chaithfidh aghaidh a thabhairt ar an gclinic ginmhillte i Sasana:

> Agus a mhinicí cheana a chreid sí nach dtarlódh a leithéid dise.
> B'shin rud a shamhlaigh sí ariamh le cailíní eile. Ach b'ise Nóra
> Pháidín Pheaitín, an té nach raibh le bheith sa riocht seo choíchin,
> fiú dá dtarlódh an cleas do leath na gcailíní ar an mbaile. (*Mac* 55)

Ar an iomlán, éiríonn le mionchur síos tuarascálach an údair neirbhís agus corraíl Nóra a áiteamh ar an léitheoir, mar shampla:

> Mhothaigh Nóra í féin ag bruith. Teas brothallach a chuir cineál roilleacáin i gcúl a cinn. Bhí fuarallas léi, go háirithe sna baill siúd dá corp arbh fháiscthe a cuid éadaigh uirthi. D'fháisc sí a mála láimhe go teann idir a dá láimh is thosaigh á mhéirínteacht. (*Mac* 61)

> Tháinig nimh dhearg ina croí. An chailleach sa mbaile. An sagart paróiste lena aigne mheánaoiseach. D'at a hintinn féin le ráig choilg. Ba mhaith léi tosú ag réabadh. Bhí fonn uirthi rith amach. Amach i dtigh diabhail as an áit. Go áit ar bith eile. Síos trí shráideanna móra Londain. Isteach cúlshráideanna cúnga cúlráideacha. Leanacht uirthi ag rith is ag rith go dtitfeadh sí, in áit eicínt ina haonar i bhfad ó chuile dhuine eile, áit a gcromfadh sí i gcúinne go gcaoinfeadh a dá díol i gciúnas léi féin. (*Mac* 63)

Tugtar faoi deara nach bhfaightear mórán léargais ar smaointe an fhir óig i rith an scéil.[98]

Faoi mar a dúradh i gcás an scéil 'Místáid' (*L*) le Pádraic Breathnach, b'ábhar 'nua' é an ginmhilleadh nár pléadh mórán i ngearrscéalaíocht na Gaeilge go dtí seachtóidí agus ochtóidí an fichiú haois. Sa ghearrscéal 'Altóir na Saoirse' (*Sceallóga*) le Deaglán de Bréadún, cuirtear an ginmhilleadh i láthair i gcomhthéacs cheannasaíocht fhireannach shaol na polaitíochta in Éirinn.

'Sás cathaithe is ea an bhean i gcónaí agus caithfidh sise díol as' (*Ding* 43). Sin é teagasc morálta an tsagairt á fhógairt go neamhbhalbh neamhleithscéalach sa ghearrscéal 'Sodar Breá Bog go Cluain Uí Eachaigh' le Seán Mac Mathúna, scéal ina bhfuil 'géarchodarsnacht idir fiosracht agus dúil chollaí an duine óig agus saol mór "fásta" idir chléir agus phósta' (Ní Fhoghlú 1987, 52). Meallann an déagóir dúilmhear an ógbhean ghéilliúil, Pamela, chun caradais agus chun caidrimh leis. Cailín aimsire sa scoil chónaithe í Pamela agus nuair a bheirtear ar an mbeirt óg sa 'Ritz', tugtar bata is bóthar di láithreach.[99] Íobartach is ea í, ógbhean nach bhfuil aon stádas aici, í náirithe agus gan an dara rogha anois aici ach imeacht léi thar loch amach:

> 'Cad a dhéanfair féin?' a d'fhiafraíos di. Thosaigh sí ag casadh cúinne a blúis go raibh sé ina shúgán aici nach mór.
> 'N'fheadar,' ar sise go himníoch, 'b'fhéidir go dtabharfadh m'athair costas an bháid dom.'

Bhí nóta deich bpunt á fháisceadh i mo phóca agam. Gheallamar
go scríobhfaimis chun a chéile. *(Ding* 48)

Leaid óg éirimiúil é Connie (Cornelius) a bhfuil athair glic
gustalach aige. Chítear i gcríoch an scéil é agus é ag meabhrú ar a
bhfuil foghlamtha faoin saol aige le tamall anuas. Faoi mar a deir
Siobhán Ní Fhoghlú (1987:52-3)

> Thosaigh an scéal le geallúint agus flúirse éigin.... Críochníonn sé le
> haonaránachas an bhuachalla nach aon sólás dó an t-eolas atá faighte
> aige ná aon tuar dóchais an cleamhnas a dhéanfadh a athair dó. Ní
> hionadh linn go ndeir sé: 'Bhí na bráillíní fuar agus mé i mo luí.' Ní
> bheidh aon teocht sa mhoráltacht chríostúil ar threascairt uirthi a
> chaidreamh le Pamela.

Sa scéal 'Tuatha Dé Danann' *(Ding)* is í an bhean óg ghleoite a
chíonn an Bráthair Fearghus sa chathair lá a dhúisíonn
mothúcháin dhoimhne fholaithe ann, mothúcháin a brúdh faoi
chois ag móid na haontumha. Baintear siar as; géilleann sé do
chumhacht cheilte anaithnid, do dhúil na hinstinne atá á
ghriogadh. Leanann sé an fhaoileann ghleoite agus éiríonn leis
féachaint isteach ina súile ar feadh soicind, soicind na cinniúna
don Bhráthair uaigneach:

> Fad a bhí sí ag útamáil leis na heochracha, d'fhéach sí anuas go
> neamhchúiseach ar Fhearghus a bhí ag gabháil thar bráid. Ar feadh
> soicind amháin bhí súile na beirte i ngleic, soicind mar a bheadh
> siosarnach síoda, ach mheas Fearghus go raibh an tsíoraíocht ar fad
> ann, agus a chroí ag imeacht sa rás ina chliabh. Leis sin bhí sí imithe,
> agus bhain plab an dorais macalla as an aer, rud a d'fhág Fearghus
> ina aonar sa tsráid, ina aonar sa saol. Agus d'imigh macalla an dorais
> ar fud na sráide, á rá leis de ghuth toll bodhar: 'A Bhráthair
> Fearghus, tá tú i do dheoraí ó fhleá an tsaoil agus is amhlaidh a bheir
> go deo.' *(Ding* 31) [100]

Is ag an bpointe seo sa scéal a thagann Dana isteach i ndomhan
samhlaíoch Fhearghuis. Réabtar pé socracht a bhí fanta ina shaol
aige agus sceitheann an dúil mhallaithe sa saol nach bhfuil
ceadaithe dó thar bhruacha na fantaisíochta amach sa tslí go
dtéann Fearghus le gealaigh ar deireadh thiar. Mar is dual do
Sheán Mac Mathúna, bíonn an greann ag spréacharnach tríd an
insint, greann ar gnách an chráiteacht ina horlaí tríd.

Tugtar faoi deara in 'Na Quizmháistrí' (*Ding*) leis an údar céanna gurb é an dóchas go mbeidh sé in ann dul i gcumann le hIníon Pharnassus a spreagann Anthropos chun tabhairt faoi eagar agus slacht a chur ar a shaol. I dtreo chríoch an scéil, d'fhéadfaí a rá nach foláir dó pléisiúr chaidreamh na mná sin a fhágáil faoina *alter ego*. Slí amháin a bhféadfaí an chuid sin den scéal a léamh atá sa mhéid sin, ar ndóigh. Scéal iontach fantaisíoch é seo a bhfuil idir shásamh agus dhúshlán léitheoireachta ann.[101]

Scríbhneoir agus stílí suaithinseach é Alan Titley. Maidir le léiriú a thairiscint ar chúrsaí grá agus collaíochta i dtaithí saoil mná óige, tabharfar spléachadh anseo ar na scéalta seo a leanas as an gcnuasach *Eiriceachtaí agus Scéalta Eile* [=*E*], 'Don Bhliain seo chugainn i mBerlin', 'An Síscéal de réir Eoin' agus 'Cibé Scéal é '.

Sa scéal 'Don Bhliain seo chugainn i mBerlin' (*E*), chítear triúr ban óga agus iad ar thóir chomhluadar fear. Fios a ngnó acu agus iad breá inniúil ar ealaín na mealltóireachta, mar shampla:

> Shuíomar síos tamall uathu ar an bhféar. Thosaíomar ag sciotaraíl is ag déanamh na hóinsí go haerach. Rinne Tirza deimhin de gur nocht sí blogha de mhás mealltach go minic. Rinne mise mo chion féin trína bheith ag féachaint sall go súilchúthaileach mar dhea agus nuair a d'fhéachtaí ar ais orm, chromainn mo cheann go cotúil. B'in cleas na girsí gan amhras, ach bhí a éifeacht féin aige.
> 'Táimid dulta i bhfeidhm orthu', arsa Ofra, 'féach tá an coiste ina shuí'. (*E* 18)

Duine de na mná óga eolgaiseacha í tráchtaire soilbhir an scéil. Nochtann a cuid tráchtaireachta a oilte is atá sí féin agus a compánaigh ar bheith ag fiach fear. Is sa chomhthéacs sin, mar atá, an bhean mar shás cathaithe, a labhraíonn sí faoi a tharraingtí is a bhí Tirza, duine dá compánaigh, agus a bicíní á chaitheamh aici:

> Ní raibh le déanamh aici ach a cromán a luascadh le fear nuair a bhí sí ar an trá agus b'eo chuici é ar saothar. Nó ag súil le saothar ar aon nós. Níor oir gúna nó bríste chomh maith céanna di. Ní raibh a raibh aici chomh feiceálach. (*E* 16)

Ar ball agus an tráchtaire ag tagairt dá hárasán féin, deir sí go dána neamhchúthail: 'Seachas an leaba ní fiú cur síos ar rud ar bith eile sa seomra ó thaobh an scéil seo de, mar is léir gurb ann atá ár dtriall' (*E* 23). I gcríoch an scéil seo inar léir idir ghastacht

agus shaoithiúlacht an údair, buailtear bob ar an bhfear a
mealladh ag an tráchtaire caidreamhach agus ar an léitheoir a
dhein talamh slán de gur scéal faoi lá i saol striapaí nó a leithéid a
bhí á ríomh. Is i bhfíordheireadh an scéil a thuigtear gur mná óga
Giúdacha iad na mná agus gur ag iarraidh díoltas a bhaint amach
ar fhir Ghearmánacha atáid. Is nuair a dhéantar an scéal a
athléamh a thuigtear na tagairtí leathcheilte agus na leidí a bhí á
scaoileadh ag an scríbhneoir chuig an léitheoir le linn an scéil.

In 'An Síscéal de réir Eoin' (*E*) castar mná óga ar an
bpríomhcharachtar ag dioscó, mná teanntásacha nár shamhlaigh
Bullaí Mhártain riamh, is dócha, mar shampla:

> Cailín Fionn (*ar nós cuma liom*): An maith leat Nimh Chruthanta?
> Eoin: Tá siad ceart go leor. Ní shílim go bhfuil siad chomh maith le
> Seacht Norlach, áfach.
> Cailín Fionn: Áfach tú féin leis. Níl éinne chomh maith le Nimh
> Chruthanta.
> Eoin: Tá siad ró-leictreach.
> Cailín Fionn: Is maith liomsa leictreachas. Tá cic ann ar a laghad.(*Ní
> deireann siad tada go ceann tamaill ach fáisceann Eoin isteach uirthi de
> réir mar a théann an ceol i mboige.*)
> Eoin (*isteach ina cluais*): 'Bhfuil árasán agat nó ar tháinig tú le cara?
> Cailín Fionn (*isteach ina chluais ar ais*): An raibh cabáiste agatsa i
> gcomhair do dhinnéir?
> Eoin (*roc ar a éadan*): Ní raibh, go bhfios dom. Cén fáth ar fhiafraigh
> tú díom é?
> Cailín Fionn: Cheap mé gur mhothaigh mé an stumpa. (*E* 123-4)

Nuair a thugann an t-údar faoin gcur síos ar an tréimhse aoibhnis
a chaith Eoin i dteannta na mná rua, tarraingíonn sé idir stíl,
chiútaí agus théamaí scéalta béaloidis chuige féin agus éiríonn
leis a shéala suairc spleodrach féin a bhualadh anuas ar an
iomlán. [102]

Berneard Mac Murchú atá ina thráchtaire - sna coda sin den
scéal inar léir tráchtaire ag caint - sa scéal 'Cibé Scéal É' (*E*).
Múinteoir bunscoile é atá dubh dóite de chúrsaí scoile agus is
ríléir nach meánn teoiricí ná fealsúnacht ardaigeanta oideachais
brobh ina thuairim siúd. Tá sé tugtha don saol drabhlásach mar a
gcuirtear idir idéil, rialacha agus fhreagracht ar neamhní. Comhrá
pléisiúrtha deisbhéalach tagrach atá aige le Lasairinne, bean an
pharlúis pheilte agus tamall ina dhiaidh sin chítear an
príomhcharachtar ag cur forráin ar mhná i gclub oíche:

'Do phluais nó mo phaidse?' d'fhiafraigh mé den chéad bhruinneall ar ghabh mé amach ag gliogram cos léi ach dúirt sí go mba chailín deas í a bhí á coinneáil féin slán go dtí go mbeadh sí pósta.

'Both agus moth?' arsa mise leis an gcailín rua ach dúirt sí go raibh gealltanas tugtha cheana aici don leaid a bhí romham.

'An luascann tú na luain?' a dúrt leis an gcailín gorm ach d'inis sí dom go mba leisbiach í nach mbeadh baint ná páirt aici le fear dem shórt.

'An bhfeamfá fáilte romham?' d'iarr mé ar an bpunc mohaíceach a shíl mé a bheadh bog faoina cuid ach d'fhéach sí orm amhail is nár thuig mé conas ba chóir déileáil le bean.

'An imreofá isín liom?' an cheist a chuir mé ar an bplubar d'éadan á cheapadh dom go mbeadh sí buíoch díom ach níor bhean í a raibh aon mheas aici ar an insint dhíreach. (*E* 158)

In ainneoin na teipe seo, éiríonn leis an raibiléir rancásach oíche scléipeach a chaitheamh in éineacht le bean phósta. Tagrófar don scéal seo arís sa chéad chaibidil eile mar a mbeidh staidéar á dhéanamh ar an léiriú a dhéantar ar charachtracht agus ar chur i láthair shaol na mná pósta sa ghearrscéal Gaeilge.

Caibidil 2

AN BHEAN PHÓSTA

Réamhrá

Sa chaibidil seo féachfar ar na slite a ndéantar an bhean phósta a léiriú i réimse an ghearrscéil. Toisc a líonmhaire is atá na samplaí den bhean phósta, socraíodh go ndéanfaí na foranna ginearálta seo a leanas: an bhean nuaphósta; an bhean phósta; seanlánúnacha; an bhaintreach. Sa chéad roinn beifear ag díriú ar na slite a gcuirtear mothúcháin na mná nuaphósta in iúl agus í ag dul i dtaithí ar a stádas nua agus ar impleachtaí an stádais sin. Lá na bainise féin nó go gearr ina dhiaidh atá i gceist i ngearrscéalta áirithe fad is atá an chéad bhliain sa saol nuaphósta i gceist i scéalta eile.

I dtosach an dara roinn beifear ag plé an tsaoil phósta i gcás lánúnacha atá pósta le tamall de bhlianta anuas. Ní annamh a chítear aislingí rómánsúla i dtaobh an ghrá á ruaigeadh ag cruatan an tsaoil laethúil, ag meon na seanmhuintire nó ag an mbrú a bhíonn ar an mbean chéile oidhre mic a sholáthar.

Sonraítear a láidre is atá an íoróin sa léiriú a dhéanann Máire ar an saol pósta trí chéile. D'fhéadfaí a rá gurb é a bhíonn i ngearrscéalta Mháire go minic ná fíorú ar a bhfuil i roinnt seanfhocal i dtaobh an tsaoil phósta agus is follas nach go maith a thagann na mná as an meon righin seanfhoclach sin, mar shampla: 'Ní haithne go haontíos'; 'Ní céasta go pósta' agus 'Is mairg a bhíonn faoi ghad ag a mhnaoi / Is gan aoinne ar an dtalamh is measa ná í.' [1]

Tráchtfar ar shamplaí den bhean chéile theanntásach agus ar shamplaí den bhean chéile fhulangach ghéilliúil faoi mar a léirítear iad i saothar gearrscealaíochta scríbhneoirí éagsúla.

I scéalta éagsúla is follas go samhlaítear an saol pósta mar chineál áirithe braighdeanais don bhean tuaithe agus don bhean chathrach araon. Pléifear an téama seo i gcás an scéil 'Aisling agus Aisling Eile' (*SDT*) le Máirtín Ó Cadhain, mar shampla, agus i gcás roinnt scéalta le hÉibhlín Ní Dhuibhir, scéalta inar léir go mbraitheann na mná pósta uatha an comhluadar agus an neamh-spleáchas a bhí acu sular phósadar.

Chífear go dtagann deacrachtaí caidrimh, bearnaí tuisceana idir fir agus mná agus míshonas agus míshástacht lánúine lena saol mar lánúin phósta i gceist i roinnt mhaith gearrscéalta a scríobhadh ó na seachtóidí i leith. Is í peirspictíocht an fhir ar chúrsaí pósta is láidre a bhraitear sna scéalta seo i gcoitinne. Féachfar, leis, ar an tslí a dtagann téama na mídhílseachta chun cinn sa réimse áirithe seo.

Is nós le scríbhneoirí áirithe an greann, idir íorónta agus shuáilceach, a shaothrú agus gnéithe den saol pósta á bplé ina gcuid gearrscéalta acu. Tráchtfar air sin i gcás scéalta le Máirtín Ó Cadhain agus scéalta le Dónall Mac Amhlaigh, mar shampla. Saintréith stíle de chuid Alan Titley is ea an scléip shultmhar neamhshrianta, tréith shonraíoch ar tógadh ceann di i gCaibidil 1 agus a dtagrófar di arís i gcomhthéacs ábhar na caibidle seo.

Ní líonmhar iad na gearrscéalta Gaeilge a phléann gnéithe de shaol an duine atá anonn in aois. Uaigneas an tinteáin thréigthe is ábhar do roinnt scéalta sa réimse seo agus airítear nóta an chumha agus na ciamhaire go soiléir sna gearrscéalta ina bhfuil carachtair atá i nóin bheag a saol. I ndeireadh na caibidle seo, díreofar ar phearsa na baintrí i ngearrscéalta éagsúla.

2.1 An Bhean Nuaphósta

Táthar ann a déarfadh gurb é 'An Bhearna Mhíl' (*BB*) le Máirtín Ó Cadhain an gearrscéal is cumasaí dar scríobhadh sa Ghaeilge faoi thranglam mothúchán mná nuaphósta, bean óg ar deineadh cleamhnas di tamall ríghearr sular pósadh í :

> Ar nós eochrasaí a chuibhreofaí i gcaológ chalcaithe mhúnlaigh i dtosach a scríbe, agus nach mbeadh i ndán di ligean a fháil choíchin ar áthanna glana síolraithe uachtar na habhann, a chuaigh Nóra faoi chuing an phósta i séipéal an Aird ard-tráthnóna inné. (*BB*103)

Achoimriú beacht atá sa tsamhail ríshoiléir sin ar mhúchadh dhóchas meanmnach na hóige i Nóra. Thairis sin, i dtuairim léitheoirí áirithe, dhealródh sé gur geall le tréimhse fhada phríosúntachta é an saol pósta atá ag síneadh amach roimpi.[2] 'Cailimhineog liath chaillte' (*BB* 105) a bheidh i ngréasán a saoil feasta i dteannta fir a dtéann di scléip, acmhainn grinn ná grámhaireacht a shamhlú leis. Ar ndóigh, is as tuiscint nuaghinte Nóra go bhfuil deireadh go deo le laethanta neamhbhuartha na hóige agus leis an gcumann geanúil idir í féin agus Beairtlín, buachaill aimsire a hathar, a fhítear agus a láidrítear fuinneamh tochtmhar an scéil.

Tagraíonn Cathal Ó Háinle (1978: 265) do 't[h]oradh léanmhar an chleamhnais' agus díríonn Louis de Paor aird an léitheora ar an tslí a sáraíonn riachtanais eacnamúla cearta mothála na mná óige.[3] Is é téama an choimhthís - coimhthíos Nóra lena fear, lena stádas nua mar 'Mrs. Ryan' agus lena timpeallacht nua - is é an téama seo a thugann tathag don ghearrscéal snoite seo. Chítear go dteipeann ar an misneach ag Nóra, nach mór, le linn dá muintir agus dá comharsana féin a bheith ag bailiú leo abhaile. Is léir nach mór an sólás di an chaint nósmhar a dhéanann a máthair agus a comharsana agus iad ag fágáil sláin aici.[4] Friotal saothraithe meafarach a úsáidtear chun mórshuaitheadh croí agus anama Nóra féin a chur in iúl:

> Cumha! An cumha an gruifead dobhriste a choinníos an t-anam deorata ar ancaire i gCaladh an Dúchais? Ní cumha a bhí uirthi. Ag bocáil i mbarr toinne faoi thoiliúna Dé a bhí sí, i ndiaidh téad ancaire a hanama a scor, agus gan an oiread is an t-aon sine lena dúchas a bheith fágtha ó d'imigh Beairtlín. (*BB* 107-8)

Tuigeann Nóra go rímhaith an fáth ar roghnaigh a hathair an fear gustalach áirithe seo di. Chítear í tar éis na bainise, í ag féachaint ar theach a fir agus í ag machnamh ar a ról féin mar 'Mrs. Ryan':

> B'fheasach do Nóra go mba theach 'te' é. B'fheasach di mura mbeadh gurbh ea nach gcuirfeadh a hathair 'ann' í, tar éis a liachtaí boicín a d'eitigh sé fúithi, agus an spré a bhí aici. Chuaigh driog fuaicht tríthi ar chuimhniú di nach mbeadh inti feasta ach ball acara de bhaill acara an tí sin. (*BB* 109)

Dála ionannas an tírdhreacha ina timpeall, cuireann easpa spleodair agus easpa pearsantachta a fir díomá ar Nóra. Aithníonn sí údarás a fir, áfach. Spreagtar déistean inti agus í ag cuimhneamh ar chaidreamh collaí an phósta:

> D'airigh sí ugach teanntáis an ghlóir mheathchodlataigh sin ag cur rabharta coil faoin gcuisle aici, ach thuig sí go raibh an glór ró-údarásach lena shéanadh dá mb'áil leis an scéal a chur go spriog. . . .

Chuir na sáití den phócar a bhí sé a thabhairt do ghríosach na tine núis ar Nóra. Ba gheall le hanam a bheadh ar mheá an chathaithe ag an diabhal agus é ar a mhine ghéire ag féachaint le é féin a shlánú, coscairt dhriopásach na gríosaí ag iarraidh lasta. (*BB* 111)

'Blas follasach gnéasúil' (Denvir 1987, 28) atá ar ghníomh seo an fhir chéile. Tacaíonn Louis de Paor (1991, 161) leis an tuairim seo:

Tá macallaí gnéis go tréan sa chur síos ar an ionsaí fuarchúiseach iarannda a dheineann a fear ar an tine mharbhánta a lasfadh uaithi féin ach bheith foighneach léi.

Feictear do Ghearóid Denvir(1987:29) gur críoch dhóchasach atá le maíomh ag 'An Bhearna Mhíl':

Déanfaidh sí bonn agus beidh ina máistreás. Má tá peiríocha féin le fulaingt aici - agus sin é coinníoll Ghleann na nDeor agus oidhreacht oidhe an Úill - tuigimid go dtiocfaidh sí slán trína *rôle* mar bhean i súile an phobail, arb iad a súile féin anois iad, a shealbhú. Agus sin rud annamh i saothar Uí Chadhain, dóchas a bheith ag an duine go mbeidh rith an ráis leis.

Chonacthas do Alan Titley gur láimhsigh an Cadhnach foirmle an ghearrscéil thraidisiúnta go binn d'fhonn cruachás Nóra a áiteamh ar an léitheoir, go háirithe i gcríoch an scéil. [5] Tagraíonn Diarmaid Ó Gráinne d'alt deiridh an scéil mar ar léir tragóid an scéil, dar leis, agus thairis sin, tagraíonn sé do mheon an scríbhneora i leith nós an chleamhnais, faoi mar a léirítear sa ghearrscéal seo é.[6] Is é an t-aiféala a luann William J. Mahon (1981:164) agus é ag tagairt do chás Nóra, an t-aiféala toisc nár thapaigh sí an deis chun éalú le Beairtlín roimhe sin. Deir sé agus é ag tagairt do ghrá Nóra do Bheairtlín: 'In spite of her love for him, the harelip (almost phallic in vigour) frightens her. Ironically, her new life, as comfortable as it may be, is blemished with remorse'. Tuigtear go raibh crá na héiginnteachta fite trí smaointe Nóra faoi Bheairtlín de bharr a coil leis an mbearna mhíl agus, ar ndóigh, snáithe tábhachtach i ngréasán mhothúcháin an phríomhcharachtair atá san éiginnteacht leanúnach sin.

Chonacthas do Dhomhnall Ó Corcora (1949:13) go raibh 'an t-ábhar féin ró-thábhachtach do fhoirm an ghearrscéil' agus ba mhaith leis a cheapadh gurbh é a bhí in 'An Bhearna Mhíl' ná caibidil tosaigh úrscéil. Ní deacair an breithiúnas sin a thuiscint i gcomhthéacs léirmheastóireacht na linne agus go deimhin tá spéisiúlacht, doimhneacht agus castacht mothúchán suntasach ag baint le hábhar an scéil. Agus an méid sin ráite, is dócha gur tearc léitheoir a d'easaontódh le tuairim Eoghain Uí Anluain (1971:15), mar atá: 'Gearrscéal foirfe é "An Bhearna Mhíl" dar liom de réir chaighdeáin ar bith' ná le breithiúnas Dhiarmada Uí Ghráinne (1990:10): 'Áirím "An Bhearna Mhíl" agus "An Bóthar go dtí an Ghealchathair" a bheith ar scéalta móra an domhain.'

Sa scéal 'An Taoille Tuile' (*BB*) le Máirtín Ó Cadhain, airítear meon doicheallach amhrasach an phobail Ghaeltachta i leith na mná óige a chuaigh go Meiriceá, a shaothraigh a spré, a d'fhill abhaile tar éis deich mbliana agus a phós an fear a raibh sí riamh i ngrá leis. An lá áirithe seo, caithfidh an bhean nuaphósta dul os comhair an phobail den chéad uair agus a chruthú dá fear agus don phobal sin gur bean chéile mhiotalach shaothraíoch atá inti agus, thairis sin, gur féidir brath uirthi mar bhall pobail fiúntach iontaofa a thuigeann agus a chomhlíonann dualgais chóras chomhar na gcomharsan.

De thoradh chumas na scríbhneoireachta, braitear a ghéire a ghoilleann a teip ar Mhairéad go háirithe nuair a thuigeann sí go bhfuil na Loideánaigh á faire go dímheastúil agus gur ábhar sásaimh dóibh a tuathalacht, a míshuaimhneas agus a cloíteacht. Tráchtann Robert Welch (1993:191-2) ar léiriú an Chadhnaigh ar an ngné seo de shaol an phobail:

> As well, therefore, as being a network of mutual assistance the community is a system in which people are on the lookout for weaknesses in others. . . . Where people are so deprived, where there is so little to be had, the competition amongst the conflicting interests for what there is is fiercely and remorselessly engaged. Ó Cadhain's writing brings forward this aspect of Gaeltacht life with a sorrowing intensity never before so unflinchingly ventured; thereby issuing a profound corrective to modern romanticized notions of the 'Western World'.

Is áirithe gurb í an íoróin an tréith scéalaíochta is láidre a bhraitear in 'An Taoille Tuile' (*BB*). Sa sliocht seo a leanas, nochtann Louis de Paor (1991:267) a thuairim i dtaobh úsáid na híoróine sa scéal:

... braithim gur easpa siúrála as a theicníocht scéalaíochta faoi ndear don gCadhnach luí rothrom ar an íoróin sa scéal áirithe seo faoi mar nach mbeadh sé lánchinnte go dtuigfí an ghné íorónta de scéal Mhairéid mura gcuirfeadh sé treise léi. Mhaolaigh sé mar sin ar an gcomhbhá le cás na mná a bhraitear go tréan i bhformhór mór a chuid luathscéalta tuaithe.

Mar bhean nuaphósta a bhí i ngrá go mór lena fear céile, ba ghoirt an lá é an lá áirithe seo do Mhairéad, lá inar músclaíodh síol faltanais inti i leith mháthair a céile agus lá inar chruthaigh sí go hainnis os comhair an phobail agus í ar a dícheall ag iarraidh dul i ngleic le sclábhaíocht an chladaigh. Thar aon ní eile, lá ba ea é inar ruaigeadh aislingí an ghrá rómánsúil as croí Mhairéad ag caint bhorb a fir chéile. Ba dhóite a ghoill an chaint ghiorraisc sin uirthi, ar ndóigh, mar gur dhearbhú a bhí inti go raibh Mairéad (agus a dearcadh siúd ar an saol), ní amháin as áit ach go raibh sí sa tslí, go raibh sí neamhacmhainneach mí-oiriúnach ciotarúnta. Thuig sí go soiléir tar éis imeachtaí an lae áirithe seo go raibh a neamhinniúlacht ina hábhar náire agus corrbhuaise dá fear céile. Ní deacair don léitheoir tuiscint do chorraíl Mhairéad i gcríoch an scéil mar a n-airíonn sí goimhiúlacht na n-eilimintí agus an tsaoil.

Maidir le stíl agus reacaireacht an scéil seo, déanann Louis de Paor (1991:58) anailís ar an tslí a seasann an reacaire siar ó Mhairéad agus ar thoradh an chur chuige áirithe sin :

> Murab ionann agus an chomhbhá a nascann an reacaire agus an phríomhphearsa in go leor de na luathscéalta tuaithe, braitear an reacaire in 'An Taoille Tuile' ag seasamh siar ó Mhairéad. Coisceann an seasamh íorónta seo léiriú cuimsitheach ar a haigne indibhidiúil mar múchann guth údarásach an reacaire guth dílis Mhairéid.

B'fhéidir, leis, go n-aontódh roinnt léitheoirí leis an léirmheastóir a mhol an scéal seo go mór ach a dúirt go raibh an iomarca feamainne ann! [7]

Féachfar anois ar an léiriú a dhéantar ar an mbean nuaphósta i roinnt scéalta le Máire. Sna gearrscéalta 'Lán de Stuaim' (*Fallaing*) agus 'Íseal agus Uasal' (*NÁ*), cuir i gcás, feictear mná a d'fhill ó Mheiriceá agus iad ag súil go n-éireodh leo fir thacúla acmhainneacha sa phobal a phósadh. In 'Lán de Stuaim' (*Fallaing*) tráchtar ar an tslí a mbraitheann Róise Nic a' Bhaird uaithi saol compordach Mheiriceá:

Is mairg nár fhan i Meiriceá nuair a bhí mé i Meiriceá. Is minic a smaoinigh mé gur mhaith liom bheith 'mo chómhnuidhe i mbaile mór - mur' mbeadh ann acht sráid-bhaile. Thiocfadh leat éirghe amach agus bheadh an tsráid faoi do chois. Is neamh-ionann is a bheith go dtí na glúine i seasgonn a' ghleanna seo. (*Fallaing* 157)

Ní cheileann Nualaidín, comharsa chúlchainteach le tráchtaire an scéil seo, a tuairim i dtaobh thionchar Mheiriceá ar Róise:

Bhí mé féin a' meas i gcómhnuidhe nach bpósfadh Róise aon fhear as Gleann an Iolair dá dtigeadh léithe fear baile mhóir a fhághail. Meiriceá a mhill í. Tá Gleann an Iolair ró-shalach i n-aimsir Gheimhridh. Ní shamhóladh duine choidhche gurab ann a rugadh is a tógadh í. Acht ní shalóchaidhe na bróga loinnireacha i nGleann an Iolair san am úd. Ní raibh aon bhróg uirthi le salughadh. Ní raibh ann acht na cosa tarnochta. Agus b'fhuras na cosa a nighe. Acht sin mar bhíos - nuair théid bocht go h-ursain. (Ibid)

Ní deacair sa chomhthéacs seo brí shiombalach a shamhlú le bróga galánta na mná seo. Comharthaíonn siad go soiléir dearfach an dul chun cinn ó thaobh stádais shóisialta de atá déanta ag an mbean ina saol.

Bean theanntásach phostúil í Nóra Sheáin Ruaidh in 'Íseal agus Uasal' (*NÁ*):

Bhí Nóra i Meiriceá i dtús a saoghail. Tháinig sí 'un a' bhaile agus cupla sgór punnta léithe, agus gearradh Béarla aici. Phós sí fear a raibh léab thalaimh aige, agus chuir siad suas siopa beag. Ní raibh mórán dá dhíol sa tsiopa chéadna. Gráinín tae is siúcra, corr-unnsa tobaca agus braon ola lampa. Acht eadar a' siopa agus na cupla sgór punnta agus Béarla Mheiriceá, bhí Nóra a' meas go raibh sí os cionn cáich eile san Ailt. (*NÁ* 212).

Teipeann ar a cuid scéiméireachta mórchúisí ar deireadh, áfach. Milltear éifeacht an ghearrscéil seo de bharr neamhdhóchúlacht an phlota.

Sa scéal 'An Bhean Thug Tusa Domh' (*NÁ*), shíl Dómhnall Chonchubhair Bháin go raibh seoid mhná faighte aige dó féin nuair a phós sé Neansaidh Shéarluis Thuathail. Chuadar go Glaschú: 'Fuair siad cupla seomra i gceann de na toighthe plúchtacha atá fé na Gorbals, agus chuaidh siad i gcionn a' tsaoghail'

(*NÁ* 49). Bean thíosach acmhainneach chiallmhar í Neansaidh de réir dealraimh rud a thaitin thar cionn lena fear. Ach níorbh fhada pósta í nuair a bhris an dúchas caifeach amach inti agus gur nochtadh an dúil mhallaithe a bhí riamh aici i gcúrsaí faisin agus in éadaí galánta.

An bhean chéile ghligíneach óinsiúil atá anseo againn. Tugtar le tuiscint don léitheoir gur bean í seo a bhain mealladh as a fear agus airítear go mbeidh Dómhnall ar dhuine de na fir chéile fhadfhulangacha cheansaithe sin a fheictear minic go leor i scéalta Mháire.

Carachtair éadoimhne neamhfhuaimintiúla iad na mná nuaphósta seo i scéalta Mháire. Scéal a bhfuil tathag éigin ann is ea 'Ciall Cheannuighthe' (*Cúl le Muir* [=*Cúl*]), scéal ina bhfeictear bean óg atá corraithe go mór ag meon diúltach binbeach a hathar i leith an fhir a phósfaidh sí:

> ' 'Athair nach labhairfe tú liom?' ars' Eibhlín.
> 'Labhairfead,' arsa Muircheartach 'Ac Suibhne. 'Labhairfe mé cupla focal leat. Tabhair cluas mhaith dóbhtha agus coinnigh cuimhne ortha. Seo iad: fad is bhéas mise beo ná tabhair aghaidh do dhá chos isteach ar a' doras seo. Ora b'fhearr liom a' gabháil go teach a' phobail i gcómhnair thú ná a' gabháil go teach a' phobail 'á do phósadh ar mhac Eoghain Mhic a' Bháird.'
> D'imthigh Eibhlín siar a' cabhsa a' tarraingt ar a' bhealach mór agus í a' gol go cráidhte. Chuaidh sí go teach a' phobail. Agus pósadh í féin is Feargal 'Ac a' Bháird. (*Cúl* 172-3)

Sa chur síos a dhéantar ar shaol nuaphósta na lánúine cuirtear cumha agus uaigneas Eibhlín in iúl go héifeachtach; a fear amuigh ag obair agus ise ina haonar in árasán suarach i gcathair Ghlaschú. Chítear an leas a bhaintear as an maoithneachas agus as éifeacht na codarsnachta sa sliocht seo a leanas:

> Ar feadh tamaill bhí cuma ar Eibhlín go raibh sí buidheach dá h-imirce. Bhí fárus beag díthe féin aicí agus ba mhaith sin, dá olcas é. Acht thigeadh cumhaidh uirthí ar uairibh. Tháinig taom trom cumhaidhe uirthí tráthnóna amháin agus í n-a suidhe ag an fhuinneóig. Bhí an ghrian ós a coinne, ós cionn na simleóir a bhí siar uaithe. Bhí dath fann báithteach uirthí mar ghréin ag toit agus ag deannach na cathrach. Bhí na slóighte síorruidhe thíos ar a' tsráid, gach aonduine a' gabháil a bhealach féin. Bhí Eibhlín i n-a suidhe ag an fhuinneóig agus í a' meabhrughadh go cumhaidheamhail i n-a croidhe: Sin annsin a' ghrian chéadna atá a' deallramh ar Loch Caol

agus a' cur maise ar na sléibhte is ar na gleanntáin. Tá tráthnóna
galánta i Loch Caol indiu. 'Tchíthear domh go bhfuil mé ag amharc
air. Toighthe beaga geala síos uaim, amach síos go Mín Uí Bhaoighill.
Na caoirigh ag éalódh amach a' tarraingt ar dhoimhneacht a'
tsléibhe. Máire Ruadh a' cur a cuid eallaigh 'un a' bhaile agus í a'
gabháil ceoil. An t-aos óg a' damhsa ag an chroisbhealach... Nár
mhéanra a bheadh thall anocht, mé féin is Feargal, agus ár muinntir
i gcarthannas le chéile. An dtiocfaidh an lá choidhche a mbeidh
síothcháin eadar Cloinn tSuibhne is Cloinn 'Ic a' Bháird? . . . Ba
mhillteanach a' rud adubhairt m'athair liom maidin lae mo phósta.
Go mb'fhearr leis ag amharc orm ag imtheacht i gcómhnair.
B'fhéidir nach raibh sé ar a' chroidhe. B'fhéidir le Dia sin! (*Cúl* 175-
6)

Tamall ina dhiaidh sin, maraítear an lánúin óg go tubaisteach
agus is i ndiaidh na tragóide seo a dhéantar síocháin bhuan idir
an dá chlann. In ainneoin áibhéil agus mhéaldrámatacht an scéil
seo ina iomláine, is fíor go bhfuil sásamh léitheoireachta le fáil
ann. Thug léirmheastóir amháin an-mholadh don scéal áirithe
seo:

. . . tá de bhua ag Máire go bhfuil ar a chumas greim iomlán a fháil ar
chroí agus ar anam an léitheora agus é a thabhairt gach uile órlach
den bhealach tríd an scéal. I mo thuairimse sáraíonn an scéal seo
gach a bhfuil scríofa aige sa leabhar seo *Cúl le Muir*. (Hudson 1963,
26)

Bean óg ón míntír a phós agus a chuaigh chun cónaithe ar
oileán Gaeltachta atá in 'Gabháltas' *(Cladóir agus Scéalta Eile*
[=*Cladóir*]*)* le Criostóir Mac Aonghusa. Is léir a shásta is atá athair
a céile léi:

Tháinig maolú ar phian a chroidhe nuair chuimhnigh sé gur ar a
chomhairle féin a chuaidh a mhac amach 'un na Fáirche dhá
hiarraidh bliain 'gus an Foghmhar seo. Ba mhaith an bhean tighe í
gan bhréig agus is ar Chóilín bhí an t-ádh agus í fhagháil. Bhí an t-
ádh ar chuile dhuine a dhéanfadh comhairle a athar. . . . Cailín sásta
so-chomhairleach a bhí inti agus í ar bheagán cainte, mar ba dual do
chailín mhaith a bheith. Corr-chailín a dhéanfadh an rud a d'iarr
seisean oirre, an chéad am a tháinig sí ar an oileán. Corr-chailín a
chaithfeadh uaithe an t-éadach faisiúnta chaitheas muintir dhúithche
Sheoighigh agus a chuirfeadh cóta dearg oirre féin ar nós bean
oileáin. Míle buidheachas le Dia go rabh a macasamhail de mhnaoi
óig faoi chaolach an tighe. (*Cladóir* 66-7)

Ba mhaith leis an lánúin óg go mbogfaidís go léir go dtí feirm bhreá i gCo. na Mí ach cuireann an seanfhear stailc suas agus fógraíonn sé nach mbogfaidh sé óna ghabháltas ná óna cheantar dúchais ar ór na cruinne.[8] Faightear léargas ar mheon na mná óige agus í ina haonar ag déanamh a marana:

> Féachaint dá dtug sí in áirde os cionn an mhantail, luigh a súil ar phictiúir den Mhaighdin agus dá Mac. Mheabhruigh sin arís di é. Ní raibh rud ar bith ó mhaidin nach rabh dhá chur i gcuimhne di. Bhí aistighil ag teacht oirre dhá thairbhe. Ba ghearr go mbeadh a céad pháiste aice; bheadh sí tinn idir dhá Nollaig! Nár mhór an grásta dá gcinneadh Dia go dtiocfadh sí thríd? Seadh, dá dtagadh sí thríd! Ach nach oirre bheadh an bhail? Sáinnighthe istigh ar oileán i bhfad ón dochtúir agus ó n-a muintir! D'fhéadfadh sí dul abhaile a luaithe is thiocfadh an tinneas oirre? Ní bheadh caoi ar bith ar an sgéal sin. Bheadh sé náireach Cóilín agus an seanduine fhágáil 'na n-aonar, go mór-mhór ó tharla nach rabhadar ag teacht le chéile. Ach bíodh aimsir gharbh ann, cé'n chaoi a rachadh Cóilín i gcoinne an dochtúra?
>
> Nár bhreágh bheith in áit éigin a mbeadh bóthar faoi do chois ar a laghad? Bheadh sin aice i gContae na Midhe. Bheadh, agus teach breagh, nua, glan, agus plátaí móra geala ag sgaladh ar an drisiúr ann. Bheadh trosgán úr aice agus deis aice chuile shórt a dhéanamh ar a mian. Agus, ar ndóigh, bheadh suaimhneas aice ó mhná cabacha an oileáin! (*Cladóir* 70-1) [9]

Scéal ar geall le dráma gearr snoite é scéal seo Mhic Aonghusa.[10]

Ag an bpointe seo, féachfar ar léiriú na mná nua-phósta i ngearrscéalta Éibhlín Ní Dhuibhir, gearrscéalta ina mbíonn bean i mbun na tráchtaireachta. Scéal na mná óige a bhraitheann gur geall le príosúnach ina teach fobhailteach í agus a bhraitheann go bhfuil a fear ag failliú uirthi atá i 'Nua-Phósta' (*PS*). Airíonn Bríd uaithi na seanlaethanta sultmhara meidhreacha nuair a bhíodh comhluadar aici agus nuair a bhíodh neamhspleáchas i gcúrsaí airgid aici toisc a tuarastal féin mar chlóscríobhaí a bheith aici: 'Ba mhór an t-athrú a bheith i dtuilleamaí fir, gan oiread agus pingin de mo chuid féin agam' (*PS* 49). Tá Bríd bréan dá saol uaigneach leadránach agus beartaíonn sí ar deireadh ar imeacht léi ar ais go dtí teach a muintire:

Thar an tairseach amach liom.
    Sa phóirse d'fhan mé meandar nó dhó, mé réidh chun an doras a
dhúnadh. Tig le cailín oiread áirithe a sheasamh. Ach troidfidh
cailleach i gcruachás: ba sheanfhocal é. Ba é seo meandar na fírinne
idir mé féin agus Brian Ó Néill..
    Bhíomar gar do bhliain pósta, gan fós faoi chaolach an tí ach an
bheirt againn. Nuair a d'imeoinnse, thabharfainn mo rún liom: bhí
mé i ndiaidh a fhíorú ón dochtúir an lá sin féin go raibh mé ag
iompar, i ndeireadh na dála.
    An smaoineamh sin - cén chúis, i dtobainne, gur éirigh mo shúile
tais? Tharraing mé an doras agus síos liom go tapaidh i dtreo an
gheata, mo chás i mo láimh agam. (*PS* 50)

Ní fada go dtagann athrú meoin uirthi, áfach, agus go bhfilleann
sí ar shearc a croí, agus go gcuirtear clabhsúr cuí rómánsúil ar an
scéilín éadrom seo.

    Scéal eile ar an dul céanna is ea 'Dara Grá' (*PS*), mar a
mbraitheann an bhean óg uaithi a cairde san oifig Státseirbhíse
agus an tsaoirse a bhain leis an tréimhse sin dá saol. Ar uairibh,
chítear di gur geall le príosún é a teach fobhailteach.

    I 'Rún na hAthbhliana' (*PS*), leis an údar céanna, feictear
bean óg chathrach eile atá ag iarraidh dul i dtaithí ar a saol nua, í
pósta anois agus í ina cónaí faoin tuath agus tréimhsí uaignis á
bhfulaingt aici toisc gur taistealaí tráchtála é a fear. Ní fheadair sí
an dtiocfaidh léi cur suas leis an uaigneas a thuilleadh:

An suaitheadh a tháinig orm nuair a thug mé aghaidh ar na smaointe
seo ar dtús, is gearr gur imigh sé díom. Thug mé faoi deara cruas nua
ionam. I ndiaidh na míonna de shuirí chorraithe dhíocasach agus de
theas nuaphósta, b'aisteach liom go smaoineoinn, fiú amháin, ar
Bharra a fhágáil!
    Ag smaoineamh dom ar an mbeatha nua a bhí ag teacht chun
cinn i mo lár, thug mé faoi deara go raibh mé dealaithe ar bhealach
nár thuig mé ó m' fhear. Faoi mar nach raibh mórán tábhachta ag
baint leis a thuilleadh. Faoi mar a bheadh sé i ndiaidh mé féin agus
an leanbh a bhí le teacht a fhágáil dá dheoin féin. (*PS* 91)

Cuimhníonn sí ar 'eacstais dhodhearmadta' (*PS* 93) an ghrá agus
déanann sí iarracht ar a cuid smaointe i dtaobh an phósta a
scagadh:

Líon suairceas gan choinne mo chroí. Céard ba chúis leis seo? Arbh
fhéidir maidir le mo phósadh - an chuid sin de mo shaol ar chosúil
seal nach raibh sna blianta roimhe sin ach ullmhúchán lena
haghaidh - arbh fhéidir i ndeireadh na dála go raibh a luach dom

chomh beag sin go bhféadfainn imeacht ó Bharra, gan oiread agus amharc amháin i mo dhiaidh? ... Ba chosúil go raibh ualach mór imithe díom, go raibh mé saor i ndiaidh sórt príosúntachta.
Príosúntacht nó ceangal an phósta! Aisteach sin, dar liom. Ba é an ceangal sin an rud ba ghlórmhaire sa saol, cheap mé seal. Ba é sin amháin a thug brí agus ciall don bheatha do bhunáite na ndaoine; ba é a thug aidhm agus eagar di. Ina éamais sin, chonachtas domsa go raibh an domhan ina fhásach - lom, gan chosán, gan ord ná eagar, fánach agus fonóideach.
'Go scarfaidh an bás óna chéile sinn...'
D'imigh na focail go leisciúil trí m'aigne, faoi mar nach raibh aon bhaint acu liom, faoi mar a bhain siad le fealsúnacht cine a bhí dealaithe uaim ag am agus ag spás. (*PS* 94)

Ruaigtear an imní mar aon leis an bhfonn dealaithe nó imeachta, áfach, agus chítear go bhfilleann a grá dá céile fir sul i bhfad.

In ainneoin éadroime agus shuairceas na scéalta seo ag Éibhlín Ní Dhuibhir, tuigtear go rabhthas ag díriú ar thréimhse faoi leith i saol na bpríomhcharachtar. Sea, bhí stádas agus gradam onórach na mná pósta bainte amach ag an mbean óg, an fáinne óir ar a méar aici, agus iachall anois uirthi fanacht sa bhaile, gach éinne ag súil le saolú a céad pháiste, agus a fear céile ag saothrú leis go dícheallach ag iarraidh idir bhillí agus mhorgáiste a íoc. Tréimhse dhúshlánach a bhí inti don mbean óg nuaphósta, saol cuideachtúil na hoifige fágtha ina diaidh aici agus í ag iarraidh dul i dtaithí ar uaigneas agus ar liostacht shaol 'bhean an tí' i dtimpeallacht neamhphearsanta fhobhailteach (nó in uaigneas na tuaithe) agus ar bheith i dtuilleamaí a fir chéile feasta. Téamaí casta na saoirse agus na daoirse agus iad fite fuaite ina chéile atá anseo.

Ag féachaint dúinn anois ar scéalta Phádraic Bhreathnaigh, chímid gur bean nuaphósta a chuirtear i láthair an léitheora i 'Míthoisc' (*LF*). Ceantar Gaeltachta a roghnaigh Muireann do mhí na meala toisc í a bheith faoi dhraíocht ag an gceantar sin. Samhlaíonn sí cumhacht fhórsúil thathagach fhireann le Roisíní na Mara:

B'fhearr léi na Roisíní ar an ócáid seo ach go háirid; ba bhoirbe iad. Boirbe na Roisíní ag glaoch uirthi ar an ócáid seo ach go háirid. A bhfiántas 'gus a spiorad. A gcruas síoraí dochloíte. Na hoileáin gona gcreaganna aolchloch! Scalladh an bhrothaill orthu an t-am seo. Ceansacht agus cloíteacht ba dh'ea iad le hais fearúlacht docht ábhalmhór ollmhór na Roisíní. (*LF* 110)

Cuirtear Muireann i láthair mar bhean óg a bhfuil spéis agus dúil as miosúr aici sa nádúr fiáin neamhcheansaithe a shamhlaíonn sí le fir Ghaeltachta. Baineann éiginnteacht reacaireachta mar aon le neamhdhóchúlacht charachtrachta le codanna den scéal ionas go n-airítear go láidir gur tráchtaireacht ón taobh fhireann amuigh seachas léargas dealraitheach ar smaointe Mhuireann atá á tairiscint don léitheoir, mar shampla:

B'iad seo na sléibhteánaigh dar léi: na fir fhiáine ó aistreán na gcnoc nárbh eol dóibh mórán faoi churachaí ná faoi bháid ach a raibh coscairt 'gus bascadh ina mórcholainneacha. Níorbh acu seo grástúlacht na gcurachóirí nó tomhaise a mbuillí cothram ach b'iad seo fir útamálacha na gcorp láidir.... Níor fhéad Muireann tada a shamhailt ach go mb'iad seo na fir staileanna groí, groí thar staileanna na cruinne. Caithfidh go mb'iad seo dar léi na groí-thollairí! Na scoth-thollairí; na curadhthollairí! (*LF* 117)

Aníos as na Tamhnachaí go cinnte, a mheas Muireann, 'gus í dhá socrú féin leathfhánach leathghriogúil ar mhullán ard carraige lena n-ais. Í braiteach i dtaobh boige mhéith a feola féin le hais a gcabhlacha righne leatharacha siadsan. Tabhair boige mhéith bhanúil uirthi! Bheadh a ngléasanna siadsan ina ngróití ó bhun go horlach, ar bís le dul i gcríoch ina cuid feola úrneamhaí sise!...(*LF* 118)

Cé chomh meallta is a bhíodar? ... A nuachas, a boige, a míne féin lena n-ais caithfidh go mba údar suntais; caithfidh go mba chluanaíocht mhór! Faoiseamh uatha, chionntóidís!..(*LF* 118-9)

Teipeann ar Liam, a céile aonlae, i gcomhthéacs seo na Gaeltachta agus na borbfhearúlachta de réir na tuairisce a sholáthraítear don léitheoir:

Ba fhear síodúil den chathair é Liam bocht murab ionann is na bleithigh storrúla seo eile nár fhéad Muireann tada seachas 'staileanna tréana' a ghairm orthu, nár bhaol ar bith orthu cliseadh ina ngníomh tollta an chéad oíche nó aon oíche. Na staileanna beo beithíocha seo bheidís síoraí ag tolladh ach na láracha a bheith acu ina dteannta. (*LF* 120)

Tugtar le tuiscint gur geal leis an mbean óg seo a bheith ag cur gothaí uirthi féin, í ag éileamh breathnaithe agus í ag iarraidh suntas a tharraingt uirthi féin:

Feicidís anois a leathdheireadh méith tarraingteach 'gus a colainn bhanúil, a smaoin sí. Feicidís a crios dalba leathair faoina méadail 'gus bídís ag meabhrú an t-eire leathair a bhuailfidís féin uirthi le

caoi chóir. Glaoidís 'bodóg' 'gus 'láir' uirthi agus déarfaidís go
mb'iontach an maide marcaíochta í. (*LF* 121)

Is deacair foighneamh leis an gcarachtar gligíneach seo. Cén
saghas mná í Muireann, brídeog aonlae an scéil seo? Bodóinseach
cheannthréan a mbriseann dúchas an ghriogaire amach inti agus í
sa Ghaeltacht? Baothóg atá róthugtha don fhantaisíocht ghnéis
agus do mhiotais i dtaobh na Gaeltachta? Dá shaonta nó dá
óinsiúla í, is ábhar trua í an príomhcharachtar i gcríoch an
ghearrscéil seo, tar éis do bheirt fhear óltacha éigean a dhéanamh
uirthi. Scriosann brúidiúlacht mhillteanach ghníomh an éigin idir
shaontacht agus mhiotais agus is truamhéalach é cás agus
mearbhall na mná óige seo i gcríoch an scéil.

Bean nuaphósta eile a chastar orainn sa scéal 'Bainis' (*BA*) le
Pádraic Breathnach, bean óg sciamhach a phós toisc í a bheith ag
iompar clainne, agus ní fheadair sí an dtaitníonn a stádas nua mar
bhean phósta léi:

> Bhí eagla ag teacht uirthi. Bean phósta a bhí inti! Bheadh sí i dtuil-
> leamaí ar fhear feasta: ar aon fhear amháin! Cheana féin bhí sí ligthe
> i ndearmad ag an bhfear sin!... Dá mbeadh sí singil anois bheadh an-
> tóir ag na fir óga uirthi! Bheadh sí amuigh ag rince i gcaitheamh an
> ama! Ach ba le Tomás í agus d'fhágadar í ar an trá fholamh! Agus
> d'fhág Tomás ansin freisin í. (*BA* 113)

Spléachadh atá sa mhéid sin ar nóiméad míshuaimhnis agus
uaignis a fhulaingíonn an bhrídeog lá na bainise. Braitear nóta an
dóchais ag neartú i gcríoch an scéil, ámh, mar a bhfuil an lánúin
nuaphósta ag imeacht ar mhí na meala, iad ag tiomáint leo isteach
faoin tír, a sonas ciúin i dtiúin le haoibhneas na huaire agus le
háilleacht na tuaithe ina dtimpeall.

2.2 An Bhean Phósta (idir mhná atá pósta le tamall de bhlianta
agus mhná atá pósta le fada)

Tá 'An Bóthar go dtí an Ghealchathair' (*BB*) ar cheann de na
scéalta is mórcháiliúla de chuid an Chadhnaigh. Tá Bríd pósta le
cúig bliana anuas ach braitheann sí gur geall le stróinséir fós í i
gceantar a fir chéile:

Tar éis go raibh sí cúig bliana pósta anois, ba éanacha cuideáin di gach is a raibh ar an mbaile fós. Ní raibh sí déanta orthu ceart. Ní móide go mbeadh sí déanta orthu go brách.' (BB 121)

Pósadh cleamhnais a bhí ann, ar ndóigh:

Shoraidh dá hathair nach do Labhrás a thug sé í san am ar iarr sé í. Bheadh ionann is sé mhíle bainte dá haistear don Ghealchathair, agus ní shaothródh sí a leathoiread sclábhaíochta. Nó dá bpósadh sí Páid Concannon as Páirc an Doire, bheadh sí i gcluas an bhaile mhóir... Ach díol cam air, bhí sé róshean... Nach mairg nach go Meiriceá a chuaigh sí san am a bhfuair sí a dhóigh, i leaba géilleadh dá muintir. (BB 138-9)

Cé go bhfuil trua ag a fear do Bhríd, agus an turas fada seachtainiúil go dtí an Ghealchathair roimpi, teastaíonn uaidh go leanfadh sí dea-shampla a mháthar agus a sheanmháthar, mná a chuir suas le brácáil a saoil laethúil go foighneach fulangach.[11] Tuigtear gurb é féinmheas an fhir mar aon le dea-mheas an phobail atá i gceist anseo, dála chás na lánúine in 'An Taoille Tuile' (BB).

Saolaíodh ceathrar páiste do Bhríd ó phós sí; mhair beirt iníon agus rugadh marbh an bheirt pháiste eile. Tugtar leid go mb'fhéidir go bhfuil Bríd ag iompar clainne arís agus tuigeann sí féin go bhfuiltear ag súil go dtabharfaidh sí mac ar an saol.[12] Meabhraíonn sí ar thábhacht na bpáistí ina saol:

Ba mhór an t-anró páistí. Ba thiaráil iad a thabhairt ar an saol. An dá pháiste mharbha a bhí aici féin a d'fhág a cruth cailín óig ar iarraidh agus a chuir spadántacht meánaoise ina cnámha. Ní raibh sí ar a cóir féin ó shin. An mbeadh aon pháiste marbh eile aici? Nár lige Dia. Thabharfadh sé talamh di dá mbeadh. Ach céad fáilte roimh ghrásta Dé. Agus dá mbeadh gan páiste ar bith a bheith aici... An mbeadh sí féin agus a fear chomh gafach lena chéile is a bhí siad anois? An é a gcantal fuar balbh féin a bheadh i leaba chantail ghártha na bpáistí? (BB 133)

Ní foláir do Bhríd tabhairt faoina turas achrannach seachtainiúil go dtí an Ghealchathair fiú nuair nach mbíonn sí ar fónamh:

Rud nach bhfuair sí óna claonta a inseacht riamh dá fear, ní raibh sí chomh hurrúnta ná baol air ó bhí an páiste marbh aici go deireanach; agus ghoilleadh an tsiúlóid fhada uirthi go mór le gairid. (BB 122)

Lig sí scíth arís ar Chloich an Choiléir scaithín soir. Níor airigh Bríd riamh chomh tugtha traoite chomh luath sin san aistear. Bhuail faitíos í nach raibh inti ach an rith searraigh inniu agus nach bhfanfadh mothú ar bith inti as deireadh na ruaige. Chaillfí le náire í dá gcaitheadh sí a bheith ag ligean a scíthe gach uile phointe san am a dtiocfadh lá. Céard a déarfaí? Rúisc de bhean óg luath láidir. Agus gan aici ach beirt pháistí fós. (*BB* 130)

Lig sí scíth eile. Bhí iris an chléibhín ag tógáil a slinneáin roinnt, de bharr ar tharraing sí d'fheamainn dhearg ar a droim ar feadh seachtaine. (Ibid.)

Ábhar faoisimh agus ceiliúrtha do Bhríd é, mar sin, an Ghealchathair a bhaint amach ar deireadh:

Thug Bríd súil ina diaidh siar an bóthar. Súil siar ar na naoi míle fhada fhánacha sin a rinne sí as deargstrócántacht. Chuimhnigh sí go gcaithfeadh sí iad a dhéanamh arís agus arís agus arís eile. Iad a dhéanamh nó go mbeadh gialla sceirdiúla aici agus géaga tarraingthe agus faghairt ina súil. Ach bhí siad déanta aici inniu agus b'údar dóchais é sin.... Bhí sí faoi réir arís lena dhul faoina cuid de bhró mhuilinn an tsaoil. (*BB* 147)

Mar a deir Gearóid Denvir (1987:52): 'Is ionann cruachan a dhéanamh in aghaidh na hanchaine agus teacht slán i saol an choimhthionóil fhuinniúil fhuinte.' Tagraíonn Gearóid Ó Crualaoich (1981:82) do chás Bhríd i gcomhthéacs codarsnachta idir tréithe na hindibhide agus tréithe an tsaoil phoiblí timpeall uirthi:

Tá mar a bheadh coimhlint nó codarsnacht ann idir thréithe an mhisnigh agus an dóchais agus na fadaraí sa bhean agus thréithe an tsaoil phoiblí timpeall uirthi, timthriallacht, neamhshuim, baol, mailís, aineolas.

Is mar seo a thrácht Flann Mac an tSaoir (Meitheamh 1952, 13) ar fhadaraí bhancharachtair scéalta luatha an Chadhnaigh:

. . .is sa mhnaoi go dtí seo a chíonn Máirtín Ó Cadhain an buaineadas in éineacht leis an fhadfhulang; an t-acastóir ar a gcasann roth an tsaoil; ceannasaí na beatha, ceann an teaghlaigh. Níl sa bhfear ach scáile taobh léi.

Ón léiriú a dhéanann an Cadhnach ar Bhríd, tuigtear gur bean í a bhfuil teacht aniar suaithinseach inti, bean a thuigeann go hinstinniúil gur deacair an saol a bharraíocht agus gur deacair don duine atá bocht cur in aghaidh na cinniúna.

De réir chleachtadh na linne, b'í bean an tí a chaitheadh cúrsaí tís agus airgid a choimhéad agus a stiúradh:

Bhí bille trom sa siopa uirthi, a seál sceite, a cuid bróg ag ligean isteach, 'airgead acraí', airgead táilliúra agus airgead leasaithe lena íoc. Barr ar an dathúlacht, bhí na beithígh ag imeacht amach agus na cearca ag dul ó bhreith. Tar éis a díchill ní bheadh aon slí baile móir feasta aici, dá chruinne dár thiomsaigh sí gach uile bhrobh le beart a dhéanamh agus le snáth a choinneáil faoin bhfiacail. Chaitheadh snáth na seachtaine a dhul an choicís as seo amach. (*BB* 134)

Ceann de mhórbhuanna Uí Chadhain, ar ndóigh, ná go dtéann cás pearsanta na mná i bhfeidhm go mór ar an léitheoir agus san am céanna tuigtear gurb é scéal na mná seo scéal aicme ban trí chéile:

Do Bhríd agus dá liachtaí Bríd léi ba Via Dolorosa gach míle, ba Gethsemene gach troigh, ba úll na hAithne a chúiteofaí le hallas, imní, angar agus umhlacht gach cloch. . . . (*BB* 131) [13]

Ach is áirithe nach aon ionadaí leamh í Bríd:

Is pearsa sho-aitheanta í Bríd ar tháinig léargais agus tuiscintí áirithe uirthi féin chuici in imeacht ceann de ghníomhaíochtaí bunúsacha a saoil. Tá síol na féinaithne, tuiscint sin an duine ar a shainiúlacht indibhidiúil féin mar mhalairt ar a ionad nó a *rôle* caoi i bpobal, nach léir ar shaothar Uí Chadhain go n-uige seo le sonrú go soiléir ar an scéal. (Denvir 1987, 31)

Éachtaint ar uaigneas, ar dhiomachroí agus ar fhéinaithne Bhríd atá sa sliocht seo a leanas:

Rud ab annamh léi, níor shólas ar bith di inniu fios a fháil go raibh ar feadh an bhóthair tuilleadh in aimléis chomh géar léi féin. Bhí an oiread réanna dorcha ar a hintinn inniu agus go raibh sí in imní nach bhféadfadh sí aon ghuaim a choinneáil uirthi féin dá dtéadh sí ar fhuasaoid chor ar bith. Bhí na balscóideacha seile domlais in alt a mbriste le borradh. Tháinig faitíos uirthi go dtosódh sí ag gol. . . . (*BB* 129)

Sampla dá féinaithne mar bhean atá sa chur síos i dtosach an scéil ar an míshuaimhneas a bhraitheadh sí i gcomhluadar Thaimín Thomáis, míshuaimhneas nach bhféadfadh sí a chur i bhfocail ná a phlé lena fear:

B'fhacthas di i gcónaí go raibh dhá thoinn ar a shúil. Scamall luaithe amuigh agus sornóg fheirge, chraois agus chaimiléireachta istigh. Chinnfeadh uirthi comhrá a choinneáil le Taimín Thomáis gan a bheith ag síorshamhailt di féin go raibh aithinní na sornóige sin dá síorchuartú. Ba dheacair di é a thuiscint í féin. Ach b'fheasach di go mbíodh na súile sin mar theas an aithinne ar a craiceann mar sin féin. (*BB* 121)

Is iad an dá aidiacht 'barántúil' agus 'fírinneach' a d'úsáid criticeoir amháin i dtaobh scéalta luatha Uí Chadhain faoi mhná Gaeltachta [14] agus seans go rithfeadh na haidiachtaí céanna sin leis an léitheoir mar chur síos – nó mar chuid den chur síos – ar eisint agus ar éifeacht 'An Bóthar go dtí an Ghealchathair' (*BB*). Ó thaobh fhorbairt ealaín scríbhneoireacht Uí Chadhain de, is léir go raibh an t-údar féin an-sásta leis an scéal áirithe seo:

> Ba é an chéad scéal ariamh é ar chaith mé iomlán mo dhúracht leis, cé gur chaith mé dúracht go leor leis 'An Taoille Tuile' a scríobh mé sa ngéibheann freisin. Mhúin 'An Bóthar go dtí an Ghealchathair' dhom nár mhór do dhuine dúracht as compás a chaitheamh le saothar. Ba shin iad na laethantaí dháiríre ar thosaigh mé ag scríobh. Is cuimhneach liom an stróbh a bhí mé a chur ar m'intinn agus an fiucha a bhí inti agus mé dhá scríobh sin. (Ó Cadhain 1969, 27)

Tagraíonn Gearóid Ó Crualaoich (1981:80) do shuaithinseacht 'An Bóthar go dtí an Ghealchathair': 'Agus é a bheith scríofa sna daicheadaí píosa scríbhneoireachta nach mór *avant-garde* ab ea "An Bóthar go dtí an Ghealchathair" ina lá féin.'

Maidir le fir ar gheall le scáilí iad, thángathas ar a leithéid cheana i scéalta luatha an Chadhnaigh, féach, mar shampla, 'Idir Shúgradh agus Dáiríre' agus 'Píopa Tobac' in *Idir Shúgradh agus Dáiríre*. 'Is ar na mná a bhí na dráir' (*ISD* 5) a dhearbhaítear in áit amháin sa chéad scéal agus: ' Ná raibh an rath ar na mná céanna arae ba iad tús gach tubaiste iad' (*ISD* 25) a deirtear sa dara scéal, scéalta eachtrúla inar léir stíl na seanchaíochta agus carachtair sho-aitheanta neamhchasta - carachtair ar típeanna iad, nach mór. Gheofaí samplaí eile den bhean chéile cheannasach i scéalta Choilm P. Uí Iarnáin agus Sheáin Uí Chonghaola, beirt údar Ghaeltachta ar léir mór-thionchar ábhar agus stíl an tseanchais ar a gcuid scéalta éadroma, ní nach ionadh. Chífear é sin sa sampla bhuaileann an spadhar í. Ní suim léi leanaí a bheith aici ná níl sé i gceist aici obair tí a dhéanamh:

> Agus chaithfí bean aimsire a fháil óir b'fhánach aicise cócaireacht, gan trácht ar níochán nó ar ghlantachán eile...Ar aon nós níor shuim léi cócaireacht, fearacht leanaí a shaolú ba rud gnách é a déanadh chuile lá ag chuile shlámóg agus ba mhó ba bhród léise a neamhshuim agus a neamheolas ná tada de cheannfaoi is de náire. (*L* 177)

Tugtar faoi deara go mbaintear lánleas as an áibhéil sa scéal aorúil seo agus ní ionadh leis an léitheoir gaetha an ghrinn a fheiceáil ag lonrú tríd an insint chomh maith. Dar le léirmheastóir amháin: 'cineál cartúin iad an bheirt sa scéal' (Uí Chonaire 1979, 23). Sroichtear barrchéim na fuarchúise aorúla i gcríoch an scéil:

> Tógadh go dtí an t-ospidéal é, áit ar déanadh x-ghathú agus promhadh air. Labhair Davina lena muintir ar an nguthán. Dúirt sí go n-inseodh sí a chás do Ghearóid arae b'é ba chiallmhaire a dhéanamh.
> 'Ná bac cártaí aifrinn nó tada mar sin!' adeir sí. 'Ní aontaíonn muid lena leithéide sin!'
> Chuirfí ciste darach air ag dul i dtalamh, adeir sí. (*L* 178)

Sa scéal 'Réamhchuairt' (*BP*) chítear lánúin óg Ghaeltachta ag aighneas. Is é an cuireadh a thug Cóilín don Dochtúir Ó Tnúthail agus dá bhean teacht ar cuairt chuige féin agus a bhean, Sorcha, a d'adhain fearg Shorcha:

> 'Féadfaidh tú comhluadar a choinneáil leo, má sea, a mhic ó. Dheamhan a bhfuil mise dhul ag entertAináil an strapa féileacáin sin, Norma, ná baol ar bith orm!' a dhoirt go fuar as a croí. (*BP* 71)

Dealraíonn sé gurb í Sorcha ceann an tí. Agus an léitheoir ag féachaint ar Shorcha trí shúile Chóilín, is léir láithreach gur bean thiarnúil theanntásach í, gur stiúireachán mná í, mar shampla:

> Nuair a hinsíodh do Shorcha faoi na cuairteoirí a bhí le bheith acu sprocht sí le buile. Stop sí óna cuid oibre agus leag a lámha go dásachtach ar a cromáin ar nós striapmháistréas a mbeadh léasadh le tabhairt aici do chustaiméir. (*BP* 70)

seo a leanas as 'Ronnaigh Mharcais Mhóir' (*Gleann an Chuain* [=*GC*]) le Colm P. Ó hIarnáin, mar shampla, mar a bhfuil cur síos ar an mbean chéile údarásach:

Bhí gangaid agus teanga ghéar ag Sadhbh Bheag i ngan fhios don saol mór ach do Mharcas. Luath go leor ina saol pósta a chuaigh sí do thabhairt chun cinil agus ag glacadh na máistreachta chuici féin. Gleo nó achrann ba éifeachtaí chuige sin? Ní hea, ach ag síordhiú-gaireacht, ag cnafairt agus ag clamhsán, á cheartú faoi seo agus á lochtú faoi siúd, gan sos gan suaimhneas oíche nó lá, i gcruth is go raibh sé sul i bhfad amhail meall ime ina crúba, réidh ar nós an pháiste lena toil a dhéanamh.... Bhí Sadhbh Bheag mar ba mhian léi, Marcas faoi bhois an chait aici, sáite i ngach ní dá raibh aon phingin le baint as agus gach uile phingin á coinneáil go crua, barainneach, aici. (*GC* 31-2)

I gcomhthéacs na mbancharachtar aontoiseach seo ar geall le típeanna iad, dealraíonn sé gur raicleach cheart í bean chéile Thomáis Mhic an Bháird in 'Dúthchas' (*Cladóir*) le Criostóir Mac Aonghusa, í searbhasach fonóideach ag radadh maslaí lena fear agus eisean ag iompú ar an ól agus ag cur mallachta ar an mbantracht i gcoitinne:

Ní smachtóchadh an saoghal an bhean bhorb. Bean, muc agus múille, ba mhaith 'na chéile iad ach go mbadh í an bhean ba mheasa. Chinn na mná ar Aristeatal féin! Chaitheadh duine éisteacht leo, cead a gcinn is a gcoise a thabhairt dhóibh, má ba mhian leis suaimhneas a bheith aige. Spleoid orra mar mhná, is iad a tharraing chuile mhí-ádh ó chuaidh an saoghal ar suidheachán. Ní fhéadfadh fear buidéilín pórtair fhéin 'ól nach mbeidís ag dul thar a gcranna cumhachta le feirg. (*Cladóir* 25)

Féach, ámh, go ndéantar bean lách aoibhiúil den mhaistín mná i gcríoch an scéil neamhdhealraithigh seo.

Ní annamh a fheictear an bhean chéile thiarnasach údarásach i scéalta Mháire. An fear a bhí sa chiall ab aigeantaí ag ainnir arbh í 'áilne na gréine' í, pósann sé í, téaltaíonn an grá leis agus déantar súgán nó cam teallaigh den fhear.[15] Go deimhin, tuairiscítear i scéal amháin go raibh cáil an cheansaithe bainte amach ag mná ceantair faoi leith: 'Mná Mhín na gCliobóg a rinne súgáin ariamh dá gcuid fear' ('Úna Bhán', *Úna* 17). Is cinnte nach é loinnir an ghrá rómánsúil ná solas na gcaisleán óir a chítear ag drithliú i scéalta na lánúnacha pósta seo: 'Ní chothuigheann a' grádh an lánamhain acht oiread is.chothuigheas na briathra na bráithre' (*NÁ* 134) a deir an tráchtaire gaoismhear in 'Buaidh agus Díombuaidh'. Níl aon cheist ná gurb é 'íoróin an phósta' (Ó Siadhail 1986, 141) an téama a shaothraíonn Máire i gcuid mhaith scéalta dá chuid.

> 'Tá sin agam, bean mhaith toighe. Bean a bhfuil lámh aicí ar thúirne agus ar chárda. Bean a dtig léithe obair mná agus obair fir a dhéanamh... Fear ar bith nach bhfuil bean chríonna aige, tá cloch bhrón fá n-a mhuineál 'rith a shaoghail. Is cuma caidé an t-airgead shaothróchas sé imtheochaidh sé mar d'imtheochadh gaineamh siobáin na Trágha Báine murab fhuil bean aige a bhéarfas aire dó.'
> ('Caoineadh Sídhe', *An Bhratach* 47)

Íoróin an phósta atá sa scéal seo, mar a bhfeictear Mághnus Éamoinn Sheáin Óig agus galar doleigheasta an ghrá air i dtús an scéil ach tar éis don ainnir álainn 'cleas fealltach' a imirt air agus dul i gcleamhnas le fear eile,[16] tarraingíonn sé meon praiticiúil an phobail chuige féin agus pósann sé bean eile - 'sean-chailín beag meirgeach' (*An Bhratach* 43) nach raibh suim dá laghad aige inti roimhe sin. Cuimhneoidh an léitheoir ar an ngearrscéal luath 'Mánus Ó Súileachán' sa chomhthéacs áirithe seo.[17]

Cé gurb iomaí bua atá le maíomh ag Feargal in 'Cora an tSaoghail' (*Clár*), níl a bhean chéile sásta. Airítear nóta magúil i gcur síos an údair ar an bhfear séimh tréitheach:

> Bhí talamh agus eallach agus caoirigh agus éanlaith aige. Thiocfadh leis obair toighe a dhéanamh comh maith le bean ar bith. Thiocfadh leis a léine a nighe agus paiste a chur ar a bhríste, agus fiche rud eile mar sin. Agus le cois an iomláin thiocfadh leis stocaí a dhéanamh. Creidim féin gurbh é an t-aon fhear ariamh sna Rosaibh é a bhfacthas péire dealgán i n-a mhéaraibh. Agus ansin fear ciúin cneasta a bhí ann. Ní fhacaidh aon duine riamh fearg air. Agus níor bhlais sé sugh an ghráin ariamh, acht 'na cháthbhruith. (*Clár* 8)

Tar éis do bhean fhormadúil 'sgiorta buidhe na ndealgán' (*Clár* 12) a thabhairt ar Fheargal, teipeann ar an bhfoighne ag Siubhán, a bhean chéile, agus impíonn sí air cuma na fearúlachta a chur air féin!

> 'I n-onóir Dé leat' arsa Siubhán, 'agus fág uait na dealgáin agus na cearca agus cómhrádh na gcailleach. Agus déan rud éigin mar a dhéanfadh fear. Tá aonach ar a' Chlochán Bhreac i mbárach. Gabh

siar agus ól do sháith agus déan rud éigin fearamhail. Bris rud éigin, mur' mbristheá acht gogán mná duilisg. Buail rud éigin, mur' ndéanthá acht cic a thabhairt do mhionnán gabhair nó do choileán madaidh.' (*Clár* 13)

D'fhéadfaí a rá, is dócha, gur formad idir beirt bhan is ábhar don scéal éadrom seo, é sin nó gur cruthú é scéal an fhir seo ar fhírinne an tseanfhocail a deir; 'A bhuachaill, beir buartha go bpósfair / Is an uair sin ní suaimhneas go deo duit.'[18]

Beirt fhear nár thug aon toradh ar chomhairle rabhach a máithreacha i dtaobh na mban a rabhadar i ngrá leo agus a chuaigh ar aghaidh agus a phós na mná sin atá in 'Dhá Bhearrach' (*NÁ*). Íoróin an phósta atá i dtreis sa scéal seo, leis, óir chítear nár oibrigh cúrsaí amach go sásúil do cheachtar fear ina dhiaidh sin. Trí mheán na stíle a chleachtaítear, go háirithe i dtús an scéil, tugtar sonc Griannach íorónta eile don ghrá rómánsúil.

Ag féachaint dúinn anois ar scéalta le scríbhneoirí eile, chítear gur fear a chuir a cheann in adhastar an anró é Frainc sa scéal éadromchroíoch 'An Phiast' (*BM*) le Síle Ní Chéileachair. Comhleacaí de chuid Fhrainc atá i mbun na hinsinte; tuigtear go bhfuil ag méadú ar a thuiscint agus ar a thrua do Fhrainc de réir mar atá fíorphearsantacht bhean Fhrainc á nochtadh féin. Tuigeann sé gur fearr rith maith ná drochsheasamh i gcás Fhrainc mar nach bhfuil tada i ndán dó seachas a bheith faoi bhois an chait i gcónaí ag a bhean údarásach theannláidir.

De thoradh an chumaisc ealaíonta a dhéantar idir líofacht agus éascaíocht na stíle agus acmhainn grinn an údair, cruthaítear beophictiúir ghonta don léitheoir ó thosach deireadh an scéil. Níl aon ródhoimhneacht ag baint le carachtair an scéil, ar ndóigh, mar gur ag eachtraí go cuideachtúil atá an tráchtaire, a iúl ar an seanchas aige tríd síos. Is san insint, sa bheocht, sa ghontacht agus sa ghreann atá bua an ghearrscéil shnasta seo, gearrscéal a ghnóthaigh duaiseanna Oireachtais agus a foilsíodh den chéad uair in 1949.[19] Is saoithiúil é an moladh a thug léirmheastóir amháin don scéal seo: 'Bheadh daoine ann a cheapfadh gur Donncha Ó Céileachair a scríobh "An Phiast." Níorbh é Donncha, áfach, ach Síle a scríobh é' (Ó Dubhthaigh 1986, 50). Tráchtann an léirmheastóir céanna ar 'g[h]reann Meiriceánach' an scéil seo.[20]

'Cúig bliana imithe agus gan aon leanbh fós agaibh. Cúig bliana. Ba chóir triúr a bheith agaibh faoi seo' (GL 23). Túsabairt agus príomhthéama an ghearrscéil 'Gleann an Leasa' (GL) le hAnnraoi Ó Liatháin atá sa mhéid sin. Duais-scéal Oireachtais (1944) a bhí sa scéal céanna, scéal ina léirítear an caidreamh pósta ag meath go mór toisc nach bhfuil ar chumas na mná leanbh a thabhairt ar an saol. Chítear a mhíshásta is atá athair céile na mná toisc gur léir nach mbeidh oidhre ar a mhac ná dá réir sin, ar Ghleann an Leasa. Scaoileann sé lena racht agus é ag caint go searbh lena mhac:

'Ní bheadh aon ghá le leigheas anois againn dá nglacfá le mo chomhairle in am. Ach, ar ndó, ní raibh an cailín a thoghas duit maith a dóthain duit. Féach anois í agus beirt mhac aici in imeacht dhá bhliain. Ach ní dhéanfadh sí do ghnósa. An *towny* galánta a bhí uaitse agus nára mhaith agat anois í. Bhí fhios agam ón gcéad lá ar leagas súil ar an sraoillín sin nach raibh aon mhaith inti chun aon ní.' (GL 24)

Déantar codarsnacht idir lúcháir agus ríméad na lánúna nuaphósta agus seirbhe an chaidrimh phósta cúig bliana ina dhiaidh sin toisc go bhfeictear do Sheán go bhfuil teipthe go hiomlán ar a bhean, Eibhlín, ina dualgas baineann:

'A Sheáin, abair rud éigin, ar son Dé. Dúrt leat nach mbeidh leanbh agam choíche.'
'Chuala tú, a bhean. Nílim bodhar.'
'Agus nach bhfuil tú chun aon rud a rá?'
Phreab sé ina sheasamh agus lig búir as –
'Agus in ainm an diabhal dearg donais cad tá le rá? Níl ionat ach seascach. Tá go maith. Níl ionat ach seascach. Cad eile sa diabhal atá le rá? ' (GL 29)

In ainneoin roinnt méaldrámatachta thall is abhus sa scéal, d'fhéadfaí a áiteamh go n-éiríonn go maith le 'Gleann an Leasa' imní agus crá na mná óige a chruthú, mar shampla:

Gach aon sórt ina pharthas ach an seanduine agus sotal na máistriúlachta ina shúile. Na súile sin á faire le dímheas ón gcéad lá. Iad ag scrúdú a coim de réir mar a chaith na míonna agus na blianta. An fuath ag éirí iontu. Agus ansin, an chaint. An síorbhearradh ar Sheán, an masla di féin. Agus Seán ag dul i ngruaime agus i dtostacht. (GL 25)

Tuigtear a chirte agus a dhosheachanta is atá imeacht na mná ó Ghleann an Leasa tar éis bhás a fir i gcríoch an scéil.

Scéal tragóideach é 'Gleann an Leasa' (*GL*), scéal lom réalaíoch ina dtugtar éachtaint don léitheoir ar chás mífhortúnach na mná seisce i gcomhthéacs ré áirithe i saol na tuaithe in Éirinn.

Bean óg eile darbh ainm Eibhlín, leis, atá in 'Dúchas' (*Sléibhte Mhaigh Eo* [= *SME*]) le Mícheál Ó hOdhráin, í pósta le tamall de bhlianta agus gan aon leanaí aici go fóill, rud a chothaíonn doicheall athair a céile ina leith. Rud eile, is bean chathrach í a bhfuil an ghráin aici ar shaol na tuaithe. Sa ghiota seo a leanas chítear an seanfhear ag féachaint go hamhrasach uirthi:

Dhearc sé faoina mhalaí ar Eibhlín. Níor chruthaigh Séamas go rómhaith nuair a chuir sé na ceangail dhobhriste air féin léise... B'shin í an easóigín mná a raibh eagla ar an lead óg go mbeadh sé ag déanamh éagóra uirthi agus ar na gasúir a shaolódh sí dá bhfillfeadh sé ar thalamh a shinsir. Bhí sí chomh tanaí cnámhach anois is a bhí sí nuair a thug sé siar ar dtús í tar éis a bpósta. Shíl sé an uair sin go raibh sí ró-éadrom sa chorp agus róchaite le clann a sholáthar. Bhí cuma na seisce uirthi an tráth sin, agus bhí sí chomh tanaí seasc le gabhar deich mbliana fós. (*SME* 193)

Tugtar faoi deara sa scéal seo nach dtéann aon stad ar an lánúin phósta ach iad ag bruíon agus ag sáraíocht ar a chéile sa tslí go rithfeadh sé leis an léitheoir go rabhadar riamh neamhoiriúnach dá chéile, é sin nó go ndeachaigh an t-údar thar fóir agus é ag léiriú an teannais eatarthu.

Díomá agus uaigneas dochloíte mar aon le haislingí neamhchomhlíonta na lánúine nár saolaíodh leanaí dóibh is ábhar do 'Síol' (*M*) le Diarmaid Ó Súilleabháin. Is geall le beirt gheimhleach iad an lánúin sa chaidreamh pósta neamhthorthúil seo agus splancann an frustrachas ina dhúil dhíochrach san fhear agus sa bhean ó am go chéile:

Thagadh an dúil sheachtarach chuig an mbeirt. Chuireadh an fonn chun máchail an mhilleáin a dhíbirt le rúnadhaltranas na díse. . . An cathú: dá bhféadfaí an léim a thabhairt, an léim a fháil, an léim gan fhios dá chéile, gan fhios don phobal. . . an léim thar gheimheal an phósta. . . an léim suas agus anuas. . . an léim thar chráchúramcoinbhinseach . . . An léim. (*M* 135)

Cráiteacht agus díomá an fhir gan oidhre a fhorbraítear mar théama scéil in 'Beirt Eile' (*SL*) le Máirtín Ó Cadhain, scéal a bheidh faoi thrácht níos sia amach sa chaibidil seo.

Agus an díomá faoin saol pósta nó faoi ghnéithe den saol pósta faoi chaibidil againn, is fiú tagairt don scéal gonta tomhaiste 'An Bhean Óg' le Máire Mhac an tSaoi, a foilsíodh den chéad uair in *Comhar*, Iúil 1948. Airítear atuirse agus lagmhisneach na mná céile a thuigeann go bhfuil míshuaimhneas ina croí istigh in ainneoin na mórdhúthrachta a chaitheann sí lena cuid dualgaisí éagsúla, in ainneoin an fhíorshásaimh a fhaigheann sí sa bheirt leanbh atá aici agus in ainneoin an aoibhnis a chuireann siad uirthi. Braitear nach bhfuil beann ag a fear céile 'intliúil ardaigeanta' (*Leath na Spéire* [=*LS*] 92) ar indibhidiúlacht ná ar thréithe faoi leith na mná ach gur ag iarraidh a pearsantacht a mhúnlú chun a shástachta féin atá sé, mar shampla:

Thiocfadh sé ar ghluaisrothar agus bheadh sé ag samhlú teach geal agus suipéar blasta agus bean ghealgháireatach roimhe. Ar an ábhar sin dhúisigh sí na leanaí roimh am agus thug cúl don dtrá... Agus ar an mbóthar suas lig sí osna ag cuimhneamh ar a mbeadh le déanamh aici tar éis iad a chur chun suain: béile feola le hullmhú, agus na lampaí le lasadh agus crot éigin a chur uirthi féin. Chuimhnigh sí nár mhaith leis í a chur púdar ar a haghaidh... ach bhí sí an-dílis agus is ar éigin a d'aithin sí an criothán éadóchais a ghabh tríthi. (*LS* 92)

Gearrscéal fuinte é 'An Bhean Óg' ina bhfuil mórán á rá i mbeagán focal; scéal ina bhfuil an chothramaíocht agus an stíl shrianta ar fheabhas.

Sa scéal 'An Aint' (*SSE*) tugann Dónall Mac Amhlaigh geábh isteach in intinn mná óige Éireannaí a bhfuil saol socair sásúil á chaitheamh i Sasana aici - í pósta agus triúr leanaí óga aici - ach a mbuaileann daol cumha agus dúil sa neamhspleáchas í ó uair go chéile, mar shampla:

An meaisín ar ais sa chúinne taobh istigh de leathuair eile. Thabharafadh sí cóiriú do na leapacha agus scuabadh agus dustáil do na seomraí ach ní thógfadh an obair sin thar uair eile uirthi. Ar bhealach ní raibh a sá le déanamh sa teach aici chor ar bith. Gheobhadh sí jaibín di féin mar a dheineadh formhór na mban anseo murach Mícheál a bheith chomh mór sin ina choinne. Bhí a ndíol airgid ina phá sin (rud ab fhíor dó) agus ar aon nós nach gcaithfeadh sí a bheith ag baile roimh na gasúir nuair a thagaidís in am lóin. Ach thaitneodh léi triail a bhaint as an obair mar sin féin –

jaibín monarchan nó ospidéil, b'fhéidir... Ba mhinic, nuair a théadh
sí thar an monarcha bheag sin thíos is nuair a chluineadh sí na
cailíní ag canadh go haerach i dteannta an cheoil raidió a bhíodh á
leaschraoladh os ard, go mbuaileadh taoimín uaignis í agus dúil sa
chomhluadar. Ba gheall le dul in óige arís é bheith seal ag obair i
measc scata ban mar a mbeadh spraoi agus gáire, greann agus
magadh i do thimpeall... Ba mhaith léi a bheith neamhspleách arís,
tamall... bhuel, ní *neamhspleách* é, baileach, bhí sí chomh neamh-
spleách is a d'fhéadfadh aon bhean phósta bheith, láimhseáil an
airgid agus riaradh a tí féin fúithi gan cur chuici ná uaithi ag éinne.
Ach ba gheall le bheith ina duine singil arís a bheith amuigh ag obair
mar sin. 'Deile, chreid sí go mba fhíor don rud sin a léigh sí sa
pháipéar le déanaí faoi pháirt ní ba mhó a bheith le glacadh i saol na
tíre ag mná pósta an lae inniu seachas a bheith fostaithe sa chistin.
(*SSE* 59-60)

Faoi mar is dual do Mhac Amhlaigh, bíonn cuid éigin den stair
shóisialta fite fuaite tríd an insint aige. Bean ag iarraidh soiléiriú
ionraic a dhéanamh ar ionad agus thábhacht na clainne agus na
hoibre ina saol atá sa chuid áirithe sin den scéal.[21]

Chítear go bhfágann an bhean chéile óg cúraimí clainne agus
tí ina diaidh ar feadh scaithimh bhig aoibhinn sa scéal éadrom
'Oíche ar Ghealach' (*PS*) le hÉibhlín Ní Dhuibhir. Agus í saor
tamall ó ghnáthchúrsaí a saoil laethúil, buaileann an tráchtaire
(pósta) le strainséir dathúil mealltach ar bord loinge, fear ar a
dtugann sí 'm'fhear gealaí':

Bhí eiteoga ar mo chroí. Chreid mé go n-éireodh liom imeacht den
talamh, ar nós na naomh anallód, agus eitilt tríd an aer; nó
gluaiseacht ar nós na gaoithe trasna chrioslach na mara lonraí ar nós
na ndíthreabhach naofa ó na hOileáin Solovetski i scéal álainn
Tolstoy. Mo shaol go dtí seo – bhí sin imithe, ar nós sneachta na
bliana roimh ré, mar chúr na habhann nó mar shlám de cheo.
M'fhear gealaí – an raibh saol aige-sean, freisin, roimh an oíche
dhraíochta seo – saol socair, fobhailteach, talmhaí, gan luisne gan
mhealltacht?

'Anocht, is mise Diana,' d'áitigh mé air. 'Ní thig liom a thabhairt
in athchuimhne céard ab ainm dom inné; agus níl eolas ar bith agam
faoin lá amárach. Níl ann ach inniu!'

'Inniu, anocht – agus an bheirt againn!' ar sé go ciúin. (*PS* 60)

Eispéireas nua don bhean óg shuairc seo – atá pósta le seacht
mbliana agus a bhfuil triúr leanaí aici – is ea an tsaoirse iontach a
bhraitheann sí agus í ag dul ar thuras gearr ina haonar. Is ag dul
ar shochraid duine mhuinteartha léi i Sasana atá sí:

Cheana féin, agus mo mhála taistil mór leis na taobhanna breacánacha ag cur thar maoil, d'airigh mé mar a bheadh athrú ag teacht orm. Ba shamhalta é leis an mbealach a mbínn – ó, an tsíoraíocht a bhí imithe ó shin - nuair a bhí mé gan phósadh fós, chomh saor leis na héin ar an spéir. Le linn dom a bheith ag brostú leis an téisclim le haghaidh an turais, bhí mé mar a bheinn ag breathnú orm féin, ar nós duine eile ar fad; agus b'ionadh liom an 'mise' nua seo ag teacht chun cinn. (*PS* 53-4)

Ó thús an aistir, is aisteach mar a rinne mé machnamh faoin ngné nua seo díom féin: bhí níos mó ionam ná máthair agus céile agus bean an tí, cócaire agus cailín aimsire. D'airigh mé mar a bheinn i mo dhuine dealaithe ionam féin, le saol indibhidiúil inmheánach de mo chuid féin. . . . (*PS* 54-5)

D'airigh mé mar a bheinn beo as an nua... b'ionadh liom go raibh mé mar chime a ligfí amach. . . I ndiaidh seacht mbliana de bhraighdeanas. (*PS* 57)

Gné bheag neafaiseach a mbeifí ag súil leis, geall leis, i scéal rómánsúil den déanamh seo, is ea an strainséir laochta ag lasadh toitín don ógbhean spéiriúil:

Ní ag faire ar theagmháil na lasrach leis an toitín a bhíos-sa, agus níor dhá [*sic*] dósan faire orthu le deimhniú go raibh siad ag teacht le chéile. Theagmhaigh ár súile le chéile, agus d'fhan siad scaithín i bhfastú ina chéile. Fiú amháin agus mé ag tarraingt ar an toitín le m'anáil, agus an barr dearg, lean mo shúile ag faire go ciúin socair ar Rónán, agus a fhios agam go raibh sé ag ransú m'anama go dána mínáireach. (*PS* 59)

Eachtra ghearr dhraíochtúil i saol na hógmhná a bhí ann. D'ól an bheirt seaimpéin i dteannta a chéile, phógadar a chéile, labhraíodar focail mhilse mhealltacha lena chéile agus scaradar lena chéile. Seoid dhrithleach i gcuimhne phríobháideach na hógmhná pósta é an eachtra úd feasta. Réitíonn stíl oscailte mhuinteartha na hinsinte go binn le meanmna an scéil trí chéile.

Cás na mná pósta a shamhlaíonn mídhílseacht lena fear atá in 'Muintir na Croise' (*ST*) le Máirtín Ó Cadhain. Is í Neilí, bean a chaith tréimhse i Sasana agus atá tar éis filleadh ar an gceantar arís a spreagann an t-amhras, an ghráin agus an fonn díoltais i Méiní. Seachantacht agus giongaíl a fir tar éis dó cuairt a thabhairt ar Neilí a chuir ar a hairdeall í agus ba leor a neamhshuim inti an oíche sin chun an tarcaisne a chur i gceann na héagóra.[22]

Dála phátrún an ghearrscéil chlasaicigh, tagann Méiní, príomhcharachtar an scéil, ar thuiscint nua i dtaobh an tsaoil:

Ba léir di go raibh sí féin éirithe an-ghlic ó aréir roimhe sin. Ag fiafrú di féin a bhí sí cén chaoi ar mhair sí go dtí sin, nó cén chaoi a mairfeadh bean ar bith gan a bheith glic urchóideach, gan an smugairle nimhe i mbarr an ghoib go síoraí mar an easóg. (ST 48)

agus:

Ó aréir amháin a bhí a cuid gáirí mar sin ar nós eachlachaí míscéalach ag teacht chun a ceannaghaidh – arae, aréir den chéad uair a rinne a hintinn míscéal. Chrap a séan leis ina rud cho luainneach cho malairteach leis an nga gréine. (ST 59)

Stracann sí grianghraf a pósta: ' "Sin é anois mo shaol ina dhá leith," arsa sise léi féin. "Níl fanta dhá raibh dhíom go dtí seo ach mo shúile – mo shúile oscailte" ' (ST 53).

Chítear do Mhéiní gur sás cathaithe cruthanta í Neilí feasta. Seo í an bhean dhíomhaoin, í mealltach cluanach soilíosach fáilteach: ' Í bheith ina grianán spéiriúil roimh chuile bhoideoide bagáisteach d'fhear a chasfaí an bóthar' (ST 47-8). Raibiléir críochnaithe í an bhean mhínáireach seo, dar le Méiní, bean a raibh spéis áirithe ag fear Mhéiní inti sular phós sé:

Roimh í féin a phósa bhaineadh sé corrfhásca as Neilí tar éis dúna d'ósta na Croise. Bhíodh sí deas handáilte, a deireadh sé, ag maga faoi féin le Méiní. Ba bhreácha de bhean í Méiní, a deireadh sé. B'eolgaí. Ba choinnleoir sa bpobal. Thug sí clann dó. Ba bhean oibre í. Chuir a spré rothaí an tsaoil faoina theach. . . . (ST 45-6)

Chítear do Mhéiní go bhfuil athrú ó bhonn dulta ar a caidreamh pósta agus ar a stádas féin ó d'fhill Neilí, mar shampla:

Go brách arís ní chloisfeadh sí óna bhéal - mheabhraigh sin di gur fadó ó chuala – gurb í coinnleoir an phobail í. D'fhágfaí ina máistréas ar an mbaile í. . . .
    Bheadh an teilifís aici, a cuid irisí, a cuid clainne, a carr féin, a cuid airgid féin sa mbeainc, agus í ina banríon ar an mbaile substaintiúil galánta seo. Ba í banríon an uaignis a bheadh inti, an t-uaigneas sin ba fhlaitheas a baineadh díot, nach bhféadfaí troid ar shon é a choinneáil, mar nár thuig tú go mba fhlaitheas é, nó flaitheas leatsa, ná fiú go mb'ann dó, nó go raibh sé fuadaithe go brách, arae b'ionann é bheith creachta anuas ina uaigneas anois le nach raibh sé ann riamh. (ST 52)

Tuigeann Méiní nach fiú di dul i gcomórtas leis an mbean eile - 'ath-Neilí a dhéanamh di féin' (*ST* 55) - mar go mbeadh sí ina ceap magaidh ag an bpobal, go háirithe ag na mná pósta eile. Ní fiú di comhairle na sagart a lorg ach an oiread:

> Chuile Dhomhnach beo ba ar fhir agus ar mhná a bhídís ag caint ach ar thaobh na bhfir a bhídís as éadan. Deile! Ní bhíodh neart ag an bplapach bocht air. Agus teach an *time* oscailte i gcónaí roimhe! (*ST* 55)

Tuigeann Méiní, leis, nach bhfuil aon tuar dóchais le haireachtáil i scéal Ailín agus Aoife, scéal an 'ghrá' bhréagrómánsúil a dtagraítear dó tríd an scéal. Ní fonn chun fantaisíochta ná chun rómánsaíochta atá anois uirthi, ach í ag fiach i ndiaidh na fírinne, dá sheirbhe í an fhírinne sin: 'Ná ní raibh baint ar bith ag a cúrsaí féin le grá... Díoltas, fíordhíoltas, a bhí uirthise a bhaint amach' (*ST* 65).

Cinntíonn teilgean agus meanma na hinsinte go mbeidh bá an léitheora le Méiní. Ó thaobh na stíle de, chítear go gcuireann tíriúlacht agus oscailteacht na teanga le beocht agus le hinchreidteacht na smaointe agus na mothúchán. Os a choinne sin, áfach, níl aon amhras ná go dtagann cuma róshaothraithe agus dul róghabhlánach na stíle idir an léitheoir agus eisint an scéil ó am go chéile.[23] Faoi mar a deir criticeoir amháin: 'In ionad inmheánacht na mná a léiriú brúitear as amharc í faoi sheaneire na foclaíochta' (R. Kelly 1978, 20). In ainneoin na doiléire thall is abhus sa scéal, músclaítear spéis an léitheora i gcás na mná suaite seo atá ag iarraidh an fhírinne a dhealú ón mbréag agus í ag meabhrú ar a caidreamh pósta. Chonacthas d'Alan Titley (1977:21) go raibh fiúntas faoi leith le maíomh ag an scéal seo:

> Tá cúngach an tsaoil chomhaimseartha gaistithe go seamhrach sa scéal seo aige, luachanna dhá ghlúin, dhá thír, dhá ghnéas ar chúrsa imbhuailte, gan teacht as ag an duine leis an sáslach traidisiúnta amháin.

Míshonas an tsaoil phósta a fhoilsítear in 'An tSacraimint' (*Mac*) le Micheál Ó Conghaile. Smaointe gangaideacha an fhir a bhfuil teipthe go hiomlán ar a chaidreamh pósta agus a théann i muinín an óil agus an gharbh-bhéil dá bharr, atá i gceist sa ghearrscéal teann fáiscthe seo:

Céard déarfadh sí féin anocht? Céard nach ndéarfadh sí ba chirte a rá. Sclafairt. Sceanairt. Spréachfadh sí. D'íosfadh sí beo aríst thú. Dris. Deargdhris. Spadhar. Craiceáilte, adeir tú. Craiceáilte ceart go leor...ach. Ach cén mhaith bheith ag caint. Ach chaithfí caint. Bheadh ina chaint. An liodán cráite céanna. An paidrín páirteach céanna... Cúig bliana... Cúig bliana pósta. Croimeasc...Adhastar....
(*Mac* 33)

Fearg agus frustrachas do-shrianta an fhir atá ceaptha i ndol an phósta atá i dtreis ó thosach deireadh an scéil; é ag santú agus ag samhlú caidrimh ghnéis le mná óga groíúla fonnmhara agus é ag milleánú is ag damnú a mhná mífhortúnaí ar feadh an achair.

Trí mheán stíl ghéar fhaobhrach na hinsinte, músclaítear agus cothaítear bá an léitheora leis an mbean chéile atá céasta ag a saol agus í ceangailte le suarachán gairgeach gáirsiúil nach cás leis a bhean ná a chúram. Aithníonn an léitheoir go bhfuil idir fhaoiseamh agus fhuascailt i gceist in imeacht na mná céile i gcríoch an scéil seo; scéal fórsúil inar léir seirfean colgach an phósta mhírathúil. [24]

Scéal é 'An Scian Leictreach' (*Laochra*) le Mícheál Ó Brolacháin a nochtann míshástacht fir lena chaidreamh pósta agus lena shaol meánaicmeach. Ritheann sé leis an bpríomhcharachtar lámh a chur ina bhás féin ach roghnaíonn sé réiteach eile ar deireadh, réiteach a chruthaíonn timpeallacht agus cúinsí saoil nua ar fad dó féin agus dá bhean. Rogha é, leis, a chinntíonn sonas dóibh araon, de réir dealraimh. B'fhéidir, áfach, nach n-áitítear pearsantacht ná meon na mná céile ar an léitheoir toisc a neamhiomláine is atá an sceitse a dhearann an t-údar di. Tuigtear go bhfuil Deirdre pósta le dhá bhliain anuas agus go bhfuil a fear céile suite dá mídhílseacht:

Chúisigh sé í ach bhí a fhios aige nach mbeadh aon bhreithiúnas ann. Ní bheadh aon chúirt ann, ní bheadh ach an cúiseamh tostach. Ní fhéadfadh sé í a cheistiú ar eagla go bhfreagródh sí. Cinnteacht a bheadh ann ansin agus b'fhearr leis taibhse an amhrais. (*Laochra* 38)

Ag tús an scéil leagtar béim ar mhórspéis Dheirdre ina post sa bhanc. Is trí shúile agus smaointe a fir a chruthaítear Deirdre don léitheoir, mar shampla:

Ba Dhia di an banc, an obair, an saol sóisialta agus an seasamh a bhain leis. Bhí sacraimintí ag gabháil lena creideamh, na cártaí plaisteacha a thabharfadh cead di seiceanna a scríobh nó a d'fhaigheadh airgead as meaisín di istoíche, an morgáiste saor, a gluaisteán féin, gin agus tonic san Abbey Mooney ag am lóin. (*Laochra* 34)

I mír dheiridh an scéil, tá Deirdre i ndiaidh éirí as a post; tá an teach díolta aici féin agus ag a fear, iad ag taisteal na hEorpa le bliain anuas; tréimhse caite acu ag 'scuaiteáil' i mBerlin agus cónaí (sealadach) orthu anois 'i seomra amháin ar an tríú hurlár i seanteach ar Goethesstrasse i lár cathrach óige sa Bhaváir' (*Laochra* 41). Tá Deirdre ag iompar clainne agus tugtar le tuiscint go bhfuil sí sona sásta lena saol trí chéile: 'Bhí sí sásta, bhí an rud ceart déanta acu' (Ibid.).

Pé moladh a thabharfaí don léiriú ar 'angst' an fhir óig sa scéal seo, ní dócha go bhféadfaí a mhaíomh go dtéann carachtracht na mná céile i bhfeidhm ar an léitheoir a bheag nó a mhór toisc go ndéantar ró-shimpliú uirthi.

Scríbhneoir é Pádraic Breathnach a thug faoi ghnéithe éagsúla de shaol na lánúine pósta a fhorbairt go téamúil ina shaothar gearrscéalaíochta. Féachfar anseo ar shamplaí den chur i láthair a dhein sé ar chúrsaí caidrimh ina chuid scéalta.

Tá carachtracht an-chinnte agus an-soiléir le maíomh ag Davina in 'An Lánúin' (*L*) leis an mBreathnach. Bean óg ardaidhmeannach ardintinniúil í ar maith léi a fear a bheith ina mhogha aici, nach mór. Ní fheiceann leannán locht, ar ndóigh, agus is léir go bhfuil Gearóid ar adhastar ag an mbean chaolchúiseach seo, é dallta ag a dóighiúlacht, ag a cumas agus ag a tréithiúlacht. Fear uaillmhianach go leor é Gearóid, ámh, agus chonacthas dó gur chun a leasa féin é Davina a phósadh:

> Ba bhreá an maisiúchán í seo ar a shealús féin, dar le Gearóid. B'é an sméar mullaigh ar a chuid gustail, ar a dhul chun cinn é bean dathúil a phósadh. Rinne sé go leor smaointe faoi seo: faoina ádhúla is a bhí aige bean chomh hálainn a bheith ar a chordaí nuair ba mhinic a milleadh fear maith le scubaide. Eisean saibhir dathúil i gceangal pósta le bean dathúil éirimiúil dhifriúil ba mhór an spóirt é! Bean chríochnúil. Bean annamh. Éan fánach. Nárbh iontach mar a lean an rath i gcónaí é; chuile chineál ar mhuin na dtonn. (*L* 168)

Ní thagann grá ná gean, comhthuiscint ná comhréiteach i gceist i saol bréag-ghalánta na lánúine rachmasaí seo. Bean dhochomhairleach í Davina a gcaithfidh Gearóid géilleadh di de réir mar a

Ina seasamh ag bun an staighre sa halla a bhí Sorcha agus í ar an
mbionda feargach sin. Bhí sí ag stampáil thart ann mar leon ocrach i
gcuibhreann, ach gur airigh sí a cumhacht, a cealg, a nimh.
Stróicfeadh sí, is réabfadh sí an súgán seo céile aici! (*BP* 73).

Téitear thar fóir - agus thar réimse na dóchúlachta isteach i réimse
an ghrinn - le caint mhaslach na mná céile sa ghiota seo: 'Bhí
boladh uait sa leaba aréir a chuir múisc orm - boladh mar a
thiocfadh ó mhada lofa, nó ó dhruncaera a bhí ag mún go síoraí
ina chuid éadaí' (*BP* 71). Faoi mar atá ráite ag criticeoir amháin,
ba dheacair a leithéid sin a shamhlú le Caitríona Pháidín féin! [25]
Beartaíonn Cóilín ar chúrsaí a chur ina gceart:

Anocht nuair a bheadh na cuairteoirí bailithe leo abhaile bheadh
rud éigin le rá aige léi – spáinfeadh sé di go soiléir is go hiomlán cé
bhí i gceannas. Rófhada a bhí sé ar an gcaoi seo anois riamh ó
phósadar beagnach, ach chaithfeadh sí athrú. (*BP* 71)

... ach a dhá luaithe is a bheadh an dochtúir is a bhean glanta leo
abhaile anocht ghabhfadh sé go bun an amhgair léi, ba chuma a'
dtógfadh sé go maidin. Rófhada a bhí sé ina luichín aici, an
bháirseach! Má ba gharbh an béas féin é cúpla buille de chrios
leathair ar a tóin, b'fhéidir gurb é an leigheas ceart é. (*BP* 73) [26]

Nuair a ghlacann Cóilín misneach agus nuair a fhógraíonn sé do
Shorcha go bhfuil sé i gceist aige a cheannas a chur i bhfeidhm
feasta ní deacair an searbhas i ndreach Shorcha a shamhlú:

Chaith sí a cloigeann in airde agus gháir go láidir. Dhoirt searús ina
uarán aníos as a béal leata. Stop sí. Bhreathnaigh sí ar a fear arís.
Sheasadar ina dtost. Bhí an dímheas dá fear céile mar fhathach inti.
Blaosc ab ea eisean. Chroith sí a cloigeann go brónach agus labhair:
''Sé an trua róghéar é nach bhfuil oiread sin troda ionat. Má bhí,
b'fhéidir nach mbeimis sa riocht ina bhfuilimid.' (*BP* 75)

Maidir le Sorcha féin, ní dhéantar staidéar, iniúchadh ná forbairt
ar mhothúcháin ná ar smaointe na mná seo ar saolaíodh (a céad?)
leanbh di tamall ríghearr sula dtosaíonn imeachtaí an scéil. Is i
gcomhthéacs fhrustrachas a fir a fheictear í – í ina báirseach
chruthanta, í crosta ceannasach ceanndána. Séard atá againn i
gCóilín an scéil seo ná solaoid den fhear céile clipthe scólta
sáraithe.

Fear céile stuacach a sheasann an fód nuair a thosaíonn
argóint idir é féin agus a bhean atá in 'Díospóireacht' (*L*) leis an
údar céanna. Dála 'Réamhchuairt' (*BP*), is trí shúile an fhir a

fheictear cúrsaí; a léargas siúd agus a chuid smaointe siúd a stiúrann gluaiseacht agus meanma an scéil. Cuirtear idir chantal agus imní Antaine in iúl go héifeachtach agus tugtar éachtaint ar shaol na fantaisíochta agus ar na mianta dúilmheara folaigh aige, mar shampla, agus é ag meabhrú ar bhuntáistí na saoirse a bheadh aige dá gcaillfí a bhean:

> D'fhéadfadh sé bualadh leis go Londain agus dul ag cuartaíocht go dtí árasáin ban mírialta; airneán a dhéanamh leo. Ba chaitheamh ama é seo a mba shuim i gcónaí leis agus b'é a phaidir an deis sin shula bhfaigheadh sá bás nó ró-chríonta. (*L* 113)

agus:

> Ghabhfadh sé isteach ag na siopaí móra gnéis sa chathair sin agus bhreathnódh sé ar na hilearraí ar díol iontu. Faoi mar a dúirt deartháir a chéile leis bheadh cúilinn mhóra shodógacha ag tíocht i leith aige dhá fhiafraí de a riachtanais agus ba bhreá leis féin é sin.... D'inseodh seisean don tseóainnir céard a bhí uaidh agus chuirfeadh ceisteanna uirthi. Cheannódh sé baill acraí uaithi; cheannódh sé uachtair áiride ach go háirid agus cailín éadromáin, agus bheidís aige i bpríomháideachas a thí féin gan bhean. (Ibid.)

I 'Mórthaisme' (*BP*), gearrscéal eile leis an scríbhneoir céanna, cuirtear ógbhean phósta ghrámhar shoilíosach i láthair, bean a thuigeann a fear agus a thugann tacaíocht dhílis dó i gcónaí. Braitear boige agus géilliúlacht i bpearsantacht na mná seo, í faoi dhraíocht ag ceannas agus ag siúráil a fir chéile:

> Bhí cloigeann Regina ligthe go dlúth le cliabhrach Mháirtín. D'airigh sí a chroí ag bualadh. D'airigh sí go milis i ngrá leis.
> 'Is cailín ar leith thusa. Ní fhéadfainn éinne ach thusa a phósadh. Bheul, d'fhéadfainn, ach ní bheinn chomh sona leo, tá sin cinnte.'
> Thóg Regina a cloigeann le póg eile a dháileadh ar bheola Mháirtín. Tharla glothar ina scornach.
> 'Ó, 'Mháirtín! Tá grá agamsa duitse freisin ! Abair liom go mbí grá agat dom i gcónaí!' (*BP* 127)

agus:

> D'fhéach sí ina dhiaidh agus d'fhan mar sin ag meabhrú faoi. B'iontach an duine é Máirtín.... Ba ríméad léi an t-anam meanmnach seo ann! Chuir sé fearg uirthi uaireanta; bhí sé dian ag cur iallaigh uirthi crácamas, tuirse is pian, a fhulaingt, ach ba mhéanar i ndeireadh báire. Ba mhéanar a bheith faoi chuing an phósta le

hógfhear chomh treallúsach, chomh huaillgháireach, chomh hanamúil leis! Dháiríre bhí an t-ádh dearg uirthi gurb ise a phós sé! (*BP* 129)

Is é íoróin an scéil, ar ndóigh, ná go bhféadfaí a rá gurb é dúil a fir chéile sa bhfiontar agus sa bhfiántas dúshlánach faoi deara - go hindíreach - tubaiste Regina i gcríoch an scéil.

Lánúin níos sine ná Regina agus Máirtín atá i gceist sa scéal 'Maol Mór' (*BP*) leis an scríbhneoir céanna. Chítear fear a bhfuil cliste air aon dul chun cinn suaithinseach a dhéanamh ina phost, é timpeall daichead bliain d'aois agus a neamhéifeacht féin ag goilliúint go mór air. Smaoiníonn sé ar a bhean chéile:

Bhuail trua mór é do Bhróna. B'fhaitíos leis gur saol uaigneach crua a bhí tugtha aige di i ndeireadh na dála. Bhí oiread sin geallúintí agus brionglóidí curtha aige ina cloigeann. Dúirt sé léi go mbeadh teach galánta acu agus dalladh cairde. Go rachaidís ar an Mór-roinn nuair a bheadh an post mór aige, agus nuair a bheadh na páistí sách fásta. Go gceannóidís teach cois farraige - áit a gcaithfidis a saoire agus a *retirement.* (*BP* 81)

Radharc grámhar inchreidte é an radharc beag seo i gcríoch an scéil, mar a bhfuil nádúrthacht na scríbhneoireachta le moladh:

Leis sin tháinig Bróna aniar as an gcistin.
'Tá an tae réidh,' ar sí.
Chuaigh Marcas faoina déin láithreach. Rug sé barróg uirthi. D'fháisc sé go teann í. Spleách sise air go magúil lena hiontas faoin aicsean seo a chur in iúl. Ach níor fhéach seisean uirthi. D'fhan sé cromtha os a cionn, a shúile ceilte. Thuig sí buairt air agus d'fháisc sí go láidir é. D'fháisceadar arís ní ba teinne. (*BP* 84)

Fear eile a bhraitheann cúrsaí an tsaoil ag dul ina choinne atá i nDomhnall sa ghearrscéal 'Achrann' (*BP*) le Pádraic Breathnach. Teastaíonn ó Dhomhnall blaiseadh den bhfiúntas ealaíonta agus dul chun cinn suntasach a dhéanamh sa scríbhneoireacht chruthaitheach, cuspóir nach bhfuil ag éirí leis a bhaint amach. Maidir lena bhean, Majella, dhealródh sé gur bean shaonta ábharaíoch í ar spéis léi an tsiopadóireacht thar aon ní eile. Dealraíonn sé nach bhfuil tuiscint róléir ag Majella ar chuspóirí ardaidhmeannacha a fir:

Níor bhaileach a thuig Majella céard faoi a raibh Domhnall. Ach ba chuma. Ba deas a bheith ag éisteacht leis. D'fhigh sé gréasán timpeall uirthi. Thimpeall sé i gceo í. Boladh cumhra ón gceo. Bhí sí ardaithe ó thalamh. Faoi shuaimhneas i ngleanntán áille sléibhe. Bhí sí mórálach as Domhnall. Bhí sí ag iarraidh cuidiú leis. Bhí sí ag iarraidh cuidiú leis agus é a phógadh. (*BP* 104)

Caitheann Majella lena fear mar a chaithfeadh sí le páiste, mar shampla:

> 'An páiste bocht! Gabh i leith agus tabharfaidh muid folcadh duit! Agus nífead do ghruaig anois freisin le go mbí mé réidh leat! Ach fan ort nóiméad go mbearrfad beagán den ghiobal gruaige sin! Agus tá d'fhéasóg gan slacht; agus tá d'ingne fada ....' (*BP* 105)

Airítear cealg na híoróine arís agus arís eile sa tslí ina gcuirtear monalóg inmheánach an tráchtaire (.i. Domhnall) i bhfrithshuí le comhrá neafaiseach na lánúine tríd an scéal.

Fearg fhoréigneach fir i leith a mhná céile a chruthaítear sa scéal drámatúil 'An Fear Meisce' (*LF*) le Pádraic Breathnach agus frustrachas fir a bhfuil teipthe air ina shaol agus a leagann an milleán ar a bhean chéile atá i dtreis in 'S.-M.' sa chnuasach céanna. An seobhaineach fir ina steillbheatha atá sa scéal áirithe seo agus ní théann áibhéil ghreannmhar an léirithe amú ar an léitheoir. Féach, mar shampla, smaointe an fhir chéile agus é ag féachaint ar a bhean:

> Cnámharlach mór místuama. Ba chorpán a bhean, corpán míchumtha. Ab é a dhán feasta a shaol a chaitheamh ceangailte leis an gconablach seanbhó seo gan sú ...? A shaol a chreimeadh is a ídiú a buil na toirte útamálaí seo gan anam cé go raibh an domhan ina dhoirteadh le bonsóga bonsacha! (*LF* 82)

Scéal corraitheach dea-scríofa é 'Dólás' (*AT*) leis an ngearrscéalaí céanna, mar a bhfuil fear ag iarraidh teacht chun réitigh leis an bhfírinne i dtaobh shláinte a mhná, is é sin, nach fada eile a mhairfidh sí toisc ailse a bheith uirthi. Smaointe agus mothúcháin an fhir atá á nochtadh tríd an scéal cumasach seo:

> Ba dheacair aige a mheas go n-ardódh an t-ualach bróin a choíchin uaidh. Bheadh sé síoraí, go bás, ag éagaoineadh bhí sé ag ceapadh. Ag fuasaoid, ag éamh, ag canrán. Ag meath. Bhí sé bródúil as Cáit, as a hóige, as a háilleacht, as a glaineacht, as a héirim, as a comhluadar, as a cneastacht tláith, as na gasúir dheasa a bhí beirthe aici dó. D'aireodh sé uaidh í, go dóite. An ghéim is an chumhacht a bhí ann, b'ise faoina ndeara. An t-uabhar a bhí air, an mhuinín a bhí acu,

b'iad a tréithe sise, a neart sise, a soilíos is a suáilcí sise ba bhun leis. 'Ó, a Cháit, a Cháit, a Cháit! Is tú a rinne scafánta mé. Is tú a chuir an fhearúlacht ionam. Céard a dhéanfaidh mé t'uireasa?' (*AT* 63)

Déantar an t-eadóchas cráite a chur in iúl go beo soiléir i gcomhthéacs thimpeallacht agus shaol laethúil an fhir. Airítear éifeacht dhrámatúil stíl an charnaithe sa ghiota seo a leanas:

Shiúlfadh sé an sliabh go haerach leis an maidneachan dá mbeadh sí ina sláinte. Nárbh é a shiúlfadh? ... Shiúlfadh sé an sliabh go clóchasach leis an gcamhaoir. Ghabhfadh sé go bríomhar trí fhliuchrais is trí mhóinteáin, trí luachair lán drúchta, trí chaonach, trí dhearglaoch, trí fhiteoga, trí eanacha, trí easracha, trí roilleoga roighne, trí thomacha fraocháin, trí fhionntarnach, trí fhionnán, trí lagphoill, trí athphoill, thar mhútaí, isteach in ísleáin, amach thar ardáin. Sheasfadh sé ar bharr cnoic le héirí na gréine. Thoirbhríodh sé dán chun Dé. Ach biseach a theacht ar Cháit. (Ibid.)

Sonraítear dílseacht agus doimhneacht an ghrá i saol na lánúine sa scéal. Gheofar sampla de seo i radharc deiridh an scéil, mar a mbraitear go bhfuil an cur síos neamhchasta neamh-mhóiréiseach díreach i gceart mar go bhféadfaí géilleadh go ró-éasca don mhaoithneachas agus ábhar mar seo á fhorbairt mar théama scéil.

Scríbhneoir é an Breathnach a bhfuil cumas ar leith ann léiriú báúil géar-chúiseach a dhéanamh ar thraochadh spride agus ar dhíomá daoine maidir le cúrsaí a saol. Féach, mar shampla, an cur síos gonta seo ar bhean tuaithe sa ghearrscéal 'Faoi Nollaig' (*BA*):

Bhí a héadan uireasa datha, uireasa dóchais gan é a bheith éadóchasach. Phós sí go hóg. Ghéill sí don saol. Ní raibh aon mhórthnúthán, aon ollmhian ina croí feasta. Bhí cuma na tuirse uirthi de shíor, ach níor staon sí den obair choíche. (*BA* 171)

In 'Cuairt' (*BP*), tugann Pádraic Breathnach faoi théama an aicmeachais, téama a shaothraíonn sé go héifeachtach ina chuid gearrscéalta trí chéile. Sa chás seo, airítear míchompord na mná tuaithe i láthair lánúin chathrach, daoine a samhlaíonn sí galántacht agus sofaisticiúlacht leo. Ní fada, áfach, go méadaíonn ar an bhféinmhuinín ag Cáit agus go dtuigeann sí gur gnáthdhaoine iad an tUasal de Búrca agus a bhean. Ábhar mórshásaimh do Cháit is ea a bhreátha a éiríonn leis an mbéile a d'ullmhaigh sí do na cuairteoirí. Tugtar faoi deara, leis, gur ábhar bróid dá fear céile é cumas Cháit i mbun comhrá.[27]

Is é príomhbhua an scéil seo, b'fhéidir, ná a fheabhas is a chruthaíonn an t-údar an teannas, an imní agus an fhoirmeáltacht a ghabhann le cuairt mar seo agus an faoiseamh a airítear nuair a éiríonn go maith leis an ócáid. Tugtar faoi deara go bhfilleann Cáit ar chlós na feirme i gcríoch an scéil. Tá a cuid déanta aici. D'éirigh go maith léi, dar léi féin. Airítear faoiseamh na mná agus í ag dul i mbun ghnáthdhualgais laethúla na feirme.

I gcomhthéacs seo na carachtrachta agus daoine ar a ndícheall ag iarraidh go nglacfaí leo, chítear gur minic a bhaineann an t-údar leas as an gcodarsnacht idir an méid a deirtear os ard agus smaointe príobháideacha an duine. Ní annamh greann ag baint leis an neamhréiteach idir an mothú inmheánach agus an chaint neafaiseach a dhéantar agus, ar ndóigh, bíonn ról pribhléideach ag an léitheoir sa chur chuige seo. Tá samplaí den tréith scéalaíochta seo in 'Cuairt' (*BP*), go háirithe i dtús an scéil mar a bhfuil méid áirithe teannais, míshuaimhnis agus cúthaileachta á chur in iúl.

Gné inchreidte den scéal seo is ea a dheacra atá sé do Cháit aon chomhrá le dealramh a dhéanamh le bean an Bhúrcaigh. Tríd is tríd, ní deacair blas goirt na híoróine a shonrú ar an scéal seo, scéal a chíorann cúrsaí pearsantachta agus féin-íomhá go hábalta spéisiúil.

Dhealródh sé nach bhfuil aon fhadhbanna féin-íomhá ag déanamh tinnis do Mhairéad, Bean an Ollaimh Uí Bhroin sa scéal 'Mórdháil' (*BP*). Naímhúinteoir í atá i láthair ag seimineár acadúil agus is léir go gcuireann lucht ollscoile agus léinn déistean uirthi. Ní mheallann gradam phost a fir chéile í ach chomh beag:

> Níorbh é nach raibh sí sách éirimiúil le bheith ina hollamh. Ní raibh an mhian sin aici, ba shin a raibh. Céard ba ollamh ann, dáiríre, ach duine a bhí sásta é féin a bheophianadh le cruacheisteanna cacamais agus an tseafóid go léir a chur i dtoll a chéile ar ball i bhfoirm leabhair? Is amhlaidh nach raibh sí féin sách dorcha straoilleach le bheith ina hollamh, a shíl Mairéad. (*BP* 108)

In ainneoin na ciniciúlachta seo - agus fillfear ar a cuid smaointe faoi bhanollúna i gCaibidil 4 - músclaítear spéis Mhairéad i nduine de na hollúna ar feadh scaithimh bhig, fear a spreagann ainmhian agus dúil inti agus a thugann go dícheallach faoi í a mhealladh chun caidrimh. Chítear idir scil agus líofacht an scríbh-neora agus cur síos á dhéanamh aige ar an mbeirt strainséirí seo a dhéanann teanntás ar a chéile ar dtús, a ghriogann a chéile go spraíúil agus a bhraitheann amaideach ina dhiaidh sin. Ar deireadh is amhlaidh atá siad sáinnithe, geall leis, sa tost a leanann an chaint dhásachtach dhúshlánach ar geall le caint leamh gan fuaimint anois í.[28] Smaoiníonn Mairéad ar a fear céile dílis dáiríre agus is é is fada léi go n-imeoidh sí agus go bhfágfaidh sí an t-óstán agus an drabhlás ina diaidh.

Meanma scéalaíochta dhifriúil ar fad, meanma éadrom fhantaisíoch a bhraitear sa scéal 'Bean Aduain' (*DLD*) ina gcastar an spéirbhean ghleoite mhiangasach ar an tráchtaire ámharach. Bean phósta í an stuaire seo ach is beag cur isteach a dhéanann an méid sin ar dhraíocht agus rómánsúlacht na heachtra:

> Ghlac mé gan cheist le pé ní a thogair sise agus mé éiginnte i gcónaí nár i néal aislinge a bhíos. D'fhéachfainn ar a leagan gruaige, ar a hornáidí móra cluas, ar a héadan, ar a stiúir agus déarfainn arís eile liom féin gur ag brionglóidigh cinnte a bhíos. D'eile? Cén chaoi a mba mise? Cén t-ádh faoi deara? Ba draíocht é as tír na sí nó as na Flaithis. (*DLD* 29)

> Riamh i mo shaol go dtí sin nó ó shin i leith níor chas mé ar chailín ba deise grá ná í. Níl sí ar dhroim an domhain, a sárú. (Ibid, 31).

Tuigtear a chirte is atá cur síos Liam Mhic Chóil (1981:25) nuair a thráchtann sé ar 'idirshaol na mianta' i saothar an údair seo:

> . . . an idirshaol samhlaíoch sin de chuid mianta, imní agus dóchas an duine a léiríonn Pádraic Breathnach chomh maith sin in an-chuid dá scéalta. Is san idir-achar seo, nach é an saol réalaíoch ar fad é – sa mhéid is go bhfuil sé ualaithe oiread sin le suibíochtúlacht na gcarachtar – ná fós brionglóid – sa mhéid is go bhfuil loighic agus mionsonraí an ghnáthshaoil ag baint leis – atá scéalta mar 'Bean Aduain'. . . suite.

Bean phósta gharúil eile í an fhionnbhean in 'Cibé Scéal É' (*E*) le Alan Titley, ach gur bean thalmhaí í an bhean seo, í ar thóir spraoi agus sásaimh di féin. Tá idir shult agus íoróin ag cuisliú tríd an eachtra seo, faoi mar is dual do stíl shainiúil an scríbhneora iltréithigh seo, mar shampla:

> 'Táimse ag éirí bréan den áit seo', arsa an fhionnbhean liom agus ba dhóbair dom titim as mo sheasamh.
> 'Mise leis.' Labhair mé go tapaidh ar eagla go síothlódh sí siar ar ais ina gloine seaimpéin. 'Tógfaidh mé abhaile ar mo chapall bán tú. Cá bhfuil cónaí ort?'

'Aha!' ar sise, ag baint bríonna iomadúla an dá shiolla as dréimire a gutha, 'ní dhéanfadh sin cúis ar chor ar bith. Ní dóigh liom go dtaitneodh sé ró-mhór lem' fhear céile. B'fhearr liom an ghrian a fheiceáil ag éirí faoi chnoc Bhinn Éadair.'
Cé mise chun iarratas mar sin a dhiúltú? Ba chuma liom má tháinig a cuid finne as an mbuidéal, nó má bhí cos mhaide fúithi, nó dá mb'í an iuppaí ina crutaon í, ba chuma liom fúthu sin go léir nuair a bhíomar ar muin marcaíochta ar a chéile, an suíochán cúil fúinn agus díon an ghluaisteáin os ár gcionn, an fharraige ina léinsigh ghil os ár gcomhair agus an saol go léir ina gcodladh ach sinne amháin...
'Ní foláir dom bheith ag bogadh liom,' ar sise faoi dheoidh, 'tá sé ag éirí luath sa lá.'
'Cheapas go raibh do dhóthain bogtha déanta agat,' arsa mise, 'ach níor mhaith liom go ndéanfaí puimpcín díot.' (E 158-9)

Agus buille scoir an chaidrimh ghearrshaolaigh seo:

'Dála an scéil,' arsa mise léi sular chuir sí cos thar thairseach isteach, 'dhein mé dearmad a fhiafraí díot cad is ainm duit.' (Ibid.)

Scéal fuinniúil spleodrach nua-aoiseach é 'Scéal faoi Dhá Chaithir', (E) le Alan Titley, ina bhfuil an frithréalachas agus an fhantaisíocht le tabhairt faoi deara go soiléir. Baineann tagracht áilteortha le teideal an scéil agus sonraítear an íoróin fhaobhrúil, an diabhlaíocht spraíúil agus an greann raibiléiseach ag tabhairt sonc don léitheoir a lorgódh 'fírinne' na n-eachtraí, nó go deimhin, 'fírinne' an tsaoil laistigh de fhráma tagartha an scéil. Bean phósta mheán-aicmeach atá leamh dá saol a chítear i gcuid den scéal seo, í tógtha le nóisean an ghrá agus í á ceistiú féin faoi cé chomh tairbheach nó cé chomh hinmholta is atá / bheadh sé a bheith i gcaidreamh le fear eile:

Níor theastaigh uaithi titim i ngrá arís. Bhí an ceart acu a dúirt gur rud é a bhain le daoine óga, nó a fáisceadh as popamhráin, nó a shiúil amach as scéalta in irisí. Ba rud é a tharla uair amháin nuair a chrith an talamh agus nuair a d'éirigh an sú ionat agus nuair a thug an faidhn ting abhaile don chéad uair tú agus nuair a chuimil sé an póigín meala go héadrom de do bhéal agus gur phós i gcionn bliana tú agus gur chaith tú do shaol go sona ina theannta as san suas go deireadh an aistir. B'shin é a scéal féin agus scéal gach éinne dá cairde. (E 27)

Arbh é a bhí sa ghrá rud a tharla do dhuine i mbaois na hóige agus b'shin deireadh déanta go deo don ghlóir? . . . Agus b'é ab aite léi nach raibh sí féin agus Guy imithe ó chion gan trácht in aon chor ar a gcaidreamh a bheith i ndeireadh na péice. Bhí grá fós aici dó. Níor chuir sé múisc ná gráin ná déistean uirthi. (*E* 30)

An amhlaidh go raibh sí i ngrá le grá?... Chuir sí na ceisteanna seo uirthi féin na mílte uair agus cé nach raibh sí deimhin dá dóigh féin bhí sí siúrálta sealbhaithe ar nár iarr sí ar tharla di. (*E* 31)

Fear 'cúramach, faichilleach, coimeádach' (*E* 28, 33) é a fear agus dhealródh sé gurb é an grá paiseanta atá de dhíth ar a bhean mhíshuaimhneach dhúilmhear.

Gné thábhachtach de chuid an scéil seo is ea scóip na fantaisíochta agus is geall le *tour de force* é críoch an scéil mar a ligeann an t-údar scód lena shamhlaíocht scléipeach bhuacach agus an mháistreacht stíle ar fheabhas an domhain aige. Ina aiste léirmheasa ar *Eiriceachtaí agus Scéalta Eile*, bhí an méid seo a leanas le rá ag Seán Ó Tuama (1987:18):

An té a léifidh an leabhar le lánsásamh, mar sin, ní mór dó a bheith sásta é féin a thumadh ó bhonn sna stíleanna difriúla seo agus a ngabhann leo: an randamandádaíocht, an áiféis, an ghraostacht, an liostáil ghrinn ainspianta, an tagracht ghasta, an léanntacht.

Is cinnte gur féidir blaiseadh de chuid de na stíleanna difriúla sin in 'Scéal faoi Dhá Chaithir', scéal ina mbraitear meanma íorónta chomhfhiosach na litríochta iar-nua-aoisí go beo bríomhar.

Bean phósta atá scartha go sealadach lena fear - ar dochtúir alcólach é - agus a fháiltíonn roimh chaidreamh fir eile atá in 'Tánaiste Teaghlaigh' (*Sceallóga*) le Deaglán de Bréadún. Scéal éadrom neamhornáideach é, é inste ó thaobh an 'fhir eile' de, .i. ó thaobh fir dhíomuaigh a airíonn go bhfuil teipthe air ina shaol proifisiúnta agus ina shaol pearsanta nach mór agus tuigtear go bhfuil baint nach beag ag cúrsaí aicmeachais agus easpa uaillmhéine lena chás.

Scéal cumasach é 'Bean an Tí' (*Bás Bharra agus Scéalta Eile* [=*Bás*]) le Mícheál Ó Laoghaire ina léirítear fadhbanna lánúine pósta agus fadhbanna teaghlaigh ó thaobh pheirspictíocht na mná céile agus na máthar de. Baineann an scéal seo le réimse an réalachais shóisialta agus go háirithe leis an tslí a dtéann an dífhostaíocht i bhfeidhm ar shaol daoine. Airítear a ionraice is atá léiriú na mothúchán sa scéal. Ní deacair é seo a thabhairt faoi deara i radharc deiridh an scéil, cuir i gcás, mar a bhfuil cochall feirge ar an bhfear agus é i gceist aige teitheadh tamall óna bhean chráite agus ise ag súil nach gcaithfidh sé oíche eile ag ól sa teach tábhairne:

> D'fhéach sí air. Theastaigh go géar uaithi rud éigin a rá leis, rud éigin a spreagfadh é chun a chóta a bhaint arís, chun go gcuirfeadh sé a lámha timpeall uirthi. Ba gheall le pian é an fonn barróige a bhí uirthi. Ach níor tháinig focal ar bith chuici. Níor tháinig chuici ach screadaíl an fholúis ina croí istigh is plancadh an dorais; folús an éadóchais agus plancadh tur an dorais. (*Bás* 131)

Is suimiúil é tuairim Michelle Ní Ríordáin (1991: 41) faoin scéal seo:

> Cuirtear cruatan saoil na mná in iúl chomh lom fírinneach sin, gur dheacair dom a thuiscint gurb é seo an chéad uair dom fíorshásamh a bhaint as a leithéid de scéal, de shuíomh, d'atmaisféar i scríbhneoireacht na Gaeilge i gcoitinne.

* * *

Féachfar anois ar ghnéithe eile de shaol na mná pósta i scéalta le Máirtín Ó Cadhain, Donncha Ó Céileachair, Conchubhar Ó Ruairc, Séamus Ó Néill, Dónall Mac Amhlaigh agus Siobhán Ní Shúilleabháin. Lánúnacha atá pósta le roinnt mhaith blianta atá i gceist i gcuid de na scéalta seo agus díol spéise é an tslí a ndéantar ionramháil théamach ar chimíocht an duine laistigh den saol pósta. Patrún carachtrachta amháin a shonraítear i scéalta áirithe faoin saol pósta is ea mná fulangacha fadaraíonacha agus fir chéile mháistriúla acu, patrún carachtrachta atá i bhfrithshuí soiléir leis an *matriarchy* ar ar thrácht Flann Mac an tSaoir [29] agus chítear nach annamh a bhaineann scríbhneoirí leas as an ngreann agus an áibhéil nuair a bhíonn léiriú á dhéanamh ar bhean a bhfuil pearsantacht bhríomhar agus fios a hintinne féin aici. Tosófar le scéalta an Chadhnaigh.

Frustrachas an fhir phósta a ndiúltaítear pléisiúr an lánúnachais dó a thugtar chun léargais in 'Beirt Eile' (*SL*) le

Máirtín Ó Cadhain agus faoi mar is dual do scéalta an údair seo, cuireann greann na háibhéile spreacadh ar leith i stíl na hinsinte:

> Ní fhéadfadh fear a ghéaga a aclú faoi shásamh in aonleaba léi. Bhí sí róbheannaithe ar aon nós. Bíonn an dream criotánach sin i gcónaí róbheannaithe. Iontú chuici chor ar bith agus bheadh pleota mór de phaidrín tarraingithe ón gceannadhairt aici. Iamh ní thiocfadh uirthi ach ag paidreáil go n-éiríodh sí lá arna mháireach. Níor ól Bríd aon deoir bhainne sláinte ó chua brat pósta orthu. Oíche ó shoin ní raibh sí gan phian: pian in a droim, in a corróig, in a cliabhrach, in a duánaí, casacht, fead ghoile, altraid chroí, coileacam, gaoth ag rabhláil timpeall istigh in a bolg, mar bhí aréir agus a liachtaí aréir eile. Ní chuimleodh do léine di gan í dhá fhuasaoid. (*SL* 98)

> Seacht mbliana déag! Seacht mbliana déag tite as a shaol mar thitfeadh a dhrad nó dhúnfeadh a scóig seacht mbliana déag ó shoin, agus é gan aon ghreim a ithe ar an bhfad sin. (*SL* 100)

Déantar codarsnacht idir Bríd leice sheasc róchráifeach agus Máirín shláintiúil scafánta a bhfuil scata leanaí aici. Chítear Máirín, an bhean a theastaigh ó Mhicil a phósadh ó thús - ach gur socraíodh cleamhnas dó - trí shúile dúilmheara Mhicil agus an t-áilíos á chrá, mar shampla:

> Bhí a geadán tóinín cho triopallach is bhí riamh. An gúna cho giortach is go raibh log domhain a hioscaide leis idir dhá ghasúr. Ba shin é bealach an spreabhasaire sin ariamh! Níor bhaol nach mbeadh a hioscaidí, cupán a glúnach, agus a peil tónach feiceálach. Peil a bhí inti féin agus peil i chuile mhíle ball di: peil de cheathrú, de chorróig, de bhoilgín . . . Na cíocha, na cíocha suáilceach sin ba bhuailtí gréine ar a hucht, bhíodar silte slaparáilte i gcosúlacht. Ba bheag an dochar dóibh, banaltra muirín mar sin... D'imigh an diabhal uirthi má bhí sí ag iompar aríst! (*SL* 102-3)

Iarlais mná í Bríd i gcomparáid le Máirín arb í an bhean tí chríochnúil agus an mháthair chruthanta ina steillbheatha í:

> Agus an bhean, Máirín, spreabhasach ar fud na sráide; gasúr i ngreim thall agus abhus i mbeanna a gúna dearg scanraithe a smaoineofá ar do chéad fhéachaint air nach raibh sa mbean féin ach giota luainneach den teach; mias gheal idir dhá láimh agus í ag fuagairt, de ghlór a bhí cho binn bíogúil le ceiliúr fáil agus spéire, gairm ghnáthach na mná tuaithe, 'Tiuc Tiuc.' (*SL* 102).

Teip, éadóchas agus frustrachas Mhicil is ábhar don scéal seo agus cuid bhunúsach dá mhíshástacht é mígreann mailíseach agus dearcadh díspeagúil na gcomharsan ina leith toisc é a bheith gan ó gan oidhre. Agus, ar ndóigh, tuigtear go bhfuil an nimh san fheoil aige do Pheadar, fear céile Mháirín, fear a bhfuil meas an phobail air agus an saol ar a thoil aige.

Gné shonraíoch eile de mhíshástacht Mhicil is ea go bhfuil air cúraimí feirme a mhná a chur de i dteannta a chuid oibre féin toisc easláinte Bhríd. De réir dhearcadh an phobail tuaithe, níor chóir go mbeadh ar fhear bacadh le cúraimí feirme a mhná: '. . . masculinity is defined not by what a man does as much as by what he does not, and the tabooed area includes the whole range of women's work' (Kane 1977, 170). [30]

Maidir le Bríd, scigphictiúr den bhean chéile róchráifeach choinbhreoite a dheartar, nach mór, ionas gur deacair pearsantacht, bríomhaireacht nó substaint d'aon saghas a shamhlú léi. Toisc dhrámatacht na codarsnachta idir í féin agus Máirín agus de thoradh na háibhéile a úsáidtear i dtaobh a lagchumais féin tríd an scéal, forbraítear téama fhrustrachas an fhir a shantaigh agus a shantaíonn bean eile - agus chuige sin féach go mbaintear casadh as an amhrán 'Is trua nach mise bean Pháidín' (SL 103) - ach ní carachtar í Bríd a spreagfadh fiosracht, spéis ná bá an léitheora. Níl a dóthain beochta, doimhneachta ná daonnachta ag roinnt léi chuige sin. Go deimhin, is geall le puipéad í a chuirtear i láthair mar ábhar suilt.

Bean chéile éagaointeach eile í bean J. in 'An Eochair' (SL) ach an uair seo braitear sponc, spionnadh agus ceannasaíocht na mná nuair a thuigeann sí a áiféisí is atá cás a fir sháinnithe. 'A Shean-Cheann' a thugtar uirthi tríd an scéal agus sonraítear an greann Cadhnach arís sa tslí a gcuirtear an bhean chéile seo i láthair. Is léir gur bean í atá ag casaoid le fada agus go bhfuil a fear ag fulaingt dá réir:

Deireadh a Shean-Cheann leis nár chuimhnigh sé, nó nach raibh d'acmhainn ann, a bhríste a bhaint dhe oíche a bpósta agus gur maistín mór dá chnaipí tuatach a chua báite in a corróg an chiontsiocair a bhí ag a cuid scoilteachaí. . . . (SL 223)

Ní raibh sé féin i bhfad ón gcoláiste céanna. Bhíodh a Shean-Cheann i gcónaí ag iarra air a dhul ann. . . 'B'fhéidir,' a deireadh sí, 'go gcasfadh bean chéileachais eicínt leat ann a chuirfeadh comaoin a sliasta ort. Ba mhór de réidh an achair do mo sheanchorróg tholgtha-sa é.' (*SL* 225)

Chuireadh a Shean-Cheann faoi deara dhó chuile oíche guidhe ar son a corróige. Bhíodh sí go síoraí ag lasa coinnle sa séipéal agus ag bagairt a dhul go Lourdes ar a son ach a bhfaigheadh J. ardú tuarastail.... (*SL* 230)

Oíche an darna lá dhó san oifig seo ba é an síor-iontú sin a thug dhá Shean-Cheann é a thuairteáil le fána as an leaba. 'Síos ansin anois leat,' a dúirt sí, 'agus déan do chuid cleasa lúth ar sheanchathaoireachaí agus ar sheanbhoscaí. Tá mo chorróg sách craiceáilte ag scoilteachtaí'.... (*SL* 231) [31]

Tá pearsantacht láidir dá cuid féin ag bean J., í beag beann ar rialacha na Státseirbhíse, gan aon ghéilleadh do chreideamh na Státseirbhíse aici agus gan mórán measa ar phost a fir chéile aici ach chomh beag:

Níorbh fhéidir a chur i gcéill dhá Shean-Cheann go raibh tada le déanamh ag duine nach raibh ach ag lámhseáil pháipéir. Dhá mba ag láimhseáil ghuail é, nó Hoovers, nó 'marbhfháisc go deo oraibh, croisim aríst sibh' de pháistí.... Léanscrios ortha mar mhná! Nach diabhalaí ar a mhaga sin féin nach dtuigfidís rud eicínt uair eicínt! A Shean-Cheann féin ba í an aicíd bhreac aici sa teach páipéar, marar i gcruth nótaí a bheadh sé, agus í ag síorcheasacht nach raibh J. ag tabhairt a dhóthain den chruth sin abhaile tar éis a raibh de fhriotháil mhuirneach aige ar pháipéar. (*SL* 206-7)

Ba dhaoine tuisceanach iad formhór na mban, cés móite de chorrdhuine mar a Shean-Cheann féin nár léar di i bpáipéar ach earra le lucht bineannaí a choinneáil ag obair. (*SL* 229)

Scairteann an greann tíriúil amach sa chuid sin den scéal ina dtagann bean chéile J. isteach de sciotán, í ar a dícheall ag iarraidh a fear céile a shaoradh fad is atá oifigeach cléireachais ag iarraidh féachaint chuige go ndéanfar gach aon ní de réir mar is ceart agus is cuí, mar shampla:

'Fág mo bhealach, a phabhsae smaoise. . . Nach cuma liomsa, a ronnach de smaois, céard a dhéanfas Bord na nOibreacha Poiblí? Céard deir tú, a J.? Cuir na seanpháipéir bhréana sin fre chéile thrí lasa in éadan an dorais. Feicfe tú féin air go ligfear amach ansin thú. . .' (*SL* 238)

Agus nuair a thagann na Gardaí chun í a bhogadh ón láthair: 'A phaca diabhal, mo chorróg! A phaca bastard, ní féidir ach le Dia mé a scara ó m'fhear, ó m'fhear dlisteanach. Dúirt béal an tsagairt gur aon fheoil amháin muid cé gur minic gurbh fhearr liom bearna custaim idir an tseanchabhail shníofa sin ag J. agus mo chorróg bhocht féin. A phaca bastard, a lospairt bhréan. (*SL* 239)

Ar ball, méadaíonn ar ghéire phráinneach na cainte aici lena fear: 'Ní leathdhuine féin thú. Is neamhdhuine thú... Ag géilliúint do na bastaird smaois-ghalánta. Caith a bhfuil d'almóirí luchtaithe istigh ansin in aghaidh an dorais agus déanfa siad smúdar dhe' (*SL* 242). Níl ar chumas J. toradh a thabhairt ar dhea-chomhairle a mhná de bhrí go bhfuil galar na géilliúlachta cinniúnaí sin dulta in ainseal air. Más neamhdhuine é J. ní hamhlaidh dá bhean chéile é. Tá an oiread sin drámatachta sa chur i láthair a dhéantar ar an mbean chéile sa scéal seo gur furasta í a shamhlú mar rúpach mná, mar dhris, mar sciolladóir críochnaithe. Ní thagann léiriú ar an saol inmheánach i gceist i bportráid dá leithéid.

Scéal cathrach eile de chuid an Chadhnaigh é 'Fuíoll Fuine' (*SDT*), scéal ina ríomhtar odaisé mearbhlach N. iar chlos dó go bhfuil a bhean tar éis bháis. Faoi mar a deir Gearóid Denvir (1987:144) i dtaobh phríomhcharachtar an scéil seo: 'Is é an ní is suntasaí b'fhéidir faoi scéal N. a easpa braistinte (*insensibilité*) nó a fhuarchúis, fiú, i leith bhás a mhná.' Coimhthíoch díphearsanaithe stoite é N. agus faoi mar a bheadh súil leis i gcomhthéacs na carachtrachta sin, níor chuid an-tábhachtach dá shaol é an caidreamh pósta:

A bhean phósta féin, ní fhaca sé mar phearsa shainiúil inti féin í agus ní chuirtear i láthair í (fearacht bean J.) ach de réir na bhfeidhmeanna éagsula a chomhlíonadh sí ina shaol seisean. Níor labhair sé as a hainm uirthi i gcaitheamh an scéil. Ní raibh inti ach í siúd a choinníodh an teach sa mbaile agus a bhí ag éagaoin le tamall roimhe. (Denvir 1987, 141)

Ní ann d'aon chumann seasmhach rafar sa scéal seo. Déanann Denvir anailís shuimiúil ar na cosúlachtaí idir N. agus príomhcharachtar *L'Étranger*, le Albert Camus [32] agus tagraíonn Louis de Paor (1991:25) don léiriú cumasach ag an gCadhnach ar 'an néaróis aigne agus an pharailís mhothálach a chrapann pearsantacht an duine stoite i saol gan bhrí.'

Scéal cumasach ina léirítear frustrachas mná (tuaithe) pósta é 'Aisling agus Aisling Eile' (*SDT*) le Máirtín Ó Cadhain. Chítear bean an Lupánaigh, bean Ghaeltachta a bhfuil céile míghnaíúil agus lán tí de mhuirín aici, agus sonrú á chur aici sa scoláire Gaeilge, fear a mhúsclaíonn mianta doimhne folaithe inti mar aon le dúil thréan sa tsaoirse phearsanta. Taibhsítear di go spreagann an strainséir seo chun limistéir nua braistinte í:

> Ariamh ina saol bhí rudaí ar shíl sí nach raibh siad faoin a comhair féin, rudaí ar shíl sí nach mbeadh aon bhreith aici orthu go brách. D'aon iarra amháin ní rudaí diamhara, rudaí coimhthíoch, rudaí dofhaighte a bhí iontu di: óige, slacht, agus súile dubha, glór agus caint mhín thaitneamhach, cosa slána, carrannaí grianmhar... agus rud eicínt eile fós nach raibh sí i n-ann ainm a chur air agus a bhí dhá seachaint mar éan ceoil i ndlúthchoill ar lór leis amháin go gcloisfí é.... (*SDT* 97)

Ligeann sí scód lena brionglóidí, í ag samhlú an tsaoil bhreá a bheadh aici i dteannta an fhir seo, í saor óna sclábhaíocht laethúil, óna fear tíoránta, óna cúraimí clainne. Géilleann sí don aisling agus tagann claochlú rómánsúil ar a saol dá réir:

> Bhí gabháil mhór an tsaoil nua-chumtha seo ag tormach inti. Bhí an t-aimhreas, an mímhisneach, an táire i ndiaidh claochlú ina miodh bhorb shomlasta. Méilséara di ba ea an mhaidin ghlas Fhaoilleach seo.... (*SDT* 99)

Ní haon ridire cúirtéiseach é an scoláire Gaeilge, áfach. Cuirtear i láthair an léitheora é mar dhuine nach bhfuil léargas ná tuiscint aige ar chás cloíte ná ar mhothúcháin ghuairnéanacha na mná:

> Ní cosúil gur aithin sé gur laoi cumainn a bhí ina dhá súil, laoi ba bhinne pháisiúnta ná aon cheann dhá raibh ina chuid leabhra. Ná go raibh a pearsa uilig dhá searra agus dhá síne féin thar a tórainn dhílis, thar na críocha ba dhual di, le dhul ar scair de gach leith ar a phearsa, ar a shaol féin. Ní raibh sé i riocht laoi cumainn a thomhas ná slat a chur ar phearsa dhuine. (Ibid.)

Déistean agus drochmheas tarcaisniúil a spreag an bhean seo sa scoláire Gaeilge, mar is follas ón sliocht seo a leanas, cuir i gcás:

> D'fhan sí féin ansin sa gcisteanach ag Béarlóireacht go conórach leis faoi fhámairí, faoi Ghaeilge, faoi imeachtaí an domhain. An

chuairsce chaca de shraoill! Ba theannach léi a rá go raibh tabhairt suas uirthi, go raibh sí eolgach, go raibh sin agus gradam féin sa saoil aici. (*SDT* 77)

Tuigtear don léitheoir a oiriúnaí is atá teideal an scéil 'Aisling agus Aisling Eile', scéal ina bhfuil an coibhneas míshásúil idir féintuiscint agus aislingíocht (nó dallamullóg) na beirte carachtar i dtreis. Tuigtear, leis, cuspóir agus éifeacht na háibhéile íorónaí, gné stíle a mbaineann an t-údar leas aisti ó thús deireadh an scéil.

Gné lárnach de scéal na mná seo is ea an mhíshástacht a bhraitheann sí, í bréan bailithe dá saol agus í teanntaithe ag éilimh iomadúla a muirir agus a cuid oibre gan trácht ar éilimh chollaí a fir. Is léir agus is suntasach go bhfuil an súgradh tríd an dáiríre sa chur síos ar an ngné áirithe seo den scéal agus is follas go dtreisítear ar an ngreann sa chuid sin den scéal ina bhfuil cúlchaint neamhshrianta na gcomharsan i gceist agus, ar ndóigh, an chomhairle gan iarraidh a bhí á cur ar an mbean, mar shampla:

Ansin bhí deirfiúr an tsagairt sa mbaile mór, deirfiúr sagairt más é do thoil é, adúirt léi go raibh a dhá díol aici gan bolg mór eile agus cén fáth nach mbeadh seomra di féin aici, maistín de ghlas air agus cead aige fanacht ag geonaíl ag an doras nó go dtiteadh déidín aige. Ba shin é deilín na mná aitheanais i gcónaí, rá léi fuagairt air a shean-stroimpiléad de sheanchois sháiteach a choinneáil uaithi... splinc ghéar den ghlúin suas faoin bhfraigh, ba shin í an cailín a chuirfeadh manners leapan air... gan bearra ar bith a ligean leis an sáiteán sin ach bearra a bhainfeas sé amach gan bhuíochas... Iontaíodh sí a tóin leis agus a chead aige a bheith ag poundáil leis... (*SDT* 91)

Ar deireadh thiar, áfach, is léir go gcuireann an fhonóid agus an greann treise le truamhéil chás na mná atá faoi smacht a fir mháistriúil sprionlaithigh amhlánta. Is fiú foinse bhéaloideasúil ainm an Lupánaigh a thabhairt chun cuimhne [33] agus is fiú aird a thabhairt ar na tagairtí don uachais Phoiliféamach [34] d'fhonn braighdeanas agus frustrachas na mná seo a thuiscint i gcomhthéacs dhoicheall a fir. Ba bhreá leis an mbean briseadh amach as carcair a saoil liosta. B'aoibhinn léi 'éalú as a huachais' (*SDT* 97) ach is cinnte nach é an scoláire Gaeilge ná a mhacasamhail a thabharfaidh ugach nó treoir di. Chuir sí a muinín i bhfear toirtéiseach nach raibh aon scil aige i gcanúint na

142 CAIBIDIL 2

súl ná aon suim aige i léamh mhothúcháin an chroí. Fear nach raibh cuisle na féile ná féith na dáimhe ann. Fear sotalach neamhthuisceanach é:

The experiences he has are, to him, either contemptible or ridiculous. In a sense he has no experiences at all; what unrolls in his mind is his own kaleidoscope of obsessions about his avid scholarly and poetic interests. There is no mind of thought of his own; for all his Gaelicism he is well and truly colonized, if by that one can infer the lack of any means of self-expression or authentic experience. His language, an Irish intent on purity, is a sterile hell of static self-involvement. He is as much concerned with his clothes, his elegant car, as he is with syllabic poetry and Irish. (Welch 1993, 200)

Dar le hEoghan Ó hAnluain (1971:13), ba é 'an duine á ghaibhniú ag an saol' an téama ab fhearr a shaothraigh an Cadhnach agus chítear sampla gléineach den téama sin á fhorbairt in 'Aisling agus Aisling Eile' (*SDT*).

Sampla den bhean chéile ghéilliúil scáfar í Nóra Rua in 'Breatnach na Carraige' (*BM*) le Donncha Ó Céileachair, í pósta le feirmeoir miotalach forránach a bhfuil cuid éigin de chruas na carraige ina nadúr féin.[35] Ní ionann sin is a rá nach bhfuil móruaigneas ar an mBreatnach faoi mar atá ar a bhean agus a chlann agus iad ag bogadh óna gceantar Gaeltachta go dtí *farm* i gContae na Mí, mar a mbeidh saol níos rafaire acu. Mar is dual dó, ceileann an Breatnach a chorraithe is atá sé ar a bhean - agus ar a chlann agus a chomharsana - mar go bhfeictear dó nach foláir dó bheith dílis do mheon fearúil stóinsithe a shinsear. Tríd an gcur síos ar bhród an Bhreatnaigh as ar dhein sé le talamh bhocht chadránta a fheirme féin, airítear suaitheadh agus tranglam a chuid mothúchán: 'Ba scarúint le ball dá bhaill bheatha don Bhreatnach iompó ón gclaí agus aghaidh a thabhairt ar an mbaile' (*BM* 196). Déantar codarsnacht shoiléir idir Nóra Rua agus an Breatnach i radharc deiridh an scéil; ise 'sna tríthí dubha caointe' agus eisean 'ag féachaint roimhe amach go dúr doithíosach' (*BM* 199), iad faoi réir le himeacht agus na comharsana timpeall orthu ag cur sláin leo. Ag caint le Nóra Rua atá na comharsana óir ní fhágann an Breatnach slán ná beannacht ag aon duine acu. Leagtar béim ar bhoige agus ar cheansacht Nóra Rua, tréithe a chuirtear i bhfrithshuí le dúnáras agus dúire a fir chéile.[36]

Maidir leis an scéal 'An tInneall Nua' (*BM*) le Donncha Ó Céileachair, is fiú tagairt anseo don tslí a léirítear an caidreamh idir Séamas Mór Ó Muimhneacháin agus a bhean Nóra Ní Dhuibhir. Is trí mheán an chomhrá eatarthu a airítear míshástacht Shéamais Mhóir le meon stuacach míréasúnta a mhná i leith an innill nua agus cinntíonn teilgean agus stíl na hinsinte go meallfar an léitheoir chun taobhú le dearcadh an fhir. Nuair a thugann Séamas Mór an t-inneall nua abhaile, diúltaíonn a bhean aon pháirt a ghlacadh ina mhórtas gaisciúil ríméadach, rud a ghoilleann ar a fear ach go ndéanann sé a fhearg a bhrú faoi.[37]

I radharc deiridh an scéil, mar a bhfuil an Choróin Mhuire á rá, faoi mar a bhí i radharc tosaigh an scéil, is léir go bhfuil athrú suntasach tagtha ar mhéin Shéamais Mhóir agus an tSaighdiúra. Is léir ó dhúthracht na paidreoireachta acu go bhfuilid anchorraithe de bharr na timpiste a bhain don gharsún:

> Nuair a bhí an Choróin críochnaithe chuir an Saighdiúir an staighre in airde de gan fothram mar ba ghnáth leis... Lean an bheirt eile ag guidhe chucu féin. Nóra ba thúisce a éirigh. D'fhan sí tamall ag féachaint le hionadh ar Shéamas. Bhí sé in aon mheall amháin sa leathdhorchadas. Thosnaigh sí ag coigilt na tine go sásta. (*BM* 171)

Foilsíonn an tsástacht sin a dtagraítear di i gcríoch an scéil cráifeach agus deabhóideacht Nóra mar tuigtear di anois go bhfuil 'an mhallacht' (*BM* 165) ruaigthe as an teach de thoradh na taisme a bhain dá mac. Gan amhras, bhraithfeadh an léitheoir comhaimseartha iarracht láidir den cheartaiseacht chaithréimeach sa tsástacht sin.

Pléifear carachtracht Nóra mar mháthair i gCaibidil 3, ach tá sé ar shlí a ráite anseo gur dócha nach dtéann pearsantacht na mná seo i bhfeidhm ar an léitheoir, fiú mar sholaoid den bhean chéile mhórchráifeach. Carachtar neamhfhorbartha atá inti.

Ag féachaint dúinn anois ar 'Margáil' (*Stáca*) le Conchubhar Ó Ruairc, cuid suntais é tost bhean an Dálaigh (agus is mar sin a thagraítear di tríd síos) sa scéal seo mar a bhfuil socruithe cleamhnais á ndéanamh idir dhá chlann. Cé go n-aithníonn bean an Dálaigh ina croí istigh go bhfuil éagóir á déanamh ar a hiníon, fanann sí ina tost agus géilleann sí do cheannasaíocht a fir chéile, faoi mar atá déanta aici le blianta fada anuas. Níor dheacair an bhean chéile a áireamh mar chuid d'airnéis a fir sa scéal seo agus tuigtear gur mar sin a bheidh an scéal ag a hiníon, leis. Tráchtfar ar an scéal seo arís sa chéad chaibidil eile.

In 'An Colúr' le Séamus Ó Néill, scéal a foilsíodh sa chnuasach scéalta *Nuascéalaíocht* (1952), tugtar léargas ciúin éifeachtach don léitheoir ar chás na mná atá pósta le scraiste gan chrích, a bhfuil tráite ar an misneach agus an fhéinmhuinín aige, toisc é a bheith díomhaoin le fada. Cuireann an t-údar an léitheoir ar an eolas faoi Mháighréad (an bhean chéile) sa sliocht seo a leanas:

> Ise a bhí ag seiftiú dóibh a mbeirt, ag fíodóireacht sa mhuileann. Agus bhí sí ag éirí tuirseach den sclábhaíocht. Níorbh aon ionadh é sin. Ocht mbliana déag is fiche a bhí caite aici ag obair sa mhuileann. Ní raibh sí ach seacht déag nuair a druideadh an seanmhuileann i dTeampall Phádraig agus tháinig siad go léir isteach go Béal Feirste. Ní raibh scíth aici ó shoin, mar nach raibh iomrá ar bith ar laetha saoire an uair úd - ach an t-am a rugadh Eoin. Níor mhair an leanbh ach coicís, agus chaith sí sé seachtainí san otharlainn. Ní raibh ariamh aici ach é, agus ó tharla nach raibh labhradh sí faoi i gcónaí sa dóigh is go sílfeá gur mhair sé agus gur fhás sé aníos. (*Nuascéalaíocht* 67)

Braitear cumha na mná i ndiaidh laethanta a hóige agus tuigtear an chodarsnacht idir meirtne agus tromchroí na mná agus suairceas meisciúil neamh-mhothálach a fir i gcríoch an scéil.

Gearrscéal eile leis an údar céanna ina ndírítear aire an léitheora ar intinn mná pósta is ea 'Teacht an Earraigh' (*Fraochán*), scéal ina bhfeictear an tuiscint ag géarú sa phríomhcharachtar go bhfuil an aois ag teannadh léi. Dar le léirmheastóir amháin, sháraigh an scéal seo scéalta eile an chnuasaigh.[38]

Scéal éadrom neamhchasta é 'Teacht an Earraigh' (*Fraochán*) agus seans gurb é an léiriú ar an aicmeachas a bhaineann le pobal baile mhóir an ghné is spéisiúla ar fad, mar shampla:

> B'ábhar scannail a cuid sciortaí goirid teann den fhaisiún a ba nuaidhe nuair a tháinig sí chun an cheantair ar tús, go háirithe ag na mná. Bhí sálta ar a cuid bróg a bhí chomh hard leis na cinn a bhí le feiceáil ins na hirisleabhra faisiúin. Agus chaitheadh sí péire fáinne cluaise de ór bhuí a bhí trom toirteach.
> 'Is mó is cosúla í le giofóig a bheadh ag fáidheadóireacht ar aonach ná le bean dochtúra,' a dúirt Bean Uí Dhonnabháin le bean eile agus iad ag cúlchaint uirthi...
> Ba mhaith a thuig bean an dochtúra gur ag cúlchaint uirthi mar sin a bhíodh mná na comharsanachta. Ach ba chuma léi... Leis an

fhírinne a rá chuir sé cineál bróid uirthi ar tús na mná eile a bheith á cáineadh ins an dóigh sin. Níor theastaigh uaithi a bheith cosúil leo, agus bhí fhios aici nár theastaigh óna fear céile í bheith cosúil leo. (*Fraochán* 28)

Agus an méid sin ráite, ní mór a rá go bhfuil easpa fuinnimh agus fuaiminte ag baint leis an scéal seo. Ba léir go raibh díomá ar léirmheastóir *Feasta* leis an scéal áirithe seo agus leis an gcnuasach i gcoitinne:

An bhfuil aon phictiúir, aon bheo-shamhail den mnaoi á chur os cóir ár n-aigne? Mo thuairimse ná fuil, ná fuil ann ach *ersatz* in inead scéalaíochta. Níl ann ach convention – nósmhaireacht; an sean-stíl caite a bhfuilimid leamh de sa Bhéarla. Is maith liom an Ghaeilge toisc í bheith nádurtha, toisc go dtógann sí sinn ón nósmhaireacht a bhfuil an saol lán de; ach sa leabhar seo gheibhmid an sean-uiscealach a bhfuilimid bréan de. (An tAthair Fiachra 1955b, 18)

Scríbhneoir géarchúiseach a raibh baint nach beag ag cúrsaí aicmeachais le téamaí a shaothair ba ea Dónall Mac Amhlaigh. Is follas go bhfuil tráchtaire 'Maoithneas Maidine' (*SSE*) ag déanamh codarsnachta idir pearsantacht spleodrach ghealgháireach na mná gustalaí a thugann síob dó agus pearsantacht spadánta dhomheanmnach a mhná céile. Tagraítear don chaidreamh pósta mar seo:

Rachadh sé crua anois air a rá cén uair a d'fhuaraigh agus a chailc an t-aighneas beo tallannach a bhíodh eatarthu, tráth, nó cén uair a chlaochlaigh agus a chiúnaigh nó go raibh ina shos cogaidh cráite de shíor. (*SSE* 134-5)

Is léir go bhfuil an tráchtaire faoi dhraíocht ag bean an Jaguar (agus tá cosúlachtaí idir seo agus cás an fhir óig sa scéal 'Éadáil Oíche' sa chnuasach céanna):

Ní thiocfadh leis tinneas ná tuaiplis ná cantal a shamhlú beag ná mór le bean mar í; bhí sí iomlán, ar chaoi éigin. Gan bhréag ar bith bhí bua sa tógáil. An dream dar dhíobh é féin níor mhó ná go mba bheo dóibh i gceart ach iad craptha, bactha ag an saol as ar fuinneadh iad. Í seo lena thaobh anois bhí sí iomlán ar dhóigh nach mbeadh a chéile féin, ná aon bhean eile mar í, iomlán iontu féin go deo. Bhí iompar agus stuaim agus grástúlacht ag spré uaithi; lena hais ní raibh in aon duine de na mná dá raibh ar aithne aige ach cliobógaí díchéillí. Agus deirtí go mba bheannaithe iad na boicht! (*SSE* 129)

Ligeann sé srian lena shamhlaíocht agus claochlaítear a mheanma dá réir. Sonraítear ceann de shaintréithe stíle Mhic Amhlaigh sa ghiota seo, mar atá, an íoróin éadrom mhagúil:

Amhail fear a bheadh i ndiaidh an tríú nó an ceathrú deoch a ól thosaigh soirbhíochas gan údar ag glacadh seilbh a mheabhrach. Crónán cumhachtach an chairr mhóir, gaireacht na mná áille dó, luas seolta a ngluaiseacht – chuaigh na nithe seo i bhfeidhm air mar a rachadh tréanphóit gur mhúscail ardmheanma neamhghnách ann. Ní raibh an saol ar fad tor domlasta, bhí aoibhneas agus áilleacht ann ach iad a aimsiú. Ní fhéadfadh nach mbeadh i ndán dó go deireadh ré ach an tsíorstrachailt ar bheagán tairbhe, driopás maidine agus drogall ar filleadh abhaile tráthnóna. Agus cleamhnas a bhí ag dul ó mhaith in aghaidh an lae. An t-aoibhneas úd ar shíl sé, tráth dá shaol, a bheith dlite dó, níorbh fhéidir nach mblaisfeadh sé de am éigin. Bhí an bheatha seo ró-ionúin is róghairid lena dhíomailt ar an gcuma seo.

Ach ansin mar a bheadh borbshéanadh na haislinge ann chonaic sé cuaillí caola an scafaill agus creatlach an fhoirgnimh ag féithiú in éadan na spéire uaidh. ''Nois tá tú ag ceann scríbe', arsa an bhean agus mhoilligh, de bheagán, ar an luas. Ghabh sé a bhuíochas go fras léi ag oscailt doras an chairr dó ach bhí claochlú tagtha ar a ngearrchumann cheana: b'eisean an giolla agus b'ise an máistreás agus b'ionadh leis go dtiocfadh leis é ligean i ndearmad fiú ar feadh nóiméid. (*SSE* 139)

Thug Mac Amhlaigh faoi chaidreamh pósta a raibh ag teip air mar ábhar scéil in 'Oíche Chinn Bhliana' (*B Bh*), leis. Braitear nóta níos binibí agus níos éadóchasaí sa scéal seo, scéal ina leagtar béim ar dhíomachroí agus ar dhéistean an fhir nach bhfuil sé de mhisneach aige a bhean a fhágáil:

Ní raibh sé ina lá go fóill, baileach, ach i gceann scaithimh eile bheadh na soilse sráide ag dul as agus bheadh tús i ndáiríre leis an mbliain nua. D'imir úireacht na maidine Eanáir tarmchruthadh éigin ar mheanma Pheadair, á líonadh le soirbhíochas neamhghnách éigin nach raibh coinne dá laghad aige leis. Tús bliana: an bhliain mar a bheadh leabhar geal nua nár breacadh a dhath air go fóill. Cá bhfios céard a bhéarfadh an bhliain nua dó, cén cor a chuirfeadh sí ina chinniúint? Cá bhfios nach mbeadh fuascailt i ndán dó i mbliana?

Chuir Síle lámh ina uillinn agus shearg an mheanma arís. Bliain nua nó seanbhliain ba é an dá mhar a chéile é. Níorbh fhuascailt go bás. (*B Bh* 42-3)

'. . . níl rud ar bith is mó a chuirfidh de do threoir tú ná do bhean chéile a bheith ag iarraidh breith ort, ag fuirtheacht a seans mar a déarfá' (*B Bh* 14). Téama de chuid an ghearrscéil 'Beoir Bhaile' le Dónall Mac Amhlaigh atá ansin, téama a fhorbraítear go suairc suáilceach ag tráchtaireacht chuideachtúil an fhir chéile agus cara rúin á dhéanamh aige de chomrádaí óil leis sa teach tábhairne. Is léir go dtugann comhthuiscint seo na bhfear faoiseamh don fhear céile ó bhearradh teanga agus ó 'shúil Gorgan' (*B Bh* 13) a mhná. Labhraíonn sé go muiníneach comrádúil lena pháirtí óil:

'dTug tú faoi deara riamh, a chara, mar is féidir le bean gach uile shórt a mhilleadh, a chur ó mhaith ort? (*B Bh* 13)

Tá a fhios agat an chaoi a mbíonn na mná ó thosóidh siad ag caint, ní aireoidh siad fuacht ná fearthainn ach iad ag geabaireacht leo. (*B Bh* 14)

Ta a fhios agat mar a thosaíonn bean ag canadh nó ag portaireacht nuair a bhíonn múisiam uirthi mar gheall ar rud éigin? (Ibid.)

Ach ar ndóigh, mo léan, chuala tú riamh é gur sháraigh bean an diabhal. (*B Bh* 15)

Beirt bhan phósta a fheictear i mbun óil agus comhrá sa teach tábhairne sa scéal 'Tórramh Simon Cotter' (*B Bh*) agus an tráchtaire ag cúléisteacht leo agus ag tabhairt a bhreithe féin orthu ó am go chéile le linn an scéil. Baineann anamúlacht bhreá le comhrá na mban, go háirithe le caint Mháire atá ag spreagadh a carad chun misnigh agus chun neamhspleáchais, mar shampla:

Tá mé a rá leat, a Nóra, níor mhór duit corrgheábh amach mar seo, corrbhraon a ól ar do chompord dá mba i ngan fhios féin é. Is fíor dom é! Ar ndóigh rachfá *cuckoo* istigh sa teach mar sin i gcónaí - gasúir agus glanadh agus cócaireacht! Ná bíodh ann ach lán méaracháin féin nuair a bheifeá ag siopadóireacht mar seo, ní chreidfeá a ndéanfadh sé de mhaith dhuit. Sin nó bualadh síos go dtí an *local* cúpla oíche den tseachtain. . . *relax*áilfeadh sé thú, a iníon, thógfadh sé cian díot mar déarfá. (*B Bh* 17)

Tá sí féin éirithe as a bheith ina *doormat* a deir sí le Nóra:

Bím sactha istigh sa teach gach uile oíche den tseachtain is gan do chomhluadar a'm ach an teilí...agus an buachaill amuigh ar a tháirim in éindí lena chairde, léine ghlan bhán air agus crís ina threabhsar, ag ól is ag ragús....ó sheas mé i bhfad é, a Nóra, bhí mé i mo sheafóidín aige fada go leor, ach chuir mé stop leis faoi dheireadh. Nó murar chuir mé stop leis amach is amach chuir mé buarach air

siúd a choinnigh in aice le baile é. Thóg sé scaitheamh orm, níl mé
ag iarraidh a rá go raibh sé éasca ná baol air, ach bhí liom i
ndeireadh báire. Sin é an áit a ndéanann muide an dearmad, a Nóra,
nach mbíonn muid seasmhach ár ndóthain, go n-éiríonn muid as an
sciolladh agus as an sclamhaireacht róluath. (*B Bh* 17-8)

Dála 'Beoir Bhaile' (*B Bh*), is é an greann atá in uachtar sa
scéal fada seo, greann a eascraíonn as aibíocht agus barrúlacht na
cainte, ar ndóigh, agus as an léargas a thugtar ar chúrsaí casta
caidrimh idir fir agus mná. Tugtar le tuiscint nach foláir do na
mná a bheith airdeallach glic agus iad ag dul i ngleic le dúchas
cleasach neamhiontaofa na bhfear. San am céanna airítear
cumann bráithriúil tuisceanach na bhfear - cumann a láidrítear go
mór de thoradh an ólacháin - fir atá clipthe cráite ag mná céile
mursanta géartheangacha. Típeanna seachas pearsana indib-
hidiúla atá i dtreis sa chineál seo carachtrachta, ar ndóigh, agus
baineann éadroime thaitneamhach leis an scéalaíocht dá réir.
Airítear tabhairt faoi deara ghéarshúileach ghéarchluasach an
tuairisceora sa phrós-scríbhneoireacht seo.

Is geall le cuireadh cleithmhagúil chun áitimh agus chun
díospóireachta é fráma tagartha an chur síos seo ag Pádraic
Breathnach (1984:34) mar a dtráchtann sé ar inniúlacht Mhic
Amhlaigh agus é ag cruthú bancharachtar: 'Is maith leis mná agus
tá tuiscint mhaith aige orthu, mar is léir dúinne fir iad ar chaoi ar
bith – a luathintinn, a lúitéis, a n-éad is a bhformad, móide tréithe
eile!'

Géarthuiscint na mná ar impleachtaí an tréigin a shoilsítear in
'Tréigean', duais-scéal Oireachtais le Siobhán Ní Shúilleabháin, a
foilsíodh in *Feasta*, Samhain 1976. Is dá thoil féin a d'fhág Tom
Ryan a bhean thiarnúil ghustalach chun dul in aontíos le Lis -
bean a bhí pósta le feirmeoir toiciúil arbh alcólach críochnaithe é.
Fágann an bheirt acu Éire agus iad ag súil le saol nua a bhunú
dóibh féin i Sasana. Ní fada ina dhiaidh sin a shaolaítear iníon do
Lis agus is follas go bhfuil an sonas ag péacadh go haiteasach i saol
na mná seo a d'fhulaing an oiread sin ar feadh na mblianta.
Ansin, ar chlos do Tom gur cailleadh a bhean chéile in Éirinn,
samhlaítear féidearthachtaí saoil nua dó agus tuigeann Lis go
rímhaith go bhfuil deireadh lena seal aoibhnis agus, is cosúil, lena
gcumann:

'Tá mo bhuannachtsa sa tigh sin i gcónaí.'
Bhí an ceart aige. B'shin í an dlí. Ní raibh a bhac ar fhear a
sheolta a dh'ardach uair ar bith, dul áit ar bith, fanacht amuigh pé
faid a dh'oirfeadh dó, agus teacht thar n-ais pé uair a dh'oirfeadh dó,
bhí a bhuannacht fós sa tigh agus ar an mbean a d'fhág sé ina
dhiaidh. Ach an lá a fhág sise ní raibh aon teacht thar n-ais agus bhí
fhios aici sin. (*Feasta*, Samhain 1976,14)

Chítear Lis ag srianadh a teanga go mór cé go bhfuil tuairimí,
smaointe agus cuimhní ag rásáil agus ag tulcaíl trína ceann istigh.
Téann sí i muinín na mionchainte neafaisí agus í ag cabhrú leis an
bhfear é féin a ullmhú chun imeachta. (Ag dul ar shochraid a
mhná céile atá sé ach tuigtear go soiléir do Lis agus don léitheoir
go dteastaíonn uaidh fanacht in Éirinn feasta, lena mhuintir agus
a pháistí agus gnó dá chuid féin á stiúradh aige.) Cruthaítear
míshuaimhneas Lis go héifeachtach agus níos sia amach sa scéal,
airítear uaigneas agus cloíteacht na mná tréigthe ar léir di anois
gur ghéill sí do bhaothúlacht rómánsúil i dtaca le cúrsaí caidrimh
agus leis an saol nua a raibh sí ag súil leis. Ní bean shaonta í,
áfach, ná ní bean neamhscrupallach í ach chomh beag ach bean
ar theastaigh uaithi teitheadh ón saol céasta a bhí á chaitheamh
aici le go bhféadfadh sí beagán sonais a aimsiú nó a chruthú di
féin.

Cé nach bhféadfaí a mhaíomh gur scéal é 'Tréigean' a
thugann dúshlán an léitheora (agus n'fheadar an éiríonn leis an
gcor nua in alt deiridh an scéil ?), ní ionann sin is a rá gur scéal
gan spréach, gan fuaimint atá ann. Tá ábhar fíorshuimiúil faoi
chaibidil ag Siobhán Ní Shúilleabháin in 'Tréigean' agus ba
dheacair gan ceann a thógáil de chumas scríbhneoireachta agus
stíle an údair seo. Léiriú tuisceanach neamhmhaoithneach ar chás
na mná a chaith fiche bliain, geall leis, teanntaithe i bpósadh
míshona agus a dhein iarracht mhisniúil cúl a thabhairt le
hainnise na tréimhse sin agus saol nua a cheapadh di féin, atá
anseo. Teipeann ar an mbrionglóid a cheap an bhean di féin agus
dá páirtnéir nua agus chítear i gcríoch an scéil í agus í tugtha
domheanmnach.

2.3 Seanlánúnacha

Faoi mar a bheadh súil leis, is dócha, i scéalta a phléann cás
seanlánúnacha, ní annamh a chastar carachtair mhaoithneacha

chríonna ar an léitheoir. Tóg mar shampla, an scéal 'Luighe na Gréine' (*An Bhratach*) le Máire mar a bhfuil caint na seanmhná ina macalla ar sheanfhocail i dtaobh chasadh rothaí an tsaoil agus mar a bhfuil an tseanlánúin á cur i bhfrithshuí leis an lánúin nuaphósta a chuirtear i láthair i dtús an scéil. I gcomhthéacs scéalta Mháire i gcoitinne, is díol suime é go bhfeictear bean atá lánsásta lena saol pósta sa scéal seo agus dhealródh sé ón gcuntas dílis a thugann an phearsa scéil seo nár múchadh solas an ghrá rómánsúil i saol na lánúine:

> An fear a dtug mé searc dó, ba é mo rogha ar fhearaibh an domhain é. Bhí sé mar a céadna liom. Níor bhain a' pósadh mealladh ar bith as ceachtar againn. Ní fhuil aon lá ó shoin nach ag éirghe geallmhar ar a chéile atáimid. D'éirigh an saoghal linn ar an uile dhóigh... Agus i n-a dhiaidh sin tá sé uilig thart, nó ar shéala bheith thart. Ní raibh ann acht mar bheadh brionglóid ann. Táimid pósta le leithchéad bliadhain. Agus ní fhuil a fhios agam cá ndeachaidh na bliadhanta sin. (*An Bhratach* 113)

Faoi mar a sonraíodh agus plé á dhéanamh ar scéalta grá an údair seo, tá bua faoi leith le maíomh ag Ó Grianna nuair atáthar ag iarraidh cumha carachtair áirithe á chruthú agus a chur abhaile ar an léitheoir.

Braitear imshníomh agus cráiteacht na seanmhná in 'An Beo' (*Dúil*) le Liam Ó Flaithearta. Chítear an tseanbhean agus í ag féachaint ar a fear céile atá craplaithe ag an aois agus atá ag leanbaíocht agus ag seafóid. Tráchtar go carthanach ar mhífhoighne agus ar easpa ómóis na clainne i leith an tseanduine thuilleamaíoch agus tuigtear ó na tagairtí don tseanbhean thairiseach tríd an scéal go bhfuil aimhneart, anchaoi agus baothúlacht a fir chéile ag creimeadh an chroí aici.[39] Cuirtear briseadh croí na seanmhná in iúl go fíor-éifeachtach i gcríoch an scéil mar a bhfuil sí ag caoineadh an tseanduine a bhfuil an dé imithe as:

> 'Och! Ochón!' a chaoin sí go cráite. 'Is leatsa do shiúil mé tríd an saol, faoi lúcháir agus faoi dhobrón. Och! Ochón! Tá tú imithe anois agus tá mise fágtha, cé nach fada go mbeidh mé do do leanacht. Ochón! Ochón! Mo mhuirnín! Nach thú bhí dathúil láidir lá do phósta! Nach thú bhí fiúntach ceanúil!' (*Dúil* 46)

D'fhéadfaí glacadh leis an ráiteas: 'Is gairid é an t-aistear is faide ón mbroinn go dtí an fód' (*Dúil* 41) mar théama an scéil seo, scéal ina ndéantar an chodarsnacht ghlé idir dhá aois na leanbaíochta a léiriú go paiteanta. De thoradh cháiréis agus íogaireacht ealaíonta na scríbhneoireachta déantar seoid ghearrscéalaíochta den téama uilíoch seo.[40]

Brón agus uaigneas dochloíte na seanaoise atá i gceist in 'Máistir an tSaoil' (*Fraochán*) le Séamus Ó Néill, scéal ina dtéitear thar fóir, b'fhéidir, leis an truamhéil faoi mar a dhéantar sa léaráid bheag a ghabhann leis an scéal seo.[41]

Ní annamh a thagtar ar sheanfhir agus ar aithreacha ar geall le cnáimhseálaithe críochnaithe agus le cníopairí cruthanta iad i ngearrscéalta Mhíchíl Uí Odhráin agus is léir go ngéilleann na mná céile fadaraíonacha dóibh, cuid mhaith. Féach, mar shampla, ar phortráid na mná céile in 'An Soláthraí' (*Slán*) nó ar an ngiota seo as 'Sléibhte Mhaigh Eo' (*SME*):

> Dhearcfadh sean-Mhalaí ar shean-Antaine ansin mar a dhéanfadh sí i gcónaí, mar bheadh crosta uirthi a tuairim féin a nochtadh faoi aon rud faoin spéir go gcuirfeadh an tseanphéacóg féin a dhearcadh in iúl ar dtús. Ní féidir cleachtadh a shárú i gcruthú foighne, áfach, agus bheadh uirthi a bheith foighneach go mbeadh fonn air féin a ghaois a roinnt. Chuirfeadh an seanphleota straois smaointeach air féin ansin. (*SME* 15)

Agus sinn ag trácht ar chúrsaí imirce roimhe seo, ba léir gur théama lárnach i saothar an údair seo é an choimhlint idir an ghlúin óg agus an tseanmhuintir. Ní annamh blas na háibhéile ar na scéalta seo, gné a laghdaíonn, ar ndóigh, ar éifeacht agus ar fhiúntas na carachtrachta. D'fhéadfaí an scéal 'Muinín Mháthar' (*SME*) a lua sa chomhthéacs áirithe seo, scéal faoi sheanlánúin thréigthe eile.

Sa scéal dar teideal 'Seandaoine' (*SD*) le Conchubhar Ó Ruairc, tá seanbhean ag machnamh ar chúrsaí a saoil agus a clainne, mar shampla:

> Cá mhéad bliain ó shin? Cúig bliana is daichead ó thaispeáin sé di conas na punanna a ghlanadh. Bhí an chéad fhómhar á dhéanamh acu agus a gcéad leanbh á iompar aici. Níor mhian le Tadhg go dtiocfadh sí amach in aon chor. D'fhulaingeodh sé tost is ciútaí na gcomharsan mar mhaithe léi. Ach ní cheadódh sí sin. Bhí a fhios aici go raibh súile an ghleanna uirthi, féachaint cén *job* a dhéanfadh cailín an *chottage* d'obair na feirme. (*SD* 10)

Cuimhníonn sí ar a bhródúla agus a bhí a fear céile aisti an lá áirithe sin fadó agus í ag saothrú léi os comhair na gcomharsan:

Pé áit sa ghort a mbíodh Tadhg ag obair bhuaileadh sé ina treo nuair d'fheiceadh sé ag teacht iad, sheasadh taobh léi agus dias arbhair i gcroí a bhoise aige. Thuig sí cad a bhí ina cheann aige agus ina chroí - tagaigí anseo, a chomharsana, bainigí lán na súl as cailín an *chottage* agus lámh an cheardaí aici ar phunann arbhair agus, rud is fearr ná sin, oidhre Thaidhg Uí Choileáin ina broinn aici ! (*SD* 11)

Seisear clainne a bhí acu agus chuaigh gach aon duine acu sin ar imirce :

Ní raibh Cáisc ná Nollaig ó d'imigh an chéad duine acu anonn nár tháinig na dollaeir. Ach, gan rath orthu mar dhollaeir, nárbh fhearr an óige agus an gheothóirc clainne ná iad. (*SD* 13)

Bua de chuid an údair seo is ea a ghonta agus a ghreanta a bhíonn an stíl aige, gné a threisíonn toise an réalachais sna scéalta aige, mar shampla:

Fiche focal níor labhraíodh eatarthu i rith an tráthnona. Tar éis leathchéad bliain in aon tíos, in aon ghort agus in aon leaba bhí a raibh le rá ráite, a raibh le cíoradh cíortha agus a raibh rompu soiléir. Choimeádadar a mionchomhrá don tinteán, do shócúlacht na leapa agus don dúiseacht mheán oíche. (*SD* 7)

Éachtaint mhaoithneach eile ar uaigneas seanlánúine i ndiaidh imeacht na clainne atá sa scéal 'Fuacht' (*Breacadh*) le Dáithí Ó hÓgáin agus tugtar spléachadh anamúil ar phearsantacht seanlánúine eile sa scéal eachtrúil 'Cuairteoir Ait' (*Breacadh*) leis an údar céanna.

Tráchtar ar sheanlánúnacha bríomhara geanúla i scéalta le Breandán Ó hUallacháin,[42] agus stíl shaoráideach mheanmnach á cleachtadh ag an údar, stíl a mheabhródh stíl scéalaíochta *An Baile Seo 'Gainne* leis An Seabhac don léitheoir ar uairibh.

2.4 An Bhaintreach

Tagann an bhaintreach i gceist mar charachtar i roinnt scéalta le Máire, le Máirtín Ó Cadhain agus le scríbhneoirí eile. Is léir gur minicí a fheictear an bhaintreach mar phearsa scéil i dtosach na tréimhse atá faoi chaibidil sa saothar seo ná ag aon am eile. Pearsa scéil a bhaineann le réimse na scéalaíochta traidisiúnta atá inti, nach mór, carachtar steiréitipiciúil í ar minic trácht uirthi i scéalta béaloidis. Sa chomhthéacs seo, is suimiúil a bhfuil le rá ag Patricia Lysaght (1995:103) i dtaobh mhallacht na baintrí agus i dtaobh stádas sóisialta na baintrí sa tsochaí, mar shampla:

In éagmais a fir, duine gan tacaíocht oifigiúil sa phobal ab ea an bhaintreach, den chuid is mó. . . . Cumhacht mhorálta agus cumhacht shamhalta a bhí mar arm ag an mbaintreach. . . . Duine leochaileach, ach san am céanna, duine contúirteach sa phobal ab ea í, agus dá bhrí sin, ba chóir a ceart féin a thabhairt don bhaintreach chun a mallacht a sheachaint.

Ní annamh trácht ar an mbaintreach bhocht i ngearrscéalta Mháire. Sa scéal 'An Chaora Chaillte' (*Tráigh*), cuir i gcás, tagraítear do 'chianóg na baintreabhaighe' agus do chruatan shaol na baintrí agus í ar a dícheall ag iarraidh an snáithe a choimeád faoin bhfiacail.[43] In 'Culaith Ghorm' (*TTC*) chítear an bhaintreach chrua chríonna ar mór aici a bheith ar chomhchéim fhiúntais lena comharsana agus sa scéal 'Filidheacht' (*Tráigh*) tráchtar ar bhaintreach a bhfuil maoin aici agus tóir uirthi dá réir:

Bhí a shliocht uirthi: b'fhuras díthe céile a fhagháil dá mba mhian léithe é. An sergeant a bhí a' gabháil amach ar pinsion agus ar mhaith leis deireadh a shaoghail a chathamh fá shógh dubhairt sé an focal. Fear a raibh teach ósta aige agus teaghlach mór le riar aige agus ar mhaith leis a fagháil dá mhac. Máighistir óg sgoile a bhí tuirseach i dteach lóistín agus a shaoil go meallfadh sé le léigheann í. Agus fear de mo chineál féin, dochtúir a bhí i mBaile an Teampaill, bhítheas a' cur air gur mhaith leis aige í. (*Tráigh* 17)

Faoi mar a bheadh súil leis, nach mór, i bplotaí íorónta scéalta Mháire, pósann an bhaintreach cheannláidir file bocht neamhacmhainneach i gcríoch an scéil.

Tráchtar ar 'courage baintreabhaighe' ('Gealltanas' *An Bhratach* 128), is é sin an misneach chun tabhairt faoin bpósadh an athuair, cé nach é sin a tharlaíonn sa scéal sin. Cuntas rómánsúil, geall leis, ar bhaintreach óg a phósann baintreach fir dóighiúil cneasta atá in 'Leac na Cumha' (*NÁ*) fad is a dheartar portráid den bhaintreach neamhhiontaofa a sciobann an fear a bhfuil a cara geallta leis in 'Culaith an Phósta' (*NÁ*). Meon báúil tuisceanach na gcomharsan i leith chás na baintrí a bhraitear i

'Leac na Cumha ' (*NÁ*) agus in 'Oileán an Uaignis' (*NÁ*) agus foilsítear meon praiticiúil an phobail i ráiteas den chineál seo: 'Acht, mar adeir a' duine aosta, ní thig a' beo i dtír ar a mharbh. B'éigean don bhaintreabhaigh stad den chaoineadh is den mhairgnigh, agus féacháil le greim bidh a shaothrughadh díthe féin is dá leanbh.'('Culaith an Phósta', *NÁ* 207). Gné spéisiúil sa scéal céanna seo is ea go dtagraítear don bhean darb ainm Máire Pheadair Shéarluis mar 'an Bhaintreabhach' sa dara leath den scéal, gné a chealaíonn a hindibhidiúlacht féin nach mór, toisc an fócas a bheith dírithe feasta ar a stádas mar bhean gan páirtí fir. (Ní miste a mheabhrú, ar ndóigh, nár tháinig léiriú ar réimse na hindibhidiúlachta i gceist laistigh de pharaiméadair scéalaíochta Uí Ghrianna.)

Bean nár tugadh a hainm dílis féin uirthi ón uair a phós sí atá in 'Treaspás' (*Clár*) agus leanann sé uaidh sin, a deir an tráchtaire, nach bhféadfaí aon ainm eile seachas 'an Bhaintreabhach' a thabhairt uirthi i ndiaidh bhás a fir chéile.[44] Baintreach cheannláidir achrannach í an bhean seo agus, ar ndóigh, is é an t-aon slí ar féidir leis an gcóras (fireann) í a shárú ná í a mhealladh chun dul faoi chuing an phósta arís !

Baintreach chríonna chloíte a chastar orainn in 'Cladóir' (*Cladóir*) le Criostóir Mac Aonghusa, í tréigthe ag a clann agus í casaoideach dá bharr:

Nach bocht an chaoi atá ar bhaintreachaí an tsaoghail? Níl acu th'éis an iomláin ach grásta Dé. Th'éis muirghín mhór a thóigeál nach bhfuilim chomh fágtha is bhíos ariamh? Nach mairg a thógas clann? Céard a dhéanfas siad ach imtheacht uait th'éis gach beart a chur i gcrích? .... Níl deoladh le fagháil agam thárla nach bhféadaim dul ar aimsir, agus ní thiubhraidhe pinsean na mbaintreach dom tráth is go bhfuil m'ainm thíos le talamh. Corr dhuine nach bhfuil éadáil éigin aige ar an saoghal seo. Níl folamh ach mé féin, agus tá athshliocht orm, níl meas mada ag aoinne orm. Ag sgigeadh fúm bhíos cailíní óga na tíre. 'Cá bhfuil do thriall, a chailleach an chladaigh?' adeir an slibire óg liom an oidhche cheana, ag cnocán na móna. D'aile, má tá stocaí síoda ar chuid aca, altuighidís iad - is gearr ó bhí a máithreacha ag caitheamh na miotán; bhí, agus chuile mháthair dá dtáinig rómpa. (*Cladóir* 3)

Tagann an bhaintreach i gceist mar phearsa scéil i roinnt scéalta le Máirtín Ó Cadhain. Sa scéal 'An Gheis'(*BB*), mar shampla, chítear Neile, bean a bhí 'in adhastar an anró' le fiche bliain, is é sin ón lá ar deineadh baintreach di 'an lá sin ar tháinig an dúchinniúint ag gáirí chuici' (BB 29-30) fiche bliain roimh eachtra an scéil seo. Braitear go bhfuil an scéal ar fad ar tinneall le ciúinchumhacht agus le tionchar na bpiseog agus an bhéaloidis ar shaol na muintire. Cruthaítear atmaisféar suaithinseach ina n-airítear idir shíúlacht agus bhagairt. Cuirtear síos ar bhraistint Neile mar seo:

> Bhraith Neile claochlú eicínt in aeraíl an lae ghil, ar nós mar bheadh gach rud dá raibh os a comhair dá strachailt isteach, dá leá agus dá athmhúnlú i scornóg na gréine, i riocht is go mba ré dhorcha é an scalán, go mba fothach é an féileacán agus go mba chuileoga géara goimhiúla an deannach dá bharr sin. (BB 31-2)

Slánú Neile atá sa ghníomh dúshlánach i gcríoch an scéil nuair a bhriseann sí an gheis: ' Isteach léi go storrúil ansin i gcoinne na tua. Ó inniu amach ní bheadh aon bheann aici ar gheis na sceiche' (BB 33). Seo é an t-aon slí amháin atá aici chun an mhórchorraíl chroí a bhí á suaitheadh a shuaimhniú agus a chur ar neamhní. Faoi mar a deir Gearóid Denvir (1987: 207):

> Fearacht Bhríd in 'An Bóthar go dtí an Ghealchathair', bean láidir í Neile a d'fhuascail í féin as braighdeanas an fhaitís agus na dúchinniúna. Ba mhná iad beirt a bhí in ann ag an saol, dá dhonacht é, agus sin rud annamh i saothar Mháirtín Uí Chadhain.

Ag trácht dó ar stíl an scéil dhea-scríofa seo, thagair Robert Welch (1993:190) do 'a writing which is accurate by virtue of its intimacy' agus níl aon dabht ná go raibh Ó Cadhain go maith os cionn a bhuille agus stíl mar aon le cur chuige an ghearrscéil thraidisiúnta idir lámha aige sa scéal seo. Dar le Diarmaid Ó Gráinne (1990:15): 'Píosa filíochta is ea an scéal seo ó thús deireadh.'

Sa scéal 'Na Mairbh' (SDT) leis an gCadhnach, chítear baintreach ag déanamh a marana os cionn uaigh a fir chéile:

> Fearr an caoine a dhéanamh. Cuisleoireacht ar an mbrón é. Is fearr é a dhéanamh anseo ná an scorach do m'fheiceáil sa mbaile. Ach baile! Mo léan, cáil an baile? Cheithre bhalla fuar tréigthe agus mise gróigthe ar mo charraig aonair, i mo chailleach dhubh eatarthu. (SDT 20)

Tugann fear atá ag guí os cionn uaigh a mhná céile suntas don bhean seo atá ag guí os cionn na huaighe taobh leis:

> Bhí chéad ráig a baintrachas in a cló cho húr san éadach fós is dhá mba chomharthaíocht fhollasach sin ar dheora gan triomú, ar reachta nach maolódh. Cáid eile a chaithfeadh sí ar an ngiotamáil sin ag loma an fhéir? Ainneoin na moille bhí Peadar buíoch di, buíoch faoin muirnéis leis an uaigh. (*SDT* 17)

Ní théann suáilcí pearsanta na baintrí amú ar Pheadar agus is léir go ndúisítear idir spéis, fhiosracht agus dhúil Pheadair ag leochaileacht agus ag tarraingtheacht na mná seo. Is léir, leis, go gcuireann an bhean sonrú i bPeadar agus go bhfuil sí á chur i gcomparáid lena fear.[45] Dála 'An Beo agus an Marbh' (*SL*), is i gcomhthéacs agus i dtimpeallacht an bháis a chuirtear smaointe na beirte carachtar in iúl, smaointe ar follas an dúil chollaí iontu - i gcás an fhir, ach go háirithe.

Baintreach ghéimiúil í Baintreach Mhór Uí Shomacháin in 'Fuíoll Fuine' (*SDT*). Ní fheadair N. an mbeadh sé de neart nó de ghus ann cuairt a thabhairt ar an mbaintreach:

> Baintreach Mhór Uí Shomacháin? Ceann a mh'anam a bhí cho gafach le barróg fir le aon bhean ar shlata an bhaile mhóir! Ba chuíúil an áit le dhul é.... Dhá dtéadh sé chun an tí chuici bheadh dualgas ar N. í a láimhseáil. Bheadh bala trom scalliún ar a hanáil, í cho mealltach, adharcánach, puchóideach, i chuile mhíle ball di, is dhá mba chloigne muice a bhí stuáilte faoin a cuid éadaigh, í ag sníomh as a bharróg de bharr a slipéire tí a bheith ag síorthitim di. (*SDT* 237)

Agus sinn ag féachaint anois ar an mbaintreach mar phearsa scéil i saothar údar eile, chítear gur baintreach í Máire Uí Riain in 'Gort na Gréine' (*GG*) le Conchubhar Ó Ruairc, bean ar lean an mí-ádh í go seasta ó phós sí toisc gur phós sí i gcoinne thoil a muintire.[46] Chítear gurb é bród leanúnach na mná céile as a fear an tréith is láidre a shaothraítear sa scéal éadrom dar teideal 'Baintreach' (*SD*) leis an údar céanna. Is í an bhaintreach ghlic sheiftiúil a chastar orainn in 'An Tarbh' (*SD*). Sa scéal deireanach sin, léirítear díomá agus go deimhin, fonn díoltais na comharsa a bhí suite de go bpósfadh an bhaintreach é in am trátha. Ábhar corrabhuaise agus náire dó an scéal anois, mar atá, go bhfuil an bhaintreach tar éis fear eile, fear gustalach, a phósadh agus go bhfuil sé féin fágtha ar an trá fholamh agus é ina ábhar magaidh ag a chomharsana: 'Breall a bhí ann, bóithé, dabhaldromán. Anois a thuig sé é' (*SD* 122).

An bhaintreach bhocht ainnis a chítear in 'Cleití Albanacha' (*FG*) le Pádhraic Óg Ó Conaire, scéal eachtrúil éadrom inar léir nach aon óinseach í an bhaintreach gona gadhar mallaithe! I scéal eile leis an údar céanna, mar atá, 'Carraig an Iolair' (*AA*), feictear baintreach ag bagairt mallachta ar chomharsa léi, ach déantar an eachtra sin a shuíomh i gcomhthéacs faoi leith, is é sin, dólás síoraí agus saochan céille na máthar ar bádh a haonmhac.

Scéal seanchais agus é scríofa go healaíonta ag Dara Ó Conaola atá in 'Máire an Túirne' (*Amuigh Liom Féin*), scéal ina gcaithfidh an bhaintreach threallúsach shaothraíoch a cuid féin a ghéilleadh don oíche má theastaíonn uaithi teacht slán.

Go minic, is ábhar cúlchainte ag an bpobal í an bhaintreach, go háirithe más baintreach óg atá i gceist, faoi mar atá, cuir i gcás, in 'An Maicín Muirneach' (*Stiléirí*) le Seán Ó Conghaola. Nuair is léir go bhfuil an bhaintreach óg ag beartú ar phósadh arís, molann duine dá comharsana í :

'Muise, mo chuach í,' a deir Seán Thaidhg. 'Is mairg gan tuilleadh dá leithéid san áit. Dá mbeadh, bheadh sliocht is cine a'inn seachas an tír a bheith lán le baitsiléirí mar atá sí. Agus nár thaga súiche ar an loine aici nó go ndéanfaidh sí arís é.' (*Stiléirí* 50)

Solaoid den bhaintreach chuiditheach charthanach a fheictear in 'An tEntrepreneur' (*B Bh*) le Dónall Mac Amhlaigh; í beo bocht, ceathrar páistí ar scoil aici ach fós í ag iarraidh fóirithint ar a comharsana bochta sa chathair. Cur síos inchreidte a dhéanann a mac uirthi agus é ag feidhmiú mar thráchtaire an scéil, mar shampla:

D'fhonn cuid a chur le costas ghníodh mo mháthair cniotáil agus fuáil do dhaoine ba rathúla ná í féin agus lena chois sin théadh sí ag glanadóireacht do mhná dochtúirí agus múinteoirí thuas ar Bhóthar Oirmhumhan cúpla lá den tseachtain. Ní raibh de aermaíocht ná de éirí amach ag mo mháthair ach Cuallacht na mBan gach uile Chéadaoin agus na deasghnátha eile ar fad a raibh sí chomh tugtha sin dóibh - Beannú na Sacraiminte Ró-Naofa, an Uair Naofa agus cráifeachtaí eile mar sin. (*B Bh* 51)

Baintreach uaigneach íogair í príomhcharachtar 'An Bhean nach raibh aici ach an insint dhíreach' (*An Díthreabhach agus Scéalta Eile as Comhar* [=*Díthreabhach*]) le Caoimhín Ó Marcaigh, í meánaosta, a clann tógtha aici, í ina cónaí ina haonar san iargúl- tacht agus é mar chúram anois uirthi fáil réidh lena seanpháirtí dílis, is é sin an gadhar atá aici le fada agus atá dulta in aois agus ó mhaith. Prós soiléir tuarascálach atá sa scéal seo, scéal ina mbraitear corraíl agus buairt aigne na príomhphearsan mar aon le haonaránacht na baintrí, gnéithe a dhéantar a chomhsh- naidhmeadh in alt deiridh agus in abairt deiridh an scéil: 'Chuaigh lógóireacht thar dhoras an bhotháin amach ar fud an leirg sléibhe ach ní raibh aon duine san uaigneas ach í' (*Díthreabhach* 99).

Ós ag trácht ar bhaintreach agus gadhar atáthar, baintreach í an mháthair a chuireann iachall ar a mac óg fáil réidh leis an ngadhar a bhfuil tinneas doleigheasta air in 'An Seamlas' (*Ding*) le Seán Mac Mathúna, mar nach bhfuil sé de mhisneach aici féin tabhairt faoin gcúram. Tá tuiscint, daonnacht agus greann, gontacht agus áilleacht friotail sa chur síos ar an eachtra sin agus ar shuaitheadh croí an bhuachalla óig.[47] 'Bíonn tuiscint de ghnáth idir baintreach agus aonmhac' (*Ding* 129) a dhearbhaítear in 'An Seamlas' agus dhealródh sé ó thuairisc na baintrí sa scéal 'De Profundis' sa chnuasach gearrscéalta céanna go mbíonn tuiscint ar leith ag an mbaintreach ar dhaoine agus ar eachtraí neamhchoitianta.[48]

Baintreach í Máire Ní Fhatharta, príomhcharachtar 'Na Déithe Luachmhara Deiridh' (*DLD*) le Pádraic Breathnach. Bean í Máire atá anonn in aois, a ciall agus a céadfaí aici agus í ina cónaí ina haonar i gceantar aistreánach faoin tuath. Baineann áilleacht agus íogaireacht ar leith le hatmaisféar an scéil seo agus is go healaíonta críochnúil a chruthaítear idir chiúnas diamhair na dúiche atá faoi thrombhrat sneachta agus ghliondar anama na seanmhná a bhlaiseann go lúcháireach d'aoibhneas sítheach na huaire. '. . . a beautiful piece of writing, pared and immediate and falling quietly to its close' a scríobh léirmheastóir amháin faoin ngearrscéal seo.[49]

Tagann smaointe agus brionglóideach Mháire faoi mhistéir agus dhíomuaine na beatha chun cinn i rith an scéil agus go háirithe i ndara leath an scéil mar a bhfuil dorchadas na hoíche ag titim, Oíche Chinn Bhliana ann, na coinnle lasta ag Máire agus í ag cuimhneamh ar a muintir ar fad atá imithe ar shlí na fírinne agus í ag faire go hairdeallach ar 'rás na gcoinnle'(*DLD* 65) ar feadh an ama.

Sa chaibidil seo, féachadh ar an iliomad scéalta ina raibh gnéithe de shaol mná pósta á nochtadh nó ina raibh éachtaintí á soláthar ar thréimhsí éagsúla i saol na mná pósta. Is sa chéad chaibidil eile a phléifear ábhar a raibh dlúthbhaint aige le stádas poiblí, le féiniúlacht agus le sonas pearsanta na mná céile, mar atá, an máithreachas.

Caibidil 3

AN MHÁTHAIR

Réamhrá

Sa chaibidil seo, tráchtfar ar na slite éagsúla ina gcuirtear
íomhánna den mháthair agus den mháithreachas in iúl sa
ghearrscéal Gaeilge sa tréimhse 1940-1990. Tagraíodh i gCaibidil
2 do scéalta inar pléadh cás lánúnacha nach raibh oidhre i ndán
dóibh agus an tslí a ndeachaigh an méid sin i bhfeidhm ar shaol
agus ar chaidreamh na lánúnacha féin. I dtús na caibidle seo
caithfear tamall ag plé 'An Strainséara' (Cois Caoláire [= CC]),
mórscéal de chuid an Chadhnaigh ina ndéantar gné faoi leith de
théama an mháithreachais a chíoradh go híogair cumasach.

Pléifear scéalta le Máire, le Tomás Bairéad agus le Liam Ó
Flaithearta inar léir an fháilte faoi leith a chuirtí roimh oidhre
mic. Gan amhras, cúrsaí talún a bhíonn i dtreis den chuid is mó
agus an meon seo á léiriú, agus tuigtear gur mheon an-choitianta
in Éirinn a bhí i gceist sa mhéid sin.[1]

Féachfar ar sholaoidí den mháthair dhólásach agus den
mháthair shníomhach; den mháthair ghrámhar agus den
mháthair shona; den mháthair údarásach agus den mháthair
uaillmhianach. Féachfar ar na slite a ndéantar caidreamh máthar
le páiste, le déagóir agus le duine óg a ionramháil sa
ghearrscéalaíocht. Tabharfar faoi deara gur mic seachas
iníonacha a bhíonn i gceist den chuid is mó. Díol suntais é gurb
annamh a fhorbraítear gnéithe den chaidreamh idir máthair agus
páiste léi atá anois ina dhuine fásta sna scéalta seo agus airítear an
bhearna scéalaíochta seo go háirithe i gcás an chur i láthair a
d'fhéadfaí a dhéanamh ar chaidreamh máthar le hiníon léi ar
máthair í, leis.

Dála charachtar na baintrí a pléadh roimhe seo, is carachtar
den mhúnla traidisiúnta í an mháthair chéile atá imithe as an
scéalaíocht, cuid mhaith. I scéalta luatha de chuid an Chadhnaigh
agus i scéalta le Máire agus le Pádhraic Óg Ó Conaire is léir gurb
é an t-aighneas idir an tseanbhean agus bean a mic an téama is
coitianta a shaothraítear fad is a thugann Pádraic Breathnach faoi

impleachtaí éilimh agus spleáchas na máthar céile a chíoradh go
téamach i scéalta dá chuid.

Maidir leis an léiriú ar mháithreacha neamhphósta – agus ní
líonmhar iad na scéalta a phléann an t-ábhar seo - dírítear go
báúil ar aonaránacht agus ar dhólás na mná a raibh uirthi scarúint
lena muintir agus lena leanbh toisc nach raibh glacadh ag an
tsochaí le máithreacha neamhphósta.

Is i réimse seo an mháithreachais is mó a airítear teirce agus
tost banscríbhneoirí agus, gan amhras, sonraítear an bhearna
fhollasach sa scríbhneoireacht chruthaitheach a leanann an tost
sin. Déanfar na cúrsaí seo a phlé arís i gCaibidil 6.

3.1 Gnéithe den mháithreachas

In alt dar teideal 'Máithreacha', thagair an tAthair Fiachra
(1952a:4) do mheon na hEaglaise Caitlicí agus go háirithe do
theagasc an Phápa Pius XII i dtaobh an mháithreachais agus dúirt:
'Bain an leanbh de bhacla na mná agus fágann tú gan taisc, gan
teolaíocht, gan teideal onóra í - gan urraim, gan meas, gan
buíochas i measc daoine.'

In 'An Strainséara' (*CC*) le Máirtín Ó Cadhain, déantar
iniúchadh ar chuid de chéasadh croí na mná ar saolaíodh marbh
a cúigear leanaí. Smaointe agus cuimhní Nóra atá chun tosaigh sa
scéal seo agus déantar dianmhothúcháin na mná ar diúltaíodh
stádas agus aitheantas máthar di a thabhairt chun solais go tréan
coscrach. San anailís a dhéanann Louis de Paor ar an scéal seo,
leagtar béim ar a fheabhas a d'éirigh leis an gCadhnach coibhneas
sásúil a choimeád idir guth na príomhphearsan agus guth an
reacaire [2] agus níl aon dabht ná go nochtann 'An Strainséara'
(*CC*) léargas báúil mórthuisceanach ar chás na mná gan oidhre i
bpobal tuaithe agus ar chás na máthar ar saolaíodh marbh a
leanaí. Faoi mar a deir Diarmaid Ó Gráinne (1990:21):

> Bhí sé de bhua ag Ó Cadhain go raibh sé in ann intinn scáfar íogair
> na mná seo a léiriú dúinn ina steillbheatha agus plé a dhéanamh ar
> théama ar beag a scríobhadh faoi go fiú i mBéarla.

Is é teacht an Fhir Óig (nia Nóra) faoi deara suaitheadh intinne
agus croí Nóra. Feictear do Nóra gur coimhthíoch, gur strainséara
é an fear óg féin-mhuiníneach seo ag a bhfágfar talamh mhuintir

Chéide agus goilleann sé uirthi gur dóichí nach nglacfaidh sé leis
na socruithe cleamhnais ar mhaith léi féin agus a fear, Micil, a
dhéanamh dó ach go bpósfaidh sé an bhean óg as an Tír Thiar a
bhfuil sé mór léi:

Bhéarfadh sé isteach dá mbuíochas, ar an urlár acu, éan cuideáin as
an Tír Thiar! Bean a thóigfeadh cuain strainséaraí ar an urlár.
Gadhar de bhean a stróicfeadh í féin agus Micil.... (*CC* 169)

Cuirtear radharc truamhéileach os comhair an léitheora sa chuid
sin den scéal ina bhfuil cur síos ar Nóra agus í ag déanamh cúraim
dá mac, dar léi. Bhí sé de nós ag Nóra dul isteach sa seomra thiar
gach oíche. Shamhlaíodh sí gurbh é seo seomra a céadmhic agus
thugadh sé sásamh ar leith di slán codlata a fhágáil ag an mac seo
ar thug sí 'Micil Óg' air. Tuigeann sí anois, áfach, go gcaithfidh sí
éirí as an ngnás seo feasta toisc a nia, ar geall le coimhthíoch é, a
bheith sa seomra: 'Anocht bhí duine sa seomra nach raibh gaol ná
dáimh aici féin ná ag a fear leis: mac bádóra as an Tír Thiar' (*CC*
196).

Tuigtear gurb é teacht an Fhir Óig is cúis le míshuaimhneas,
dobrón agus buaireamh Nóra agus go spreagann impleachtaí
theacht an strainséara seo tréine agus tulcaíl cuimhní agus
mothúchán chomh mór sin inti gur follas gur fuascailt agus gur
faoiseamh atá sa bhás di ar deireadh thiar.

Tríd an bprós díreach neamhhornáideach tugtar éachtaintí don
léitheoir ar ar fhulaing Nóra go tostach ar feadh na mblianta fada,
mar shampla:

Dhá bhfeicfeadh sí beo iad! Mura mbeadh ann ach ar feadh
sméideadh a súl! Scread naíonda amháin a chloisteáil faoin
bpluideoig! Na carbaid mhaola a mhothú uair amháin ar a cích!
Naíonán a dheornadh lena croí - a dheornadh ina théagar te beo-
cholla - roimh a bhás! Níor chuala, níor mhothaigh, ná níor
dheorn... (*CC* 177)

Maireachtáil. Maireachtáil bliain. Seachtain. Lá. Nó ala an chloig
féin... Bheadh só an chaointe aici ina ndiaidh. D'fhéadfadh sí
labhairt gan scáth gan náire ina n-ainm orthu. Níor tháir di ansin
paidir a chur lena n-anam. Níor choimhthíos léi dreas cainte a
dhéanamh fúthu le mná na gcomharsan... (*CC* 177-8)

A bheith róshalach le slánú: róghlan le damnú. . . Dia a bheith
doicheallach gan a bheith feargach. . . Cuilínigh clamhacha na

síoraíochta... Ar an stoc ronna nach raibh Dia ná an diabhal ag éiliú seilbhe air a bhíodar - 'in áit dorcha gan aon phian.' (*CC* 178)

Pé ar bith cá ngabhfadh sise ní ina dteanntasan é... A bheith scartha thall... Ach a gcual crésan a bheith i gcuideacht a crése faoi dheireadh agus faoi dheoidh...! Sin féin ní bheadh amhlaidh. (*CC* 178-9)

Sna sleachta sin thuas brúchtann dólás Nóra aníos agus le linn an scéil braitear go réabann tréanmhothúcháin nár múchadh riamh inti thar bhruacha a ndiúltaithe agus a dtosta amach:

> Ní raibh sí ag féachaint leis na glóra rúnda faoina blaoisc a dhiúltú feasta. (*CC* 176)

> Inniu bhí a hintinn i ndiaidh pléascadh as an scaoilteoig theolaí ar chuach an sagart í agus i ndiaidh cromadh siar aríst ar chualach dóite a deich mbliana fichead sa teach seo....(*CC* 189-90)

Airítear uaigneas agus aonaránacht dhubhach na mná seo a thuigeann go rímhaith go bhfuil teipthe uirthi mar bhean chéile i dtuairim an phobail. Agus é ag trácht ar na cúrsaí seo, deir Louis de Paor (1991:48):

> Toisc an oiread sin treise a bheith ar shíolrú clainne i luachanna sinseartha an phobail, íslítear seasamh Nóra i measc a gcomhbhan nuair a shaolaítear marbh a cúigear páiste. Maolaítear ar a dínit phearsanta mar nár éirigh léi a dualgas máthardha a chomhlíonadh.

Tuigtear gur ghoill tost agus doicheall a fir chéile go mór ar Nóra:

> Doicheall sin Mhicil nach dtiúrfadh aon tuairisc bharrainneach di cár adhlac sé iad, an tsine ba ghoirte ar fad i slabhra pianmhar a cuimhní. (*CC* 179)

Trí thimpiste a fuair Nóra amach go raibh Micil i ndiaidh na leanaí a chur sa chlaí teorann i nGarraí an Locháin agus ba eolas fíorthábhachtach di an méid sin faoi mar a léirítear sna smaointe seo:

> Cé a chreidfeadh gur ansin i mbéal an dorais a bheidís? D'fhéadfadh sí cuairt a thabhairt orthu gach lá. . . Bheannódh sí dóibh agus í ag dul chuig an tobar, ag níochán an éadaigh, nó ag bleán na

mbeithíoch. Sruthlán gléigeal airgid bheo a bheadh iontu feasta thrí chlochar carrach a lae, thrí luainn a saoil. Choinneodh sin cnea an bhróin ag síorshilt ina croí. Bhí leac fhollasach faoina súil ar a bhféadfadh sí a brón a shilt. *Céad uair sa ló thiocfadh léi a mheabhrú di féin gur mháthair í... (CC* 182) (Liomsa an bhéim.)

Maidir leis an tost leanúnach faoi na cúrsaí seo, tost a fir agus tost an phobail, ba é sin an ní ba mhó a chéasadh Nóra, ní nach ionadh:

Ba shin é a scrúdadh í ar fad. B'éigin di béal marbh a choinneáil uirthi féin go síoraí faoin leachta agus faoin gcúigear. Béal marbh le Micil - nó thagadh ruibh air. Béal marbh le Cite Thomáis, le Cáit agus le Muiréad. Béal marbh agus iadsan ag cur síos ar a gcuid clainne: ar an méid saoil a fuaireadar; ar an tsiocair bháis a bhí acu; ar an ngiollaíocht a thugadar dóibh; ar na blianta, na laethanta, agus an uair de ló a bhásaíodar; ar na cealla a raibh a n-adhlacain; ar an mbuaireadh a bhí ina ndiaidh orthu; ar an gcaoi a dtéidís chun na cille le paidreachaí a chur suas ar a son; ar a chinnte is chuiridís faoi bhrí na guidhe sa bPaidrín Páirteach gach oíche iad. ...(*CC* 188)

Níl aon amhras ná go raibh friotal á chur ar ábhar tochtmhar coscrach ag an gCadhnach sa scéal seo. Ábhar nár ghnách labhairt faoi. Fulaingt shíoraí na máthar nár ceadaíodh di labhairt faoi na leanaí a saolaíodh di toisc gur mharbhghinte iad; marbhghinte a rabhthas ag cur abhaile uirthi ina dtaobh nach raibh adhlacadh in áit choisricthe ná slánú anama i ndán dóibh.[3]

I gcás Nóra, is fuascailt de shaghas é an saol samhalta a chruthaíonn sí di féin inar féidir léi ról na máthar a chomhlíonadh.[4] Fuascailt is ea é ó thost neamhghéilliúil a fir, a comharsana agus na hEaglaise i dtaobh ar tharla di agus dá leanaí. Diúltaíodh cead cainte agus ceistithe do Nóra faoi chuid bhunúsach ríthábhachtach dá taithí saoil féin agus ba é an saochan céille toradh déanach an diúltaithe seo. Bhí níos mó ná sin i gceist, ar ndóigh. Agus Nóra ag déanamh tochta i ndiaidh a leanaí, ghoill sé go mór uirthi nach bhfeicfeadh sí sa saol iarbháis iad mar go rabhadar i Liombó, 'in áit dhorcha gan aon phian'(*CC* 178).[5] Sa chlaí teorann idir Baile Chéide agus Baile an tSrutháin a cuireadh leanaí Nóra agus faoi mar a deir Anne O' Connor (1979:36) in alt dar teideal 'The Placeless Dead': 'The transitional or placeless location of burial mirrors the placelessness concept of the afterlife.'

Agus cur síos á dhéanamh ar an saochan céille i saothar cruthaitheach Uí Chadhain, is gnách tagairt dó mar dheis éalaithe ó chiapadh agus ó réalachas an tsaoil nuair nach féidir leis an duine an saol sin a bharraíocht.[6] I mír dheiridh 'An Strainséara', tugtar le tuiscint go samhlaítear do Nóra go dtagann an pictiúr beannaithe chun beochta sa tslí gur féidir léi féin a hachainí a iarraidh ar Mhuire. Chítear Muire mar idirghuítheoir agus mar mháthair ghrámhar ag iarraidh ar a Mac leanaí Nóra a thabhairt Leis ar Neamh. Is é creideamh Nóra i dtuiscint, i dtrua, i gcumas agus i máithriúlacht Mhuire a thug faoiseamh di ar deireadh agus faoi mar a sholáthair brat Mhuire dídean do na leanaí, ba í Muire coimirce Nóra agus í ar thairseach na síoraíochta. Tuigtear go dtagann an creideamh seo i Muire mar idirghuítheoir, mar mháthair thairiseach ghrámhar agus mar dhóchas slánaithe an duine ar uair a bháis go feillbhinn le creideamh na ndaoine mar a léirítear sna paidreacha dúchais é.[7] Tagraíodh níos luaithe sa scéal do Nóra a bheith ag guí agus dá smaointe i dtaobh Mhuire sa phictiúr beannaithe, mar shampla:

> An chéad uair a bhféachadh sí ar an bpictiúr éad agus aicís a bhuaileadh í: éad agus aicís leis an mbean a raibh a Mac ansin os a coinne, más dhÁ chéasadh féin a bhíothas....
> Ba shin í Muire Mhór. Bhí falach imní agus anshó faoi chiumhais scuabach a braite. Bhí leigheas gach dóláis sna súile tlátha, sa gceann-aghaidh caoin agus sa mbogha lóchrannda. (*CC* 151-2)

Chonacthas do léirmheastóirí áirithe gur lag mhéaldrámata neamhdhealraitheach é an *dénouement* a chuir Ó Cadhain lena scéal[8] agus cheap Tomás Bairéad go raibh an iomarca den bhrón ina dheireadh, go raibh sé 'ró-Rúiseach'. Tuairiscíonn Bairéad go ndeachaigh sé dian ar an gCadhnach féin críoch a shásódh é a chur lena scéal, scéal ar a raibh an teideal 'An Claí Tórainn' nuair a ghnóthaigh sé duais Oireachtais.[9]

Agus é ag tagairt don suaimhneas a bhraitear i bhfíor-dheireadh an scéil, deir Louis de Paor (1991:230):

> Soláthraíonn bás Nóra faoiseamh agus suaimhneas don léitheoir. Braitear ar an maoltuairisc shéimh ar chineáltas an dúlra i gclabhsúr an scéil nach amháin go bhfuil suaimhneas síoraí faighte ag Nóra, ach go dtéann an saol ar aghaidh ar a stiúir féin, de réir a rithime féin agus gurb é gnó an duine an rithim dhochloíte sin a ghabháil isteach ina chuisle féin, in áit bheith ag cur ina coinne.

In ainneoin na lochtanna a fuarthas ar stíl scéalaíochta an Chadhnaigh in 'An Strainséara' nuair a foilsíodh *Cois Caoláire* sa bhliain 1953,[10] aithníodh go raibh Ó Cadhain 'ar na scríbhneoirí próis is ionraice dá bhfuil ag scríobh in aon teangain' (Ó Tuama 1953, 13), agus thairis sin go raibh ábhar úrscéil i mianach saibhir an scéil seo.[11] D'airigh Breandán Ó Buachalla go raibh laincis choinbhinsean an ghearrscéil chlasaicigh á scaoileadh den ghearrscéal Gaeilge ag Ó Cadhain agus dá réir sin gur ghá slata tomhais léirmheastóireachta eile a lorg seachas iad sin a bhí á gcur i bhfeidhm ar shaothar an Chadhnaigh suas go dtí sin.[12]

'Scéal corraitheach cothrom cruinn a fhiuchann le híogaireacht' (Breathnach 1986, 130) atá in 'An Strainséara', 'scéal a théann taobh thuaidh de leibhéal an réalachais go dtí cúinsí aduaine na hintinne dorchaí' (Ó Gráinne 1990, 21). Níl aon amhras ná go bhfuil sé ar cheann de na scéalta is cumasaí agus is corraithí dar scríobh Máirtín Ó Cadhain.

'An Strainséara' ba theideal do ghearrscéal le Tomás Bairéad a cuireadh faoi bhráid mholtóirí Oireachtas na bliana 1951 agus a céadfhoilsíodh in *Feasta*, Deireadh Fómhair 1951 . 'An Cliamhain' an teideal a bhí ar an scéal nuair a foilsíodh é na blianta fada ina dhiaidh sin in *Dán* (1973). Scéal éadromchroíoch é ina bhfeictear athair ochtar iníonacha agus é go trochailte traochta de thoradh sclábhaíocht shíoraí na feirme agus é buartha faoina bhfuil i ndán dá ghabháltas:

> Ar ndóigh bhí lán an tí aige, ach níorbh ionann iad agus cúnamh.
> Bhuail droch-mhisneach é nuair a smaoin sé ar a liacht rud nach bhféadfaidís a dhéanamh. Ní bheidís i riocht treabhadh ná fuirseadh, ná móin a bhaint, ná innleán a láimhsiú, ná aire a thabhairt do bheithigh ná do chaoirigh... Agus ní íosfadh aon duine acu ceapaire dára choíche!
> Dá mbeidís i riocht rud a dhéanamh taobh amuigh féin bheadh bonn-bhualadh nó rud éigin orthu. Agus ceathrar mac ag a dhearthair, Peadar! (*Dán* 8)

Ba mhinic le cúpla bliain anuas é ag cuimhneamh ar 'an strainséara' cé nach raibh fhios aige fós cérbh é an strainséara sin a bheadh ag saothrú na talún aige féin. Smaoiníodh sé ar an allas go léir a chaill sé féin agus a shinsir roimhe ar an ngabháltas sin:

Agus ansin nuair nach raibh groigh, ná grafan, gráinseach ná frioth fágtha ann, agus bail is bláth air é a thabhairt don strainséara! Dá dtéadh sé chuige sin nach don strainséara a bhí sé ag cailleadh a chuid allais an tráthnóna úd? Nach ag an strainséara a bheadh a raibh aige i gceann scór blianta eile, nó b'fhéidir roimhe sin?

Ach níorbh é an chéad talmhaí é a raibh air a ghabháltas is a raibh aige a thabhairt don strainséara. Mar sin féin níor fhéad sé é a chur as a chloigeann. (*Dán* 9)

Ní thugtar aon spléachadh ar smaointe na mná céile sa scéal. Tuigtear go bhfuil sí ag iompar clainne arís agus, ar ndóigh, táthar ag súil i gcónaí le páiste fir. Iníon eile a shaolaítear, ámh, agus chítear a hathair i gcríoch an scéil, é trína chéile lá an bhaiste agus gan ar a chumas cuimhneamh ar aon ainm dá naoú hiníon.

In ainneoin nóta éadromchroíoch an scéil seo, tuigtear gur ábhar casta achrannach é 'an strainséara', ábhar a thuigfeadh pobal tuaithe ar bith gan dua.[13] Ó thaobh ról na máthar de, chiallaigh sé, ar ndóigh, nach mbeadh a dualgas comhlíonta go sásúil aici go dtí go mbeadh oidhre mic tugtha ar an saol aici. Cuimhnímis ar mhíshástacht an athar dhrisínigh sa scéal 'Teangabháil' (*Dúil*) le Liam Ó Flaithearta:

> Níor thug a bhean aon chlann mhac dó agus bhí a chlann iníon, cé is moite de Cháit, imithe i gcéin. (*Dúil* 117)
>
> 'Aie!' adeir sé go buartha. 'Is trua an té atá gan mac.'
> 'Dá dtugadh Dia aon mhaicín beag féin dhom,' adeir sé, 'bheadh mo dhóthain ansin.' (*Dúil* 118)

Agus sa scéal 'An Beo'(*Dúil*) leis an scríbhneoir céanna deir an bhean lena fear (tar éis di an ceathrú leanbh déag a thabhairt ar an saol): 'Tá áthas orm...gur mac a thugas duit as craitheadh mo shacáin' (*Dúil* 39).

Scéal a bhfuil cosúlacht idir é agus 'An Cliamhain' (*Dán*) ó thaobh ábhair de is ea 'An Fidileoir' (*Fallaing*) le Máire. I gcás an scéil 'An Fidileoir', ámh, cuirtear na fáiltí geala roimh an ochtú páiste toisc gur mac atá ann:

> 'Tá oidhre óg thall i dtoigh Chonaill Eoghain.'
> 'Go maire siad. Caidé an duine atá ann?'
> 'Giorsach bheag.'
> 'Ár dtoil le toil Dé.'
> Seacht n-uaire a canadh an chaint seo i gCró na Glaice.

Annsin tháinig a h-ochtmhadh h-uair, agus bhí cor beag i ndeireadh an sgéil.
Caidé an duine atá ann?'
'Gasúr breágh.'
'Míle altughadh do Rígh na glóire.'
Sin a' dearcadh a bhí ag muinntir Chró na Glaice.
Sin a' dearcadh a bhí ag Conall Eoghain. (*Fallaing* 29)

Agus cúrsaí lánúnachais agus muirir i gceist, ní annamh an greann gáirsiúil agus an chaint raibiléiseach le tabhairt faoi deara i scéalta de chuid an Chadhnaigh - féach 'Beirt Eile' (*SL*), 'An Gáire' (*SL*) agus 'Aisling agus Aisling Eile' (*SDT*), cuir i gcás. Sa ghiota seo a leanas as 'An Gáire' (*SL*), mar shampla, tá comharsa ag cur síos ar chaint neamhshrianta an Churraoinigh faoina chliamhain, Peadar Beag:

'Tuige nach bhfuil clann air sin thiar agus clann ar chuile ghinealach sa tír? Jim agus Jude fhada! Máirín sin thuas mar fhíogach a thóigfeá i gcurach! Ara tá clann ag teacht ar dhaoine atá caillte... Ionú a thabhairt don ghabhal ghlogair sin, é bliain pósta agus gan aon chosúlacht fós uirthi ach oiread le bullán... Ara go ropa an diabhal aige é mar ghabhal glogair... má bhíonn sé ráithe ar deire mar sin chuile iarra, beidh ceathrar in aghaidh triúr ag chuile dhuine eile air. Bhíodh *highforáil* mhaith thrí raithneachaí aige, ach san áit a raibh aige an ghaisce a dhéanamh níl sé i riocht filltín a chur sa mbráithlín. Chua mé siar aige. 'Ceal nach bhfuil aon chosúlacht oraibh!' adeirimse. 'Nach bhfuil a fhios agat go maith cén sórt cosúlacht' adeirimse. 'Is beag a bhéarfadh orm cupla eadartha blastála a thabhairt suas faoin ngabhal glogair sin duit.' (*SL* 67)

Gaiscíoch fir é Éamann Mac an tSagairt in 'Caraíocht' (*L*) le Pádraic Breathnach, é maíteach mórtasach as a ardchumas síolraithe:

Agus dhéantaí spóirt mhór faoi ghreann Éamainn mar ní raibh fear ar an oileán ach é féin a bhí in ann ochtar clainne a ghaisce in imeacht ocht mbliana; a mbunáite eile ní raibh acu ach an tseisce, ina mbaitsiléirí trochailte. 'Bhéarfadh sí sin uaimse mura mbeinn a dhéanamh ach luí ina haice!' a scairteodh Éamann go caithréimeach. (*L* 13)

Sa scéal dar teideal 'Síol' (*M*) le Diarmaid Ó Súilleabháin, léirítear díomá agus frustrachas lánúine nár gheall Dia oidhre dóibh. Sa scéal sin déantar torthúlacht an dúlra timpeall ar an teach mór áirgiúil a chur i bhfrithshuí le neamhthorthúlacht na

lánúine agus leagtar béim rómhór, b'fhéidir, ar thorthúlacht scata
tincéirí a chuireann fúthu gar do theach na lánúine:

> Thagadh boladh bréan anoir ámh. Uaireanta. Boladh salainneach ón
> gcampa ruaghruagach. Cuid ón bhfuíoll: cuid fós ón uafás síolscai-
> peadh. Minic a shuíodh fear an tí sa teach gloine istigh á bhfaireadh.
> Mná mothallrua agus cliabh bhrollaigh ina gcliabháin acu. Sú, agus
> luascadh na gcíoch soir agus siar. Mná ar leor síol fánach amháin a
> thitim ar ghrua chlaise leo le go súfaí go broinn 'talún' é. Mná gan
> leasú tacair ar bith. Máthairmhánna. Thagadh allasbholadh anoir
> chuig an mbean chomh maith. Priompbholadh fear. . . Coirp a
> chéadbhorraigh faoi thionchar asalstaileanna. Fir ar leor acu síol leo
> a thitim ar chlais i gcoim oíche... (M 135)[14]

Gearrscéal de chuid na n-ochtóidí é 'Mairéad Shorcha' [15] le
Peadar Ó Flatharta, scéal ina ndéantar staidéar ar an tseisce i saol
lánúine. Is follas go bhfuil idir shearbhas agus chráiteacht i
smaointe Mhairéad agus í ag machnamh ar a cás míshona féin,
mar shampla:

> Smaoinigh sí ar Eoin. . . dá dtéadh sé ag an dochtúir fiú. . .
> b'fhéidir. . . ach cén mhaith a bheith ag rámhailtí - bhí a fhios aici ina
> croí istigh nach dtabharfadh sé áit ina chloigeann don smaoineamh
> fiú amháin. Eisean an múinteoir, an tOllamh Ollscoile, an saineolaí
> ach é easpach sa chéim a bhí ag an bhfear siúil, an bacach bóthair, an
> phleib is mó cruthaithe. Céim onórach na beatha, bronnta ó bhreith
> mar a déarfá. Pósadh gan clann, sáile gan goirteamas, earrach gan
> fás, bean gan páiste. Diabhlaí nach ndéanfadh sé tráchtas air seo a
> smaoinigh Mairéad go fiodmhagúil. Eoin seo againn, Ph.D. (Macalla
> 1982, 68-9)

Goilleann an chúlchaint a shamhlaíonn Mairéad lena comharsana
ina ceantar dúchais Gaeltachta féin go mór uirthi:

> 'Feictear dhom nach mórán maitheasa atá an pósadh a dhéanamh do
> Mhairéad Shorcha.' 'Tá sé in am ag an bProfessor sin cuimhne an
> tsaoil a bhaint as a chloigeann muis.' 'Meastú ab í Mairéad Shorcha
> nó a chuid leabhra a thugann sé chun na leapan leis. . .'
> 'Chaithfeadh sé gur bréan an mac é an Professor anois nuair atá
> fhios aige. . .' 'An pill, a mhac, an pill. . . na daoine móra sin uilig. . .'
> Bhí a fhios aici go gcuirfí i gcomparáid í le budóig a bheadh ag
> cailleadh dárach (dá mba bhudóg í go gcuirfeadh Micilín na gCleas
> lúb lárach di) agus seacht gcéad comparáid eile níos measa ar
> mhaithe le greann is fearúlacht. (Macalla 1982, 69)

Tuigtear ón méid eolais a thugtar i dtosach an scéil go raibh
Mairéad ag súil le leanbh nuair a phósadar, go raibh sí i ndiaidh
leannáin éagsúla a bheith aici roimhe sin agus go raibh éigin-
nteacht ina hintinn féin faoi cérbh é athair an pháiste. Chaill sí an
leanbh agus is léir gur mhaolaigh ar chumann na lánúine de réir
a chéile ina dhiaidh sin. Agus an léitheoir ag féachaint trí shúile
Mhairéad ar chúrsaí a saoil phósta, braitear folús, mígheanúlacht
agus seirbhe i gcaidreamh na lánúine meánaicmí seo. Baineann
drámatacht le críoch an scéil mar a bhfuil féidearthachtaí éagsúla
á gcur in iúl. Fothéama a shaothraítear sa scéal céanna is ea seisce
shaol agus thimpeallacht na cathrach.

Cruthaítear mearbhall na mná a raibh uirthi dul faoi scian
agus ar baineadh an bhroinn aisti in 'Trasna' (*M*) le Diarmaid Ó
Súilleabháin. 'Bean bheag tuaithe' (*M* 47) í Bríd,
príomhcharachtar an scéil, a gcuireann fuadar agus griothalán
shaol na cathrach meascán mearaí uirthi agus í ar a slí go dtí an
stáisiún traenach. Chuaigh sí faoi scian dochtúra in ospidéal i
mBaile Átha Cliath tamall roimhe sin agus anois tá sí ar bís agus í
ag filleadh ar 'Johnny agus na kids' (*M* 55) i gCo. Loch Garman.
Baintear leas as stíl shnagach imprisiníoch an tsrutha
chomhfheasa chun tranglam smaointe na mná seo a chur in iúl.
Bean fhaiteach phiseogach í atá trína chéile ag impleachtaí
morálta na hobráide a deineadh uirthi agus ag an gcor nua ina
stádas mar mháthair agus mar bhean chéile:

> Uair an mheán lae. 'Is do ghaibh sí gin ón Spiorad Naomh. Is do
> chónaigh sé. . .' Do chónaigh sé - gin ón Spiorad Naomh. Gin? Don
> chéad uair riamh rith sé leat a raibh á rá agat. Eisean mar a bheadh
> capall ar cúpláil. Eisean mar a bheadh bó chun dáire nó fós é ar
> adhairt leapa díse, adhairt is osna fhada chnis. . . Ansin rith sé leat
> gur fhágais do bhroinn. Gur fhágais do bhroinn ina dhiaidh leo. Dá
> mhéad é gile a mbónaí, Uasuas a malaí, glinn eolas cuireadh ar stór
> laistiar den tsúil - dá mhéad a mbua gur bhain siad staic na beatha
> féin uait. . . Gan iarraidh orthu siúd a tháinig aisti. . . Ceist chuid in
> aghaidh d'iomláin. . . Ach nach rabhais sásta - ar fad. Murar ábhar
> máthar tú an raibh sé de chead agat an leaba - ? Bloc! Bloc intinne
> leis siúd. Fanadh sé siúd go hoíche Shathairn nuair a d'fhéadfá
> labhairt trí ghríl choirdhubhtha. . . Guímis. . . Guímis thú a Thiarna
> do ghrásta a dhoirteadh. (*M* 48-9)[16]

Ba dheacair gan suntas a thabhairt do chríoch an ghearrscéil
spéisiúil fhuaimintiúil seo. Agus í ag déanamh a marana ar chúrsaí

a saoil, tagann athrú suaithinseach ar shruth comhfheasa na mná. Eispéireas osréalach spioradálta atá á chur i bhfocail i gcríoch an scéil mar a scarann anam na mná lena colainn sa tslí go saolaítear an 'nuaféin' (*M* 63) dá bharr. Is follas gur fhill Ó Súilleabháin ar théama seo aistear diamhair an bháis i saothair eile leis d'fhonn a fhís phearsanta a fhorbairt.[17] I gcomhthéacs scéal na máthar seo agus i gcomhthéacs an mhíshuaimhnis agus an neamhchumais a d'airigh an bhean i ndiaidh na hobráide móire, is fiú tagairt don bhlúire eolais seo a fhoilsítear di san eispéireas tarchéimniúil i gcríoch an scéil:

> Is an ní nárbh fheasach duit faoi go dtí seo. . . Do X-ghath. . . B'shin é an cnapán mór ailse nár bhac siad lena sceannadh asat nó b'fhearr leo an milleán a chaitheamh ar bhroinn shláintiúil - broinn ina raibh tús beatha fireann. . . (*M* 63)

Ní ionadh ar bith é gur bronnadh duais Oireachtais ar an ngearrscéal seo sa bhliain 1963 agus gur tugadh aitheantas do thathag agus do chumas sonraíoch na scríbhneoireachta ann.[18]

3.2 An Máithreachas á Cheiliúradh

Níl aon amhras ná go mbéarfadh 'Máithreacha' (*AA*) le Pádhraic Óg Ó Conaire an chraobh leis ó thaobh léargas rómánsúil primitíveach den mháthair a sholáthar; léargas den bhean tuaithe in iarthar na hÉireann a bhéarfadh portráidíocht roinnt pictiúr de chuid Paul Henry chun cuimhne, b'fhéidir. An giota seo a leanas, cuir i gcás, ar giota fada é ach ar fiú é a thabhairt ina iomláine, dar liom:

> Údar aiféala dom anois agus an uair sin nár bhronn Dia an cháilíocht sin orm le go bhféadfainn, de bhua focal nó cumhacht dathadóireachta nó eile, gach ar léirigh Nan Éamainn dom an tráthnóna glórmhar Earraigh sin a chur i dtuiscint fé mar ba mhian liom a léireofaí gach ní dar chiallaigh sí domsa agus í ag obair léi ansiúd ar an iomaire. Seal crom, seal ina seasamh díreach, seal ar a marbhna, seal ag socrú a cuid gruaige aimhréití faoin seáilín breac ar a cloigeann dea-chumtha agus nuair shéideadh siorradh crua gaoithe Márta, seo a cuid éadaí tanaí lioctha isteach ar a colainn ionas go raibh an cholainn, idir chloigeann, muineál, brollach lánfhoirfe is gorúin rionnta cho soiléir agus dá líníodh sárdhathadóir í. Ach ní ar a deilbh álainn dhea-chumtha is mó a bhí m'aire ach ar an rud—an teagasc—a léiríodh dom agus í ansiúd ag obair lena láí tráth churtha

an tsíl, an bhláthaithe agus an fháis. Dá mba é an talamh féin é ar a raibh mé i mo sheasamh, b'fhacthas dom é bheith ag borradh is ag at fúm le fonn ginte. Ní amháin gurbh fhacthas dom féin gurbh í an bheatha í ach shamhlaigh mé dom féin gurbh í foinse agus airiúlacht na beatha í maraon leis an tréith éalaitheach sin a chiallaíonn íobairt, foighid agus fadfhulaingt. Ba chuma cén treo a dtiúrfadh sí a haghaidh, bhí de bhua ina ceannaghaidh go léirítí inti a tréithe féin agus go ngintí mian fiosrachta sa té a dhéanfadh staidéar ar an aghaidh mhánla sin. Ba shamhalta í ar dhuine éigin a léifeá faoi sa mBíobla. Thugadh súil ghrámhar fhiosrach anois is arís ar a cuid den tsaol a bhí fillte i seáilín faoi sceach a raibh londubh ceolmhar ag portaireacht uirthi, gan a dhath scátha ar an éan, é ag dearcadh anuas ar an leanbh a bhí ina chodladh cho sona sásta is dá mba i gcliabhán óir i bpálás rí a bheadh sé. *(AA* 53-4)

Tagraíodh don ealaíontóir Paul Henry ó chianaibh. Deir Catherine Nash (1993:45):

. . . the women in Henry's painting became part of the visual icon-ography of the West and acted as emblems of an idea of femininity based on a supposedly natural identification with nature and the landscape.

D'fhéadfaí an ní céanna, nach mór, a rá faoi léiriú na máthar i scéal seo Uí Chonaire.

Tamall tar éis don tráchtaire an mháthair óg a fheiceáil ag saothrú léi sa ghort, cuireann sé síos uirthi ag cothú a linbh agus ar na smaointe a mhúsclaíonn an radharc sin ann:

Shuigh sí ar chloch íseal agus nocht a brollach dea-chumtha gléigeal. Bhí ocras ar an leanbh agus thosaigh ag deol go cíocrach. Mise ansiúd tamall uaithi ag breathnú fúm agus tharam ach sách fada uaithi, mar sin féin, ionas nach mbeadh scáth ná cúthaileacht uirthi agus í ag iomlánú na críche ar chuir Dia ar an saol í... Ba í an Bheatha í. Ba í an uaisleacht bhanúil chúlrialta i ngioblacha dubha tanaí í agus cianamharc an bhróin agus na fadfhulaingte ina súile móra dubha, í ag dearcadh anuas go ceanúil ar a maicín óg, arbh é an domhan samhaltach a dhomhan beag dáiríre. *(AA* 56) [19]

I mír thosaigh 'An Beo' *(Dúil*), dírítear aird an léitheora ar réimse mothúchán na máthar atá tar éis a ceathrú leanbh déag a thabhairt ar an saol. Tá an brón ina orlaí tríd an lúcháir agus an bhfaoiseamh toisc gurb é an leanbh seo croitheadh an tsacáin aici. Seans go bhfuil iarracht bheag den mhéaldráma - ar comhartha den rómánsaíocht fhireann é, b'fhéidir - le haireachtáil sa sliocht seo:

Do réir mar mhéadaigh an síol beannaithe faoi dhíon an tí, mhéadaigh an drochrath agus an ganntan. Ina dhiaidh sin, ba dhoiligh léi anois fios a bheith aici go mbeadh a broinn feasta gan toradh. Dhún sí a súile, rinne sí cros ar a brollach lena dhá láimh agus thosnaigh sí ag guidhe le Dia, ag iarraidh cabhrach in aghaidh an tsaoil a bhí roimpi. (*Dúil* 38)

Baineann áilleacht leis an gcur síos ar an máthair agus í ag muirniú a naíonáin:

D'imigh an brón den mháthair nuair chuir sí a lámh timpeall ar cholainn bheag an naíonáin. Tháinig lúcháir uirthi nuair chuala sí an croí nua ag bualadh. Bhris deor faoina súil agus tháinig ceangal ina scornach.'Buíochas le Dia na Glóire!' adeir sí go dúthrachtach. (*Dúil* 39)

Nasctar an seodradharc seo le gairdeas diamhair na luathmhaidne agus le buaine dhochoscartha na n-eilimintí:

Thosnaigh an coileach ag glaoch amuigh sa gcúlteach. D'éirigh a ghlór go hard aerach os cionn na gaoithe Samhna a bhí ag stracadh na spéire.'Cumhdach Dé ar mo leanbh!' adeir an mháthair. D'fhreagair coiligh an bhaile an coileach. Is gearr go rabhadar uile ar aon ghlór amháin ag beannú don mhaidneachan. I bhfad ar siúl bhí an fharraige le cloisint agus í ag lascadh na haille móire. (Ibid.)

Is i mbun cothaithe a chítear an mháthair sna tagairtí a dhéantar di sa scéal ina dhiaidh sin.[20] Ní ainmnítear an mháthair ná aon charachtar eile sa scéal seo, scéal a bhfuil uilíochas faoi leith le haithint air. Típeanna atá sna carachtair, típeanna 'a chomhlíonas dualgas a gcineáil (máthair, athair, páiste, seanmháthair, seanathair) sa chlann thraidisiúnta thríghlúineach Éireannach' (Denvir 1991, 19).

Teolaíocht a mháthar an ní is tábhachtaí don naíonán sa ghearrscéal 'Dúil'(*Dúil*) leis an bhFlaitheartach:

Anseo le taobh na broinne ina bhfuair sé an beo ní raibh aon bheann aige ar phian ná ar chontúirt an tsaoil. Anois ba hé glór binn a mháthar bhí á chur faoi dhraíocht; ach go raibh an mealladh seo ciúin agus cineálta. Scuabadh glan amach as a mheabhair cuimhne ar an dochar a d'fhulaing sé agus é ag déanamh mórthriail go doras an domhain. Tháinig samhnas air agus leisce. Shín sé amach a chosa go righin, lig sé osna fada agus theann sé isteach go dlúth le corp teolaí a mháthar. Thosnaigh sé ag taibhreamh agus a shúile móra gorma lánoscailte. (*Dúil* 15)

(Maidir leis an bhfocal 'samhnas' thuas, d'fhéadfaí glacadh leis i gcomhthéacs an tsleachta sin gurb é 'sámhnas' suanmhar atá i gceist.)

Ní mór a rá gur máthair an-réchúiseach í an mháthair chéanna; é sin nó gur léitheoir craosach críochnaithe í óir dhealródh sé ón scéal gur mó a spéis sa leabhar a bhí á léamh aici ná i gcéad iarracht lámhacáin a mic! 'Athbhreith faoi chumas nua tuisceana agus braistinte is ábhar don scéal ar an leibhéal siombalach' a deir Gearóid Denvir (1991: 17-8) agus deir A.A. Kelly (1976:20) agus í ag tagairt do ualach siombalach an scéil (agus tuigtear gur ag trácht ar leagan Béarla an scéil atá sí, ar ndóigh):

'Desire', a symbolic little story of man in minature, with its threefold repetition of the sun as 'the eye of God', is spoilt by the same fault that occurs in some of the animal stories, for O'Flaherty has over-rationalised the baby's reactions.

Chítear gur máthair atá ina pearsa dhearfach thábhachtach i saol a mic a dheartar i scéalta mar 'Culaith le Cois' (*ISD*) le Máirtín Ó Cadhain, 'An Chulaith Nua' (*Dúil*) le Liam Ó Flaithearta, 'An Buille' (*Dúil*) le Liam Ó Flaithearta agus 'Óige' (*LF*) le Pádraic Breathnach. Is go hinniúil saoithiúil a chaitear solas ar an gcaidreamh ar leith idir an buachaill óg agus a mháthair sa ghearrscéal 'Seánaí' (*Bás*) le Mícheál Ó Laoghaire.

I dtosach an scéil 'Culaith le Cois' (*ISD*) braitear sceitimíní áthais an bhuachalla toisc go bhfuil a mháthair i ndiaidh culaith Fiann ghalánta a cheannach dó agus braitear bród agus sástacht na máthar, leis. Sampla í, b'fhéidir, den bhean a bhfuil cleachtadh aici ar a bheith '...ina ceannasaí ar an saol agus ina ceann ar an teaghlach... an mháthair ar mhó léi a clann agus a leas ná a leas féin agus leas a fir' (Ó Háinle 1978, 235).

Scéal aoibhinn a bhfuil ceardúlacht an scríbhneora le feiceáil go glé ann atá in 'An Chulaith Nua' (*Dúil*). Tá greann agus líofacht stíle an scéil le moladh agus tugtar spléachadh inchreidte don léitheoir ar an gcaidreamh idir an buachaill óg soineanta agus a mháthair shaothraíoch.

An t-athair míchéadfach filistíneach agus an mac íogair smaointeach atá á gcur i láthair in 'An Buille' (*Dúil*):

'Níl braon de mo chuid fola ionat,' a bhéic an t-athair. . .' Le do mháthair a chuaigh tú, a ruidín fánach leisciúil.' Chreathnaigh an gasúr ó cheann go cos agus tháinig fonn tréan caoineacháin air nuair a chuala sé a mháthair á maslú. Bhí an-chion aige ar a mháthair; bean réidh cheanúil a thug an-ghrá dhó agus a chuir spéis ina chuid smaointe aisteacha agus a d'éist go cúramach le na rámhaillí cainte ba ghnáthach leis a chur uaidh roimh titim ina chodladh. A mháthair! Ba hí a mháthair a aingeal coimhdeachta agus a bhanríon diaga. Ar an nóiméad sin, ba luarg leis a athair ná diabhal as ifreann, mar gheall ar í a mhaslú leis an méid sin tarcaisne. (*Dúil* 69)

Is léir nach bhfuil meas ag an athair ar phearsantacht chaoin mhánla a mhic óig, an phearsantacht chéanna a shamhlaíonn sé lena bhean. Is ionann boige agus laige, dar leis an athair, agus is é an easpa fearúlachta, is é sin, an easpa ceanndánachta agus an easpa nirt ina mhac, is mó a ghoilleann air. Is follas go dtagann athrú sonraíoch ar mheon na beirte i leith a chéile roimh chríoch an scéil. Deir Gearóid Denvir (1991:21) agus é ag tagairt don fhorbairt shuaithinseach seo i gcarachtracht na beirte:

Sa scéal seo amháin a fhéachtar le haon chumasc idir an dá phrionsabal chontrártha, an fireann agus an baineann, *animus* agus *anima* Jung, a thabhairt chun críche san fhorás a tháinig ar Neidín agus ar a athair tar éis an bhuille.[21]

Chomh fada agus a bhaineann le téama an mháithreachais de in 'An Buille', dhealródh sé go ndearbhaíonn iompar na cránach sa scéal seo an tuiscint a bhí riamh ag Neidín ar an gcion, ar an gcineáltas agus ar an dáimh instinniúil dhúchasach mháthardha agus dá thoradh sin: 'Bhog a chroí go tobann agus chreathnaigh sé le háthas go raibh grá arís sa domhan' (*Dúil* 80).

Cuirtear buachaill beag cabanta i mbun na tráchtaireachta in 'Óige' (*LF*) le Pádraic Breathnach agus cé gurb é guth soiléir an údair seachas guth an tráchtaire óig a chloistear uair nó dhó le linn an scéil, ní bhaineann an méid sin ó phléisiúr na léitheoireachta. Ar ndóigh, toisc tráchtaire an scéil a bheith chomh hóg sin, cuirtear teorainneacha dochta leis an méid is féidir leis a rá nó a thabhairt faoi deara i réimse an chaidrimh, cuir i gcás. Ní ionadh linn, mar sin, gurb é an comhrá an ghné stíle is tábhachtaí agus is éifeachtaí i gcur chun cinn an scéil. Is tríd an gcomhrá, cuid mhaith, a thuigeann an léitheoir an grá agus an gean mór atá ag an máthair dá maicín. Tugtar faoi deara

nach dtagraítear do athair an bhuachalla óig agus gurb í an
mháthair, mar sin, an crann taca agus an fhoinse grá agus misnigh
i saol an bhuachalla shoineanta seo. An chéad lá ar scoil is ábhar
do phríomheachtra an scéil. Scéal álainn dea-scríofa é 'Seánaí' (*Bás*) le Mícheál Ó
Laoghaire. Lá i saol aimhréidh buachalla óig atá i gceist. Tuigtear
go bhfuil athair Sheánaí greadta leis le tamall agus gur peata
máthar é an buachaill óg. Ní foláir do Sheánaí déanamh dó féin,
áfach, toisc go dtugann a mháthair lagmheanmnach formhór an
lae sa leaba. Ní mhúchtar sprid an scéil le trua ná le tromchúis,
ámh. Is amhlaidh a shonraítear an greann ag drithliú go suairc
tríd an insint agus airítear tuiscint chomhbhách an údair dá
phearsana scéil. Is léir é seo, mar shampla, i radharc deiridh an
scéil.

3.3 Máithreacha faoi Bhrón

Is iomaí máthair bhrónach a chastar ar an léitheoir i ngearrscéalta
Gaeilge na tréimhse atá á plé anseo. Tógaimis trí scéal le Máire,
mar shampla, mar atá, 'Bean fá n-a leanbh is a' t-athair i ndiaidh a
mhic' (*TTC*), 'Bean Ruadh de Dhálach' (*Fód*) agus 'Leabaidh na
Naomh' (*NÁ*). Dólás na máthar atá á phlé mar théama sa dá scéal
tosaigh sin agus imní chráite na máthar - agus an athar -faoina
maicín a bhfuil an tsláinte ag teip air atá sa tríú ceann. Airítear
comhbhá an údair/tráchtaire sna scéalta seo, mar shampla:

> Bhí sí mar bhéadh duine ann a chaillfeadh a mheabhair agus a
> stuaim. Bhí an brón uirthi a bhíos ar bhean fá n-a leanbh. (*TTC* 8)

> Tháinig taom mhilltineach bróin uirthí. An brón nimhneach sin
> nach bhfuil léigheadh nó sgríobhadh nó innse béil air. An brón a
> bhíos ar bhean fá n-a leanbh. (*TTC* 10)

Agus sa scéal 'Bean Ruadh de Dhálach' (*Fód*) deir an seanchaí:

> 'D'iarr daoine uirthí foighid a dhéanamh. . . agus cuimhniughadh go
> gcaithfeadh gach aonduine bás a fhágháil. An rud is dí-chéillidhe
> adubhradh le aonduine riamh a raibh ualach trom bróin air. Mar
> adubhairt a' file, sgreadaidh gach aon fá n-a nead. Bhí an brón ar
> Shíghle Ruaidh a ba truime a bhí ar aonduine riamh ar a' tsaoghal
> seo. An brón a chuir oiread truaighe ar ár Slánuightheóir is gur iarr
> Sé ar mhac na baintreabhaighe éirghe ó mharbhaibh. Nár bheag a'
> sólás do Shíghle Ruaidh cuimhniughadh gur éag a raibh i n-Éirinn ó
> Chú Chulainn anall. (*Fód* 83)

In 'Bean fá n-a leanbh is a' t-athair i ndiaidh a mhic' (*TTC*) agus in 'Leabaidh na Naomh' (*NÁ*), chítear an mháthair agus an t-athair ag iarraidh an fhírinne thragóideach a cheilt ar a chéile (toisc an mhórghrá atá acu dá chéile), gné a chuirfeadh le truamhéil an scéil ina iomláine, is dócha, dá n-éireodh leis an léitheoir neamhaird a thabhairt ar an neamhdhóchúlacht a bhaineann leis an méid sin.[22] Maidir le 'Leabaidh na Naomh' (*NÁ*) agus 'Bean Ruadh de Dhálach' (*Fód*), is cinnte go bhfuil áilleacht, snoiteacht agus críochnúlacht stíle ag roinnt leis na scéalta agus go bhfuil stiúir mhuiníneach ag an údar ar phlota na scéalta sin. Seans, áfach, go n-aireofaí easnamh áirithe ó thaobh shásamh na léitheoireachta de toisc nár chás leis an údar braistintí agus saol mothálach a chuid carachtar a iniúchadh go róghéar, gné scéalaíochta a bhain go dlúth leis an traidisiún seanchais ar a raibh saothar cruthaitheach Mháire bunaithe, ar ndóigh.

Tugann Pádhraic Óg Ó Conaire faoi chás na máthar léanmhaire i ndiaidh bhás a haonmhic mar ábhar scéil in 'Carraig an Iolair' (*AA*) agus in 'An Fharraige Thiar' (*AA*). Saochan céille na máthar a chuirtear i láthair sa dá scéal. Baintreach bhocht í Bríd Bheag sa chéad scéal agus bean dochtúra í Emer sa dara scéal. Is mar seo a chuirtear síos ar Bhríd Bheag i gcríoch 'Carraig an Iolair' (*AA*) agus dála Nóra in 'An Strainséara'(*CC*), tuigtear ó na tagairtí do na híomhánna agus na pictiúir bheannaithe gurbh fhuascailt a bhí sa bhás di:

> Caillte ar a leaba a fritheadh Bríd Bheag, í ag féachaint níos óige ná bhí agus mar bheadh aoibh gháire uirthi. Thall ar a haghaidh ar an matal bhí an Chrois Chéasta agus pictiúr Sheáin - a haonmhac. Bhí craoibhín iúir casta timpeall pictiúr na Maighdine. (*AA* 93)

Is follas go ndeachaigh scéalta agus fealsúnacht an Phiarsaigh i bhfeidhm ar Phádhraic Óg Ó Conaire agus é i mbun scéalta mar 'Carraig an Iolair' (*AA*) agus 'An Fharraige Thiar' (*AA*). Tá cosúlachtaí idir an scéal deireanach sin agus an gearrscéal 'An Bhean Chaointe' [23] leis an bPiarsach agus thairis sin is scéal é ina luaitear dhá líne as dán iomráiteach an Phiarsaigh, 'The Mother', mar atá: 'Lord thou art hard on mothers / We suffer in their coming and their going' (*AA* 235).[24]

Scéal é 'An Préachán' (*FG*) leis an údar céanna inar tugadh faoi bhás páiste mar ábhar scéil. Ní foláir a rá go bhfuil cuma thuathalach ar an tslí a ndéantar mearbhall na máthar a chur in iúl tar éis di teacht ar chorp a mic óig amuigh in uaigneas coille: 'Rug sí ar an maide croise, agus bhailigh meall sneachta gur chlúdaigh an páiste marbh' (*FG* 13). Cén mháthair a dhéanfadh a leithéid, fiú agus í mearaithe ag an dólás? [25] Scéal álainn é 'An Colúr' (*Nuascéalaíocht*) le Séamas Ó Néill, scéal inar léir paiteantacht agus íogaireacht stíle. Máthair í Máighréad, ach níor mhair a leanbh ach coicíos:

> Ní raibh ariamh aici ach é, agus ó tharla nach raibh labhradh sí faoi i gcónaí sa dóigh is go sílfeá gur mhair sé agus gur fhás sé aníos... Ba é sin an rud a mhaolaigh cruas an tsaoil agus a chuidigh léi fulaing le Roibeárd. Muna mbeith Eoin d'éireodh sí an-searbh. (*Nuascéalaíocht* 67)

Tuigtear d'éadóchas cráite Mháighréad i gcríoch an scéil, í cloíte ag dorrgacht agus ag neamhthuiscint a fir.

Ní ionadh linn gur áirigh léirmheastóirí an scéal seo mar an gearrscéal is cumasaí dar scríobh Ó Néill.[26] Faoi mar a scríobh Seán Mac Réamoinn (1952: 32): 'Thiocfadh leis an scéal a bheith maothnasach, ach níl; tá saghas fíochmhaireacht chiúin sa tuairisc ar dhúil na mná sa cholúr a chuireann faobhar ar an eachtra.'

Féachfar anois ar thrí scéal le Máirtín Ó Cadhain, mar atá, 'Ag Dul ar Aghaidh' (*BB*), 'An Bhliain 1912' (*BB*) agus ' I mBus Cathrach' (*SDT*), scéalta ina bhfuil solaoidí soiléire den mháthair atá ag fulaingt de bharr cúinsí a saoil.

Pictiúr léanmhar scéiniúil a chuirtear os comhair an léitheora in 'Ag Dul ar Aghaidh' (*BB*). D'fhéadfaí a rá go bhfuil mearú agus dídhaonnú an duine de bharr bochtanais agus gorta á nochtadh sa scéal seo. In ainneoin ornáidíocht agus róshaothrú stíl na hinsinte, is léir gur ar thuiscint agus ar eispéireas na mná atáthar ag díriú, mar shampla:

> Maidin chineálta dheireadh Faoillte a bhí inti. Gal chumhra as ithir... Bhí ceiliúr cúplála loin, méileach uain aonraic, agus tuairgínteacht taoille tuile rabharta móire le duirling mar bheadh dúileamh garach eicínt ag déanamh feola dá bhriathar ag ionchollú an Nádúir óigh. Ach dise ba shaol é nach raibh gafach le céadfaí an duine. Saol gan scéimh gan chumhracht gan bhlas gan fhuaim. Saol gan fad gan leithead gan tiús gan tacaíocht gan arann. Saol gan rún gan soiscéal

gan teastas a thuismithe ná a chríocha déanacha. Ba gheall le saol é a bheadh ag teilgean a chuid airíona aithnide agus nach mbeadh sé de ghus ann goití úra a chur de. (*BB* 173)

Ní ann do chumas machnaimh ná léirthuisceana na mná feasta. Leis an gceo atá ar a hintinn is ar éigean a aithníonn sí a fear céile:

Ar bhaint an phionna dó as lúbán an dorais thug sé amharc giorraisc faoin tsráid agus ar feadh ala an chloig d'fhostaigh sé súile na mná ina shúile piolóideacha féin. Ach níor scrúdaigh na súile piolóideacha faoina croí í chor ar bith. Chuaigh sé ó aithne uirthi go ceann nóiméid. Ansin chuaigh sé ó aithne phósta agus chéileachais uirthi. (*BB* 170)

Tamall ina dhiaidh sin léirítear go dteipeann go hiomlán ar an mbean aon mheabhair a bhaint as féinmharú a fir agus faightear éachtaint ar sheachrán céille na máthar ag an bpointe seo sa scéal óir dhealródh sé nach gcuimhníonn an mháthair ar a maicín a shuaimhniú ná a mhuirniú agus é trína chéile go mór tar éis dó teacht ar chorp a athar.[27] Baineann loime scanrúil shuaiteach leis an léiriú sin ar an máthair a bhfuil an daonnacht sioctha inti, nach mór.

Tranglam mothúchán máthar atá ag scarúint lena hiníon atá ag dul ar imirce go Meiriceá a chítear sa ghearrscéal 'An Bhliain 1912' (*BB*) le Máirtín Ó Cadhain. Tagraíodh do chás na hiníne roimhe seo i gCaibidil 1[28] agus is cinnte go n-airítear idir bhuairt, mhearbhall agus chumha na máthar a dteipeann uirthi a dteastaíonn uaithi a rá lena hiníon a chur i bhfocail:

Bhí an iomad rud ar bharr a goib aici le rá léi: na rudaí teanntásacha ceanúla a bhíos i dtaisce i gcroí máthar, mar bheadh bradán a beatha ann, ón uair a n-airíonn sí gin bheo faoina broinn nó go bplúchann an lóchrann síoraí smearsholas an tsaoil. (*BB* 151)

Arís agus arís eile, téann di 'an rosc a chur di a mhaolódh docht a croí' (*BB* 152). Ní hé nach raibh a fhios aici gur dhóichí gurbh é an bád bán a bheadh i ndán dá hiníon:

Seacht seachtaine ó shin, sular tháinig an phaisinéireacht, bhí sise chomh beophianta ag fuireacht léi is a bhí Máirín. Níor chuid iontais léi a hiníon féin a fheiceáil ag dul go Meiriceá ach an oiread leis an ochtar deirfiúr arbh é a géarchuimhne cuid acu a imeacht ann. (*BB* 149-50)

Ach ní raibh ar chumas na máthar déileáil leis an mórshuaitheadh mothálach dosmachtaithe a ghlac seilbh uirthi agus a d'fhág go cloíte cráite díomuach í le linn agus tar éis an tórraimh Mheiriceánaigh. I nduibheagán an éadóchais atá sí i gcríoch an scéil, nach mór, agus a fhios aici gur theip go hiomlán uirthi aon chaint shuntasach a dhéanamh lena hiníon sular imigh sí. Thairis sin braitear dólás agus briseadh croí na máthar atá sásta a admháil anois nach bhfeicfidh sí a hiníon go deo arís:

> B'fheasach don mháthair nach raibh inti ach céadghearrcach an áil a bhí ar imirce go Críocha an tSamhraidh agus an tSó: an Ghé Fhiáin nach bhfillfeadh ar an bhfara dúchais go deo deo.... (*BB* 167)

Is léir nach dtagann cuid de shamhlacha ná de mheafair an scéil seo le dúchas ná le meanma na príomhphearsan, mar shampla:

> Brionglóid go mba chruth di goltraí bhinn Chrann na Beatha, go mba dhealramh di snua meangach Úll na hAithne: céadiompar agus ceadabhras máthar. (*BB* 151)

> Bheadh domlas ar a béal ó chaora Chrann an Mhaith agus an Oilc. (*BB* 153)

> Ina leaba sin coilleadh a Soitheach naofa as a láimh...(*BB* 154)

Dar le Flann Mac an tSaoir (1952: 7): 'Nóta falsa sa tseinm álainn' a bhí sa chlaonadh sin agus dar le Louis de Paor (1991: 60): 'Ní mór ná gur sainchomharthaí ar ghuth an reacaire i bhformhór na luathscealta an friotal mórchúiseach sin.' Ar a shon sin, níl aon amhras ná go n-éiríonn leis an údar corraíl thochtmhar na máthar mar aon le mothúcháin ar ghnách folach a chur orthu a chur in iúl go hábalta. Is fiú an léiriú ar chás na máthar sa scéal seo a chur i gcosúlacht leis an léiriú ar an máthair sa ghearrscéal 'Going into Exile'[29] le Liam Ó Flaithearta. Chítear an chaint nósúil shúchaite ag feidhmiú sa dá scéal mar 'f[h]ál ar mhothú dofhulaingthe' (de Paor 1991, 127) agus tuigtear do dhólás domhaolaithe na máthar i gcríoch an dá scéal.

Páiste beag cabanta béalscaoilte atá i mbun na cainte sa scéal 'I mBus Cathrach' (*SDT*) le Máirtín Ó Cadhain, scéal atá ag cur thar maoil le greann tíriúil raibiléiseach. Nocht Murchadh Mac

Diarmada (1970: 10) a thuairim féin i dtaobh raibiléiseachas Uí Chadhain, go háirithe i gcomhthéacs an scéil seo:

> Is minic a luaitear an raibiléiseachas leis an gCadhnach ach, ar chuma éigin, ní hé Rabelais a chuireann sé i gcuimhne domsa ach Gárlach Coileánach an bhéaloideasa. Nuair a deir sé rud áirithe a mheasann sé a chuirfeadh náire, nó a bhainfeadh geit, samhlaím dom féin é ag baint taitneamh leathmhailíseach as. Tá 'I mBus Cathrach' lomalán den ghárlachchoileánachas seo agus an tÚdar ina *enfant terrible* ag nochtadh na glanfhírinne - nó, na salachfhírinne ba chirte a rá, is dócha.

Thrácht Breandán Ó Doibhlin (1971a: 12) ar sheift an údair sa scéal:

> Scéal é an ceann deiridh seo a chuirfeadh Raymond Queneau i do cheann agus a úrscéal greannmhar *Zazie dans le metro*. An tseift chéanna atá laistiar den dá shaothar: *enfant terrible* nach dtéann druid ar a bhéal agus atá á láimhseáil ag an scríbhneoir chun radharc úr ionraic a thabhairt dúinn ar an saol agus ar dhaoine.

Tagraíonn Ó Doibhlin don mhonalóg dhrámatúil sa scéal agus dearbhaíonn sé gur teicníc is ea í sin a éilíonn cluas ghéar agus máistreacht iomlán ar chaint na ndaoine. Díol spéise sa chomhthéacs seo is ea tuairim Dhiarmada Uí Ghráinne (1990: 35), mar atá:

> . . . braithim go bhfuil strus ar Ó Cadhain ag iarraidh craiceann a chur ar an scéal seo agus a choinneáil ina chéile. Is í acmhainn teanga an údair a shábhálann an turas seo é.

Tugtar leideanna soiléire don léitheoir le linn an scéil faoi easaontas na dtuismitheoirí ionas gur follas nach bhfuil athair agus máthair an bhuachalla ag tarraingt go maith le chéile agus, go deimhin, tuigtear go mb'fhéidir go bhfuil teipthe ar fad ar an bpósadh seo. Téann den mháthair an páiste a chiúnú ar an mbus. Leanann sé air ag caint gan stad, ag tuairisciú, ag tráchtaireacht agus ag soláthar blúirí eolais ó am go chéile a chuireann ar chumas an léitheora scéal bhruíon na dtuismitheoirí a thabhairt leis. Gan amhras, cuireann soineantacht agus baothdhóchas an pháiste le tocht na máthar:

> 'Rithfe mé abhaile rót, a Mhama,' adúirt an gasúr, 'bhfeice mé a bhfuil Deaide ar fáil. Inseo mé dhó cé bhí sa mbus. Bainfe mé caint as, a Mhama. Cuirfe mé ag caint é, cuirfe mé. Beidh sé ag caint rót. Ó, cé, a Mhama.'

Ní raibh an gasur sách ard, sách grinn, nó is rómhífhoighdeach a
bhí sé b'fhéidir, le tabhairt faoi deara go raibh deora móra bogúrach
ag buinne as súile na máthar. (*SDT* 142-3)

Maidir leis an gclabhsúr scéil sin, seans go bhfuil an ceart ag
Gearóid Denvir (1987: 228) nuair a thuairimíonn sé go mb'fhéidir
go bhfuil 'ladar an údair san alt deiridh iomarcach, fiú maoith-
neach.'

Agus plé á dhéanamh anois ar chúpla scéal eile ina dtagann
carachtar na máthar brónaí i gceist, tagrófar ar dtús do 'An
tInneall Nua' (*BM*) le Donncha Ó Céileachair. Braitear éadoimh-
neacht i gcarachtracht Nóra Ní Dhuibhir sa scéal seo. Is mar
mháthair a chuirtear i láthair i dtús an scéil í, í deabhóideach
airdeallach faichilleach agus níos sia amach sa scéal, tuigtear gur
bhreá léi go mbeadh a maicín muirneach, Colm, ina shagart nuair
a d'fhásfadh sé suas. I dtús leagan tosaigh an scéil seo tagraíodh
do leochaileacht an bhuachalla agus d'uaillmhian na máthar mar
seo:

Bhí sé d'ainm air a bheith leicthe agus 'na thaobh san deintí mórán
cúraim de. ('Na theannta san bhíodar i bhfad pósta nuair a bhronn
Dia an mac so ortha.)
'Mo ghraidhin mo bhuachaill. Beidh tú id'shagart maith fós ag
tabhairt seirbhís do Dhia.' (*Comhar*, Eanáir 1948, 14)

Seans go laghdaítear ar inchreidteacht Nóra mar mháthair nuair a
chuirtear síos uirthi tar éis na timpiste gránna a bhain do Cholm
óg, buachaill arbh é an péarla geal ag a mháthair é.

An fhaid a bhí an dochtúir ag obair choinnigh Séamas an páiste. Bhí
Nóra ag paidreoireacht. Trí méaranna a baineadh anuas. Bhí an
dochtúir cainteach.
'Tá an t-ádh leis an lúidín a bheith slán. Ní bheadh puinn tairbhe
san ordóg fhéin gan méar eile ina teannta. Tá aithne agam ar fhear a
bhfuil ordóg agus lúidín aige mar atá aige seo, agus déanann sé gach
rud, gach rud. Chonaic mé roinnt   droch-chásanna lem linn,
fíordhroch-chásanna.'
'Ní bheidh sé ina shagart choíche anois!' a bhéic Nóra trína
guidhe. (*BM* 170)

Tríd is tríd, déantar ró-shímpliú ar Nóra mar charachtar
scéil.[30] Is sásúla agus is críochnúla é an léiriú a dhéantar ar a fear
céile. Ag féachaint ar 'An tInneall Nua' (*BM*) ina iomláine, ba

dheacair a áiteamh go bhfuil fócas an-deimhnitheach le maíomh ag an scéal (luath) seo. Caitheann Pádraigín Riggs (1978: 125) roinnt solais ar an deacracht seo nuair a thráchtann sí ar stíleanna scéalaíochta an údair agus nuair a deir sí:

> Braithimid go bhfuil anáil an bhéaloidis beagán róláidir, i gcás an scéil seo, ar deireadh thiar, sa tslí nach n-éiríonn leis an údar aon fhorbairt shásúil a dhéanamh ar aon téama amháin, agus go dteipeann air scéal aontaithe a chur os ár gcomhair, dá bhrí sin.

Scéal na máthar atá imníoch faoina mac a bhfuil éalang intinne air atá in 'Tá - Tá' (*L*) le Pádraic Breathnach. Tugtar le tuiscint i gcríoch an scéil go mb'fhéidir gur chuir an fear óg lámh ina bhás féin, rud a d'fhíoródh tuiscint iomasach na máthar seo:

> Tharlódh tubaiste do Nodlaig. Bhíos i gcónaí réidh an drochscéala a chloisteáil faoi. Ní raibh dea-scéala i ndán dó cheapas. Cibé cén fáth nach bhféadfadh sé a bheith ar nós cáich? Cibé cén fáth an chrois seo ó Dhia? (*L* 108)

Is í an mháthair atá i mbun reacaireacht an scéil seo cé gur deacair a chreidiúint thall is abhus gurb í atá ag caint.[31] Tríd is tríd, éiríonn leis an údar buairt chráite na máthar i dtaobh a páiste (bíodh sé ina pháiste nó ina dhuine fásta) a bhfuil éalang mheabhrach air a chruthú go héifeachtach. Ábhar é seo nach bpléitear mórán i nualitríocht chruthaitheach na Gaeilge.

Is é atá in 'An Buachaill' (*AT*) ná éachtaint ar smaointe agus ar mhothúcháin máthar agus í ag iarraidh teacht chun réitigh leis an bhfírinne i dtaobh chás a mic óig, is é sin go bhfuil sé ag fáil bháis den ailse. Sampla maith d'éifeacht stíle an údair atá i mír dheiridh an scéil mar a n-airítear cothromaíocht shásúil idir foirm an chomhrá agus smaointe na máthar a thuairiscítear sa mhodh indíreach.

3.4 Máithreacha agus Déagóirí

Ní líonmhar iad na gearrscéalta Gaeilge ina ndéantar gnéithe den ngaol idir déagóirí agus a máithreacha a chíoradh ná a fhorbairt. Féachfar anseo ar scéalta le Diarmaid Ó Súilleabháin, Pádraic Breathnach, Mícheál Ó Brolacháin agus Seán Mac Mathúna.

Ógánach é Antaine sa scéal 'Na Bábóga' (*M*) le Diarmaid Ó
Súilleabháin a dhíolann páipéir in éineacht lena mháthair ar
shráid chathrach. Tugann sé faoi deara a chaite is atá a mháthair :

> Go tobann tharla Mam. Roimhe. Mar a bhí riamh, mar a bhí fós. . .
> Seanchóta a d'íoc a dheachú le cúl na mblianta... Na camchosa féith-
> chorcra. . . agus an níolón garbh ina mhéirscrí thart ar na hailt. . .
> Agus bun bréagach toitín a bheoltaí idir caidéis chustaim agus costas.
> . . . 'Do shóinseáil a dhuine uasail. . .' (*M* 125)

Riochtáin atá gléasta in éadaí gleoite i bhfuinneog tí fhaisin iad
'na bábóga' agus is iad sin a spreagann samhlaíocht an ógánaigh i
dtaobh cúrsaí gnéis.[32] Nuair a dhéanann Antaine staidéar os
comhair 'na mbábóg' dhraíochtúil seo, is amhlaidh a sheoltar
isteach i saol na brionglóide agus i réimse príobháideach na dúile
collaí é. Áirítear mífhoighne na máthar cortha :

> 'Tuige go mbíonn tusa ag stánadh isteach ar an bhfuinneog úd de
> shíor, a Antaine?... Nach feasach duit nach bhfaighidh tú cianóg rua
> riamh ó na Bitseacha úd?' ... Na Bábóga Faiseanta. (*M* 129)

Is deacair réimsí éagsúla teanga agus machnaimh an scéil a
cheangal le smaointe nó le taithí an ógfhir atá i gceist. Chítear é
seo go soiléir, cuir i gcás, sa chuid sin den scéal ina bhfuil trácht-
aireacht an tseó fhaisin in úsáid mar theicníc scéalaíochta agus
arís i gcríoch an scéil mar a bhfuil an iomad teibíochta agus
imprisiúnachais le haireachtáil.[33] Ar a shon sin, baineann
éadroime thaitneamhach leis an scéal trí chéile.

Sa scéal 'An Déagóir' (*BA*) le Pádraic Breathnach chítear caint
agus iompar áibhéalach an déagóra phostúil a chuireann orduithe
ar a mháthair agus a bhíonn de shíor ag teallaireacht léi agus ag
radadh maslaí léi. Maidir leis an máthair mhífhortúnach, tá sí ar a
dícheall agus í ag foighneamh lena mac sotalach spadhrúil: '...níor
mheas sí go raibh aon mhailís ann agus ar bhealach éigin ba
ghean léi é thar aon duine eile dá clann' (*BA* 162). An mháthair
Éireannach thraidisiúnta is ea í seo, ní foláir! Is follas go bhfuil an
t-údar féin ag baint suilt as a bheith ag cur síos ar iompar agus ar
thuairimí an déagóra dheiliúsaigh seo, mar shampla:

> Maidir le hEric de, ba bheag machnamh a rinne sé riamh ar a
> mháthair. Bhí sí ann leis an saol a dhéanamh sócúlach dó agus dá
> ndéanfadh sí é sin mar a shíl seisean a bheith fial cneasta ní bhfaigh-

eadh sé aon locht uirthi. Ach ní raibh an t-am tagtha fós go ndearna sé comparáid idir a mháthair féin agus máithreacha eile. Agus dá bhfiafrófaí de a bharúil fúthu bhí an chuma air gurbh é an freagra a thabharfaí gur cailleachaí buartha míshásta iad na máithreacha fré chéile agus é in am dóibh go léir bás a fháil. (*BA* 162-3)

An eagla atá ar Éamann, an déagóir in 'Coimhlint' (*DLD*) le Pádraic Breathnach, ná go náireoidh a thuismitheoirí neamhshofaisticiúla, ar gnáthmhuintir tuaithe iad, go náireoidh siad é os comhair a chairde measúla atá ag freastal ar an gcoláiste galánta céanna leis sa chathair. An tuairim atá ag an déagóir seo faoina mháthair ná: 'Í i gcónaí faoi adhastar... gan dóchas riamh ina gnúis nó ina súile, ach í géillte do thoil Dé' (*DLD* 17). Tuigtear go bhfaigheann Éamann léas tuisceana ar fhiúntas a thuismitheoirí, ar an tábhacht a bhaineann leo ina shaol féin agus ar a mhíchothroime agus a bhí a mheon ina leith roimhe sin sa scéal dea-scríofa seo.

Aighneas géar idir máthair agus mac léi, a bhfuil ceithre bliana déag d'aois aige, is ábhar don scéal 'Oilithreacht' (*Laochra*) le Mícheál Ó Brolacháin. Tá Antaine, an déagóir, i mbraighdeanas aonair ina sheomra le roinnt laethanta anuas toisc gur dhiúltaigh sé géilleadh do dhearcadh a mháthar ar chúrsaí an tsaoil. Feictear don déagóir gur gealt chreidimh í a mháthair agus is léir nach sásóidh aon ní í seachas saol a mic a stiúradh de réir a tola féin. Cuirtear idir fhrustachas agus fhantaisíocht an déagóra cheistithigh seo in iúl tríd an scéal, é ar a bhionda ag iarraidh ciall éigin a bhaint as cúrsaí a shaoil ach é sáinnithe, teanntaithe ag tuairimí diongbhálta a mháthar. Ceann teaghlaigh rí-údarásach í an mháthair a chruthaítear sa scéal seo. Is geall le príosún é an baile de thoradh a cuid deachtóireachta agus ábhar faoisimh agus ceiliúrtha - don phríomhcharachtar agus don léitheoir araon - é teitheadh Antaine i gcríoch an scéil.

In ainneoin thanaíocht na teanga in áiteanna sa scéal, éiríonn leis an scríbhneoir éadóchas agus tranglam intinne an déagóra a léiriú go héifeachtach. Trí shúile a mic a fheictear an mháthair tríd an scéal agus de bharr mhíréasúntacht dhúr a hiompair agus a dearcaidh féin, cuireann sí bac iomlán ar aon chumarsáid fhónta eatarthu.

Tagann mothúcháin an déagóra i leith a mháthar i gceist sa scéal 'Ding' (*Ding*) le Seán Mac Mathúna. Chítear an t-óganach, a

bhfuil seacht mbliana déag d'aois aige i dtosach an scéil, é an-
bhródúil as a mháthair spéiriúil fheiceálach; bean a spreagann
idir spéis, thaitneamh agus smaointe libidiniúla:

A liopaí scartha is an abhlann bhán ag tuirlingt ar a teanga
bhándearg, is mar sin is cuimhin liom í. Ach níorbh é an chráifeacht
úd amháin, ach longadán a coirp a chuir gach súil sa phobal ag
tomhas a coiscéimeanna ón altóir anuas.

Bhí bród orm seasamh
taobh léi ag doras an tséipéil, is mé páirteach sa taitneamh a thug na
mná di, is níor chuaigh féachaint fholaigh na bhfear i ngan fhios.
Dar le cách d'fhéadfadh sí a rogha rud a dhéanamh le héadaí; dar
liomsa d'fhéadfadh sí a rogha rud a dhéanamh. (*Ding* 1)

Ar a thuiscint don déagóir seo go bhfuil deacrachtaí caidrimh ag a
thuismitheoirí, chítear dó gurb é a ról feasta ná a bheith ina
chrann taca agus ina chosantóir dílis ag a mháthair. Ag an bpointe
seo is trí shúilc a mic a fheictear an mháthair (agus é ag tabhairt
athchuairte ar a thréimhse Éideapúis?); í meallacach grástúil
leochaileach mar a bheadh banlaoch i ndráma tragóideach, geall
leis, agus í ag brath ar a mac tairiseach, Éamonn, a thoilíonn a
bheith ina chara rúin soilíosach aici.

An mháthair mar bhean liobrálach ghnéasúil a chítear i lár an
scéil agus a mac faoi dhraíocht ag a háilleacht chollaí, a
féinmhuinín agus a neamhspleáchas dásachtach. Airítear claochló
ag teacht ar chaidreamh na máthar lena mac tar éis bhás a fir
chéile, agus cúiseanna éagsúla leis sin, ar ndóigh. I gcríoch an
scéil tuigtear go bhfaigheann Éamonn léas nua tuisceana ar chás a
athar agus ar a chás féin feasta.

Stíl líofa sheolta atá ag 'Ding', scéal a sholáthraíonn ábhar plé
agus áitimh do lucht sícanailíse agus scéal a tharraingíonn aird ar
a neamhspleáchas ealaíonta féin mar fhicsean cruthaitheach. Dar
le Tomás Ó Floinn (1982: 28): 'Is é a bhua go dtugann sé aghaidh
gan chlaonadh ná tarraingt siar ar na paisiúin is gnáth a bheith
folaithe in anam an duine agus nach dtagann ar fhis sa tír seo ach
amháin sna cúirteanna dlí.'

Máthair Éireannach 'thraidisiúnta' a aithnítear gan dua is ea
máthair an déagóra sa scéal 'Sodar Breá Bog go Cluain Uí
Eachaigh' (*Ding*) leis an údar céanna. Is i gcríoch an ghearrscéil
seo a chítear an mháthair; bean chiúin fhulangach a bhfuil grá
aici dá mac agus a thuigeann gur uirthise a bhraitheann sé

féachaint chuige go gcomhlíonfaidh sé dualgaisí a chreidimh. Agus an déagóir seo ag féachaint agus ag cuimhneamh ar a mháthair, déagóir a bhfuil tuiscint éigin anois aige ar fhimínteacht daoine agus institiúidí, airítear go bhfuil léas léargais faighte aige ar dhaoirse agus ar ghruaim a saoil.

3.5 Máithreacha agus Daoine Óga

Féachfar anois ar scéalta ina bhfuil trácht ar an ngaol idir máithreacha agus daoine óga a bhfuil aois a bpósta bainte amach acu.

Téama a shaothraítear i roinnt gearrscéalta le Máire is ea neamhshuim mic nó iníne i gcomhairle na máthar chomh fada agus a bhaineann le roghnú céile de.[34] Sna scéalta seo is gnách rómánsúlacht agus aislingíocht na hóige a chur i bhfrithshuí le meon crua críonna na seanmhuintire. In 'Dhá Bhearrach' (*NÁ*), mar shampla, is iad seo na smaointe a ritheann le Conall, ógfhear nach bhfuil rún ar bith aige glacadh le comhairle a mháthar:

> Dar le Conall, nach beag ciall atá ag mo mháthair. Nach iongantach a' dearcadh atá ag sean-daoinibh. An raibh siad ariamh óg? ... Acht ní raibh filidheacht na h-óige riamh i n-a gcroidhe. Níor chuala siad an fhuiseog ariamh i ngleanntán sléibhe le h-éirighe gréine agus a' driúcht 'na luighe. Ní fhaca siad na caisleáin óir a bhí ós cionn luighe na gréine tráthnóna samhraidh. Ní raibh acu ach dearcadh saoghalta ar gach aon rud....
> Acht caidé an cineál saoghail a bheadh ann dá mbeadh an uile rud fá ghéill ag airgead agus ag sábháil airgid? Cá mbeadh a' seanchas agus na h-amhráin? Dá n-abradh a mháthair le Naoise go dtarrónadh Deirdre achrann is troid air agus go mb'fhearr dó cailín comhthrom tíre aige agus suaimhneas intinne sa bhaile? Nó dá n-abradh a mháthair féin le Diarmaid Ó Duibhne go mb'fhearr dó bean mhaith toighe aige ná Gráinne na gcuachann péarlach. Nárbh aistidheach a' dearcadh a bhí ag sean-daoinibh, agus nárbh iad ariamh a chuir a mbinid san airgead! (*NÁ* 23)

Sna scéalta seo de chuid Mháire, ní gnách an rath a bheith ar an duine óg a thugann cluas bhodhar do chomhairle a mháthar agus dhealródh sé ón bplota a ríomhtar sa scéal 'Gile na Gile' (*An Bhratach*) go mbíonn saol sona seascair i ndán don té a thugann toradh ar chomhairle shiosmaideach a mháthar.[35]

Sa scéal 'Sop' (*GL*) le hAnnraoi Ó Liatháin airítear suaitheadh intinne an ógfhir a bhfuil cúig bliana caite i gcoláiste

sagartóireachta aige agus a thuigeann ina chroí istigh nach dteast-
aíonn uaidh a bheith ina shagart. Tuigtear go bhfuil eagla air
loiceadh ar a mháthair agus gurb é sin faoi deara dó fanacht ina
thost. Tríd an athrá a dhéantar ar chaint na máthar leis na
comharsana tríd an scéal, dírítear aird an léitheora ar
mhíshuaimhneas an ógfhir agus ar a theanntaithe a bhraitheann
sé. Thairis sin, tuigtear go n-aithníonn an t-ábhar sagairt laige ina
phearsantacht féin a thugann air a bheith géilliúil neamhdhiong-
bháilte seachas an fód a sheasamh agus a thuairimí féin a fhógairt
go macánta neamhbhalbh.

Tá bród agus maíomh na máthar os comhair na gcomharsan
ar cheann de na tréithe is sonraithí a bhaineann le máthair an fhir
óig. Bean chainteach fhústrach í an bhean seo. Is fear ciúin
géarchúiseach é athair Shearlaí, fear a thuigeann cás a mhic:
"Bhfuil d'aigne socair, a Shearlaí, nó ar mhaith leat éirí as an
sagartóireacht?' (*GL* 90). Teipeann an misneach ar Shearlaí,
áfach, agus é ag cuimhneamh ar an náire a tharraingeodh sé ar a
mhuintir, agus is go lagmheanmnach a fhreagraíonn sé a athair:
'Táimse ceart go leor' (ibid.).

Má chuirtear leagan tosaigh an scéil seo,[36] leagan
Nuascéalaíocht (1952) agus leagan deireanach an scéil (*GL*) i
gcomparáid le chéile, chífear gur dhein an t-údar mionleasuithe
ar an téacs. Ó thaobh charachtracht na máthar de, mar shampla,
is é an ráiteas: 'Caithfir-se bheith i do shagart' an ráiteas a
athfhuaimníonn gan stad in intinn an ógfhir sa leagan tosaigh
agus i leagan *Nuascéalaíocht*. I leagan *Gleann an Leasa* tá béim
bhreise ar dhúil na máthar a bheith gach pioc chomh maith le
comharsana leo a bhfuil mac leo ina shagart: 'Th'anam ón
diabhal, a Shearlaí, ach beidh tusa i do shagart chomh maith' (*GL*
81, 83, 90). Ag cuimhneamh dó ar a chruachás féin, tuigeann
Searlaí gurbh eisean a bheadh freagrach as mórdhíomá a
mháthar: '...agus bheadh *spoiled priest* acu air go lá a bháis agus
bhrisfí croí a mháthar' (*Nuascéalaíocht* 100). Is í an náire a shamh-
laíonn Searlaí le cás a mháthar dá n-éireodh sé as an
tsagartóireacht is mó a ghoilleann air sa leagan déanach den scéal:

'An t-airgead go léir a chaitheamar ort. Ach ní hé an t-airgead é ach
an náire. Ní bheimid in ann ár gceann a ardú riamh arís. Beidh siad

go léir ag magadh fúinn. Mhuire's trua, ach níor cheapas riamh go mbeadh *spoiled priest* faoi fhrathacha an tí agam.' (*GL* 83)[37]

Scéal é 'Lá an Easpoig' (*Cladóir*) le Criostóir Mac Aonghusa ina bhfeictear conas a mhúnlaigh toil na máthar saol a mic agus, go deimhin, saol a hiníne chomh maith:

> Shanntuigh a mháthair sagart a dhéanamh dá mac, agus thug Dia di go bhfaca sí ag dul faoi na grádhaimh é sul ar cailleadh í. Agus ar leabaidh a báis, d'iarr sí ar Shighle dul chun comhnuidhthe leis, agus teach a choinneál dó. (*Cladóir* 6)

Féachfar ar an toradh a bhí ag an achainí sin ar shaol na hiníne i gCaibidil 4.

Chonacthas sa chaibidil roimhe seo a ghéilliúla is a bhí na mná do mheon agus do leagan amach a bhfear céile i scéalta áirithe le Mícheál Ó hOdhráin agus is léir gurbh é an spleáchas géilliúil sin a choisc aon chaidreamh tuisceanach aibí idir na máithreacha agus na daoine óga i scéalta ar nós 'Cosán na nDeor' (*Slán*) agus 'An Soláthraí' (*Slán*), cuir i gcás. Sa scéal 'An Filleadh' (*Slán*), is ag feidhmiú mar idirghabhálaí atá an mháthair, í ag impí ar a mac gan a bheith ródhian ar a athair taghdach.[38] Nuair a chinneann an fear óg ar bhailiú leis go Sasana, déantar scalladh croí na máthar agus corraíl a mic a chur in iúl go ciúin éifeachtach:

> Bhuail sé bóthar as a stuaim féin an mhaidin ina dhiaidh sin. Ní dheachaigh aon duine go dtí an stáisiún leis. Bhí a athair dúr tostach. Ba dheacair a thomhas cé acu a bhí aiféala tar éis na hoíche nó breis fuatha air go raibh an mac ba shine leis ag imeacht uaidh. Chaoin an triúr óg go raibh málaí faoina súile. Rinne a mháthair iarracht chróga smacht a choinneáil uirthi féin ach bhí dúchas na máthar róláidir di. Ba mhinic a mhothaigh sé deoir leis féin ag sileadh anuas lena leiceann nuair a bhí sé ina thollaire óg bradach ach ní raibh ceann acu ariamh a bhí chomh te leis an gceann a rith anuas ar a smig nuair a rug sí barróg air agus í ag scarúint leis. Ní dhearna a athair ach a lámh a chroitheadh go héadrom agus a chúl a iompú air. (*Slán* 178)

Sa scéal 'Margáil' (*Stáca*) le Conchubhar Ó Ruairc chítear an mháthair nach raibh sé de mhisneach aici an fód a sheasamh ar son a hiníne óige, a raibh socruithe cleamhnais á ndéanamh di.

Ghéilleadh sí riamh do chríonnacht údarásach a fir agus is é seo
an sciath cosanta a roghnaíonn sí dá tost agus dá crá coinsiasa. Ag
caint léi féin atá sí sa sliocht seo i gcríoch an scéil:

'Tá feall á imirt ar Mháire bhocht,' ar sise. 'Níl a bliain agus fiche
slán aici fós agus í dá pósadh leis an strampálaí dúr sin. Is fíor nach
raibh mé féin ach an fiche slán nuair a phós mé ach más ea bhí trí
bliana curtha isteach agam ar rincí, ar chomhthaláin agus ar
chuideachta. Ach ar ndóigh ní raibh pingin spré agamsa, nó fód
talún agam. Ní raibh mhuis ná mórán thar na héadaí ar mo dhroim
agam nuair a d'éalaigh mé ó bhaile agus phós mé an Dálach Mór ar
neamhchead athar is máthar. Máire bhocht, tá feall á imirt uirthi; ach
seo, seo, tá an ceart ag m'fhear céile. Bhí an ceart aige gach aon lá
riamh agus tá an ceart aige anois. (*Stáca* 84)

D'fhéadfaí a áiteamh go mbaineann an abairt dheiridh sin ó
inchreidteacht na máthar, dá ghéilliúla is dá lagmhisniúla í an
bhean chéanna.[39]

Tagraítear don mháthair a dhein iarracht dul i bhfeidhm ar
mheon stóinsithe a fir chéile faoi chead pósta a thabhairt dá mac,
agus ar theip uirthi san iarracht sin, sa scéal 'An Ruaiteach' (*Fête*)
le Beairtle Ó Conaire. An mháthair, ar seanbhean mhórchúiseach
í, ar theip uirthi a toil féin a chur i gcrích i dtaca le céile oiriúnach
a roghnú dá mac (a bhfuil daichead bliain d'aois slánaithe aige) a
chítear sa scéal dar teideal 'Talamh na Máthar' (*Slán*) le Mícheál
Ó hOdhráin.

Sa scéal 'An Maicín Muirneach' (*Stiléirí*) le Seán Ó Conghaola,
is follas nach mó ná sásta a bhí Peige Bhán ar chlos di gurbh í
Méiní Bhidín a bhí roghnaithe ag a mac dó féin mar chéile.
Airítear anamúlacht bhreá sa scéal seo, mar shampla:

'Ara, ní ag tabhairt freagra gearr ort é, a Cháit,' a deir Peige, 'cé hí?
An í iníon Bhidín an Strapa a ligfinnse isteach ar m'urlár? An té nach
raibh riamh aici ach an *relief* agus an déirc. Breathnaigh, a Cháit, an
bhfuil 'fhios a'd gur peata raithní í Méiní Bhidín?'
'Bhí an lá ann, a Pheige, a mbeadh a leithidí cuileáilte, ach ní
inniu é,' a deir Cáit. 'Mh'anam féin gur breá deas an bhean í Méiní
Bhidín. Is iomaí athair agus máthair istigh sa bparóiste a bheadh
ríméadach a leithéid a bheith ar an urlár acu seachas iad a bheith ag
breathnú ar phúdarlach de bhaitsiléara atá ag gabháil 'un dé,
plíomaí nach bhfuil síolrú ná sochar i ndán go deo dóibh.'
'Ara, a dhiabhail,' a deir Peige, 'níl a fhios ag iníon Bhidín cén
ceann atá ar an talamh de. Tá sí chomh leitheadach inti féin le cat

siopa. Gan snáth anuas ó na másaí uirthi ach a tóin leis. Siúd í an
féirín, muise, an té a mbeadh sé de mhí-ádh air go mbuailfí thall air
í. An scáthán meallta, ó is í sin í! Is dona an dóigh í i gcró na bó.'
   'Ach,' a deir Cáit, 'nach é sin an *style* anois, gúnaí gearra, malaí
slíoctha agus éadain daite? Is ar a leithéidí sin atá an t-imeacht.'
   'Bheadh ciall,' a deir Peige, 'ach í siúd - iníon an Phailitéara.
Síleann sí gur ar a tóin, i gcead an chomhluadair, a éiríonn an
ghrian. Tháinig sí isteach ar an mbus ag an droichead an lá cheana
agus ar an toirt boise agus ar shuigh sí ar an *sate* tharraing sí scáthán
agus púitse chuici agus thosaigh uirthi á pabhdaráil féin. Maith an
dóigh í sin ag faire cránach 'shiúl oíche!' (*Stiléirí* 39-40)

Baintear stangadh as máthair Thomáis in 'Bainis' (*BA*) le
Pádraic Breathnach ar chlos di go bhfuil a mac muirneach ar tí
pósadh. Tháinig an scéala seo aniar aduaidh uirthi agus ní
fheadair sí cén toradh a bheidh aige seo ar a saol féin agus ar
shaol Cháit agus Anna, a beirt deirféar chéile a chónaíonn ar an
bhfeirm leo agus atá ina seanmhná anois. Baintreach í an bhean
mhacánta shaothraíoch seo agus braitear a dhéine atá sé uirthi í
féin a réiteach don ócáid mhór. Tuigeann a mac, Tomás, dá cás
agus tríd an léargas a thugtar don léitheoir ar smaointe an fhir óig
is follas go bhfuil iarracht den amhras agus den aiféala á chrá féin,
leis.[40]
   Cé gur furasta míshuaimhneas na máthar i láthair an tslua ar
lá na bainise a thuiscint, d'fhéadfaí a rá go dtráchtar ar an ngné
seo ar shlí áibhéalach ionas gur scigphictiúr a dheartar don
léitheoir, mar shampla:

Bhí sí seafóideach ag breathnú. Bhí a héadan scanrúil ar nós éadan
duine a bhí curtha i gcréafóig le seachtain, ar baineadh aníos agus ar
cuireadh ruainne éigin dath dearg ar a beola agus sláimín púdair
den dath céanna ar a leicne. Níor labhair aon duine fúithi. Cén gá a
bhí leis? Nach raibh a bail follasach don té nach raibh dall? Nár
scread sí féin a bail, in airde a cinn is a gutha? Séard a bhí sí a rá: tá
drochbhail orm; tá bail léanmhar orm! (*BA* 110)

Ba léir claon grinn an údair sna samhlacha a roghnaigh sé níos
luaithe sa scéal agus é ag cur síos ar mháthair Thomáis, mar
shampla:

Le fada anois, cé go raibh sí breá neartmhar i gcónaí, ba ghnás léi,
agus í ag siúl, dul ag luascadh ar nós na lachan. Agus d'fhágfadh sí a
béal ar leathadh ag cneadaíl anála cosúil le cearc ar saothar lá gréine.
(*BA* 104)[41]

Sa scéal 'Arraingeacha' (*L*), leis an scríbhneoir céanna, is geall le scigphictiúr é an cur síos a dhéantar ar leasmháthair an phríomhcharachtair, bean chráifeach a bhfuil sé ag dul rite léi tabhairt ar an mbean óg socrú síos agus gan bheith ag díomailt ama le slíomadóir beartach. Éadaí agus bróga seanfhaiseanta a chaitheadh leasmháthair Shail agus ba bhean í a chaitheadh seál, leis, rud nach raibh aon mheas ag an mbean óg air:

> Ba chlúdaithe fós ag dul ag an siopa í: seál dubh ar an iomlán a d'fhága ina piompallán í, a dhá cois ag gluaiseacht go mear smiorúil ar nós iliomad cos an phiompalláin.
> A srón ghéar, a hingne géara, a lámha géara, agus thar aon ní eile a teanga ghéar ghangaideach a thug ar Shail 'cailleach dhubh' nó 'báirseoir' a ghlaoch uirthi. Ba leasmháthair an t-aintín seo anois di ach ba chomórtas an phróis leis an bhfilíocht lena máthair cheart í. (*L* 135)

Éiríonn leis an scríbhneoir míshástacht na beirte ban lena chéile a chur in iúl. Ar ghéire theanga na leasmháthar a dhírítear nuair atáthar ag iarraidh dearcadh agus smaointe na mná óige fúithi a léiriú, mar shampla: 'An speal sin de theanga ghangaideach ag obair aici ar nós goineoga nathrach nimhe' (*L* 135). Agus tugtar faoi deara go dtarraingíodh an leasmháthair seanfhocal áirithe chuici féin agus í ag iarraidh ciall a chur sa bhean óg shomheallta, mar atá: 'Filleann an feall ar an bhfeallaire' (*L* 135-6). Baintear casadh íorónta tragóideach as caint fhógrach na leasmháthar i gcríoch an scéil.

3.6 Máithreacha Céile

Tá roinnt bheag gearrscéalta ann ina dtagraítear don mháthair chéile nó ina bhfuil tábhacht ag baint le carachtar na máthar céile i bplota an scéil. In 'An Taoille Tuile' (*BB*) le Máirtín Ó Cadhain, cuir i gcás, braitear méid áirithe teannais idir Mairéad agus a máthair chéile i dtús an scéil agus tagraítear go soiléir don teannas sin mar fhíric uilíoch, nach mór:

> An cantal a bhraith sí den chéad uair i nglór na seanmhná a bhíog Mairéad as a haisling. Ba é an ghairm scoile é go raibh an comhrac síoraí idir 'máthair mic agus a chéile' ar tí a thionscailte. (*BB* 36)

Tuigtear ón scéal gur dócha gur bior sa bheo a bheidh sa mháthair chéile i saol na mná óige feasta.

'Bean mhic is máthair chéile mar bheadh cat is luch ar aghaidh a chéile' a deir an seanfhocal[42] agus gheofar sampla den chaidreamh míshuaimhneasach sin in 'Tuathal S'Againne' (*SÚ*) le Máire agus 'Fraoch-Oileán' (*AA*) le Pádhraic Óg Ó Conaire. Sa chéad scéal leagtar béim ar ghéire agus ar ghangaid theanga na seanmhná agus í ag cur abhaile ar bhean a mic gurb ise máistreás an tí i gcónaí. Cuirtear síos ar Nóra ag lorg faoisimh ó thiarnúlacht na seanmhná i saol na mbrionglóidí agus na scéalaíochta:

> Is iomdha uair a d'amharc sí isteach sa teinidh agus chonnaic sí an saoghal a bheadh aicí féin mur' beith go ndeachaidh a cinneamhaint ar seachrán, agus chonnaic sí í féin i n-a cómhnuidhe i gcaisleán ar bhruach na fairrge. Éideadh galanta uirthí agus saidhbhreas agus ailneacht i n-a timcheall. Is iomdha oidhche a mhair sí ar feadh leath-uaire ag amharc ar an radharc mheallacach seo eadar na haibhleogaí, go dtí sa deireadh go n-abradh an tsean-bhean go rabh cuid na muc bruithte agus go rabh an t-am an pota a thógáil den teinidh. (*SÚ* 34-5)

Driseog chruthanta í an mháthair chéile sa scéal 'Fraoch Oileán' (*AA*) agus is léir go bhfuil trua ag na comharsana don bhean óg agus go bhfuilid an-bháúil léi.[43] Tuigtear gur saol achrannach atá aici i dteannta na seanmhná. Is deacair do Nóra foighneamh le Sean-Pheige óir ní théann aon stad ar sciolladóireacht fheanntach na máthar céile, mar shampla:

> 'Ó scriosfaidh tú Labhrás le do chuid gaisce. Ba mhaith an lá dhó dhá mbeadh sé gan súil a leagan ort ariamh, a scubaid mhíbharrainneach. . . Thú ag geáitseáil thart ansin agus tú cho caol slabhctha le cú tincéara. . .'.(*AA* 113)

Críoch thragóideach dhrámatúil a cuireadh leis an scéal seo, críoch nach bhfuil sásúil ar go leor bealaí cé gur maolaíodh beagáinín ar mhéaldrámatacht agus ar neamhdhóchúlacht chlabhsúr chéadleagan an scéil.[44]

Is geall le dán próis é 'Glantachán Earraigh' (*CC*) le Máirtín Ó Cadhain. Ionramháil úr shamhlaoideach atá ann ar bhuairt agus ar mhíshuaimhneas mná ar a thuiscint di nach ise máistreás an tí feasta. Tuigtear ó thógáil, ó íomháineachas agus go deimhin, ó theideal an scéil gur geall le seanearra gan mhaith, gan fiúntas í an bhean chríonna agus go bhfuil sí sa tslí, nach mór, ar nós an tseantroscáin atá timpeall uirthi. Tá a seal tugtha aici; leagtar béim ar an mbristeacht ina timpeall agus ní fheadair sí conas a bheidh an scéal aici feasta:

'Tá mé sa teach seo le leathchéad bliain. Rinne mé leas. Thug mé fir agus mná ar fónamh ar an saol. Ná tabhair cead do bhean nuaphósta an tí seo mé a chaitheamh amach.' (*CC* 11) [45]

I leagan 1951 den scéal ba láidre í an chaint liodánach: 'Ná tugtar cead... mé a ropadh amach sa gcarn aoiligh' a bhí ann tríd síos.[46] Leagan amach suaithinseach atá ag an ngearrscéal seo. Stíl liodánach charnach atá ann. Ag tagairt dó don athrá in 'Glantachán Earraigh' (*CC*), deir Pádraic Breathnach (1978: 81):

Sé a shábháileann an scéal ó leadrán agus ó thuire i ndeireadh báire. Sé a chuireann feoil mhéith san ábhar seo a shílfeá a bheith smólchaite, gan súlach a thuilleadh.

Ábhar spéise é an cur síos a dhéanann Breathnach (1978: 83) ar an tslí a ndeachaigh an gearrscéal seo i bhfeidhm air féin:

Ní hí 'Glantachán Earraigh' an scéal is iomráití de chuid Uí Chadhain. Níor airigh mise duine ar bith riamh ag rá go mba scéal maith é go fiú's ach gur dhúirt duine amháin go mba le bearna a líonadh a chum Ó Cadhain é. Más sceach í is sceach mhaith í. Tá sé léite agamsa cuid mhaith babhtaí anois agus féadfaidh mé a rá gan bhréag nó áibhéil gur úire, deise, inspéise inniu agam é ná riamh. Seoidín milis atá ag cur craicne uaidh i gcónaí agam é; máilín draíochta.

Scéal é 'Brúscar Daonna' (*Macalla* 1982) le Seosamh (Joe Steve) Ó Neachtain ina dtagann carachtar na máthar céile i gceist, scéal a fhoilsíonn truamhéil chás na seanmhná agus í in earr a haoise. Dála theideal scéal an Chadhnaigh, 'Glantachán Earraigh', díríonn teideal drámatach scéal Uí Neachtain aire an léitheora ar leochaileacht na seanmhná nuair atá bean a mic ina máistreás ar an teach. I mír amháin den scéal cuirtear síos ar an mbean óg ag dul amach ag obair agus tuigtear go bhfágtar cúram na leanaí faoi mháthair a céile. Airítear an greann sa tslí a gcuirtear míshástacht agus dímheas na máthar céile in iúl, sa sliocht seo a leanas:

Dhá seicniú is dhá piocadh féin os comhair an scátháin roimh dhul amach di ar maidin. Deanach púdair is streall ola chumhra ag fágáil buanbholadh bláthanna i nglugar aeir ina timpeall. Chinn sé dubh is dath ar an tseanbhean cleamhnas a dhéanamh idir an phlandóg phointeáilte a théadh mar bhruinneall bhéasach 'un aonaigh an doras amach ar maidin agus an nead chodlata a d'fhágadh sí ina diaidh.

Chóiríodh an tseanbhean leapachaí, ach muna mbeadh sí ar a hairdeall ina seomra siúd, bhainfí truisle aisti i mullach bróga a bhíodh caite anonn is anall ar an urlár. Boscaí púdair béal in airde i dteannta scuaibíní cúil is scuaibíní súl. Péint béil. Péint maillí agus péire fabhraí i dteannta giúirléidí gaisce eile ina snáth mara ar bhord na hobráide. Drár mar shiúlfadh sí amach ar an urlár cois na leapan, agus san áit a mbíodh pictiúr na Maighdine Beannaithe crochta mar chumhdach ag an tseanbhean, bhí táirneáil chíoch mar bheadh dhá shúil bhiorracha ar sliobarna anois. Óra an phruisleach leapan, nach sílfeá go mbeadh náire uirthi os comhair Phádraic féin... (*Macalla* 1982, 78)[47]

Cúrsaí grinn atá in uachtar, cuid mhaith, sa ghearrscéal 'Cúrsaí Clampair' le hEibhlís Ní Chróinín a foilsíodh in *Feasta*, Feabhra 1959. Chítear an mháthair chéile i mbun litreach sa scéal seo, í ag scríobh chuig a hiníon agus cur síos á dhéanamh aici ar bhean a mic, an bhean nua sa teach, mar shampla:

> Ní raibh an stiúsaí dhá lá as a chéile ar an taobh istigh de dhoras an tí agam nuair a dhírigh sí ar bheith ag fáil cháimis ar an gcistin agus go mór mór ar an troscán. D'fhógair sí mo dhriosúr breá giúise go 'tír na dTurcach' agus an settle 'na theannta. Do bhacach an mhála a ceapadh an settle, aduairt sí. Teacht síos don bhacach. Bhí an driosúr ann in aimsir Fhinn Mhic Chumhaill, aduairt sí. (*Feasta*, Feabhra 1959, 18)

Dar leis an máthair chéile bhríomhar seo, d'aithin an gadhar féin go raibh athrú tagtha ar an saol:

> Dá mb'é Hector é ní hé an madra céanna é ó tháinig an bhean iasachta sa treo... Déarfainn gur thóg sé tuise na máistreása so in aon leathuair a' chloig amháin agus tá an taobh amuigh aige ó shin.
> Féach ná feadair aoinne cad tá roimis. Fear feasa ab'fhearr chun an tsaoil, adeireadh mo mháthair. Is beag a shíleas-sa anuiridh gur ag trácht ar dhul sa tseomra a bheinn i mbliana. Is baolach ná fuil aon dul as agam anois mar is ag dul in olcas siar a bheidh gnóthaí an tí seo. (Ibid.)

Scéal é 'Prátaí Cluthacháin' le Diarmuid Ó Tuama a ghnóthaigh duais Oireachtais sa bhliain 1957, scéal atá bunaithe ar choimhlint ghéar leanúnach idir cliamhain isteach agus a mháthair chéile. [48]

Sa scéal 'Máthair a Céile' (*L*) le Pádraic Breathnach is í 'an bitse seo máthar chéile' a chuirtear i láthair an léitheora agus tuigtear gan mhoill nach bhfuil Oilibhéar agus Bean Uí Chléirigh an-gheal dá chéile. Trí shúile agus trí smaointe Oilibhéir is léir gur bean leitheadach thiarnúil sprionlaithe í Bean Uí Chléirigh; bean a mhúsclaíonn idir ghráin agus ghoimhiúlacht ina cliamhain; pé tuairim a bheadh ag an léitheoir i dtaobh éifeacht an charachtair chéanna.

Sampla í Meag Mhór in 'Caraíocht' (*L*) le Pádraic Breathnach den mháthair ar baintreach í agus nach dtaitníonn a banchliamhain léi agus a choinníonn uirthi ag síoréileamh idir dhílseacht agus thacaíocht a mic:

> Rinne Éamann rudaí go leor dá mháthair... Do fhear chomh máistriúil leis féin ba géillseanach cruthanta é dá mian sise. Th'éis bhás a athar chuaigh sé chun cónaí léi óir ní ghlacfadh sise theacht acusan ar ór ná ar airgead cé go raibh comhluadar uaithi, a chomhluadar is a chúram seisean. Mar sin d'fhága Éamann leaba a mhná. D'fhága sé leaba a mhná is d'fhág deis ag fir bharrúla bheith ag cúlchaint is ag insint scéalta. (*L* 12)

Tugtar spléachadh eile ar théama na máthar céile sa scéal 'Rúndacht' (*LF*) leis an scríbhneoir céanna. '"Sách fada Smóla faoin gcrann!" arsa Seosamh go daingean' (*LF* 53) agus tríd an imeartas focal sin cuirtear cás na mná in iúl, is é sin, cás na mná a bhfuil deireadh aici le cúram a dhéanamh dá máthair chéile bhreoite. Scéal é seo a thugann éachtaint spéisiúil ar réimse mothúchán na bpearsan éagsúla don léitheoir agus airítear éifeacht agus tréine na híoróine tríd an iomlán.

3.7 Máithreacha Neamhphósta

I ndornán gearrscéalta Gaeilge tagraítear *en passant* don mháthair neamhphósta. Tagairt don náire agus don scannal a ghabhann le scéal na mná a seoladh ar bhealach a haimhleasa a bhíonn iontu seo de ghnáth. [49] Agus í ag cuimhneamh ar an bpáiste a bhí aici agus nach bhfaca sí riamh nó nár labhraíodh léi ina thaobh, smaoiníonn príomhcharachtar 'Roghain an Dá Fhuasgailt' (*Ór na hAitinne* [=

Ór]) le Tomás Bairéad ar a muintir féin. Tuigtear siombalachas an ghrianghraif a luaitear:

> Agus a' raibh a peictiúir fhéin san mbaile fós - an peictiúir a tóigeadh an lá ar ghabh sí chuig a céad Chomaoinigh? Agus an chaille ar a cloigeann agus an gúna bán agus na bróga bána uirthi. Nó ar dhóigh a muintir uilig iad nuair b'eól dóibh an bhail a chuir sí uirthi fhéin? Ach b'fhéidir nár chualadar fúithi ariamh? Cárbh' fhios dóibh cé hí fhéin nuair nach bhfeicidís ins na páipéir ach an t-ainm bréige? (*Ór* 121).

Tugtar le tuiscint gur chaith an bhean óg tréimhse faoi chúram ban rialta agus go raibh an saol dian go leor uirthi le linn na tréimhse sin: 'Nach marbhóchaidís le obair ann í - ina suidhe le giolc na fuiseoige gach uile mhaidin?' (Ibid.,122).

Is cinnte gur furasta críoch an scéil a thuar toisc go bhfuil an oiread sin béime ar ainnise agus ar éadóchas shaol na mná seo. Airítear bá an údair le príomhcharachtar a scéil. Déantar pictiúr a dhearadh de bhean aonaránach a raibh uirthi dul i muinín an óil chun dearmad a dhéanamh ar chúrsaí a saoil; bean ar saolaíodh leanbh di agus go raibh uirthi an leanbh sin a thabhairt uaithi toisc gur bhean neamhphósta í; bean a raibh uirthi gairm na striapaí a ghlacadh chuici féin chun an snáithe a choimeád faoin bhfiacail. Bean í seo ar theip an misneach ar fad uirthi ar deireadh nuair a thuig sí a éadóchasaí agus a bhí a cás, í dealbh díbeartha tréigthe - 'tréigthe ag a muinntir, ag a cáirde gaoil agus ag athair a leinbh' (*Ór* 121).

Scéal suimiúil é 'An Dílleachtaí' (*AA*) le Pádhraic Óg Ó Conaire i gcomhthéacs théama pheacúlacht agus náire na máthar neamhphósta. I *dénouement* méaldrámata an scéil fhada seo, nochtar do Mheaig gurb é Nippó, an buachaill aimsire a roghnaigh sí ó Scoil Saothair chun cabhrú lena fear céile ar an bhfeirm, gurb é an t-ógfhear suáilceach dáimhiúil seo an mac a saolaíodh di agus í ina bean óg neamhphósta i mBaile Átha Cliath timpeall seacht mbliana déag roimhe sin. Agus í ag teacht chuici féin arís i ndiaidh an stangtha a baineadh aisti, téann Meaig, an peacach croíbhrúite, i muinín na paidreoireachta:

> Bhí Cros Chéasta Mhór ar an matal sa seomra beag. Chuaigh Meaig ar a glúine ina fianaise agus d'fhéach suas ar an aghaidh bhrónach a raibh an sruth deora fola léi de bharr an Choróin spíne.

'Mhaith Tú do Mhaigdiléin...Cá bhfios nach maithfeá dhomsa?'
(*AA* 83)

Ag paidreoireacht atá an bhean óg i gcríoch an scéil 'An
Díbirt' (*Mac*) le Micheál Ó Conghaile, leis, í ag guí ar son a hathar
atá os cionn cláir. In ainneoin a díchill, téann sé dian uirthi an
ghoimh ina croí a ruaigeadh óir ba é a hathair a dhíbir as an
teach í, ceithre bliana déag roimhe sin, ar chlos dó go raibh sí ag
iompar clainne:

Nárbh uirthi a bhí an smál damanta, ach ba dhris ghangaideach
uaibhreach a bhí ann féin freisin nár thuig a iníon óg. Nach iomaí
iníon eile ar tharla an cleas céanna di. Tharla fiú faoi dhó agus trí
huaire do chuid acu agus ní bhfuair fiú íde béil. Ghlac a muintir leis.
Ach eisean. Fear meata. Rinne ciseach dá saol fiú má bhí sí féin as
marc. Rinne deoraí aonraic faoi chumha di. (*Mac* 52)

Baineann easpa siúrála le cuid den gcur síos ar an mbean óg ag
bualadh lena máthair den chéad uair ó díbríodh as an teach agus
as an tír í, mar shampla:

Phóg an iníon an mháthair mar a dhéanfadh brídeog lena fear lá a
bpósta. (*Mac* 48)

'Rugadh marbh é,' a deir sí. 'Ní heol dom go baileach cén fáth. Ní
cúis imní domsa é faoi seo agus tá súil agam nach ea duitse.'
Ní raibh fhios ag an mháthair ar chóir di bheith buíoch nó nár
chóir.
'Is dócha gur cuma' agus bhris na deora níos treise faoina súile.
(*Mac* 49)

Ar a shon sin, éiríonn go seoigh leis an scríbhneoir mothúcháin
thrangláilte na hiníne i leith a hathar a chur in iúl.

Agus sinn ag druidim le críoch na caibidle seo, luafar scéal
amháin eile ina bhfuil tábhacht nach beag ag téama ilchasta an
mháithreachais, scéal ina bhfuil ualach na mórchailliúna
pearsanta á thabhairt chun solais diaidh ar ndiaidh laistigh de
shuíomh uirbeach sofaisticiúil. Scéal dea-scríofa é 'Nithe' (*Comhar*,
Nollaig 1987) le Seán Mac Mathúna, mar a bhfuil an gol agus an
gáire i gceist, gné choitianta de chuid ealaín scéalaíochta an
scríbhneora sin. Bean mheánaicmeach í príomhcharachtar an
scéil, bean a bhfuil saol sóúil rachmasach aici i dteannta a fir

chéile. Tuigtear, áfach, go bhfuil rún dorcha folaithe ina croí aici,
rún a chuireann an ghalántacht shnasta, dá dhrithlí í, ar neamhní.
An rún?

> . . . íomhá gharsúin deich mbliana a rug sí chun beatha is nach
> bhfeicfeadh sí go deo anois. Le blianta d'éirigh léi an íomhá sin a
> bhrú fúithi ach bhí an obair sin go léir in aisce anois. Ina broinn a
> bhraith sí é, folús a bhí ag at is a shlogfadh í fós. Thosaigh sí an
> gluaisteán is d'éalaigh isteach sa trácht. Conas a thabharfadh sí
> aghaidh ar Charraig an tSionnaigh anois? Cad a dhéanfadh sí ann?
> An *Waterford Glass* a shnasú, an troscán a aistriú timpeall. Ní raibh ina
> timpeall ach nithe, scéal cam orthu. Sea, stopfadh sí den
> mhachnamh seo a dhéanfadh dochar di is chuimhneodh sí ar an
> sceideal a bhí roimpi an tseachtain seo chugainn. Ansin chuimhnigh
> sí air. Bheadh sé aon bhliain déag ar an gCéadaoin seo chugainn.
> (*Comhar*, Nollaig 1987, 83) [50]

Féachadh sa chaibidil seo ar ghnéithe éagsúla de théama an
mháithreachais agus ar íomhánna den mháthair sa
ghearrscéalaíocht. Tráchtfar ar na cúrsaí seo arís sa chaibidil
dheireanach nuair a bheith plé á dhéanamh, ar bhonn níos
ginearálta, ar na tuiscintí a nochtar sa scéalaíocht i dtaobh
dhualgais agus dhúchas mná.

AN BHEAN AONAIR

Réamhrá

Is ag féachaint ar na slite a gcuirtear an bhean shingil i láthair mar phearsa scéil a bheifear sa chaibidil seo.

Caithfear tamall ag plé 'Ciumhais an Chriathraigh' (*CC*), mórscéal luath de chuid Uí Chadhain ina ndéantar staidéar ar uaigneas agus fhrustrachas mná tuaithe neamhphósta. Tá Muiréad ar deighilt ón bpobal toisc nár phós sí nuair a bhí an deis aici agus is léir gur leathéan anois í a bhfuil deich mbliana fada aonaránacha caite aici ag stracadh leis an gcriathrach neamhthrócaireach. 'Seanmhaighdean', 'seanchailín' nó 'puisbhean' de chuid ré áirithe i stair na tíre seo í an príomhcharachtar. Faoi mar atá ráite ag Gearóid Denvir (1987:5) faoi phríomhcharachtair an scéil seo agus an scéil 'Beirt Eile'(*SL*):

> Ní hé tábhacht 'Ciumhais an Chriathraigh'(*CC* 36-63) ná 'Beirt Eile' (*SL* 97-109) go raibh nó nach raibh leithéidí Mhuiréad agus Mhicil ann riamh. Is é a dtábhacht go bhféadfadh a leithéidí a bheith beo faoi na cúinsí a luaitear sna scéala. Chruthaigh an Cadhnach iad agus léirigh sé na fadhbanna a d'fhéadfadh a bheith ag a macasamhla i saol iarbhír Iarthar Éireann a óige féin. [1]

Tagann Muiréad ar thuiscint fhuascailteach nua ar a cás féin le linn an scéil chumasaigh seo:

> Ríomhtar forás mothálach Mhuiréide go healaíonta de réir mar a thugann cúrsa timpeallach a machnaimh uirthi laincisí na cuibhiúlachta a scaoileadh dá haigne agus aghaidh a thabhairt ar an taobh collaí dá nádúr baineann. (de Paor 1991, 205)

I ngearrscéalta Mháire is ábhar trua agus is bean chorr í an bhean nach bhfuil pósta. Duine imeallach í agus cuirtear in iúl i gcás mná nach nglacfadh le socruithe cleamhnais a dhéanfaí di nach dtuigtear cén fáth go ndiúltódh bean do ghnáthchleachtadh an phobail.

An dris chruthanta, an ruibhseach, an cantalóir. Tagann an carachtar steiréitipiciúil seo os comhair an léitheora i roinnt gearrscéalta agus i scéalta eile airítear lagmhisneach agus aonaránacht na mná a ngoilleann a stádas neamhphósta go mór uirthi. Tuigtear gur geall le teip phoiblí é an stádas neamhphósta sin.

Féachfar ar roinnt scéalta ina ndéantar téama na híobartha agus an dualgais i leith na clainne a fhorbairt. I ndeireadh na caibidle seo caithfear súil ar an léiriú a dhéantar ar mhná rialta agus ina dhiaidh sin ar mhná sráide laistigh de fhráma liteartha an ghearrscéil.

4.1 An Bhean Shingil

Ina léacht iomráiteach 'Tuige nach bhfuil litríocht na Gaeilge ag fás?'(1949)[2], thagair Máirtín Ó Cadhain do phiúratánachas agus do shaontacht litríocht Ghaeilge na linne agus dúirt:

> Ní thagann beithígh faoi dháir i leabhra Gaeilge; is anuas le tuilte na Féile Michíl a thig na naíonáin go léir; ní bhíonn mná ar bhruach an dá fhichead ag fiach fear. . . . (Ó Laighin 1990, 88)

Bhí an Cadhnach féin tar éis tabhairt faoi uaigneas agus fhrustrachas mná ar bhruach an dá fhichead a chíoradh sa scéal 'Ciumhais an Chriathraigh' (*CC*), scéal nár foilsíodh sa chnuasach *An Braon Broghach* toisc go bhfacthas don Ghúm go raibh sé rógháirsiúil.[3] Foilsíodh leagan tosaigh an scéil seo in *Comhar*, Nollaig 1945 agus foilsíodh leagan níos forbartha agus níos iomláine den scéal céanna in *Comhar* Nollaig 1950 agus in *Cois Caoláire* (1953) ina dhiaidh sin. Ábhar staidéir spéisiúil é dhá leagan scéal Uí Chadhain a chur i gcomparáid le chéile:

> . . . mar ní amháin go raibh athscríbhneoireacht agus coigeartuithe téacsúla á ndéanamh aige, ach bhí sé ag iarraidh atógáil a dhéanamh ar smaoineamh a raibh sé gafa agus gonta aige. (Titley 1981c, 37)

Dar le Cathal Ó Háinle, chífear gur dhá scéal ar leith iad dhá leagan an scéil ach anailís ghrinn a dhéanamh ar shamhail na heochrasaí sa dá leagan.[4]

Níl aon amhras ná go n-éiríonn go héiritheach leis an údar idir aonaránacht agus bhraighdeanas na mná seo agus í ag stracadh leis an gcriathrach neamhthrócaireach a chruthú go beo spéisiúil.[5] Deir Louis de Paor (1987:45):

> Ar leibhéal na samhlacha san insint deintear aisiompó íorónta ar sheanmhiotas na mbard i dtaobh phósadh an rí chóir agus bhandia na talún agus cuirtear an portach i láthair ina sheanduine seasc nach acmhainn dó mianach na torthúlachta i ngéaga Mhuiréide a chomhlíonadh.
> Agus ar leibhéal na samhlacha is na meafar, *chanson de la malmariée* is ea scéal Mhuiréide. Tá sí pósta le seanduine is tá a meanma súite ag a gcaidreamh seasc ach tá tnúth aici le fear óg a scaoilfidh ó ghreim an tseanduine í. (de Paor 1991, 158)

Faoi mar a shonraigh Gearóid Denvir, d'fhéadfaí cosúlachtaí áirithe a fheiceáil idir cás Mhuiréad agus cás Patrick Maguire i ndán iomráiteach Patrick Kavanagh, 'The Great Hunger'.[6] D'fhéadfaí Maguire a áireamh ar na fir 'who made a field his bride' (Kavanagh 1972, 35) agus a d'fhulaing go goirt dá bharr. I dtaca leis an bhfrustrachas collaí de, is fiú cuimhneamh ar thagairt do dheirfiúr Maguire sa chomhthéacs seo, leis, mar atá:

> And Patrick Maguire was still six months behind life -
> His mother six months ahead of it.
> His sister straddle-legged across it! -
> One leg in hell and the other in heaven.
> And between the purgatory of middle-aged virginity -
> She prayed for release to heaven or hell. (Kavanagh 1972, 46-7) [7]

Is léir rósmacht na máthar mar aon le mórthionchar theagasc na hEaglaise Caitlicí ar intinn phríomhcharachtair 'The Great Hunger' agus 'Ciumhais an Chriathraigh' (*CC*).[8] Agus é ag trácht ar shaol na tuaithe in Éirinn in alt leis a foilsíodh sa bhliain 1952, thagair Kavanagh don ní ar ar thug sé 'a moral - so-called - code that makes love and life impossible.'[9] Agus duine ag meabhrú ar a láidre atá meon na ciontachta sna saothair chruthaitheacha seo de chuid Uí Chadhain agus Kavanagh, is fiú tagairt don méid seo as tuairisc chumasach Polly Devlin (1994:132) i dtaobh laethanta a hóige - sa chás seo is ag trácht ar thréimhse thús na gcaogaidí atá sí:

> The fear of sex, the forbiddenness of any pleasure in sex, was deeply interwoven with our teachings. The same priests and nuns who read

out, 'There is no fear in love: but perfect love casteth out fear because fear hath torment. He that feareth is not made perfect in love,' presented the whole issue of human love to us as something darkly morbid, so covered in moral pitch that even to think of it was to risk being besmirched.

Braitear ó thús 'Ciumhais an Chriathraigh' (*CC*) ar aghaidh go bhfuil géarthuiscint nua ar chúrsaí agus ar chúinsí a saoil ag teacht chun solais agus chun cruinnis de réir a chéile in aigne Mhuiréad sa tslí go bhfuil léargas aibí aici ar a cás féin ar deireadh. Tá idir dhóchas agus éadóchas ag uainíocht ar a chéile go fóill, áfach, faoi mar a bhí tríd an scéal ina iomláine:

Agus ba shin é saothar tubaisteach a lae! An cumhdach a réabadh de thiobrad thoirmeasctha a croí agus a dhul ar snámh sa tuile dhorcha a dhóirt as. Míshásamh. Mianta fraochmhara. Eagla i riocht úr. Uamhain chomh héagruthach le plobarnaíl in abhainn san oíche, nach mbeadh a fhios arbh iasc é, luch Fhrancach, sciotar cloiche, nó duilleog chríon ag dul san uisce. . . .
     Ach ba lá dá saol é...! An chéad lá dá saol! Lá nár lá Earraigh ná Fómhair ná cearc! Ná Luan ag éisteacht go sostach le Meaig agus le mná an tsiopa. . . .
     Bhí scéal aici de bharr an lae inniu, a scéal féin... Ceann chomh maith le scéal aon mhná eile... Rós beag lúcháireach aníos as mórmhoing de bhrón agus de bhréanleann...Glé alluaiceach mar uisce an tsruthláin, mar phort an dreoláin, nua órtha amhail ciabh an tuair cheatha.... (*CC* 61-2)

Tar éis do léirmheastóir amháin sracfhéachaint a thabhairt ar scéalta *Cois Caoláire* bhí an méid seo le rá aici faoi Mhuiréad:

Is í Muiréad an t-aon duine ar éirigh léi í féin a shaoradh ó bhagáiste na himní agus dóchas a aimsiú. Tá gach éinne eile gafa i ngaiste na himní. . . . Seasann sí amach ó charachtair eile an leabhair, scartha uatha sa tslí chéanna ina mbíonn saoránach taobh amuigh de fhallaí phríosúin scartha ó na príosúnaigh taobh istigh. (Ní Dhiarmada 1970, 73-4)[10]

Chonacthas do Ghearóid Denvir (1987:65) nár ruaigeadh an chiontaíl as intinn an phríomhcharachtair ar fad ar fad: '... agus is é coimpléasc ciontaíle seo na mná a fhágtar in intinn an léitheora ag deireadh an scéil.' Ábhar ceiliúrtha agus tréith inmholta de chuid ealaín na scéalaíochta atá in éiginnteacht chríoch 'Ciumhais an Chriathraigh'(*CC*), dar le Máire Ní Annracháin (1994: 17):

Is é sin, tá sé de bhua aġ an scéal nach féidir bheith cinnte faoin aon rud amháin atá tábhachtach: an bhfuil saoirse intinne bainte amach ag Muiréad nó nach bhfuil. Is scéal é a deir 'b'fhéidir' os ard. Deirim gur bua é seo toisc nach lúide, dar liom, dearbhú Mhuiréide an t-amhras, ach a mhalairt. Is í an fhéidearthacht (an dóchas) agus ní an chinnteacht, an doras atá á oscailt do Mhuiréad.

I dtaca leis an eachtra ag bainis Neainín de, ba í an eachtra sin, nó cumhacht fhórsúil dhoshrianta chuimhní na heachtra sin, a chuir iachall ar Mhuiréad aghaidh a thabhairt go macánta ar sheisce léanmhar a saoil féin agus ar na mianta collaí a bhí smachtaithe nó brúite faoi chois aici go dtí sin. Mhúscail agus chothaigh eachtra na bainise cumas na samhlaíochta agus na haislingíochta inti - féach, mar shampla, an tslí go samhlaíonn sí a hainm féin á lua in amhrán grá.[11]

Ní haon ábhar iontais é an siombalachas Freudach a fheiceáil go soiléir tríd an scéal seo, scéal a bhfuil dlúthbhaint aige le réimse na mothúchán agus na mianta coiscthe neamhchomhlíonta. Ní luafar ach sampla amháin anseo:

D'iontaigh anonn chuig na méiríní dearga, ar a raibh cluasa beaga le héisteacht ar feadh an chlaí thoir. Bhain méirín de dhos agus phléasc í idir pioraimidí a dhá ladhar. Oíche na bainse agus na damhsaí foirne ar siúl níodh na buachaillí smeach mar sin lena gcuid méar. Ba chomhartha é dá bpáirtí go raibh a ndreas-san den damhsa ag tionscailt. . . . Níor iarr aon duine ag damhsa ise, ar feadh na hoíche. Dá n-iarradh. . .
    Phléasc Muiréad a raibh de mhéiríní thuas ar an dos. Thug an saothar seo sásamh aisteach eicínt di nach bhfuair sí ar aon obair eile, in imeacht an lae. Ba shin é freisin, dar léi, an sásamh a gheobhadh sí ar thoitín a dheargadh, a pus a bhiorú agus súgáin chaola deataigh a ligean ar an aer. Níor chuir toitín ina béal ariamh. Ghlac na hógmhná ó na fir iad, oíche na bainse. Chlaonadar a gcloigeann isteach idir cúl na mbuachaillí agus an halla, le nach bhfeicfeadh an tseanmhuintir ina mbéal iad. Níor tairgeadh aon toitín dise. Dá dtairgtí, an ndiúltódh? Bhioraigh a béal. . . . (CC 53-4)

Tamall roimhe seo sa scéal, tagraítear do choimhthíos Mhuiréad i láthair na mban pósta / na máithreacha sa phobal. Leathéan í Muiréad, í 'i ngleann dóláis na meánaoise' (Mac Cába 1970, 24), í ina hábhar trua, nach mór. Braitear go bhfuil idir bhreith na mban pósta agus fhéintuiscint Mhuiréad ar a cás féin i gceist sa sliocht seo a leanas:

Ansin ligeadh an bhantracht, as béal a chéile, racht gáire a líonadh
an siopa beag dorcha, ar nós éan mór diamhair eicínt ag foluain a
sciathán sa gcamhaoineach. A thúisce an racht sin díobh ag na mná
thosaíodh gach beirt acu ag caint os íseal. Níor fhéad Muiréad
ariamh bunúdar a ngáire, ná a dtóir ar thithe clainne, a bharraíocht.
Snámhaí bocht spadchosach ar sheiche an chriathraigh a bheadh go
deo inti, ag féachaint in airde ar na héanlaith ag spréamh a sciathán
ar bhuaic an bhogha ceatha, agus ag seinim a rúnphort i gcluais na
gréine. (*CC* 48) [12]

Tuigtear go raibh sé beartaithe roimhe seo ag Muiréad an
criathrach a shaothrú sa tslí go mbeifí ag moladh a mórghaisce
agus go mbeadh a feidhm á haithris: '. . . an saol a chur ag caint
air amhail is dá mba ar niamhinín é, nó ar éachtmhac' (*CC* 46).
Ach aithníonn sí anois nach aon ábhar fíorshásaimh dá dúchas
baineann atá i saothrú an chriathraigh ach gur dúsclábhaíocht
shíoraí a éilíonn an criathrach céanna agus thairis sin:

Thuig sí inniu gur chaoifeach nár mhór, caoifeach a ghabhfadh faoi
sciar de bhagáiste a himní. Ní fhéadfadh sí féin choíchin na lorgaí
briste a shnadhmadh ina stua lán, ná fíon geal súgach an dóchais a
dhéanamh d'uisce bréan an amhchriathraigh. . . . (*CC* 47) [13]

Smaoiníonn Muiréad ar an gcuma dhifriúil a d'fhéadfadh a
bheith ar a saol ach rogha eile a bheith déanta aici na blianta
roimhe sin:

Ag cuimhniú a bhí sí ar a liacht oíche a chaith Pádraig Dháithí ag
comhrá léi, ag céim na sráide agus thuas ag balla na scoile. Mar
ghairdín amhra a chumfadh é féin seal nóiméide as dúla dalla an
chriathraigh a chuimhnigh Muiréad anois ar an oíche dheireannach
úd, an oíche ar dhúirt sé léi go n-iarrfadh sé Nuala Hiúí, mara
bpósadh sí féin é. . . . Agus bhí an naoú duine clainne saolaithe inniu
dó féin agus do Nuala. . . ! (*CC* 49)

Tagraíonn Gearóid Denvir (1987:59) don sliocht sin thuas agus
deir sé:

Déarfadh feimineach gur deis chun saoirse a leithéid de chinneadh
comhfhiosach agus is fíor sin. I gcás Mhuiréad, áfach, ní haon
chinneadh deimhneach dá leithéid a bhí ann ach éalú fo-
chomhfhiosach ó chinneadh ba chionsiocair lena scarúint ó dhaoine
eile, agus, i ndeireadh báire, lena heaspa foráis agus forbartha mar
bhean i dtéarmaí a mbeadh súil ag an bpobal leis gan trácht ar a súil
fho-chomhfhiosach uasaithe féin.

Thrácht Eoghan Ó hAnluain (1971:11) ar aonaráin scéalta Uí Chadhain, Muiréad 'Ciumhais an Chriathraigh' ina measc agus dúirt:

> Is ar an gcaoi chéanna a chuireann sé cruachás na ndaoine seo in iúl - an meabhrú i ndiamhracht an anama, an forcamás síoraí, an mhonalóg inmheánach a mbíonn an íoróin agus an imní ina n-orlaí tríthi, na haislingí nár tháinig ann dóibh.

Dar le Seán Ó Tuama (1953: 13):'Leis an *tour de force* a imríonn an t-údar ar a ábhar téann roinnt éigin de thragóid na mná so abhaile orainn.' Cé gur mhol Ó Tuama 'Ciumhais an Chriathraigh' ó thaobh an léirithe a deineadh sa scéal ar chás na mná, bhraith sé uaidh 'an cumas san is riachtanaí ar fad do gach ealaíontóir, an cumas scagtha' agus dá thoradh sin: 'Ní fhágann sé againn ach tranglam machnaimh gan aon ana-chrot air' (ibid.).

An rud céanna, nach mór, a dúirt Richard Power sa léirmheas a dhein sé siúd ar scéalta *Cois Caoláire* agus ina thuairim siúd chuir 'An Strainséara' agus 'Ciumhais an Chriathraigh' stró rómhór ar an léitheoir.[14] Ag 'róscríobh' a bhí an Cadhnach, dar le Breandán Ó Buachalla (1967:70) agus é ag trácht ar ardchumas teanga an scríbhneora:

> Más sa gcumas scríbhneoireachta seo atá neart Uí Chadhain ámh is ann leis atá a laige mar bíodh is gurb í an bhoirbe teanga so aige a thugann beocht dá shaothar is é a dhoshriantacht is a bhíonn an teanga aige go minic a thagann idir é agus gearrscéal críochnúil a chur de. Braitheann tú go minic go mbíonn seisean faoi 'gheasa donna draíochta' ag an dteanga atá á sníomh is á lúbadh aige in ionad an teanga a bheith faoi dhiansmacht aige féin.

Ar a shon sin, d'admhaigh Ó Buachalla go raibh amhras mór air faoi scéalta an Chadhnaigh a mheas de réir choinbhinsean an ghearrscéil thraidisiúnta, pointe ar tagraíodh dó cheana i gcomhthéacs 'An Strainséara' (*CC*).[15]

Chonacthas do Shéamas Ó Murchú (1976:77) gur locht bearránach ar 'Ciumhais an Chriathraigh'(*CC*) ba ea an tslí ar tháinig an scéalaí idir an léitheoir agus an príomhcharachtar agus thagair Pádraic Breathnach (1986:129) don róshaibhreas agus don róshaothrú stíle sa scéal céanna:

> Scéal é 'Ciumhais an Chriathraigh' a bhfuil fíodóireacht den scoth inti. Tá na snáithíní difriúla fite go hiontach ealaíonta ina chéile.

'Gus is mór an fíodóir é Ó Cadhain. Ach tá an scéal seo ró-fhileata, tá an iomarca purple patches inti, tá an teanga ró-mhéith, tá na samhlaoidí ró-bhláfar. Arae sí Muraed atá in ainm's a bheith ag smaoineamh. Ach sí fealsúnacht Uí Chadhain go smior is go smúsach an dearcadh ann.

Gan amhras, bhí idir mhianach, mhisneach agus shamhlaíocht an scríbhneora chruthaithigh a raibh ag méadú ar a mhuinín agus ar a chumas ealaíonta le haireachtáil go soiléir ar an scéal a chum sé faoi chás na mná tuaithe seo. Ba ríléir sa bhficsean nua-aoiseach seo a bhí á chruthú ag an gCadhnach an ní ar ar thug Robert Welch (1993:189) '. . . a reach of the creative imagination into the landscape of feeling, thought and sensation as it unfolds in the minds of his characters.' Agus an léitheoir ag meabhrú ar úire, ar dhásacht agus ar shaibhreas na scríbhneoireachta Gaeilge seo i gcomhthéacs na linne inar foilsíodh í, is fiú cuimhneamh ar an ráiteas seo as léirmheas Mháire Mhac an tSaoi ar *Cois Caoláire* (1953b: 19):

> Dúthaigh iargúlta an ceantar a cítear dúinn, agus dream duairc aonraic an mhuintir, iontaithe orthu féin agus ar deighilt ó chaidreamh daonna, ach tá an t-iomlán ar tinneal le cumhacht dhiamhair nach bhfuil a macsamhail dar liom le fáil ag aon scríbhneoir Éireannach eile inniu.

Ag féachaint dúinn anois ar scéalta eile, chímid gurb é scéal Mhuirne na Croise atá in 'Crosaire Iarannróid' (*SL*), scéal na mná tonnaosta ar cuireadh a saol ó rath de bharr ' "ceann de na méarogaí neamhdhíobhalach sin dar leat a ligeas an chinniúint faoin tsúil againn"'(*SL* 38). Óganach dathúil forránach a sméid ó thraein uirthi na blianta fada roimh imeachtaí an scéil a bhain dá treoir í, sa tslí go bhfuil seachrán céille uirthi ó shin.[16] Ábhar trua nó ábhar magaidh ag daoine anois í, nach mór. Tuigtear gur deineadh acmhainn mhothála na mná a reo, geall leis, i bhfráma tagartha sin na haimsire caite a luann tráchtaire 'Crosaire Iarannróid' (*SL*) i dtús an scéil:

> In a gléas a chuir mé cronaí. Ba é an feisteas ban é a bhí coitianta sa gceaird seo fiche bliain nó tuille roimhe sin. Ba fiche bliain ar stad dom an léargas sin: seálta, báiníní, traipeannaí, cairteannaí capaill de mhóin, cleamhnais agus an grá cásmhar gan chrích dá gcionn. (*SL* 33)

Is follas go bhfuil na blianta á gcaitheamh, go bhfuil intinn na mná ar fuaidreamh agus de réir mar a théann comhrá na beirte fear chun cinn, tuigeann an léitheoir gur mhaith le Beirneán an bhean seo a phósadh tráth dá raibh.

I dtaca le cúrsaí stíle de, is trí shúile agus smaointe an tráchtaire agus trí chuntas a chompánaigh, Beirneán, a chítear an bhean seo. Cigire sláinte é an tráchtaire agus is léir ó mheanma éadromchroíoch a chuntais go raibh spéis theoranta aige i gcás na mná aistí. Déanann sé suimiú néata cliste liteartha ar phearsantacht na mná seo: 'Niamh Chinn Óir a bhí, Gormfhlaith atá, Cailleach Bhéara a bheas...' (*SL* 33). Ar bhonn ginearálta, ní raibh i gceist ina thuairim siúd ach scéal mná eile a cuireadh ó chrích.[17] Ní hamhlaidh do Bheirneán é. Braitear a chorraithe atá sé de réir mar atá scéal na mná á ríomh aige: ' Ba léar aríst eile gur dháiríre go dtí an t-áras ab uaigní in a chroí a bhí Beirneán' (*SL* 39).

Tugtar éachtaint bheag don tráchtaire agus don léitheoir ar aoibhneas ré eile i saol Bheirneáin agus i saol na mná atá faoi thrácht acu sa chur síos seo ar fhéachaint faoi leith a shonraigh an tráchtaire i súile a chompánaigh agus é ag féachaint amach fuinneog na traenach:

> Ach ina dhiaidh sin solas beanna grianmhar i gcéin ba ea an t-amharc a bhí aige amach ar an gceo liath, nár léar ann ach staróg smuttha de sheanchaisleán a nocht é féin ala an chloig agus a d'imigh ansin, mar dhúinfeadh ollfhathach a bhéal air. (*SL* 35)

Déantar oidhe na mná agus íomhá an tseanchaisleáin a nascadh le chéile i gcaint Bheirneáin ina dhiaidh sin:

> 'Ba bheag duine a raibh m'aithne féin aige uirthi. Is fíor é. A raibh inphósta timpeall na Croise ní raibh a fhios acu fúithi thar mar bheadh a fhios acu faoin seanchaisleán tite sin amuigh ar a gcuid talún.' (*SL* 37)

D'fhéadfaí a rá nach bhfuil mórán doimhneachta ná sásamh léitheoireachta ag roinnt leis an gcuid sin de scéal na mná a scaoiltear chuig an léitheoir. Os a choinne sin, níor dheacair a áiteamh gur sampla de cháiréis ealaíonta an ghearrscéalaí é portráid neamhchríochnaithe a dhearadh den bhean, í scáthach agus tréith imigéiniúil faoi leith ag roinnt léi féin agus lena scéal. Cuid shuaithinseach de scéal Bheirneáin atá inti, ar ndóigh, agus

210CAIBIDIL 4

airítear ar thógáil agus ar stiúradh an chomhrá idir an bheirt fhear go raibh iúl an scríbhneora dírithe ar *dénouement* an scéil.

Ag féachaint dúinn anois ar ghearrscéalta de chuid Mháire, cuirtear abhaile ar an léitheoir gur seanbhean 'chorr' í Nóra Nic Ailín sa scéal 'Rún Gadaidhe' (*Oidhche*), bean a raibh spéis aici i bhfear óg áirithe tráth dá raibh ach nárbh é an rath a bhí i ndán don chumann sin. Ní deacair don léitheoir cian na seanmhná a shamhlú:

Is annamh trathnóna maith samhraidh nach dtéigheadh sí siar go dtí laftán fosgaideach a bhí os cionn na farraige, agus chaitheadh sí tamall fada annsin agus í mar bheadh sí ag amharc siar ar luighe na gréine. (*Oidhche* 75-6)

Feictear nach gcuireann an tráchtaire fiacail ann agus é ag trácht ar chás na mná neamhphósta seo:

Níor bhrúigh aon fhear ariamh cumann uirthí. Ní thug aon fhear ariamh grádh díthe. Ní raibh sí dóigheamhail. Ní raibh an bhuaidh eile aicí acht oiread: ní raibh airgead aici. D'fhág sin ar a' tráigh fhoilimh í. (*Oidhche* 75)

Tagraíodh do na scéalta 'Aisling Shiubhán Fheargail' (*Úna*) agus 'An Gaisgidheach' (*Oidhche*) le Máire cheana i gCaibidil 1 i gcomhthéacs an ghrá rom, ¹⁸ Beirt bhan óga a dhiúltaigh do nós an chleamhnais toisc iad a bheith gafa le nóisean an ghrá idéalaigh rómánsúil a bhí i gceist. Tugtar faoi deara go n-úsáidtear an aidiacht 'corr' i gcás na beirte ban seo. Maidir le Siubhán Fheargail:

Bhí sí dóigheamhail acht bhí sé amuigh uirthí nach raibh an chuid a ba truime den chéill aicí. Ní h-ionann sin is a rádh go raibh seachrán uirthí. Corr a bhí sí. B'fhuras díthe céile fir a fhagháil mur' beith an dearcadh aistidheach a bhí aici. (*Úna* 182)

Maidir le Nuala, deirtear gur bean 'chorr' í siúd, leis: '. . . má's ionann bheith corr is bheith éagcosamhail leis a' chomharsain' ('An Gaisgidheach', *Oidhche* 276). Déantar soiléiriú air seo:

Cuireadh ceist uirthi an raibh rún aicí a saoghal a chathamh díomhain. Dubhairt sí nach raibh ar chor ar bith, acht nach bpósfadh sí choidhche go dtarradh fear a líonfadh a súile. (*Oidhche* 277)

Níor phós sí riamh mar Nualainn. Ní tháinig a' curadh a chonnaic sí go minic i n-a h-aislingí. Caitheadh na bliadhanta agus d'imigh bláth na h-óige. D'éirigh a gruaidhe tláith ruicneach agus d'imthig loinnir an óir as na 'fuilt chraobh-chasta de'n ór mhéar-lasta'. An raibh aithreachas ar Nualainn cionn is nár phós sí nuair a bhí sí óg? Bhí sí féin a'rádh nach raibh, agus saoilim go mb'fhíor díthe sin. 'Dá mbeinn óg arís,' adeireadh sí 'dhéanfainn a' rud céadna. Agus a' cailín óg a ghlacfadh mo chómhairle ní phósfadh sí fear ar bith acht a' fear a mbeadh a toil leis, is cuma dá mba leis Éire gan roinn.' (*Oidhche* 278)

Ní amháin gur fhan an bhean seo dílis do na hardmhianta idéalacha sin ar feadh a saoil ach dhein sí iarracht a fealsúnacht féin a chur i bhfeidhm ar mheon iníon dearthár léi. Agus í ag cur síos ar na fir a dhiúltaigh sí ina hóige agus ar an iarracht a dhein a deartháir cleamhnas a shocrú di, is follas nár lagaigh ar an mianach rómánsúil inti le himeacht na mblianta. Mar chlabhsúr leis an gcaint chomhairleach seo, deir sí leis an mbean óg, Bríghid:

Chaithfinn-se seacht saoghal i n-aontumha sul a bpósfainn fear nach mbeadh mo chroidhe is m'anam istuigh ann. Agus chómhair-leóchainn duit-se an rud céadna a dhéanamh. (*Oidhche* 282)

Dála na mná in 'Rún Gadaidhe' (*Oidhche*), chítear Siubhán Fheargail ina seanbhean aonarach i gcríoch an scéil 'Aisling Shiubhán Fheargail' (*Úna*) agus í tugtha do bheith ag féachaint uaithi go smaointeach. Deir tráchtaire an scéil: 'Cá h-air a mbíodh sí ag amharc? Ní fhuil a fhios agam. B'fhéidir ar rud éigin nach bhfeiceann duine le n-a shúile cinn' (*Úna* 193). Pointe ar tagraíodh dó i gcomhthéacs scéalta Mháire i gCaibidil 1 agus nach miste a lua arís anseo is ea gur minic an milleán á chur ar scéalta seanchais agus ar amhráin ghrá as intinn na mban óg a líonadh le baothsmaointe faoin ngrá rómánsúil.

Dírítear aird ar stádas neamhphósta bancharachtar áirithe sna scéalta 'Teacht an Earraigh' (*Fraochán*) agus 'An tOrgán Beag' (*An Sean-Saighdiúir agus Scéalta Eile*) le Séamus Ó Néill. Bean uasal ghalánta í Iníon de Faoite sa chéad scéal a thugann le tuiscint nach raibh sí dathúil go leor ina hóige le fear a mhealladh [19] agus bean shearbh chorrmhéiniúil í an tseanbhean sa dara scéal ar loic a leannán uirthi na blianta fada roimhe sin toisc gur léir nach mbeadh an bhean saor chun é a phósadh go dtí go gcaillfí a hathair siúd.[20]

Sa ghearrscéal 'Lá an Easpoig' (*Cladóir*) le Criostóir Mac Aonghusa, chítear bean singil ag déanamh cúraim dá dheartáir, ar sagart é. Fear cancarach crosta é an deartáir seo agus tuigtear go bhfulaingíonn Sighle tiarnúlacht agus giorraisce a deartár go foighneach toisc an tsláinte a bheith ag teip go mór air. Bean í Sighle a dhein a neamhspleáchas féin a íobairt ar son leas a deartár agus faoi mar a sonraíodh i gCaibidil 3, ba í a máthair a d'iarr uirthi é sin a dhéanamh agus í ar leaba a báis.[21] Agus í ag féachaint uirthi féin sa scáthán, aithníonn Sighle go bhfuil sí ag dul in aois:

> Chíor sí a ceann os coinne an sgátháin 'na seomra. Thug sí faoi deara go raibh corr-ribe liath ag teacht 'na cuid gruaige. B'iongantach léi mar bhí na ruic ag doimhniú i gclár a héadain agus ba ghráin léi na líntí cúbacha bhí ó íochtar a polláirí go dtí n-a smig. (*Cladóir* 6)

Tuigtear ón tslí a ndéantar carachtracht na mná seo a ionramháil sa scéal - agus ní foláir a rá nach bhfuil páirt mhór aici i gcur chun cinn phlota an scéil sheachránaigh seo - nach bhfuil sí gearánach i dtaobh a saoil, dá dhéine é an saol sin, agus thairis sin go bhfuil gean aici ar a deartáir, dá chorrmhéiniúla é ar uairibh.

Tagraítear do bhean eile a dhein cúram dá deartáir neamh-phósta sa scéal éadromchroíoch 'An Lá Meiriceánach' (*SD*) le Conchubhar Ó Ruairc, scéal ina sonraítear beocht agus gontacht stíle an údair, mar shampla:

> Thiar sa ghleann a bhí cónaí ar m'aintín agus ina teannta a chaithinn míonna an tsamhraidh ó tháinig ann dom. Ní raibh sa teach léi ach a deartáir Maidhc; fear ar bhreátha leis gal cois claí aon lá Meithimh ná siosadh sa speile i móinéar, agus mura mbeadh an tiomáint a chuireadh m'aintín faoi ní dócha go mbeadh praghas an tobac féin aige.
>
> 'Is diabhail an chloch fhaobhair a chuireann siad faoi theanga na mban thall,' a deireadh sé agus í ag tabhairt faoi.
>
> 'Á mhuis, murach tusa is thall a bheinn fós. Thánag abhaile chun tusa a tharrac as an ainnis agus dála an bhric ar an bport ní luaithe slán tú ná tú ag lúbadh is ag casadh ar an ainnis arís.' (*SD* 41)

Agus téama na híobartha faoi chaibidil againn, tá samplaí de shaghas eile le feiceáil sa scéal 'Darcy i dTír na nÓg' (*Nuascéalaíocht*) le Frank O' Connor agus sa scéal 'Seansheir-bhíseach' (*Eochair*) le Séamus de Bhilmot.

Carachtar tánaisteach í Bríd Darcy i scéal Frank O' Connor.
Bean óg, í bacach ach í fuinniúil gealgháireach, bean óg ar dhein
a muintir féin cailín aimsire di, nach mór, sa tslí gur múchadh an
mheidhir, an teaspach agus an greann inti de réir a chéile. Tamall
de bhlianta ina dhiaidh sin, i ndiaidh dá deartháir, Ned Darcy,
filleadh ar Éirinn, d'aithin sé 'go raibh searbhas na seanmhaigh-
dine in achrann inti ina hainneoin féin' (*Nuascéalaíocht* 31) agus
theastaigh uaidh rud éigin a dhéanamh ar a son. Airítear cumha
agus atuirse na mná sa chaint seo a leanas:

> 'Tá an chuid is fearr dem shaol caite, agus ní fiú dom an bunorlach a
> choigilt. B'fhéidir le Dia lá éigin, nuair ná beidh an mháthair ann a
> thuilleadh is nuair a bheidh na buachaillí pósta, go dtabharfadh
> Nóra cúinne cois tine dhom. Ní iarrfainn a thuilleadh anois ar Dhia.'
> (*Nuascéalaíocht* 32)

Bean atá tar éis a saol a thabhairt mar sheirbhíseach dílis i
dteach mná uaisle atá i gceist sa scéal 'Seansheirbhíseach'
(*Eochair*) le Séamus de Bhilmot agus is suimiúil é an cur síos a
dhéantar ar an ríméad a bhí uirthi tar éis di tigín beag a
cheannach di féin ina háit dúchais. An dlíodóir áitiúil atá i mbun
na tráchtaireachta sa scéal seo:

> Nuair a thit casúr an cheantálaí, d'fhéachas i leataobh ar Shorcha
> agus bhí loinnir ina súile ná feictear ar talamh ná ar muir - loinnir an
> tsealúchais. 'Mo thigín beag féin!' ar sí, de chogar. 'Mo thigín beag
> féin i m'áit dúchais féin!' Lena dhá láimh rug sí greim ar mo láimh
> nuair a thréaslaíos a seilbh léi. Nuair a thugas na doiciméid seilbhe di
> *thóg sí uaim iad go sollúnta agus mhéaraigh agus chuimil iad faoi mar a*
> *chuimleofá gruaig páistín.* Bhí na deora ag brúchtaíl ina súile. (*Eochair*
> 21-2) (Liomsa an bhéim.)

Airítear blas na háiféise ar chríoch an scéil seo, áfach, mar a
dtagann casadh sa phlota sa tslí gurb i ngealtlann agus nach ina
tigín beag féin a chaitheann Sorcha blianta deireanacha a saoil.

Sa scéal 'An Aint' (*SSE*) le Dónall Mac Amhlaigh cuirtear in
iúl, trí mheán smaointe neachta leis an mbean, gurb é nádúr
tiarnasach Nóra Ní Chlochartaigh a d'fhág gan fear í, in ainneoin
na ndea-thréithe a bhí le maíomh aici; é sin agus an cúram
mórchroíoch neamhleithleasach a dheineadh sí de dhaoine eile:

> Bhí tiarnas sin Nóra Ní Chlochartaigh ar cheann de na tréithe ba
> shuntasaí a bhí ag siúl léi; agus dar le Meaig nárbh aon bhua é i
> ndeireadh na dála. Murach é bheadh a haint pósta anois agus clúidín

dá cuid féin aici i leaba a bheith ag brú ar an doicheall Tigh Walsh. Níorbh fholáir nó go mba searbh an deoch aici é bean eile a fheiceáil ina máistreás san áit nach mbíodh dul thar a focal féin, tráth. Ach nár shónta uaithi bheith ag súil lena mhalairt? - an *Great Southern* féin, dá áirgiúil é, ní bheadh áit ann ag beirt bhan. (*SSE* 57-8)

A féile, mar shampla: ní raibh sí in Éirinn trí chéile an bhean ba mhó croí ná Nóra. 'Deile, murach chomh maith is a bhí sí do dhaoine eile ní fanta san anchaoi a bheadh sí anois, b'fhéidir: i leaba bheith ag fóirithint ar dhaoine eile dá ndéanfadh sí a leas féin agus fear a fháil ní faoi chomaoin ag aon duine a bheadh sí inniu. (*SSE* 55)

Níor dheacair a áiteamh agus an léitheoir ag cuimhneamh ar shaol na hÉireann i gcoitinne sna daichidí agus sna caogaidí, cuir i gcás, gur cineál mná so-aitheanta í Nóra Ní Chlochartaigh agus gur meon coitianta é meon a neachta.

Is suimiúil é an teideal a roghnaigh Pádraic Breathnach dá chéad chnuasach gearrscéalta, mar atá, *Bean Aonair agus Scéalta Eile*, a foilsíodh sa bhliain 1974.[22] I dteidealscéal an chnuasaigh, deir an príomhcharachtar, Siobhán, go neamhbhalbh fúithi féin: 'Táim druidte seargtha feoite, ach tá lasair ionam ag béicíl' (*BA* 81) agus 'Níl ionam ach leathdhuine! Tá oiread sin crá chun fir orm go bhfuil eagla orm roimh gach fear' (*BA* 83). Bean í Siobhán a bhfuil post, teach, carr agus airgead aici ach a bhraitheann folús ollmhór ina saol toisc í a bheith neamhphósta: 'B'fhearr liomsa fear agus páistí agam agus iallach orm deich míle a shiúl ná gluaisteán dá ghalánta' (ibid.). Agus í ag trácht ar uaigneas agus ar aonaránacht shaol na mná neamhphósta, deir sí:

Nach léanmhar an saol é do dhaoine áirithe, an chaoi a dteipeann orthu? Cineál dearmaid is ea a dhéantar orthu! Ní hé nach bhfuil siad meallacach, ach ar shlí éigin ceiltear an mealladh! Bláthanna iad a chónaíonn san iargúl! De thaisme feictear iad! De thaisme baintear iad! De thaisme póstar iad! (*BA* 84)

'An t-uaigneas ina steillebheatha' a thug Gearóid Denvir (1978:20) ar an scéal seo agus thagair an t-údar féin don scéal ina alt 'Filíocht an Ghearrscéil' agus é ag meabhrú ar thionchar Frank O' Connor ar ógscríbhneoirí a chreidfeadh go gcaithfidís téama an uaignis a shaothrú sa ghearrscéal.[23]

In ainneoin laigí 'Bean Aonair' (*BA*), agus luaim, mar shampla, an claonadh chun leadráin, ní gearrscéal gan fuaimint, gan filíocht é an gearrscéal seo. Tá idir dhaonnacht agus íogaireacht ann agus tuiscint ar dhochma agus ar dhíomá an phríomhcharachtair. Aithníonn Siobhán gur mheall agus gur dhall brionglóid an ghrá rómansúil í ar feadh na mblianta. D'fhéadfadh meanma an scéil seo cás Bridie in 'The Ballroom of Romance'[24], scéal iomráiteach William Trevor, a chur i gcuimhne don léitheoir. Sa scéal sin, leis, ruaigtear aislingí rómánsúla agus múchtar dóchas an ghrá i gcroí Bridie. Tá sé bliana is tríocha ag Bridie agus géilleann sí ar deireadh don todhchaí gan ghrá i dteannta fir neamhfhiúntaigh: 'She would marry Bowser Egan because it would be lonesome being by herself in the farmhouse' (Trevor 1972, 72). Tuigtear do dhíomá, do dhoilbhe, do chroí dubhach agus do sprid cheannsaithe na mbancharachtar seo.[25]

Agus í ag trácht ar ghearrscéalta luatha an Bhreathnaigh, díríonn Caitlín Uí Anluain (1996:28) aire an léitheora ar an meon patrarcach a thagann i gceist sna scéalta sin:

> Sna gearrscéalta luatha tagann íomhá den bhean chun cinn a d'eascair as an gcomhthéacs cultúir inar mhair an t-údar sna seascaidí agus sna seachtóidí. Dearcadh cúng steiréitípeach ar mhná a léiríonn sé, dearcadh a fréamhaíodh ann i sochaí atharlathach a óige ní nach ionadh.

Gan amhras ba chóir an méid sin a chur san áireamh agus duine ag machnamh ar na slite a gcuirtear cúrsaí caidrimh i láthair i luathshaothar an údair seo.

Scéal faoi bhean aonair eile atá in 'I gCoinne Coinne' (*BP*) le Pádraic Breathnach. Airítear dóchas agus aigeantacht na mná seo a bhfuil coinne aici le hógfhear dathúil darb ainm Prótéus. Braitear go mbaineann siombalachas leis an tagairt do luath-chomharthaí an Earraigh i dtús an scéil:

> Rinne Nóra iontas faoin óige is faoin lúcháir seo... Ach mharódh an sioc fós iad. Mharódh sioc an Fheabhra nó na Márta fós iad, an fás róluath seo. (*BP* 24-5)

Maraíodh an dóchas inti féin agus satlaíodh ar na brionglóidí aici nuair nár tháinig an t-ógfhear i láthair in aon chor. Déantar dóchas agus neirbhís na mná agus í ag fionraí leis an té nár tháinig a chur in iúl ar bhealach sochreidte.

Níl aon amhras ná gur bean de chuid a linne í Nóra, bean a bhfuil coimpléasc ísleachta ag cur as go mór di toisc go bhfuil na blianta á gcaitheamh agus gur theip uirthi fear a sholáthar di féin, go dtí seo ach go háirithe:

> Cé chreidfeadh coinne le fear a bheith aici? Cé chreidfeadh go raibh tada seachas an seanchailleachas i ndán di? An tseascacht uafásach sin a d'fhágfadh a broinn gan chorraí! (*BP* 24)

Tuigtear go soiléir go gcránn a stádas neamhphósta í:

> Bhí a marc áirid féin ar bhean singil facthas di, marc áirid do-scriosta, marc a raibh críonnacht agus triomacht ann. Triomacht bhriosc ghíoscánach. (*BP* 26)

Ní haon údar misnigh é meon a muintire ach chomh beag:

> Go deimhin féin níor bhreáichde lena muintir tada ná fear a bheith aici agus go ndéanfaidís pósadh. Ba é seo a bhí uathu go cíocrach mar b'eagal leo le fada nach raibh an fiach ceart inti agus go mbeadh sí ag éirí críon feasta. (*BP* 24)

Teanga agus tuiscintí an chórais atharlathaigh i dtaobh chás na mná neamhphósta i ré faoi leith atá i gceist anseo. Tréith charachtrachta shuaithinseach de chuid charachtracht an Bhreathnaigh trí chéile is ea an cumas atá ann éiginnteacht, féinamhras, easpa muiníne agus an crá a leanann na tréithe pearsantachta seo a chruthú ar phár. Ní taise don scéal seo é, fiú má tá cuma beagáinín méaldrámata ar mhothúcháin an phríomhcharachtair ar uairibh, mar shampla: 'D'airigh sí uafásach folamh. D'airigh sí náirithe. D'airigh sí a saol millte' (*BP* 29).

Bean phrionsabálta í Burma, príomhcharachtar 'Duibhe' (*DLD*) le Pádraic Breathnach. Seans go músclófaí trua dá cás agus meas ar a diongbháilteacht sa léitheoir. Braitear ó am go chéile sa scéal, ámh, gur geall le samhail steiréitipiciúil den tseanmhaighdean í. Chítear é seo i dtosach agus i gcríoch an ghearrscéil, mar shampla, mar a bhfuil béim á leagan ar chantal agus ar stuacántacht Bhurma. An iníon fhásta a dhein cúram dá tuismitheoirí, a d'éirigh as a post agus a ghlac cúram na feirme uirthi féin i ndiaidh bhás a hathar atá i gceist sa scéal seo. Dar le Caitlín Uí Anluain (1995:58), is 'staidéar ar an tseascacht' é cás an phríomhcharachtair agus chonacthas do Liam Mac Cóil (1981:26) gur léirigh an scéal 'leibhéil éagsúla síceolaíocha i saol mná nár phós.'

Tréith amháin a chuireann le truamhéil scéal na mná seo agus le truamhéil scéal Shiobhán in 'Bean Aonair' (*BA*) is ea an cumha sochreidte a chruthaítear i ndiaidh aoibhneas, shonas agus mhuintearas caithiseach shaol na hóige. Is mór idir uaigneas árasán cathrach aonseomra Bhurma i dtús 'Duibhe' (*DLD*) agus an saol a raibh sí cleachtaithe leis agus í ag fás suas faoin tuath. Éiríonn leis an scríbhneoir eolchaire Shiobhán agus Bhurma a chur in iúl sa dá scéal, bean neamhspleách a bhfuil post aici sa chathair a léirítear sa dá chás, bean a ngoilleann uaigneas na cathrach uirthi agus í ag cuimhneamh ar an tslí ar éalaigh laethanta gealgháireacha na hóige agus an tslí a ndeachaigh scaipeadh na mionéan ar bhaill na clainne.

Tar éis bhás a hathar, léirítear go bhfaigheadh Burma faoiseamh faoi leith sna cuairteanna a thugadh sí ar an reilig. Is ansin a thagadh laethanta soineanta a hóige chun beochta ina hintinn an athuair. Seans go dtéitear thar fóir, áfach, le dílseacht dhochloíte na hiníne dá hathair básaithe sa ghiota seo:

> Tráthanna nuair a mhothaíodh sí go rí-ainnis, nuair a shíleadh sí an saol ina bhrachán, bhreathnaíodh sí uirthi féin i scáthán; d'fheiceadh sí gur bhreathnaigh sí go hainnis agus bhí sásta. Ba ar a shon seisean a bhí sí go hainnis. Tuigeadh sé nárbh aon fhlaitheas rómhór é a bheith os cionn talúna, bhí a draoi crá ann chomh maith le áit ar bith. Ná bíodh díomá air faoina bheith ar shlí na fírinne, arae b'é seo go deimhin gleann na ndeor. (*DLD* 96)

Tuigtear ó chríoch an scéil gur saol uaigneach aonaránach atá i ndán don bhean seo agus gur dócha go mbeidh idir thrua agus fhonóid le haireachtáil i meon na gcomharsana ina leith, gur dócha go bhféachfar uirthi mar bhean chorr dheoranta.

Bean nár phós riamh í Móire sa scéal 'Móire Mheirtneach' (*L*) leis an údar céanna, í scothaosta anois agus saol dearóil go leor aici gan aon chomhluadar seasta aici agus gan ar a cumas réiteach go rómhaith lena gaolta. Déantar an bhearna tuisceana idir an tseanghlúin agus an ghlúin óg a léiriú go héifeachtach agus go saoithiúil sa scéal. Braitear leimhe agus leadrán shaol na mná seo; osclaíonn an scéal leis an abairt seo, mar shampla: 'Lá eile. Lá eile le caitheamh ag Móire. Lá eile ar nós an lae roimhe' (*L* 61) agus tamall ina dhiaidh sin smaoiníonn Móire: 'Dia dhár réiteach, céard le n-aghaidh a saol?' (*L* 62). Tuigtear aiféala áirithe a bheith

ar Mhóire toisc nach máthair í ach teipeann go hiomlán ar
inchreidteacht shíceolaíoch 'Móire Mheirtneach' i gcríoch an
scéil, mar shampla:

> Níor chúnamh go bpósfadh sí féin. Go fiú is dá bpósfadh bhí ainm
> na muintire caillte... Ach dá gcuirfí éigean uirthi bheadh sí slán! Dá
> gcuirfí éigean uirthi ag fear uasal, chinnteofaí ansin síolbhach
> uasal!... (*L* 75)[26]

Chítear an tseisce a shamhlaítí agus a dhéantaí a ionannú,
geall leis, tráth dá raibh, le saol na mná acadúla ina hábhar
machnaimh ag bean ollaimh i dtús an scéil 'Mórdháil' (*BP*) le
Pádraic Breathnach. Smaointe a shamhlófaí go héasca le saghas
áirithe fir iad smaointe Mhairéad agus ginearálú ar bhonn inscne
á dhéanamh aici ar bhanollúna, ginearálú ar damnú é go
bunúsach, mar shampla:

> Cén scéimh riamh a bhí ag banollamh, a cheistigh sí. Bhí siad go léir
> leamh dorcha duairc...
> Scanródh an tOllamh Ní Churraoin dá n-iarrfaí ag an leaba í?...
> Cé hé an mac a bheadh chomh corr aduain lena hiarraidh? Mála
> folamh ab ea í, Dia idir sinn is an anachain...
> Ba údar suime, gidh domlasta, a fo-éadaí a fheiceáil...
> An mbeadh sé i gclaonta gnáthfhir spéis a chur ina leithéid siúd
> go fiú is é stiúgtha go deo? Ar ghiúnaíl bithúnach riamh ina bléin-
> treacha sise? D'fhiafraigh Mairéad dá mbeadh sí féin ina hollamh an
> ndíoscfadh sí ar nós na mná seo? Nó ar riachtanas práinneach don
> ollúnacht an díoscadh?
> Saol an-uaigneach a bhí i saol banollaimh ach go háirithe. Murab
> ionann ar fad do na fir, is í a scéimh i leaba a cáilíochtaí acadúla is
> tairbhí do bhean. (*BP* 108-9)

Ní foláir a rá go ndéantar ginearálú aorúil ar na fir léinn dhrabh-
lásacha in 'Mórdháil' (*BP*), leis, agus, gan amhras, airítear féith an
ghrinn i gcodanna den scéal. Maidir le Mairéad, tuigtear gur fearr
an tuiscint atá aici ar a claonta agus a nádúr féin i gcríoch an scéil.
Ní ann a thuilleadh don tsástacht bhogásach a bhain léi i dtosach
an scéil.

Éacht scríbhneoireachta atá sa scéal 'An Chailleach' (*AT*) le
Pádraic Breathnach. Scéal fada é ina bhfuil seanbhean aonarach
ag ligean lena racht; í gangaideach ruibheanta agus idir ghráin,
shearbhas agus dhímheas ag sceitheadh ón rabharta cainte
nimheanta aici. Airítear an greann sa chaint mhíchuibheasach
agus sa tarcaisniú áibhéalach, mar shampla:

'Striapach gháifeach ba dh'ea a heachlach mátharsa a chaitheadh a haimsir ag guairdeall gabhlán bóithríní agus lánaí cathrach tóraíocht mhoghchat. D'fheictí í i ndomhnach. D'fheictí í Domhnach agus dálach, i ndiaidh don ghrian a dhul i dtalamh agus shula ndeachaigh sí i gcré chor ar bith. Bhíodh sí ar na duganna, chuile úim uirthi; í ag tabhairt ulpóg is ugaigh d'úitsigh agus d'ulchabháin. Bhíodh sí ar chalaí agus ar shlipeanna loch ag fáiteall agus ag fastaím fámairí. Driogaí dáire uirthi de ló agus d'oíche. Í chomh bradach sin ar fud na réigiún nach raibh an chuing nó an bhuarach ann, nó an cromnasc féin, a choinneodh í ó phocfhálróid. Cén slacht nó tógáil a d'fhéadfadh a bheith ar iníon bhodóinsí den déanamh sin? Cén tógáil ach í a bheith ina bodóg bhoitseacháin í féin; ina hasal tincéara ins chuile aistreán is aonach?' (AT 149)

Tuigeann an léitheoir ó thús an scéil go bhfuil an tseanbhean seo sna déithe deiridh: 'Í sna déithe deiridh. Na déithe deiridh dá líne. B'í amháin dá seandream a bhí fágtha. B'í amháin dá sloinne' (AT 135).

Téama a mbeifí ag súil leis, nach mór, sa chomhthéacs sin is ea an caitheamh i ndiaidh an tsaoil a bhí ann agus an doicheall roimh nósanna iompair agus mheon nua-aimseartha agus tá an téama sin á chur in iúl go láidir tríd an scéal. Airítear an greann ag scinneadh as an sliocht seo mar a bhfuil an tseanbhean ag cur di i dtaobh na sagart nua-aimseartha:

'Ní ligfinnse duine acu taobh istigh de mo dhoras an chaoi bhradach a bhfuilid ag imeacht le haer an tsaoil. Gan éadaí cearta, gan choiléir orthu. Iad gnóthach Domhnach agus dálach le cúrsaí spóirt; bingó, bualadh peile, bualadh báire, cúrsáil, rásaí capall, foghlaeireacht, ag eagrú crannchur, ceantálacha, ag rith i maratóin, ag imeacht ar siúlóidí, ag dul ag dinnéir. Caitheann siad a saol i dtithe óil nó ar laethanta saoire. Ní féidir theacht orthu ariamh nuair atá gá leo. Cúrsaí saolta a saol anois.' (AT 152-3)

Luann an tseanbhean scéal dhealbh na Maighdine Muire i mBaile an Spidéil, Contae Chorcaí, scéal nach bhfuil aon ghéilleadh aici dó agus deir sí:

'Sé an chaoi a bhfuil sé agam féin go mbíonn faitíos orm breathnú ar dhealbh anois. Tá's ag an lá. Bíonn faitíos orm breathnú ar mo Shlánaitheoir ar chrois mo phaidrín ar fhaitíos go n-aireoinn é ag déanamh tada.' (AT 153)

Scéal é 'An Chailleach' (AT) ar díol staidéir agus spéise é ó thaobh mhórshaibhreas annamh na teanga de agus ó thaobh chumas tréitheach na scríbhneoireachta de. Is léir ó theilgean agus ó mheanma an scéil gur bhain an t-údar féin sult agus sásamh as féachaint amach ar an saol trí shúile na seanmhná cantalaí a chuir sé i mbun cainte.

Bean shingil chantalach í tráchtaire agus príomhphearsa 'An Leitís Mharfach' (*Fête*) le Beairtle Ó Conaire. Tuigtear ón bpearsa a nochtann chugainn san insint gur sampla den ruibhseach í seo ar féidir léi a bheith drisíneach gangaideach paranóiach agus is léir go bhfuil an chloch sa mhuinchille aici do dhaoine éagsúla, an mháistreás scoile ina measc. Braitear an spídiúlacht ag briseadh amach inti:

> Agus an speadóigín de mháistreás scoile ansin atá curtha orainn. Go bhfóire Dia ar óige na háite seo, a deirimse, más ina cleith siúd atá. Nuair a bhí mise óg ruaigfí as an áit í leis an ngléasadh a bhíonn uirthi. Ní call di a rá chomh soiléir sin go bhfuil sí ar fáil i gcónaí. Tá fir phósta san áit a bhfacthas ina dteannta í ag am agus áit nach raibh caothúil... Meastú cé leis atá sí ag imeacht faoi láthair. Gheobhaidh mise amach sin. Ní túisce duine amháin aici ná duine eile. An té a raibh aithne aige ar an Léiritheoir ní chreidfeadh sé nach bhfuil sé ag cluicheáil thart fós. Coinneoidh mise súil an tseabhaic air féin agus ar an máistreás... Agus thug sí cúpla geábh go Sasana freisin. Cá bhfios nár chaith sí. Nach mór an trua nach raibh mé níos airdeallaí ag an am. (*Fête* 56)

Mar seo a chuir Joe Steve Ó Neachtain (1984) síos go deisbhéalach ar phríomhcharachtar an scéil seo ina léirmheas raidió ar chnuasach Uí Chonaire: 'Ceann coilgneach nár mhaith leat dúiseacht lena taobh ar maidin!'

Comhrá idir beirt bhan Ghaeltachta a bhfuil deich mbliana is fiche slánaithe acu, geall leis, agus atá ag obair mar 'chailíní aimsire' i gcathair Bhaile Átha Cliath atá sa scéal 'Cailíní Aimsire' (*Tinte*) le Seán Ó Curraoin. Dhealródh sé go bhfuil deacrachtaí ag an mbeirt acu chomh fada is a bhaineann le cúrsaí fear de. Díol spéise é an méid seo a leanas ó thaobh tuairimíochta agus cúrsaí féiniúlachta de - mar a bhfuil an bhean ag tagairt do fhear a lig síos í, fear ar a dtabharfaí 'baitsiléir aerach' (sa chiall, 'meidhreach neamh-mhairgiúil') i measc an phobail:

> 'Ach téadh mo leithéidse is do leithéidse atá ag bordáil ar na deich mbliana fichead thart ar an gcuma sin agus is fada go dtabharfaí "An

Mhaighdean Aerach" orainn ach bheifí ag rá go raibh muid caite sa ngearradh dhóibh, nó go raibh rud eicínt mícheart linn. Ach thar an magadh sin féin, ní ghabhfainn isteach i gCuallacht na mBan Saor dá bhfaighinn Éire le roinnt. Is éard atá ann, chuala mé ó bhean a bhíonns ag dul timpeall leis na dreamanna sin, pleibíní mná...nimheadóirí cearta, abair... ruibhseacha! Bheadh náire orm baint a bheith agam lena leithéide sin de chraip.'
    'Tá muid slogtha isteach sa "Big Smoke", mar a deir siad, is gan mórán measa orainn.'
    'M'anam gurb in í an fhírinne. Tar éis chomh deas is a bhíodh mo mháthair leis na Gaeilgeoirí a bhíodh ag foghlaim Gaeilge le jabannaí a fháil dóibh féin...'
    'Ó! Ná bac leo. Nach in é an saol, a dheirfiúirín. . . Caithfidh muid cur suas leis...An phlá orthu.' (*Tinte* 53-4)

Tugann an léitheoir suntas do bheocht thaitneamhach an scéil seo ar geall le hagallamh beirte anamúil é.

Bean shingil chathrach a sholáthraíonn comhluadar fir di féin nuair is toil léi é atá i gcarachtar Rita sa ghearrscéal 'Samhlaíocht' (*Laochra*) le Mícheál Ó Brolacháin:

Bean mheánaosta a bhí i Rita, is é sin le rá go raibh sí a seacht nó a hocht de bhlianta níos sine ná Cormac. Bhí sí dathúil go leor agus ní raibh sí pósta, agus bíodh nach samhlófá léi é le breathnú uirthi, ó am go chéile thugadh sí fear abhaile léi go déanach istoíche. (*Laochra* 9)

In ainneoin í a bheith sásta caidreamh collaí a bheith aici le Cormac, téann den phríomhcharachtar glacadh leis an tairiscint agus ar deireadh dhealródh sé nach bhfuil agus nach mbeidh inti dósan ach cuid éigin de scéal atá á scríobh aige faoi bhean chathrach a bheartaíonn ' plé le fir sa dóigh chéanna a bpléann fir le mná de ghnáth' (*Laochra* 14).

Tosaíonn an gearrscéal 'Carpe Diem' (*Sceallóga*) le Deaglán de Bréadún mar seo:

Táim sna tríochaidí anois. Na luath-thríochaidí. Ní maith liom a bheith ag smaoineamh ar m'aois. Nílim pósta go fóill. Ní theastaíonn uaim a bheith faoi smacht, brúite faoi chois ag fear éigin míthuisceanach. (*Sceallóga* 59)

Bean neamhspleách í Lilí an scéil seo a bhfuil post maith aici agus go leor taithí ar chúrsaí caidrimh aici agus ní fheadair sí ar mhaith léi a bheith pósta. Smaoiníonn sí ar chás a carad, Sadie, bean atá pósta le halcólach drabhlásach:

Thuig mé go rímhaith go raibh praiseach déanta dá saol ag Sadie.
Ach ar a laghad rinne sí an iarracht. Pé chomh dona is a bhí an fear
céile ar a laghad bhí na páistí ann, bhí foinse grá is spraoi ina saol
aici. Céard a bhí déanta agamsa? Níor chaill mé an cluiche mar níor
ghlac mé páirt ann, d'fhan mé ar an taobhlíne. Má bhí Sadie dearóil
an raibh mise marbh? (*Sceallóga*)

In agallamh a dhein Deaglán de Bréadún le Victoria White,
d'admhaigh an t-údar gur shaothar duainéiseach a bhí ann dó,
mar fhear, dul isteach in intinn na mná a bhí á cruthú aige mar
thráchtaire an scéil, bean a bhí, i bhfocail Victoria White
(1990:11): '. . . lurching wearily from disastrous man to disastrous
man, and ending up drifting towards meaningless promiscuity.'
Dúirt an t-údar agus é ag tagairt do chuspóir na carachtrachta:

> A woman that age who is not married would have that many relation-
> ships. I'm trying to focus on the type of woman who doesn't get into
> a permanent relationship and is constantly disappointed by men. I'm
> not saying that women who get married are in the seventh heaven -
> far from it. (Ibid.)

Mhol Alan Titley (1990:9) toise réalaíoch an scéil seo ina
léirmheas ar *Sceallóga*: 'It is full of regrets, twisted reflections, wry
humour and even some little hope, and we are inclined to believe
him that this is how it must be.'

4.2 An Bhean Rialta

Cé nach minic an bhean rialta mar charachtar gearrscéil
Ghaeilge, nó go deimhin, mar charachtar ficsin i litríocht na
hÉireann i gcoitinne[27] féachfar ar roinnt scéalta ina dtagann
gairm na mná rialta i gceist.

Faoi mar a thuigfí ón teideal 'Aingeal Coimhdeach' (*Tráigh*) le
Máire, is í an bhean rialta mar shólásaí tuisceanach a chuirtear i
láthair sa ghearrscéal sin, gearrscéal a bhfuil cúlra staire faoi leith
aige agus casadh gan choinne i gcríoch an scéil ag roinnt leis.
Léirítear gur údar mórshásaimh agus faoisimh é a creideamh don
bhean rialta seo, bean a bhfuil a crois féin á hiompar aici:

> Acht comh luath is labhair sí tháinig dreach áluinn, séanmhar uirthí
> mar thiocfadh ar dhuine a mbeadh cúl a chinn go bráth leis a'
> tsaoghal seo aige agus gan ar a intinn acht a'tSíorruidheacht. Tháinig

loinnear shéanta i n-a súile, mar bheadh sí ag éisteacht le ceol na bhFlaitheas. (*Tráigh* 89)

Clisteacht na ceapadóireachta thar aon ní eile atá chun tosaigh sa scéal áirithe seo.

Scéal é 'An Fean-Dubha-Dadaidh-Am' (*NÁ*) ina bhfuil ról tábhachtach ag cúrsaí rince i ríomh scéal beirte áirithe! Ba í Neansaí Ní Dhomhnaill plúr na mban óg i measc a pobail féin agus cé go raibh fear óg áirithe sa chéill ab aigeantaí aici thuig sí féin go raibh gairm ó Dhia aici agus chuaigh sí sna mná rialta. Dhealródh sé nár tháinig an fear mífhortúnach chuige féin rómhaith ina dhiaidh sin agus gur chaill sé a chreideamh de thoradh na n-eachtraí seo. Na blianta fada ina dhiaidh sin agus an bhean rialta anonn in aois, ba léir go raibh na cúrsaí seo ag luí ar a coinsias:

> Anam duine eile damnuighthe aicí!... Acht chonnaictheas díthe an tráthnóna seo go gcaithfeadh sí féacháil leis an anam sin a shábháil. Bean a thug air a chreideamh a chailleadh. Bean a bhéarfadh arais ar bhealach a leasa é. Bean a dhamnuigh an cineadh daonda. Bean a shlánuigh é. (*NÁ* 100-1)

Agus is follas ón scéal gur bhain a chumas dílis slánaithe féin leis an rince a dhein an bheirt seo le chéile - ba chuma cén aois iad!

Cé go mbaineann doiléire áirithe le fócas scéalaíochta 'Síle (*Feasta*, Meán Fómhair 1951), scéal luath le Siobhán Ní Shúilleabháin, ba dheacair gan suntas a thabhairt do dhaonnacht an chur i láthair a dhéantar ar an mbean rialta óg sa ghearrscéal sin. Cur síos sochreidte a dhéantar ar an tslí ar baineadh siar as a tuismitheoirí ar chlos dóibh go raibh beartaithe ag Síle dul isteach sa chlochar agus ar an imní a bhí orthu faoi impleachtaí eacnamúla an chinnidh sin don chuid eile den chlann. Is léir 'an bród meascaithe tríd an mbuaidhreamh' i gcás na máthar ach go háirithe, 'bród go mbeadh leanbh a broinne 'na hÓigh le Muire, Máthair Dé' (*Feasta*, Meán Fómhair 1951, 6). I mír dheiridh an scéil, tugtar éachtaint bheag ar thocht Shíle tamall de bhlianta ina dhiaidh sin nuair nach féidir léi an clochar a fhágáil chun cuairt a thabhairt ar a máthair atá ag fáil bháis.

Sa scéal 'Cleamhnas Thomáis Pheadair' (*FG*) le Pádhraic Óg Ó Conaire, léirítear nach raibh spéis dá laghad ag Nóra, an mháistreás scoile chroíúil, in aon socruithe cleamhnais a dhéanfaí di mar go raibh sé socair ina hintinn aici cad a dhéanfadh sí. Dúirt sí le fir ón gcomharsanacht a tháinig chun an tí chun dul i mbun socruithe cleamhnais go raibh fuar acu, óir:

'Tá an trúsó ar fad sa mbosca sin - an chaille brídeoige, agus eile: an feisteas is áille a d'fhéadfadh aon bhean óg a chaitheamh.' (*FG* 104)

Cuirtear síos ar an ionadh a bhí ar an gcomhluadar nuair a shiúil Nóra aniar as an seomra tamall ina dhiaidh sin agus éide na mná rialta uirthi. Dhealródh sé nach raibh a fhios ag a hathair, fiú amháin, go raibh rún ag Nóra dul sna mná rialta. Faoi mar a thuigfí ó theideal an scéil, is i gcomhthéacs scéal éadromchroíoch an chleamhnais nár éirigh leis a thagann scéal Nóra chun léargais.

I gcríoch an scéil dar teideal 'Cuan an Fháil Bhig 2 : Éamann' *(FG)* le Pádhraic Óg Ó Conaire, is geall le tearmann é an clochar don bhean a bhí suaite go maith ag deacrachtaí caidrimh ina saol roimhe sin. Ar an iomlán, ámh, is scéal é seo a bhfuil faobhar agus teannas síceolaíoch in easnamh go mór air. Meabhraíonn Pilib Ó Laoghaire (1995:71) don léitheoir nach é seo an chéad uair ar bhain Pádhraic Óg Ó Conaire feidhm as gairm ó Dhia mar *deus ex machina*; go bhfuil a leithéid eile le fáil sna húrscéalta *An Fraoch Bán* agus in *Ceol na nGiolcach*, mar shampla, agus thairis sin:

. . . más é atá le tuiscint as gairm Bhirgitta gurb é an creideamh Caitliceach - nó, níos cruinne fós, an leagan simplí den chreideamh sin a bhí ag Pádhraic Óg féin - an t-aon ghné de shaol na Gaeltachta a bhfuil idir bheogacht agus chumas comhshlánaithe inti, le fírinne bhí an t-údar ag bordáil ar bhás an chultúir Ghaelaigh a fhógairt.

Scata ban atá dall ar a ndúchas teanga agus cultúir iad cailleacha dubha 'Úr agus Críon' (*SL*) le Máirtín Ó Cadhain. Grúpa ban rialta atá ar saoire sa Ghaeltacht atá i gceist agus foilsítear a neamheolas agus a ngalldacht go haorúil sa scéal seo. Chonacthas do Chathal Ó Háinle go raibh 'Úr agus Críon'(*SL*) ar cheann de na scéalta ab íogaire dar chum an Cadhnach, scéal ina raibh friotal á chur ar uaigneas an údair féin i ndiaidh an tseansaoil.[28]

Radharc beag amháin as an scéal 'Toraíocht Poist' (*BP*) le Pádraic Breathnach, atá sa sliocht seo a leanas, scéal faoi bhean óg atá tar éis dul faoi agallamh agus a bhraitheann go ndeachaigh sí i

bhfeidhm go dearfach ar phríomhoide na scoile, an tSiúr
Veronica:

> Le bualadh an chloigín chruinnigh na mná rialta go léir i seomra in
> airde staighre agus bhíodar réidh Iníon de Bláca a iniúchadh ar a
> bealach amach. D'fhéachadar uirthi, amach trí na cuirtíní
> veinéiseacha. Rinne corrdhuine acu sciotaíl lena chéile. Labhair na
> seandaoine faoina coisíocht ard agus faoina hata ardnósach.
> Ceapadh í a bheith giodalach. Cuid de na mná óga shíleadar a ngnó
> a bheith táir, ámh, ach níor bhíogadar.
> Aníos an staighre go beo leis an tSiúr Veronica le dul i ndáil
> chomhairle leo. (*BP* 95)

Ní fhaigheann an bhean óg an post. Scéal éadrom íorónta dea-
scríofa é an scéal seo ina ndéantar léiriú éifeachtach ar chúrsaí
féin-íomhá agus chur i gcéill. Is follas mach mbaineann aon easpa
saoltachta ná glicis le mná rialta an scéil seo.

Gearrscéal é 'Geallúintí' (*Bás*) le Mícheál Ó Laoghaire ina
bhfaightear léiriú spéisiúil ar bhean rialta a dtéann di srian a chur
leis na smaointe agus na cuimhní faoin ngrá collaí a thagann ina
rabharta chuici le linn do shagart óg díograiseach a bheith ag
léamh an Aifrinn.

> Ógfhear aifreannach ag laideanaíocht thuas, fear ionaid do
> Father Tom. A ghuth ceolmhar ag líonadh an tséipéil lena
> chaoinchumhacht. (*Bás* 57)

Seoltar an bhean rialta siar ar bhóithrín na smaointe.
Cuimhníonn sí ar an gcumann a bhí aici féin agus í ina bean óg le
hógfhear dathúil grámhar a maraíodh i dtimpiste ina dhiaidh sin.
Cur síos liriciúil rómánsúil a dhéantar ar an gcaidreamh sin.

Airítear míshuaimhneas na mná rialta ag deireadh an Aifrinn,
díomá uirthi, b'fhéidir, toisc nár éirigh léi na smaointe a chosc nó
seans go mbraitheann sí teanntaithe tromchroíoch agus í
amhrasach faoi bharántúlacht a gairme:

> D'éirigh tonn Amen is shroich duirling Neimhe. Ach ba thostach,
> neamh-Amenach a croí féin. Ba gharbh, ghortach an taisléine dhubh
> uimpi. Ba mheáchan bháis an laincis-phaidrín ar a com. (*Bás* 61)

Tagraíodh dá culaith i dtosach an scéil sa tslí seo a leanas:

> D'éirigh is chuir a culaith uimpi, culaith na naofachta, culaith na
> humhlaíochta, culaith na huirísleachta, comhartha shearbhónta Dé.

Ba mhín dá lámha an t-éadach crua, garbh, neart anama thar laige coirp. (*Bás* 56)

An lá áirithe seo, áfach, in ainneoin an chulaith (chosanta) a bheith uirthi, léirítear go dteipeann ar an mbean rialta a taithí saoil agus a scéal féin a ruaigeadh as a hintinn, go háirithe an chuid sin dá scéal a bhaineann le réimse na dúile collaí nó le pléisiúir na colainne. Luaitear an ghrian i dtús an scéil agus an bháisteach i gcríoch an scéil mar chomhartha soiléir ar theip na mná rialta chomh fada agus a bhain leis an choimhlint inti féin a shárú.

Airítear an greann éadrom sa chur síos seo i dtús an scéil: 'Shuigh sí aniar sa leaba, a mórmheáchan uilenaofa ar a seascthóin ársa' (*Bás* 56) ach ní leantar den stíl choiméideach ina dhiaidh sin sa ghearrscéal seo a dhéanann ceisteanna a ardú faoi shaoirse agus neamhspleáchas intinne agus faoi chúrsaí creidimh agus grá.

4.3 An Bhean Choiteann

Faightear tagairtí do striapacha nó do shaol na striapaí thall is abhus i ngearrscéalta Gaeilge agus féachfar ar chuid díobh sin anois.

Tá plé déanta agam in áit eile ar ghnéithe áirithe den ghearrscéal 'Cáit an Mheáin Oíche' le Tomás Bairéad [29] agus is fiú, dar liom, tagairt dó arís anseo. Scéal é a baineadh amach as eagrán scoile *Cumhacht na Cinniúna* agus a athfhoilsíodh in *Dán* (1973). Dar le léirmheastóir amháin, is scéal scrúdtach dorcha é an scéal áirithe seo ina bhfeictear scríbhneoireacht ríchumasach an Bhairéadaigh.[30] Beirt fhear i mbaile mór i gcoim na hoíche agus iad ag faire ar bhean a bhfuil drochfhuadar fúithi, dar leo, atá i gceist sa scéal seo. Treisíonn stíl agus modh inste an scéil ar bhraistint an amhrais, i gcás duine de na fir go háirithe, óir is léir go bhfuil sé suite de gur striapach í an bhean:

An peacadh - an peacadh - go d'eile. Feice tú fhéin nach fada ina haonraic í.

Thug mé fá deara a h-éadan - dath a chuireas an t-ocras, an t-anró agus amhgar an tsaoghail, agus an peacadh amannta, ar bhean. . . Ba dath é nár fheil an solas dó - dath ar ceapadh an dorchadas dó.

Bheadh a fhios ag leibide ar bith gur ar tí rud eicínteacht a dhéanamh in aghaidh dlighe Dé nó dlighe na tíre atá sí. (*Cumhacht na Cinniúna*, eagrán 1940, 7, 8, 10)

Baineadh na tagairtí úd don pheaca as leagan *Dán* an scéil. Scaoiltear an tsnaidhm i gcríoch an scéil nuair a thuigtear gur bean bhocht ainnis í seo atá ar a dícheall ag iarraidh greim le n-ithe a sholáthar di féin.

Tagraíodh roimhe seo don scéal 'Roghain an Dá Fhuasgailt' (*Ór*) le Tomás Bairéad, scéal inar tugadh droch-chaoi na máthar neamhphósta chun solais. Bean í seo nach bhfaca an leanbh a saolaíodh di riamh.[31] Is léir go ndeachaigh an bhean óg ar bhealach a haimhleasa agus is léir gur thráigh ar an misneach ar fad aici i ndiaidh di roinnt blianta a chaitheamh ina striapach, í beo bocht agus í tréigthe ag an saol mór ionas gurb é an féinmharú a roghnaigh sí ar deireadh.

Tréith amháin ar a leagtar béim sa léiriú a dhéantar ar an mbeirt bhan sa dá scéal seo leis an mBairéadach is ea a mhíshláintiúla is atá saol an bhaile mhóir don bhean óg tuaithe. Leagtar béim ar easláinte agus ar aimhleas anama sa dá scéal seo a bhfuil siombalachas soiléir ag an dorchadas iontu. I gcás na mná dearóile míshuaimhní in 'Cáit an Mheáin Oíche' (*Dán*), deirtear:

Níorbh ón mbaile mór í, agus níorbh ann a tógadh í ach an oiread, déarfainn, mar is annamh a d'fheicfeá bean bhaile mhóir chomh ruatach géagach léi. Thréig sí na srutháin, agus na gleannta agus na páirceanna glasa le séan agus sócúlacht a fháil ach a mhalairt a fuair sí. (*Dán* 40)

Sa scéal 'Roghain an Dá Fhuasgailt' (*Ór*) tráchtar ar an uair a tháinig an bhean go dtí an baile mór: 'Bhí neart agus luas agus sláinte na hóige agus na tuaithe ina cuid géag an t-am sin agus tigheacht-aniar innti freisin' (*Ór* 115). Ach tuigtear nárbh fhada go ndeachaigh sí le drabhlás an tsaoil:

Ach céard fá'n tart, agus an ocras, agus an ól, agus an fliuchán, agus an fuacht, agus an céasadh intinne bhí fulaingte aici ó shoin agus a liacht oidhche aimiléiseach a chaith sí ag siubhal na sráideann nó ina seasamh ag na coirnéil ó cuirtí amach as an teach ósta í go dtí an trí a chlog ar maidin? (*Ór* 115)

Tamall roimhe sin sa scéal, dúradh: 'Marach an t-ól agus an dearmad ní móide go seasfadh sí 'chor ar bith é' (*Ór* 112). Is follas, leis, an earraíocht shoiléir a bhaintear as na tagairtí don ghrianghraf a tógadh di an lá ar ghlac sí an chéad Chomaoineach.[32] Feidhmíonn na tagairtí sin mar chomhartha ar chorraíl agus ar chiontaíl na mná agus, ar ndóigh, mar chodarsnacht ghlé leis an gcineál saoil atá á chaitheamh ag an mbean chráite sa bhaile mór, í ina striapach a bhfuil ag teip uirthi an lámh uachtair a fháil ar dheacrachtaí agus ar ainnise a saoil. Airítear daonnacht agus tuiscint sa tslí a ndéantar éadóchas chás na mná seo a chur in iúl agus tugtar faoi deara go leagtar béim ar dhílseacht agus ar thacaíocht na mban sráide dá chéile. [33]

Baineann greann leis an gcur i láthair a dhéantar ar an striapach i scéalta ar nós 'Ciréib' (*SL*) agus 'An Ceann Thall' (*ST*) leis an gCadhnach. Faoi mar atá ráite ag Nollaig Ó Muraíle (1971: 37) faoi striapacha 'Ciréib' (*SL*):

> ... iad chomh mí-náireach céanna le haon Molly Bloom nó Rosie Redmond ina gcaint raibiléiseach faoi na hiascairí agus faoi easpa dhrabhláise na nAspal, agus sa ghreann easurramach faoin 'deachma' a éilíonn siad ar son a 'gceirde' (*SL* 16).

Sa scéal 'An Ceann Thall' (*ST*) is í Máire Mhaigdiléana atá i gceist agus sa sliocht seo tugtar léargas don léitheoir ar a cuid smaointe faoin bhfear nach féidir léi a mhealladh - ní thuigeann sí fós gurb é Íosa atá ann:

> An fhéachaint chéanna fós! Bhí a shúile cho foighdeach, cho foistineach le bois teanachair íogair, i láimh eolach, ag gabháil rudaí agus dhá scaga lena scrúdú. Cén sórt spaid chaca a bhí ann? An liudramán baineann! An bhideach! An coillteánach! An bhodarlach bhodhar! An neamhdhrúis! Ba é an chéad duine é a chinn ariamh uirthi! Rinne a fonn fraoch suas ina héadan, isteach ina súile. Bhí sin tagtha uirthi, a sheacht n-oiread fonn é a shárú! (*ST* 78)

Baineann iarracht den ró-obainne, ámh, leis an gclaochló a thagann ar phearsantacht na mná i gcríoch an scéil. Faoi mar a deir criticeoir amháin:

> Róthobann a thagann an t-athrú, an mhíorúilt, an taom aithrí; agus ní chuireann sé a dhath lenár dtuiscint den mhéirdreach mar a léirítear sa Soiscéal í, ná den tionchar aisteach a bhí ag Mac úd an tSiúinéara ar chroí na mban. (R. Kelly 1978, 21)

Tagraítear do mhínádúrthacht gháire striapaí in 'An Gáire' (*SL*) agus in 'Fuíoll Fuine' (*SDT*) leis an gCadhnach.[34] Leagtar béim ar gháifeacht smideadh na striapaí in 'Fuíoll Fuine', a haghaidh raiteoige ag tarraingt airde ar an duibhe timpeall na súl aici agus ar ródheirge a béil.[35]

Is é an greann an tréith is suntasaí sa ghearrscéal 'Roghanna Speisialta' (*B Bh*) le Dónall Mac Amhlaigh, mar a bhfuil fear óg Éireannach atá díreach tar éis Londain a bhaint amach á chur ar an eolas faoi nósanna mhná craicinn Shasana agus 'an lucht cincí' (*B Bh* 47). Is i ngastacht agus i nádúrthacht thíriúil an chomhrá a bhraitear an greann agus chítear an tráchtaire agus é ina chúléisteoir géarchluasach grinn.

Striapacha cuidsúlacha mínáireacha Phárais atá ag déanamh tinnis do phríomhcharachtar 'Oíche i bPigalle' (*BP*) le Pádraic Breathnach. Chítear an t-ógfhear Éireannach seo agus é idir dhá thine Bhealtaine, é cráite ag an rachmall agus an miangas láidir ann féin agus ag an easpa cinnteachta agus féinmhuiníné a choscann air an bheart a chur i gcrích. Agus é ag tabhairt suntais d'áilleacht ghnéasach na striapach seo, lagaíonn ar a dhiongbháilteacht mhorálta agus ar tharraingteacht a leannáin sa bhaile:

> Striapacha áille! A ghnéasaí shúlaí is a bhíodar! Cad chuige nach mbeidís? B'shin í a ngairm. Nár lucht an ghnéas a thabhairt iad? Gnéasaithe proifisiúnta! Ní foláir nó go gcuirfeadh oíche le ceann acu duine i néal aoibhnis! Ná bí ag caint ar ghnáthchailíní, 'siad a bhí tirim calctha le cois na gcailíní seo. Cén chaoi a bhféadfadh gnáthchailín fear a shásamh? Mo leannán féin sa bhaile nárbh í a bhí gan mhothú? Agus mé geallta léi! Í chomh damanta uasal beannaithe! Cailíní maithe, cailíní creidiúnacha, cailíní suáilceacha, chuirfidís uile go léireach múisc ort. (*BP* 66-7)

Braitear cumas muiníneach na scríbhneoireachta sa scéal seo.

Gearrscéal éadromchroíoch leis an údar céanna é 'Gealt Ghnéis?' (*BA*). Agus é ag ríomh a scéil féin, luann tráchtaire an scéil - tráchtaire ar banaí mór é, is cosúil - na 'cailíní pléisiúir' atá le feiceáil sa chathair:

> Thaobhaínn na dugaí scaití; agus na ceantair a raibh cáil ranga orthu do na cailíní pléisiúir. Rinneas iontas go minic de bhreáthacht ramhar na gcailíní a chuaigh leis an gceird seo. Seo iad na cailíní is áille, is breátha, is dathúla ar domhan, sílim. An dá bharr sin a thagadh scáth orm rompu uair ar bith ar chuir duine acu forrán cainte orm? Nó an de bharr grá aduain agam dhóibh é? (*BA* 140)

Is áirithe nach dtagann aon chaint ná aon chuimhneamh ar ghrá nó ar thuiscint d'aon saghas i gceist sa léiriú a dhéantar ar striapacha i scéalta Mhíchíl Uí Bhrolacháin.

Sa ghearrscéal 'An Scian Leictreach' (*Laochra*), cuir i gcás, is follas nach bhfaigheann Dónall, fear óg pósta a chreideann go bhfuil a bhean mídhílis dó, an sásamh a raibh sé ag súil leis óna chaidreamh rí-ghearr le striapach óg i gCearnóg Mhic Liam i mBaile Átha Cliath. Is léir ón tslí a gcuirtear an striapach i láthair go bhfuil aird á díriú ar a hóige, a taithí agus a gairmiúlacht ghnó ar cuid bhunúsach di an neamhshuim iomlán a léiríonn sí chomh fada agus a bhaineann le saol pearsanta a custaiméara.[36]

Gnó fuarchúiseach an striapachais a léirítear arís sa ghearrscéal 'Gasthaus' (*Sráid Sicín*) leis an scríbhneoir céanna. Imirceach Éireannach é Breandán, príomhcharachtar an scéil, ocht mbliana is fiche aige, dhá bhliain déag caite ag taisteal aige, é ar dhuine de 'spailpíní fánacha an fichiú haois ar ar mhair tionscail na hEorpa mar ollseadán uileshantach' (*Sráid Sicín* 18). Ag obair sa Ghearmáin atá sé faoi láthair agus is léir go bhfuil sé i gcás idir dhá chomhairle faoi chúrsaí a shaoil. Sula bhfágann sé Dusseldorf, chun aghaidh a thabhairt ar shaol nua, caitheann Breandán seal i bhfochair striapaí. Ar éigean a d'fhéadfadh an cur síos a bheith níos loime ná mar atá, gné stíle a neartaíonn le gruaim agus neamhphearsantacht na teagmhála collaí:

> Thóg Breandán carr sráide go dtí an stáisiún traenach. Taobh amuigh de phioc sé suas striapach a thóg chuig óstán saor trasna an bhóthair é. Cheannaigh Breandán buidéal fíona agus fuair sise seomra agus rinne siad comhriachtain fhuar ann. D'ól Breandán an fíon agus d'imigh sé abhaile. (*Sráid Sicín* 20-1)

Maidir le 'Sráid Sicín' (*Sráid Sicín*) leis an scríbhneoir céanna, ba dheacair gan sonrú a chur i dtruántacht agus in ainnise na mná gan ainm a dhéanann comhriachtain le príomhcharachtar an scéil d'fhonn airgead a fháil i gcomhair óil. Spreagtar an príomhcharachtar - nó 'an príomhaisteoir' mar a thugtar air sa scéal - ag infhaighteacht na mná seo. Cinneann sé ar í a úsáid agus gan í a íoc. Trí na tagairtí do dhearóile na timpeallachta leagtar béim ar shuarachas déistineach na comhriachtana seo:

> Tar éis a gcaidrimh shuaraigh i measc na gcannaí fuílligh, i measc na ndruncaeirí a chodail sna cúl-lánaí, i measc chrúbáil na gcreimirí, thosaigh a thrioblóid. (*Sráid Sicín* 9-10)

Tagann líonrith ar an bpríomhaisteoir agus maraíonn sé an bhean go foréigneach. Déanann alt deiridh an scéil achoimriú ar shuarachas agus ar neamhdhuineatacht an tsaoil imeallaigh ar Shráid Sicín.

Téama uilíoch a thagann i gceist sa ghearrscéalaíocht go rialta is ea aonaránacht an duine agus díomá an duine ar a thuiscint dó nach gcomhlíonfar dóchas na hóige nó mianta a chroí agus nach gcuirfear cuspóirí áirithe i gcrích go deo. Is iondúil go mbíonn an bhéim ar eispéireas na féintuisceana nua agus ar cheisteanna féiniúlachta a bhrúnn chun cinn de bharr an eispéiris sin. Bhí dlúthbhaint ag an téama sin trí chéile le hábhar na caibidle seo, mar a raibh staidéar á dhéanamh ar imeallacht shoiléir na mná neamhphósta nó na mná nach raibh páirtí fir aici. Chonacthas sna caibidlí roimhe seo a láidre is a bhí an tuiscint gurbh é an pósadh a bhronn stádas faoi leith ar an mbean agus féachadh ar na slite ar léiríodh an meon sin sa scríbhneoireacht. Tuigtear gur leagan amach eisintiúil i leith dhúchas agus dhualgais mná atá sa mheon sin. Pléifear na cúrsaí seo arís i gCaibidil 6.

Caibidil 5

AN GEARRSCÉAL GAEILGE 1940 - 1990

Réamhrá

Agus plé á dhéanamh sna caibidlí roimhe seo ar ghnéithe éagsúla
de charachtair mhná sa ghearrscéal Gaeilge, tuigeadh gur chóir
staidéar níos leithne a dhéanamh ar ghearrscéalaithe Gaeilge agus
ar an ngearrscéal mar fhoirm liteartha sula gcuirfí clabhsúr ar an
saothar seo. Is é a bheidh i gceist sa chaibidil leathdhéanach seo,
mar sin, ná stair an ghearrscéil Ghaeilge sa tréimhse 1940-1990.
Féachfar le spléachadh a thabhairt don léitheoir ar chuid de
chúlra agus de chomhthéacs na scríbhneoireachta sin. Féachfar,
mar shampla, ar roinnt de na constaicí a bhí le sárú ag na scríbh-
neoirí, go háirithe i dtús na tréimhse sin, agus ar thuiscintí agus
thuairimí lucht critice agus léirmheastóireachta ar chúrsaí scríbh-
neoireachta i gcoitinne agus ar shaothair ghearrscéalaíochta faoi
leith. Tagrófar, leis, i gcásanna áirithe, do fhealsúnacht liteartha
na scríbhneoirí féin agus don tslí ar éirigh leis na scríbhneoirí a
gcuid féin a dhéanamh den ghearrscéal.

5.1 Cúlra Ginearálta

Agus duine ag trácht ar thréimhse na ndaichidí agus na gcaogaidí
i stair litríocht na Gaeilge san fhichiú haois, is cinnte go mbeadh
tagairt aige do chomórtais liteartha an Oireachtais, do thábhacht
an Chomhchaidrimh, d'imeachtaí Chumann na Scríbhneoirí, do
bhunú *Comhar* (1942), *Indiu* (1943) agus *Feasta* (1948), do bhunú
An Club Leabhar (1948)[1] agus do bhunú Bhord na Leabhar
Gaeilge (1952). Níor mhór tagairt ar leith a dhéanamh do
thábhacht   agus   do   mhisneach   roinnt   comhlachtaí
foilsitheoireachta príobháideacha mar Sháirséal agus Dill, Chló Uí
Mheára, Chló na dTrí Choinneal agus Chló Morainn. Níl aon
dabht ná gur bhain comhlacht foilsitheoireachta Sháirséal agus
Dill stádas agus gradam gairmiúil ar leith amach ó thaobh chur
chun cinn na litríochta nua-aoisí de. Tugadh spreagadh, treoir
agus cabhair phraiticiúil do scríbhneoirí cruthaitheacha agus
féachadh le spéis an léitheora oilte a mhúscailt agus a chothú trí

233

shaothair fhiúntacha den scoth a fhoilsiú. Sa bhliain 1955 bhí an méid seo le rá ag Máire Mhac an tSaoi (1955: 91) faoi chomhlacht Sháirséal agus Dill:

> Aon chomhlacht amháin, Sáirséal agus Dill, a thug dúinn saothar Uí Chadhain, Uí Ríordáin, Uí Dhireáin, agus Uí Fhlaithearta. Pé bláthú atá feicthe againn ar litríocht na Gaeilge ins na blianta deireannacha so, siad a thug chun eolais é. Siad is mó faoi ndear é má tá súil dóchasach anois seachas riamh le leabhra nua sa Ghaeilge, le leabhra nua agus le gach gáirdeachas croí a leanann iad.

Agus i dtuairim Alan Titley (1991: 51):

> Más féidir riamh a rá go dtéann cúinsí eachtarliteartha i bhfeidhm go díreach is go dearfa ar chraobhú na scríbhneoireachta cruthaithí is féidir a rá gur dhein comhlacht foilsitheoireachta Sáirséal agus Dill an bheart sin go héiritheach.[2]

Ábhar staidéir ann féin é scéal na n-irisí Gaeilge agus an tslí ar thugadar aitheantas agus spreagadh do scríbhneoirí cruthaitheacha na linne. Níl aon amhras ná gur chuidigh bunú na n-irisí sna daichidí le saothrú an ghearrscéil.[3] Ba léir ó thorthaí ceistneora a chuir *Comhar* amach i 1949[4] go raibh éileamh mór ag léitheoirí ar ghearrscéalta. Ba in *Comhar* nó *Feasta* a céadfhoilsíodh scéalta le mórán scríbhneoirí atá faoi chaibidil sa saothar seo.

Gné shuimiúil eile a thugtar faoi deara nuair atáthar ag féachaint ar irisí na linne agus ar pháipéar ar nós *Indiu* is ea an léargas a sholáthraítear ar chás an scríbhneora Gaeilge san am sin. Ba ar leisce scríbhneoirí na Gaeilge a dhírigh eagarfhocal *Indiu*, 4 Eanáir 1946, mar shampla, agus is dócha gur ag tabhairt freagra ar an ngearán sin a bhí Annraoi Ó Liatháin ina litir chuig eagarthóir *Indiu* a foilsíodh ar an 1 Márta 1946. 'Ag éirghe as an scríobhnóireacht' ba theideal don litir sin. Míníonn an Liathánach (1946:3) go bhfuil sé dóthanach de phatuaire phobal na Gaeilge, go bhfuil a dhúthracht caite le saothrú na Gaeilge aige agus nach bhfuil de thoradh air sin aige ach an neamhshuim agus an tost síoraí. Tuairimíonn sé nach bhfuil roimhe ach an t-uaigneas marfach má leanann sé air ag saothrú na Gaeilge. Airítear meanma shoilbhir Uí Liatháin ar stíl an tsleachta seo:

> Bead im' dhíthreabhach dearmadta ag an saoghal. Bead ag dúnadh clúdach na comhrann orm féin is mé beo bríoghmhar, dúilmhear chun beatha. Ní h-áin liom san a dhéanamh. Fada go leor a bhead san uaigh.

Tagraíonn sé do leabhar dá chuid atá ag an nGúm le breis agus dhá bhliain:

> Deirtear liom go mbeidh an t-ádh orm má fhoillsightear roimh 1950 é. Tá sé ina luí i gcomhrainn éigin sa Ghúm, deannach agus gréasáin dubhán fhalla á cheilt, é dearmadta ag cách, dearmadta agam féin nach mór. (Ibid.)

Tarraingíonn Ó Liatháin samhail cuíosach coitianta chuige féin agus é ag trácht ar a mhíshásúla is atá a chás féin:

> Smaoinigh ar an máthair a d'iomchróchadh leanbh ar feadh naoi míosa, a d'fhulaingeochadh pianta luighe seolta agus nach bhfeicfeadh a leanbh ariamh. 'Sé a dháltha súd agam-sa é, mar bíonn oiread cíocrais ar úghdar a leabhar, leanbh a intinne d'fheiscint i gcló is a bhíonn ar an máthair leanbh a broinne do bhraith ar a brollach. (Ibid.)[5]

An bhliain chéanna sin, .i. 1946, nocht Máire, an gearrscéalaí Gaeilge ba bhisiúla san am, a mhíshásta is a bhí sé le cás an scríbhneora Gaeilge in alt dar theideal 'Comhairle do Scríbhneoirí Óga.'[6] Deir sé go neamhbhalbh san alt seo nach bhfaigheann an scríbhneoir Gaeilge ach pinginí suaracha ar a shaothar agus gurb é an ní a chuireann an tarcaisne i gceann na héagóra ná nach léitear leabhair Ghaeilge in aon chor, is cuma cén gradam nó cén cháil atá bainte amach ag an scríbhneoir.[7] Ní chuireann Máire fiacail ann ná ní bhacann sé le culaith ghaisce a chur ar a chuid cainte anseo, ní ionann agus an t-alt 'Agus ba mhaith leat bheith do Sgríbhneoir' a foilsíodh in *An Iris* roinnt míonna roimhe sin.[8]

In alt a foilsíodh i lár na gcaogaidí, thrácht Donncha Ó Céileachair (1955:5) ar chomhthéacs agus ar *raison d'être* a chuid scríbhneoireachta féin agus ní dócha go mbaineann aon bhréagumhlaíocht leis an méid seo:

> ...níl ach fíorbheagán údar a bhfuil an tinfeadh sách láidir iontu le iad a thiomáint ag scríobhadh. An chuid eile againn, mo lom, níl le rá inár dtaobh ach go mbímíd ag breacadh páipéir ar eagla ná breacfaí an páipéar ar chor ar bith.

Níl aon dabht ná go raibh an iliomad deacrachtaí le sárú ag scríbhneoirí na Gaeilge san am. Faoi mar a scríobh Máire Mhac an tSaoi (1955:87):

> Ní hé amháin go gcaitheann an scríbhneoir atá ag plé le téama comhaimseartha sa Ghaeilge a théarmaíocht féin a cheapadh de réir

mar théann sé chun cinn, sclábhaíocht is measa ná briseadh cloch, ach níl aon tsiúráil aige go dtuigfear an rud atá breactha aige ins an chiall inar thuig sé féin é. Fágann san bacaíl ghránna ar a lán de phrós na Gaeilge.

Ceist rí-achrannach a bhí á plé san am ba ea ceist an chaighdeánaithe:

Ní féidir gan amhras d'aon rath a bheith ar aon scríbhneoireacht sa Ghaeilge nach bhfuil bunaithe ar mháistríocht ar chanúint bheo, ach an té go bhfuil sí seo aige, ní bheadh sé deacair air a chuid Gaeilge féin a scríobh i dtéarmaí an chaighdeáin. Is é mo thuairim gur thug caighdeánú an litrithe, neamhiomlán mar atá sé, tamall maith sa treo ceart sinn. Tar éis an tsaoil aon teanga amháin isea fós í an Ghaeilge agus ní ciorrbhú a dhéanfadh caighdeánú uirthi, ach cosaint ar mheath. (Ibid.)

Ina alt 'Meath nó Cur le Chéile' (1955), tugann Donncha Ó Céileachair cuntas ar an tslí ar ghlac sé féin leis an gcaighdeán. Cé go raibh leisce air ar dtús 'Gaeilge' seachas 'Gaoluinn' a scríobh, ba léir dó go gcaithfí na seoraí áitiúla a ligean ar leataobh ar son leas na teanga trí chéile.[9] Tugadh aitheantas do dhúthracht Uí Chéileachair sa chúram sin, mar shampla:

Tá áit onórach tuillte aige ar chúis eile, gur usáid sé a thionchar mar scríbhneoir agus mar chainteoir dúchais Gaeilge le cabhrú i gcónaí le gluaiseacht an chaighdeánaithe, agus ar feadh blianta fada gurbh é an t-aon Mhuimhneach aithnidiúil a rinne sin. (Ó hÉigeartaigh 1960, 26)

Ach is fearr ná sin uile a chuaigh sé dó go raibh aigne neamhspleách mhisniúil aige a inis dó nár leor a chanúint dúchais, dá fheabhas í, dá dteastaíodh uaidh nualitríocht ar fónamh a chumadh sa Ghaeilge. Dá bhrí sin, tháinig sé ar réiteach a ghoill air, ní foláir: bheartaigh sé nár chóir dó cloí go hiomlán lena chanúint féin. Shéan sé an róchanúnachas go speisialta…. Ar nós gach aon scríbhneora eile bhí a fhios aige ina chroí istigh gur ag a leithéidí féin a bhí sé mar phribhléid an nuatheanga a mhúnlú. Agus ba é ba thoradh ar a chuid beartúcháin agus ar a éirim bhunúsach gur scríobh sé an prós is anamúla, agus is oiriúnaí do léitheoirí an lae inniu, dár scríobh aon scríbhneoir eile andeas. (Ó Tuama 1962, 5-6)

Agus an léitheoir ag meabhrú ar na deacrachtaí teanga, canúna agus caighdeánaithe a bhí ina ndris chosáin ag tabhairt dhúshlán an scríbhneora Gaeilge san am, is fiú tagairt d'alt eile de chuid Uí Chéileachair, alt dar teideal 'Gairm na Galltachta' inar

chosain sé Proinsias Mac Mánuis agus Mícheál Mac Liammóir ar
ionsaí an Bhéarlachais agus na mbotún gramadaí. D'fháiltigh sé
féin roimh an mbeirt scríbhneoir sin mar scríbhneoirí fiúntacha a
chuir le saibhreas phrós na Gaeilge. Thairis sin, dhearbhaigh Ó
Céileachair go mbeifí ag brath, cuid mhaith, ar scríbhneoirí
Galltachta le go ndéanfaí dul chun cinn forásach i réimse iomlán
phrós-scríbhneoireacht na Gaeilge.[10]

Scríbhneoir géarchúiseach eile a thagraíodh ina chuid altanna
do roinnt de na constaicí a bhí ag déanamh buartha do scríbh-
neoirí Gaeltachta agus do scríbhneoirí Galltachta san am ba ea
Tomás Ó Floinn. Ina alt 'Úrscéalaíocht na Gaeilge' (1955), mar
shampla, ba léir gurbh é a thuairim mheáite ná gur ar scríbh-
neoirí a d'fhoghlaim an teanga a bheifí ag brath feasta, cuid
mhaith. Dar le Ó Floinn (1955a:9):

> Ní mór bheith sásta aghaidh a thabhairt ar an bhfíric sin, agus bheith
> sásta chomh maith, glacadh leis an suíomh a thiocfaidh de; cuid
> mhaith mínádurthacht, cuid mhaith artifisialtacht, cuid mhaith
> claonadh ón dúchas i gcás na teangan i scríbhneoireacht na
> Gaeilge. . . . Cuirfidh sí na lochtaí sin di in am tráth, fé mar a
> chuireann an t-othar an nimh chun bealaigh as a chuisleanna do réir
> mar threisíonn an tsláinte ann. Idir dhá linn caithfear bheith
> foidhneach, maithteach, saothrach.[11]

Gan amhras agus duine ag meabhrú ar thréimhse na ndaichidí
agus na gcaogaidí, ní deacair a shamhlú go raibh géarghá le
fuinneamh, le dóchas, le mórdhíograis agus le fís nua maidir le
cúrsaí Gaeilge trí chéile nuair a chuimhnítear ar mheath na
nGaeltachtaí, ar bhánú na tuaithe, ar an imirce leanúnach agus ar
theip shoiléir pholasaí athbheochana an Stáit i leith na Gaeilge. Ó
thaobh mheanma na litríochta Gaeilge de, ní raibh aon dul siar i
ndiaidh *An Béal Bocht* (1941) le Myles na gCopaleen. Litríocht úr
chruthaitheach shofaisticiúil agus litríocht chathrach, leis, a
theastódh feasta ó léitheoirí oilte a raibh cur amach acu ar
litríochtaí comhaimseartha eile.[12]

5.2 Cúrsaí Léirmheastóireachta

Má thugann duine súilfheachaint ar léirmheastóireacht Ghaeilge
na linne, tuigfidh sé gan mhoill go raibh béim á leagan ar
réalachas síceolaíoch agus socheolaíoch na próslitríochta.[13]

Chífear é seo go soiléir, cuir i gcás, i saothar léirmheastóireachta agus critice Thomáis Uí Fhloinn. I dtús a shaothair chritice, is léir gurbh ionann ag Ó Floinn / Mac an tSaoir an t-ealaíontóir agus an duine nach séanfadh 'an fhírinne' agus dá réir sin, chonacthas dó gur chiontaigh scríbhneoirí mar An Seabhac agus Mháire in éadan na fírinne agus na healaíne sa léiriú a dheineadar sin ar mhuintir na Gaeltachta.[14] Chonacthas do Mhac an tSaoir go raibh dualgas áirithe ar an ealaíontóir / scríbhneoir: '. . . an duine do dhearadh mar tá, an meádh do choimeád cothrom idir an olc agus an mhaith' (1947b, 7). In alt eile leis, thug sé ardmholadh do *Cré na Cille*, ní nach ionadh, ach ar a shon sin, lochtaigh sé léiriú an Chadhnaigh ar mhuintir na Gaeltachta:

> Ní thugann Máirtín Ó Cadhain ach an taobh míothaitneamhach. Tá an fhírinne sa taobh sin, ach is leathtaobh é. Sa mhéid sin, peacaíonn sé in aghaidh na fírinne agus in aghaidh na healadhan araon. (Mac an tSaoir 1950a, 8)

Dhá bhliain ina dhiaidh sin, thrácht Mac an tSaoir (1952:8) ar thréith inmholta de chuid *Cré na Cille* sa tslí seo: 'Tabhair réadachas, neithiúlachas, freacnairceacht air. Is simplí é, is sothuigthe agus is córa de théarma é an fhírinne.' San alt céanna sin, labhraíonn Flann Mac an tSaoir faoin litríocht i gcoitinne:

> Ní dlitear ó údar litríochta ach riachtanas amháin - rud éigin fiúntach, tábhachtach, bunúsach a bheith le rá aige, rud éigin a chuirfidh lenár n-eolas agus ár dtuiscint orainn féin agus ar ár gcomhdhaoine, soilsiú nua ar fhaidhb agus ar rún agus ar thragóid na beatha. Gan sin a bheith ann níl dada ann, pé aiclíocht focal a cuirtear sa chluiche, pé deiseacht nó clisteacht mhodha a cumtar. Á mheas dá réir sin is beag den chumadóireacht i nGaeilge a dtugtar litríocht air dar scríodh go dtí seo a mhairfidh a cáil. Á mheas arís do réir an phrionsabail chéanna tá a cháil in áirithe gan amhras ag Máirtín Ó Cadhain. (Ibid.)

Ina alt iomráiteach 'Úrscéalaíocht na Gaeilge', molann Tomás Ó Floinn na saothair úrscéalaíochta ina bhfuil samhlaíocht an údair faoi smacht ag teorainneacha an réalachais - 'fíorchomhartha na healaíon beo'. Molann sé *Deoraíocht*, *Astronár* agus *Caisleáin Óir*, ach, dar leis '. . . i ngach cás acu go lagaítear a bhfeidhm mar ealaín tré an iomad de chumadóireacht na samhlaíochta a bheith iontu' (1955a, 7).

Chonacthas do Sheán Ó Tuama (1955a: 29) gurbh é an bhuntréith a chaithfeadh a bheith in aon saothar liteartha fiúntach ná 'nochtadh dílis a bheith ann ar bhunfhírinní an chroí dhaonna.' Agus é ag cur treise ar thoise síceolaíoch ealaín na gearrscéalaíochta dhearbhaigh léirmheastóir eile an méid seo: 'Nuair a bhíonn deireadh ráite is sa duine atá ár spéis' (An tAthair Fiachra 1952b, 18). Roinnt blianta ina dhiaidh sin agus ealaín an ghearrscéil faoi chaibidil ag Con Houlihan (1968:11), scríobh sé:

Tagann cruth an scéil ó nádúr an ruda atá tú ag iarraidh a chur in iúl. Mura bhfuil cumhacht na fírinne ann, ní shábhálfaidh an ealaín is fearr é.

Faoi mar a bheifí ag súil leis, chítear plé ar cheist seo na 'fírinne' sa litríocht sna haistí léirmheasa agus i gcuid den saothar critice a scríobhadh ar shaothar luath Uí Chadhain, ar shaothar Uí Fhlaithearta agus ar shaothar mhuintir Uí Chéileachair. Díríonn Louis de Paor, criticeoir géarchúiseach de chuid an lae inniu, a aird ar thábhacht pholaitíocht réabhlóideach Uí Chadhain sa saothar luath aige agus ar ról gníomhach an léitheora sa litríocht sin. Tagraíonn de Paor (1990:54) do bhancharachtair na scéalta luatha agus deir sé:

. . . ní as laige ina bpearsantacht féin a eascraíonn a gcinniúint ach as fabht sa chóras eacnamaíochta, as éagóir ab fhéidir a chur ina cheart. Tá feidhm ghníomhach le scéalaíocht Uí Chadhain mar sin maidir leis an léitheoir a ghriogadh. Ní mór a rá go leagtar freagracht mhorálta ar an té a léann a thuairisc ar an éagóir sa chóras socheacnamaíochta a sháraíonn mianta na bpearsan. Múineann an insint treo na réabhlóide don léitheoir. . . .

Sna luathscéalta tuaithe tá polaitíocht réabhlóideach Uí Chadhain nasctha le foirm na scéalaíochta, le foirm agus stíl an réalachais shóisialaigh. Eascraíonn go leor den útamáil sna scéalta sin as an meascán ámh den pholaitíocht agus den scéalaíocht, ach is é an meascán sin faoi ndear an paisean, an fuinneamh ropanta a bhraitear ag tonnadh trí na scéalta sin chomh maith. Tá na scéalta déanacha níos fuinte ó thaobh teicníochta, ach tá teas na luathscéalta in easnamh orthu. Braitear go bhfuil an riastradh buile séimhithe, craptha ag an éadóchas.

Faoi mar a sonraíodh i gcaibidlí eile an tsaothair seo agus plé á dhéanamh ar ghearrscéalta áirithe as *Bullaí Mhártain*, d'fhéadfaí a áiteamh go bhfuil an léargas a thugtar don léitheoir ar ghnéithe áirithe de shaol na ndaichidí agus na gcaogaidí in Éirinn ina chuid dhílis de fhiúntas liteartha an chnuasaigh sin.[15] Agus í ag trácht ar spéisiúlacht agus ar fhiúntas litríochta nach mbaineann le ré an léitheora, deir Joan Rockwell (1974:21):

> This is in fact what makes literature valuable as social document: it is written *then*, from *that* point of view, containing matter that we perhaps could not conceive of from our different angle of vision. . . .

Labhraíonn an tráchtaire céanna faoin tslí ar féidir leis an léitheoir eolas a thabhairt leis i dtaobh luachanna agus mheon pobail go háirithe nuair atá athruithe móra sa phobal sin á bplé go téamach sa litríocht:

> Changes, for instance, in the structure and formation of the family or of economic life - changes which produce a conflict of values which finds its expression in literature. (Ibid., 4)

Tuigtear a lárnaí is atá an t-athrú saoil agus cultúir mar bhuntéama i gcuid mhaith scéalta in *Bullaí Mhártain*, agus an tslí a dtagann saol na tuaithe, saol an bhaile mhóir agus saol na cathrach i gceist i gcomhthéacs an athraithe sin. Agus na cúrsaí sin faoi chaibidil anseo, cuimhníodh an léitheoir ar ráiteas J.J. Lee faoin tréimhse 1945-1960, mar atá, go bhféadfaí féachaint ar na blianta sin mar 'an epilogue to a traditional Ireland on the verge of extinction' (1979, 166).[16] Is cinnte go mbeadh roinnt mhaith léitheoirí ar aon intinn le ráiteas seo Ghearóid Uí Thuathaigh (1979:118-9) agus a d'áireodh cuid áirithe de litríocht na Gaeilge sa ráiteas céanna:

> Though literary works can never be treated as mere historical documents, it is nevertheless the case that Irish writing has mirrored the major changes in Irish society since the 1950s - emigration and rural depopulation, urbanisation, increasing social mobility, the questioning of frail old gods and of strange new ones, of old dogmas and new fashions.

Réimse amháin ar ghá saothrú a dhéanamh air i bpróslitríocht Ghaeilge na linne ba ea réimse shaol na cathrach. In alt dar theideal 'Támuid tuirseach den Ghaeltacht' (1949), nocht Séamus Ó Néill a thuairim go soiléir gonta: 'Má fhásann scoil scríbhneoirí fiúntacha a scríobhas fá shaol na cathrach, sílim go dtiocfaidh an teanga chun cinn. Mura bhfása ní thiocfaidh' (Luaite ag Ní Shé 1987, 94). Bhí Ó Néill féin tar éis an t-úrscéal *Tonn Tuile* a fhoilsiú i 1947 agus tugadh ardmholadh don saothar úd toisc suíomh cathrach a bheith aige.[17] Os a choinne sin, agus tugann an méid seo cúrsaí 'fírinne' agus réalachais os comhair an léitheora arís, lochtaigh Tomás Ó Muircheartaigh an saothar seo toisc nach raibh aon rian de 'fhírinne na samhlaíochta' ann. Thagair Ó Muircheartaigh (1948:11) don laige, dar leis, a bhain le húrscéalaithe a d'fhéach le saol a linne a bhreacadh 'ina fhírinne':

> Téann díobh de ghnáth an nithiúlacht a thabairt leo ina hiomláine. Ní hamhlaidh ná sanntaíd nó ná lorgaíd í. Mar go ndéanaid, agus go dian. Go ró-dhian, b'fhéidir. Ach tá dhá nithiúlacht ann, an nithiúlacht shaolta agus nithiúlacht na samhlaíochta. Agus cé déarfas gur nithiúla ceann acu ná a chéile?
> Dar liom bíonn faire na n-údar sin ar an nithiúlacht shaolta breis. Bíd chomh mór sin ar a ndícheall a d'iarraidh saol a linne a nochtadh ina fhírinne go ligid do fhírinne chur-síos agus tarlachtaintí agus ama, teora a chur leo agus iad a dhalladh ar fhírinne na samhlaíochta. Agus, dá dheascaibh sin, ní fírinne na healaíon a cheapaid ach fírinne an nuachtáin - fé mar a thugaimse uirthi - agus ní bhíonn de bhuaine ina gcuid saothair ach dá réir sin.

Agus 'fírinne na samhlaíochta' luaite againn, féach gur thrácht Seán Mac Réamoinn (1954:20), in alt suimiúil dar theideal 'An Finnscéal Nua', ar an éileamh mór a bhí ar scéalta fantaisíochta agus scéalta ficsin eolaíochta sa ré iarchogaidh agus dúirt:

> An scríbhneoir atá ag iarraidh a thaispeáint gur dubh dáiríre an rud a bhfuil cosúlacht na gile air, snámh in aghaidh easa aige é a bheith ag iarraidh sin a chur in iúl ar an "modh díreach." Ní mór dhó fáith-scéal nó fabhal a tharrac chuige féin: roimhe seo ba leor dhó croiceann deoranta náisiúin aistreánaigh éigin a chur ar a scéal nó a sheanmóin, ach is comharsain sinn go léir anois ó chúngaigh ar an domhan. Caithfidh sé dul i muinín na "tóchaí", nó turas a thúirt ar réigiúin na reann chun bréigriocht oiriúnach a chur ar a theachtaireacht.

In ainneoin roinnt eisceachtaí [18] bheadh tamall eile ann sula rachfaí i muinín na fantaisíochta nó an fhicsin eolaíochta i réimse an ghearrscéil Ghaeilge.

Díol spéise i gcónaí é staidéar a dhéanamh ar an gconradh neamhscríofa nó ar an gcomhthuiscint intuigthe idir an scríbh-

neoir agus an léitheoir, más ann dá leithéid i saothar faoi leith.
Tuigtear go binn gur gnách go mbíonn an léitheoir ar a shuaimh-
neas agus saothar 'réalaíoch' á léamh aige mar go n-aithníonn sé
an taobh tíre ina bhfuil sé agus gur ábhar sásaimh dó idir threo-
racha agus chomharthaí bóthair an údair a leanúint laistigh den
limistéar so-aitheanta sin. Is eol don léitheoir go bhfuil idir
chonradh agus thuiscintí faoi leith ag feidhmiú go ciúin éifeach-
tach feadh na slí.

Airítear iarracht den rófhlosc, b'fhéidir, sa chaint seo ag Flann
Mac an tSaoir (1950b: 28) agus é ag cur síos ar roinnt gearrscéalta
sa chnuasach *Taobh Thall den Teorainn* le Tarlach Ó hUid:

> . . . tá iarracht den infhéith do-thomhaiste do-ghabhtha sin a
> ghabhann leis an bhfíor-ghearrscéal litearga - an rud éigin luailleach
> úd a chorraíonn thú, a bhuaileann an clog istigh in do mheanmain, a
> ghluaiseann chun cómhbháidh thú, a chuireann do mheanma agus
> meanma an údair ar feadh neómait amháin, b'fhéidir, ar aon-tiúin
> agus ar aon-mhothú.

Faoi mar a deir Robert Scholes (1979: 27) agus é ag díriú ar
pháirtíocht an scríbhneora agus an léitheora:

> Meaning has to do with the shared experience of the writer and
> reader in the fictional act.... When writer and reader make a
> 'marriage of true minds' the act of fiction is perfect and complete.

Ag cuimhneamh dúinn ar phríomhscríbhneoir na linne, .i.
Máirtín Ó Cadhain, níl aon amhras ná go raibh castacht na teanga
ag Máirtín Ó Cadhain ina bac ar chumann an scríbhneora agus an
léitheora i dtuairim roinnt mhaith léitheoirí Gaeilge. Tuairiscítear
an méid seo a leanas i gcuntas ar chruinniú de chuid Chumann
na Scríbhneoirí sa bhliain 1947, cruinniú ag ar tugadh moladh
mór do scéalta an Chadhnaigh :

> D'aontuigh cainnteoirí eile leis an tuairim go gcaithfeadh an
> Cadhnach a chuid Gaeilge a sgagadh i dtreo go mbéadh sí feiliúnach
> do'n léighteoir. ('Moladh do Shaothar Mháirtín Uí Chadhain', *An
> Glór*, 1 Feabhra 1947,1)

Tráchtfar arís ar chastacht na teanga i saothar cruthaitheach an
Chadhnaigh níos sia ar aghaidh sa chaibidil seo. Tráchtfar, leis, ar
ról an léitheora i gcomhthéacs an ghearrscéil thraidisiúnta agus i
gcomhthéacs an fhicsin thurgnamhaigh.

5.3 Gearrscéalaithe de chuid na tréimhse 1940 -1990

Ag an bpointe seo, tabharfar súilfhéachaint ar cheardaíocht agus ar ealaín na gearrscéalaíochta ag cuid de ghearrscéalaithe na tréimhse 1940-1990. An litríocht mar chaitheamh aimsire a bhí á cleachtadh ag Máire ina chnuasaigh scéalta. Faoi mar a deir Nollaig Mac Congáil (1990:38):

> Mar dhuine a fáisceadh as traidisiún na scéalaíochta, chreid sé gur cheart go mbeadh sé mar aidhm ag an scríbhneoireacht caitheamh aimsire pléisiúrtha folláin a sholáthar. Cha raibh sé i gceist aige ár soc a sháitheadh i salachar agus i gcáidheadas an tsaoil. Cha raibh sé i gceist aige mionchíoradh a dhéanamh ar smaointe aimhréiteacha an duine. Scríbhneoireacht éadrom neamhurchóideach, mar sin, is minice a bhíos ina chuid leabhar.

Airítear nóta láidir na cosanta ag fuaimniú sa léirmheas a dhein M.Ó D. ar an gcnuasach *An Teach nár Tógadh agus Scéalta Eile,* mar shampla:

> Tá an t-ábhar i roinnt díobh gan mórán téagair, ach ní chuirfidh tú uait gan críochnú an ceann is tanaí ábhair acu mar beidh tú meallta ag draíocht an rí-scéalaí go bhfuil rian a láimhe orthu ó thaobh rithim, simplíocht friotail agus ealaí na scéalaíochta i gcoitinn. . . .
>
> De bhrí go bhfuilimíd cleachtach le nós scríbhneoireachta na haoise seo a chuireann gach carachtar beo beathach ós ár gcomhair maidir le mothúcháin, comharthaí sóirt agus eile, braithimíd a easnamh sin i gcuid de na scéalta seo. Ní hé sin an nós a chleachtann an t-údar áfach, ach nós scéalaíochta atá bunaithe ar an dúchas, nós gurb é a mháistir é agus is ar éigin is ceart comórtas a dhéanamh. (Léirmheas ar *An Teach nár Tógadh agus Scéalta Eile, Comhar,* Meitheamh 1949, 25)

Sa léirmheas a d'fhoilsigh P. B. ar an gcnuasach céanna in *Feasta,* scríobhadh go raibh anlann na dea-scríbhneoireachta le tabhairt faoi deara sna scéalta fiú mura raibh cothú na hintleachta le maíomh acu. Admhaítear gurb é an múnla céanna atá ag na scéalta go léir, nach mór, gur gnách casadh searbh i gcríoch na scéalta agus gurb iondúil go mbíonn a fhios ag an léitheoir roimh ré cén chríoch a chuirfear leis an scéal, gné a laghdaíonn go mór ar shásamh na léitheoireachta:

> Siabtar filidheacht agus ceol agus binneas ar shiubhal, agus fágtar thú mar bhí Oisín i ndiaidh pilleadh as Tír na nÓg. Tá an draoidheacht

imithe agus an áit a bhí geal ceolmhar roimhe seo, tá sé goimheamhail gíoscánach anois. (Léirmheas ar *An Teach nár Tógadh agus Scéalta Eile, Feasta,* Márta 1949, 12)

Agus é ag scríobh faoin ainm cleite D. Ó Gallchobhair, scríobh Máirtín Ó Cadhain léirmheas magúil ar an gcnuasach céanna. Agus cúrsaí carachtrachta agus ealaíne faoi chaibidil aige, bhí an méid seo le rá aige:

> Tá Máire i ndon scéal a chur i gceann a chéile. Is scéal a bhíos de dhíth ar an léightheoir, agus ní ramhan leibideach gan tús, gan lár gan deireadh. Tá Máire ionchurtha le O. Henry agus leis na scéalaidhthe móra eile sa chaoi seo. Thug sé aoibhneas mór dom a dhéanamh amach cé mhéad de gach scéal a bheadh léighte agam sul a dtomhaisfinn a chríoch. Bhuail Máire bob orm i scéal amháin: shíl mé gurbh é a athair féin, agus nach é Mánas Catach, a dhéanfadh an téidheadh poitín!
>
> Is é an cur síos ar Mhícheál Mór an cuntas is fearr dar léigh mé ariamh i nGaedhilg ar cháilidheacht duine. Tabhair faoi deara chomh fileamhanta agus atá toiseach agus críoch an chuntais sin: 'bhí Mícheál Mór mar chonnaic Dia é' (lch. 216); 'bhí sé mar chonnaic Dia é. . .' (lch. 217). Bhí mé ag súil go mbeadh an leagan céadna arís ar lch. 221 san áit a raibh Mícheál ina chnap i lár an bhealaigh mhóir, ach tuigeann Máire más cleas éifeachtach scríbhneoireachta an aithris nach hamhlaidh don tsíor-aithris é. (*Ar Aghaidh,* Márta 1949, 3) [19]

Agus an léitheoir ag cuimhneamh ar chúrsaí teicníce i scéalaíocht Mháire, is suimiúil é an cur síos seo a dhein L. Ó hU. ar na scéalta in *Scéal Úr agus Sean-Scéal:* 'Is cosúil le scannán mall scaipthe iad a ghluaiseann ós ár gcomhair agus cainnteoir séimhghlórach rionntach á mhíniú dúinn' (*Comhar,* Meán Fómhair 1947, 9). Laige amháin i scéalta Mháire ba ea 'dith caragdéirí ban' (ibid.), dar leis an léirmheastóir céanna. Chonacthas do P. B. ina léirmheas ar *An Teach nár Tógadh agus Scéalta Eile* gurbh é ceann de na buanna ab fhearr de chuid Mháire ná 'a chumas chun pearsain an scéil a chur in iúl agus in aithne mar dhaoine coitchianta a chasfaidhe ort lá ar bith' (*Feasta,* Márta 1949, 12).

Ba é a shaibhreas teanga an ní ba mhó a thuill moladh do Mháire, ní nach ionadh. Tagraíonn Ailbhe Ó Corráin (1992: 106) don bhua meallacach sin:

. . . tá sé chomh maith againn a admháil gur minic a chuireann áilleacht na teanga an oiread sin pléisiúir orainn agus go ligeann muid i ndearmad cé chomh seafóideach agus atá an scéal féin.

Tagraíonn Ó Corráin do na cora cainte ag Máire:

> Cuid de na cora cainte a bhí aige, bhain sé an oiread sin feidhme astu agus gur bhain sé an smior chailleach ar fad astu. Is deas linn an gliogar agus an rithim atá ann nuair a léann muid nach bhfuil *léamh nó scríobh nó inse béil* ar an ghnaoi atá ar chailín éigin. Ach an fichiú huair a chastar an nathán céanna orainn, ní aoibhneas a chuireann sé orainn ach fonn codlata. (Ibid.)

Tráchtann Cathal Ó Háinle (1992: 123-4) ar na cúrsaí seo, leis:

> Is beag nach mar a chéile le ruthaig na scéalta béaloideasa na foirmlí a úsáideann Máire leis na sean-nathanna a sheoladh isteach; agus baineann sé feidhm as cuid de na sean-nathanna féin chomh minic sin go dtagann cuma an ruthaig orthu seo chomh maith.

Is fiú conclúid na haiste ag Ó Háinle a thabhairt ina hiomláine, mar a ndearbhaíonn sé a bhreith ar scéalta Mháire trí chéile go soiléir beacht:

> Mar fhocal scoir, mar sin, ní mór dom a áitiú arís go bhfuil leas ar fónamh bainte ag Máire sna scéalta seo as gnéithe tábhachtacha de fhriotal na muintire, friotal na cainte is na seanráite, an tseanchais agus na seanscéalaíochta, agus go bhfuil lena linn sin cuntas luachmhar tugtha aige iontu ar shaol agus ar aigne an phobail thraidisiúnta. Is é an trua é nár éirigh leis aon chlaochlú ceart samhlaíoch a dhéanamh ar an ábhar sin, mar gurb é toradh na teipe sin gur mar fhoinse staire sóisialta agus teanga seachas mar scéalaíocht ealaíonta a léitear a shaothar anois agus a léifear é feasta. (Ibid., 124)

Ní annamh an teideal nathánach ar ghearrscéalta Mháire:

> Sílim go bhfuil sé ar shlí a ráite anseo go bhfuil teidil na ngearrscéalta sin aige ag cur go maith leis na gearrscéalta ar díobh iad - tá siad beirt lochtach. Bíonn na scéalta céanna seanchaite tur spíonta go maith agus gan puinn beochta iontu. (Mac Congáil 1975, 21)

Liostacht agus ionannas scéalta Mháire a ghoill ar Mháirtín Ó Cadhain (1969: 19-20):

> Ní de chanúint Shéamais atá muid tuirsithe faoi seo, ainneoin go bhfuil a dhícheall déanta aige le go dtuirseodh, ach den scuaidrín

fada scéalta a d'fhéadfadh duine a chlárú ina n-aicmí cho pointeáilte baileach is a chláraigh Thompson na seanscéalta idirnáisiúnta sa *Motif-Index of Folk Literature.*

Dhein Breandán Ó hEithir[20] gearán faoi ionannas agus seanaimsearthacht scéalta an chnuasaigh *Úna Bhán agus Scéalta Eile* (1962) agus b'é a thuairim siúd ná gur chóir gach duine a bhí páirteach i bhfoilsiú an leabhair a chrochadh!

Ghabh Muiris Ó Droighneáin páirt Mháire tamall gearr ina dhiaidh sin:

Blas an tseansaoil a mhothaím féin ag léamh scéalta 'Mháire' dom - saol atá chomh fada 'faoi na fóide' nach bhfuil ach mearchuimhne ag corrsheanóir air. A bhuí le Dia go bhfuil 'Máire' ag foilsiú leabhar go fóill. Abairt den chineál atá i ndeireadh *Mo Bhealach Féin* a chuireann faitíos ormsa - 'Thráigh an tobar; ní scríobhfaidh mé níos mó.' (Leathanach na Leabhar, *An tUltach*, Eanáir 1963, 3)

Ina aiste 'Twentieth-Century Irish Literature', chosain Gearóid S. Mac Eoin (1969: 62) saothar Mháire ar ionsaí an ró-idéalachais, an ionannais agus an easpa réalachais agus dúirt:

His great merit is to have created such a land, so that the traveller crossing its border breathes again each time a familiar air and recognises in each new character a family likeness to those whom he has met before.

Thug David Greene (1972:32) freagra gonta ar an ráiteas sin, ámh: 'Few readers of Irish today, however, wish to make this sentimental journey.'

Ní foláir a chur san áireamh go raibh leabhair de chuid Mháire á bhfoilsiú na blianta fada tar éis dó an saothar a chur de.[21] Thabharfadh litir a sheol Máire chuig *Comhar*, mí Eanáir 1968, le tuiscint nár scríobh sé aon scéal, fada ná gearr, sna seascaidí agus go raibh aiféala air gur scríobh sé aon ní riamh.[22]

Níl aon amhras ná go gcaithfí saothar Mháire a shuíomh i gcomhthéacs na scéalaíochta traidisiúnta d'fhonn idir bhuanna agus theorainneacha a shaothair ghearrscéalaíochta a mheas.[23] Ní mór a rá go bhfuil an easpa ilghnéitheachta mar aon leis an easpa castachta agus spéisiúlachta i gcúrsaí carachtrachta ar cheann de na laigí is mó ina shaothar gearrscéalaíochta. Ní ann in aon chor

don 'psychological cogency' (Reid 1977, 8). Faoi mar a scríobh
Ailbhe Ó Corráin (1982: 40):

> Fágann sin nach bhfuil an cúlra síceolaíoch ina chuid scríbh-
> neoireachta le go mbeadh doimhneacht, beocht agus nuaíocht sna
> samhailtí agus siombail a chuireann sé os ár gcomhair.

'Paralitríocht' a thugann Breandán Ó Doibhlin (1992: 93) ar
shaothar Mháire agus deir sé:

> Mar is é bun agus barr an scéil nach raibh sé in ann mothúcháin an
> chroí dhaonna a láimhseáil, agus níorbh fhiú nó níorbh fhéidir leis
> éiginnteacht agus débhrí an iompair dhaonna a oibriú amach ina
> chuid scéalaíochta.

Níl aon amhras ná go bhfuil an ceart ag Nollaig Mac Congáil
(1990:38-9) nuair a deir sé nach raibh sé i gceist ag Máire riamh
'litríocht nua-aimseartha den chineál a bhí i bhfeidhm i litríochtaí
forbartha eile a scríobh' agus airítear a oiriúnaí is atá an
chomparáid agus an tsamhail a úsáideann Mac Congáil sa ghiota
seo:

> Ag deireadh an leabhair dheireanaigh a scríobh Máire, mar atá, *An
> Sean-Teach,* bheir Proinsias 'Ac Grianna leis ceann de chlocha an
> tseantí agus é ag gabháil i mbun imirce. Bhí a shaothar scríbh-
> neoireachta mar chuimhneacháin ag Máire in áit na cloiche an chuid
> eile dá shaol. Saol draíochta atá i saol seo na scríbhneoireachta aige.
> Tá sé mar a bheadh Tír na n-Óg ann óir cha luíonn aois ar dhuine
> ann ná cha dtig aois dá chomhair.

Pointe eile a dtagraíonn Mac Congáil dó agus an ceart ar fad
aige, ar ndóigh, is ea an difear mór ó thaobh meoin agus stíle de
idir aistí géara goimhiúla Mháire faoi shaol an scríbhneora
Gaeilge agus an rómánsachas aoibhinn a léirítear sa scríbh-
neoireacht chruthaitheach aige féin.

Dhealródh sé gur sa bhliain 1950 a foilsíodh cnuasach scéalta
Tharlaigh Uí Uid, *Taobh Thall den Teorainn,* agus bileog sheolta ó
Bhord Stiúrtha an Chlub Leabhar ag gabháil leis. Is áirithe nach
raibh aon teorainn le díograis mholta an Bhoird chéanna agus iad
ag trácht ar fheabhas na gearrscéalaíochta ag scríbhneoirí
Gaeilge, mar shampla:

> Is le fíor-dhéanaí a cumadh aon úrscéal nó aon dán Gaeilge nach
> raibh seanbhlas air ó thaobh smaointe nó ábhair, ach tá bua ag ár

scríbhneoirí ar ealaíneacha an ghearrscéil le daichead bliain anuas. Is beag má d'fhéadfadh scríbhneoirí na Gaeilge droch-ghearrscéal a chumadh anois. (Bileog Bhord Stiúrtha an Chlub Leabhar faoi *Taobh Thall den Teorainn*, Lúnasa 1950)

Moltar ábhar agus stíl scéalta Uí Uid agus deirtear:

> Tá a cheard feabhsaithe go mór ag an údar ó chum sé *An Bealach chun an Bhearnais*, agus mura ndeachaigh sé go domhain sa tsaol lena léiriú beatha, chuaigh sé go craicniúil lena ealaín ina mhodh scéalaíochta. (Ibid.)

Cnuasach spéisiúil suntasach ba ea cnuasach Uí Uid i gcomhthéacs phrós-scríbhneoireacht na linne úd - cuimhníodh an léitheoir, mar shampla, gur roghnaigh an t-údar cathair Bhéal Feirste mar shuíomh agus mar chúlra dá chuid scéalta. An chéad iarracht cheart ag Ó hUid ar thalamh na litríochta a shaothrú a bhí sa chnuasach scéalta seo, dar le léirmheastóir amháin.[24] Léitheoireacht éadrom gan dua a bhí á sholáthar ag an ngearrscéalaí. Bhain éadoimhneacht áirithe le cúrsaí carachtrachta dá bharr, ámh: ' 'Sé ceist seo na bpearsan is laige ag Tarlach' (Ó Flannagáin 1950, 19). Ar an iomlán, ba dheacair ráiteas seo Iarla Mhic Aodha Bhuí (1991:10) a bhréagnú:

> Caithfear aitheantas a thabhairt do Tharlach Ó hUid mar go raibh sé ar thús cadhnaíochta ar scríbhneoirí eile ina iarrachtaí cuntas ionraic mar a chonaic sé féin é a thabhairt ar an saol agus ar an timpeallacht inar mhair sé.

'Finnscéal álainn' a thug léirmheastóir amháin[25] ar an ngearrscéal 'An Fáinne Solais'[26] le Tarlach Ó hUid, scéal greanta meallacach a fhágann réimse an réalachais i bhfad ina dhiaidh.

Gearrscéalaí eile de chuid na linne sin ba ea Séamus Ó Néill, scríbhneoir ábalta a chum scéalta éadroma ealaíonta. Dhá chnuasach scéalta a chuir sé amach, mar atá, *An Sean-Saighdiúir agus Scéalta Eile* (1945) agus *Ag Baint Fraochán* (1955). Ina léirmheas ar eagrán nua *An Sean-Saighdiúir agus Scéalta Eile*, leag Séamus Mac Gabhann (1981: 32) a mhéar ar laige scéalaíochta Uí Néill:

> Deacracht amháin a bhaineann leis na carachtair uilig sna scéalta seo ná nach dtagann siad go hiomlán ar an saol in aon chor. Fágtar ansin iad i mbreacsholas nó i gclapsholas shamhlaíocht an údair agus ní bhaineann siad saoirse nó neamhspleáchas amach mar is cóir.

Dearcadh maoithneach an údair an tréith is suntasaí iontu seo ar fad. Tá sé ag iarraidh mothúcháin an léitheora a láimhseáil seachas ligean dó freagairt do na carachtair agus dá gcuid eachtraí. 'Scéalta tochtmhara' iad seo a deir clúdach an leabhair linn - ach is é an tocht an locht, tá faitíos orm.

Scéalta a óige a bhí sa chéad chnuasach sin [27] agus dar le Proinsias Mac Maghnuis (1945: 9):

> D'fhéadfadh sé leabhar eile i bhfad níos bríoghmhaire ná *An Sean-Saighdiúir* a scríobhadh dá nglacadh sé chuige an t-ádhbhar scéil a bhainfeadh an codladh dhe's a thiocfadh idir é féin is geáitsí na h-íomháigheachta.

'Déantús an Ealaíonaigh Oilte' an teideal a roghnaíodh do léirmheas *Comhar* ar dhara cnuasach Uí Néill, *Ag Baint Fraochán*. Ní luaitear ainm an léirmheastóra seo a thug moladh mór do cheardaíocht Uí Néill:

> Tuigeann sé cad is gearrscéal ann: ní stiall de úrscéal ná liric phróis a bheir sé dhúinn. Bíonn rud le rá aige agus a bhealach féin aige lena rá: nuair bhíonn sé ráite aige éisteann sé. (*Comhar*, Nollaig 1955, 30)

Léirmheas dian go maith a dhein an tAthair Fiachra (1955b:18) ar an gcnuasach céanna, mar shampla:

> Ach an té chuireann chun gearrscéalta a chumadh, ba cheart go mbeadh an chaint ar a thoil féin aige: go mbeadh máistreacht, teicníc, agus téarmaíocht aige sara dtosnaíonn sé in ao'chor. Agus is é mo mheas ná fuil an mháistreacht seo ag ár n-údar, an turas seo, ach go háirithe. [28]

Bhain roinnt mhaith scéalta de chuid Uí Néill le domhan agus le peirspictíocht páiste agus gan dabht, gné scéalaíochta is ea é seo a thuilleann breis airde agus anailíse. Níorbh fholáir tagairt don ghné scéalaíochta sin chomh maith in aon phlé a dhéanfaí ar an maoithneachas i saothar an scríbhneora seo.[29]

Bua scríbhneoireachta amháin a bhain le Séamus Ó Néill agus le scríbhneoirí eile mar Chiarán Ó Nualláin, Shéamas Mac Con Mara agus Tharlach Ó hUid ná:

> ... go ndearna siad sáriarracht oirthuaisceart Uladh a thabhairt isteach i réimse litríocht na Gaeilge. Go dtína ré siúd, bhíodh cibé litríocht Ghaeilge a chumtaí i gCúige Uladh suite i nGaeltacht Thír Chonaill. (Mac Giolla Chomhaill 1981, 114)

Is mar seo thíos a dhein Annraoi Ó Liatháin cur síos air féin agus ar scríbhneoirí mar Shéamus Ó Néill, Tharlach Ó hUid, Bharra Manton, Shéamas Ó Mainnín, Labhrás Mac Brádaigh, Phádraig Ó Conchubhair agus Chonchubhar Ó Ruairc agus gan amhras, ní mór é seo a chur san áireamh agus staidéar á dhéanamh ag léitheoir an lae inniu ar shaothar na n-údar sin:

> Ach is chuige seo atáim: scríbhneoirí irise ab ea sinn. Ní raibh uainn ach scéalta a scríobh le haghaidh gnáthphobal léitheoireachta na Gaeilge, scéalta a thuigfeadh an gnáthphobal. An scéal a bheith soléite agus inspéise. Ba é sin ár n-aidhm. Ní rabhamar ag dréim le clasaiceacht ná le hardlitríocht. Deoir a bhaint as súil chailín nó gáire a bhaint as seanduine, ní raibh uainn ach an méid sin. (Ó Liatháin 1973, 10)

Scéalta soléite dea-scríofa a chuir Tomás Bairéad de in *Ór na hAitinne* (1949). Airítear anáil stíl an tseanchais ar na scéalta agus ní annamh an reacaire uilefheasach i mbun scéil ina shaothar. Faoi mar ba léir i saothar gearrscéalaíochta an scríbhneora seo sa tréimhse 1930 - 1940, 'níor féachadh le fodhomhain na hintinne nó an chroí a thaisteal, a chlárú nó a thuairisciú' (Ní Dhonnchadha 1981,184-5) ach b'fhollas go raibh úire agus fuinneamh scríbhneoireachta faoi leith le maíomh ag an údar. Is sa tréimhse sin, leis, a chuir an Bairéadach an chuid is fearr dá shaothar cruthaitheach de. In ainneoin éascaíocht agus stíl sheolta shnasta na scríbhneoireachta, ní bhraitear an teacht aniar céanna i ngearrscéalta *Ór na hAitinne*: '. . . tá an léiriú sin ar dhaoine, an léirmheas sin ar an tsaol a gheibhimid i ngearrscéalta de chuid na haimsire seo de fheasbhaidh orthu' (Ó Néill 1949, 24). Scéal eisceachtúil sa chomhthéacs seo é 'Roghain an Dá Fhuasgailt' (*Ór*), dar liom. Dréachta agus scéalta soléite dea-scríofa atá in *Dán* (1973):

> Tá saibhreas coimhthíoch Gaeilge ann. Seanfhocla, bolgamacha blasta, véarsaí agus ranna d'amhráin, mallachtaí agus beannachtaí agus iad fite go dlúth i gcomhrá beo na seanmhuintire. (Nic Dhonnchadha 1973, 16)

Agus an léitheoir ag féachaint anois ar an bhfáilte a fearadh roimh *Dúil* le Liam Ó Flaithearta, tugann sé faoi deara gur ar

shaoráid stíle Uí Fhlaithearta a dhírigh Máire Mhac an tSaoi
(1953a: 19) a haire in alt tosaigh a haiste léirmheasa:

> I ngach teangain tá scríbhneoirí a bhfuil bua saoráide acu nach
> gceiltear fiú ar an té nach bhfuil léamh na teangan sin ach go
> cuíosach aige. Ardaíonn an insint léi tú, beagbheann ar ghluaiseanna
> agus ar fhoclóirí, agus téann cirte agus oiriúnaí dosheachanta na
> cainte i bhfeidhm ort dá gconlán féin. Ní fios an le saothar nó ó
> phréimh a thagann an mháistríocht sin, agus tá scríbhneoirí cáiliúla
> nach raibh sí riamh acu, ach is ceann de phléisiúirí dearfa na
> léitheoireachta géilleadh dá draíocht. Ina aonar, b'fhéidir, i measc
> scríbhneoirí Gaeilge an lae seo tá an cumas sin éascaíochta ag Liam
> Ó Flaithearta.

Braitear faobhar ar an gcaint aici i dtaobh na scéalta féin:

> . . . cé gur mó is aistí agus stracbhreacaithe a bhformhór seachas
> scéalta déanta, is leor go fairsing iad chun a chur ar ár súile an
> feabhas is féidir a thuar nuair a thagann dúchas, féith na scéalaíochta
> agus aithne na ceirde le chéile san aon-scríbhneoir amháin. Fág nach
> bhfuil iontu ach amháin ábhar léitheoireachta don Satharn, ins an
> cháilíocht sin féin táid i bhfad thairis an gcoitiantacht. Ina theannta
> sin tá dornán iarracht acu ina bhfuil i bhfad níos mó, méar á leagadh
> ar chuisle éigin daonnachta go n-aithníonn gach léitheoir ó
> phreabadh a chroí féin fírinne a freagra. (Ibid.)

Mar is follas ó theideal aiste léirmheasa Néill Uí Dhónaill
(1953:18), 'Saor Focal gan Sárú', is ar chumas agus ar
chríochnúlacht ealaíonta stíl Uí Fhlaithearta a tráchtadh arís:

> Bhí ceacht a cheardúlachta ag teastáil uainn. Tá tuilleadh dá
> ghrinneas agus dá fhaobhar agus dá éirim shamhlaíochta ag teastáil
> uainn. Is slat tomhais dúinn a shaothar amach anseo ar chumas nua-
> litríochta na Gaeilge i gcuibhreann na domhan-litríochta.

Is léir go raibh Seán Ó Ríordáin an-tógtha le *Dúil*. Chuaigh
ardchumas na teanga i bhfeidhm go mór air:

> . . . tuigeadh dom gur rudaí beoga gafa idir clúdaigh an leabhair na
> scéalta aige. Dá mbeadh beirthe agat ar spideoig agus dá mbeadh sí á
> hiomlasc féin id láimh bhraithfeá an rud a bhraitheas-sa agus Gaeilge
> Liam Uí Fhlaithearta á léamh agam.[30]

Cé gur léir an nóta diúltach i gcúpla léirmheas Béarla a scríobh-
adh ar *Dúil*,[31] dhealródh sé ón méid a scríob Breandán Ó hEithir
(1976:8) gurbh é doicheall nó patuaire léirmheastóirí Gaeilge a
ghoin an beo ann:

Aontaíonn gach uile dhuine anois gur thit dúchan léirmheast-
óireachta ar an leabhar seo, rud a ghoill air níos géire ná mar a
mheasfadh duine nach mbeadh eolgaiseach ach ar a chomharthaí
sóirt. Chuir sé de leataobh go deo an t-úrscéal a bhí tosaithe aige, ar
a raibh an teideal sealadach *Corp agus Anam*, agus ar feadh i bhfad
bhí sé thar a bheith searbh faoi chúrsaí scríbhneoireachta na
Gaeilge.[32]

Pé ní ina thaobh sin, thug Breandán Ó Buachalla (1967:75)
ardmholadh do shaothar Uí Fhlaithearta ina alt géarchúiseach
anailíseach 'Ó Cadhain, Ó Céileachair agus Ó Flaithearta' agus
dhearbhaigh sé gurbh é *Dúil* 'an cnuasach gearrscéal is fearr dá
bhfuil againn sa Ghaeilge.' Dhearbhaigh Máirtín Ó Cadhain an
rud céanna sa bhliain chéanna.[33] Chonacthas d'Ó Buachalla
(1967:74) go raibh cumasc den fhuinneamh agus den fhilíocht i
sárscéalta Uí Fhlaithearta, is é sin cumasc den dá thréith a
shonrófaí i gcónaí sa dea-ghearrscéal de réir theagasc Sheáin Uí
Fhaoláin. Leanann Ó Buachalla air:

> Gan amhras ní leor an dá thréith sin (agus ar ndóin nílid riach-
> tanach) ach is toisc go bhfaghtar an cumasc san *i dteannta* an 'subtle
> comment on human life' (Ó Faoláin) is gá a bheith i ngach aon
> ghearrscéal maith atá an chuid is fearr de na gearrscéalta in *Dúil*
> chomh hálainn, chomh fíor agus chomh sainiúil san. Chun na
> fírinne a rá níl an dara leabhar mar é againn agus is mór an trua nár
> lean Ó Flaithearta air ag scríobh i nGaeilge.

B'fhile próis é Liam Ó Flaithearta agus braitear stiúir dheimh-
neach ealaíonta an ghearrscéalaí chruthanta ina scéalta. Maidir
leis an ábaltacht sheolta a léirigh sé i dtógáil agus i dteilgean scéil,
cuimhníodh an léitheoir ar ráiteas cáiliúil de chuid Hemmingway
(1966:182):

> If a writer of prose knows enough about what he is writing about he
> may omit things that he knows and the reader, if the writer is writing
> truly enough, will have a feeling of those things as strongly as though
> the writer had stated them. The dignity of movement of an iceberg is
> due to only one-eighth of it being above water.

Gné shonraíoch d'ealaín Uí Fhlaithearta is ea an tslí a
gcruthaítear toise na huilíochta sna scéalta. Is rí-léir scil agus
inniúlacht an scríbhneora agus é ag saothrú laistigh de theorainn-
neacha an ghearrscéil chlasaicigh. Pléann Allen H. Pasco

(1994:127) gontacht fhoirm an ghearrscéil ina aiste 'On Defining Short Stories' agus, dar leis:

> I would suggest that brevity constitutes the most significant trait of this particular genre. In large measure, it determines the devices used and the effects achieved. Certainly brevity constitutes the short story's greatest limitation. For a short story to succeed, the author must overcome the restraints of limited length and communicate not a segment, a tattered fragment, but a world.

Deir Gearóid Denvir (1991:72):

> De réir theagasc traidisiúnta na léirmheastóireachta liteartha san aois seo is minic idirdhealú á dhéanamh idir ábhar agus friotal, idir *fond* agus *forme*, ach i scoth na scríbhneoireachta, dar liom, is ionann iad. Is é an focal an teachtaire agus is é an teachtaire an focal, agus níl aon amhras ach gur mar sin atá sna scéalta is fearr in *Dúil*.

Faoi mar a sonraíodh i gcaibidlí eile an tsaothair seo, níor dheacair laigí a aimsiú thall is abhus i scéalta Uí Fhlaithearta ó thaobh cúrsaí carachtrachta agus síceolaíochta de, go háirithe i réimse charachtracht na mban. Thagair criticeoir amháin do 'chúinge léargas Uí Fhlaithearta ar an nádúr daonna' (Nic Eoin 1992b, 24), pointe a thuilleann breis plé agus anailíse. Sa sliocht seo a leanas tagraíonn Richard J. Thompson (1983:86) don easnamh a bhraitear i bhforbairt na carachtrachta i scéalta Uí Fhlaithearta i gcoitinne:

> The price paid for O' Flaherty's less-is-more art lies in character development, which is sometimes disastrously foreshortened, but then, his characters are usually emanations of Everyman, and Everyman cannot bear much individuation. Rather than character, O'Flaherty's forte is action and the emotion that produces an action and is in turn colored by it.

Locht a fuair Walter Allen (1981:213) ar scéalta Uí Fhlaithearta ná gur bhraith sé go raibh 'the interpretive mind' ar iarraidh. Ní dócha go mbeadh an t-aos critice ar aon tuairim faoin 'locht' áirithe sin.

Ó thaobh stair na gearrscéalaíochta Gaeilge de, níl aon amhras ná go bhfuil an ceart ag Gearóid Denvir (1991: 7) nuair a deir sé go bhfuil *Dúil* 'ar cheann de na ráitis chruthaitheacha is suntasaí dá bhfuil againn i litríocht Ghaeilge na haoise seo.' Agus luann sé bua eile atá le maíomh ag *Dúil*:

Baineann scéalta éagsúla an leabhair macallaí bisiúla as a chéile agus saibhríonn siad a chéile ar mhodh leanúnach réamhbheartaithe nach furasta a shamhlú le cnuasach ar bith eile gearrscéalta Gaeilge. (Ibid.)

Tráchtadh ar Dhonncha Ó Céileachair tamall ó shin mar cheannródaí i gcúrsaí chaighdeánú na teanga agus luadh an meas a bhí air dá bharr. Níl aon amhras ná gur fhág an scríbhneoir céanna a rian ar ghearrscéalaíocht na Gaeilge. I dtuairim Sheáin Uí Éigeartaigh (1960:7): 'Níl aon scríbhneoir is mó a chabhraigh le forbairt na nualitríochta ná is fearr a léiríonn a tréithe ná Donncha Ó Céileachair.' Tuigeadh do Sheán Ó Tuama (1955b: 29, 31) go raibh tathag agus suaithinseacht ag roinnt leis an ngearrscéalaí seo:

Go deimhin, a déarfainn gurb é Donncha an gearrscéalaí Gaeilge is nádúrtha a chuaigh lena chéird ó aimsir Shean-Phádraic Uí Chonaire anuas. Pé lag láidir an t-ábhar aige, bíonn an innsint beo inspéise i gcónaí. . . . Agus tríd síos, braithfir an tréith fé leith seo 'na chuid scríbhneoireachta: an cumasc ceanúil fíneálta atá déanta aige idir an sean-stíl réidhchúiseach seanchaíochta agus an nua-stíl steille-nithiúil gearrscéalaíochta.

Tamall de bhlianta ina dhiaidh sin, scríobh Ó Tuama (1962:6):

Ba é an gearrscéal an gléas ba dheise agus b'éifeachtaí ar a láimh aige chun é féin a chur in iúl. Níl aon amhras ná go bhfuil roinnt de na scéalta uaidh i *Bullaí Mhártain* ar na hiarrachtaí cumadóireachta is fearr fós sa Ghaeilge. Tá daonnacht agus tathag iontu, beocht agus greann; agus thar gach ní eile tá éascaíocht na scéalaíochta nádúrtha iontu.

Thrácht Ó Tuama (1974:33) ar na cúrsaí seo arís ina aiste 'Donncha Ó Céileachair: Scríbhneoir idir Dhá Thraidisiún':

Gléas íogair aige ba ea an scéalaíocht chun teacht ar thuiscint air féin agus ar an saol ina thimpeall. Dá chomhartha sin féin tá nochtadh cumasach déanta aige ar nithe atá an-chóngarach dá chroí i roinnt de na scéalta is fearr in *Bullaí Mhártain*; agus níl an nochtadh sin le fáil, ar aon tslí chomh domhain ná chomh mothálach, in aon chuid eile dá scríbhinní iomadúla próis.

Thagair léirmheastóir (gan ainm) *Comhar* do theanga nua-aoiseach scéalta *Bullaí Mhártain*. Ar an iomlán, d'fháiltigh sé roimh an nuaíocht agus roimh an bhforbairt teanga sa chnuasach ach aithnítear nóta an mhíshuaimhnis nó claon amhrais sa cheist

a chuirtear: 'Ar bhláthaigh an fréamhú friotail seo ina *stíl* ?'
(*Comhar*, Nollaig 1955, 28). Tamall ina dhiaidh sin san alt céanna
tuairimíonn an léirmheastóir sin nach bhfuil máistreacht stíle
bainte amach ag Donncha go fóill:

> Scríbhneoir óg is ea é, agus is fearr go n-aithneodh sé féin nár tháinic
> sé fós in oirbheart. Is mór an bhuadh an éascaíocht, ach is
> contúrthach má thagann ró-luath; isé a dhallas fís agus a chúngas
> fiosracht. (Ibid., 29)

Dar le Breandán Ó Buachalla (1967:73), níor tháinig aon
bhláthú ar an ngeallúint a bhí le brath ar scéalta Dhonncha in
Bullaí Mhártain sna gearrscéalta a chum sé ina dhiaidh sin. 'Liricí
gearra míne' a thug Ó Buachalla ar na scéalta is fearr ag Ó
Céileachair agus deir sé agus é ag tagairt do scéalta mar 'Bullaí
Mhártain', 'Na Deartháireacha' agus 'Breatnach na Carraige':

> Bhí sé de chéill aige...gan a bhrat a leathadh ach mar dob fhéidir leis
> a chlúdach is cloí le stráicí beaga de shaol a chonaic is a thuig sé féin.
> (Ibid., 72)

Locht amháin a shonraigh Ó Buachalla ar scéalaíocht Uí
Chéileachair ba ea an róbhá lena charachtair:

> Tá maoithneachas sna scéalta so - saghas áirithe maoithneachais, mar
> atá, eolchaire agus ní comhbháidh atá aige lena gcarachtair ach
> róbháidh (tá an róbháidh chéanna i saothar a oide Dónall Ó
> Corcora) agus is é an róbháidh seo a bhac air aon léamh an-domhain
> a dhéanamh orthusan ná ar an saol as ar fáisceadh é féin is a
> charachtair araon. (Ibid., 73)

Sceitsí éadroma taitneamhacha dea-dhéanta soléite is mó a
shamhlaítear le Síle Ní Chéileachair. Nuair a foilsíodh *Bullaí
Mhártain* ar dtús, tugadh suntas d'aigeantacht, do dhaonnacht, do
chumas agus do mhealltacht stíle scríbhneoireacht an údair seo
agus faoi mar is gnách i gcás aistí léirmheasa ar chéadshaothair
scríbhneoirí óga, tuairimíodh go ndéanfadh Síle Ní Chéileachair
gearrscéalaí ar fónamh ach leanúint uirthi ag scríobh.[34] Ba
dhoiligh, ar ndóigh, an chomparáid idir saothar na mná óige seo
agus saothar a dearthár a sheachaint rud a chiallaigh go raibh Síle
á meas mar thánaiste a dearthár ó thaobh na scríbhneoireachta
de: 'Níl fhios agam an bhfuil aon deirfiúr eile ar an tsaol is cosúla
le dearthair ag scéalaíocht ná Síle Ní Chéileachair' (Ó Dónaill
1955, 5).[35]

Faoi mar a sonraíodh i gcaibidlí eile an tsaothair seo, ba léir go raibh grinneas géarchúiseach agus acmhainn grinn mar aon le bua stíle ar leith le haithint ar scéalta Shíle Ní Chéileachair. Ar an mórgóir, ba scéalta nó sceitsí éadroma a chleacht sí. 'Siamsóga scríbhneoireachta' a thug léirmheastóir amháin ar chuid de na hiarrachtaí sin.[36] Scéal luath dea-chumtha dá cuid ba ea 'The Iceman Cometh',[37] scéal a bhfuil idir dhul an tseanchais agus ealaín an ghearrscéil le sonrú air. Ba thrua nár lean Síle Ní Chéileachair den scríbhneoireacht mar fiú is gan ach deascán scéalta ag léitheoirí na Gaeilge uaithi, ba léir go raibh a heang dhílis féin á gearradh ar chlár na gearrscéalaíochta aici.

Dála Shéamuis Uí Ghrianna, ba scríbhneoir é Pádhraic Óg Ó Conaire a chaith cuid mhaith dá shaol i mBaile Átha Cliath ach b'fhollas gur i measc mhuintir na Gaeltachta a mhair sé ina shaothar cruthaitheach trí chéile. Dála Uí Ghrianna, leis, níor dheacair carachtracht róshimplí róshaonta rómhaoithneach a chasadh le saothar an scríbhneora seo. Ní foláir cuimhneamh go raibh aois mhaith ag Ó Conaire nuair a foilsíodh an dá chnuasach gearrscéalta leis. Tá dul an mhaoithneachais ar theidil agus ar dhearadh chlúdaigh na gcnuasach seo, leis. Mar seo a cuireadh síos ar scéalaíocht Uí Chonaire ar chlúdach *Fuine Gréine*:

As iomlán a chuid eolais athchruthaíonn Pádhraic Óg Ó Conaire saol Chonamara dúinn le tuiscint agus le bá, agus léiríonn nósanna pobal atá beagnach caillte. Ina steillebheatha a chuireann sé na seanlaochra os ár gcomhair.

Níor fhág An tAthair Fiachra (1960:12) fuíoll molta ar an scríbhneoir, ar a shaothar ná ar fhoilsitheoirí an tsaothair ina léirmheas ar *Athaoibhneas*, mar shampla:

Tá sé curtha amach chomh dearfa sin, agus chomh plúrach sin, agus chomh lonrach sin, ag na foilsitheoirí, gurb aoibhneas faoi leith é bheith idir do lámha agat. Ní duine mé a bhíonn ag cnuasach leabhar, ach tá dúil agam sa leabhar seo: is leasc liom é ligint uaim isteach i leabharlann ghnáthchoiteann na mainistreach.

Ach sidé an chuid is fearr de: tá teilgean an leabhair níos fearr fós ná a dhéanamh. Níl teorainn leis an teilgean sin. As gach leathanach léimeann chugat na briathra breátha a thugann duit leathnú aigne agus tuiscint ar sheanchas, ar chreideamh, agus ar chinniúint ár gcine.

Ní ionadh leis an léitheoir gur moladh cruinneas agus saibhreas Gaeilge an údair seo mar aon le ceardúlacht ghreanta na scríbhneoireachta aige.[38] Dar le Flann Mac an tSaoir (1963b: 20) bhí 'éifeacht agus fírinne na fíor-ealaíona' i scéalta an chéad chnuasaigh agus áit bhuan i stair phróslitríocht na Gaeilge bainte amach ag an údar dá réir: 'Choinnigh sé gan amhras rogha an fhíona le haghaidh chríoch na féile' (ibid.). Tagraíodh sna léirmheasanna do thaitneamh na léitheoireachta agus don chúram a dhein an scríbhneoir dá léitheoirí, mar shampla:

> Oscailt meoin dúinn é bheith á leanúint. Tógann sé amach láithreach sinn as lár na cathrach; tógann sé leis siar sinn go dtí na hoileáin agus na farraigí móra. . . . Láithreach nuair osclaímid an leabhar abraímid: 'Tá fios a chúise ag an scríbhneoir seo; labhraíonn sé as saibhreas a chuid eolais féin.' As sin amach tá iontaoibh againn as. (An tAthair Fiachra 1960, 12)

> Tá Pádhraic Óg Ó Conaire lán de chroí. I múnlú gach scéil, i bplé gach ábhair, i gcur síos gach eachtra is paiteanta an tréan-iarracht, an tsíor-iarracht uaidh pléisiúr agus taitneamh a thabhairt dá léitheoirí. (Mac Diarmada 1967, 18)

Sa staidéar a dhéanann an criticeoir Pilib Ó Laoghaire [39] ar chnuasaigh Uí Chonaire, díríonn sé a aird ar an léiriú a dhéantar iontu ar phobal cloíte Gaeltachta agus ar éadóchas inbhraite Uí Chonaire féin.

Maidir le healaín an ghearrscéil, seans láidir go raibh an ceart ag Pádraic Breathnach (1972: 5) nuair a thuairimigh sé agus é ag trácht ar scéalta ina mbíonn beirt, triúr nó ceathrar carachtar ag Ó Conaire agus iad ar fad ar aon tábhacht: 'A thúisce is atá siad léite agat, téann siad i ndoiléireacht, i meascán, i ndearmad.' D'fhéadfadh an ceart a bheith ag Breathnach, leis, nuair a deir sé faoi Ó Conaire: 'Ag caraíocht amuigh ar an bhfairsingeacht úrscéil ab fhearr é. Bhí an gearrscéal rótheoranta, róshnoite dósan' (ibid., 3).[40]

Gan amhras, níl feidhm dúinn a rá gurbh é Máirtín Ó Cadhain príomhscríbhneoir próis na tréimhse atá faoi chaibidil anseo. Ó thaobh fhoirm, mheanma agus ealaín an ghearrscéil de, is scríbhneoir rí-spéisiúil é an Cadhnach mar go bhfeictear an oiread sin foráis agus claochlaithe ina mhodh scéalaíochta óna chéad chnuasach scéalta *Idir Shúgradh agus Dáiríre* (1939) ar aghaidh go dtí *An tSraith Tógtha* (1977) a foilsíodh tar éis a bháis.

Thuigfí ón méid a dúirt an scríbhneoir féin nár chuir a chéad chnuasach scéalta aon ró-stró air ó thaobh na cumadóireachta de.[41] Tá tábhacht nach beag ag baint leis an saothar ó thaobh na teanga de[42] agus 'chun eolas a chur ar mhacghníomhartha liteartha an údair' (de Barra, Bealtaine 1976, 11). Agus é ag trácht ar scéalta an chnuasaigh seo, deir de Barra:

> Níorbh áibhéil a rá gur seanfhocal is téama do gach scéal sa chnuasach seo: dlí éigin de chuid na cinniúna ar miste don duine é a shárú; nó díreach fíorú ar an seanfhocal féin. . . .
> Ní aithris atá sna scéalta seo ach múnlú liteartha ar bhunphatrún atá sa mbéaloideas. (Ibid., 14)

Dar le Louis de Paor (1991:17): 'Tá scéalta an chéadchnuasaigh sin simplí neamhaibí gan léargas úr a dhéanfadh fódú ar bhua teanga an údair.'

Nuair a foilsíodh *An Braon Broghach* sa bhliain 1948, aithníodh láithreach gurbh éachtach an forás a bhí tagtha ar réimse agus scóip na scríbhneoireachta cruthaithí ag an scríbhneoir seo. Ina léirmheas ar an gcnuasach sin, scríobh Liam Ó Flaithearta (1949: 30):

> Ní rómántach é an Cadhnach, is réadaí é. Scríobhann sé faoi mhuintir a dhúthaighe féin agus tá cion an domhain aige orthu. Dá bhrí sin 'he holds the mirror up to nature' mar adéarfá nuair a scríobhann sé fúthu, ag léiriú na peannaide agus na háille atá ina saol comh maith le chéile. Maidir liom féin de, measaim gurb é an chéad scríbhneoir é a rinne sin sa nGaeilge.

Chomharlaigh Ó Flaithearta don Chadhnach srian a chur lena pheann agus stíl níos barainní a chleachtadh: ' Is éard is ealaí na dea-scríbhneoireachta ann ná fios a bheith ag duine céard atá iomarcach' (ibid.). Cúpla mí roimhe sin, thuairimigh Criostóir Mac Aonghusa (1949: 23) go raibh idir chur chuige agus theanga an Chadhnaigh in oiriúint d'éirim agus do chastacht an tsaoil: '...ós í an litríocht scáthán an tsaoil caithfidh sí bheith chomh gabhlánach céanna leis.' Chonacthas dó go raibh an dúchas tugtha leis go binn ag an gCadhnach, dá dhúshlánaí an teanga aige: 'Tá litríocht na Gaeilge meabhraithe meáite aige, ionnus an rud a thigeas óna pheann féin go bhfuil sé chomh dúchasach leis an gcéachta Ghaelach' (Ibid.).

Dar le Flann Mac an tSaoir (1952: 8), ba é an ní a dhealaigh Máirtín Ó Cadhain ó scríbhneoirí na Gaeilge roimhe ná:

> . . . go mbraitheann tú an fás ann, an fhorbairt, an t-ionsaí, an dul chun cinn: go gcloiseann tú ina shaothar na ceanglacha dá réabadh, na ceanglacha a bhí go dtí seo ina ngeimhealaibh cúngraigh agus caolaithe ar scríbhneoirí na Gaeilge.
> Fiche bliain ó shin bhíodh foghlaimeoirí na Gaeilge ag gearán faoi aistíl Ghaeilge 'Mháire'. Anois tá gach nath agus cor cainte ina dtéarmaí reatha ag an bpáiste meánscoile, agus is saibhrede iad gach scríbhneoir óg Gaeilge atá ag éirí aníos anois. Moladh ba chóir a thabhairt do Mháirtín Ó Cadhain go bhfuil de thuiscint aige agus de chumas ann an athbheatha sa litríocht a thabhairt do oiread sin focal a bhí i mbaol a slogtha ag an éag, agus go bhfuil thairis sin de fhéith ann an Ghaeilge a lúbadh agus a chlaonadh agus a athchumadh chun a thola. (Ibid., 13)

Maidir leis an ngearrscéal mar fhoirm liteartha, thagair Flann Mac an tSaoir don stíl ró-mhioninste i scéalta Uí Chadhain agus thuairimigh sé:

> Fásann locht seo Mháirtín Uí Chadhain (más locht é, agus b'fhéidir a shuíomh nach ea), im' thuairim, cuid mhór as an nGaeilge féin, ná fuil faoi réir go fóill don obair atá sé a iarraidh uirthi. Cuirtear moill agus bacainn agus stopainn ar shrathar dúchasach na hintinne ag an stad agus an lorg is gá a dhéanamh chun friotal Gaeilge a dhiong-bhála a fháil do na céadta agus na céadta *concept*, idir mhion agus mhór, nár cuireadh go dtí seo i gculaith Ghaeilge. (Ibid., 14)

Nuair a foilsíodh *Cois Caoláire* sa bhliain 1953, thuairimigh léirmheastóirí nárbh í foirm an ghearrscéil chlasaicigh an fhoirm liteartha ab fhearr a d'oir do bhisiúlacht teanga, d'ilchumas stíle ná do chuspóirí liteartha an Chadhnaigh.[43] Thagair Ó Tuama (1955a: 8) don phointe seo arís cúpla bliain ina dhiaidh sin:

> Ní gearrscéalaí ó nádúir é, is úrscéalaí é: ní éiríonn leis ina chuid gearrscéalta doimhneas a thuisceana a áiteamh orainn i bhfoirm scéil cheardúil inspéise.

Thrácht Ó Tuama ar an míshocracht nó an éiginnteacht maidir le cúrsaí foirme arís ina alt 'Tiomna Roimh Bhás' (1980) agus d'admhaigh sé go bhféadfaí léamh níos dearfa a dhéanamh ar na cúrsaí sin amach anseo.[44]

Agus é ag tagairt do roinnt scéalta as *Cois Caoláire*, d'aithin Breandán Ó Buachalla (1967: 71-2) go raibh Ó Cadhain tar éis 'an seanchoinbhinsean a leagadh agus coinbhinsean nua a chur ina bheart', rud a chiallódh, ar ndóigh, go gcaithfí léirmheastóireacht de shaghas eile ar fad a dhéanamh ar a shaothar gearrscéalaíochta.

Chonacthas do Chathal Ó Háinle gur éirigh leis an gCadhnach bua a dhéanamh de scaoilteacht na foirme aige i gcuid de scéalta *An tSraith Dhá Tógáil*, mar shampla, 'Aisling agus Aisling Eile' agus 'Fuíoll Fuine.'[45]

Ag féachaint dó ar shaothar gearrscéalaíochta Uí Chadhain trí chéile, cosnaíonn Alan Titley (1980b: 36) an Cadhnach go feilmeanta:

> Is iad a laigí a neart. Raghainn níos faide ná sin. Ní dóigh liom go bhféadfadh sé scríobh ar a mhalairt de chuma. Dá scríobhfadh ní bheadh a shaothar cadhnúil. Bheadh sé leamh, tanaí, éadomhain, fuar, uisciúil, conchúrach. Dá ndéanfadh sé beart de réir na léirmheastóirí b'fhéidir go mbeadh sé ina ghearrscéalaí níos fearr ach bheadh sé ina scríbhneoir níos measa; thiocfadh feabhas ar a cheardaíocht ach raghadh meath ar a ealaín. Níl aon amhras orm dá maolódh Máirtín Ó Cadhain ar a stíl ar shlí nach raibh dílis dó féin gur lú de Mháirtín Ó Cadhain a bheadh ina chuid scéalta agus go mba bhoichtede iad dá bharr.

Is áirithe go bhfuil an ceart ag Titley nuair a dhearbhaíonn sé gur chuir an Cadhnach an fhoirm in oiriúint dá scéal agus gur mhinic a thug a neamhspleáchas ealaíne agus a chumas samhlaíochta i bhfad ó theorainneacha agus ó theoiricí an ghearrscéil thraidisiúnta é:

> . . . d'fhág sé againn freisin fabhailscéalta is allagóirí, dánta próis, eachtraithe, scéalta gearra, blúiríní grinn, crosfhocail, cumadóireacht apacrafach, mionúrscéalta, gearrscéalta fada, seanscéalta, nuascéalta, scéalta úra, scéalta. . . Cad is 'Úr is Críon' ann? 'Uige sa Seol'? 'Glantachán Earraigh'? 'Na Críocha Déanach'? (Ibid., 39) [46]

Agus é ag déanamh staidéir ar theicníochtaí inste i ngearrscéalta Uí Chadhain, b'fhacthas do Louis de Paor (1991: 14) 'gur teilgean aigneolaíochta a bhí leo go bunúsach is go raibh múnlaí samhlaitheacha den aigne dhaonna... ag feidhmiú mar bhunstiúir ar theanga na hinste.'

Deineadh staidéar ar scéalta áirithe de chuid an Chadhnaigh i gcaibidlí eile an tsaothair seo, scéalta as *An Braon Broghach* agus as *Cois Caoláire* den chuid is mó toisc gurbh iontusan a bhí ról suntasach freagrach ag mná. D'fhéadfaí a rá go raibh guth á thabhairt sna scéalta sin do dhaoine a raibh a gcás á imeallú ag an tsochaí. Tagraíodh roimhe seo sa chaibidil seo do sheasamh agus do dhearcadh polaitiúil Uí Chadhain ina shaothar luath. Agus é ag trácht ar *Cré na Cille*, díríonn Robert Welch (1993: 196,198) a aire ar thábhacht na mbancharachtar i bhficsean Uí Chadhain agus deir sé:

> It is not without interest that the prevailing voice-energies, here and throughout Ó Cadhain's fiction, are female. In the harsh world of economic necessity and survival, which is the backdrop to the stories, women, the marginalized, the dependents, are in fact the energy-source, the speech-lode. It is as if the women are themselves the emblems of the marginalized and all but defeated civilization that Ó Cadhain sorrowfully, magisterially, depicts.
>
> There is a sense therefore that his profound awareness of female endurance integrates with and informs his own experience of writing against the odds, enduring shame, indifference, the hostility of those who cannot or will not take into account the fact that Irish civilization, the fabric of Irish life itself, is crucially informed by Gaelic culture and by the Irish language.

Maidir le scéalta déanacha Uí Chadhain, ba dheacair gan géilleadh do thuairim Eoghain Uí Anluain (1971: 13,15) nuair a deir sé:

> Bhí luí ar leith ag a shamhlaíocht le réanna dorcha duaibhseacha na beatha, an coimhthíos agus an doilíos a thagann de bharr daoine a bhaint as a gcleachtadh, an sárú a leanann dóibh siúd a chailleann stiúir ar a gcinniúint féin. Is ag treisiú leis an léiriú seo ar riocht ainniseach an-shocair an duine faoi bhráca an tsaoil a bhí sé i gcuid de na scéalta ba deireanaí leis a foilsíodh. Léargas duairc doilíosach tríd is tríd a fuair sé ar an duine i ndeireadh báire sílim, ach léargas a raibh bua máistriúil teanga aige lena áiteamh orainn.

Dearbhaíonn Louis de Paor (1991: 7-8) gur scríbhneoir nua-aimseartha iarFhreudach é Ó Cadhain a chuaigh bóthar na haigneolaíochta ina shaothar liteartha:

Is é an trasghearradh a dhéantar le focail ar intinn fir nó ar intinn mná an stiúir is bunúsaí san insint i bhformhór a chuid gearrscéalta, agus is ar fheabhas an ghearrtha a bhraitheann éifeacht na scéalaíochta iontu.

Bhí tábhacht nach beag ag baint le suíomh na cathrach i ngearrscéalaíocht Uí Chadhain. In *Páipéir Bhána agus Páipéir Bhreaca*, deir an Cadhnach gur bhraith sé gur chóir dó tabhairt faoi shaol Bhaile Átha Cliath mar ábhar scéalaíochta.[47] Is spéisiúil a raibh le rá ag an scríbhneoir féin faoi scéal cathrach luath dá chuid, 'An tAonú Fleasc Déag' (*BB*). Is léir ón méid a dúirt sé i litreacha chuig Tomás Bairéad gur chaith sé dua leis an scéal sin agus go raibh sé féin an-sásta leis ar deireadh. Mhaígh sé go raibh úire ag roinnt leis an scéal ó thaobh ábhair agus foirme de agus thairis sin, go raibh scéalta eile den saghas céanna ar na bacáin aige.[48]

Chonacthas do Sheán Ó Ríordáin (1971:12) go raibh fiúntas ar leith i léiriú an Chadhnaigh ar shaol na cathrach:

> Níor fhág sé mar a dúirt sé Baile Átha Cliath ina pháipéar bán. Stath sé saol béarlaithe na hÉireann as múnla an Bhéarla agus neadaigh i múnla na Gaeilge é.

Bhí amhras ar Sheán Ó Tuama (1980: 58), áfach:

> Thaispeáin an Cadhanach gurbh fhéidir go saoráideach coda den saol sin a *aistriú* go Gaeilge. Ach in aon aistriúchán dá leithéid seo, dá éifeachtaí é, ní as mothú agus beatha na cathrach a eascrann an fearas stíle; ní bhíonn 'bainne' sna focail mar a déarfadh Seán Ó Ríordáin, toisc gan iad a bheith á múnlú agus á n-athmhúnlú de réir riachtanas faoi leith mhuintir na cathrach ar an láthair ar a maireann siad. Fágann sin go bhfuil amhras mór ann ar éirigh leis an gCadhanach riamh meanma na cathrach agus a muintire a thabhairt leis i bhfocail.

Gan amhras, bhí an ceart ag Ó Tuama nuair a leag sé béim san alt céanna ar ardbhua grinn Uí Chadhain 'an bua fantasaíochta sin ab fhéidir leis a chothú ar cibé láthair ba rogha leis' (ibid.) Tráchtann Gearóid Denvir (1987: 220) ar ghnéithe den ghreann i saothar déanach Uí Chadhain:

> . . . íoróin agus searbhas, aoradh agus scigaithris, agus thar aon ní eile an sainghreann Cadhnach, greann na gáirsiúlachta, greann na raidhsiúlachta, na hiomarcaíochta fiú, agus go háirithe greann na dea-chainte a eascraíos go minic ní hamháin as traidisiúin na dea-

chainte thiar ach as an aclaíocht teanga ba dhual don Chadhnach féin agus a thabhaigh clú an 'Joycean smutmonger' dó.[49]

San aiste a scríobh Frank O' Brien ar nuafhilíocht Ghaeilge na tréimhse 1939-1962, thagair sé, agus saintréithe na filíochta sin á n-áireamh aige, don oscailteacht shonraíoch chomh fada agus a bhain le cúrsaí caidrimh agus gnéis de agus don iontaoibh dhiongbháilte a léirigh na filí as an litríocht mar ealaín.[50] Gné shuaithinseach, dar le O'Brien (1968: 160), ba ea féin-mhuinín na nuafhilí: 'Ba cheart go mbeadh sé soiléir ... go bhfuil lánmhuinín ag an mbuíon nuafhilí as a saothar cé go mbíonn an t-amhras go mór i gceist ina gcuid dánta.' Níor dheacair, dar liom, an mheanma chéanna a aithint i saothar déanach Uí Chadhain. Ba scríbhneoir cruthanta é Máirtín Ó Cadhain a thuig go hiomasach – agus a léirigh go tréanchumasach – nárbh aon chaitheamh aimsire í an scríbhneoireacht ar chreid seisean inti.[51]

Ag féachaint dúinn anois ar scríbhneoirí eile agus ar an ngearrscéal Gaeilge sna seascaidí agus sna seachtóidí, dhealródh sé gur thréimhse cuíosach ciúin a bhí sna seascaidí chomh fada agus a bhain le forás na gearrscéalaíochta de, ach go háirithe.[52] 'Gearrscéalaíocht Ghaeilge' ba theideal d'eagarfhocal Comhar, Deireadh Fómhair 1971, agus bhí an méid seo le rá ag Eoghan Ó hAnluain, eagarthóir na hirise agus criticeoir géarchúiseach i réimse an ghearrscéil:

> Cén chaoi a bhfuil saothrú an ghearrscéil faoi lathair? Faraíor níl aon tuairisc ar fónamh le tabhairt air. Ba dheacair sílim, agus scéalta Mháirtín Uí Chadhain a bhaint as an margadh cnuasach ar chomhchaighdeán le Nuascéalaíocht a chur le chéile faoi láthair. (4)[53]

Gan amhras, b'fhuaimintiúil é an dul chun cinn a deineadh i ngort na húrscéalaíochta Gaeilge sna seascaidí; is amhlaidh a tugadh 'truslóg thréanmhór chun tosaigh' (Titley 1991, 52). Ó thaobh na cruthaitheachta, na húire agus an chumais stíle de, is iad na scríbhneoirí Eoghan Ó Tuairisc, Breandán Ó Doibhlin agus Diarmaid Ó Súilleabháin a sheasann amach óir ba léir go raibh stíl fhuinniúil thurgnamhach indibhidiúil á cleachtadh ag gach aon duine díobh ionas go raibh taiscéaladh á dhéanamh acu ar réimsí nua teanga agus scríbhneoireachta.

Ó thaobh an ghearrscéil thraidisiúnta de, faoi lár na seascaidí ba léir go raibh maolú agus lagú suntasach tagtha ar shruth na scríbhneoireachta:

...tá seargadh tar éis teacht ar scríobh an ghearrscéil agus leis an bhfírinne a dhéanamh isé Mícheál Ó hOdhráin amháin atá ag scríobh gearrscéalta go seasta le tamall maith anuas. (Ó hAnluain 1965, 25)

Sa léirmheas seo ar *Sléibhte Mhaigh Eo*, dara cnuasach Uí Odhráin, deir an léirmheastóir gur bhraith sé go raibh an tsamhlaíocht bheo in easnamh ar na scéalta agus go raibh 'an buille corraitheach de dhíth orthu de thoradh easpa coigiltis san insint' (ibid.). Thagair Ó hAnluain do chás an scríbhneora Gaeilge a bhí ag iarraidh cloí leis an réalachas, ábhar a bhí idir chamáin ag léirmheastóir *Irisleabhar Mhá Nuad*, leis, agus é ag plé scéalta an chnuasaigh chéanna.[54] Ba léir gur braitheadh gurbh fhearr a d'éireodh le Mícheál Ó hOdhráin ach ionramháil níos ealaíonta a dhéanamh ar ábhar na scéalta aige.[55]

Cé nach bhféadfaí Conchubhar Ó Ruairc a áireamh mar ghearrscéalaí nua-aoiseach forásach, aithníodh go raibh léiriú barántúil á thairiscint aige ar chuid éigin de shaol agus de mhuintir na tuaithe sna trí chnuasach scéalta a d'fhoilsigh sé, mar atá, *An Stáca ar an gCarraigín* (1962), *Gort na Gréine* (1966) agus *Seandaoine* (1973). Tagraíodh roimhe seo do phearsa scéil a bhíonn le feiceáil go minic i scéalta an údair seo agus i scéalta Uí Odhráin, mar atá, an seanduine ceanndána stuacánta atá doicheallach roimh dhaoine óga agus roimh thuairimí nua. Aithníonn Murchadh Mac Diarmada (1962:14) na carachtair seo:

Na daoine seo baineann siad leis an aicme go dtugtar 'feirmeoirí beaga sléibhe' uirthi. Daoine iad go bhfuil a neart á síorimirt acu leis an Nádúr agus leis an Saol; an Réidh ag an gclaí teorann thuas ag faire na faille chun leathnú ar ais sna páircíní as ar díbreadh í agus an Saol Mór thíos ag síorghlaoch ar a chuid uathu. Daoine crua fuara iad gan poinn éilimh acu ar an Nuashaoil, gan aon dúil sa sómas acu.

Airíodh easpa tathaig i ngearrscéalaíocht Uí Ruairc [56] agus ní foláir a chur san áireamh gur scéalta raidió a bhí i gcuid de na scéalta, rud a mhíneodh, b'fhéidir, an easpa forbartha agus doimhneachta a bhaineann leis an scríbhneoireacht trí chéile. B'fhollas go raibh an-tóir ag an údar ar an gcasadh cliste i gcríoch an scéil agus níor dheacair ionannas carachtrachta a chur ina leith. Os a choinne sin, ba thaitneamhach shnasta sholéite an t-ábhar léitheoireachta a thairg cnuasaigh scéalta Uí Ruairc agus maidir leis an insint réidh sheolta a chleacht sé, ba rud annamh go leor í sin i scríbhneoireacht Ghaeilge na haimsire úd.[57]

Foilsíodh *Oineachlann* le Críostóir Ó Floinn sa bhliain 1968, cnuasach scéalta a ghnóthaigh duais Oireachtais agus a léirigh réimse agus ardchumas scríbhneoireachta Uí Fhloinn. Ní foláir nó gur cuireadh sonrú i mbuanna scéalaíochta an údair ildánaigh seo, mar shampla, an cur síos mioninste cruinn, an cumas íoróine agus an acmhainn grinn mar aon le fairsinge agus scóip na dtéamaí agus na suíomh. Ní foláir nó gur tugadh suntas d'inniúlacht an scríbhneora seo agus cás ghnáthmhuintir na cathrach á léiriú aige, cuir i gcás.[58] Is áirithe go raibh idir cheardúlacht agus thréithiúlacht le haithint i gcónaí ar ghearrscéalaíocht Uí Fhloinn.

Ba i 1970 a foilsíodh *Sweeney agus Scéalta Eile* le Dónall Mac Amhlaigh, scríbhneoir a raibh aithne ag pobal léitheoireachta na Gaeilge air cheana féin, de thoradh na saothar *Dialann Deoraí* (1960) agus *Diarmaid Ó Dónaill* (1966). Léitheoireacht gan dua a bhí i gceist sna gearrscéalta, in *Sweeney agus Scéalta Eile* agus arís in *Beoir Bhaile agus Scéalta Eile* (1981), na scéalta féin dea-scríofa líofa, bua an tabhairt faoi deara agus an chomhrá bheo nádúrtha iontu agus idir ghrinneas, dhaonnacht agus acmhainn grinn le haireachtáil go soiléir orthu. B'fhollas an claonadh chun maoithneachais i roinnt scéalta. Ar an iomlán, ba é pléisiúr na léitheoireachta a bhí i gceist seachas castacht, géire nó dúshlán intleachtúil agus, ar ndóigh, bhraith sásamh na léitheoireachta sin ar éascaíocht teanga agus stíle an údair.

Ina léirmheas ar *Dialann Deoraí*, thug Annraoi Ó Liatháin (1960: 26) moladh ar leith do chumas teanga Mhic Amhlaigh:

> Agus is follas go ngráíonn Mac Amhlaigh an Ghaeilge, ní amháin de bhrí gurb í teanga náisiúnta na hÉireann í ach toisc go gcreideann sé gur díol grá í ar a feabhas agus ar a háille féin. Agus, dála gach fir a bhí ariamh i ngrá, tá meas as cuimse aige ar thréithiúlacht a leannáin. Ní dheineann sé éigean ná trasnaíl uirthi. Ní dheineann sé aon iarracht ar í a chasadh as a riocht nádúrtha féin. Tá sé umhal di agus gheibheann sé féin toradh na humhlaíochta. Géilleann an teanga dó. Seolann sí go soilbhir suairc nádúrtha ina theannta agus is geal leis an léitheoir caidreamh na beirte le chéile.

Níorbh aon ábhar ceiliúrtha nó aoibhnis í Gaeilge Mhic Amhlaigh i dtuairim Phiarais Uí Ghaora (1971:21), áfach, mar is léir ón mblúire seo as an léirmheas a scríobh sé ar *Sweeney agus Scéalta Eile*, blúire a dheimhníonn nár dhuine é údar an ailt a ghéill don leid, don leathfhocal ná do dheismireachtaí cainte:

> Cuireann Gaeilge Mhic Amhlaigh déistean orm, ach is dóigh, nach airsean is mó is cóir milleán a chur. Aithris atá sa leabhar ar stíl bhréan atá coitianta i measc 'iriseoirí' agus 'scríbhneoirí' Gaeilge le scór blianta anuas. Thóg an dream seo - bodarláin agus bodóinsigh as cacphoill Galltachta - monaplacht ar scríobhneoireacht na Gaeilge agus chuir a gcuid féin uatha - bualtrach bréan.

Lean Ó Gaora air agus é ag lochtú charachtracht Mhic Amhlaigh, leis: 'Ní thugann sé léargas ceart ar a chuid carachtair agus ní bhíonn iontu go minic ach leathdhaoine bodhara básaithe' (Ibid.).[59]

Ba ar léiriú tuisceanach an ghearrscéalaí ar a chuid carachtar a thrácht léirmheastóir *Comhar* tamall de mhíonna ina dhiaidh sin:

> Dearcadh tuisceanach báúil atá aige ar na carachtair agus is cneasta a dhéanann sé gach lomadh pearsan dá ndéanann sé. Tá an cineál sin duine gann a dhóthain, ní áirím a bheith ina scríbhneoir: maisiú ar litríocht na Gaeilge é. (Ó hUanacháin 1971b, 22)

Díol suime é alt Mhic Amhlaigh 'Scríbhneoireacht na Gaeilge' (1976), áit a ndeir sé gur ábhar mór díomá dó gan oiread de bhunadh na Gaeltachta a bheith ag foilsiú leabhar is mar ba chóir, dar leis.[60] An bhliain chéanna sin, in alt eile dar theideal 'Titim-chun-deiridh na nGearrscéalta?', thug Mac Amhlaigh le tuiscint go raibh beartaithe aige féin tabhairt faoin ngearrscéalaíocht arís agus go raibh súil aige go ndéanfadh scríbhneoirí eile amhlaidh mar gur bhraith sé go raibh ag teip ar an ngearrscéal Gaeilge.[61]

Ba sa bhliain 1981 a foilsíodh *Beoir Bhaile agus Scéalta Eile*. Leaganacha athchóirithe de scéalta a foilsíodh in irisí roimhe sin a bhí i gceist i gcás roinnt scéalta agus tríd is tríd, b'fhollas go raibh an t-údar sásta cloí le múnlaí agus patrúin scéalaíochta a raibh seanchleachtadh aige féin agus ag a phobal léitheoireachta orthu.[62]

Ba sa bhliain 1971 a foilsíodh an cnuasach scéalta *Póg ó Strainséir* le hÉibhlín Ní Dhuibhir. Ba léir ó na scéalta go raibh spreacadh agus spleodar ag baint leis an scríbhneoir óg seo a roghnaigh an grá rómánsúil mar ábhar dá cuid gearrscéalta. Dála stíl Úna Ní Mhaoileoin a scríobh leabhair taistil de shaghas nua, mar atá, *Le Grá ó Úna* (1958), *An Maith leat Spaigití?* (1966), agus *Turas go Túinis* (1969), is í an éirimiúlacht, an stíl éadrom ghealgháireach sin a mheallann an léitheoir chun léitheoireachta.[63] Faoi mar a chonacthas sa phlé a deineadh ar scéalta de chuid Ní Dhuibhir sa saothar seo, bhí úire ag roinnt le reacaireacht agus le suíomh fo-bhailteach cuid de na scéalta sin cé go raibh sé intuigthe go raibh na scéalta ag feidhmiú de réir fhoirmle an scéil ghrá irise.

Má braitheadh go raibh idir fhuinniúlacht agus fhorrántacht fhiontrach in easnamh ar shaothrú an ghearrscéil sna seascaidí, is áirithe gur sholáthraigh *Muintir* (1971), cnuasach gearrscéalta Dhiarmada Uí Shúilleabháin, ábhar machnaimh, díospóireachta agus dúshláin do léitheoirí na Gaeilge i dtosach na seachtóidí. Bronnadh duaiseanna Oireachtais ar chúig cinn de na scéalta seo roimhe sin, b'iad sin: 'Bláthfhleasc', 'Trasna', 'D', 'Rosc' agus 'Excalibur' agus ghnóthaigh an cnuasach ina iomláine Duais an Chlub Leabhar i 1969. Is follas ón méid a dúirt Ó Súilleabháin faoin ngearrscéal Gaeilge i gclár raidió dar theideal 'Is túisce foirm ná scéal' gur d'aon úim a bhí sé ag scaradh le foirm agus leagan amach an ghearrscéil thraidisiúnta. Thuig sé go mba cheannródaí é féin, scríbhneoir a chaithfeadh an saol nua a rianadh sa tslí ar léir dó féin é. Maidir le sainiúlacht stíle an údair seo, d'admhaigh sé go mbíodh sé 'iontach tógtha le mé-féineachas nuair a bhím ag scríobh' (Ó Súilleabháin, Meitheamh 1971). Thagair Ó Súilleabháin do dheacracht an ghearrscéil mar fhoirm ealaíne agus do thionchar stíleanna scannánaíochta ar chúrsaí scríbhneoireachta. Thagair sé chomh maith don choimhthíos, ábhar a bhí á shuaitheadh ag Breandán Ó Doibhlin in *Irisleabhar Mhá Nuad* 1971. San alt géarchúiseach sin, thagair Ó Doibhlin (1971b: 23) do 'anbhuain existintiúil' scríbhneoireacht Uí Shúilleabháin.

Agus é ag glacadh páirte sa chlár raidió céanna ar an ngearrscéal comhaimseartha, dhearbhaigh Cathal Ó Háinle gur chosúil go raibh an gearrscéal traidisiúnta á thréigean agus go raibh i bhfad níos mó spéise á léiriú i gcúrsaí teicníce agus i bhféidearthachtaí teanga ná mar a bhí sa scéal féin.[64]

Cé gur fáiltíodh roimh fhuinneamh, dhásacht agus thallann chruthaitheach Uí Shúilleabháin, bhíothas amhrasach faoin gcineál gearrscéalaíochta a bhí á chleachtadh aige toisc a dheacra a bhí sé patrún nó brí shoiléir a aimsiú sa scríbhneoireacht. In alt léirmheasa dar theideal 'Logorrhea', thagair Mícheál Ó hUanacháin (1971a: 15) don tslí go raibh Ó Súilleabháin meallta ag draíocht na bhfocal: 'Rómhinic a théann a urchar amú, a chailltear éifeacht an phíosa le ró-shaothrú foirme nó stíle.' Thagair Eoghan Ó hAnluain (1973: 398), leis, do dhíocas an turgnamhaí:

His collection of short pieces *Muintir* (1971) - one hesitates to call them stories - plumbs new depths of obscurity. He may make or break the Irish language but is determined, as any sincere writer is, to create the taste by which he will be appreciated.

Ealaín na mósáice a bhí sna scéalta, dar le Colm Luibhéid (1971: 6):

Brief sentences, sometimes of no more than a single word, are so assembled and arranged that while they stand bare and empty in isolation, they create cumulatively a complex picture in which moods and meanings are present at a variety of levels.

Chonacthas don léirmheastóir céanna gur ábhar ceiliúrtha a bhí i gcumas teanga ghearrscéalta Uí Shúilleabháin, cumas teanga a chomharthaigh nach raibh aon amhras ach go bhféadfaí saol na linne, dá chasta é, a chur in iúl i nGaeilge.

Thagair Ó hUanacháin (1971a: 15) don mhíshuaimhneas ó thaobh rangú foirmeálta na ngearrscéalta, leis:

B'fhéidir gurb é ár ndaille féin faoi ndear é, ach is mó an glacadh a bheadh acu, measaim, i measc léitheoirí na Gaeilge dá dtabharfaí filíocht orthu ná sa bhfoirm ina bhfuil siad anois. Nó an bhfuilimid ag dul faoi smacht an ghalair Mheiriceánaigh, agus lipéid fhoirmeálta á lorg againn do gach aon rud?

I gclár raidió eile sa tsraith *Duitse na hÚdair*, sraith cláracha i dtaobh an ghearrscéil sa Ghaeilge, phléigh Muiris Mac Conghail (1971) ealaín scríbhneoireachta Uí Shúilleabháin agus dúirt sé go bhfacthas dó i gcás roinnt scéalta de chuid an údair in *Muintir*, 'gur filíocht faoi chuing an phróis atá againn agus gur deacair dó na noda a scaoileadh chun teacht ar an scéalaíocht.'

Díol suime é an méid a dúirt Ó Súilleabháin (1985: 22) féin faoin bhfilíocht sa scéalaíocht agus faoi thréithe eile a theastódh sa dea-ghearrscéal, dar leis. Ag trácht ar an ngearrscéal 'Rinneadh' (*SDT*) le Máirtín Ó Cadhain atá sé sa sliocht seo, scéal a chuaigh i bhfeidhm go mór air:

> Amhail gach sárscéal baineann cumhacht agus fuinneamh lena insint ach baineann rudaí eile fosta, cainníochtaí nach bhfuil chomh furasta san iad a ríomhadh mar atá an draíocht / asarlaíocht agus go háirithe an fhilíocht. Bíonn an géarú nó an t-ardú úd de dhíth ar an ngearrscéal; siad na cainníochtaí úd a dheighleann an dea-ghearrscéal ón chonamar. Filleann sé agus athfhilleann sé orainn ina shraitheanna i bhfad tar éis é a bheith léite againn - ní ar chéadfaí amháin dár gcuid mar an radharc cuirim i gcás, ach filleann sé ar ár n-éisteacht, ár dtadhall is ár mboladh fiú - is filleann sé leis ar an gcuid dínn nach mbíonn ag brath ar fad ar an dtabhairt faoi deara céadfaitheach - baineann sé go dlúth a bheag nó a mhór le preab a bhaint as an anam ionainn. Rud sách spiordálta, ar shlí nó ar shlí eile, an sár-ghearrscéal.

Díríonn sé a aire ar ghnéithe eile d'ealaín an ghearrscéil san aiste chéanna, mar shampla:

> Ó nádúr fosta baineann difríocht téama leis an ngearrscéal agus an úrscéal, idirdhealú atá deacair go leor a chur i bhfocail, is ar mó de 'mhothú' atá ann. . . . Séard a tharlaíonn uaireanta i gcás úrscéil de ná gur gearrscéal a bhí ann ó cheart agus nuair a thriailtear é a fhorbairt go ndiúltaíonn sé don bhforbairt chéanna toisc b'fhéidir gur cruth gearrscéil a ba chóir a bheith air ó thús. (Ibid., 20)

Shamhlóinn go dtiocfadh tuiscint agus taithí Uí Shúilleabháin le téis an mhórchriticeora Mheiriceánaigh, Charles E. May (1994b: 132-3) i dtaobh an bhundifir idir an gearrscéal agus an t-úrscéal - agus dearbhaíonn May go bhfuil a théis féin ag teacht le tuairimí B. M. Éjxenbaum, criticeoir de chuid scoil na bhFoirmiúlaithe Rúiseacha:

> My assumption is that when we discuss basic differences between long fiction and short fiction, we must discuss basic differences in the ontology and epistemology of the two forms. The short story is short precisely because of the kind of experience or reality embodied in it. And the kind of experience we find in the short story reflects a mode of knowing which differs from the mode of knowing we find in the novel. My thesis is that long fiction, by its very length, demands both a subject matter and a set of artistic conventions that primarily derive from and in turn establish the primacy of 'experience' conceptually

created and considered; whereas short fiction, by its very length, demands both a subject matter and a set of artistic conventions that derive from and establish the primacy of 'an experience' directly and emotionally created and encountered.

Is léir gur ghlac ábhair agus téamaí áirithe seilbh dhaingean ar intinn agus ar shamhlaíocht Uí Shúilleabhain ionas gur theastaigh uaidh tástáil a dhéanamh orthu i réimse an fhicsin ghearr *agus* i réimse na húrscéalaíochta:

> An té a bheadh ag déanamh grinnstaidéar ar mo chuidse gheobhadh sé síol is foinsí go leor desna húrscéalta deireanacha in *Muintir*. (Ó Súilleabháin 1985, 25)

Ó thaobh stíl, theilgean agus rithim an ghearrscéil de, níl aon cheist ach gur dhein scríbhneoireacht Uí Shúilleabháin saibhriú agus fairsingiú ar raon agus ar scóip an ghearrscéil Ghaeilge. Saoradh agus fuascailt ó chrapaill is ó chúinge scéalaíocht an réalachais a bhí i gceist agus ní foláir nó gur dhein *Muintir* ceisteanna faoi fhéidearthachtaí agus theorainneacha - nó easpa teorainneacha? - an ghearrscéil a mhúscailt. Ní ag feidhmiú mar ghiolla géilliúil don ábhar a bhí stíl Uí Shúilleabháin, ach a mhalairt, geall leis. Saoirse cheannscaoilte na samhlaíochta cruthaithí, aigeantacht an fhiontraí agus comóradh ilchumas an fhicsin a bhí in uachtar. Ar ndóigh, níor fhág an t-údar nósanna scéalaíochta agus insinte traidisiúnta ina dhiaidh ar fad, faoi mar a léiríonn scéalta ar nós 'Leanaí', 'Muintir'. 'Fíníneachas', 'Síol' agus 'Seanscéal', cuir i gcás. In ainneoin fhlosc fuinniúil na scríbhneoireachta i scéalta turgnamhacha ar nós 'Tomhas', 'D', 'Niohtomgop'agus 'Excalibur', níl aon amhras ná gur cuireadh mearbhall nó lagmhisneach ar go leor léitheoirí toisc na píosaí scríbhneoireachta sin a bheith imithe chomh fada sin ó raon taithí agus tuisceana an léitheora féin. Obair dhuainéiseach a bhí sa léitheoireacht agus in ainneoin dhícheall agus fhonnmhaireacht an léitheora, ní fhéadfaí noda na teanga príobháidí a scaoileadh, ionas gur fhan cuid de na 'scéalta' sin ina ndubhfhocail dhochta dhúnta.

Maidir leis an ngearrscéal mar fhoirm liteartha, dhearbhaigh Breandán Ó Buachalla (1967:71) agus treoir Sheáin Uí Fhaoláin[65] á leanúint aige: '. . . chomh maith le haon choinbhinsean liteartha eile sé an aidhm atá leis ná *communication*' agus níor dheacair a áiteamh gurbh é briseadh an ghnáis sin, nó sárú an ní ar ar thug George Steiner (1978: 47) 'the classic contract between word and world,' ba mhó a ghoill ar chuid mhaith léitheoirí san am. An iomarca coimhthís nó *defamiliarisation*, an iomarca 'méféineachais' de chuid an údair, b'fhéidir, a chruthaigh agus a chothaigh míshuaimhneas an léitheora.

Labhraíonn an scríbhneoir, Julio Cortázar, scríbhneoir ar gnách leis saothrú i réimse na fantaisíochta, i dtaobh phróiseas cruthaitheach na gearrscéalaíochta agus ar ról criticiúil an léitheora in alt leis a foilsíodh ar dtús sa bhliain 1971:

> Now, as the last state of the process, like an implacable judge, awaits the reader, the final link in the creative process, determining the success or failure of the cycle. And it is now that the story must become a bridge, it must become a passage, it must give a start which projects its initial meaning, already discovered by the author, to this recipient who is more passive, less aware, and often indifferent, the reader. (Luaite ag May 1994a, 250)

Tagraíonn Cortázar do thábhacht cheardaíocht agus oilteacht an scríbhneora agus deir sé:

> And the writer can momentarily kidnap the reader only with a style based on intensity and tension, a style in which the formal and expressive elements totally adapt themselves to the essence of the subject. (Ibid.)

Is léir gur shaothar dúshlánach go maith a bhí ann do léitheoirí *Muintir* an droichead sin a spreagfadh breis spéise, fiosrachta agus fionnachtana a aimsiú i gcuid de na scéalta. Bhí idir lóchrann agus chuaillí eolais á lorg agus braitheadh ar uairibh go raibh an scríbhneoir imithe rófhada chun tosaigh ar a chuid léitheoirí.

Saothar scríbhneora thréithigh mhisniúil é *Muintir*, saothar ceannródaí chruthanta a raibh a iomaire féin á threabhadh go dásachtach aige agus a raibh luí iomasach aige leis an gcur chuige turgnamhach agus le cothú díbhirceach ealaín na scríbhneoireachta.[66]

> Rud éicínt dá chuid féin, ráite ina bhealach féin atá ón scríbhneoir. . . . Caithfidh scríbhneoir a bheith difriúil. Caithfidh sé a bheith úr (aisteach, b'fhéidir). Caithfidh sé a bheith réabhlóideach, ina anam ar a laghad ar bith. (Breathnach, 1978, 89)
>
> Sí an tsaoirse an bheatha is mó atá uaidh. Sí an tsaoirse a olldhuais, a mhórbhronntanas. Gan saoirse tá sé gan aer gan anáil. Níl rud ar

bith is contúirtí don scríbhneoir ná rialacha. Srathair anuas air is ea é. Úmacha, geimhleacha. Saoirse len é féin a chur in iúl. A luaithe is atá bagairt rialacha air tosaíonn an réabadh, tosaíonn réabhlóid istigh ann, tosaíonn sé ag cur a chos uaidh. Agus is cineál réabhlóidí é chuile scríbhneoir. (Breathnach 1981, 47)

Is tearc scríbhneoir a d'easaontódh le ráitis sin Phádraic Bhreathnaigh, ráitis a bhfuil macallaí ó fhealsúnacht liteartha Phádraig Mhic Phiarais agus Shean-Phádraic Uí Chonaire le clos iontu. Ráitis iad, leis, a thiocfadh le tuairimí Dhiarmada Uí Shúilleabháin. Scríbhneoir cruthaitheach é an Breathnach a d'fháiltigh roimh neamhspleáchas agus nua-aoiseachas stíle Uí Shúilleabháin. San am céanna, d'admhaigh Breathnach (1984: 29) gur fhág píosaí trialacha áirithe in *Muintir* 'go sáraithe, cantalach' é.

Ba sa bhliain 1974 a foilsíodh *Bean Aonair agus Scéalta Eile* le Pádraic Breathnach, cnuasach suaithinseach a d'fhógair go raibh scríbhneoir muiníneach forránach tagtha ar an bhfód, scríbhneoir a bhí i dtiúin le teanga agus meanma a linne. Ó thaobh stíl agus chur i láthair na scéalaíochta de, tugadh suntas do thoise síceolaíoch na reacaireachta: 'Táthar ag iomrascáil leis an intinn i mbun saothair. Tá an plé inmheánach intinniúil á thomhas' (M.Ó Murchú 1974, 19). B'fhollas chomh maith go raibh feidhm thairbheach á baint ag an údar as foirm an ghearrscéil thraidisiúnta. Bhain idir shoiléireacht agus leanúnachas le ríomh phlota na scéalta agus bhí tábhacht nach beag ag baint le téama an uaignis. Chruthaigh roinnt scéalta sa chnuasach tosaigh seo nach raibh an ní ar ar thug Maitiú Ó Murchú (1974: 20) 'an comhábhar is riachtanaí i ngearrscéalta an lae inniu - an gnéas' de dhíth ar shaothar an Bhreathnaigh.

Maidir le cúrsaí carachtrachta, ba dheacair gan sonrú a chur i · ndaonnacht agus i dtuiscint chomhbhách an scríbhneora seo. Níorbh annamh an díomá, an teip agus an t-éadóchas á léiriú aige agus b'fhollas grinneas agus tuiscint an Bhreathnaigh sa chur i láthair a dhein sé ar mhuintir agus ar shaol na tuaithe. Tréith shonraíoch eile de chuid an Bhreathnaigh is ea a acmhainn grinn agus ba léir gurb í an aigeantacht spraíúil a bhí in uachtar i gcuid de scéalta an chéad chnuasaigh. Meon agus taithí páistí a bhí i gceist i gcúpla scéal in *Bean Aonair agus Scéalta Eile*, cur chuige

agus modh scéalaíochta a d'fheicfí arís i gcnuasaigh eile an údair.
Tréith scéalaíochta faoi leith a dhealaigh an Breathnach ó scríbh-
neoirí Gaeilge eile na tréimhse sin ba ea an cur síos cumasach
dúchasach aige ar chúrsaí dúlra. Labhraíonn an scríbhneoir in alt
leis ar a thábhachtaí agus a lárnaí is atá a cheantar dúchais mar
fhoinse inspioráide agus ealaíne dó agus ar an dubhspéis a bhí
riamh aige in ainmneacha plandaí agus luibheanna.[67] Go
deimhin, ábhar spéise agus staidéir ann féin é éifeacht na timpeal-
lachta agus an dúlra i saothar an Bhreathnaigh.

In ainneoin go bhfacthas don Bhreathnach go raibh béim
rómhór á leagan ag Frank O' Connor ar thréith an uaignis sa
ghearrscéal ina shaothar iomráiteach *The Lonely Voice,* [68] is áirithe
gur dhein téama na haonaránachta spéis Phádraic Bhreathnaigh a
adhaint arís agus arís eile agus é i mbun scéil, gné a tháinig chun
solais go gléineach i gcás roinnt mhaith scéalta leis a pléadh sa
saothar seo.

In aiste a scríobh Maurice Harmon (1979:66) faoin
ngearrscéal Béarla in Éirinn sa tréimhse 1968-1978, bhí an méid
seo le rá aige:

> It is hardly necessary to stress that Irish society is more open and
> more tolerant. The literature reflects these changes in its expanded
> range of subject matter and in its treatment of human relation-
> ships.... The inner life is now the arena in which the self faces its
> choices and comes to terms with its own humanity.

Ba é a bhí á chur in iúl ag an nuascríbhneoireacht, dar le
Harmon, ná 'a fluid drama of human interaction and the nuances
of the individual's inner life' (ibid.). Maidir leis an oscailteacht sin
a luaigh Harmon, is fiú a mheabhrú gur sna seachtóidí, leis, a
foilsíodh cnuasaigh scéalta ar nós *Modern Irish Love Stories*[69] agus
Body and Soul: Irish Short Stories of Sexual Love.[70]

Ina alt 'An Grá sa Nuafhilíocht' (1975), tráchtann Damien Ó
Muirí ar thionchar na teilifíse agus ar luachanna sóisialta agus
morálta na scannán a bhí á dtaispeáint in Éirinn idir 1962 agus
1975. I measc rudaí eile, tagraíonn sé don tslí a raibh an grá
drúisiúil á léiriú go hoscailte sna scannáin sin agus úsáideann sé
eolas fíriciúil i dtaobh imeachtaí agus chultúr na tréimhse sin mar
chúlbhrat dá anailís ar fhilíocht Ghaeilge na linne úd.[71] Ag cur
síos dóibh ar fhuinneamh agus spleodar iontach na filíochta

Gaeilge sin, scríobh Gabriel Rosenstock agus Daithí Ó Coileáin (1975:10):

> The politics of ecstasy have replaced those of the confessional. A yielding to the world, a fully conscious *joie de vivre* . . . is finding expression in a new range of styles, in a less academic use of language which brings with it a long-awaited lyric freedom.

Thagair Pádraic Breathnach, leis, d'aois na saoirse, don tsaorvéarsaíocht agus don tsaorscéalaíocht.[72]

Ní deacair saothar an Bhreathnaigh a shuíomh i gcomhthéacs seo cheiliúradh na saoirse agus chleachtadh na hoscailteachta sa phlé a dhéanfaí ar théamaí an chaidrimh agus an ghrá. Tagraíodh i gCaibidil 1 don chonspóid a mhúscail an gearrscéal 'Spallaíocht' (*L*)[73] agus thagair an scríbhneoir féin do chúrsaí gnéis ina shaothar ina alt 'An Gearrscéalaí is a Ghearrscéalta.'[74] Chonacthas do mholtóirí Oireachtas na bliana 1979 go ndeachaigh an Breathnach thar cailc leis an ngáirsiúlacht i scéalta áirithe in *Lilí agus Fraoch* (nár foilsíodh go dtí 1983), cnuasach ar ar bronnadh Duais Chuimhneacháin Sheáin Uí Éigeartaigh.[75] Scríobh Risteárd Ó Glaisne (1981:14) faoi shaothar eile de chuid an Bhreathnaigh, *Na Déithe Luachmhara Deiridh*: '...his work has a raw force. It's frank. Things like sex don't frighten him.' Scríobh léirmheastóir eile faoin gcnuasach áirithe sin: 'In the main, these are earthy, wickedly observed facets of life, at times startlingly outspoken' (O' Hanlon 1981, 6).[76]

Sé chnuasach gearrscéalta a d'fhoilsigh Pádraic Breathnach idir 1974 agus 1990, mar atá, *Bean Aonair agus Scéalta Eile* (1974), *Buicéad Poitín agus Scéalta Eile* (1978), *An Lánúin agus Scéalta Eile* (1979), *Na Déithe Luachmhara Deiridh* (1980), *Lilí agus Fraoch* (1983) agus *Ar na Tamhnacha* (1987). 'An scríbhneoir cruthaitheach gníomhach Gaeilge is tábhachtaí faoi láthair' (Prút 1988:28) a tugadh ar an mBreathnach sa bhliain 1988. Faoi mar a sonraíodh cheana, is scríbhneoir é seo a d'fhéach le cuid éigin de shaol inmheánach a chuid carachtar a thabhairt chun léargais. Airítear go minic an ní ar ar thug Liam Mac Cóil (1981:25) 'sruth an chomhfheasa a bheith ag guairdeall timpeall creaga géara an ghnáthshaoil' sna scéalta aige. Ní scéalaíocht mhalltriallach ná scéalaíocht thromchúiseach a shamhlófaí leis an scríbhneoir seo:

> Is amhlaidh a thugann sé sonc breá aiteasach don ródháiríreacht, don inbhreathnú ciapach agus don scitsifréine shíoraí nuair a

bhraitheann sé gá lena leithéid.... Is minic a bhraitear an áilteoireacht, an spraoi agus an spleodar sna scéalta agus ní annamh iad ag cur treise leis an íoróin a éilítear ar an scríbhneoir. Ar ndóigh, nuair a deirim nach gnách leis an scríbhneoir seo bheith ag faoileáil timpeall dhuibheagán an éadóchais, ní ionann sin is a rá gur ag diúltú aghaidh a thabhairt ar bheophian an uaignis, ar áiféis, mhearbhall agus shuarachas an tsaoil a bhíonn sé. A mhalairt ar fad, óir is é atá ábalta ar an neamhthuiscint agus an mhíthuiscint idir daoine, an daoirse anama is intinne, an leimhe agus an leadrán a léiriú ina chuid scéalta. (Ní Dhonnchadha 1984, 37)

Lonraigh mianach agus tréithiúlacht an scríbhneora chruthaithigh i saothar an Bhreathnaigh óna chéad chnuasach scéalta ar aghaidh. Cé nár dheacair lochtanna agus laigí an phrintísigh a aithint i dtús a thréimhse scríbhneoireachta, níl aon amhras ná go raibh Pádraic Breathnach an-ghafa le ceardaíocht na scríbhneoireachta. Bua na caoladóireachta an bua ba mhó a bhí ag an mBreathnach, dar le hAnnraoi Ó Liatháin, agus i dtuairim an Liathánaigh, ba í an chaoladóireacht buaic na gearrscéalaíochta.[77]

Soláthraíonn ailt an scríbhneora féin tuairisc ríspéisiúil ar thuiscintí agus ar thuairimí an Bhreathnaigh i dtaobh cúrsaí gearrscéalaíochta agus stíle. Luadh cuid de na tuairimí sin roimhe seo. Sampla eile is ea an méid seo a leanas:

Mar a dúras is stíl ghiúmair go minic í stíl 'ala na huaire' agus is minic an scríbhneoir féin dhá hathrú, dhá caighdeánú, dhá srianú ar ball, th'éis don ghiúmar sin a bheith ídithe ann agus ghiúmar eile in uachtar - ghiúmar is coitianta. Tá contúirtí agus buntáistí sa méid sin. Thiocfadh le stíl nó le toradh ghiúmar a bheith ró-riach agus go mb'fhearr a bhearradh. Ach ar an taobh eile má tá sí ceart is cóir a coinneáil. Bíodh dóchas ag an scríbhneoir go ndéanfar í a léamh sách grinn, agus bíodh sé féin sásta a léamh sách grinn. Is cóir ghiúmar a chaomhnú, arae sí an fhilíocht go minic í. (Breathnach 1981, 45)

Scríbhneoir é Pádraic Breathnach a chleachtaigh an gearrscéal traidisiúnta den chuid is mó. Scríobh sé sceitsí, leis, blúirí scríbhneoireachta faoinar scríobh sé féin:

Thiocfadh leis [an scríbhneoir] beonna níos toirtiúla as a chnuasach uibheacha a roghnú ach is maith leis spóirt, a chuid aistíle sainiúla féin a fhoilsiú. Seo faoi deara agamsa leithéidí, 'Cíorthuathail', 'Leathcheann', 'Céimí O', is eile a bhreacadh. Caitheamh glogar ar chaoi é seo nó beathú ealaí i leaba géabha ach tugann sé faoiseamh. Saoirse is ea é. (Ibid., 54)

Dála an-chuid gearrscéalaithe, tuigeadh don Bhreathnach go raibh an gearrscéal agus an fhilíocht an-ghar da chéile. Ag cur síos dó san aiste chéanna ar dhlús agus ar thíos fhoirm an ghearrscéil, tráchtann sé ar 'an scal':

> 'Sí an scal an chéad ghin i mbeatha gearrscéil…. Séard is 'scal' solas a lastar. A lastar de phreab. Mianach tréan; mianach díograiseach. Ach gan inti ach lasair bhídeach….
>
> Go hiondúil tá eithne an charachtair sa scal agus níl ag an bhfile a dhéanamh ach faire go dílis uirthi, éisteacht léi agus fanacht go humhal; an eithne a fhorbairt chomh dílis don scal is a fhéadas sé; déanamh cinnte nach gcasfaidh sé suas cúlbhóithríní a thabharfas cor cam don scéal, cúlbhóithríní mealltacha gur deacair theacht slán as a gcrúba. Tá comhairle amháin práinneach aige, íonbhlas na scaile a chaomhnú. (Ibid., 42, 43)

Stílí cruthanta é Pádraic Breathnach. Ní foláir nó gur cuireadh sonrú i mbeocht agus i ndásacht an ghearrscéalaí seo ó thaobh na stíle de - an Ghaeilge aige saor ó gheimhle caighdeáin agus coinbhinsiúin agus í go spreacúil sultmhar pramsach nó go fileata dúisitheach aoibhinn nó go ciúin srianta neamh-mhóiréiseach de réir mar a d'oir do mheanma an scéil agus na carachtrachta.

Agus cur chuige na gearrscéalaíochta á phlé, d'fhéadfaí a rá gur beag athrú a chonacthas ar 'an stampa Breathnach' ó thús na seachtóidí go dtí deireadh na n-ochtóidí.[78] Os a choinne sin, d'fhéadfaí a áiteamh, ar ndóigh, go mba dhíol sásaimh agus taitnimh don léitheoir é tamall eile a thabhairt i ndomhan scéalaíochta socair so-aitheanta an scríbhneora thréithigh seo.

'Ní bhíonn ábhar ar bith spíonta, is é an modh a bhíonn spíonta' (Breathnach1984, 35) a dhearbhaigh an scríbhneoir féin in aiste leis agus cé nach mbaineann sé leis an tréimhse atá faoi staidéar sa saothar seo, níl aon amhras ná go bhfuil athruithe suntasacha ó thaobh modha agus foirme de le feiceáil i roinnt scéalta sa chéad dhá chnuasach eile a d'fhoilsigh an Breathnach, mar atá, *Íosla agus Scéalta Eile* (1992) agus *An Pincín agus Scéalta Eile* (1994).

Baineann na scéalta leis an ré seo in ábhar, i struchtúr, i stíl is i bhfriotal. Anam is anáil na ré seo atá ina mórbhunáite. Ní fhéadfaí a mbreacadh in aon ré eile. Agus tá staid na Gaeilge féin is máthair dóibh, tá sí láidir. Murach an géim maith spreacúil atá inti ní fhéadfaí briathrú inti, briathrú go teann ionraic inti mar a bhriathraítear. (Breathnach 1984, 36)

Ag trácht ar a shláintiúla is a bhí gearrscéalaíocht na Gaeilge sna seachtóidí agus sna hochtóidí luatha a bhí Pádraic Breathnach sa sliocht thuas agus d'fhéadfaí a rá go n-oirfeadh an cur síos céanna go feillmhaith dá shaothar féin sa tréimhse chéanna.

Scríbhneoir é Dáithí Ó hÓgáin a d'fhoilsigh a chéad chnuasach scéalta - *Breacadh* - sa bhliain 1973 agus a d'fhoilsigh cnuasach eile - *Imeall an Bhaile* - sa bhliain 1986. Ar an iomlán is féidir a rá gur scríbhneoir é Ó hÓgáin ar geal leis an scéal craicneach dea-inste eachtrúil. Sonraíodh meanma nua-aoiseach ag cuisliú trí scéalta áirithe in *Breacadh* agus friotal nua-aoiseach á húsáid dá réir:

Má tá an seanamhras spíonta ar aon duine i dtaobh chúrsaí na linne seo a bheith á bplé i nglan-Ghaeilge ag fear Galltachta, léadh sé an leabhar seo . . . . Tá Éire na linne anseo. (Nic Dhonnchadha 1973, 17)[79]

Baineann grinneas léirsteanach leis an gcur síos a chleachtaíonn Ó hÓgáin nuair a bhíonn daoine agus áiteanna á gcruthú aige. Go deimhin, is é a bhíonn go maith os cionn a bhuille agus tréithe mar aon le nósúlacht daoine á mbreacadh aige.[80] Ní annamh a airítear féith an ghrinn, idir ghreann sultmhar agus ghreann íorónta, ag coipeadh i scéalta an údair seo agus ní cheiltear tuiscint bháúil an údair ar laigí an nádúir dhaonna ar an léitheoir.

Mura bhfuil mórfhuinneamh mothálach le haithint ar scéalaíocht Uí Ógáin, agus ba dheacair gan tagairt do theirce agus do ról tánaisteach na mbancharachtar aige sa chomhthéacs seo,[81] is cinnte go mbaineann ceardaíocht agus críochnúlacht leis an scríbhneoireacht féin. Más fíor go bhfuil idir réimse agus shíceolaíocht na carachtrachta ábhairín teoranta i scéalaíocht an údair seo, ní mór a rá gur scéalta fuinte snasta iad mórán scéalta dá chuid ó thaobh ealaín na scríbhneoireachta de.

Dhá chnuasach scéalta a chuir an scríbhneoir Árannach, Dara Ó Conaola amach, mar atá, *Mo Chathair Ghríobháin* (1981) agus *Amuigh Liom Féin* (1988). Léirigh scéalta an chéad chnuasaigh nárbh aon scríbhneoir Gaeltachta sa mhúnla traidisiúnta é Ó

Conaola. Go deimhin, feidhmíonn teideal an chnuasaigh mar
threoir don léitheoir sa mhéid is gur domhan príobháideach ar
leith é domhan na scéalta seo, domhan ina mbraitear aisteachas
na brionglóide ar uairibh agus atmaisféar bagarthach dúntach an
tromluí uaireanta eile. Thagair Ó Conaola do dhiamhaireacht
éigin a mhothaigh sé féin sna seanscéalta traidisiúnta a bhí cloiste
óna mhuintir aige ó laethanta a óige[82] agus is áirithe gur tréith
láidir í an diamhaireacht in *Mo Chathair Ghríobháin*. Deir Pádraic
Breathnach (1984: 34):

> É dulta go minic go dtí críocha i gcéin sna scéalta seo. Críocha atá
> sách scéiniúil amanna ach ar spléachadh aoibhill isteach in aigne
> chorr neamhchoitianta iad.

Ó thaobh téamaí de, deir Seosamh Ó Murchú (1987: 31):

> . . . is iad téamaí mar chlastrafóibe, pharanóia agus 'phlúchadh' is
> coitianta a phléitear i scéalta Uí Chonaola, agus a gcuid carachtar dá
> réir. [83]

Is suimiúil é an méid seo a deir an scríbhneoir féin mar gheall
ar a scéal 'Mo Chathair Ghríobháin':

> Is cuimhin liom nuair a chuir mé isteach 'Mo Chathair Ghríobháin'
> [go dtí an tOireachtas] mar mhionúrscéal agus dúradh liom 'éirí as
> an Kafkachas seo agus cloí leis an ngnáthrud.' (Ó Conaola 1992, 14)

Maidir leis an scéalaíocht thraidisiúnta a chleachtaigh Ó
Conaola i ngearrscéalta eile dá chuid, dúirt an scríbhneoir féin:

> Sé an buntáiste atá sa bhéaloideas domsa go bhfuil go leor saibhris
> ann agus tugann sé an-mháistreacht dom ar láimhseáil na teanga;
> tugann sé freisin muinín dom go bhfuilim ag coinneáil ar aghaidh
> leis an nós seanbhunaithe. (Ó Conaola 1984, 15)

Ceann de na tréithe stíle is spéisiúla agus is taitneamhaí faoi
shaothar Uí Chonaola is ea an tslí ar éirigh leis 'a áit sa slabhra a
chaomhnú agus chomh maith leis sin an oidhreacht a mhúnlú ar
mhaithe le corraí casta a aigne féin a léiriú' (S. Ó Murchú 1987,
28). Faoi mar a scríobh Gabriel Rosenstock:

> Feiceann sé an saol trí shúile an fhile ina lánúire agus is oscailt súl
> don léitheoir, óg is críonna, an radharc scanrúil, eachtrúil, greann-
> mhar sin. An bua is mó atá ag an údar seo ná cló nua a chur ar an

sean, an traidisiún béil a thabhairt isteach i ndéantús liteartha ár linne féin. (Luaite ar chlúdach *Amuigh Liom Féin*)

Modh scéalaíochta gonta soiléasta sothuigthe a chleachtaíonn an scríbhneoir seo. É cáiréiseach i mbun tógála. 'Snoíodóir focal' a thug scríbhneoir eile air, cur síos cothrom a thugann aitheantas d'úire stíle agus d'ealaín scéalaíochta Uí Chonaola.⁸⁴ Níl aon dabht ná gur seoid dhrithleach ar leith é saothar Uí Chonaola i gcomhthéacs ealaín na gearrscéalaíochta Gaeilge.

Sonraítear drámatacht agus saibhreas dúchasach mhodh scéalaíochta an tseanchais in *Gleann an Chuain* (1978) le Colm P. Ó hIarnáin.⁸⁵ Deirtear i dtosach *Na Stiléirí agus Scéalta Eile Aniar* (1983) le Seán Ó Conghaola gurb é atá ann ná: 'Ceapadóireacht chruthaitheach...ach sin bunaithe, a bheag nó a mhór, ar thaithí an údair agus ar bhéasa, nósanna agus sheanchas na ndaoine'.

Léitheoireacht éadrom thaitneamhach atá in *Ar Thóir Lóistín agus Scéalta Eile* le Séamas Ó Conghaile agus in *Corcán na dTrí gCos* (1988) le Maidhc Dainín Ó Sé. Tá an stíl fhuinniúil sheolta mar aon le hanamúlacht na heachtraíochta ag cuisliú go láidir trí thrí scéal fhada an chnuasaigh dheireanaigh seo, scéalta a chomharthaigh gur bhreá a réiteodh scóip agus fairsinge an úrscéil do mheanma scéalaíochta Uí Shé.

Scríbhneoir Gaeltachta tréitheach eile é Beairtle Ó Conaire agus is léir go bhfuil tábhacht nach beag ag roinnt leis an gcur síos ar chúrsaí cladaigh agus farraige, ar thírdhreach agus ar shaol na tuaithe, ar éin agus ar an dúlra trí chéile ina chnuasach *An Fête agus Scéalta Eile* (1984). Ó thaobh na carachtrachta de, is daoine atá in earr a ré atá mar phríomhcharachtair in 'Athfhás', 'Deireadh Ré' agus 'An Fête' agus is rí-dheacair don scríbhneoir an claonadh chun maoithneachais agus chun méaldráma a sheachaint i gcásanna dá leithéid. Tríd is tríd, is treise é nóta an duaircis agus na domheanma ná nóta an dóchais agus na haigeantachta i scéalaíocht an údair seo. Carachtair nach bhfuil istigh leo féin is mó a chastar ar an léitheoir, carachtair ar léir orthu go bhfuil finéagar an tsaoil blaiste acu.

D'fhéadfaí féachaint ar an gcnuasach seo mar shampla den scéalaíocht thraidisiúnta a bhfuil blas na seanaimhsearthachta i bhfad róláidir uirthi agus a bhfuil an leimhe nó an easpa úire agus faobhair mar locht ar na scéalta dá réir ⁸⁶ nó mar shaothar spéisiúil fiúntach *toisc* a thraidisiúnta is atá an modh scéalaíochta ann agus toisc a shaibhre agus a dhúchasaí is atá an teanga ann.[87] Scríbhneoir Gaeltachta nua-aoiseach a nochtann chugainn sa chnuasach *Mac an tSagairt* (1986). Faoi mar atá scríofa ag Alan Titley (1987: 42):

> Pearsana Mháirtín Uí Chadhain, is minic iad i gcás idir dhá shaol. Tá seansaol na Gaeltachta basctha agus níl an saol nua tagtha ar an bhfód fós. I scéalta Mhichíl Uí Chonghaile ní mór ná go bhféadfaí a rá go bhfuil an saol nua seo tógtha ar bord go huile is go hiomlán aige. Mar cibé ní eile a déarfaí ina thaobh níorbh fholáir a fhógairt go neamhbhalbh gur scríbhneoir Gaeltachta é. Faighimid pictiúr gléineach de bheatha inmheánach, de shaol síceach más maith leat, Ghaeltacht Chonamara faoi mar atá sí i láthair na huaire.

B'fhollas ó scéalta *Mac an tSagairt* go raibh lé ag an scríbhneoir óg seo le cur chuige an réalachais. Pléadh gnéithe faoi leith de scéalta ar nós 'An Díbirt', 'An tSacraimint' agus 'Comhaduimhreacha'as an gcéad chnuasach sin i gCaibidlí 1 agus 2 agus ba léir i gcás na scéalta sin gur theastaigh ón údar aird an léitheora a dhíriú ar fhadhbanna sóisialta áirithe agus tríothu sin, ar ndóigh, ar chastacht agus ar achrannaí an chaidrimh dhaonna.[88] In agallamh a dhein Micheál Ó Conghaile le Mairéad Ní Nuadháin don chlár teilifíse *Iris '86*, dhearbhaigh an scríbhneoir go bhfacthas dósan gur ghá na fadhbanna sóisialta seo a aithint agus a admháil agus go mb'fhéidir gur chéim sa phróiséas sin a bhí i roinnt dá chuid scéalta.[89]

Chruthaigh prós tathagach tuarascálach tomhaiste Uí Chonghaile gur scríbhneoir ó dhúchas a bhí ann, scríbhneoir a bhí inniúil go maith ar réimse leathan carachtar agus mothúchán a chruthú agus a chur in iúl. Bua mór an chnuasaigh seo, *Mac an tSagairt* is ea '...éascaíocht, nádúrthacht, foirfeacht, agus cumas na teanga ann' (Ó Dúshláine 1987, 10). Sonraítear an scil agus an grinneas lena ndéantar stíl na hinsinte a chur in oiriúint don scéal atá á ríomh i gcás fhormhór scéalta an chnuasaigh seo. Duais-scéal Oireachtais agus scéal an-éifeachtach é 'Féincheist' (*Mac*) inar tugadh faoi fhéinmharú duine óig a fhorbairt mar théama. Rud eile de, ba léir go raibh teanga nua-aimseartha na gcarachtar óg sa scéal sin ag freagairt go dílis paiteanta don chineál Gaeilge a chloisfí á labhairt go coitianta i measc daoine óga i gceantair áirithe Ghaeltachta san am.

Ba sa bhliain 1997 a foilsíodh dara cnuasach scéalta Uí Chonghaile agus cé nach mbaineann sé le tréimhse staidéir an tsaothair seo, ní miste a rá gur léir láithreach go raibh forbairt éachtach tagtha ar scóip agus ar mhodh scéalaíochta an údair. Déantar aiteas agus guagacht na samhlaíochta agus na fantaisíochta a cheiliúradh i scéalta áirithe agus cuid suntais í an ionramháil lánmhuiníneach ar théamaí samhlaitheacha agus ar théamaí réalaíocha an chnuasaigh trí chéile.

Ag filleadh dúinn anois ar na hochtóidí, ní foláir a rá gur shaothar suaithinseach ba ea *Ding agus Scéalta Eile* (1983) le Seán Mac Mathúna. Bhain úire, téagar, agus áilleacht ealaíonta neamhchoitianta le scéalta an chnuasaigh sin. Ó thaobh na carachtrachta de, ba é cás an aonaráin, cás an té a bhí ina 'dheoraí ó fhleá an tsaoil' (*Ding* 31) ba ábhar do chuid mhaith de na scéalta, gné scéalaíochta ar thagair an scríbhneoir seo di in áit eile:

> Más téama seanphléite é téama an uaignis sa ghearrscéal, ní haon scéal agus meirg air a thairgeann Mac Mathúna dá léitheoirí uair ar bith ach a mhalairt ghlan. Seolann Mac Mathúna scata carachtar beo spéisiúil inár láthair, daoine a bhfuil a leagan amach féin acu ar chúrsaí an tsaoil agus a bhfuil bealaí beaga dóibh féin acu. Seans go ndaingneodh carachtair seo Mhic Mhathúna tuairim an léitheora gur groí an saol é agus gurb iomaí duine ag Dia. Tréith aoibhinn de chuid scéalta Mhic Mhathúna is ea a mhinicí is a bhíonn an greann agus an sult in uachtar cé go dtuigeann an léitheoir go maith go bhfuil rian láidir den 'grief-born intensity', mar a thug Patrick Kavanagh air, laistiar den ghreann sin. (Ní Dhonnchadha 1992, 187-8) [90]

Mar seo a chuir Caoimhín Mac Giolla Léith (1983: 36) síos ar charachtair Mhic Mhathúna:

> Tá carachtair Mhic Mhathúna ar maos sa choimhthíos doiléir meitifisiciúil atá mar chúlra ag cuid mhaith de 'litríocht chruthaitheach' ár linne agus a shamhlaítear coitianta le cineál éigin eiseachais nó nihileachais rómánsúil. Anuas air sin buailtear cló Gaelach mheon na ciontachta gona iarrachtaí teacht chun réitigh le córas coisctheach moráltachta - na scrupaill, na coimpléisc is na néaróiseanna a bhfuil rianú déanta go minic orthu i litríocht na tíre seo ó Phortrait an tSeoighigh go hOilithreacht an Ríordánaigh.

In ainneoin a láidre is atá téama na teipe fite trí scéalta an chnuasaigh seo nó in ainneoin a mhinice a chítear carachtair scéil atá teanntaithe ag institiúidí, ag rialacha iompair agus gnáis nó ag roghanna pearsanta nó cúinsí mí-ámharacha a saol féin, ní scríbhneoir é Mac Mathúna a bhféadfaí dubhachas nó doineantacht a shamhlú leis:

> Má tá tréith ar bith seachas a chéile is ceart a lua le *Ding*, is é an spórt í. Is é an spórt a ghúshnáithe. Spórt íorónta. Spórt mioscaiseach, spórt éadrom. (Breathnach 1984, 32)

Scinneann an greann, an rógaireacht, an áibhéil agus an íoróin as na scéalta agus ní annamh a thugtar sciuird aiteasach ar réimse na fantaisíochta.[91]

Ní mór tagairt do shnoiteacht, do ghrástúlacht, d'oiriúnacht agus d'fhuaimint na teanga i scéalta Mhic Mhathúna. Faoi mar atá scríofa ag Siobhán Ní Fhoghlú (1987: 53):

> Tá tuairimí an-láidir ag Seán Mac Mathúna faoi Ghaeilgeoirí a dhíríonn ar Ghaeilge seachas ar scríbhneoireacht. Ba thrua mar sin féin trácht ar a shaothar gan an mháistreacht atá aige ar an teanga a lua. Is mór an mhaise ar na scéalta seo saibhreas na cainte, nádúracht na gcomhráite agus an tsiúráil lena dtógtar carachtair as focal dearoghnaithe. Go deimhin cuireann a sho-léite is atá siad leis an éifeacht a bhíonn le haduaine na n-eachtraí agus leis an gcúl a thugtar don réalachas coitianta.

Agus an léitheoir ag meabhrú ar chúrsaí teanga i gcomhthéacs shaothar Mhic Mhathúna, cuimhníodh sé gur thagair an t-údar féin go saoithiúil d'fhoinse thábhachtach amháin aige:

> Tugaim cuairt anois is arís ar 'morgue' an Duinnínigh; ní miste fochorpán a shéideadh chun beatha arís, fad is nach gcuireann tú *stampede* ar siúl agus an reilig a réabadh. (Rosenstock/ Mac Mathúna 1982, 13)

San agallamh céanna sin, leag Mac Mathúna béim ar thábhacht chruthú an atmaisféir sna gearrscéalta aige agus ní bréag a rá gur ceardaí déanta é an scríbhneoir céanna chomh fada agus a bhaineann le hatmaisféar scéil a chruthú ionas gur féidir leis dul i bhfeidhm go héifeachtach ar thuiscint agus ar shamhlaíocht an léitheora.

Ba sa bhliain 1983 a foilsíodh *Laochra*, an chéad chnuasach scéalta le Mícheál Ó Brolacháin agus foilsíodh an dara cnuasach leis, *Sráid Sicín*, trí bliana ina dhiaidh sin. Is minic uaigneas, doicheall agus coimhthíos cathrach mar théama ag an scríbhneoir seo, go háirithe sa dara cnuasach. Ní haon ábhar iontais é, mar sin, an éideimhne agus an éadaingne a bheith chomh hinbhraite sin i gcarachtracht roinnt scéalta agus éachtaintí á soláthar ag na scéalta sin ar dhaoine a ndéantar imeallú orthu. 'Aspal na hAinnise' a tugadh ar Ó Brolacháin i léirmheas amháin a deineadh ar *Sráid Sicín*.[92] Deir Liam Mac Cóil (1987: 23) agus é ag trácht ar oscailteacht agus ar mhisneach scéalta an scríbhneora óig seo:

> Labhraíonn sé...faoi go leor gnéithe éagsúla de dhóchas agus de dhearóile an duine, gealadh na hóige, an aois chloíte, cúrsaí gnéis agus foréigin, dúnmharú, féinmharú, teip agus tuiscint, agus an imirce. Ní sheachnaíonn sé aon rud daonna.

Tagraíodh i gcaibidlí eile an tsaothair seo do scéalta éagsúla le Mícheál Ó Brolacháin agus b'fhollas i gcónaí an bhéim a leag an scríbhneoir seo ar an mioninsint cháiréiseach i dtógáil an scéil. Déanann Liam Mac Cóil cur síos ar choinbhinsiún na peirspictíochta sa chineál scríbhneoireachta a chleachtann Mícheál Ó Brolacháin agus deir sé:

> Is é an chaoi a bhfuil sé, ní féidir leis an scríbhneoir imeacht rófhada óna charachtar agus ní mór don charachtar a bheith ina ábhar scríbhneora má tá sé le rudaí a thabhairt faoi deara agus cur síos sásúil a dhéanamh orthu. Seo é an fabht i gcroí an nádúrachais; an scoilt idir machnamh inmheánach an charachtair agus an méid eolais a bhíonn ag teastáil ón scríbhneoir chun an saol inbhraite a chur in iúl don léitheoir. (Ibid., 21)

Prós lom neamhornáideach a chleachtann Ó Brolacháin, gné a oireann, ar ndóigh, nuair atá an scríbhneoir ag iarraidh dearóile, suarachas agus míchothrom an tsaoil a thabhairt chun léargais ina shaothar. In aiste a scríobh an gearrscéalaí Meiriceánach clúiteach, Raymond Carver, (1994: 277)[93] faoi ealaín na scríbhneoireachta, thrácht sé ar chruinneas agus ar oiriúnacht teanga sa ghearrscéal agus dúirt : 'The words can be so precise that they may even sound flat, but they can still carry; if used right, they can hit all the notes.' Tá sé le tuiscint, ámh, agus prós chomh lom barainneach sin in úsáid, go bhféadfaí an scríbhneoir a dteipeann air na nótaí úd a chur ag fuaimniú, go bhféadfaí an scríbhneoir

sin a lochtú toisc an teanga a bheith rótheoranta nó róthanaí agus
an stíl trí chéile a bheith leamh dá réir. Ní i gcónaí a thagann prós
Uí Bhrolacháin slán ón gclaonadh sin.

Gan amhras, bhí spéisiúlacht ábhar agus cumas géarchúiseach
le haithint go soiléir ar ghearrscéalta Uí Bhrolacháin, gearrscéalta
a chomharthaigh go raibh a ionad féin aimsithe go soiléir ag an
údar seo i bprós-scríbhneoireacht Ghaeilge na n-ochtóidí.
Dála Mhíchíl Uí Bhrolacháin, scríbhneoir uirbeach é Deaglán
de Bréadún. 'Eisimirce, foréigean, ginmhilleadh, scaradh lánúine,
fimínteacht agus mí-éifeacht...'. Mar sin a liostáiltear ábhair
scéalta *Sceallóga* (1990) le Deaglán de Breadún ar chúlchlúdach an
leabhair. Naoi scéal neamh-mhóiréiseacha soléite atá sa chnuasach
seo.[94] Ba é an cuspóir a chuir an t-údar roimhe ná scéalta soléite
comhaimseartha a scríobh do dhaoine a raibh méid áirithe
Gaeilge acu agus a raibh fonn orthu ficsean Gaeilge a léamh.[95] Ar
an mbonn sin, ní foláir a rá gur éirigh go seoigh le de Bréadún
agus, gan amhras, ní raibh soláthar sásúil á dhéanamh in aon chor
don phobal léitheoireachta áirithe sin.

Scríbhneoir eile a d'fhéach le freastal ar léitheoirí a rabhthas
ag déanamh faillí iontu ba ea Ré Ó Laighléis. Ceannródaí
aitheanta i réimse na déaglitríochta é an t-údar seo. Cé gur fíor
gur sna nóchaidí a d'fhorbair agus a bhláthaigh ardchumas
scríbhneoireachta Uí Laighléis, ní miste tagairt anseo dá chéad
saothar gearrscéalaíochta, saothar a bhí dírithe ar dhéagóirí, mar
atá, *Punk agus Scéalta Eile*, a foilsíodh sa bhliain 1988. Ba léir gur
bhain scil agus spleodar nua-aoiseach le scéalta an chnuasaigh seo,
scéalta a thaispeáin go beo fuinniúil go raibh Ó Laighléis i dtiúin
go hiomlán le réimse teanga agus saoldearcaidh an duine óig.
B'fhollas go raibh Ó Laighléis ag tabhairt faoi théamaí comhaim-
seartha a chur i láthair i dteanga bhríomhar a thaitneodh le
léitheoirí óga arbh í an Ghaeilge an dara teanga ag an bhformhór
mór acu.

Scéalta fuinte dea-scríofa soléite atá in *Bás Bharra agus Scéalta
Eile* (1990) le Mícheál Ó Laoghaire. Scéalta inar léir cúram agus
cáiréis na reacaireachta agus éagsúlacht bhreá téamaí agus friotail.
Cathair Chorcaí a bhíonn mar shuíomh scéil ag an údar seo i
roinnt scéalta - chítear é seo in 'Bean an Tí' agus in 'I dTreo na
hAislinge', cuir i gcás. Tugtar faoi fhadhbanna féiniúlachta,
pearsantachta agus caidrimh de thoradh na dífhostaíochta a

thabhairt chun solais sa dá scéal sin. An grá éagmaiseach nó an grá mírathúil atá i gceist i scéalta eile - 'Geallúintí', 'Ní Nós Linne Dearmad a Dhéanamh' agus 'Ómós', cuir i gcás. Leagan amach an pháiste atá i gceist in 'Daidí' agus 'Seánaí' agus gné shonraíoch de chuid 'Scoiltdíothú' is ea toise na samhlaíochta. Chruthaigh an cnuasach scéalta seo gur scríbhneoir tréitheach spéisiúil é Ó Laoghaire a bhí sásta, den chuid is mó, a bheith ag cumadh leis ar a shuaimhneas laistigh de fhráma an ghearrscéil chlasaicigh.

Tabharfar spléachadh anois ar scríbhneoirí eile de chuid na n-ochtóidí, scríbhneoirí a d'fhéach le feacadh a bhaint as foirm an ghearrscéil thraidisiúnta nó a leag béim mhór ar thoise turgnamhach a saothar gearrscéalaíochta. Tóg, mar shampla, Seán Ó Siadhail a d'fhoilsigh dhá chnuasach scéalta, *Scéalta Mhac an Ghobáin* (1982) agus *Miodamas agus Scéalta Eile* (1989). Scríbhneoir é ar fiú don léitheoir ar spéis leis staidéar a dhéanamh ar chúrsaí teicníce agus reacaireachta tamall a chaitheamh ina theannta. Cleachtann Ó Siadhail an mhioninsint líofa agus tugtar faoi deara go roinntear scéalta fada an chéad chnuasaigh ina gcoda uimhrithe. Scéalta ardaidhmeannacha gabhlánacha iad na scéalta 'Claud Bocht' agus 'Á Phróiseáil' sa dara cnuasach. Scéalta iad seo ar fad a éilíonn léitheoireacht dhílis fhoighneach óir in ainneoin fhuinneamh agus spionnadh an phróis, is doiligh ar uairibh, idir threo agus fhócas an scéil a thabhairt chun soiléireachta. Ar ndóigh, léirigh scéalta eile ar nós 'Briseadh Amach as an Bhosca' (*Scéalta Mhac an Ghobáin),* 'Lánúnas' agus 'Deartháir mo Chéile' (*Miodamas agus Scéalta Eile*) go raibh Ó Siadhail láninniúil ar stíl shaoráideach neamhchas a chur ag feidhmiú i scéalta taitneamhacha nach gcuirfeadh aon stró tuisceana ná intleachta ar an léitheoir.

Scríbhneoir é Liam Prút ar léir ar a chnuasach scéalta, *Sean-Dair agus Scéalta Eile,* (1985), go raibh lúb istigh aige sa chur chuige úr trialach fiontrach. B'fhollas gurbh aoibhinn le Prút féidearthachtaí iomadúla ealaín na scríbhneoireachta trí chéile a thaiscéaladh. Stíl mhuiníneach urrúsach a bhraitear i scéalta 'sothuigthe' ar nós 'Agallamh Aonair', 'Brisleach' agus 'Ceirtlis i gCluain Saileach' agus baineann mealltacht áititheach leis an bprós úr cruthaitheach i scéalta ar nós 'Sean-Dair' agus 'Trí na Críocha ar Cuaird'.

Agus sonrú á chur ag an léitheoir i bhfileatas phrós cruthaitheach chuid de ghearrscéalaithe na n-ochtóidí, d'fhéadfaí a bhfuil le rá ag Alan Titley (1991: 569) faoi *Sracfhéachaint* (1986) le L. S. Ó Treasaigh a lua:

> Pléascann na híomhánna chugainn ón gcéad líne ar aghaidh agus is geall le dlúthchoill chas fásra seo na híomháineachta a gcaithfimid dul i dtreis leis nó éirí as. Cáilíocht chéanna na filíochta agus na diamhaireachta atá i gcuid mhór den phrós seo agus dá léifí mar dhán é, nó mar ghréasán ceangailte samhailtí, nó mar chairpéad Peirseach focal, is mó ar fad an blas a gheofaí air.

Níor mhiste a thabhairt chun cuimhne gur 'Searcscéal Sceadach' is teideal don dara caibidil in *Sracfhéachaint*, úrscéal gearr Uí Threasaigh, agus gur ghnóthaigh an chaibidil chéanna sin duais mhór ghearrscéalaíochta don údar óg sa bhliain 1982.[96] Ábhar lúcháire ba ea saibhreas agus áilleacht neamhchoitianta an phróis in 'Searcscéal Sceadach', prós trína raibh draíocht nó mistéir na filíochta ag cogarnaíl go meallacach dúshlánach.

Ag trácht d'Alan Titley (1991: 59) ar éagsúlacht agus ar thorthúlacht an úrscéil Ghaeilge sna hochtóidí, deir sé:

> Gníomh siombalach is ea an litríocht i gcónaí agus ceann dá feidhmeanna is ea cur i gcoinne an tsrutha fad is atá sí ag sloinneadh na snámhraice atá á hiompar fan na slí aici. Is é oighear diachrach an scéil mar sin é fad is a bhí géarchéim na Gaeilge mar theanga phobail agus phoiblí ag dul i ndéine i rith na n-ochtóidí go raibh na deich mbliana sin níos torthúla ná riamh maidir le líon is le héagsúlacht na n-úrscéalta a cuireadh ar fáil.

Ba léir go raibh an mianach turgnamhach á chur féin in iúl i réimse an ghearrscéil, leis, ní nach ionadh agus i dteannta na saothar a luadh ó chianaibhín, d'fhéadfaí cnuasach scéalta Dháithí Sproule - *Ar an Taobh Eile agus Scéalta Eile* (1987)[97] - a lua sa chomhthéacs seo mar aon le roinnt gearrscéalta de chuid Shéamais Mhic Annaidh a foilsíodh in irisí éagsúla agus ar athfhoilsíodh cuid acu ina dhiaidh sin in *Féirín, Scéalta agus Eile* (1992).[98]

> Ní stríocann an saothar nuálach roimh an léitheoir gan troid a chur suas i dtosach agus nuair a bhíonn an choimhlint thart ní fios cé aige a mbíonn an lá. (Titley 1991, 587)

Tuigtear nach soláthraítear léarscáil ná lón bóthair don léitheoir agus é ag taisteal trí chríocha an fhicsin thrialaigh. Ina ionad sin, éilíonn an scríbhneoir oscailteacht agus neamhspleáchas intinne, dúil dhíocasach i dtaiscéalaíocht mar aon le fonn spraoi agus cluichíochta ar an léitheoir. Ní féidir talamh slán a dhéanamh d'aon ní ná d'aon chóras tagartha agus níl aon chinnteacht ná stádas ar leith ag baint le 'brí' na scríbhneoireachta. Ní ghéilleann gach aon léitheoir do na héilimh nó na coinníollacha sin, ar ndóigh. Faoi mar a scríobh léirmheastóir amháin:

> Duine mé atá den tuairim nach ceart an iomarca allais a chaitheamh le saothar scríbhneora mura bhfuil an scríbhneoir céanna sásta a chuid smaointe a roinnt linn ar bhealach soléite, nó ar a laghad ar bith, ar bhealach taitneamhach. Tá an saol róghairid; tá rudaí eile le déanamh; tá leabhair eile le léamh. . . . (Ó Scolaí 1985, 40)

Tráchtann Patricia Waugh (1984: 65) ar lucht léitheoireachta an mheitificsin agus ar a riachtanaí atá sé coibhneas sásúil a bhunú idir gnéithe so-aitheanta agus gnéithe nua san fhicsean sin:

> The forms and language of what is offered. . . as creative or experimental fiction should not be so unfamiliar as to be entirely beyond the *given* modes of communication, or such fiction will be rejected as simply not worth the reading effort. There has to be some level of familiarity. In metafiction it is precisely the *fulfilment* as well as the *non-fulfilment* of generic expectations that provides both familiarity and the starting point for innovation.

Le linn di tréithe an mheitificsin a phlé, luann Waugh:

> . . . a celebration of the power of the creative imagination together with an uncertainty about the validity of its representations; an extreme self-consciousness about language, literary form and the act of writing fictions. . . . (Ibid., 2)

Tréithe iad sin a fhéadfaí a shamhlú le prós-scríbhneoireacht Phrúit, L.S.Uí Threasaigh agus Titley.

Maidir le léitheoirí dílse díograiseacha a bhí sásta duainéis a chur orthu féin ach a bhraith in ainneoin a ndícheall go rabhadar ag dul ar seachrán i ndomhan diamhair an fhicsin thrialaigh nó in ilchumas cruthaitheach an mheitificsin, d'fhéadfaí ceist urramach Ghearailt Mhic Eoin (1990:13) a lua, ceist a d'ardaigh sé agus é ag tagairt d'aistriúchán Béarla a dhein Aodán Mac Póilín ar scéal de chuid Alan Titley, mar atá: 'Tá ómós an domhain agam d'Alan, ach, meas tú, ar locht ar scríbhneoir a bheith ró-éirimiúil?'

San aiste chritice a scríobh Seán Ó Tuama (1987:17) ar shaothar gearrscéalaíochta Alan Titley, tugadh aghaidh ar an ábhar céanna, go háirithe ó thaobh na teanga de:

> . . . is baolach go rachaidh sé dian go leor ar ghnáthphobal léitheoireachta na Gaeilge aon sult mór a bhaint as cuid mhaith den ábhar is raibiléisí féin in *Eiriceachtaí*, mar scríobhann Alan Titley ar chuma a d'áiteodh ort nach ndeachaigh aon trá riamh ar fhorbairt na Gaeilge, agus go raibh cúpla milliún léitheoir aige a bhí sean-oilte dá réir sin ar na ciútaí uile foclaíochta is machnaimh atá ag iomlasc go mearbhallach meidhreach ar fud a chuid scríbhneoireachta.[99]

Agus an méid sin ráite, níl aon amhras ná go bhfuil an ceart ag Ó Tuama nuair a thugann sé 'an leabhar próis is réabhlóidí, b'fhéidir, a scríobhadh sa Nua-Ghaeilge ó *Cré na Cille* i leith' (ibid.) ar *Eiriceachtaí agus Scéalta Eile* (1987). Eispéireas agus dúshlán úrnua léitheoireachta a bhí á thairiscint ag saothar Titley do léitheoirí na Gaeilge agus is áirithe gur bhain an saothar céanna croitheadh maith as foirm agus fráma tagartha an ghearrscéil Ghaeilge. Faoi mar a shonraigh Siobhán Ní Chléirigh (1990: 27):

> Ón uair gur tháinig *Eiriceachtaí agus Scéalta Eile* ar an bhfód do b'fhéidir a rá go raibh cóta seanchaite Ghogol caite ar leataobh ag an ngearrscéal Gaeilge. Do b'fhéidir a rá, go deimhin, ón nascadh a dhéantar idir an fhoirm nua agus tuiscintí an údair i dtaobh mórcheisteanna na beatha, go bhfuil meanma úrnua ar fad ag brúchtadh aníos sa saothar seo. 'Sí an mheanma Iar-Nua-Aoiseach í sin.

Agus faoi mar a deir Valerie Shaw (1983: 19-20) i dtaobh scríbhneoirí a bhfuil bua úrnua bunúil faoi leith le maíomh acu:

> . . . what is true of any one memorable story holds for the genre itself; it is always individual talent that unsettles the short story out of a tired formula and back into experimentalism which is its forte.

Tráchtann Ní Chléirigh (1990:1) ar stíl fhrithréalaíoch Titley agus ar an amhras onteolaíoch atá chomh suaithinseach sin i saothar Titley: ''Sé an t-amhras onteolaíoch croílár na meanman Iar-Nua-

Aoisí - amhras i dtaobh an duine, a dháin agus a dhomhain.' Faoi mar a deir Catherine Belsey (1994:77) faoin chineál seo scríbhneoireachta :

> Postmodern writing knows that metaphysics is not an option; it takes for granted that the process of representation can never be the reconstitution of presence; it repudiates the modernist nostalgia for the unpresentable, ineffable truth of things; and it variously celebrates or struggles with the opacity of the signifier. Postmodern fiction precisely refuses to be silent in the face of what cannot be said. On the contrary, the impossible generates an extraordinary loquacity, a proliferation of textuality which calls into question the proprieties, complacencies and certainties of the past.

Tógadh ceann den mheanma iar-nua-aoiseach úd, den spleodar ardaigeanta, den raibiléiseachas agus, gan dabht, den mháistreacht bhuacach teanga sna tagairtí a deineadh do scéalta áirithe de chuid Alan Titley i gcaibidlí eile an tsaothair seo.

Ina aiste 'Máirtín Ó Cadhain agus Foirm an Ghearrscéil', d'áirigh Titley na tréithe a dhein scríbhneoir ar leith den Chadhnach agus orthu sin bhí an tslí a gcuireadh Ó Cadhain an fhoirm in oiriúint don scéal agus an tslí a dtugadh sé lánscóip don tsamhlaíocht agus do spiorad neamhspleách an ealaíontóra.[100] Níor dheacair na tréithe céanna sin a aithint arís agus arís eile i saothar Titley féin agus, ar ndóigh, is é an neamhghéilleadh sin do rialacha agus d'fhoirmlí a fhágann gur ficsean gearr úrnua fuinniúil a bhfuil séala sainiúil an údair air atá in *Eiriceachtaí agus Scéalta Eile.*

Deir Seán Ó Tuama (1987:19) faoi dhá scéal de chuid Titley:

> Scéalta is ea 'Cibé Acu' agus 'Scéal Bleachtaireachta' ina gcleachtann Alan Titley, (agus é faoi anáil Milan Kundera, b'fhéidir, agus Borges) cineál nua cumadóireachta: *fictions* ina mbíonn cumasc den aiste is den scéalaíocht....
> Sna hiarrachtaí seo, tá móran beach mallaithe curtha ag an údar as cuasnóga coimeádacha; ina dhiaidh sin, dar liom, intleachtóirí is mó a phriocfar.

I dtaca le héirim na haoire de i scéalaíocht Titley, seans go n-oirfeadh an cur síos sa sliocht seo a leanas mar chur síos ar éifeacht aorúil scéalaíocht Titley, sliocht le Robert Scholes (1979: 145) as caibidil ar a dtugann sé 'The Comedy of Extremity':

The satirical kind of black humor is qualified by the modern fabulator's tendency to be more playful and more artful in construction than his predecessors: his tendency to fabulate. Fabulative satire is less certain ethically but more certain esthetically than traditional satire. This causes the special tone that the term 'black humor' so inadequately attempts to capture. The spirit of playfulness and care for form characteristic of the modern fabulators operate so as to turn the materials of satire and protest into comedy.... They have some faith in art but they reject all ethical absolutes. Especially, they reject the traditional satirist's faith in the efficacy of satire as a reforming instrument. They have a more subtle faith in the humanizing value of laughter.

Baintear earraíocht as an áiféis, an scigaithris, agus as an bhfantaisíocht, leis, chun éigiall agus éiginnteacht an tsaoil a chur in iúl. Braitear a láidre is atá an greann agus meanma na fantaisíochta in 'An Tríú Scéal Déag' (*E*), cuir i gcás. Tráchtann Rosemary Jackson (1981: 34, 35) ar thréithe na fantaisíochta i gcúrsaí ficsin sa sliocht seo a leanas:

Fantastic narratives confound elements of both the marvellous and mimetic. They assert that what they are telling is real - relying upon all the conventions of realistic fiction to do so - and then they proceed to break that assumption of realism by introducing what - within those terms - is manifestly unreal. They pull the reader from the apparent familiarity and security of the known and everyday world into something more strange, into a world whose improbabilities are closer to the realm normally associated with the marvellous.... Between the marvellous and the mimetic, borrowing the extravagance of one and the ordinariness of the other, the fantastic belongs to neither and is without their assumptions of confidence or presentations of authoritative 'truths'.

Gan dabht ar domhan, ba shaothar cruthaitheach mórshuaithinseach é *Eiriceachtaí agus Scéalta Eile*, saothar a thug dúshlán an ghearrscéil chlasaicigh mar fhoirm liteartha agus saothar a thug dúshlán léitheoirí agus scríbhneoirí Gaeilge araon. B'fhollas go mbeifí ag trácht ar mháistreacht ardchumasach, ar scóip agus ar mhórshaibhreas teanga, stíle agus cumadóireachta an údair seo go ceann i bhfad:

Is le tarraingt ar acmhainní leathana na litríocta Gaeilge, is le háibhéil choimhthíoch ainspianta a dhéanamh ar stíleanna difriúla so-aitheanta na litríochta sin, is mó a chuireann sé léargaisí a aigne abhaile orainn: aigne uirbeach shofaisticiúil intleachtúil, atá á cur féin in iúl in airde a láin ar shlí nach bhfacthas a shamhail go dtí seo sa Ghaeilge. Is é sin faoi deara dom leabhar réabhlóideach a ghlaoch ar *Eiriceachtaí agus Scéalta Eile.* (Ó Tuama 1987,19)

Sula gcuirfear clabhsúr ar an gcaibidil seo is cóir tagairt do scríbhneoir amháin eile a chuir le saibhreas an ghearrscéil mar fhoirm liteartha. Is í Angela Bourke atá i gceist anseo, scríbhneoir ar léir óna scéal 'Iníon Rí na Cathrach Deirge,'[101] go raibh bua scéalaíochta, samhlaíochta agus cruthaitheachta ar leith aici. Scéal é seo atá bunaithe ar an scéal béaloidis 'Mac Rí in Éirinn agus an Deachma' ach gurb é scéal na mná seachas scéal an fhir atá chun tosaigh ann. Faoi mar atá scríofa ag Bríona Nic Dhiarmada (1995: 137) agus í ag cur síos ar ealaín scéalaíochta an scríbhneora sa scéal seo:

... úsáideann sí foirmle agus craiceann an scéil béaloidis chun rudaí tábhachtacha a rá i leith stádas agus saoirse na mban sa tsochaí chomhaimseartha. Ní mór a mheabhrú mar sin gur gearrscéal sofaisticiúil nua-aimseartha é seo a labhraíonn linn trí shamhlaoidí meafaracha, samhlaoidí a thóg an t-údar ó dhioscúrsa traidisiúnta na Gaeilge.

In aiste léi, thagair Angela Bourke (1992: 75) do sheanscéalta béaloidis na Gaeilge agus dúirt: 'Tríd is tríd, ní bheidh mórán sásaimh ag mná ná ag cailíní beaga Éireannacha na haoise seo ag tóraíocht a n-íomhá féin sna scéalta seo.'

Athinsint fheimineach ar an scéal traidisiúnta a bhí in 'Iníon Rí na Cathrach Deirge', is é sin, cumadóireacht chruthaitheach a thabharfadh guth, stádas agus neamhspleáchas do phríomh-bhancharachtar an scéil. D'fhéadfaí a rá go raibh an cuspóir céanna, nach mór, le feiceáil i roinnt cnuasach scéalta Béarla a d'fhoilsigh Attic Press sna hochtóidí. 'Fairytales for feminists' a tugadh ar an tsraith ina raibh cnuasaigh ar nós *Rapunzel's Revenge* (1985), *Ms Muffet and Others* (1986) agus *Mad and Bad Fairies* (1987). Bhí tábhacht faoi leith ag baint leis an ngreann agus leis an ngastacht sna scéalta gearra úd faoi mar a thuigfí ó theidil (agus ó léaráidí) na gcnuasach sin. Tréithe scéalaíochta eile ar fad a mhúsclaíonn suim an léitheora i scéal Angela Bourke, ámh, tréithe ar nós áilleacht an phróis féin agus chumas fíodóireachta an údair chomh fada agus a bhain le tréithe agus macallaí na seanscéalaíochta dúchais a nascadh le meon feimineach nua-aoiseach.[102] An fada eile, ámh, go bhfeicfí cnuasach scéalta ó láimh Angela Bourke agus, go deimhin, an spreagfaí scríbhneoirí mná eile chun cnuasaigh scéalta a chur amach sna blianta a bhí le teacht? [103]

Caibidil 6

CONCLÚID

Sa chaibidil seo féachfar le soiléiriú agus achoimriú a dhéanamh ar ábhar agus ar théamaí an tsaothair seo trí chéile. Faoi mar a bheadh súil leis, beifear ag díriú tríd síos ar an ngaol idir modhanna agus eilimintí difriúla carachtrachta agus acmhainn ilghnéitheach na gearrscéalaíochta.

I gCaibidil 1, féachadh ar an mbean óg mar charachtar gearrscéil sa tréimhse 1940-1990. Sa staidéar a deineadh ar charachtracht na mná óige i gcomhthéacs an chleamhnais, ba léir an bhéim a bhí á leagan ag scríbhneoirí éagsúla ar údarás agus ar thoil an athar agus dá thoradh sin ar neamhchumhacht na mná óige a bhí i dtuilleamaí a hathar. Níorbh fholáir don bhean óg cúl a thabhairt le fear meallacach a cuid brionglóidí nó le hógfhear bocht éigin nár shásaigh coinníollacha a hathar agus glacadh leis an bhfear a roghnódh a hathair di.

Chonacthas i gcás roinnt gearrscéalta le Máire ina raibh mná óga aigeanta a dhiúltaigh do nós an chleamhnais gur fágadh na mná sin ar an trá fholamh, a gcuid aislingí i dtaobh an ghrá uasail rómánsúil ruaigthe ag cora crua an tsaoil agus iad ag maireachtaint go haonarach ar imeall na sochaí.

Tá an t-aiféala ar cheann de na mothúcháin is tréine a bhraitear i roinnt gearrscéalta le Máirtín Ó Cadhain ina dtagann an cleamhnas i gceist, an t-aiféala a airíonn bean nó fear toisc gur ghéill sí / sé do thoil a t(h)uismitheoirí seachas rogha eile a dhéanamh. Téama agus ábhar a d'oir go maith do eisint an ghearrscéil a bhí san aiféala sin mar a raibh caillteanas pearsanta i gceist. D'fhéadfaí an sárscéal 'Teangabháil' (*Dúil*) le Liam Ó Flaithearta a lua sa chomhthéacs seo, leis, gearrscéal ealaíonta inar léir bá an scríbhneora le cás dubhach na mná óige.

Cúinsí eacnamúla agus cumas margaíochta a bhíodh i dtreis agus cleamhnas á shocrú, ar ndóigh:

The match not only had a more prosaic origin than romantic marriage: it differed also in the qualities for which bride and groom

293

were esteemed; and in the process by which they were selected.
(Connell 1962, 504) [1]

Faoi mar a thuigfí ó na scéalta, is cinnte nach dtugtaí tosaíocht do
thoil na mná óige sna cúrsaí sin fad a mhair ré an chleamhnais:
'Earra indíolta ar mhargadh an phósta í an bhean agus glacann
idir fhir agus mhná leis seo' (Denvir 1987, x).

Tagraíodh don scéal 'Margáil' (*Stáca*) le Conchubhar Ó Ruairc
mar a raibh sampla den bhean óg fhulangach a bhí lánsásta cúrsaí
cleamhnais a fhágáil faoina tuismitheoirí. Agus an toilíocht sin
luaite againn, níor mhór cuimhneamh gur chóras sásúil a bhí sa
chleamhnas ar go leor slite:

> Ní ceart, ár ndóigh, an cleamhnas a mheas de réir slatanna tomhais
> na linne seo. Bhí buntáistí áirithe ag baint leis agus an duine nach
> mbeadh aon taithí aige ar a mhalairt de chóras, ní gá go mbeadh sé
> míshásta le córas an chleamhnais. Is iomaí duine a pósadh ar an
> gcaoi sin a chaith saol sona leis an gcéile a roghnaíodh dó (nó di);
> agus má bhí daoine ann a bhí míshona de bharr cleamhnais, ba
> dheacair a áiteamh go bhfuil toradh níos fearr ar an gcóras atá anois
> ann. (Ó Háinle 1977, 91) [2]

Toisc gur lóchrann ar chroí an duine aonair é an gearrscéal go
minic, ní ionadh leis an léitheoir gur ar réimse na mothúchán a
dhíríonn an scríbhneoir a aire agus ábhar ar nós an chleamhnais
mar dhamhna scéil aige.

Maidir leis na slite inar léiríodh an bhean óg i gcomhthéacs
théama na himirce, féachadh ar dtús ar ghearrscéalta faoi mhná a
chuaigh ar imirce go Meiriceá. Tugadh suntas don mhórfhonn
imeachta a bhí ar mhná óga i ngearrscéalta Mháire. Ábhar é seo
ar filleadh air arís agus arís eile sna scéalta, is é sin, neamhthoil na
mban óg maidir le cur fúthu ina gceantar dúchais Gaeltachta mar
gur tuigeadh dóibh nach raibh aon ní seachas saol bocht ainnis i
ndán dóibh sa bhaile. Faoi mar a deir Damien Ó Muirí (1978: 62)
agus é ag trácht ar an imirce in úrscéalta Mháire: 'Tá Meiriceá
mar a bheadh uile-íoc ann ar oilc agus ar thrioblóidí an bhaile.'
Tugadh suntas, leis, do éifeacht éadaí galánta Mheiriceá agus iad
ag mealladh na mban óg chun imeachta. Níor dheacair a áiteamh
go raibh bonn fíriciúil leis an méid sin i scéalta Mháire.

Lasmuigh de chorrthagairt thall is abhus, is beag cur síos a
dhéantar i ngearrscéalta Uí Ghrianna ar na mná óga Gaeltachta

seo agus iad ag iarraidh dul i dtaithí ar theanga, ar phobal, ar luachanna agus ar chultúr nua ar shroichint Mheiriceá dóibh. Cuireadh in iúl i roinnt gearrscéalta gur bhain gradam agus stádas faoi leith leis an mbean a d'fhill ó Mheiriceá agus a shocraigh síos ina ceantar dúchais. Níor cuireadh in iúl gur bhain aon ró-stró le dul i dtaithí ar shaol agus ar luachanna an phobail bhig an athuair. Gan amhras, bhí an maoithneachas ina orlaí trí chuid mhór scéalta imirce de chuid Uí Ghrianna ionas gur threise é nóta an chumha nó scéal an ghrá mhírathúil ná eispéireas na himirce sna scéalta sin.

Sa phlé a deineadh ar an ngearrscéal 'An Bhliain 1912' (*BB*) le Máirtín Ó Cadhain, cuireadh sonrú i dtréine bharántúil na mothúchán a léiríodh sa scéal agus san am céanna tuigeadh go soiléir gur bhain toise uilíoch mar aon le comhthéacs réalaíoch leis an ngearrscéal céanna. Tráchtadh ar chás na mná óige a raibh a páirt féin á glacadh aici in imirce leanúnach na mban go Meiriceá. Thuigfí ón scéal gurb shin é an gnáthchleachtadh agus nach raibh coinne ag an mbean óg ná ag a máthair lena mhalairt. Tráchtann Íde O' Carroll (1990:18) ar chás na mílte ban Éireannach a raibh orthu Meiriceá a thabhairt orthu féin de thoradh na n-athruithe suaithinseacha a chuaigh ar an tsochaí Éireannach i ndiaidh an Ghorta Mhóir agus deir sí:

> The options for Irish women were limited to an arranged marriage, unpaid work on the family farm, or emigration. This increasingly patriarchal situation left little or no choice for women.[3]

Tugadh faoi deara a éifeachtaí a d'éirigh leis an gCadhnach cás Mháirín a léiriú, í corraithe toisc í a bheith ag fágáil a muintire agus a baile dúchais ach í ag tnúth go mór le hiontaisí an tsaoil nua, óir, '...ba sheanchas faoi Mheiriceá an chéad bhia sa sliogán di' (*BB* 159). 'Faoi dheireadh thiar bhí sí ar thairseach na Bruíne Draíochta' (ibid). Airítear feabhas agus oiriúnacht na habairte sin mar chur síos ar dhóchas soineanta na mná óige.

Ba léir gurbh é an bás a shamhlaigh máthair Mháirín le trunc Mheiriceá toisc gur thuig sí ina croí istigh gur dhóichí nach bhfeicfeadh sí a hiníon arís. Ba í Máirín 'céadghearrcach an áil' (*BB* 167) agus cheana féin bhí a deirfiúracha ag iarraidh uirthi a bpaisinéireachtaí a chur chucu - rud a mhéadaigh ar éadóchas na máthar, ní nach ionadh:

Bhí na blianta moille dá gcarnú ar chuairt a hiníne, mar charnaítear na sluaisteoga créafóige ar chónra. Agus bhí lá cairde na cuairte sin ag féithiú uaithi siar - siar go Lá an Bhreithiúnais. (*BB* 158-9)

Dearcadh eile ar fad a bhí ag na mná óga ar an imirce go Meiriceá, ámh:

Ag ceiliúr faoi Mheiriceá a bhí na mná óga. Ag ceiliúr faoin saol a bheadh acu abail a chéile ar fad i South Boston go gairid, *mar ba dhual do chine arbh é trunc Mheiriceá a n-aingeal coimhdeachta*, arbh í an long imirce a réalt eolais agus arbh í an Fharraige Mhór a Muir Rua. (*BB* 156-7) (Liomsa an bhéim.)

Chonacthas sa phlé a deineadh ar an scéal 'An Taoille Tuile' (*BB*) le Máirtín Ó Cadhain go raibh éachtaint á tabhairt don léitheoir ar a dheacra a bhí sé don bhean óg Ghaeltachta a chaith deich mbliana ar imirce i Nua-Eabhrac, éilimh nó coinníollacha shaol na seanmhuintire a chomhlíonadh go sásúil ar fhilleadh abhaile di. Deineadh an méid seo a fhorbairt i gCaibidil 2, mar ar tráchtadh ar an mbrú a bhí ar Mhairéad géilleadh go hiomlán don *status quo* mar bhean phósta sa phobal beag tuaithe. Ba léir nár róspéis leis an bpobal sin saoltaithí na mná i Meiriceá:

In rural communities that value hierarchial structure and the welfare of the group over that of the individual, the independence and autonomy of returners - with fortunes of their own and with experiences [of] negotiating in a wider world - could be threatening. (Murphy 1997, 88)

Maidir leis an imirce mar théama gearrscéalaíochta sa tréimhse iarchogaidh, tagraíodh i saothair éagsúla don fhonn imeachta a bhí ar mhná óga, iad ag iarraidh saol na tuaithe a fhágáil ina ndiaidh agus cathracha móra Shasana a thabhairt orthu féin. Chonacthas tagairtí don fheiniméan seo i scéalta le Síle Ní Chéileachair, le Mícheál Ó hOdhráin agus le Críostóir Ó Floinn, cuir i gcás, agus tugadh faoi deara gur ghné thábhachtach ab ea é i gcarachtracht scéalta Dhónaill Mhic Amhlaigh. Faoi mar a luadh i réamhrá Chaibidil 1, is cinnte go raibh bunús fíriciúil leis an gcineál áirithe sin carachtrachta, rud a dhearbhaíonn staraithe éagsúla agus iad ag plé na tréimhse úd. Mar shampla, deir J.J. Lee (1989: 335):

. . . Ireland would boast the highest rate of female emigration of any European country between 1945 and 1960. If the comely maidens

would laugh, it would be the bitter sweet laugh of liberation through
emigration from a sterile society where the Bridies left behind would
be glad to settle, their girlhood dreams dashed, for the Bowser
Egans.[4]

Is sa tríú cuid de Chaibidil 1 a tugadh faoi staidéar a
dhéanamh ar na slite inar cuireadh an bhean óg i láthair i
gcomhthéacs théama an ghrá.

Maidir leis an mbean óg i
ngearrscéalta Mháire, faoi mar ba léir i gcás scéalta an scríbhneo-
ra chéanna a raibh cúrsaí cleamhnais á bplé iontu, níos minicí ná
a chéile is spéirbhean chruthanta í an ainnir mhánla, i dtuairim
an fhir a mbíonn galar an ghrá air ach go háirithe, agus tuigtear
chomh maith, ar ndóigh, gurb í eiseamláir na geanmnaíochta
agus na modhúlachta í. Ní annamh, ámh, agus an íoróin
Ghriannach á nochtadh féin go soiléir sna scéalta céanna, go
bhfeictear gurb é fadcheann agus grinneas praiticiúil na mná óige
a ruaigeann idir dhóchas agus ghrá baoth rómánsúil an fhir a
chreid go raibh sé sa ghlóir i dteannta na bruinnille áille.

Dála thraidisiún na ndánta grá, cuirtear in iúl i roinnt scéalta
le Máire go bhfuil fear mothaolach éigin tnáite ag aicíd an ghrá,
mar shampla, sa scéal 'An tAirgead' (Tráigh) is léir go bhfuil na
comharsana ag éirí rud beag imníoch faoi fhear óg amháin sa
phobal atá splanctha i ndiaidh ainnire agus atá tugtha do bheith
ag caint leis féin cois cladaigh: 'Má chaitheann sé mórán eile ama
a' cainnt leis féin fa bheannaibh an chladaigh racha sé ina cheann
dó, agus teach mór Leitirceanainn a' deireadh bhéas air' (Tráigh
66).

Tríd is tríd, is follas sna scéalta seo gurb iad na mná atá
freagrach as sonas nó míshonas na bhfear. Baineann diamhair
agus dorchacht le nádúr na mban agus d'fhéadfadh an seanfhocal
'Níor chuaigh aoinne riamh amach ar intinn mná'[5] feidhmiú mar
mhana sólásach do thráchtairí, do mhórán carachtar agus, is
dócha, do mhórán léitheoirí de chuid Uí Ghrianna a bhí i ngalar
na gcás de dheasca an ní ar a bhféadfaí 'nádúr guagach na mban'
a thabhairt air, de réir dealraimh. Sa scéal 'Deireadh an Lae' (Fód)
nuair a fhiafraíonn an tráchtaire den scéalaí, Micheál Rua, cad ina
thaobh go bhfuil cuma an dóláis agus an duaircis ar fhear áirithe
sa phobal, is é an freagra saoithiúil a fhaigheann sé ná: 'Tá' arsa
Micheál, 'mar adubhairt Haraí Statail, trócaire air, "na mná, na

mná" ' (*Fód* 117). Airítear nasc na bráithreachta tuisceanaí á láidriú sa chomhrá gonta sin!

Sa staidéar a deineadh ar an ngrá i scéalta Mháirtín Uí Chadhain, tagraíodh do éadroime an ábhair sna scéalta luatha agus don tslí ar baineadh leas as an ngreann raibiléiseach sa léiriú a dhein an t-údar ar chineál áirithe mná sna scéalta déanacha, mar atá, an gligín luathintinneach a bhfuil post sóisearach sa Státseirbhís aici, í ina sás cathaithe agus ragúis ag fir agus / nó sinsearaigh a hoifige, í fial faoina cuid agus í ag tnúth leis an lá a mbeidh fáinne pósta ar a méar aici.

Féachadh, leis, ar ghnéithe de théama an ghrá i scéalta le mórán scríbhneoirí éagsúla agus tríd is tríd, d'fhéadfaí a rá gur soláthraíodh ábhar taitneamhach léitheoireachta laistigh de fhráma an ghearrscéil chlasaicigh, ábhar nár éiligh an iomarca ar an léitheoir agus ábhar nach ndeachaigh in achrann i gcastacht, i ndoimhneacht ná i ndorchacht shíceolaíoch. Cuireadh sonrú, leis, i ngearrscéalta éadroma Éibhlín Ní Dhuibhir ina raibh tráchtaire mná i mbun na hinsinte agus meanma shoilbhir ag drithliú go haigeanta tríd an insint sin.

Deineadh plé ar chúrsaí caidrimh agus collaíochta mar ghné scéalaíochta i saothar scríbhneoirí mar Phádraic Breathnach, Mhicheál Ó Conghaile, Mhícheál Ó Brolacháin agus Alan Titley. B'fhollas go raibh an bhruinneall mhodhúil mhínroscach i ndiaidh cúlú ó thírdhreach an ghearrscéil Ghaeilge, gur bhain sí anois le ré rómánsúil imigéiniúil. An bhean óg neamhspleách a raibh fios a hintinne agus a mianta féin aici agus a d'fhéach lena toil féin a shásamh a bhí le feiceáil i gcuid den saothar seo, í muiníneach teanntásach agus í láneolgaiseach ar chúrsaí an tsaoil. Ar éigean is gá a rá gur rífhollas ón gcur i láthair a deineadh ar chuid de na carachtair seo gur áitreabhaigh de chuid réimse scóipiúil fantaisíochta an fhireannaigh a bhí iontu.

Thagair Gearóid Denvir in alt dá chuid do chruinne fhireann shaothar scríbhneoirí ar nós Phádraic Bhreathnaigh, Sheáin Uí Churraoin agus Mhichíl Uí Chonghaile. Agus é ag trácht ar an dearcadh ar mhná a léiríodh i saothar Uí Chonghaile, cuir i gcás, thuairimigh Denvir (1991a:34) gur eascair an dearcadh úd 'as saoldearcadh thar a bheith paitriarcach agus fireann.'

Tamall de bhlianta roimhe sin, thrácht Ethna Viney (1987a: 11) ar éifeacht agus ar thoradh an tsaoldearcaidh sheanbhunaithe sin ar fhir agus ar mhná na tuaithe in Éirinn:

Rural Ireland ranks with the Latin countries of noted *machismo* in its commitment to male supremecy. This attitude is as much a part of rural culture as is religion. Loss of it would leave both men and women bereft, and as confused as if they were told that there was no hereafter. It circumscribes their lives like a line that defines the contours of their behaviour. It provides a security in the way that parental control makes a child feel safe. Within its strictures, which are less for men than for women, each develops an autonomous world.

San alt céanna, thrácht an scríbhneoir ar 'dhofheictheacht' mhná na tuaithe: 'It is not surprising that they are the more invisible of the shadowy legions of women in our society. They belong to rural Ireland, the cradle of our brand of patriarchy' (Ibid.).[6]

Is é an pósadh a thug stádas don bhean tuaithe. Faoi mar a dhearbhaigh an scríbhneoir céanna (1968: 336) in alt dar teideal 'Woman in Rural Ireland': 'Marriage, its fabric and status, has the greatest single influence on the life of the rural woman.' Díol spéise é, mar sin, féachaint ar an léiriú a deineadh sa ghearrscéal Gaeilge ar an mbean phósta, ábhar a pléadh i ndara caibidil an tsaothair seo.

I dtosach Chaibidil 2, féachadh ar scéalta ina raibh bean nuaphósta i gceist agus í ag iarraidh dul i dtaithí ar a stádas agus ar a ról nua i súile an phobail agus ar na héilimh a bheadh le comhlíonadh aici feasta mar bhean chéile agus mar bhall nua de mhuintir agus de phobal dúchais a fir.

Féachadh ina dhiaidh sin ar ghearrscéalta inar léiríodh 'mallacht na seisce' ('Margáil', *Stáca* 80) agus an tslí ar ghoill an méid sin ar an mbean, ar a fear agus a mhuintir siúd. Tógaimis, mar shampla, 'Gleann an Leasa' (*GL*) le hAnnraoi Ó Liatháin, duais-scéal Oireachtais de chuid na bliana 1944. Níor dheacair a áiteamh go raibh dlúthbhaint ag ábhar an scéil dhea-chumtha sin le saol na tuaithe in Éirinn i leath tosaigh an fichiú haois. Ábhar mórdhíomá agus náire, nach mór, do lánúin tuaithe ba ea an tseisce agus ba ghnách an milleán a chur ar an mbean sna cúrsaí sin. [7]

'Níl grá dá mhéad nach bhfuarann' a deir an seanfhocal[8] agus chonacthas nárbh annamh dearcadh íorónta ar an bpósadh á nochtadh i ngearrscéalta Mháire. I gcuid mhaith de na scéalta sin, is léir go mbaineann an saol pósta na fachailí de shúile an fhir shaonta. An súgán fir agus an cháinseach a chítear i bpatrún carachtrachta na scéalta sin. Tagraíodh do na típeanna seo i saothar scríbhneoirí Gaeltachta eile, leis. Thairis sin, pléadh an greann mar chuid de theicníc scéalaíochta roinnt gearrscéalaithe agus cur síos á dhéanamh acu ar ghnéithe de shaol lánúnacha pósta.

Féachadh ar scéalta inar léiríodh an bhean chéile fhulangach neamhchainteach agus ar ghearrscéalta eile inar deineadh an braighdeanas a shamhlaigh carachtair áirithe leis an saol pósta a ionramháil go téamach. B'fhollas gur chuir gnéithe de théama na mídhílseachta le faobhar síceolaíoch scéalta eile.

Tríd is tríd, ba bheag spléachadh a tugadh ar mhná a raibh caidreamh grámhar acu lena bhfir chéile nó ar lánúnacha a raibh a gcaidreamh pósta ina fhoinse sásaimh agus tacaíochta dóibh agus iad ag dul i mbun a saol laethúil. Thuigfí ón léiriú a deineadh sa scéalaíocht - agus táthar ag cuimhneamh go háirithe ar scéalta 'réalaíocha' na tréimhse 1940 -1960 sa chás seo - gur tugadh tosaíocht do éilimh eile, mar shampla, éilimh an phobail agus éilimh na hEaglaise sa tslí gur tearc éachtaint a fhaightear ar réimse na mothúchán i saol na lánúine. Is rí-annamh a airítear geanúlacht lánúine á cur i láthair, cuir i gcás, nó taitneamh á bhaint ag lánúin as comhluadar a chéile. D'fhéadfaí a rá, is dócha, go raibh an cineál léirithe sin ar shaol na lánúine tuaithe ina léiriú sách dílis ar chuid áirithe de shainmheon agus de shaol na linne úd nuair nach raibh mórán tráchta ar réimse príobháideach na lánúine nó na hindibhide agus nuair a bhí an oiread sin béime ar íomhá phoiblí na lánúine. Cé go raibh stádas ag an mbean phósta faoin tuath agus neamhspleáchas aici de bharr an stádais sin, bhí teorainneacha dochta i gceist chomh fada agus a bhain lena saoirse phearsanta, lena hiompar agus, go deimhin, le raon na tuairimíochta a nochtadh sí os comhair an phobail.[9]

'An bhfuil aon chuntas ar ghrá sa tír seo?' (*Ding* 112). Is ceist í sin a théann sa mhuileann ar phríomhcharachtar an ghearrscéil 'Na Droma Fuara' le Seán Mac Mathúna, agus b'fhéidir go rithfeadh an cheist chéanna leis an léitheoir a dhéanfadh staidéar ar an léiriú a dhéantar ar an saol pósta i gcoitinne sa ghearrscéal Gaeilge 1940-1990. Gan amhras, d'fhéadfaí tagairt do theoiric Frank O'Connor [10] i dtaobh oiriúnacht an ghearrscéil chlasaicigh mar fhoirm liteartha a fhoilsíonn téama an uaignis agus chonacthas do Valerie Shaw, criticeoir a dhein anailís ar an ngearrscéal Béarla, gurbh annamh an saol pósta sona á léiriú ag scríbhneoirí an Bhéarla. Dar le Shaw (1983: 221):

Many short stories ask questions put aside by novels with 'happy endings': How does married life differ from 'marriage' as a personal and social ideal? What is the sequel to the novelistic ending which radiates social hope through the symbolism of weddings? Failed marriages abound in the short story.

Dealraíonn sé go dtiocfadh toradh thaighde Brian O' Rourke, a dhein anailís ar úrscéalta Béarla na hÉireann de chuid na tréimhse 1941-1973, leis an méid a dúradh ó chianaibh i dtaobh léiriú an tsaoil phósta sa ghearrscéal Gaeilge. Deir O' Rourke (1980:49):

. . . the picture of Catholic marriage which emerges in Irish novels - through the portrayal of secondary as well as central characters - , is, in the main, a most unflattering one, with a constant insistence on the absence of sexual fulfilment and general happiness.

Dhearbhaigh Ethna Viney (1968: 337) ina tuairisc siúd ar shaol mhná na tuaithe: 'But in the traditional rural marriage, there is a grave lack of communication between husband and wife' agus thagair Nancy Scheper-Hughes (1979:111) do 'an emotional climate fearful of intimacy and mistrustful of love' sa chomhthéacs céanna. Cé nach bhfuil sé i gceist anseo, ar ndóigh, go ngéillfí scun scan do ráitis ghinearálta dá leithéid, is fiú, dar liom, an tráchtaireacht úd a chur san áireamh agus staidéar á dhéanamh ar an léiriú a deineadh ar an saol pósta ag gearrscéalaithe na gcaogaidí agus na seascaidí, cuir i gcás. [11]

I gcaibidil dar teideal 'An Meon Banda' sa leabhar fealsúnachta *An Bheatha Phléisiúrtha*, thrácht an t-údar, An tAthair Fiachra (ainm creidimh Dhonncha Uí Chorcora), ar shonas mná agus dúirt:

Mar sin de is ar thógaint chlainne a bhíonn sonaíocht na mná ag braith; óir 'is fearrde bean leanbh' mar a deir an seanfhocal; agus sa Scriptiúir féin léimid go slánófar í i nginiúint chlainne. Agus sin é an chéad mhaith a thagann chuig an mnaoi de thoradh na héirime atá aici.

Is clú do mhnaoi a clann. Dá chiallú sin is ea a deirtear go raibh fuath ag na págánaigh féin do 'bhean fir ná béarfadh clann.' (An tAthair Fiachra 1955a, 151)

Tugann an méid sin chomh fada le hábhar Chaibidil 3 sinn, mar ar deineadh plé ar an tslí ar cuireadh máithreacha agus gnéithe den mháithreachas i láthair sa ghearrscéal. Caitheadh tamall ag iniúchadh an scéil 'An Strainséara' (*CC*) le Máirtín Ó Cadhain toisc gur dhírigh an scéal sin ar ábhar a raibh taithí agus eolas forleathan air ach gur beag plé oscailte nó plé liteartha a deineadh air san am, is é sin, dólás na mná ar saolaíodh marbh a leanaí, dólás a méadaíodh go mór de bharr theagasc na hEaglaise faoi mharbhghinte. Dhíbrítí na leanaí gan bhaisteadh go Liombó agus, gan dabht, mhaireadh máthair na leanaí sin i liombó de shaghas eile.[12]

Tagraíodh don tslí ar ghoill tost a fir agus tost an phobail faoinar tharla di ar Nóra in 'An Strainséara' (*CC*). Thuigfí inniu gur chiallaigh an diúltú cainte sin nach raibh deis á tabhairt do Nóra scaoileadh lena racht agus gurbh é toradh an diúltaithe sin ná gur fágadh dobrón na mná ina chréacht nach raibh cneasú i ndán di.

Mar a dúradh roimhe seo sa phlé a deineadh ar 'An Strainséara' (*CC*), ba mháistriúil agus ba choscrach é an léas léargais a thairg an scéal sin ar chiúinfhulaingt na mná. Tuigtear, leis, gur ghoill meon an phobail ar Nóra. Bean chéile nár éirigh léi oidhre mic a sholáthar a bhí inti agus nuair ba ghá socruithe a dhéanamh faoi cé thiocfadh in oidhreacht thalamh mhuintir Chéide, ba rídhoiligh léi glacadh le mac a deirféar. Óir ba strainséara é An Fear Óg a mhúscail mothúcháin dhorcha ghuairneánacha inti: 'I mbéal oíche aréir a tháinig sé agus thug bréidín den dorchadas isteach leis, ar urlár an tí...(*CC*167).

Ag féachaint ar chuid de scéal Nóra a bhíothas, mar sin, sa staidéar a deineadh ar 'An Strainséara' (*CC*) i dtosach Chaibidil 3. Ina dhiaidh sin, féachadh ar an lánúin gan chlann i ngearrscéalta eile agus tagraíodh do scéalta inar léir an t-ardmheas a bhí ar an lánúin a raibh clann mhór acu.[13]

Faoi mar a bheifí ag súil leis, tuigtear go ríshoiléir ón scéalaíocht trí chéile gur iomlánú nádúrtha ar dhúchas na mná atá sa mháithreachas - iomlánú dúchais a thugann barrchéimíocht don bhean. Ábhar is ea é seo atá cíortha ag feimínigh éagsúla. [14] Mar seo a smaoiníonn fear amháin ar dhúchas na mná i scéal de chuid Uí Chadhain:

. . . ba dhlúithe í an bhean don bheatha ná an fear. Bhí an bhean ar bhraighdeán ag an mbeatha. Ba é cuid an fhir gníomh galánta an tsaighdiúra, mar dhéanfadh sé gníomh gaisce ar bith eile. Ach ba ar an mbean a bheadh fanacht, faire, fuilingt, oiliúint agus sólás. Níorbh iontas gurbh é a dúchas a bheith ina hardshagart i gcónaí ar fhód ar bith a mbeadh báire danra, cluiche diamhair an bháis agus na beatha, dhá chur . . .('Fuascailt', *SDT* 29) [15]

Deineadh staidéar ar léan agus ar sheachrán céille máthar i ndiaidh bhás a páiste mar théama scéil ag scríbhneoirí éagsúla. Léiriú ómósach an bhreathnadóra ar fhulaingt agus ghrá dílis na máthar a bhí i gceist den chuid is mó. Tagraíodh do thábhacht íomhánna na Maighdine Muire i gcás scéalta áirithe. Is í Muire an Sólásaí grámhar tuisceanach:

Chuaidh sí ar a glúine, gan fhios díthe féin. Chonnacthas díthe go raibh cuma bhrónach ar a' deilbh. . . . D'fhuiling a' Mhaighdean Muire í féin brón!. . . Brón, buaidhreadh, dólás, crádh croidhe nach raibh léigheamh ná sgríobhadh air. . . ! 'Tuigfe sí mo chás,' arsa Nóra léithe féin. 'Beidh truaighe aicí domh. . . A Mhaighdean gheal ghlórmhar Mhuire, agraim thú cuid den bhrón seo a thógáil díom.' ('Bealach a' Dóláis', *Clár* 140) [16]

Tagraíodh don tslí ar cuireadh béim ar Mhuire mar idirghuítheoir i gcríoch 'An Strainséara' (*CC*) le Máirtín Ó Cadhain. Idirghuítheoir ar máthair thuisceanach í. Gné é seo a thiocfadh le híomhá na Maighdine i bpaidreacha dúchais na ndaoine, i dtíortha Caitliceacha i gcoitinne:

The most consistent theme in the theology of the Virgin's intercession. . . is her motherhood. She is approached as a human mother who brims over with a mother's love. . . . Her love of mankind is maternal, and her qualities of mercy, gentleness, loving kindness, indulgence, forgiveness, are all seen as motherly. (Warner 1976, 286)

Tugtar faoi deara in 'A Mháthair' (*Slán*) le Mícheál Ó hOdhráin, gur deineadh ionannú iomlán in intinn páiste óig idir a mháthair, atá ar shlí na fírinne le tamaillín anuas, agus íomhánna den Mhaighdean Mhuire a chonaic sé sa bhaile agus sa séipéal.

Féachadh ar sholaoidí den mháthair ghrámhar agus den mháthair bhródúil, den mháthair uaillmhianach, den mháthair thiarnúil agus den mháthair ar chuir pearsantacht údarásach a fir chéile srian ar a pearsantacht féin. Deineadh staidéar ina dhiaidh sin ar charachtar na máthar céile, carachtar steiréitipiciúil inaitheanta, nach mór, a shamhlaítear go furasta leis an ré ina maireadh an bhean óg nuaphósta sa teach céanna le muintir a céile. I ndeireadh na caibidle, tráchtadh ar roinnt bheag gearrscéalta inar tháinig tagairtí do mháithreacha neamhphósta i gceist, scéalta inar leagadh béim ar pheacúlacht agus ar náire na mná agus, i gcás scéil nó dhó, ar mhóruaigneas leanúnach na máthar a raibh uirthi scarúint lena leanbh ar theacht ar an saol dó. Ábhar eile ba ea é seo nár scríobhadh mórán ina thaobh sa litríocht chruthaitheach in Éirinn i gceachtar den dá theanga anuas go dtí na seachtóidí ach go háirithe.[17]

Tá tagairt ag Tarlach Ó hUid ina scéal 'An Uacht' (*TTT*) do ábhar nach bpléití mórán i scéalta Gaeilge ná i scéalta Béarla na linne, mar atá, an t-amhras a tharraingíodh máthair neamhphósta uirthi féin i dtaca le bás a naíonáin:

> Níor thuig sé gur éalaigh Nóra le ruifíneach de thincéir as Glinnte Aondroma nó gur rugadh leanbh di. Níor thuig sé go rabhthas a rá, nuair a fuarthas an naíonán marbh i gcúl claí, gur Nóra í féin a thachtaigh é nuair a fágadh san abar í. (*TTT* 21)

Chonacthas roimhe seo gur bhain stádas faoi leith leis an mbean phósta faoin tuath:

> It was marriage which brought full status. A young wife of twenty-one had her full status in the community, whereas an unmarried woman of thirty-five had not. The same was true of men, though in a lesser degree, because a man, though unmarried, could be an independent farmer. (Ó Danachair 1962, 190-1)[18]

Thuigfí ón seanfhocal 'Fear gan bhean gan chlann fear gan bheann ar aoinne'[19] gur bhain neamhspleáchas - idir eacnamaíoch agus eile - leis an bhfear neamhphósta, neamhspleáchas nach bhféadfaí a shamhlú in aon chor leis an mbean neamhphósta. Duine imeallach a bhí inti siúd go minic, duine nach raibh stádas ceart aici ná meas rómhór ag daoine ar a cuid tuairimí.[20]

> The old maid, the spinster, the maiden aunt - these are our labels for her. Involuntarily an image leaps to the mind of a fussy, waspish, frustrated woman; an empty barren life; a figure which provokes ridicule tinged with an embarrassed pity. . . . Compare this with the image conveyed by the wife and mother - a happy fruitful life;

children, love, laughter, affection, family life. And the nun - a dedicated holy person; a figure which provokes admiration and respect. (Meehan 1958, 431)

I gCaibidil 4 deineadh staidéar ar an mbean shingil mar charachtar scéil. B'fhollas a thábhachtaí a bhí coincheap an imill agus an duine imeallaigh i scéal ar nós 'Ciumhais an Chriathraigh' (*CC*) le Máirtín Ó Cadhain. Cuimhneoidh an léitheoir, mar shampla, ar a éifeachtaí a d'éirigh leis an scríbhneoir uaigneas na tuaithe mar aon le saol agus luachanna an phobail tuaithe a chruthú mar chomhthéacs do scéal Mhuiréad agus ar an gcoimhthíos a bhraitheadh Muiréad féin agus í i láthair mhná eile an cheantair sa siopa gach Luan. Thuig sí go maith go raibh sí ar deighilt ó na mná sin toisc nach raibh sí pósta agus toisc nár mháthair í.

Tagraíodh roimhe seo don tslí ar bhraith Muiréad uaithi tacaíocht agus cúnamh fir agus í ag brácáil go haonarach leis an saol agus chomh fada agus a bhaineann leis na cúrsaí sin de, b'fhéidir gur fiú tagairt do shliocht eile as saothar fealsúnta an Athar Fiachra (1955a:152), *An Bheatha Phléisiúrtha*, mar atá:

Óir bíonn forlámhas ag an mnaoi ar cheathrar: ar a hathair i dtús a saoil; ar a deartháir dá éis sin; ar a céile pósta as sin amach; agus ar a mac go bás di. In éagmais an cheathrair sin is uaigneach an bhean ar an saol; bíonn sí gan cosnamh gan údarás.

Agus, a deir an t-údar agus é idir shúgradh agus dáiríre: "Téann Claudel chomh fada leis an scéal agus a rá - abairt chlúiteach - 'Cé an mhaith bheith id' mhnaoi mura mbíonn tú i mbarróig fhir éigin?'" (Ibid., 162). Tá léitheoirí ann a ghlacfadh leis sin mar achoimriú fónta ar chruachás Mhuiréad agus féach go neadaíonn ráiteas an tsaighdiúra i gcuimhne an phríomhcharachtair: '"Dheamhan dochar a rinne fáscadh breá láidir d'aon bhean ariamh, a Mhuiréad ..."' (*CC* 43)!

Chonacthas i saothar gearrscéalaíochta Mháire gur bean chorr í an bhean nach bpósann. 'Is fearr ligearam laig 'ná bheith folamh ar fad' ('Tuathal S'Againne', *SÚ*, 32-3). Tuigtear ón tslí a mbaintear leas as an nath cainte sin go gceapann an pobal i gcoitinne - agus mná na cúlchainte san áireamh - gur fearr do bhean a bheith sásta a mianta féin nó a cuid aislingí dóchasacha a

ruaigeadh agus a bheith toilteanach fiú an fhir nach mbeadh thar
mholadh beirte a phósadh ar eagla go bhfágfaí ina seanchailín í.[21]
Mar achoimriú simplí, is féidir a rá agus ní haon ábhar iontais
é seo, ar ndóigh, gur rífhollas ón bplé a deineadh i gCaibidlí 3
agus 4, gur minic an tuiscint nach mbíonn a dúchas ná a dualgas
comhlíonta go sásúil ag an mbean agus stádas creidiúnach bainte
amach aici dá réir go dtí go mbíonn fear céile agus leanaí aici, gur
minic an tuiscint sin á húsáid, á hionramháil agus á cíoradh mar
théama scéil. Faoi mar a bheifí ag súil leis, agus faoi mar a chonac-
thas i gcás scéal iomráiteach Phádraic Bhreathnaigh, 'Bean
Aonair' (BA), is ar an díomá, ar an uaigneas cráite nó ar an
bhfrustrachas a bhraitear de thoradh na mianta neamh-chomh-
líonta a dhíríonn na gearrscéalaithe go minic. D'fhéadfaí an
blúire seo as gearrscéal gonta dar teideal 'Bean' le Risteárd Ó
Somacháin a lua mar théama coitianta:

> B'é a theastaigh uaimse riamh ná fear a shiúilfeadh liom agus a
> phósfadh mé. Go mbeadh páistí againn, go bhféadfainn an grá seo
> atá ag dul i seirbhe i mo bhroinn a thabhairt dóibh. Tá sé aisteach go
> mbeadh grá chomh mór sin i nduine gan deis aici é a chur i
> bhfeidhm. Tá sé mioscaiseach go mbeadh grá ag tachtadh agus ag
> ciapadh duine amháin in ionad tairbhe a dhéanamh do dhaoinibh
> eile, in ionad bheith á roinnt le daoine maithe. (Feasta, Márta 1953,
> 5)

Seans go gcuimhneofar ar phríomhphearsa an úrscéil Judith
Hearne (1955) le Brian Moore agus na cúrsaí seo á bplé, saothar
inar deineadh sárléiriú ar 'the muting of sexuality in Irish women'
dar le tráchtaire mná amháin.[22]
Féachadh ar roinnt scéalta inar tháinig an dualgas a shamhlaítí
go minic le bean shingil i gceist, is é sin go nglactaí leis go
dtabharfadh an bhean neamhphósta aire dá tuismitheoirí críonna
nó do aon duine sa chlann a raibh aire de dhíth air. I scéalta ar
nós 'Darcy i dTír na nÓg' (Nuascéalaíocht) le Frank O' Connor
agus 'Duibhe' (DLD) le Pádraic Breathnach, cuir i gcás, airítear
misneach agus diongbháilteacht na mban atá sásta íobairt a
dhéanamh ar son leas a muintire agus san am céanna éiríonn leis
na scríbhneoirí cian agus uaigneas scéal na mban sin a chur in iúl
go ciúin báúil.
Féachadh, leis, ar shamplaí den chancairt mná ar gnách léi
caint dheimheasach a chur di - carachtar steiréitipiciúil a

chruthaítear go minic ar mhaithe le sult a sholáthar. Tríd is tríd, is ar mhíshuaimhneas agus ar mhíshuairceas na mná a dhírítear i bhformhór na scéalta. Braitear idir uaigneas, aiféala agus thnúthán na mná nach bhfuil compánachas sásúil ar bith ina saol aici.[23]

Ó thaobh stádais de, ba mhó go mór an meas a bhí ar mhná rialta ná ar mhná 'díomhaoine' in Éirinn anuas go dtí seascaidí na haoise seo caite nó mar sin.[24] Faoi mar atá scríofa ag Maeve Binchy (1998:5) in alt léi ina dtráchtann sí ar na daichidí agus na caogaidí in Éirinn (agus ba é ábhar corraitheach an dráma / scannáin 'Dancing at Lughnasa' le Brian Friel a spreag an t-alt úd):

A woman who was considered her own person might just be left that way, her very own person without man or child - a terrible fate in a land where getting married was the eventual garland of laurels that we all sought. It was that or join the convent, which had a status of its own.
Becoming a Bride of Christ was a perfectly acceptable option. It was only if you were nobody's bride at all that you could be considered to have missed the boat. There was no dignity about being an unclaimed treasure, a single unmarried lady.

Tugadh faoi deara nach minic a dhéantar tagairt do mhná rialta, do thionchar ban rialta ar chailíní óga nó do shaol an chlochair sa ghearrscéal Gaeilge, ábhar a bhfuil baint aige le ganntanas banscríbhneoirí, ní foláir.[25]

Maidir le carachtar na striapaí, cuireadh sonrú sa scéal 'Roghain an Dá Fhuascailt' (*Ór*) le Tomás Bairéad mar ar léir bá an tráchtaire leis an mbean sráide a raibh saol uaigneach anacrach aici. Féachadh ar scéalta le Pádraic Breathnach ina raibh fir ragúsacha faoi dhraíocht ag stiúir agus ag meallacacht ghnéasach striapach agus b'fhollas ó chur i láthair scéalta Mhíchíl Uí Bhrolacháin go raibh béim á leagan ar ghnó fuarchúiseach na striapaí mar ghné amháin de thimpeallacht dhoicheallach mhísciamhach na cathrach.

I gCaibidil 5 tugadh faoi staidéar a dhéanamh ar chúlra agus ar chomhthéacs na gearrscéalaíochta sa tréimhse 1940-1990. Tráchtadh ar chúrsaí teanga, ar chúrsaí foirme, ar chúrsaí léirmheastóireachta agus critice agus ar chuid de dhúshláin na

scríbhneoireachta agus na léitheoireachta. Féachadh ar chur
chuige agus ar réimse stíle agus teicníce mhórán gearrscéalaithe.
Gan dabht, ba léir go raibh an-bhéim ag cuid mhaith scríbhneoirí
ar shaintréith an ghearrscéil, dar le Frank O' Connor (1963:19),
mar atá, 'an intense awareness of human loneliness.' Faoi mar ba
dhual don ghearrscéal nua-aoiseach ó aimsir Chekhov i leith, ba
ghnách aird a dhíriú ar réimse na beatha inmheánaí príobháidí sa
phrós-scríbhneoireacht seo. Chonacthas arís agus arís eile gur
roghnaigh scríbhneoirí pointe ama agus tuisceana a raibh
tábhacht faoi leith ag roinnt leis i saol na príomhphearsan mar
ábhar scéil. Faoi mar a thuigfí agus an cineál gearrscéil seo á phlé,
braitheann éifeacht an scéil ar a fheabhas a éiríonn leis an roghnú
úd - 'the writer's task being to convince us that the phase he
selects from his character's complete life-span is a crucial one'
(Shaw 1983, 194).

Féachadh chomh maith ar shaothar scríbhneoirí ar mhó a
spéis agus a ndúil i gcruthú ealaíonta agus i bhféidearthachtaí
neamhtheoranta an fhicsin féin ná i leanúnachas plota nó forbairt
charachtrachta, scríbhneoirí a thugann deis don léitheoir tuiscintí
agus teoiricí seanbhunaithe a ligean le sruth agus eispéireas nua
léitheoireachta a bhlaiseadh. Léitheoireacht chruthaitheach
fhiontrach a chuirfeadh béim ar chumas samhlaíochta, teanga
agus féinchreidimh an léitheora a bhíonn i gceist. Ní fhéadfaí
brath ar chomharthaíocht, ar shoiléire ná ar shócúlacht an
'réalachais' i gcás an fhicsin seo.[26] Maidir leis na scríbhneoirí a
thug tosaíocht do thathant iomasach na samhlaíochta agus do
fhuinneamh ilbhuach na teanga cruthaithí, thuigfí nár dhócha go
gcloífeadh na scríbhneoirí sin le gnáthphatrúin charachtrachta an
ghearrscéil chlasaicigh. Níorbh fholáir, mar sin, foirm
athraitheach an ghearrscéil a lua agus cúrsaí carachtrachta, idir
charachtair mhná agus eile, á suaitheadh.

Agus clabhsúr deisbhéalach á chur ag Alan Titley (1980:7) ar a
alt aigeantach conspóideach 'The Disease of the Irish Short
Story', (an gearrscéal Béarla in Éirinn a bhí faoi chaibidil aige)
scríobh sé: 'It is time that Gogol's threadbare Overcoat be finally
pawned' agus in alt eile leis an bhliain dár gcionn thagair sé do
mharbhántacht agus do liostacht shuanlaíoch an ghearrscéil
Ghaeilge.[27] Is follas gur bhain dásacht, díochracht, spionnadh
agus mórchumas fuinniúil teanga agus intleachta an scríbhneora

chruthaithigh   réabhlóidigh   lena   chnuasach   scéalta   féin,
Eiriceachtaí agus Scéalta Eile (1987).

Tá sé ráite gur foirm liteartha é an gearrscéal a oireann go
mór don scríbhneoir a bhfuil dúil aige sa chur chuige úr
turgnamhach agus i gcur i láthair meoin nó dearcaidh atá in
aghaidh coinbhinsiúin:

> Irrespective of the author's personal ideology, the short story is
> inherently suited to dealing with the unconventional, in relation-
> ships, in attitudes, in behaviour. A large part of the genre's appeal, to
> readers as well as writers, lies in its detachment, and the freedom it
> gives by encouraging improvisation and experimentation. For
> although certain subjects are more conducive than others to the
> intensity aimed for in short fiction, there is really no limit to the
> topics a short-storywriter can select for treatment. (Shaw 1983, 223)

Agus tréithe ar nós bhraistint na haonaránachta, an mheoin in
aghaidh coinbhinsiúin agus mhórscóip na foirme féin luaite leis
an ngearrscéal, ábhar iontais é nár spreagadh níos mó ban chun
dul i mbun pinn agus cumadóireachta laistigh de réimse an
ghearrscéil Ghaeilge. Is fíor nár líonmhar iad na mná a bhain
aitheantas amach mar ghearrscéalaithe Béarla in Éirinn ach an
oiread - go dtí deireadh na seascaidí, ach go háirithe.[28] Níl aon
amhras ná gur spreag bunú an leathanaigh 'New Irish Writing' in
The Irish Press sa bhliain 1968 mórán ban chun saothair:

> That the provision of such a platform would result in the emergence
> of many previously unpublished, highly talented short story writers
> was no great surprise, but that half of them would be female was
> unforeseen. For the first time in the Irish short story the voice of
> women, unrestrained and in chorus, was heard loud and clear. Issues
> of social and sexual exploitation, previously unmentioned and
> unmentionable, constituted their main material, and while such
> issues were also being discussed in the feature pages of the national
> newspapers now that women's lib had swept away traditional taboos,
> *the transmutation into literature of authentic experience from a hitherto
> hidden realm gave the Irish short story a new immediacy.* (Marcus 1992,
> 10) (Liomsa an bhéim.)

Duine de na scríbhneoirí nua a tháinig chun cinn sa
chomhthéacs seo ba ea Maeve Kelly, scríbhneoir ar ghnóthaigh
gearrscéal léi dar teideal 'A Life of Her Own' Duais Liteartha
Hennessy. Dhearbhaigh Maeve Kelly (1997: 209) gur theastaigh

uaithi scríobh faoi 'ordinary women who had qualities of character that didn't seem to be portrayed by men.' Bhí an gearrscéal in úsáid aici chun a cuid tuairimí féin a chur in iúl:

> I would regard my short stories as being, in a way, subversive. On the surface they are stories about rural women and pastoral life, but they are saying something else at the same time. A lot of women who have read them have picked that up, so, in a subtle way, my views filter through. (Ibid., 211)

Spreagadh agus misniú mór don scríbhneoir mná a bhí i mbunú tithe foilsitheoireachta Poolbeg agus Arlen House sna seachtóidí agus i gcomórtais liteartha do mhná ar nós chomórtas Maxwell House.[29]

Cúrsaí casta féiniúlachta agus peirspictíochtaí ban ar shaol an teaghlaigh agus ar chúrsaí caidrimh a bhí i gceist i gcuid mhaith den scríbhneoireacht úrnua a foilsíodh sa tréimhse seo, ní nach ionadh. Bhí idir bheith istigh agus aitheantas cuí á thabhairt do ábhair nár deineadh mórán tráchta orthu nó nár samhlaíodh mórán tábhachta leo roimhe sin.[30] Ar an mórgóir, cloíodh le leagan amach agus le paraiméadair an ghearrscéil chlasaicigh.[31] Maidir leis an scríbhneoireacht seo i gcoitinne, airíodh go raibh cúige nua á fhógairt agus á cheangal leis an dúiche liteartha faoi mar a bhí ag tarlú i gcás litríochtaí eile taca an ama chéanna:

> When the republic of letters annexes a new province, it is immediately revealed to be different, and more complex, than we thought while it was a blank spot, like Conrad's Congo, on the cultural map. (Ostriker 1986, 90)

Dar le David Marcus (1983: 85), dhein an gearrscéalaí mná sna seachtóidí in Éirinn 'a whole new thematic field' a nochtadh le linn di cuid éigin de shaoltaithí mná a ionramháil mar ábhar scéil agus, thairis sin:

> Inevitably, along with this preparedness to demystify, even desanctify, the function of womanhood has come the concomitant exposé of the hitherto subservient role of Irish women in Irish society. (ibid.)

Ba chuid de fheiniméan idirnáisiúnta é an fuinneamh nua fuascailteach seo sa scríbhneoireacht chruthaitheach i réimse an ghearrscéil Bhéarla in Éirinn.[32]

Is beag den fhuinneamh feimineach nua seo a bhí le feiceáil i bpróslitríocht na Gaeilge sa tréimhse chéanna. Níor tharla 'the transmutation into literature of authentic experience from a hitherto hidden realm' a luadh ó chianaibh. Níor deineadh leathanaigh bhána a bhreacadh go díocasach ná gort téamaí nua a threabhadh go fonnmhar ná a nochtadh go saoithiúil. Cé go bhféadfaí agus gur chóir cúrsaí cultúir i gcoitinne, cúrsaí socheacnamaíocha agus sochtheangeolaíocha mar aon le cúlra liteartha agus cleachtais scríbhneoireachta agus léitheoireachta faoi leith a lua agus a iniúchadh i gcás scríbhneoireacht na Gaeilge, mar sin féin, is deacair a thuiscint cén fáth nár spreagadh mórán ban chun dul i mbun ficsin sa tréimhse 1970-1990, cuir i gcás.[33]

D'fhéadfaí a áiteamh gur sampla gléineach amháin den easnamh leanúnach seo é an cineál plé a deineadh sa phróslitríocht Ghaeilge ar théama ilchasta ilchiallach an ghrá. Dar le léirmheastóir amháin:

> Ní dhearna scríbhneoir ar bith sa nualitríocht an grá a phlé go healaíonta. Minic go leor, fágtar mé leis an bharúil gur tugadh an bhean isteach sa scéal siocair gur shíl an t-údar gur chóir bean a thabhairt isteach ar eagla go sílfeadh daoine nach raibh sé ábalta carachtair na mban a láimhseáil. Tá eisceachtaí ann, ar ndóigh, ach is tearc a líon. Thiocfadh go bhfuil baint ag díobháil na mbanúdar leis an scéal a bheith amhlaidh. (M. Ó Murchú 1973, 23)

Cúpla bliain ina dhiaidh sin scríobh Breandán Ó Doibhlin (1975:124) in alt dar teideal 'An Grá sa Nuaphrós':

> Ní chreidim go bhféadfaí a rá go bhfuil an grá ídithe mar ábhar scríbhneoireachta sa Ghaeilge; ach is í an cheist atá le cur agus le freagairt cén fáth go bhfuil an ionramháil atá déanta chomh tearc sin.

Cúpla bliain ina dhiaidh sin arís, agus é ag trácht ar an bpósadh sa nuaphrós, scríobh Cathal Ó Háinle (1977:107):

> Ní mór ar fad mar sin an scagadh atá déanta i litríocht phróis na Nua-Ghaeilge ar an bpósadh mar instidiúid dhaonna. . . . Ní féidir liom aon mhíniú a thabhairt ar an leisce atá ar nuascríbhneoirí na Gaeilge aghaidh a thabhairt ar an ngné thábhachtach seo den chaidreamh daonna.

In aiste spéisiúil dhúshlánach ar na cúrsaí seo, thairg Máire Ní Annracháin (1996:58) míniú loighciúil amháin ar an gceist úd:

Tá aicmí móra daoine nach mbactar lena ndearcadh sa litríocht, nó nach mbactaí leis go dtí le gairid. Na mná an grúpa is suntasaí, agus, i gcás na Gaeilge, na páistí, agus is furasta a fheiceáil go gcaithfeadh bearnaí móra a bheith sa chuntas ar an bpósadh ar a shon sin amháin. Is ábhar sách achrannach é seo, mar baineann sé le dílseacht na healaíne don idé-eolaíocht i réimsí níos doimhne den téacs ná an cruinneas aithriseach.

Agus é ag meabhrú ar phróslitríocht Ghaeilge na tréimhse 1967-1987, chonacthas do Thadhg Ó Dúshláine (1987:5) gurbh annamh 'fírinne agus aiceantacht liteartha' théama an ghrá aimsithe ag scríbhneoirí na Gaeilge. Ní foláir nó bhí baint éigin ag teirce shonraíoch banscríbhneoirí sa Ghaeilge leis na cúrsaí sin cé nach mbeifí ag maíomh agus nach bhféadfaí a mhaíomh, ar ndóigh, gurbh é sin míniú iomlán an scéil. Thagair an scríbhneoir seo don ábhar seo in aiste ar chúrsaí caidrimh sa ghearrscéal sna seachtóidí:

Ábhar ríchasta aimpléiseach é tost seo na mban sa phróslitríocht, go háirithe nuair a chuimhnítear ar scóip, ar úire, ar dhásacht, ar spleodar samhlaíoch agus ar shaibhreas cruthaitheach ár gcuid banfhilí Gaeilge. Bhí eisceachtaí ann, ar ndóigh, leithéidí Éibhlín Ní Dhuibhir, Shiobhán Ní Shúilleabháin, Úna Ní Mhaoileoin agus Chaitlín Maude, cuirim i gcás, ach ar an iomlán, agus go háirithe i réimse an ghearrscéil Ghaeilge sna seachtóidí, ba bheag léas léargais a tugadh ar chúrsaí grá agus caidrimh nó ar chúrsaí an tsaoil i gcoitinne, ón bpeirspictíocht bhaineann. Chiallaigh sé seo gur fágadh bearnaí móra i gcur i láthair shaol na mothúchán trí chéile agus go raibh taiscéaladh, tuairisciú agus mapáil le déanamh ar réimse fairsing saoltaithí agus samhlaíochta. (Ní Dhonnchadha 1997, 46) [34]

Is follas nár tháinig aon athrú suntasach ar an scéal sin sna hochtóidí. Féach gur ardaigh Siobhán Ní Fhoghlú (1991:4) na ceisteanna géarchúiseacha ábhartha seo a leanas sa bhliain 1991, in alt dar teideal 'Col ag Mná le Próschruthú i nGaeilge?'

Is mór an díol suntais é nach bhfuil mná ag saothrú an phróis sa Ghaeilge agus an oiread sin próis á scríobh. An mbraitheann siad doicheall rompu nach ann dó san fhilíocht... ? Nó an bhfuil claonadh éigin i leith na filíochta iontu ó dhúchas baineann nó an fíor go bhfuil friotal áirithe oiriúnach dóibh mar go bhfuil teanga an phróis i seilbh an fhireannaigh?[35]

Agus thuairimigh Máirín Nic Eoin (1992a:35) go raibh cultúr liteartha na Gaeilge 'fós á stiúradh ag meon frithbhanda inscneach.' Ábhair thábhachtacha atá i gceist anseo, ábhair nár deineadh anailísiú cruinn orthu go fóill.

Ó thaobh an ghearrscéil Ghaeilge de, ní séanta gur ábhar díomá é nár tháinig mórán ban chun cinn a chuirfeadh a léamh cruthaitheach féin ar an gcoinníoll daonna, ar achrannaí féiniúlachta, ar chúrsaí síce agus scáile, ar chastacht nó ar impleachtaí chúrsaí caidrimh agus collaíochta, ar an ngrá earótach, nó ar fhéidearthachtaí fuascailteacha shaol na samhlaíochta i láthair trí mheán ealaín na gearrscéalaíochta. Tuigtear, dá réir, gur boichte é an gearrscéal Gaeilge trí chéile toisc raon eile íomhánna, samhlacha, móitífeanna, braistintí, tuiscintí agus peirspictíochtaí a bheith in easnamh air. Tóg, mar shampla soiléir sonraíoch amháin, cur i láthair an mháithreachais - '...motherhood...the least understood, the most tormentingly complex experience to wrest to truth' (Olsen 1978, 254-5). Mar seo a thagraíonn Adrienne Rich (1979:260) do ilchastacht choincheap an mháithreachais: 'For motherhood is the great mesh in which all human relations are entangled, in which lurk our most elemental assumptions about love and power.' Thuigfí ó ábhar Chaibidil 3 sa saothar seo gur ghnách léiriú teoranta steiréitipiciúil a dhéanamh ar an máthair sa ghearrscéal. Airíodh ciotrúntacht agus éadoimhneacht charachtrachta i gcásanna áirithe agus fágadh mórán téamaí gan forbairt. Is cinnte nach sásófaí an léitheoir a lorgódh éachtaintí suimiúla ar mheon agus ar mhothúcháin máthar agus 'dualgais a gairme' i gceist, cuir i gcás, nó a lorgódh smaointe máthar i dtaobh a tuiscintse nó a taithíse ar 'dhúchas máthar'.

Cé go dtuigtear go feillbhinn gur foirm liteartha é an gearrscéal a chuireann srian le scóip an scríbhneora chomh fada agus a bhaineann le forbairt idir phríomhcharachtair agus charachtair thánaisteacha de, tuigtear chomh maith céanna gurb ionann teorannú iomarcach nó simpliú - dá ómósaí nó dá íorónta é ar uairibh - agus carachtar faon tipiciúil seachas pearsa bheo indibhidiúil a dhearadh. Carachtair 'réamhdhéanta', so-aitheanta iad seo, d'fhéadfaí a rá, carachtair nach bhfuil féiniúlacht ar bith ag roinnt leo agus is carachtair iad nach mbronntar cumas féinléirithe orthu. Chonacthas samplaí den charachtracht róshímplithe aontoiseach sin sa saothar seo. I gcomhthéacs an phlé seo, díol suime é an sliocht seo a leanas as alt le Siobhán Ní Fhoghlú (1991:4), a bhí ina heagarthóir liteartha ar *Comhar* sa bhliain 1991, mar a dtráchtann sí ar an gcineál mná a chastar uirthi sna scéalta iomadúla a sheoltar chuig an iris:

> Mura ann dóibh [i.e. mná] mar údair i ngearrscéalaíocht na Gaeilge, táid ann ina gcéadta sna scéalta a thagann chugainn - ach, faraoir, rómhinic níl iontu ach leagan ró-chúngaithe cíochach, géilliúil, mionsciortaithe a shásóidh carachtar casta fearúil éigin nuair a theipfidh a pháirtithe óil air. Aon bhean amháin atá iontu sin go léir agus más í an 'taise bhocht nimfeamáineach' ar thagair an file di í, ba mhaith an mhaise do lucht a luaite súil eolaíoch eolach a chaitheamh ar na nathanna seanchaite a bhaineann léi.

I gcás próslitríocht na Gaeilge 1940-1990, chaithfeadh an léitheoir suntas a thabhairt do theirce na mbanscríbhneoirí, ábhar a pléadh ó chianaibh. Agus idir impleachtaí agus thorthaí an mhéid sin curtha san áireamh againn, agus ag glacadh leis gur ceist chasta iltaobhach í ceist na hinscne agus na húdarthachta, ní foláir a rá go n-aithníonn idir scríbhneoirí, chriticeoirí agus léitheoirí nach cóir béim iomarcach a chur ar inscne scríbhneora in am ar bith.[36] Agus cúrsaí carachtrachta sa ghearrscéal Gaeilge idir chamáin againn anseo, tuigtear gurb é cumas an scríbhneora *mar scríbhneoir agus mar ealaíontóir* an tslat tomhais is bailí agus is tábhachtaí ar fad.

Sa saothar seo trí chéile, féachadh le cuid faoi leith de stair an ghearrscéil Ghaeilge sa tréimhse 1940-1990 a ríomh. Chuige sin glacadh leis gur chóir na saothair ghearrscéalaíochta a shuíomh i gcomhthéacs na linne inar scríobhadh iad. Agus cúrsaí carachtrachta faoi chaibidil anseo, bhíothas, gan amhras, ag tabhairt suntais do ghréasán leathan caidrimh agus do raon fairsing braistintí agus saoltaithí. Ag glacadh leis, ar ndóigh, nach ionann ealaín an ghearrscéil in am ar bith agus tuairisceoireacht 'fhírinneach' ar chúrsaí an tsaoil, ar a shon sin, creideadh gur dhlisteanach an mhaise don léitheoir é, i gcás scéalta 'réalaíocha' na tréimhse go háirithe, éachtaintí a lorg sa litríocht sin ar chuid éigin de scéal agus de mheon ár muintire i gcomhthéacs stair agus chultúr na tíre seo.

Féachadh, mar sin, le cur síos a dhéanamh ar chuid shuaithinseach de thírdhreach ilghnéitheach an ghearrscéil Ghaeilge. Féachadh, leis, le léitheoirí a spreagadh chun dul i mbun aistir agus athléimh.

NÓTAÍ

AN RÉAMHRÁ

[1] Tá an criticeoir céanna sásta, ámh, trácht ar shaintréithe agus ilchumas an ghearrscéil mar fhoirm liteartha i gcéad chaibidil a saothair, caibidil ar a dtugann sí ' "Only Short Stories": Estimates and Explanations'. Féach Shaw 1983, 1-24.

[2] Féach Titley 1980b, 40. I dtaca le scóip agus saoirse an scríbhneora chruthaithigh, is suimiúil é an méid seo a leanas a scríobh Mary Lavin i réamhrá cnuasaigh scéalta léi sa bhliain 1959:

> I feel that it is in the short story that a writer distills the essence of his thought. I believe this because the short story, shape as well as matter, is determined by the writer's own character. Both are one. . . . Because of this conviction that in a true story, form and matter are one, I cannot attach the same importance as the critics to brevity and relevance. It is surely significant that the great short stories of the world have often been studded with irrelevancies. It is to the magical risks that have been taken with the short story that we often owe their most magical embellishments. It is a question whether we really want perfection in this medium as much as we are told that we do in the textbooks. Do we? And if we do, how is it that the early stories of Chekhov can give such pleasure and the unfinished stories of Katherine Mansfield such satisfaction? Much as we rejoice in the universality of art I think art speaks with its fullest voice when the note of particularity is not lost in that of universality, nor time in that of eternity. (Luaite ag A.A. Kelly 1980, 172-3)

[3] Féach May 1994c.

[4] Sa chomhthéacs seo agus ar bhonn na litríochta comparáidí is díol spéise é an blúire seo a leanas as réamhrá na díolama *Modern French Short Fiction*:

> If human relationships tend to be characterised negatively, 'things are not so straightforward when it comes to human solitude. There is, for instance, a strong suggestion in some of our stories, especially with regard to female protagonists, that isolation may be redeemed as an empowering experience insofar as it can offer insights and outlets which would otherwise remain undiscovered. (Gratton and Le Juez 1994, 12)

[5] Agus Hermione Lee (1987:1-2) ag cur síos ar thréithe comónta na ngearrscéalta a chnuasaigh sí, gearrscéalta le scríbhneoirí mná timpeall an domhain, thagair sí don choinbhleacht:

> Many of the stories involved some form of conflict: between what Eudora Welty has called 'secret imaginings' and 'unwelcome realism', between consolatory dreams and hostile circumstances, between childlike or social individualities and adult expectations and demands – and, of course, between women and men. I don't mean to suggest by this that women's stories are characteristically frail, self-concealing and unworldly. . . . But I do mean that one of the few common denominators I could find was a resistant, energizing tension between a personal fantasy and the existing (often brilliantly described) conditions.

[6] Deir Ian Reid (1977:28): 'Just as Wordsworth records in *The Prelude* certain 'spots of time', and Keats celebrates in his Odes the intense sensation or insight that transcends time, so one could say that the short story typically centres on the

inward meaning of a crucial event, on sudden momentous intuitions, 'epiphanies' in James Joyce's sense of that word: by virtue of its brevity and delicacy it can, for example, single out with special precision those occasions when an individual is most alert or most alone'.

Ach faoi mar a dhearbhaíonn an criticeoir céanna agus é ag tagairt do éirim Rómánsúil na gearrscéalaíochta: 'It does not follow that any such features are essential to the genre' (ibid. 29).

[7] Deir Valerie Shaw (1983:129-30): 'Seen in the light of his insistence on typicality, Chekhov's recurring concern with themes of personal defeat and painful adjustments to imperfect circumstances is in complete harmony with his method of characterization and his preference for inconclusive endings. Precisely because no man or woman either real or fictional, can be entirely whole, the individual never dominates, part of the stories' pathos being that the life of the 'human mass' reflected in each character goes on irrespective of personal destinies or the eventual outcome for individual characters'.

[8] Féach, leis, Dunne 1987, 3, 7; Duffy 1997, 64-82.

[9] Gan amhras, foilsíodh saothair eolaiseacha fuaimintiúla ar ghnéithe den ábhar sin ó shin i leith. Féach, mar shampla, Curtin, Jackson, O' Connor 1987; O'Dowd and Wichert 1995; Bradley and Valiulis 1997; Byrne and Leonard 1997; Clear 2000.

[10] Beale 1986, 27.

[11] In aiste dar teideal 'Representing Women: Re-presenting the Past', scríobh Gillian Beer (1989:68): 'In the literature of the past we are presented with immensely detailed interconnecting systems: power and pleasure caught into representations so particular as to be irreplaceable. So the informing of the text with our learnt awareness of historical conditions is not a matter simply of providing 'context' or 'background'. Instead it is more exactly in-forming, instanti-ation – a coming to know again those beliefs, dreads, unscrutinised expectations which may differ from our own but which may also bear upon them'.

[12] Féach Grant 1970, 1-3; Furst 1992, 1-5.

[13] Ó Faoláin 1972, 174.

[14] Gan amhras, tuigtear go mbaineann tábhacht agus spéisiúlacht le hailt, le haistí agus le tráchtaireacht scríbhneoirí comhaimseartha a spreagtar chun dul i mbun pinn agus iad ag meabhrú ar chúrsaí a bhain le tréimhse a n-óige féin, cuir i gcás. Mar shampla, is cinnte go bhfuil ábhar machnaimh sna blúirí seo a leanas don té a bheadh ag déanamh staidéir ar ghnéithe de shainmheon thréimhse na ndaichidí go dtí na seachtóidí san fhichiú haois in Éirinn. Thagair Dick Walsh (1997:16) do ghné amháin de shaol na ndaichidí agus na gcaogaidí in Éirinn sa bhlúire seo a leanas in alt leis:

> Secrecy was authority's fearful ally. There was a strong belief that if you didn't talk about something it didn't exist....Secrecy cloaked the removal of people from their homes, either because of an unwanted pregnancy or because they were being taken to the local mental hospital – signed in by relatives and, in many cases, never seen again.
> There was so much to be ashamed of, so much that never came to light.

Agus í ag trácht ar na caogaidí – 'the bitter, unloving 1950s' - scríobh Nuala O' Faolain (1995:14): 'The death-dealing place that Ireland was in the 1950s hardly bears remembering. For girls beginning to sense the world it was like being locked in a compound, with old, male bullies up in the watchtowers'.

318 NÓTAÍ: AN RÉAMHRÁ

Mar seo a thrácht Liz McManus (1995:12) go lom neamhbhalbh ar an tréimhse roimh na seachtóidí in Éirinn: 'Until the '70s a wife was subservient to her husband. To love, honour and obey. She didn't even have the right to the Children's Allowance. He did. The father was the legal guardian of the children. He determined their domicile. And hers. He could draw from their children's Post office savings. She could not. He was not obliged to reveal what he earned to her. She was to him. There were no barring orders against violent husbands. If a wife was unfaithful he could sue the other man for loss of conjugal rights. She could not. Married women – in or out of the home – were chattels'.

[15] Ag scríobh di sna seachtóidí ar chearta ban in Éirinn, thagair Caitlín Maude (1988:63) go neamhbhalbh do mheon leatromach na hEaglaise Caitlicí: 'Ceist chasta í ceist an leatroma ar mhná atá préamhaithe i gcúrsaí polaitiúla, eacnamaíochta agus cultúir agus tá a cuid snáithí chomh fite fuaite, snaidhmthe ar a chéile gur deacair iad a idirdhealú go minic. In Éirinn féadfar creideamh a áireamh mar ghné thábhachtach den scéal freisin. Níl mórán údair ag bean ar bith a bheith buíoch den Eaglais Chaitliceach. Níor mhór di (an Eaglais) a coinsias a scrúdú faoina seasamh ar chearta ban agus faoin ómós is cuí dóibh mar bhaill den chine daonna'.

[16] Féach Pearson and Pope 1981, 11-2.

[17] *Cití*, dráma trí ghníomh, Siobhán Ní Shúilleabháin, Sáirséal agus Dill, 1975,13. Sa chomhthéacs seo, b'fhéidir go rithfeadh an smaoineamh leis an léitheoir gur beag athrú a tháinig ar chás na mban ó aimsir Bhunreacht na hÉireann (1937) go dtí na seachtóidí. Cuimhneoidh an léitheoir ar an ról teoranta a samhlaíodh le mná sa Bhunreacht agus ar an tslí ar théarmaí inmhalartaithe ba ea 'bean' agus 'máthair' in ailt 41.2.1 agus 41.2.2 sa Bhunreacht sin.

[18] An Seabhac 1984, 28.

[19] Féach Ní Fhoghlú 1991, 4-5.

[20] Luaite ag H. Lee 1987, 1.

[21] Féach Smyth 1989, 11-12, mar a dtráchtann sí ar an tarraingt i dtreo na filíochta i measc banscríbhneoirí Éireannacha a bhí ag scríobh i mBéarla sna seachtóidí agus sna hochtóidí. Tagraíonn Haberstroh (1996:21) ina saothar *Women Creating Women* do cheist na féiniúlachta: "Whether identity is 'pretence' or not, it 'means' something; in fact, the meaning of identity appears to me the most prominent theme in the poetry I cover".

[22] Maidir le cnuasaigh le S. Mac Meanman, S. Mac Maoláin agus 'Barra Ó Caochlaigh,' féach Ní Dhonnchadha 1981.

[23] Maidir le caighdeánú na teanga, ní foláir ná gur shaothar suimiúil dúshlánach ba ea *Forbairt na Gaeilge* (Sáirséal agus Dill) le Niall Ó Dónaill, nuair a foilsíodh é sa bhliain 1951. Ba sa tréimhse 1940-1990 a céadfhoilsíodh *Gramadach na Gaeilge agus Litriú na Gaeilge: An Caighdeán Oifigiúil*, (Oifig an tSoláthair 1958), *English-Irish Dictionary*, edited by Tomás de Bhaldraithe (Oifig an tSoláthair 1959) agus *Foclóir Gaeilge- Béarla*, in eagar ag Niall Ó Dónaill (Oifig an tSoláthair 1977).

Ag cuimhneamh dúinn ar litríocht chruthaitheach na tréimhse, tagraíonn Ó Háinle (1994: 777) don éifeacht a bhí ag meon agus ag stíl úrnua scríbhneoirí mar Ó Cadhain agus Ó Ríordáin ar scríbhneoirí eile a tháinig ina ndiaidh: 'De bharr shampla na mórscríbhneoirí a tháinig chun cinn i ndaichidí an fichiú céad, níor leasc leis na scríbhneoirí atá tar éis teacht ina ndiaidh a bheith níos dúshlánaí fiontraí fós ina gcuid iarrachtaí le hacmhainní na teanga a shíneadh chun gur fearr a d'fhónfadh sí do riachtanais a n-intinne is a samhlaíochta.'

Ó thaobh stair na léirmheastóireachta de, b'fhiú don léitheoir *Cion Fir: Aistí Thomáis Uí Fhloinn in* Comhar (Comhar, Baile Átha Cliath, 1997) a léamh óir faoi mar a deir Liam Prút (1997:10), eagarthóir an leabhair sin: 'Thar aon duine eile den bheagán criticeoirí ardchaighdeáin a bhí páirteach in athfhorbairt na Gaeilge agus go hiomlán dílis dá gcuspóirí, agus é, ar nós an té a bhí i gceist sa 'Dánfhocal' úd ag Pearse Hutchinson, 'gan bia d'fháil dá bharr', is é Tomás Ó Floinn is cinnire agus coinsias feasach, dea-chompánach agus anamchara na nualitríochta'.

CAIBIDIL 1.

[1] Féach, leis, Arensberg and Kimball 1968, 105-6.

[2] I gcás na bhfear, chítear go minic nach mbíonn an dara dul suas acu, go gcaithfidh siad imeacht toisc nach bhfuil talamh ná maoin acu agus go bhfuil súil acu filleadh a luaithe agus a bheidh bun déanta acu. I gcásanna eile, imíonn an fear toisc gur dhiúltaigh bean éigin é a phósadh agus airíonn an fear go bhfuil sé náirithe os comhair a mhuintire agus an phobail. Féach, mar shampla, an scéal 'An t-Ádh agus an Mí-Ádh' (*Oidhche*) ina dtráchtar, sa chéad phearsa uatha, ar dhomheanma an fhir a tréigeadh agus atá ag fágáil na tíre de bharr an tréigin sin.

[3] Féach, leis, John Healy 1988,63-4; Brody 1973, 26; Moser 1993, 45.

[4] Cuimhnítear go mbíodh trácht, i gcomhthéacs an chleamhnais, ar bheith 'ag siúl na talún' le go ndeimhneofaí go raibh cothromaíocht shásúil idir feirm an chliamhain, cuir i gcás, agus an spré a bheadh á tairiscint ag athair na mná óige. Féach Arensberg and Kimball 1968, 106. Féach, leis, Ó Cearbhaill 1990, 66.

[5] Féach *An Bhratach*, 143-6.

[6] Ibid., 149-51.

[7] Tuairiscítear gurbh iad na baic a d'fhéadfadh a theacht i gceist i gcás cleamhnais - ag glacadh leis go raibh cúrsaí maoine agus talún réitithe go sásúil - ná: '... consanguinity, insanity, or notorious crime in past ancestry' (Arensberg and Kimball 1968, 106).

[8] Féach, m.sh. 'Caoineadh Sídhe' (*An Bhratach*) , 'Le Grádh don Ainnir' (*An Bhratach*), 'Crádh Croidhe' (*Oidhche*), 'Deireadh an Lae' (*Fód*), 'Sgálaidhe Spéire' (*NÁ*), 'Buaidh agus Díombuaidh' (*NÁ*).

[9] Foilsíodh an scéal seo in *An Stoc*, Aibreán, Bealtaine ⸗gus Meitheamh 1930. Féach Denvir 1987, 18-20, 266.

[10] Scéal na mná cráite atá san amhrán 'Fuígfidh Mise an Baile Seo' mar a ndeirtear:

'Nach truagh nach dtig sé 'reacht amach mar thiocfadh ar bhoin nó ar chaoirigh,
An té nach dtaitneodh 'mhargadh leis a sheoladh ar ais 'un aonaigh'.

(*Abair Amhrán*, Comhaltas Uladh 1964, 80)

[11] Féach A.A. Kelly 1976, 149; agus de Bhaldraithe 1967, 35-7.

[12] Féach Breathnach 1971, 33.

[13] Féach Ó Dúshláine 1978, 87; Denvir 1991, 29 agus de Paor 1998, 22- 3.

[14] Féach mar shampla, Ó Buachalla 1967, 74 agus Kennelly 1979, 175, 187.

[15] Féach nóta 10 thuas.

[16] Foilsíodh an scéal seo ar dtús sa bhliain 1931. Féach Mercier 1992, 237.

[17] Tuigtear nach mbeidh an t-athair rógheal dá chliamhain isteach, téama a fhorbraítear i dteidealscéal an chnuasaigh, mar atá, 'An Stáca ar an gCarraigín'.

[18] Féach, mar shampla, Arensberg and Kimball 1968, 106, i gcomhthéacs ábhar an scéil seo.

[19] Tuigtear go raibh an príomhcharachtar i ngrá leis an mbean óg ach gurbh é a dheartháir 'a ghnóthaigh i gcleamhnas í' (O 76). Is suimiúil agus is inchreidte é príomhcharachtar an scéil dhrámatúil seo, duine ar theip air sonas nó suaimhneas a aimsiú ina shaol, fonóid a dhearthár á shíorchéasadh agus é fágtha ina chadhan aonair, gan mórán cuimhne aige ar 'na guthanna cineálta a chuaigh faoi thost na huaighe agus é ina gharsún' (O 73).

[20] Thar aon ní eile, níor theastaigh ón athair go mbeadh ar a iníon dul ag tóraíocht oibre i Sasana mar b'shin é go díreach an t-aon rogha a bhí ag formhór na mban óg sa cheantar san am: ' Tá deis agatsa pósadh anois ag baile, deis a thapódh cailíní go leor; níl uathu ach an deis. Táid ar nós easóga ag faire agus ag tnúthán; ag tnúthán go mbí oiread sin díchéillí ortsa is go bhfágfaidh tú an tairiscint seo i do dhiaidh...' (L 140).

Tugtar éachtaint dúinn ar smaointe an athar i dtaobh na himirce go Sasana: 'Níor theastaigh uaidh eisean go ngabhfadh a iníon go Sasana, tír ghallda. Níor chall di imeacht. Bhí Beairtle Mhailic sásta í a phósadh, agus bheadh scata fear eile sásta sin a dhéanamh, ní raibh uathu ach a gcrúba ina craiceann mín...' (L 141-2).

[21] An Draoidín, Oifig an tSoláthair, Baile Átha Cliath 1959, 258.

[22] Tá cur síos déanta ag Máire ar an ábhar céanna i Rann Na Feirste, An Preas Náisiúnta, g.d., 147-51.

[23] Féach an tagairt seo a leanas, leis, as an scéal 'Cúl le Muir' (Cúl) mar a gcuirtear an bhéim an athuair ar éadaí galánta mar chomhartha go bhfuil dul chun cinn nach beag déanta ag an imirceoir: 'Bhí Meiriceá á mealladh 'un siubhail. Bhí aithne aici ar chailíní nach raibh aon bhróg ar a gcois go dtí an lá a d'fhág siad a' baile, ar a mbealach go Meiriceá. Agus i gcionn na haimsire tháinig cuid aca arais agus cultacha síoda ortha a bhainfeadh an t-amharc as a' tsúil agat. Sin a' rud a bhí a' mealladh Úna 'un siubhail' (Cúl 8).

Díol spéise é go dtugann fear rabhadh do fhear eile faoi mheallacacht shaol Mheiriceá trí thagairt d'éadaí breátha Mheiriceá sa scéal 'Colorado' (Oidhche): 'Is iongantach a' dóigh a gcuireann a' diabhal cathuighthe ar dhuine,' ar seisean. 'Toiseócha sé le rudaí beaga nach saoilfeá go raibh dochar dá laghad ionnta. An chéad lá riamh a chuir mise orm culaith tháinig as Meiriceá thug mé coiscéim ar bhealach a' drabhláis. Bród a bhí orm as a' chulaith sin nuair ba chórtha domh náire a bheith orm. Náire as bheith comh dall-intinneach is gur shaoil mé gur faoi chrann smola a rugadh is a tógadh mé, agus nár dhual domh teacht i mbláthas gan síoda is ceaismír' (Oidhche 320).

Ar bhonn níos ginearálta, tuigtear ó thuairiscí éagsúla i gcomhthéacs na himirce gur bhain idir stádas agus spéisiúlacht le héadaí Mheiriceá. Mar shampla, ina haiste ar mhná an Bhlascaoid, 'Saol na mBan', tagraíonn Máirín Ní Dhuinnshléibhe (1989:344) do chaint agus chadaráil mhná óga an oileáin le linn dóibh a bheith ag bothántaíocht: 'Cúraimí ban agus éadaí ó Mheiriceá a bhíodh á phlé acu'. Féach, leis, Neville 1995, 212.

[24] Tagraítear don rud céanna i 'Rún Gadaidhe' (Oidhche), áit a ndeirtear nach spéis le hÉamonn Mór Ó Cuireáin, a bhfuil fiche bliain caite i Meiriceá aige, 'éireógaí aeracha' a cheantair féin ach gur mhaith leis bean stuama chiallmhar a mbeadh tamall caite i Meiriceá aici agus a mbeadh dornán airgid aici dá bharr. Éiríonn leis mian a chroí a bhaint amach.

[25] Cuimhnímid gur cumadh scéalta imirce ag tús ré na hAthbheochana ina raibh mná óga á gcur ar a n-airdeall ag na scríbhneoirí trí bhéim a leagan ar an mbreoiteacht agus an easláinte a d'fhéadfadh teacht ar imirceoirí mná agus dúshaothrú á dhéanamh orthu agus iad ag obair i Meiriceá. Féach Murphy 1997, 89.

[26] Tugtar faoi deara go bhfuil trácht sa scéal 'Deireadh an Chluithche' (*Clár*) ar mhná a raibh leisce áirithe orthu glacadh le fir agus nár ghlac leo go dtí go raibh na fir ar tí dul go Meiriceá. Luaitear bean amháin a lig an fear chun siúil: 'Acht bhí sí roimh an tender i Moville a' lá ar n-a bhárach go dtug léithe 'un a' bhaile é agus gur phós é' (*Clár* 93).

[27] Féach, mar shampla, Ó Fiaich 1974 agus Ó Muirí 1978.

[28] Foilsíodh 'Going into Exile' den chéad uair in *The Dublin Magazine*, April 1924, 789-96. Radharc corraitheach sa scéal sin is ea an radharc ina bhfuil an t-athair agus a mhac ag fágáil sláin ag a chéile agus is léir go dtéann díobh friotal sásúil a aimsiú dá gcuid mothúchán agus go bhfuilid teanntaithe ag gnásanna an phobail: ' Each hungered to embrace the other, to cry, to beat the air, to scream with excess of sorrow. But they stood silent and sombre, like nature about them, hugging their woe'(O' Flaherty 1971,100). Tráchtar sa scéal sin, leis, ar bhriseadh croí na máthar, ar chorraíl na hiníne agus ar an tslí ar spreag éadaí Mheiriceá na hiníne cantal agus colg i gcroí na máthar.

[29] Agus í ag trácht ar shaoirse agus neamhspleáchas an imirceora mhná a chuaigh go Meiriceá ag tús an fichiú haois, deir Maureen Murphy (1997: 92) faoi na mná sin i gcoitinne: '...nowhere did her independence and autonomy reveal themselves more than in her decision whether to settle in Ireland in a self-dowered match or to leave again for America. Whatever the dynamics of the decision to make her first voyage out, the decision to stay or go, when she returned, was hers'.

[30] Ní annamh, mar shampla, a chítear an saghas meoin atá léirithe ag Conchubhar Ó Ruairc sa chur síos seo a leanas ar imirceoir a d'fhill ar a cheantar dúchais tar éis dó cúig bliana is fiche a chaitheamh i Meiriceá: 'B'sheo arís é an Gael- Mheiriceánach, airgead an allais ar sileadh leis agus é ina choileach carn aoiligh ar ais ina thír féin' ('Díoltas' *SD* 96).

[31] In 'An Yank' (*Stáca*), cuir i gcás, chítear bean a d'fhág Éire agus í ina bean óg agus cuairt á tabhairt ar an bhfód dúchais aici i ndiaidh di na blianta fada a chaitheamh i Meiriceá. Scéal éadrom é seo arb é a phríomhbhua, b'fhéidir, ná greann, grinneas agus léire radhairc ar nós radharc tosaigh an scéil mar a bhfeictear fear an phoist ag teacht chuig an fheirm, litir Cháit ina mhála aige agus an tslí a gcuirtear fáilte an doichill roimhe ansin.

Shaothraigh Ó Ruairc téama na himirce i scéalta eile leis (mar shampla, 'Fód a Dhúchais' (*Stáca*) agus 'Rath Dé agus Rath Aonaigh' (*GG*) agus is aiste ghearr fhileata atá sa dréacht 'Tréigtheacht' (*Stáca*)). Mar seo a thagair léirmheastóir amháin do théama na himirce i saothar an údair seo: 'Cé ná fuil aon mhaoithneachas ag baint leis ná aon dalladh phúicín á chur aige air féin (ná orainne) faoi chruas ná faoi dheacracht shaol na ndaoine seo dearbhaíonn sé gurb olc an ní tréigean na tuaithe agus gurb díogha na ndíogha í an imirce' (Mac Diarmada 1962, 14).

[32] Féach, mar shampla, 'Deoch an Dorais', 'Máithreacha', 'An Dílleachtaí', 'Oíche Nollag', 'Inis Léith' agus 'An Chéad Urchar' as an gcnuasach *Athaoibhneas* (1959) agus 'Cuan an Fháil Bhig 1: Birgitta' in *Fuine Gréine* (1967).

[33] Is mó aiste agus alt a scríobhadh sa tréimhse sin ina raibh trácht ar na cúrsaí casta seo, mar shampla, Connolly 1951, 517; Ó Baoighill 1954, 24; Ní

Shúilleabháin 1954, 4; Noonan 1954, 52. Féach, leis, Quinn 1969, 122.

[34] Níor dheacair a áiteamh go bhfuil carachtracht na mná seo, agus carachtracht phearsana eile an scéil ag réiteach leis an gcur síos a dheineann Walsh 1996, 14 ar chúrsaí imirce agus ar mheanma na tíre seo sna caogaidí.

[35] Gheofar samplaí den téama seo in 'Cosán na nDeor' 'An Filleadh' agus 'An Soláthraí' in *Slán leis an gComhluadar* agus 'Sléibhte Mhaigh Eo' agus 'Muinín Mháthar' in *Sléibhte Mhaigh Eo*.

[36] Faoi mar a scríobh Flann Mac an tSaoir (1963a: 14) i dtaobh na gcarachtar seo ag Ó Ruairc: 'Tá ábhar amháin arís agus arís eile ag an údar: an seanduine ceanndána stuacach dolba do-athruithe: ceann de na carachtaeraí is coitianta i measc feirmeoirí agus lucht tuaithe i gcoitinne—ní hamháin in Éirinn, go deimhin, ach i measc gach pobail tuaithe i ngach tír in chuile aois. Carachtaer den saghas ba bhreá le Moliére, carachtaer aonghnéitheach (gheobhaidh tú a mhacasamhail níos mó ná uair amháin in *An Baile Seo Againne)'*.

[37] Féach *Slán* 27.

[38] Féach Ó hAnluain 1965, 25.

[39] *Feasta,* Iúil 1958, 3-5.

[40] Féach *SSE* 28.

[41] Féach Ó Fuaráin 1990, 94-9.

[42] Ábhar spéise sa chomhthéacs seo é príomhscéal *Indiu* 12 Iúil 1946, alt dar theideal 'Cailíní Óga na Tíre ag dul go Sasain ina Mílte', mar a dtuairiscítear go raibh timpeall 300 ógbhean ag imeacht go Sasana in aghaidh na seachtaine agus gur chailíní aimsire cuid mhaith díobh sin. Bhí an scéal chomh dona sin sna daichidí go raibh mná óga ó thíortha eile á lorg agus á bhfostú mar chailíní aimsire agus mar chúntóirí ospidéal anseo in Éirinn. Féach Moser 1993, 45.

[43] Foilsíodh an t-alt seo in *Comhar,* Deireadh Fómhair 1964.

[44] Chítear imirceoir i scéal le Pádraic Breathnach ag filleadh ar Éirinn, gliondar an domhain air a bheith ag filleadh ach aiféala air faoi ghné amháin de shaol an imirceora a chronóidh sé: 'Bhuail tocht bróin é. Bhí deireadh le cuid amháin dá shaol! Slán beo le scléip, le rancás, le gnéas, le peaca. Bhí taitneamh thar meon aige leis an bpeaca, anois, mar bhí sí ag éalú uaidh go pras. Tuige sa diabhal a raibh sé ag imeacht as Londain? Éalú ab ea?...Oiread mhór seo de mhacnas an tsaoil á chaitheamh aige ina dhiaidh!' ('An Filleadh,' *BA* 18-9).

[45] Féach *L* 142-3.

[46] Ar ndóigh, cé nach samhlófaí go deo gur ag gríosú fuathóirí ban a bhí Máire leis na ceisteanna úd, - i bhfad uainn an t-olc! - n'fheadar an bhféadfaí talamh slán a dhéanamh de gur ag díriú ar léitheoir fireann a bhítear de ghnáth sna scéalta trí chéile?

[47] Féach, leis, an cur síos ar an mbean óg mheallacach sa scéal 'Séimidh na Sgeallán' *Clár,* 168.

[48] Féach *Úna* 183; *Oidhche* 278. Tráchtar, leis, ar a thugtha a bhí muintir na Rosann do na seanscéalta grá i dtosach an scéil 'Droichead Briste' (*Oidhche* 244).

[49] Féach, mar shampla, 'Mo Chailín Ruadh' (*TTC*), 'Culaith Ghorm' (*TTC*), 'Amharc i bhFad Uait' (*Úna*), 'Gealltanas' (*An Bhratach*), 'Caoineadh Sídhe' (*An Bhratach*), agus 'Crádh Croidhe' (*Oidhche*).

[50] Tuigtear nach dtagann imirce na bhfear go hAlbain i gceist mórán i réimse plé an tsaothair seo ach, gan amhras, is ábhar tábhachtach é i gcomhthéacs litríocht na himirce in Éirinn sa chéad leath den fhichiú haois. Féach Kiely 1950,

123-4.

[51] Déantar an téama céanna a shaothrú in 'Amharc i bhFad Uait' (*Úna*).

[52] Tugtar faoi deara a láidre is atá an tuiscint go bhfuil an chinniúint ag fí a gréasáin i bplota an scéil 'Bean Ruadh de Dhálach' (*Fód*).

[53] Féach Nic Eoin 1982, 188, 204 agus Ó Fiaich 1974, 7.

[54] Féach Ó hUid 1949b, 1949c; Ní Dhonnchadha 1998, 51-3.

[55] 'Sop i nGreim Cuilithe' an teideal a bhí ar leagan tosaigh an scéil. Féach *An Glór*, 12 Eanáir 1946, 4.

[56] Is suimiúil an ní é gur mhol léitheoir mná darbh ainm Áine Nic a' Liagha (a raibh spéis faoi leith aici féin i gcúrsaí scríbhneoireachta) don Liathánach bean láidir a chur i láthair mar charachtar scéil i saothar eile a chuirfeadh sé de, óir: 'Níor léigh mé rud ar bith le fada a chuir oiread bróin orm leis an sgéal sin a bhí agat san *Iris*, an bhean bhocht 'na suidhe a' feitheamh le fuighleach na mná eile. Agus í chun é a ghlacadh!' ('Tá pobal agat: dearbhú do Ó Liatháin', *Indiu*, 22 Márta 1946, 3).

[57] Féach O'Leary 1988, 87; Ó Laoghaire 1995, 70.

[58] Féach *Dúil* 52-3, 65.

[59] Féach A.A. Kelly 1976, 90.

[60] Foilsíodh 'The Fanatic' den chéad uair in *The Bell*, XVIII, Summer 1953.

[61] A.A. Kelly 1976, 20, 61.

[62] Ógmhná ag teacht ar thuiscintí nua ar an saol agus ar a n-ionad féin sa saol atá mar phríomhcharachtair in 'Na Bráithre Ionmhaine' (*Comhar*, Bealtaine 1948 agus *Nuascéalaíocht* 1952) le Máire Mhac an tSaoi agus in 'An Chistin' (*Comhar*, Samhain 1954), scéal le Siobhán Ní Shúilleabháin, a ghnóthaigh duais i gComórtas Gearrscéalaíochta *Comhar* 1954. Déantar ionramháil éifeachtach ar chur i láthair bhraistint nua na mban óg sa dá scéal. Sa scéal 'An Chistin', mar shampla, cuirtear síos ar chailín óg (cúig bliana déag d'aois) ag teacht chuici féin i ndiaidh di scéala báis uncail léi a chlos, uncail a rinn an-ghean go deo aici air:

...mar go hobann, do thuig sí. Mar do chonaic sí roimpi amach mar bheadh sé leata ar bhrat na hoíche, gréas an chine, breith, beatha agus bás, é dá fhí agus dá eadarfhí, snátha bhí caol agus ramhar, buan agus neamhbhuan, righin agus briosc, iad uile sníofa i gcúlra de ghlór na trá agus rith na habhann agus gluaiseacht na gaoithe agus seasmhacht na gcnoc. Agus bhí a ionad féin ag Daideo ann agus ag Uncal Mártan - agus bhí a hionad ag feitheamh léith-se faoi mar dhearfadh cinniúint a colna. Agus do chrith sí roimhe, roimh a chinnte is bhí sé, roimh a íogaire is bhí sé, roimh a iontaí is bhí sé, roimh a áille is bhí sé. Crith. Crith croí agus cuisleann, crith fola agus feola, crith anama agus intinne. Ach fós, d'iompaigh sí aghaidh a cuntanóis chuige. Le cumas úrgheinte na mná, dhírigh sí air agus níor loic sí....(*Comhar*, Samhain 1954, 15)

[63] Féach, leis, Costello1996, 64c mar a bhfuil pictiúr de na spéirmhná le James Dwyer, pictiúr a cuireadh leis an scéal 'The Wild Man of County Galway', ar leagan coimrithe athchóirithe é de 'The Post Office', a foilsíodh in *Colliers*, 18 April 1953, 54-63.

[64] Ag trácht ar leagan Béarla an scéil seo atá A.A. Kelly. Foilsíodh 'The Post Office' in *The Bell*, XIX, Aibreán 1954.

[65] Os a choinne sin, ní deacair dúinn a thuiscint cad ina thaobh a dtaitneodh scéal den saghas seo le léitheoirí eachtrannacha, agus le Meiriceánaigh, go

háirithe. Mar seo a thrácht Paul A. Doyle (1971: 114-5) ar an scéal:

> In short, 'The Post Office' is so genial and good-humored and is handled with such facility that we wonder why O'Flaherty has not written more in this vein and why he has waited so late in his career to assay a story of this nature. It is, of course, apparent that, while such a vein was within O'Flaherty, he has generally allowed his serious side to predominate in his fiction; nevertheless, more successful humorous stories would have broadened his creative range, produced more figures in the lovable vein of Thomas Hynes, and have made O'Flaherty more appealing as a writer.

[66] ' Like many Irish writers, O' Flaherty filters his world to his English reader through the prism of his prose, but it is an Irish sensibility in a borrowed language' (Murphy 1973, 25).

[67] Scéal laochais é 'Bullaí Mhártain' (féach Ó Tuama 1955b, 31; Riggs 1978, 98-102; Riggs 1997, 59-60). Leagann Seán Ó Tuama (1974: 36,39) béim ar bharántúlacht phríomhcharachtar an scéil agus tagraíonn sé don tslí a músclaítear bá an léitheora le cás Bhullaí Mhártain. Chonacthas do léirmheastóir (gan ainm) *Comhar* gurbh é a bhí sa scéal ná: 'beo-chuntas ar halla rince faoin tuaith agus ar an mbruín ba phríomhshiamsa ag cuid de na "pátrúin" ' (*Comhar*, Nollaig 1955, 29).

[68] Thug an gearrscéalaí Pádraic Breathnach (1990: 13,15) an-mholadh don scéal seo, go háirithe ó thaobh an fhriotail de: 'Scéal úr é a fhanfaidh úr go brách. Ní bhaineann úire le bheith nua nó nua-aoiseach nó tráthúil. Is tráthúil go brách é. Tá an scéal seo chomh ceart i bhfeiniméan scéalta is a bhí a phéire wellingtons cóir ceart do Bhullaí i bhfeiniméan feistis'.

[69] Agus an halla rince faoi thrácht againn, ní miste gearrscéal eile a lua, mar atá, 'Éirímíd go luath i Liostuathail' le Pádraig Ó Conchubhair, scéal éadrom rómánsúil ina bhfuil cur síos ar halla rince agus ar na rincí nua-aimseartha. Foilsíodh in *Comhar*, Eanáir 1944 ar dtús é agus in *Nuascéalaíocht* (1952) ina dhiaidh sin.

[70] Féach *BM* 46-7, 48-9.

[71] Léitear in alt dar theideal 'Pósadh' a scríobh an tAthair Fiachra (1952c: 7): '... isé ár mbuaireamh i dtaobh an phósta ná fuil ár ndóthain de againn' agus in alt dar theideal 'Why Few Irish Marry' thagair an tAthair P.B.Noonan CSSp (1954: 51) go speisialta do fhir a raibh leisce orthu dul faoi chuing an phósta. Agus, an ndóigh, ábhar plé tábhachtach a bhí sna cúrsaí seo ar fad i dtuarascáil an *Commission on Emigration and Other Population Problems 1948-1954*, (féach, mar shampla, lgh 74, 78, 134).

[72] Léirmheastóir gan ainm, *Comhar*, Nollaig 1955, 30.

[73] Ó Dubhthaigh 1986, 50.

[74] Ó hAnnáin 1965, 48.

[75] Tuairisc na Moltóirí, Comórtas 4, Oireachtas 1951.

[76] Cuimhnímis gurb é a bhí á lorg i gComórtas 4 de chuid chomórtais liteartha Oireachtas na bliana 1951 ná: 'Gearrscéal oiriúnach le foilsiú i dTréimhseachán'.

[77] Scéal eile ina léirítear bean óg, a bhfuil claonadh chun ardnóis inti, agus ar máistreás scoile i gceantar Gaeltachta í, is ea an scéal 'Máighistreás' (*Cladóir*) le Criostóir Mac Aonghusa.

[78] Féach de Barra 1976, 11-2.

[79] Féach, leis, *SL* 128-9.

[80] Féach *SL* 140-1. Féach, leis, de Paor 1991, 321 agus Ní Annracháin 1979, 211-2.

[81] Ó thaobh cheardaíocht an scéil de, feictear do Louis de Paor (1991:322) go raibh an Cadhnach i mbarr a mhaitheasa sa scéal áirithe seo: 'Má tá an léiriú mórthaibhseach ar na fórsaí ón taobh amuigh agus ón taobh istigh a mhúnlaíonn pearsantacht na mná sna luathscéalta tuaithe ar iarraidh, léiríonn stíl aibí Uí Chadhain sa scéal seo máistreacht an údair ar uirlisí teicniúla a cheirde'.

[82] Féach mar shampla, *SL* 211, 223-4, 225, 227-8, 235.

[83] Féach *ST* 146-7.

[84] Féach an cnuasach *Ár Ré Dhearóil*, An Clóchomhar, 1962, 9-11.

[85] Féach *O* 124. Dála an scéil, agus ainm Edna O' Brien tarraingthe anuas againn, féach gur tagraíodh do Maudie O' Brack sa scéal 'Scéal Bleachtaireachta' (*E*) le hAlan Titley i gcomhthéacs scríbhneoirí ar cuireadh saothar leo 'faoi chosc is faoi chinsireacht' (*E* 110)!

[86] Foilsíodh an chéad leagan den scéal in *Feasta*, Bealtaine 1958.

[87] Faoi mar a sonraíodh roimhe seo i gcomhthéacs na himirce, ní thoileodh an fear dífhostaithe dul ar imirce go Sasana. Thuig an bhean óg, ar chailín aimsire í, nach raibh saol rafar ar bith i ndán dóibh in Éirinn.

[88] *Comhar*, Nollaig 1972.

[89] Ar bhonn níos ginearálta, ba théama é an chodarsnacht seo idir idéalachas laochra na Réabhlóide agus saoltacht Éireannaigh na seascaidí a ghlac seilbh ar intinn an tSúilleabhánaigh agus ar intinn mórscríbhneora Gaeilge eile de chuid na linne sin,.i. Eoghan Ó Tuairisc. Féach Nic Eoin 1985, 59-60.

[90] Ó Súilleabháin 1985, 24.

[91] Féach *Feasta* Eanáir, Feabhra 1978.

Thug an t-údar féin freagra ar lucht a cháinte agus dúirt: 'Níor shíl mé go ndéanfadh mo scéal duine ar bith a ghortú agus tá aiféaltas orm gur ghoin. 'Sé cuspóir an ealaíontóra, ámh, an fhírinne mar a fheiceann sé féin í a léiriú; é sin a dhéanamh ar an modh is éifeachtaí agus is áille atá aige. Seo í m'aidhmse. Creidim gurb é seo mo dhualgas ó Dhia. Lena chúnamh leanfaidh mé orm' (*Feasta*, Márta 1978, 8).

[92] Féach, mar shampla, 'Místáid' (*L*), 'Tráithníní' (*DLD*), 'Danóib' (*DLD*) agus 'Dritheanna' (*LF*).

[93] Dar le Redmond O' Hanlon 1981, 6, gur togha scéal é 'Danóib' ach gur cuireadh críoch rónéata leis.

[94] Féach Uí Anluain 1996, 29.

[95] Féach Ó Dúshláine 1987, 9.

[96] Ina aiste 'Eros and Idiom'(1978:130), d'fhiafraigh George Steiner: '...is sexual frankness in prose fiction merely another attempt at 'verbal photography', at competing in language with the total *verismo* available to the camera and the tape-recorder?'

Agus thagair sé do bhlúire as aiste de chuid Jorge Luis Borges ina dtráchtar ar shaoirse an scríbhneora agus cúrsaí cinsireachta. Scríobh Borges: 'In distinction from mathematical or philosophical language, the language of art is indirect; not explicit declaration.... A writer who knows his craft can say all he wishes to say without affronting the good manners or infringing the conventions of his time. One knows full well that language itself is a convention' (Ibid. 136).

[97] Féach 'Sos', *Éireaball Spideoige*, Sáirséal agus Dill, Baile Átha Cliath, 1952, 46.

[98] Féach, leis, sa chomhthéacs seo, scéalta ar nós 'Beirt' (*Laochra*) le Mícheál Ó Brolacháin, 'Spleáchas' (*Comhar*, Deireadh Fómhair 1986)le Dónal Mac Amhlaigh agus 'Tír na nÓg' (*Comhar*, Deireadh Fómhair 1977) le Diarmaid Ó Gráinne.

[99] Agus an cailín aimsire luaite againn, seans go gcuimhneodh an léitheoir ar roinnt scéalta eile, mar shampla, 'Beirt Bhan' (*BM*) le Síle Ní Chéileachair, 'Meas na Nimhe' (*Ór*) le Tomás Bairéad, agus 'Arraingeacha' (*L*) le Pádraic Breathnach. Tráchtadh roimhe seo ar mhná óga i ngearrscéalta le Dónall Mac Amhlaigh a chaith tréimhse ina gcailíní aimsire, mar atá, Meaig in 'An Aint' (*SSE*) agus an bhean óg in 'Deireadh Míre' (*B BH*) agus cailín aimsire ospidéil ar sás cathaithe í is ea an bhean óg sa scéal 'Áine' leis an údar céanna (*Feasta*, Deireadh Fómhair 1988). Cailín aimsire cuideachtúil croíúil í Cití sa scéal 'An Fharraige Thiar'(*AA*) le Pádhraic Óg Ó Conaire. Sa scéal 'An Dílleachta' (*Stiléirí*) le Seán Ó Conghaile, leagtar béim ar easpa stádais agus measúlachta an chailín aimsire, más go saoithiúil féin a dhéantar é:

> Thug na daoine faoi deara go mbíodh sé ag spallaíocht leis an gcailín rua, mar ní raibh dradaire ar bith a sháródh ise. Ba chineál roise faoi thír a bhí inti a tógadh sa *Home* ach chinn sé ar bhean an Bhúrcaigh aon chailín a fháil sa pharóiste agus b'éigean di bheith sásta leis an bpeata raithní. (*Stiléirí* 102)

Leagtar béim ar chúrsaí measúlachta i gcur i láthair an chailín aimsire sa scéal 'Meas na Nimhe' (*Ór*) le Tomás Bairéad, leis:

> Le breathnú ar Thríona agus í gléasta suas Dé Domhnaigh dhéarthá nár ceapadh ariamh í le a bheith ina cailín aimsire.... Dá gcuirtí tomhais ort b'fhéidir gurb' éard adéarthá gur inghean óstóra nó siopadóra í. Ag siubhal na sráide do bhí iomchur agus imeacht mná uaisle fúithi.... níor chailín aimsire í nuair a theigheadh sí abhaile agá na muintir uair san mbliain, ach 'gubharnos.' (*Ór* 25-6)

Beirt bhan Ghaeltachta atá ag obair mar chailíní aimsire sa chathair atá i mbun agallaimh le chéile in 'Cailíní Aimsire' (*Tinte Sionnaigh*) le Seán Ó Curraoin, sceitse spleodrach greannmhar ar a dtráchtfar arís i gCaibidil 4.

[100] Tá plé níos iomláine ar an ngearrscéal áirithe seo in Ní Dhonnchadha 1992, 188-9.

[101] Féach Ní Dhonnchadha 1992, 194-8; Ní Annracháin 1994, 18-9.

[102] Féach *E* 127.

CAIBIDIL 2.

[1] Féach An Seabhac 1984, 27, 29.

[2] Féach, mar shampla, Ó Gráinne 1990, 11.

[3] de Paor 1991, 102-3.

[4] Féach *BB* 106-7.

[5] Titley 1980b, 38.

[6] Ó Gráinne 1990, 11.

[7] Luaite ag Titley 1975, 32.

[8] Déantar an téama seo, mar atá, tréigean an dúchais agus tréigean na talún a fhorbairt in 'An Fód Dúchais' (*FG*) le Pádhraic Óg Ó Conaire chomh maith. Sa chomhthéacs seo, féach Ó Laoghaire 1995, 68-9.

[9] Tugtar faoi deara sa ghearrscéal 'Scáth an Oileáin' le Méadhbh Ní

Chonmhidhe, leis, a phraiticiúla is atá meon na mná ar chlos faoi scéim Chontae na Mí di: '... nuair chualaidh bean a' toighe go raibh teach úr le fáilt aici, ní choinneochadh ór Mheiriceá í - teach úr nua ar gach feilm agus urlár 'concrete' cosúil le teach a'phobail iontu' *(Feasta,* Bealtaine 1959, 19).

[10] Féachfar ar 'Breatnach na Carraige' *(BM)* níos déanaí sa chaibidil seo, mar a bhfuil clann ag bogadh ó cheantar Gaeltachta go dtí talamh mhéith Chontae na Mí.

[11] Féach *BB* 117.

[12] Féach *BB* 131, 137.

[13] Faoi mar a shonraigh Louis de Paor (1991: 62) agus é ag tagairt don alt sa scéal as ar tógadh an sliocht úd, is amhlaidh a thránn mianach na hindibhidiúlachta as an bprós meafarach i ngiota mar sin toisc aird an scríbhneora a bheith ar bhrí uilíoch scéal na príomhphearsan: 'De réir a chéile sa sliocht sin scarann an reacaire le mothú Bhríde is tugann sé gach bean dá sórt faoi chaibidil sa ráiteas uileghabhálach a dheineann sé ar chás chineál uile Bhríde'. Maidir le huilíochas an scéil, féach, leis, Mac Aonghusa 1949,15; Beale 1986, 37.

[14] Ó Tuama 1980, 56.

[15] Gheofar samplaí den phatrún scéalaíochta seo in 'Mo Chailín Ruadh' *(TTC),* 'Gile na Gile' *(An Bhratach),* 'Seachrán Sídhe' *(Tráigh)* agus 'Úna Bhán' *(Úna),* cuir i gcás.

[16] Féach *An Bhratach* 45.

[17] Féach *Cith is Dealán,* in eagar ag Niall Ó Domhnaill, Cló Mercier 1976, 35-50.

[18] Féach An Seabhac 1984, 29.

[19] Féach nóta eolais *Feasta,* Deireadh Fómhair 1949, 3.

[20] Féach Ó Dubhthaigh 1986, 50.

[21] Foilsíodh an scéal seo den chéad uair in *Comhar,* Meitheamh 1968. Ag trácht dúinn ar Mhac Amhlaigh, sílim gur fiú tagairt *en passant* do 'An Muileann' *(BBh)* mar a bhfuil spléachadh suimiúil ar bhean phósta a bhraitheann go bhfuil faoi mar a bheadh díog dhothrasnaithe idir í féin agus a fear céile agus cuairt an lao ar an athbhuaile á tabhairt ag a fear ar a cheantar dúchais. Tá cuma na fírinne ar chaint agus ar réimse mothúchán na mná sa scéal seo, agus is téama é an coimhthiú áirithe seo ar tugadh suntas dó cheana sa ghearrscéal 'Filleadh' *(SSE)* leis an údar céanna. Go deimhin i leagan 1974 de 'An Muileann' *(Scríobh* 1974, 54-6), caitear breis ama ag léiriú idir fhrustrachas agus mhífhoighne na mná céile agus tá cosúlachtaí áirithe idir lánúin 'An Muileann' agus an lánúin a casadh ar an léitheoir ar dtús in ' Filleadh' *(SSE).*

[22] Féach *ST* 49.

[23] Féach, mar shampla, an cur síos ar Mhéiní in alt tosaigh an scéil agus an cur síos a dhéantar uirthi ar leathanach 60.

[24] Tuigtear ón scéal go bhfuil seans láidir ann gur phós an bheirt seo toisc an bhean a bheith ag iompar clainne.

[25] Ó Dúshláine 1987, 8.

[26] I saol na fantaisíochta, is trí smachtú fisiciúil a dhéanamh ar bhean an dochtúra a éiríonn le Cóilín an coimpléasc ísleachta a ghoilleann air ina láthair a ruaigeadh. Féach *BP* 72.

[27] Féach *BP* 40-1.

[28] Féach *BP* 111-3.

[29] Mac an tSaoir, Meitheamh 1952, 13.

[30] 'Práiscín' a thugtaí ar fhear a dheineadh obair mhná i ndúiche Chill Scíre, Co. na Mí. Féach Ní Chonmhidhe-Piskorski 1997, 192.

[31] Tagraíodh cheana don léiriú ar mhná macnasacha na hoifige in 'An Eochair' (fch. Caibidil 1, Nóta 83) agus is cinnte go gcuireann na tagairtí úd treise le téama an fhrustrachais chollaí i saol cloíte J.

[32] Denvir 1987, 144-5.

[33] Ó Háinle 1978, 267; Denvir 1987, 209.

[34] Féach SDT 89, 92.

[35] Féach Riggs 1974, 18-9.

[36] Scéal dea-scríofa é 'Breatnach na Carraige' (BM) arbh fhiú don léitheoir a chur i gcomparáid le 'Gabháltas' (Cladóir) le Criostóir Mac Aonghusa agus leis an ngearrscéal Béarla 'The Rich Fields of Meath' (The Tallystick and Other Stories, Poolbeg, 1994) le Bryan Mac Mahon. Sa chomhthéacs seo is fiú gearrscéal eile a lua, leis, mar atá, 'Bean ar Bhean' (Feasta, Samhain 1968) le Siobhán Ní Shúilleabháin, duais-scéal Oireachtais ina bhfaightear spléachadh ar mhíshonas seanmhná Gaeltachta a bhog lena hiníon agus a cliamhain go Contae Chill Dara.

[37] Féach BM 166.

[38] Féach léirmheastóir (gan ainm), 'Déantús an Ealaíonaigh Oilte', Comhar, Nollaig 1955, 30. Tráchtann an léirmheastóir sin ar chur chuige an ghearrscéalaí mar seo: 'Ní liricí próis iad gearrscéalta Uí Néill. Bíonn an liriciúlacht iontu go minic ach is liriciúlacht dhrámathach í. Bíonn coimhlint éigin seachtarach i gcónaí ann: bíonn, más san aigne féin í, gníomhaíocht. Bíonn léiriú ar crisis ann. Ní hionann cor don tsaol nó do mhuintir an scéil ina thús agus ina dheireadh'.

[39] Féach, mar shampla, Dúil 41, 44, 45.

[40] Dar le Niall Ó Dónaill (1953:18), bhí an scéal seo ar cheann de na scéalta is fearr dar scríobh Ó Flaithearta i gceachtar den dá theanga. Agus ag trácht dó ar leagan Béarla an scéil, thagair Richard J. Thompson (1983: 86) do 'cameo art' Uí Fhlaithearta.

[41] Féach Fraochán 24.

[42] Féach, mar shampla, 'Lachain Óga', ' Tigh Pheats', 'Cinniúint na Faille Fuaire' agus 'Breitheamh na gCapall' in An Bhinn Bhreac.

[43] Féach Tráigh 97-8.

[44] Féach Clár 198-9.

[45] Féach SDT 19-20.

[46] Féach GG 67-8.

[47] Féach Ding 129-39.

[48] Féach Ding 122.

[49] O' Hanlon 1981, 6.

CAIBIDIL 3

[1] Féach Ó Héalaí 1992, 83-4.

[2] de Paor 1991, 48-55.

[3] Sa chlár raidió 'The Children at the bottom of the Garden', clár faisnéise de chuid John MacKenna (1997) faoin ábhar corraitheach seo, labhraíonn an

mháthair i dtaobh an tosta a d'éilítí agus a ngéilltí dó nuair a shaolaítí marbhghin.
Cloiseann an mháthair lagbhríoch chroíbhriste a fear ag ullmhú bosca bhig a
fheidhmeoidh mar chomhra dá mac beag: 'I'm not there when he is wrapped up. I
can only imagine *because we will never talk of this again*. This will never touch our
tongues, not even late at night when talk is intimate. Instead, we will bury the
words ..., wrap up our confusion and rejection in the half-torn sheet and see it out
the door. No church. No hymns. No words.' (Liomsa an bhéim)

⁴ Féach, mar shampla, *CC* 184-5, 195-6.

⁵ Féach, leis, *CC* 188, 203, 207.

⁶ Féach, mar shampla, Ó Háinle 1978, 270 agus Denvir 1987, 156. Sa
chomhthéacs seo is fiú ráiteas de chuid Shoshana Felman (1989:134) a lua, mar
atá: 'Madness is the impasse confronting those whom cultural conditioning has
deprived of the very means of protest or self-affirmation'.

⁷ 'Níl ní is treise i ndúchas nó seanchuimhne na tíre seo ná ómós do Mhuire,
is é sin, fíorbhláth an chreidimh' (Ó Laoghaire 1954, 165).

⁸ Ó Tuama 1953, 13; Power 1954, 61; Ó Buachalla 1967, 72; Ó Háinle 1978,
243.

⁹ Ó Cadhain 1973, 37.

¹⁰ Féach go háirithe Ó Tuama 1953, 13-4.

¹¹ Ibid., 14; Mhac an tSaoi 1953, 19.

¹² Ó Buachalla 1967, 71-2.

¹³ Féach Curtin and Varley 1987, 294-5.

¹⁴ D'úsáid Pádhraic Óg Ó Conaire frithshuíomh den saghas céanna sa scéal
'An Ridire Óg' (*FG*), mar atá, codarsnacht idir mórthorthúlacht na dtincéirí agus
seisce lánúine áirithe. Is go lách cineálta a chuireann an t-údar síos ar chrá na mná
nach raibh leanbh aici: 'Chuaigh caitheamh sna blianta agus bhí ag éirí go maith
leis an lánúin. Bhí brabach le déanamh ar eallach, bainbh, éanlaith agus toradh
talún. Mar sin féin bhí rud amháin ag goilliúint ar Bhríd Ní Cheallaigh: ní raibh
aon chliabhán cois teallaigh ná tada le cur ann, ná ní raibh aon naíchóiste le sá
síos an bóithrín agus amach ar an mbóthar mór agus páiste dea-éadaithe ann a
stopfaí le breathnú air. Agus nach í Bríd a thabharfadh an aire don pháiste sin? Ar
dhul isteach di i dteach comharsan a mbíodh leanbh óg ann, sí a bhíodh
meidhreach gealgháireach ag iarraidh caint nó spraoi a bhaint as an ngéibhean-
nach óg, ach ar chúl an mheidhir sin, nach raibh ann ach mar liath-scamall trasna
gealaí, bhí an dúil, an díomá agus iarracht bheag den éadóchas' (*FG* 43).

¹⁵ Foilsíodh an scéal seo in *Macalla*, 1982 agus arís sa chnuasach scéalta
Dúshlán, (Ní Dhonnchadha), 1985.

¹⁶ Ó thaobh ábhair de, b'fhéidir gur spéis leis an léitheoir an gearrscéal
'Amhras' (*Uisce Báis agus Beatha*) le Lorcán Ó Treasaigh a léamh, scéal ina
gcuirtear smaointe fir chéile faoi thoradh na hobráide céanna ar chaidreamh na
lánúine in iúl.

¹⁷ Féach Mac Aodha Bhuí 1992, 42.

¹⁸ Luaite i dtuairisc Mholtóirí an Oireachtais 1963, Comórtas 6. Is léir go raibh
Criostóir Mac Aonghusa (duine de na moltóirí) an-tógtha leis an scéal seo agus
thagair sé dó arís *en passant* sa léirmheas a scríobh sé ar *Dianmhuilte Dé* an bhliain
dár gcionn – féach, 'An Fear agus a Stail', *Feasta*, Nollaig 1964, 32. Pointe beag
inspéise is ea an t-ainm cleite a roghnaigh Ó Súilleabháin agus 'Trasna' á chur
isteach ar an Oireachtas aige, mar atá, 'Vfearannfadó, is fadó ó V'.

[19] Agus í ag trácht ar chúrsaí inscne agus ar íomhánna d'Iarthar na hÉireann i litríocht Bhéarla na hÉireann i dtosach an fichiú haois, tagraíonn Catherine Nash (1993:45) don phrimitíveachas: 'The discourses which primitivized women and the colony were fused in the representation of the female colonial subject. Yet, as a result of nationalist anti-urbanism and anti-imperialism, this primitivizing continued in nationalist accounts of the West. The idea was appropriated but positively evaluated against the urban, industrial, colonial power. This primitivization of the West and of women, which had as a strong element the supposed unsuppressed instinctiveness, sexuality and unselfconscious sensuality of the primitive, had to be reconciled with the use of women by cultural nationalists as signifiers of moral purity and sexual innocence'.

Ó thaobh scríbhneoirí na Gaeilge de, is dócha gurb é an Piarsach an scríbhneoir is túisce a rithfeadh leis an léitheoir i gcomhthéacs ginearálta na cainte thuas. Maidir leis an léiriú ar mhná i ngearrscéalta an Phiarsaigh, ba ar an toise spioradálta seachas an toise primitíveach a leagadh an bhéim, gné a láidrigh idéalachas na carachtrachta, ar ndóigh. Maidir le cúrsaí péintéireachta agus mná Iarthar na hÉireann, féach go raibh an méid seo le rá ag Pádraig Mac Piarais: 'I often fancy that if some of the Old Masters had known rural Ireland, we would not have so many gross and merely earthly conceptions of the Madonna as we have' (féach Dudley Edwards 1977, 39).

Faightear cuid éigin den idéalachas céanna sin i dtaobh ghairm na máthar i scéal seo Phádhraic Óig Uí Chonaire. Tagrófar do thionchar an Phiarsaigh ar Ó Conaire ar ball. Ag trácht do Philip O' Leary (1988: 86) ar shaothar Uí Chonaire ina iomláine, tagraíonn sé do 'a stereotypical idealization of Gaeltacht people, especially women'.

[20] Féach, mar shampla, *Dúil* 41, 43, 44.

[21] Díol spéise é go labhraíonn Richard Thompson (1983: 97) faoi 'a softening in O'Flaherty himself' agus é ag trácht ar leagan Béarla an scéil seo agus tráchtann Vivian Mercier (1964: 237) ar 'compassion' Uí Fhlaithearta sa scéal céanna.

[22] Faoi mar atá ráite agam in áit eile (Ní Dhonnchadha 1981,162) agus mé ag trácht ar an gcéad scéal anseo againn, in ainneoin a fheabhas is atá an téama uilíoch léirithe ag an údar, ní chorraítear an léitheoir go mór toisc a neamhfhorbartha is atá na carachtair éagsúla.

[23] Féach *Gearrscéalta an Phiarsaigh*, in eagar ag Cathal Ó Háinle, Baile Átha Cliath 1979, 117-33.

[24] Maidir le mórmheas Uí Chonaire ar an bPiarsach, féach réamhrá úrscéal Uí Chonaire, *Mian a Croidhe*, Baile Átha Cliath 1922, 7-8.

[25] I gcomhthéacs an ábhair seo, féach go dtráchtar *en passant* ar bhean óg a chuaigh as a meabhair agus a cuireadh sa ghealtlann i ndiaidh bhás a céad linbh sa ghearrscéal 'Consortium' le Mícheál Ó Sé (*Comhar*, Nollaig 1954, 26). Tagann aistíl mhná i ndiaidh bhás a linbh i gceist sa scéal 'Leanbh Chaitríona' (*Idir Talamh is Tráigh*) le Séamus Maguidhir, leis.

[26] Ní Shé 1987, 82; Mac Giolla Chomhaill 1981, 115-6.

[27] Féach *BB* 174-5.

[28] Féach lgh. 25-7 thuas.

[29] Féach lch. 321, nóta 28, thuas.

[30] Féach Inglis 1987, 30 mar a gcuirtear síos ar an máthair Éireannach Chaitliceach. Ar bhonn níos ginearálta agus ag cuimhneamh don léitheoir ar thionchar an Chaitliceachais ar mhná i saothar scríbhneoirí Béarla ar nós Brian

Moore agus John McGahern, féach Holland 2000, 56-78.

[31] Féach, mar shampla, *L* 97, 104-5.

[32] Féach *M* 125-6.

[33] Féach, go háirithe, *M* 126-7; 129-130.

[34] Chítear é seo i 'Culaith Ghorm' (*TTC*), 'Bealach an Dóláis' (*Clár*), 'Dhá Bhearrach' (*NÁ*), 'An tÁdh agus an Míádh' (*Oidhche*) agus 'Úna Bhán' (*Úna*), cuir i gcás.

[35] In ainneoin na gaoise agus na dea-chomhairle a shamhlaítear leis an máthair sna cásanna seo, chítear do Eibhlín Ní Chnáimhsí (1993:217) gurb é an truacántas an tréith is mó a bhaineann le carachtar na máthar i scéalta Mháire trí chéile: 'Tá carachtar na máthara críonna, tá eagna chinn aici agus thig léi bheith glic. Sé an príomhphictiúr di a fhaightear, mar sin féin, ná gur carachtar truacánta í. Is beag áthas ina saol agus is iomaí ábhar caointe atá aici'.

[36] 'Sop i nGreim Cuilithe', *An Glór*, 12 Eanáir 1946, 4,6.

[37] Is deacair gan cuimhneamh ar mháthair eile sa chomhthéacs áirithe seo, mar atá, máthair an ógfhir arbh ábhar sagairt é sa scéal 'Sagart Éamoinn Sheáin Óig' (*Cith is Dealán*, Mercier 1976) le Máire.

Tagann an mháthair ar mhian léi go rachadh mac léi le sagartóireacht i gceist i roinnt saothar Béarla de chuid na tréimhse seo, leis. D'fhoilsigh Liam O' Flaherty gearrscéal dar theideal 'The Parting' (*Irish Writing*, November 1948) inar léiríodh mothúcháin shuaite óganaigh agus é ag fágáil a bhaile agus a mhuintire chun dul go dtí coláiste sagartóireachta. Déantar léiriú cumasach ar mhothúcháin an óganaigh, ar a chorraithe is atá a mháthair agus ar phearsantacht a mhuintire sa ghearrscéal sin. Ábhar staidéir ann féin, nach mór, is ea carachtracht an tsagairt i saothair ghearrscéalaíochta O'Faolain, O'Connor agus Lavin.

[38] Agus é ag trácht ar na cúrsaí seo deir Arensberg (1937: 59): 'The Irish mother, compassionate, indulgent, is of course a counterpoise to this stern paternality. She has an emotional role in the balance of reciprocal sentiments as indispensable to the family's existence as the economic role she plays'.

[39] Díol suime é gurbh é 'Smaointe na Máthar' ba theideal do chéadleagan an scéil seo - a foilsíodh in *Comhar*, Márta 1951 - teideal a thabharfadh le tuiscint gur ag díriú ar shuaitheadh intinne na máthar a bhíothas thar aon ní eile.

[40] Féach *BA* 105-7.

[41] Sonraíonn an léitheoir an claonadh éadromaigeanta céanna sa chur síos a dhéantar ar an máthair in 'Bronntanas' (*L*) le Pádraic Breathnach: 'Déanamh ubh gé a bhí ar Bhean Uí Fhathaigh, bean íseal. Cóta trom gorm uirthi; éadach cloiginn agus mála ina láimh. Ceirteach ar mhullach ard coca féir ba chosúil an t-éadach. Bhí a lámha giortach, a méaranna giortach, [a] muineál giortach; agus ba cosa giortacha a bhí fúithi. Má ba ubh gé a cruth seasaimh ba le lachain a nós siúil' (*L* 24).

[42] An Seabhac 1984, 7.

[43] Féach *AA* 107, 109.

[44] Féach 'Tús Tuile' *Feasta*, Samhain 1952.

[45] Féach Ó Danachair 1985, 114, mar a dtráchtar ar stádas na mná nuaphósta agus ar chailliúint stádas na máthar céile. Tagann an teannas idir an mháthair chéile agus an bhean óg nuaphósta i gceist sa ghearrscéal 'The Proud Woman' le Maura Laverty (féach Madden-Simpson 1984, 169-73) agus sa ghearrscéal 'The Breadmaker' le Bryan MacMahon (*Great Irish Writing: The Best from The Bell*, ed. Sean Mc Mahon, Dublin 1983, 50-56).

[46] *Feasta* Márta 1951, 8- 9.

[47] Tugtar faoi deara nach mbaineann an tábhacht chéanna le forbairt théama an chaidrimh chrosta idir an tseanbhean agus bean a mic i leagan déanach an scéil - is é sin, 'Lá Cairde' in *Clochmhóin* (Cló Iar-Chonnachta, 1998).

[48] Foilsíodh an scéal seo in *Feasta*, Aibreán 1958, 3, 4, 21.

[49] Féach, mar shampla, na tagairtí i scéalta mar 'Roghain an Dá Fhuasgailt' (*Ór* 121) le Tomás Bairéad; 'An Uacht' (*TTT* 21) le Tarlach Ó hUid; 'Margáil' (*Stáca* 83) le Conchubhar Ó Ruairc; 'Lá an Easpoig' (*Cladóir* 21) le Criostóir Mac Aonghusa; 'Doicheall' (*FG* 114-5) le Pádhraic Óg Ó Conaire agus 'An Díbirt' (*Mac* 52) le Micheál Ó Conghaile.

[50] Ábhar spéise é leagan Béarla an scéil áirithe seo ('Things', *The New Nation*, November 1988, 28-30) a chur i gcosúlacht leis an leagan Gaeilge. D'fhéadfaí a áiteamh gur fearr a éiríonn le gontacht na stíle i gcríoch an leagain Ghaeilge ó thaobh ealaín na scéalaíochta de. Rud eile de, chítear gur deineadh athruithe ar bhunleagan an scéil Ghaeilge i leagan déanach an scéil, 'Triúrmhilleadh', a foilsíodh sa chnuasach *Banana* (Cois Life, 1999).

CAIBIDIL 4

[1] Faoi mar a deir Shaw (1983:137) agus cúrsaí carachtrachta faoi chaibidil aici: 'The task facing many short-story writers, then, is to create believable characters and at the same time convey a sense of dimensions larger than the individual characters themselves'.

[2] Léacht a tugadh do Chumann Liteartha Choláiste na hOllscoile, Baile Átha Cliath, agus a foilsíodh in *Feasta*, Samhain 1949. Féach Ó Laighin 1990, 85-110.

[3] Féach Ó Gráinne 1990, 18. Maidir le tuairimí an Chadhnaigh faoin nGúm agus a shaothar cruthaitheach féin, féach Ó Cadhain 1969, 28 agus Ó Cadhain 1995, 46.

[4] Ó Háinle 1978, 253-4.

[5] Féach Denvir 1987, 56-7 agus Denvir 1997, 88-9.

[6] Denvir 1987, 56.

[7] Agus Eileen Battersby ag tagairt do shaothar eile le Kavanagh, mar atá, *Tarry Flynn* (1948), deir sí: 'The world where Tarry – and Kavanagh – grew up, for all its natural beauty, is a land of no hope. Tarry's sisters are lined up and waiting but there are no single men. It's a male society where the unmarried females are dismissed as 'old maids' and only the men can dream'('Page and Stage', *The Irish Times*, 23 May 1991, 8).

[8] Maidir le tionchar na máthar sa scéal seo féach de Paor 1987, 45-6. Maidir leis an nasc idir údarás an tsagairt agus cumhacht na máthar sa tsochaí Éireannach, féach Inglis 1987, 199.

[9] *Kavanagh's Weekly*, No.9, 7 June 1952, 4. Scríobh Polly Devlin (1994: 70) ina tuairisc ar laethanta a hóige: 'But then all love seemed fated to be blighted in Ireland, in another deadly kind of famine. Even the words used for the progression of courtship and love are diminishing and unsympathetic, and make the whole business of love and tenderness seem pathetic, ridiculous, so that the effects and states of being in love become matters for concealment'.

[10] Tráchtann Louis de Paor (1987: 48), leis, ar an bhfuascailt agus ar an

neamhspleáchas a bhain Muiréad amach.

[11] Féach *CC* 60-1.

[12] Tráchtann Deborah Jones (1990: 245) ar an suainseán i dtéarmaí 'a language of female secrets.' Tagraíonn sí, leis, don chur síos ag an teangeolaí Joan Rubin ar an suainseán mar 'a language of intimacy, an intimacy arising from the solidarity and identity of women as members of a social group with a pool of common experience'.

Tagraíonn Ethna Viney (1987 b, 11) don chúlchaint mar chaitheamh aimsire ag fir agus ag mná agus luann sí smachtúlacht na cúlchainte, leis: 'Trying to avoid the wagging tongues of neighbours often becomes an insupportable strain on sensitive members of the community, and can limit almost everyone's actions to an unnatural degree, sometimes to the point of paranoia. It can inhibit development, both personal and economic; and while being one of the elements of social control, it can also alienate some members of the community, and has been cited as a reason for emigration'.

B'fhiú, b'fhéidir, aga a chaitheamh ag machnamh ar thábhacht an tsiopa mar ionad caidrimh shóisialta do mhná tuaithe. Cuimhníodh an léitheoir ar thuairim Hugh Brody (1973:161-2) faoin ábhar seo, mar shampla, agus é ag trácht ar phobal tuaithe i dtréimhse na seascaidí: 'Women meet in the shop: for them it is the place outside home where they can go whenever they like without offending against the deeply felt privacy which surrounds farm houses.... The shop offers women exactly what the bar offers bachelors and farmers; an alternative to isolation at home'.

[13] Tráchtadh ar bhealach níos dírí ar nuathuiscint Mhuiréad ar a cás féin mar bhean gan compánach fir i gcéad leagan an scéil, mar shampla:

Smaoinigh sí den chéad uair nár mhór cinnire - deartháir nó mac nó fear - a rachadh faoi imní goirt agus teallaigh i gcomhar léithe, agus a shnadhmfadh clannaí giortacha an fhadú chruaidh le stuaigh fhoirfe an dóchais.

Inniu, in áit di a thuigsint go mba puis-bhean arannta í, nár dhonaide a cnámha géagánacha a ndá fhichid bliain, is éard a facthas di go mba cranndachán seasc í a thuitfeadh anuas ina críonach lá ar bith, nó go mbeadh sí in a carcair ghiúsaí faoi thuinn an chriathraigh...in a carcair chrosta ghiúsaí . . . d'uireasa buarach cinnire . . . ('Ciúis an Chriathraigh', *Comhar*, Nollaig 1945, 10)

[14] Power 1954, 60-1.

[15] Féach lch 167 thuas.

[16] *SL* 33, 39, 40.

[17] Féach *SL* 36.

[18] Féach lgh 8,40 thuas.

[19] Féach *Fraochán* 27-8.

[20] Féach *An Sean-Saighdiúir agus Scéalta Eile* , 33.

[21] Féach lch 190 thuas.

[22] Ba mheallacach é deannchlúdach an leabhair chéanna, é dubh agus bán, bean chruthúil ghrástúil deartha agus iarracht bheag den mhistéir le haireachtáil ina timpeall.

[23] Breathnach 1978, 76-7.

[24] Féach Trevor 1972, 50-72.

[25] Ar mhaithe le cothromaíocht agus chun a gceart a thabhairt do bhaitsiléirí agus do fheirmeoirí uaigneacha, ná ligtear i ndearmad gur foilsíodh *Letters of a*

Love-Hungry Farmer le John B. Keane i dtrátha an ama chéanna, .i.i 1974!

[26] Gan dabht, baineann dochreidteacht le radharc deiridh an scéil, leis. Féach tuairim Uí Chonaire 1979, 22.

[27] Deir Lee (1978:42): 'Nuns themselves were not exempt from the general image of women that became prevalent in Irish society after the Famine... The desexualisation of women in general had its counterpart in the depersonalisation of nuns in particular in the Irish imagination. Nuns were de-humanised in public images to a far greater extent than priests. Priests feature fairly prominently in modern Irish writing, nuns hardly at all, except in the orgiastic ecstasies of the Belfast yellow press'.

[28] Ó Háinle 1978, 268.

[29] Ní Dhonnchadha 1981, 173-4, 182, 184.

[30] Ó Curraoin 1974, 18.

[31] Féach *Ór* 121.

[32] *Ór* 117, 121.

[33] *Ór* 110-1, 123.

[34] Féach *SL* 55 agus *SDT* 174.

[35] Féach *SDT* 174.

[36] *Laochra* 37-8.

CAIBIDIL 5

[1] Bunaíodh An Club Leabhar le linn an Oireachtais i 1948. Comhdháil Náisiúnta na Gaeilge a chuir ar bun é. Bliain i ndiaidh a bhunaithe, bhí an méid seo le rá ag Seán Mac Néill (1949: 27): 'Ar chuma ar bith ní háidhbhéil ar bith a rá go bhfuil níos mó litríochta curtha ar fáil don bpobal ag an gClub Leabhar i n-aon bhliain amháin ná ag an Oireachtas le deich mbliana, agus sin gan cabhair rialtais nó eile'.

Is áirithe gur thug an Club Leabhar misneach mór do scríbhneoirí Gaeilge na tréimhse úd, mar gur chinntigh sé pobal léitheoireachta dóibh: 'Mhéadaigh sé a ngradam agus d'fhógair sé a gcliú. D'fhreagair siad é le húireacht aigne, le dánacht cheirde, le dúthracht thaighde agus chumadóireachta. Thréig siad an cúngdearcadh agus d'ullmhaigh iad féin le friothálamh liteartha a thabhairt don náisiún. Ling siad ballaí na díomua' (Eagarfhocal *CLO*, Cáisc 1954, 12).

Bhunaigh an Club Leabhar Ciorcail Léitheoirí i mbailte agus in ionaid éagsúla ar fud na tíre, leis. Bunaíodh an chéad cheann sa Mhuileann Cearr, 4 Aibreán 1954. (Luaite in *CLO*, Cáisc 1954, 2).

[2] Féach freisin Ó Cadhain 1969, 29.

[3] Féach de Bhaldraithe 1952, 7.

[4] Eagarfhocal *Comhar*, Meitheamh 1949, 13; Ó hÉigeartaigh 1949, 17.

[5] Is suimiúil an ní é gur foilsíodh freagra dearfach moltach ó léitheoir darbh ainm Áine Nic a' Liagha faoin teideal: 'Tá Pobal agat: Dearbhú do Ó Liatháin' inar thagair sí dá cás féin: 'LuaSaim mé féin ar uimhir na scríbhneoir n-óg, cé gur beag de mo shaothar a chonnacthas i gcló fós' (*Indiu*, 22 Márta 1946, 3). Tagraíodh roimhe seo don chomhairle a chuir an léitheoir áirithe seo ar an Liathánach maidir le bancharachtair. Féach lch 323, Nóta 56.

[6] *Comhar*, Nollaig 1946, 1.

[7] Ibid.

[8] *An Iris*, Feabhra 1946, 28-34.

[9] Ó Céileachair 1955, 5.

[10] Ó Céileachair 1956, 22.

[11] Bhí an tuairim chéanna á cur chun cinn ag Ó Floinn tamall de bhlianta roimhe sin ina léirmheas ar *Taobh Thall den Teorainn* le Tarlach Ó hUid. Féach Mac an tSaoir 1950b, 27.

[12] Féach Mac Eoin 1969, 63-4.

[13] Féach Ní Dhonnchadha 1998.

[14] Mac an tSaoir 1947a, 3; 1947b, 3, 7.

[15] Féach Ní Dhonnchadha1998, 66. Agus an ghné áirithe seo á plé againn, níl sé i gceist, ar ndóigh, go dtabharfaí neamhaird ar thoise uilíoch scéalta faoi leith sa chnuasach. Díol spéise é an méid a dúirt an Dr. Kazimierz Braun, stiúrthóir drámaíochta nótálta a stiúraigh an dráma *Bullaí Mhártain* sa bhliain 1989: 'Working on this production I discovered that, while the collected stories of *Bullaí Mhártain* are obviously very local and connected with specific sociological and geographical environments, and based on specific cultural and political experiences, there is a significant universal dimension to them and it is possible to present them not only as a collection of realistic photographs but as a chain of poetic visions, embodied in Irish culture, having a universal meaning and appeal' (Clár an dráma *Bullaí Mhártain*, Samhain 1989).

[16] Dar le Maurice Kennedy (1955:67) agus é ag trácht ar an gcnuasach *Bullaí Mhártain*: 'This is a picture of a dying country. This is the *real* Celtic Twilight'.

[17] Féach Titley 1991, 172.

[18] Luaim, mar shampla, 'An Fear gur dhein Crann de' le Séamas Ó Mainnín in *Nuascéalaíocht,* (1952), 109-19.

[19] Luaite ag Alan Titley 1983, 12.

[20] Ó hEithir 1962, 31.

[21] Mac Congáil 1990, 37.

[22] Féach Titley 1975, 35.

[23] Féach Ní Dhonnchadha 1981, 169-70.

[24] Mac an tSaoir 1950b, 29.

[25] Mac Aonghusa 1953, 18.

[26] Foilsíodh an scéal seo ar dtús in *An Iris*, Eanáir 1946 agus in *Nuascéalaíocht* (1952) ina dhiaidh sin.

[27] Ní Shé 1987, 71.

[28] Bhagair Séamus Ó Néill an dlí ar an Athair Fiachra mura ngabhfadh sé leithscéal leis faoin léirmheas cáinteach sin a scríobh. Dhein an léirmheastóir rud air go pras agus go humhal. Féach '*Ag Baint Fraochán'*: Litir an Athar Fiachra, *Feasta*, Nollaig 1955, 30.

[29] Pointe beag eile ar fiú tagairt dó is ea gur deineadh scéalta leis an údar seo a aistriú go Béarla; féach Ní Shé 1987, 80. Ina measc siúd bhí 'An Colúr', sárghearrscéal a pléadh cheana i gCaibidil 2 agus i gCaibidil 3.

[30] Luaite ag Seán Ó Coileáin ina aiste 'An Aigne Leapan,' *Scríobh* 5, 1981, 56.

[31] Crawford 1953, 4; Madden 1953a, 64.

[32] In áit eile scríobh Ó hEithir (1971:13) faoin bhFlaitheartach i gcomhthéacs *Dúil*: 'Fear é a bhí cleachtaithe ar ionsaithe ach nach mbeadh foighdeach le neamhshuim'. Féach, leis, Ó Glaisne 1963, 24; Ó Glaisne 1980, 16-7.

[33] Féach Ó Cadhain 1981, 100.

[34] Ó Tuama 1955b, 30.

[35] Díol spéise é an méid seo a scríobh an léirmheastóir céanna faoin scéal 'Blimey! Peaidí Gaelach Eile!' (*BM*), scéal '. . . inar threabhaigh Síle iomaire Dhonncha go díreach mar threabhfadh sé féin é - tar éis súimín a bhaint as *An Braon Broghach!*' (Ó Dónaill 1955, 5). Tá Pádraigín Riggs (1997: 60), criticeoir agus saineolaí ar shaothar Dhonncha Uí Chéileachair, den tuairim gurb é Donncha údar an scéil áirithe sin cé gurb é ainm Shíle atá leis an scéal. Maidir le ról tánaisteach na deirféar, tabharfar faoi deara go bhfágtar ainm Shíle amach ar fad sa chlárú a dhéantar ar *Bullaí Mhártain* in *The Arts in Ireland: a Chronology*, Christopher Fitz-Simon, Gill and Macmillan, 1982, 226.

[36] Ó Dónaill 1955, 5.

[37] Féach *Comhar*, Meitheamh 1951, 5, 8.

[38] Mac Dhúbháin 1960, 12; An tAthair Fiachra 1960,12.

[39] Féach Ó Laoghaire 1995, 63-71.

[40] Tuairim den saghas céanna a nochtaigh D. de Róiste ina léirmheas ar *Fuine Gréine* in *Feasta*, Samhain 1967, 29-30.

[41] Ó Cadhain 1969, 26.

[42] Séamas Ó Murchú 1980, 41-2.

[43] Ó Tuama 1953, 14; Mhac an tSaoi 1953, 19.

[44] Ó Tuama 1980, 58.

[45] Ó Háinle 1978, 272-4. Ní miste a lua sa chomhthéacs seo go ndéanann Alan Titley (1991: 57) 'Fuíoll Fuine' a áireamh mar úrscéal.

[46] An tuiscint chéanna atá á léiriú ag Gearóid Ó Crualaoich (1981: 80) nuair a deir sé: 'Lean an Cadhnach air go deireadh a shaoil ag cumadh idir scéalta réalaíocha agus aistí den scríbhneoireacht *avant-garde* próis gur deacair (nó gur cuma) a rá i dtaobh aon cheann faoi leith acu gur gearrscéal nó gur úrscéal atá ann...'. 'Féach, leis, Ó Háinle 1998, 148-53, mar a dtráchtar ar 'Ag Déanamh Páipéir' (*ST*) mar scéal ina ndéantar spior spear de ealaín thraidisiúnta na scéalaíochta.

[47] Ó Cadhain 1969, 22-3.

[48] Ó Cadhain 1973, 141, 144, 151.

[49] Déanann Denvir (1987: 221-3) anailís ar raibiléiseachas Uí Chadhain i gcomhthéacs seo an ghrinn.

[50] O' Brien, 1968, 125-6.

[51] Féach Ó Buachalla 1967, 72.

[52] Féach Ní Mhuiríosa 1966, 11. Scéal eisceachtúil amháin a neadódh i gcuimhne an léitheora is ea 'An Díthreabhach' le Tomás Mac Síomóin. Ní haon ábhar iontais é gur dhein Eoghan Ó hAnluain (1977: 6) an gearrscéal seo a áireamh ar 'cheann de na scéalta is fiontraí sa nua-Ghaeilge.' Ba in *Comhar*, Bealtaine 1968 a foilsíodh an scéal ar dtús agus athfhoilsíodh é sa chnuasach a chuir Eoghan Ó hAnluain in eagar i 1977, mar atá, *An Díthreabhach agus Scéalta Eile as Comhar*. Scéal neamhghnách fórsúil é. Díol suntais é cur chuige agus braistint dhúshlánach bheicitiúil an scéil seo.

[53] I dTuairisc na Moltóirí ar Chomórtas Cuimhneacháin Uí Chéileachair, Oireachtas na bliana 1972, deirtear gur bhain easpa saibhris agus cruthaitheachta leis na gearrscéalta a seoladh isteach: 'Ach is ar an leibhéal cruthaíoch a bhí an

NÓTAÍ: CAIBIDIL 5 337

laige ba mhó le sonrú sa chomórtas'.

54 Ó Niallagáin 1965, 64-5.

55 Maidir le ceist seo ealaín an ghearrscéalaí agus dúshlán an réalachais, féach an blúire seo as léirmheas moltach Chriostóra Mhic Aonghusa (1961: 28) ar chéad chnuasach Uí Odhráin, *Slán leis an gComhluadar*, mar a raibh scéal faoi leith á phlé aige: 'Dá gcuirfeadh an scéalaí guaim lena pheann bheadh sár-scéal aige anseo. Tá sé ceart go leor ag fear tuaithe a rá 'go raibh duine chomh leathan treasna na slinneán le binn tí' ach níl sin ceadmhach d'ealaíonach'.

56 Ó hAnluain 1967, 18; Mac an tSaoir 1963, 14.

57 Féach Ó hAnluain 1967, 18.

58 I léirmheas dar theideal 'Muintir na mBailte Móra' scríobh Muiris Ó Droighneáin (1969:20): 'Scéalta tóin le tuath an t-iomlán acu. Is ar éigean a luaitear fear tuaithe a bheith sa tír'.

59 Foilsíodh litreacha ó Dhónall Mac Amhlaigh agus ó P. É. Mac Cába in *Comhar*, Meitheamh 1971 inar cáineadh modh léirmheastóireachta Phiarais Uí Ghaora.

60 Mac Amhlaigh 1976b, 5-7.

61 Mac Amhlaigh 1976a, 12.

62 Féach Ní Dhonnchadha 1982, 46.

63 Tráchtann Mairéad Nic Dhonnchadha (1973: 16) ar an ngá le leabhair sholéite: 'Tá easpa leabhar den chineál éadrom ar an nGaeilge. Tá cuid mhaith den phobal beag nach bhfuil sé d'fhoighid ná d'éirim acu suí agus staidéar a dhéanamh ar an eiseachas! Ní fhaca mé ach leabhar amháin Gaeilge á léamh ag bean faoi thriomaitheoir gruaige – ceann le hÚna Ní Mhaoileoin'.

64 Ó Súilleabháin, Meitheamh 1971.

65 Féach Ó Faoláin 1972 [1948], 174.

66 Bhí an blúire seo a leanas ar chlúdach *Muintir*. '"The narration displays great awareness and a sophistication scarcely ever reached before in Irish story-telling." B'shin tuairisc Mháirtín Uí Chadhain ar scríbhneoireacht Dhiarmaid Uí Shúilleabháin agus é ina mholtóir do Dhuais Acadamh Liteartha na hÉireann 1969. Ní bhréagnaíonn an cnuasach gearrscéalta seo an tuairim sin'.

67 Breathnach 1981, 49-50, 52.

68 Féach Breathnach 1978, 76-7.

69 In eagar ag David Marcus, Pan Books, London 1974.

70 In eagar ag David Marcus, Poolbeg Press, Dublin 1979.

71 Ó Muirí 1975, 103-14.

72 Breathnach 1978, 75.

73 Féach lgh. 77-80, 325, nóta 91.

74 Breathnach 1981, 47-8.

75 Luaite in Breathnach 1981, 48.

76 Ina léirmheas sármholtach ar an úrscéal *Lig Sinn i gCathú* le Breandán Ó hEithir, scríobh Tomás Ó Floinn (1976:11): 'Is cúrsaí seanbhróga anois é leadhbairt easpag agus eaglaise, graostacht cainte, trácht ar ghnéas agus ar ghairis fhrithghiniúna agus go fiú úsáid an fhocail úd gur leor na trí litir dó ins an Ghaeilge. Tá athrú ar an saol, gan amhras'.

Agus David Marcus (1992:11) ag cur síos ar thréithe nua ghearrscéalaíocht

Bhéarla na hÉireann i dtréimhse na seachtóidí agus na n-ochtóidí, tagraíonn sé *en passant* do: '...the growing urban school through whose narratives four-letter words flickered like electric shocks'.

D'ardaigh Patrick Rafroidi (1978: 108) ceist bhunúsach i dtaobh na saoirse ealaíonta seo i litríocht Bhéarla na hÉireann nuair a scríobh sé: 'And yet one may raise a few questions not about the blessing of artistic freedom *per se* but about its aesthetic consequences for Irish literature.' Ábhar dúshlánach suimiúil é seo i gcomhthéacs scríbhneoireacht Ghaeilge na tréimhse úd, chomh maith.

[77] Ó Liatháin 1978, 16.

[78] Féach Prút 1988, 28-9.

[79] Dar le Maitiú Ó Murchú (1975: 21-2): 'Tá Dáithí Ó hÓgáin idir an dá shaol, saol na n-óg agus saol na n-iaróg; tá an dá thobar aige le tarraingt astu. San am i láthair is mó a chumas le tobar na n-óg agus is uaidh sin a thagann an t-amhábhar is fearr a fhóirfidh dó. Tá líon na scríbhneoirí a dhíríonn a n-aird ar an ard sin tearc, is ann a ba chóir do Dháithí Ó hÓgáin fanacht go dtí go mbeidh an talamh bán treafa aige, an síol curtha agus an fómhar bainte. Agus má chaitheann sé an fómhar a bhaint leis an chorrán féin, is amhlaidh is fearr dúinn uilig é'.

[80] Féach, mar shampla, 'Teacht is Imeacht', 'Ag Caint leis an bPobal', 'Ciall Cheannaigh' in *Imeall an Bhaile.*

[81] Deir Mairéad Nic Dhonnchadha (1973:17): "Scéalta fíreann iad seo. Tá leathbháirseach mná sa scéal barúil 'Cuairteoir' agus gnéasóigín cholpach i 'Sofaisticúlacht.' Bean sa chistin ag freastal ar a fear, bean sa deochlann ag meaththnúth le fear. Níor tháinig ré na saorbhan fós, ach ní fada uainn é".

[82] Ó Conaola 1984, 14.

[83] Tugtar faoi deara go dtagann éagumas agus éidreoir an duine sháinnithe i gceist in 'Fáirnis', chomh maith, scéal de chuid Uí Chonaola a foilsíodh in *Comhar,* Mí na Nollag 1987.

[84] Féach Breathnach 1989, 13.

[85] Mhol Annraoi Ó Liatháin (1978: 16) ardchumas agus bua annamh Uí Iarnáin agus é ag cur síos ar shaol na farraige sa chnuasach seo.

[86] Féach Nic Pháidín 1984, 49.

[87] Féach Ó Neachtain 1984.

[88] Deir Philip O'Leary (1987: 33): 'Ó Conghaile's focus is undeniably on failure and tragedy, but his stories are not entirely monochromatic, for he does hold out the consolation of insight, a hard-won appreciation of the value of what is lost or threatened'.

[89] Ó Conghaile 1986.

[90] Agus Dónall Mac Amhlaigh (1987b: 13) ag trácht ar 'The Man who Stepped on His Soul', leagan Béarla 'Na Droma Fuara', scríobh sé: 'Sa scéal sin go háirithe, rianaíonn an gearrscéalaí an t-aisteachas daonna sin arb é an t-uaigneas agus aimride na beatha a thrúig'.

[91] N'fheadar an bhféadfaí Mac Mathúna a áireamh ar na 'fabulators' a luann Robert Scholes (1979:8)? 'Fabulation, then, means not a turning away from reality, but an attempt to find more subtle correspondences between the reality which is fiction and the fiction which is reality. Modern fabulation accepts, even emphasizes, its fallibilism, its inability to reach all the way to the real, but it continues to look toward reality. It aims at telling such truths as fiction may legitimately tell in ways which are appropriately fictional'.

[92] Mac Amhlaigh 1987a, 13.

[93] Foilsíodh an aiste seo ar dtús i 1983. Féach May 1994a, xiii.

[94] Féach léirmheas Titley 1990, 9, léirmheas Uí Threasaigh 1992, 27-8 agus léirmheas E. Uí Anluain 1991b, 13.

[95] Féach White 1990, 11.

[96] Foilsíodh an scéal in *Comhar*, Nollaig 1982 agus in Nic Pháidín 1982.

[97] Deir Philip O'Leary (1987: 33): "At his best, as in ' Tuile,' 'An Taobh Eile,' and especially 'Tá Duine Eile ina Chónaí Anseo,' he creates genuinely terrifying images of the weirdness underlying the most mundane situations".

[98] Féach, mar shampla, 'Na Caisearbháin', *An tUltach*, Eanáir 1984, 'An Gurú Gubú', *An tUltach*, Bealtaine 1984, 'Fudd', *Comhar*, Lúnasa 1986 agus 'Bás Kipperlugs', *An tUltach*, Samhain 1987.

[99] Scríobh Éamon Ó Ciosáin (1988:7): 'Litríocht don aos liteartha í seo, b'fhéidir. Ach más ea féin, tá sí dílis don tréith is dúchasaí i litríocht agus i gcaint na Gaeilge – freagarthacht, sáraíocht agus an scoilteadh focal, an tréith úd a cheanglann *Scéala Muice Mhic Dá Thó* le *Cré na Cille* agus le caint mhuintir na Gaeltachta'.

[100] Titley 1980b:39.

[101] Foilsíodh an scéal in *Comhar*, Lúnasa 1989 agus in *Leath na Spéire* (in eagar ag Eoghan Ó hAnluain) 1992.

[102] In aiste dar teideal ' Language, Stories, Healing', tráchtann Angela Bourke (1997: 313) ar shíscéalta Gaeilge ina bhfaightear 'a psychic and imaginative richness that is especially valuable because so little known.' Faightear éachtaintí ar an saibhreas sin ina gearrscéal cumasach féin, 'Iníon Rí an Oileáin Dhorcha,' a foilsíodh in *Oghma* 3, 1991.

[103] D'fhoilsigh Angela Bourke cnuasach scéalta Béarla dar teideal *By Salt Water* (New Island Books) i 1996. D'fhoilsigh Déirdre Ní Ghrianna cnuasach gearrscéalta dar teideal *An Gnáthrud* (Coiscéim) sa bhliain 1999 agus ba sa bhliain chéanna a foilsíodh cnuasach gearrscéalta le Siobhán Ní Shúilleabháin, mar atá, *Í Siúd*. Gan amhras, bhí mná eile ag saothrú an ghearrscéil le linn na nóchaidí. Ní luafar anseo ach beirt scríbhneoirí, .i. Deirdre Brennan, a bhuaigh Duais Bhord na Gaeilge ag Comórtas Sheachtain na Scríbhneoirí, Lios Tuathail,1996 de thoradh a saothar gearrscéalaíochta (féach Nic Fhearghusa 1998,10) agus Biddy Jenkinson, ar foilsíodh a céad chnuasach gearrscéalta, *An Grá Riabhach* (Coiscéim) sa bhliain 2000.

CAIBIDIL 6

[1] Féach, leis, Miller 1995, 51.

[2] Dar le David Fitzpatrick (1985: 126): 'Freedom of conjugal choice is a modernist illusion, negated by the high degree of endogamy in class, religion and birthplace still found among modern marriages. The Irish match was functional and mercenary, these characteristics being stressed and clearly understood instead of being suppressed and left to foster guilt…. Here, the match flourished precisely because emigration did provide an escape route for the majority…. Only with the

withering of the emigration option did the match begin to seem a repressive rather than a constraining institution'.

[3] Féach, leis, Fitzpatrick 1985, 126; R.E. Kennedy 1973, 84; Neville 1995, 207-8.

[4] Féach, leis, Quinn 1969, 122-6; Travers 1995b, 157-60. Cuireann Caitriona Clear (2000: 203) aguisín lena bhfuil le rá ag Lee agus tarraingíonn sí chuici an t-úrscéal *Amongst Women* le John McGahern (London 1990) lena pointe a chur abhaile ar an léitheoir:

> Joseph Lee uses William Trevor's *Ballroom of Romance* to illustrate the lack of choices facing Irish women in Ireland, but there were plenty of lonely Bridies in Dublin, Huddersfield and Leeds, and no shortage of Bowser Egans to take lifelong advantage of that loneliness. John McGahern's hard-working Maggie Moran, whose loneliness in London causes her to make a disastrous marriage with the first shiftless charmer who pays her any attention, is as realistic a character as Trevor's Bridie. And like Maggie, many emigrants remained prisoners of the values and expectations of their families in Ireland, without the everyday support and companionship that normally goes with such bonds.

[5] An Seabhac 1984, 5. Áis don scríbhneoir fireann atá sa mhistéir seo, ar ndóigh, mar go bhfuil sé le tuiscint agus an mhistéir bhaineann seo luaite aige nach gá dó dul thairis sin, cleas a fhágann nach ndéantar suibiachtúlacht an charachtair mhná a fhorbairt. Sa chomhthéacs seo, féach Robbins 2000, 59-60, mar a bhfuil tuairimí Simone de Beauvoir faoi na cúrsaí seo á bplé.

[6] Sa chomhthéacs seo díol suime í aiste Carmel Duggan (1987), mar a ndéantar anailís ar na slite ar cuireadh ról agus saol mhná feirme in iúl i bhfoilseacháin a dhírigh ar fheirmeoirí na tíre ó thréimhse na gcaogaidí go dtí na seachtóidí. Deir Duggan (1987: 66): 'In the space of twenty years women had ceased to be the subject of these publications and had been reduced to objects'. Agus í ag tagairt do 'dhofheictheacht' mhná feirme nó 'farm women', deir sí:

> As in other areas of society where women disappear within the concept of family, farm women are subsumed by the rhetoric of the family farm. Their contribution to agriculture can thus remain concealed by this, and unpronounced within the ideology while the domestic sphere provides a convenient basis upon which alternative definitions of women can be based.

[7] Féach Connell 1962, 517-8; Arensberg 1937, 90-91. Féach, leis, an meon a léirítear sa dán 'Seasc' le Conchubhar Ó Ruairc 1973, 49. Os a choinne sin, féach, Arensberg and Kimball 1968, 201, mar a dtugtar le tuiscint go gcuirtí an milleán ar an mbean *agus* ar an bhfear céile: 'Both man and woman are at fault and in misfortune in childlessness'.

[8] Ó Máille 1966, 8.

[9] Féach Viney 1968, 334-5. Féach, leis, L. Kavanagh 1997, 158.

[10] F. O'Connor 1963, 19.

[11] Tráchtann A. A. Kelly (1980:72) ar an bpósadh i scéalta Mary Lavin sa ghiota seo a leanas:

> Marriage, an enduring relationship, may be a hell or a haven [sic]. Its religious significance is rarely mentioned. It is viewed as a social institution and as such open to abuse. Marriage is the most intimate human relationship but not always based on love. Love is, in any case, like the birds which figure so often in the stories, ever on the wing and once caged may not sing. Its

appearance endows the possessor with a fleeting radiance which is comparatively rare. More often love remains as a memory in the mind, an ideal to be blindly and mistakenly striven for.

Cuimhnímis, leis, ar ráiteas seo Shéamais Uí Mhaolchathaigh (1963:204): 'Ní raibh sa ghrá dar leis na seandaoine ach caitheamh aimsire, ach ní aon chaitheamh aimsire é an pósadh'.

[12] Sa chomhthéacs seo is fiú, dar liom, tagairt do dhán cumasach Derry O' Sullivan, 'Marbhghin 1943: Glaoch ar Liombó', mar a ndéantar cuid d'fhulaingt agus de mhearbhall máthar a chur in iúl. I leath tosaigh an dáin, chítear an mharbhghin á filleadh gan ní i bpáipéar *Réalt an Deiscirt, 'cinnlínte faoin gCogadh Domhanda le do bhéal'*, agus an mháthair uaigneach ina tost. Labhraíonn tráchtaire an dáin leis an leanbh:

> *Deineadh comhrainn duit de bhosca oráistí*
> *Is mar requiem duit d'éist do mháthair*
> *Le casúireacht amuigh sa phasáiste*
> *is an bhanaltra á rá léi go raghfá gan stró go Liombó.*

Maidir leis an tsochraid neamhfhoirmiúil agus an t-adhlacadh i dtalamh gan choisreacan:

> *d'iompair an garraíodóir faoina ascaill thú*
> *i dtafann gadhar de shochraid*
> *go gort neantógach*
> *ar a dtugtar fós an Coiníneach.*

Deir tráchtaire an dáin go bhfuil léite aige anois, 'daichead bliain níos faide anall', nach gcreideann diagairí a thuilleadh gurb ann do Liombó. Smaoiníonn sé láithreach ar an máthair :

> *Ach geallaimse duit, a dheartáirín*
> *nach bhfaca éinne dath do shúl,*
> *nach gcreidfeadh choíche iontu arís:*
> *tá Liombó ann chomh cinnte is atá loch Bó Finne*
> *agus is ann ó shin a mhaireann do mháthair,*
> *a smaointe amhail neantóga á dó,*
> *gach nuachtán ina leabhar urnaí,*
> *ag éisteacht le leanaí neamhnite*
> *i dtafann tráthnóna na madraí.* (O'Sullivan 1987, 18-9)

[13] Faoi mar a dhearbhaíonn teideal an dáin 'Bhíodh' le Conchubhar Ó Ruairc (1973:12), aithnítear gur bhain an meon sin le ré a bhí caite:

> *Ní bhíodh trácht ar 'phiolla'*
> *Ná ar shochtadh beatha*
> *Ach mná ag maíomh*
> *As líon a latharta;*
> *Gin sa bhroinn*
> *Is pataire ar chích*
> *B'é glóir don raidhse*
> *Manadh is paidir*
> *Agus lánúin na beirte*
> *Á n-áireamh aimrid.*

[14] Deir Adrienne Rich (1979:261):

> Historically, cross-culturally, a woman's status as childbearer has been the test of her womanhood. Through motherhood, every woman has been defined from outside herself: mother, matriarch, matron, spinster, barren, old maid – listen to the history of emotional timbre that hangs about each of these words. Even by default, motherhood has been an enforced identity for women, while the phrases 'childless man' and 'nonfather' sound absurd and irrelevant to us.

Sa chomhthéacs seo, féach chomh maith Oakley 1976, 186-221, agus *Half the Sky: An Introduction to Women's Studies*, ed. The Bristol Women's Studies Group, Virago, London 1979, 153-186.

[15] Maidir le coincheapa eisintiúla i dtaobh 'nádúr dúchasach' na mban sa chomhthéacs Éireannach, is suimiúil a bhfuil le rá ag an socheolaí Pat O' Connor (1998: 106,108):

> The key difficulty in formulating definitions of womanhood lies not so much at the level of content but of value, and with the implications of this for women's relationship with individual men and the wider institutional structure. This is not peculiar to Ireland, although the situation is arguably exacerbated here by the consensual character of our culture; the absence of a tradition of individuation; the continued strength of essentialism and its reflection in ideas about the centrality of reproduction and familism.
>
> Ironically, although Irish society has traditionally been preoccupied with issues related to identity and ideology, there has been very little discussion of concepts of womanhood. Indeed given the social and cultural construction of heterosexuality there is little interest in doing so since such phenomena are assumed to be 'natural'.

[16] In alt dar theideal 'The Doctrinal Content of Irish Marian Piety,' thuairimigh An tAthair Joseph Cunnane (1959:103) go raibh na hÉireannaigh tugtha don ró-mhaoithneachas maidir le Muire:

> Mother she undoubtedly is, tenderest, most loving of mothers; but like all mothers and above all mothers she is strong with the strength of sacrifice and suffering, strong with a mother's sense of duty and dedication, strong with a strength which she is capable of passing on to her children. She is the strong woman, strong with a love as strong as death.

Féach, leis, Beale 1986, 52 agus Nash 1997,115 i gcomhthéacs Mhuire agus ról na máthar Éireannaí.

[17] Eisceacht agus éacht ann féin sa chomhthéacs seo ba ea an dráma *An Triail* (1966) le Máiréad Ní Ghráda. Féach Ó Ciosáin 1995, 12-3; Ní Bhrádaigh 1996, 57-66. Gné thábhachtach de chuid scéal na máthar neamhphósta ba ea meon neamhthrócaireach an phobail i leith an pháiste neamhdhlisteanaigh, gné a léiríodh in *An Triail*, cuir i gcás. Maidir leis an bpointe deireanach seo, féach, leis, *Cóta Bán Chríost*, le Críostóir Ó Floinn, dráma a bhuaigh duais Oireachtais (1966) agus a foilsíodh sa bhliain 1968. Féach, leis, an dán gonta dar teideal 'An Leanbh' le Conchubhar Ó Ruairc 1973, 53.

[18] Féach, leis, Ó Danachair 1985, 100. Dar le Dale Spender (1980:28): 'In a patriarchal society it is not unrealistic to perceive that security lies in marriage – even if this is eventually revealed as a myth. That so many women continue to

choose to be Mrs Jack Smart and to become 'invisible' is an indication of the success of patriarchal ideology'.

[19] An Seabhac 1984, 27.

[20] Deir Byrne (1997: 415): 'Most social scientists, writing about Irish society in the 1940s and 1950s have at least by default, cast single women as marginal, unimportant and leading largely miserable lives'.

[21] Féach, leis, tuairim na gcomharsan faoi phósadh na máistreása sa scéal 'Meas na Nimhe' (*Ór* 27-8) le Tomás Bairéad. Tuigtear go mbaineann céim síos agus nóta diúltach nó fonóideach le téarmaí a dhíríonn ar stádas neamhphósta mná, mar shampla, 'seanchailín', 'seanmhaighdean', 'puisbhean'. Sa chomhthéacs seo, féach Schulz 1975, 65. Níor dheacair a áiteamh gur léiriú ar mheon coitianta de chuid na ré inar scríobhadh an scéal atá sa chur síos seo as an ngearrscéal 'Thóg sé cian díom' le Tomás Ó Floinn:

An ghnáthchuideachta traenach: bean sa chúinne os mo chomhair, bean bheag chaol mheánaosta gan rud ar bith ag siúl léi a thabharfadh leid duit ar a sórt – múinteoir, banaltra, bean tí? – ní fhéadfá a rá go cinnte ach nár bhean feirmeora í (ná bean duine ar bith eile), mar do bhí caoile agus cruas na seanmhaighdine inti. (*Nuascéalaíocht*, 1952, 58)

Beagnach tríocha bliain ina dhiaidh sin, féach go raibh an méid seo a leanas á scríobh ag Dale Spender (1980:27): 'To be over thirty and *Miss* Jones in times but recently passed was an advertisement of failure and an invitation for ridicule'.

[22] MacCurtain 1974, 193. *Judith Hearne* a bhí ar an úrscéal nuair a céadfhoilsíodh i Londain é sa bhliain 1955. *The Lonely Passion of Judith Hearne* an teideal a bhí air an bhliain dár gcionn nuair a foilsíodh i Meiriceá é.

[23] Gan amhras, thug gearrscéalaithe faoin ábhar céanna a phlé i gcás fear nár phós, leis. Sampla amháin is ea an scéal 'An Ruaiteach' (*Fête*) le Beairtle Ó Conaire.

[24] Beale 1986, 174. Féach, leis, Miller 1985, 50.

[25] Tagann tagairtí do mhná rialta agus do shaol an chlochair i gceist sa ghearrscéal 'Síle' (*Feasta*, Meán Fómhair 1951) le Siobhán Ní Shúilleabháin agus d'fhéadfaí an scéal 'Na Bráithre Ionmhaine' (*Comhar*, Bealtaine 1948 agus *Nuascéalaíocht*, 1952) le Máire Mhac an tSaoi, a lua anseo chomh maith. Féach, leis, 'Glaoch ó Dhia' le Caitlín Maude 1988, 83-4.

[26] Faoi mar a dhearbhaíonn May (1994a: 216): 'Fictional self-consciousness in the short story does not allow the reader to maintain the comfortable cover-up assumption that what is depicted is real; instead the reader is made uncomfortably aware that the only reality is the process of depiction itself - the fiction - making process, the language act'.

[27] Titley 1981b, 63.

[28] Féach Madden-Simpson 1984, 4.

[29] Boland 1979 iii-iv ; Mhac an tSaoi 1980, 9.

[30] Eisceachtaí suaithinseacha ba ea Mary Lavin, Maura Laverty, Kate O' Brien agus Edna O' Brien sa chomhthéacs seo trí chéile, óir is cinnte gur bhain tábhacht nach beag le cur i láthair saoltaithí ban ina gcuid saothar liteartha. Ina saothar cáiliúil ar fhilí feimineacha Meiriceánacha, *Stealing the Language*, deir Alicia Ostriker (1986: 89): '...it is immediately apparent that women who seek themselves

will include the material of their daily lives and feelings in their poems... The legitimization as literary of what has been excluded from literature is one result of all literary movements'. Féach, leis, Boland 1996, 193, 239-40.

[31] Deir James H. O' Brien (1982: 199): 'In some ways these writers are social realists, for they write about a recognizable external world, and they respect the conventions of plot and characterization. They do not sentimentalise or romanticize the Irish countryman or the Dublin slum dweller. They concentrate upon domestic friction and conflicts within the individual'.

Thagair Ailbhe Smyth (1989:12) don réalachas i saothar na mbanscríbhneoirí nua: 'For many of the writers here, realism is not a convention but a great and new freedom. Freedom to give a name and substance to the long unspoken, always unwritten, realities of their lives'.

[32] Ina haiste 'Women and Writing', scríobh Dale Spender (1980: 224): 'Today's women writers who are writing for women stand at the threshold in the creation of metapatriarchal meanings: they are retrieving women's experience, bringing it to the surface, looking at it with fresh eyes and naming it in accordance with a new perceptual framework. When this task has been accomplished, then it can be said that our muted state has been transformed'.

[33] Féach, leis, Nic Eoin 1984, 21.

[34] Maidir le Caitlín Maude, deir Ciarán Ó Coigligh (1988:8): 'B'ealaíontóir ildánach fíorchumasach a bhí in Caitlín Maude ar éirigh léi gaisneas ar fónamh a bhaint as cineálacha liteartha éagsúla, mar atá, an dán, an dráma, an gearrscéal, an léirmheas, an parabal, an t-alt agus an t-amhrán. Tá ionracas agus dúthracht go barr bachall ina cuid scríbhneoireachta uilig arb iad an mharana, an léitheoireacht agus an cleachtadh saoil a clocha boinn'.

Cé nár líonmhar iad gearrscéalta Chaitlín Maude - foilsíodh cúig scéal dá cuid idir 1964 agus 1979 - agus cé nach bhféadfaí a mhaíomh gur bhain tathag suaithinseach leis an gcuid sin dá saothar liteartha, mar sin féin, ba léir íogaireacht shainiúil an scríbhneora chruthaithigh sna scéalta agus bhain nóta diamhair aduain nó débhríocht mhealltach áirithe le cuid de na scéalta sin, mar shampla, 'An Bhréag', 'Ciseán nó Dhó' agus 'Tost Dátheangach', scéalta atá cnuasaithe ag Ciarán Ó Coigligh in *Caitlín Maude: Drámaíocht agus Prós*, Coiscéim 1988.

Maidir le hÚna Ní Mhaoileoin, is léir ó na léirmheasanna a scríobhadh faoi na leabhair thaistil a scríobh sí, .i. *Le Grá ó Úna* (1958), *An Maith leat Spaigití?* (1966) agus *Turas go Túinis* (1969), gur cuireadh sonrú i stíl anamúil spleodrach an scríbhneora. Féach, mar shampla, Titley 1966, 21; Ó Siochrú 1969, 29-30.

[35] Díol suime é go raibh an méid seo le rá ag Ruth Hooley (1985:1) ina réamhrá le *The Female Line*, díolaim scríbhneoireachta de chuid scríbhneoirí mná thuaisceart na hÉireann: 'This silence is ambiguous. Does it mean an absence – there are hardly any women writing? Is it due to suppression – women lack confidence and opportunities to develop their writing? Is it a result of oppression – women are discriminated against in terms of what is taken seriously and which material matters? Or is it a passive resistance by those who find the language so steeped in gender-biased values as to be alien and inadequate to express their meaning?'

[36] I gcomhthéacs scríbhneoireacht na Gaeilge, féach, mar shampla, Breathnach 1986, 133; Jenkinson 1997, 18. Tráchtann Alan Titley (1992: 44) ar an bhfaillí a deineadh i gcarachtracht mhná san úrscéal Gaeilge sna téarmaí seo a leanas: 'Táim admhálach leis go bhfuil pictiúr éagórach den bhean le fáil go minic ann – ach ní de bharr go raibh fir á scríobh – ach nach raibh na scríbhneoirí ábalta an bheart a dhéanamh ar aon nós, maidir le mná, ná le fir, ná le scéal'.

Dar leis an scríbhneoir Nadine Gordimer (1975:11): 'When it comes to their essential faculty as writers, all writers are androgynous beings.' Nó faoi mar atá scríofa ag Máirín Nic Eoin (1992a:40):'Ar ndóigh, sa scríbhneoireacht is fearr is cuma faoi inscne mar aithnítear agus léirítear an daonnacht faoi iliomad cló inti'.

NA CNUASAIGH GHEARRSCÉALTA 1
(Clár na gcnuasach de réir ainmneacha na n-údar)

NÓTA: Tagraítear sa saothar seo don eagrán a luaitear thíos agus i gcás aon chnuasaigh ar foilsíodh eagrán eile de roimhe sin, tugtar bliain a chéadfhoilsithe idir lúibíní.

Bairéad, Tomás	*Ór na hAitinne,* BÁC, 1949.
	Dán, BÁC, 1973.
Breathnach, Pádraic,	*Bean Aonair agus Scéalta Eile,* BÁC, 1974.
	Buicéad Poitín agus Scéalta Eile, BÁC, 1978.
	An Lánúin agus Scéalta Eile, BÁC, 1979.
	Na Déithe Luachmhara Deiridh, BÁC, 1980.
	Lilí agus Fraoch, BÁC, 1983.
	Ar na Tamhnacha, BÁC, 1987.
de Bhaldraithe, Tomás, (eag.)	*Nuascéalaíocht,* BÁC, 1952.
de Bhilmot, Séamus,	*Eochair na Sráide agus Scéalta Eile,* BÁC, 1967.
de Bréadún, Deaglán,	*Sceallóga,* BÁC, 1990.
Mac Amhlaigh, Dónall,	*Sweeney agus Scéalta Eile,* BÁC, 1970.
	Beoir Bhaile agus Scéalta Eile, BÁC, 1981.
Mac Aonghusa, Criostóir,	*Cladóir agus Scéalta Eile,* BÁC, 1952.
Mac Mathúna, Seán,	*Ding agus Scéalta Eile,* BÁC, 1983.
Maguidhir, Séamus,	*Idir Talamh is Tráigh,* BÁC, 1953.
Ní Chéileachair, Síle, agus Ó Céileachair, Donncha,	*Bullaí Mhártain,* BÁC, 1955.
Ní Dhuibhir, Éibhlín,	*Póg Ó Strainséir,* BÁC, 1971.
Ó Brolacháin, Mícheál,	*Laochra,* BÁC, 1983.
	Sráid Sicín, BÁC, 1986.
Ó Cadhain, Máirtín,	*Idir Shúgradh agus Dáiríre,* BÁC, 1973 (1939).
	An Braon Broghach, BÁC, 1968 (1948).
	Cois Caoláire, BÁC, 1971 (1953).
	An tSraith ar Lár, BÁC, 1970 (1967).
	An tSraith Dhá Tógáil, BÁC 1970.
	An tSraith Tógtha, BÁC, 1977.
Ó Conaire, Beairtle,	*An Fête agus Scéalta Eile,* Conamara,1984.
Ó Conaire, Pádhraic Óg,	*Athaoibhneas,* BÁC, 1959.
	Fuine Gréine, BÁC, 1967.

Ó Conaola, Dara,	*Mo Chathair Ghríobháin*, BÁC, 1981. *Amuigh Liom Féin*, Inis Oírr, 1988.
Ó Conghaile, Micheál,	*Mac an tSagairt*, Conamara, 1986.
Ó Conghaile, Séamus,	*Ar Thóir Lóistín agus Scéalta Eile*, BÁC, 1986.
Ó Conghaola, Seán,	*Na Stiléirí agus Scéalta Eile Aniar*, BÁC, 1983.
Ó Curraoin, Seán,	*Tinte Sionnaigh agus Scéalta Eile*, Conamara, 1985.
Ó Flaithearta, Liam,	*Dúil*, BÁC, 1975 (1953).
Ó Floinn, Críostóir,	*Oineachlann*, BÁC, 1968.
Ó Grianna, Séamus, (Máire)	*Thiar i dTír Chonaill*, BÁC, 1940. *Scéal Úr agus Sean-Scéal*, BÁC, 1945. *An Teach nár Tógadh agus Scéalta Eile*, BÁC, 1948. *Ó Neamh go hÁrainn*, BÁC, 1953. *Fód a' Bháis agus Gearr-sgéalta Eile*, BÁC, 1955. *An Clár is an Fhoireann*, BÁC, 1955. *Tráigh is Tuile*, BÁC, 1955. *Fallaing Shíoda*, BÁC, 1956. *An Bhratach agus Gearr-sgéalta Eile*, BÁC, 1959. *Cúl le Muir agus Scéalta Eile*, BÁC, 1961. *Úna Bhán agus Scéalta Eile*, BÁC, 1962. *Oidhche Shamhraidh agus Scéalta Eile*, BÁC, 1968.
Ó hAnluain, Eoghan,(eag.)	*An Díthreabhach agus Scéalta Eile as Comhar*, BÁC, 1977.
Ó hIarnáin, Colm, P.,	*Gleann an Chuain*, BÁC, 1978.
Ó hOdhráin, Mícheál,	*Slán leis an gComhluadar*, BÁC, 1961. *Sléibhte Mhaigh Eo*, BÁC, 1964.
Ó hÓgáin, Dáithí,	*Breacadh*, Corcaigh & BÁC, 1973. *Imeall an Bhaile*, BÁC, 1986.
Ó hUallacháin, Breandán,	*An Bhinn Bhreac*, BÁC, 1966.
Ó hUid, Tarlach,	*Taobh Thall den Teorainn*, BÁC, g.d.
Ó Laighléis, Ré,	*Punk agus Scéalta Eile*, Maigh Eo, 1988.
Ó Laoghaire, Mícheál,	*Bás Bharra agus Scéalta Eile*, BÁC, 1990.

Ó Liatháin, Annraoi,	*Gleann an Leasa agus Scéalta Eile*, BÁC, 1973.
Ó Néill, Séamus,	*An Sean-Saighdiúir agus Scéalta Eile*, BÁC, 1945.
	Ag Baint Fraochán agus Scéalta Eile, BÁC, 1955.
Ó Ruairc, Conchubhar,	*An Stáca ar an gCarraigín*, Aonach, 1962.
	Gort na Gréine, BÁC, 1966.
	Seandaoine, BÁC, 1973.
Ó Sé, Maidhc Dainín	*Corcán na dTrí gCos*, BÁC, 1988.
Ó Siadhail, Seán	*Scéalta Mhac an Ghobáin*, BÁC, 1982.
	Miodamas agus Scéalta Eile, BÁC, 1989.
Ó Súilleabháin, Diarmaid,	*Muintir*, BÁC, 1971.
Ó Treasaigh, Lorcán,	*Uisce Báis agus Beatha*, BÁC, 1975.
Prút, Liam,	*Sean-Dair agus Scéalta Eile*, BÁC, 1985.
Sproule, Dáithí,	*An Taobh Eile agus Scéalta Eile*, BÁC, 1987.
Titley, Alan,	*Eiriceachtaí agus Scéalta Eile*, BÁC, 1987.

NA CNUASAIGH GHEARRSCÉALTA 2
(Clár na gcnuasach de réir ord a bhfoilsithe.)

1939 *Idir Shúgradh agus Dáiríre.* Máirtín Ó Cadhain

1940 *Thiar i dTír Chonaill.* Máire

1945 *Scéal Úr agus Sean-Scéal.* Máire
      An Sean-Saighdiúir agus Scéalta Eile. Séamus Ó Néill

1948 *An Braon Broghach.* Máirtín Ó Cadhain
      An Teach nár Tógadh agus Scéalta Eile. Máire

1949 *Ór na hAitinne.* Tomás Bairéad

c.1950 *Taobh Thall den Teorainn.* Tarlach Ó hUid

1952 *Nuascéalaíocht.* Tomás de Bhaldraithe (eag.)
      Cladóir agus Scéalta Eile. Criostóir Mac Aonghusa

1953 *Cois Caoláire.* Máirtín Ó Cadhain
      Dúil. Liam Ó Flaithearta
      Ó Neamh go hÁrainn. Máire
      Idir Talamh is Tráigh. Séamus Maguidhir

1955 *Fód a' Bháis agus Gearr-sgéalta Eile.* Máire
      An Clár is an Fhoireann. Máire
      Bullaí Mhártain. Síle Ní Chéileachair agus Donncha Ó Céileachair
      Tráigh is Tuile. Máire
      Ag Baint Fraochán agus Scéalta Eile. Séamus Ó Néill

1956 *Fallaing Shíoda.* Máire

1959 *Athaoibhneas.* Pádhraic Óg Ó Conaire
      An Bhratach agus Gearr-sgéalta Eile. Máire

1961 *Cúl le Muir agus Scéalta Eile.* Máire
      Slán leis an gComhluadar. Mícheál Ó hOdhráin

1962 *Úna Bhán agus Scéalta Eile.* Máire
      An Stáca ar an gCarraigín. Conchubhar Ó Ruairc

1964 *Sléibhte Mhaigh Eo.* Mícheál Ó hOdhráin

1966 *Gort na Gréine.* Conchubhar Ó Ruairc
      An Bhinn Bhreac. Breandán Ó hUallacháin

1967 *An tSraith ar Lár.* Máirtín Ó Cadhain
   Fuine Gréine. Pádhraic Óg Ó Conaire
   Eochair na Sráide agus Scéalta Eile. Séamus de Bhilmot

1968 *Oineachlann.* Críostóir Ó Floinn
   Oidhche Shamhraidh agus Scéalta Eile. Máire

1970 *Sweeney agus Scéalta Eile.* Dónall Mac Amhlaigh
   An tSraith Dhá Tógáil. Máirtín Ó Cadhain

1971 *Póg Ó Strainséir.* Éibhlín Ní Dhuibhir
   Muintir. Diarmaid Ó Súilleabháin

1973 *Breacadh.* Dáithí Ó hÓgáin
   Dán. Tomás Bairéad
   Gleann an Leasa agus Scéalta Eile. Annraoi Ó Liatháin
   Seandaoine. Conchubhar Ó Ruairc.

1974 *Bean Aonair agus Scéalta Eile.* Pádraic Breathnach

1975 *Uisce Báis agus Beatha.* Lorcán Ó Treasaigh

1977 *An tSraith Tógtha.* Máirtín Ó Cadhain
   An Díthreabhach agus Scéalta Eile as <u>Comhar</u>. Eoghan Ó hAnluain
   (eag.)

1978 *Gleann an Chuain.* Colm P. Ó hIarnáin
   Buicéad Poitín agus Scéalta Eile. Pádraic Breathnach

1979 *An Lánúin agus Scéalta Eile.* Pádraic Breathnach

1980 *Na Déithe Luachmhara Deiridh.* Pádraic Breathnach

1981 *Beoir Bhaile agus Scéalta Eile.* Dónall Mac Amhlaigh
   Mo Chathair Ghríobháin. Dara Ó Conaola

1982 *Scéalta Mhac an Ghobáin.* Seán Ó Siadhail

1983 *Ding agus Scéalta Eile.* Seán Mac Mathúna
   Lilí agus Fraoch. Pádraic Breathnach
   Laochra. Mícheál Ó Brolacháin
   Na Stiléirí agus Scéalta Eile Aniar. Seán Ó Conghaola.

1984 *An Fête agus Scéalta Eile.* Beairtle Ó Conaire

1985 *Tinte Sionnaigh agus Scéalta Eile.* Seán Ó Curraoin
   Sean-Dair agus Scéalta Eile. Liam Prút

1986 *Sráid Sicín.* Mícheál Ó Brolacháin
   Mac an tSagairt. Micheál Ó Conghaile
   Ar Thóir Lóistín agus Scéalta Eile. Séamus Ó Conghaile
   Imeall an Bhaile. Dáithí Ó hÓgáin

1987   *Ar na Tamhnacha.* Pádraic Breathnach
       An Taobh Eile agus Scéalta Eile. Dáithí Sproule
       Eiriceachtaí agus Scéalta Eile. Alan Titley

1988   *Amuigh Liom Féin.* Dara Ó Conaola
       Corcán na dTrí gCos. Maidhc Dainín Ó Sé
       Punk agus Scéalta Eile, Ré Ó Laighléis.

1989   *Miodamas agus Scéalta Eile.* Seán Ó Siadhail

1990   *Sceallóga.* Deaglán de Bréadún
       Bás Bharra agus Scéalta Eile. Mícheál Ó Laoghaire

LIOSTA FOILSEACHÁN A CEADAÍODH

NÓTA: Tagraítear don eagrán a luaitear sa saothar seo agus i gcás aon saothair ar foilsíodh eagrán eile de roimhe sin tugtar bliain a chéadfhoilsithe idir lúibíní.

Allen, Walter. 1981. *The Short Story in English*, Clarendon Press, Oxford.

An Seabhac. 1984 [1926]. *Seanfhocail na Mumhan*, P. Ua Maoileoin a chóirigh, An Gúm, Baile Átha Cliath.

Arensberg, Conrad. 1937. *The Irish Countryman: An Anthropological Study*, Macmillan and Co.Ltd., London.

Arensberg, Conrad & Kimball, Solon 1968 [1940]. *Family and Community in Ireland*, Harvard University Press, Harvard.

Bates, H.E. 1941. *The Modern Short Story: A Critical Survey*, T. Nelson and Sons Ltd., London.

Beale, Jenny. 1986. *Women in Ireland: Voices of Change*, Gill and Macmillan, Dublin.

Beer, Gillian. 1989. "Representing Women: Re-presenting the Past" in Belsey and Moore (eds) *The Feminist Reader: Essays in Gender and the Politics of Literary Criticism*, 63-80.

Belsey, Catherine and Jane Moore (eds).1989. *The Feminist Reader: Essays in Gender and the Politics of Literary Criticism*, Macmillan, London.

— 1994. *Desire: Love Stories in Western Culture*, Blackwell, Oxford.

Binchy, Maeve. 1998. "Gone with the Wind of Change", *The Irish Times*, 26 September, Weekend 5.

Boland, Eavan. 1979. Introduction to *The Wall Reader and Other Stories*, Maxwell House Winners 1, Arlen House, Dublin, i-iii.

— 1996. *Object Lessons: The Life of the Woman and the Poet in Our Time*, Vintage, London.

Bourke, Angela. 1992. "Bean an Leasa: Ón bPiseogaíocht go dtí Filíocht Nuala Ní Dhomhnaill", in Ó hAnluain (eag.) *Leath na Spéire*, 74-90.

— 1997. "Language, Stories, Healing", in Bradley and Valiulis (eds) *Gender and Sexuality in Modern Ireland*, 299-314.

Bradley, Anthony and Valiulis, Maryann Giolanella (eds). 1997. *Gender and Sexuality in Modern Ireland*, University of Massachusetts Press, Amherst.

Breathnach, Pádraic. 1971. *Nótaí ar Dúil*, Cló Mercier, Corcaigh agus Baile Átha Cliath.

— 1972. "An Dá Phádraic (Ó Conaire)", *Feasta*, Meitheamh-Iúil, 3-7.

— 1978. "Filíocht an Ghearrscéil", *Irisleabhar Mhá Nuad*, 74-91.

— 1981. "An Gearrscéalaí is a Ghearrscéalta", *Irisleabhar Mhá Nuad*, 42-54.

— 1984. " An Gearrscéal sa Ghaeilge le Blianta Beaga Anuas", *Comhar*, Lúnasa, 29-36.

— 1986. "Mná i Nua-Phrós na Gaeilge", *Irisleabhar Mhá Nuad*, 117-33.

— 1989. "Ag Cur Aoibhnis ar Fáil." Léirmheas ar *Amuigh Liom Féin*, D. Ó Conaola, *Anois*, 5 Márta, 13.

— 1990. "Bullaí Mhártain", *Anois*, 8-9 Nollaig, 13,15.

Brody, Hugh. 1973. *Inishkillane: Change and Decline in the West of Ireland*, Penguin, Middlesex.

Byrne, Anne. 1997. "Single Women in Ireland: A Re-Examination of the Sociological Evidence", in Anne Byrne & Madeleine Leonard (eds) *Women and Irish Society: A Sociological Reader*, Beyond the Pale Publications, Belfast, 415-430.

Cameron, Deborah (ed.). 1990. *The Feminist Critique of Language*, Routledge, London, New York.

Carver, Raymond. 1994. "On Writing", in May (ed.) *The New Short Story Theories*, 273-7.

Clear, Caitriona. 2000. *Women of the House: Women's household work in Ireland 1926- 1961*, Irish Academic Press, Dublin.

Coogan, Tim Pat. 1983. *Ireland and the Arts*, a special issue of *Literary Review*, London.

Connell, K. H. 1962. "Peasant Marriage in Ireland: its Structure and Development since the Famine", *Economic History Review* XIV, 502-23.

Connolly, Fr. Michael.1951. "Rural Depopulation", *The Irish Monthly*, no.79, 514-7.

Cortázar, Julio. 1994. "Some Aspects of the Short Story", in May (ed.) *The New Short Story Theories*, 245-55.

Cosgrove, Art (ed.). 1985. *Marriage in Ireland*, College Press, Dublin.

Costello, Peter. 1996. *Liam O'Flaherty's Ireland*, Wolfhound Press, Dublin.

Crawford, John. 1953. "Liam O'Flaherty's Black and White World", *The Irish Press*, 1 August, 4.

Cunnane, Fr. Joseph, 1959. "The Doctrinal Content of Irish Marian Piety", *The Furrow*, Vol.10, February, 89-103.

Curtin, Christopher and Varley, Anthony. 1987.'Marginal Men? Bachelor farmers in a West of Ireland Community' in Curtin, Jackson, O' Connor (eds) *Gender in Irish Society*, 287- 306.

Curtin, Christopher, Jackson, Pauline, O'Connor, Barbara (eds). 1987. *Gender in Irish Society*, Galway University Press.

Daly, Mary E. 1997. '"Oh Kathleen Ni Houlihan, Your Way's a Thorny Way": The Condition of Women in Twentieth Century Ireland' in Bradley and Valiulis (eds) *Gender and Sexuality in Modern Ireland*, 102-26.

Daniels, William. 1988. "Introduction to the present state of criticism of Liam O'Flaherty's collection of short stories: *Dúil*", *Éire-Ireland* XX111, Summer, 122-34.

de Barra, Séamas. 1976. Léirmheas ar *Idir Shúgradh agus Dáiríre*, M. Ó Cadhain, *Comhar*, Bealtaine, 11-4; Meitheamh, 18-21.

de Bhaldraithe, Tomás (eag.). 1952. *Nuascéalaíocht,* Sáirséal agus Dill, Baile Átha Cliath.
— 1967. 'Ó Flaithearta - Aistritheoir', *Comhar,* Bealtaine, 35-7.
Denvir, Gearóid. 1978. "Na hAonaráin". Léirmheas ar *Buicéad Poitín agus Scéalta Eile,* P. Breathnach, Comhar, Samhain, 19-21.
— 1987. *Cadhan Aonair: Saothar Liteartha Mháirtín Uí Chadhain,* An Clóchomhar, Baile Átha Cliath.
— 1991. *An Dúil is Dual,* Cló Iar - Chonnachta, Conamara.
— 1991a. "Ál an Fhathaigh", *Comhar,* Nollaig, 22-36.
— 1997. *Litríocht agus Pobal,* Cló Iar-Chonnachta, Conamara.
de Paor, Louis. 1987. "Ní fhéadfadh sí é a inseacht don tsagart", *The Irish Review,* Autumn, 41-8.
— 1989. " Máirtín Ó Cadhain: Scríbhneoir Nua-aimseartha Iar-Fhreudach" , in Ó hAnluain (eag.) *Léachtaí Uí Chadhain,* An Clóchomhar, Baile Átha Cliath, 152-65.
— 1990. "Maxim Gorky, Máirtín Ó Cadhain agus Riastradh na Scéalaíochta", *Comhar,* Nollaig, 51-4.
— 1991. *Faoin mBlaoisc Bheag Sin,* Coiscéim, Baile Átha Cliath.
— 1998. "An Scéalaíocht", in Ní Annracháin agus Nic Dhiarmada (eagarthóirí) *Téacs agus Comhthéacs: Ghnéithe de Chritic na Gaeilge,* 8-33.
Devlin, Polly. 1994. *All of us There,* The Blackstaff Press, Belfast.
Doyle, Paul A. 1971. *Liam O' Flaherty,* Twayne's English Authors Series, New York.
Dudley Edwards, Ruth. 1977. *Patrick Pearse: The Triumph of Failure,* Faber and Faber, London, Boston.
Duffy, Patrick J. 1997. 'Writing Ireland: literature and art in the representation of Irish place' in Graham (ed.) *In Search of Ireland:A Cultural Geography,* 64-82.
Duggan, Carmel. 1987. "Farming Women or Farmers' Wives? Women in the Farming Press"in Curtin, Jackson, O'Connor (eds) *Gender in Irish Society,* 54-69.
Dunne, Tom (ed.). 1987. *The Writer as Witness: Literature as Historical Evidence,* Historical Studies XVI, Cork University Press, Cork.

Felman, Shoshana. 1989. "Women and Madness: the Critical Phallacy" in Belsey and Moore (eds) *The Feminist Reader: Essays in Gender and the Politics of Literary Criticism,* 133-53.
Fiachra, An tAthair. 1952a. "Máithreacha", *Feasta,* Aibreán, 4.
— 1952b. "Fírinneacht, Dáiríreacht, Taitheac," *Feasta,* Iúil, 17-8.
— 1952c. "Pósadh", *Feasta,* Lúnasa, 7-8.
— 1955a. *An Bheatha Phléisiúrtha,* Sáirséal agus Dill, Baile Átha Cliath.
— 1955b. "Tanaí go leor". Léirmheas ar *Ag Baint Fraochán agus Scéalta Eile,* S.Ó Néill, *Feasta,* Samhain, 17-8.
— 1960. "Teilgean Smaointe", *Feasta,* Feabhra, 12,13, 20.
Fitzpatrick, David. 1980. "Irish Emigration in the later Nineteenth Century", *Irish Historical Studies,* Vol.XXII, no. 86, September, 126-43.

— 1985. "Marriage in Post-Famine Ireland" in Cosgrove (ed.) *Marriage in Ireland*, 116 -31.

Furst, Lilian R. (ed.). 1992. *Realism*, Longman, London, New York.

Gordimer, Nadine. 1975. Introduction to *Selected Stories*, Jonathan Cape, London, 9-14.

— 1994. "The Flash of Fireflies", in May (ed.) *The New Short Story Theories*, 263-7.

Gordon, Tuula. 1994. *Single Women: On the Margins?*, Macmillan Press, London.

Graham, Brian. (ed.) 1997. *In Search of Ireland: A Cultural Geography*, Routledge, London and New York.

Grant, Damien. 1970. *Realism*, Methuen and Co. Ltd., London, 1970.

Gratton, Johnnie and Le Juez, Brigitte. 1994. *Modern French Short Fiction*, Manchester University Press, Manchester, New York.

Greene, David, 1972. "*Writing in Irish Today: Scríbhneoireacht Ghaeilge an Lae Inniu*", Cló Mercier, Corcaigh agus Baile Átha Cliath.

Haberstroh, Patricia Boyle. 1996. *Women Creating Women: Contemporary Irish Women Poets*, Syracuse University Press, New York.

Harmon, Maurice. 1979. "First Impressions: 1968-78", in Rafroidi and Brown (eds) *The Irish Short Story*, 63-77.

Healy, John. 1988 [1968]. *No-One Shouted Stop: The Death of an Irish Town*, The House of Healy, Achill Island.

Hemmingway, Ernest. 1966. *Death in the Afternoon*, Penguin, London.

Holland, Siobhán. 2000. "Re-citing the Rosary: Women, Catholicism and Agency in Brian Moore's *Cold Heaven* and John McGahern's *Amongst Women*", in Liam Harte and Michael Parker (eds) *Contemporary Irish Fiction: Themes, Tropes, Theories*, Macmillan Press Ltd., London, 56-78.

Hooley, Ruth (ed.). 1985. *The Female Line: Northern Irish Women Writers*, Northern Ireland Women's Rights Movement, Belfast.

Houlihan, Con. 1968. "An Gearrscéal- agus Rudaí Eile", *Comhar*, Samhain, 11-8.

Hudson, Alan, 1963. "An Grá agus an Greann". Léirmheas ar *Cúl le Muir*, S. Ó Grianna, Feasta, Meán Fómhair, 25-6.

Hutchinson, Pearse. 1961. Léirmheas ar *An tSiúr Pól*, S. Ó Néill, *Comhar*, Bealtaine, 22-3.

Inglis, Tom. 1987. *Moral Monopoly: The Catholic Church in Modern Irish Society*, Gill and Macmillan, St. Martin's Press, New York.

Jackson, Rosemary. 1981. *Fantasy: The Literature of Subversion*, Routledge, London, New York.

Jenkinson, Biddy. 1997. Agallamh le Pól Ó Muirí, *The Irish Times*, 20 Lúnasa, 18.

Jones, Deborah. 1990 [1980]. "Gossip: Notes on Women's Oral Culture" in Cameron (ed.) *The Feminist Critique of Language*, 242-50.

Kane, Eileen. 1977. *The Last Place God Made: Traditional Economy in Rural Ireland*, New Haven, Connecticut.

Kavanagh, Liz. 1997. *Country Living*, Wolfhound Press, London.

Kavanagh, Patrick. 1972 [1964]. *Collected Poems*, Martin Brian and O'Keefe, London.

Kelly, A.A. 1976. *Liam O'Flaherty the Storyteller*, Macmillan, London.

— 1980. *Mary Lavin: Quiet Rebel*, Wolfhound Press, Dublin.

Kelly, Maeve. 1997. "My Education", in John Quinn (ed.) *My Education*, Town House, Dublin, 206-13.

Kelly, Rita E. 1978. "Murab é an Cadhnach...", Léirmheas ar *An tSraith Tógtha*, M. Ó Cadhain, *Feasta*, Márta, 17-22.

Kennedy, Maurice. 1955. Léirmheas ar *Bullaí Mhártain*, D. Ó Céileachair agus S. Ní Chéileachair, *Irish Writing* (33), 67.

Kennedy, R. E. 1973. *The Irish: Emigration, Marriage and Fertility*, University of California Press, Berkeley, London.

Kennelly, Brendan. 1979. "Liam O' Flaherty: The Unchained Storm. A View of his Short Stories", in Rafroidi and Brown (eds) *The Irish Short Story*, 175-87.

Kiberd, Declan. 1972. "Meon na Ciontachta", *Irisleabhar Mhá Nuad*, 47- 57.

Kiely, Benedict. 1950. *Modern Irish Fiction: A Critique*, Golden Eagle Books, Dublin.

Lee, Hermione. 1987. *The Secret Self 2: Short Stories by Women*, J. M. Dent and Sons Ltd., London.

Lee, J.J. 1978. "Women and the Church since the Famine" in Mac Curtain and Ó Corráin (eds) *Women and Irish Society: The Historical Dimension*, 37- 45.

— 1979. "Continuity and Change in Ireland, 1945-1970" in Lee (ed.) *Ireland 1945- 1970*, 166-77.

— (ed.). 1979. *Ireland 1945-1970*, Gill and Macmillan, Dublin.

— 1989. *Ireland 1912-1985: Politics and Society*, Cambridge University Press, Cambridge.

Luibhéid, Colm. 1971. "Stories but also a Mosaic". Léirmheas ar *Muintir*, D. Ó Súilleabháin, *The Irish Independent*, 13 Meitheamh, 6.

Lysaght, Patricia. 1995. "Is mairg a thuilleann mallacht Bhaintrí", *Sinsear* 8, 101-9.

Mac Amhlaigh, Dónall. 1964. "Mímhoráltacht agus an Deoraí" *Comhar*, Deireadh Fómhair, 6-8.

— 976a. "Titim-chun-deiridh na ngearrscéalta?", *The Irish Times*, 9 January, 12.

— 1976b. "Scríbhneoireacht na Gaeilge", *Feasta*, Deireadh Fómhair, 5-7.

— 1987a. "Aspal na hAinnise", *Anois*, 8 Márta, 13.

— 1987b. "Sárchnuasach." Léirmheas ar *The Atheist*, S. Mac Mathúna, *Anois*, 27 Nollaig, 13.

Mac Annaidh, Séamas. 1984. Léirmheas ar *Laochra*, M.Ó Brolacháin, *Comhar*, Feabhra, 36.

Mac an tSaoir, Flann. 1947a. "An Tír in a gCeiltear na Soilse faoi Thor", *Comhar*, Iúil, 3, 8.

— 1947b. "An Tír ina gCeiltear na Soilse faoi Thor", *Comhar*, Nollaig, 3, 7.

— 1950a. Léirmheas ar *Cré na Cille*, M.Ó Cadhain, *Comhar*, Aibreán, 7, 8, 30.

— 1950b. "Leabhar Nua Scéalta", *Comhar*, Meán Fómhair, 27-9.

— 1952. "Máirtín Ó Cadhain", *Comhar*, Bealtaine, 27-31; Meitheamh, 7-8, 13-4.

— 1963a. "Cnuasacht Chorrach". Léirmheas ar *An Stáca ar an gCarraigín*, C. Ó Ruairc, *Feasta*, Márta, 14, 16.

— 1963b. "Próslitríocht na Gaeilge", *Comhar*, Meitheamh, 19-24.

Mac Aodha Bhuí, Iarla. 1991. "Tarlach Ó hUid 1917-1990: An Scríbhneoir", *An tUltach*, Bealtaine, 4-10.

— 1992. *Diarmaid Ó Súilleabháin: Saothar Próis*, An Clóchomhar, Baile Átha Cliath.

Mac Aonghusa, Criostóir. 1949. Léirmheas ar *An Braon Broghach*, M. Ó Cadhain, *Comhar*, Márta, 15, 23.

— 1953. "*Díolaim Scéalta.*" Léirmheas ar *Nuascéalaíocht*, T. de Bhaldraithe (eag.), *Feasta*, Feabhra, 18-9.

— 1961. Léirmheas ar *Sléibhte Mhaigh Eo*, M. Ó hOdhráin, *Comhar*, Samhain, 26-8.

— 1967. Léirmheas ar *An tSraith ar Lár*, M.Ó Cadhain, *Comhar*, Nollaig, 25-34.

Mac Cába, Éanna. 1970. "Ceiliúradh ar anadh bhriochta na haislinge: 'Ciumhais an Chriathraigh'", *Comhar*, Eanáir, 22-5.

Mac Cana, Proinsias. 1956. "Strac-fhéachaint ar Nua-litríocht Ghaeilge Uladh", *Fearsaid* (Iris Iubhaile an Chumainn Ghaelaigh 1906-1956), Ollscoil na Banríona, Béal Feirste, 50-3.

Mac Cóil, Liam. 1981. "Idirshaol na Mianta". Léirmheas ar *Na Déithe Luachmhara Deiridh*, P. Breathnach, *Comhar*, Meitheamh, 25-6.

— 1987. "Ar Imeall na Scríbhneoireachta", *Comhar*, Nollaig, 20-3.

— 1998. "Ealaín agus Gú -Eolaíocht" in Ó Háinle (eag.) *Criostalú*, 8-33.

Mac Congáil, Nollaig. 1975. "Teideal an Ghearrscéil", *Comhar*, Eanáir, 19-22.

— 1990. *Máire - Clár Saothair*, Coiscéim, Baile Átha Cliath.

— (eag.). 1992. *Jonneen Khordaroy Answers Critics*, Léachtaí Cuimhneacháin ar Shéamus Ó Grianna, Máire (1889-1969), Coiscéim, Baile Átha Cliath.

Mac Conghail. Muiris. 1971. Plé ar ghearrscéalta Chríostóra Uí Fhloinn agus Dhiarmada Uí Shúilleabháin, sa tsraith 'Duitse na hÚdair,' Raidió Éireann, 8 Meitheamh.

MacCurtain, Margaret. 1974. "Women - Irish Style", *Doctrine and Life*, Vol. 24, no.4, April, 182-97.

— 1978. MacCurtain, Margaret and Ó Corráin, Donncha (eds) *Women in Irish Society: The Historical Dimension*, Arlen House, Dublin.

— 1985. "The Historical Image" in Ní Chuilleanáin (ed.) *Irish Women: Image and Achievement*, 37-50.

Mac Dhúbháin, Aodh. 1960. Léirmheas ar *Athaoibhneas*, P. Óg Ó Conaire, *Comhar*, Feabhra, 11-2.

Mac Diarmada, Murchadh. 1962. "Slán leis an tSeithe". Léirmheas ar *An Stáca ar an gCarraigín*, C. Ó Ruairc, *Agus*, Nollaig, 14-5.

— 1967. "Lán de Chroí agus de Chumha". Léirmheas ar *Fuine Gréine*, P. Óg Ó Conaire, *Agus*, Samhain, 18.

— 1970. "Seirbhe na Fírinne." Léirmheas ar *An tSraith Dhá Tógáil*, M. Ó Cadhain, *Agus*, Lúnasa, 9-10.

Mac Eoin, Gearailt. 1990. Léirmheas ar *Krino*, Uimhir 7, 1989 *Anois*, 14 Eanáir, 13.

Mac Eoin, Gearóid S. 1969. "Twentieth Century Irish Literature" in Brian Ó Cuív (ed.) *A View of the Irish Language*, Dublin Stationery Office, Dublin, 57-69.

Mac Gabhann, Séamus. 1981. Léirmheas ar *An Sean-Saighdiúir agus Scéalta Eile*, *Comhar*, Deireadh Fómhair, 32.

Mac Giolla Chomhaill, Anraí.1981. "Gearrscéalta Shéamais Uí Néill" in *Saine Uladh* 1, in eagar ag Mícheal Ó Máirtín, Coiste Éigse Loch an Iúir, 114-23.

Mac Giolla Léith, Caoimhín. 1983. Léirmheas ar *Ding agus Scéalta Eile*, S. Mac Mathúna, *Comhar*, Bealtaine, 36.

Mac Lochlainn, Colm. 1974. "Tuairisc ghrinn ar an Saol", *Comhar*, Lúnasa, 19.

Mac Maghnuis, Proinsias. 1945. Léirmheas ar *An Sean-Saighdiúir agus Scéalta Eile*, S. Ó Néill, *Comhar*, Meitheamh, 9.

Mac Mathúna, Seán. 1982. "Is duine ait mé!" Agallamh ag Gabriel Rosenstock le Seán Mac Mathúna, *Comhar*, Deireadh Fómhair, 13.

Mac Néill, Seán. 1949. "An tOireachtas - Smaointe Fánacha," *Comhar*, Nollaig, 27-8.

Mac Réamoinn, Séan. 1952. Léirmheas ar *Nuascéalaíocht*, T. de Bhaldraithe (eag.), *Comhar*, Nollaig, 32.

— 1953. Léirmheas ar *An Dá Thrá*, T. Ó hUid, *Comhar*, Aibreán, 23.

— 1954. "An Finnscéal Nua", *Comhar*, Deireadh Fómhair, 19-22.

Madden. P.J. 1953a. Léirmheas ar *Dúil*, L. Ó Flaithearta, *Irish Writing*, September, 64.

— 1953b. Léirmheas ar *Cois Caoláire*, M. Ó Cadhain, *Irish Writing*, December, 66.

Madden-Simpson. Janet. 1984. *An Anthology of Short Fiction by and about Irish Women 1890-1960*, Arlen House, Dublin.

Mahon, William J. 1981. "Images of Deformity and Blemish in the Stories of Máirtín Ó Cadhain", *Proceedings of the Harvard Celtic Colloquium*, Vol. 1, Harvard, 159-69.

Marcus, David (ed.). 1972. *Modern Irish Short Stories*, Sphere Books, London.

— 1983. "The Irish Short Story's Last Hurrah?" in Coogan (ed.) *Ireland and the Arts*, 82-7.

— (ed.). 1992. *State of the Art: Short Stories by the New Irish Writers*, Sceptre, London.

Maude, Caitlín. Féach faoi Ó Coigligh, Ciarán.

May, Charles E. (ed.). 1994a. *The New Short Stories Theories*, Ohio University Press, Athens, Ohio.

— 1994 b. "The Nature of Knowledge in Short Fiction" in May (ed.) *The New Short Story Theories*, 131-43.

— 1994c. "Chekhov and the Modern Short Story", in May (ed.) *The New Short Story Theories*, 199-217.

— 1995. *The Short Story: The Reality of Artifice*, Twayne Publishers, New York.

McManus, Liz. 1995. "Finola acted the good feminist", *The Sunday Tribune*, 10 December, 12.

McKenna, John. 1997. "The Children at the Bottom of the Garden," RTÉ, Radio 1, 25 September.

Meehan, Ita. 1958. "The Problem of the Single Girl in Ireland", *The Furrow*, Vol. 9. no. 7, July, 431- 44.

Mercier, Vivian. 1956. *The Stories of Liam O' Flaherty*, The Devin - Adair Company, New York.

— (ed.). 1992 [1964]. *Great Irish Stories*, Abacus, London.

Mhac an tSaoi, Máire. 1953a. "Rogha an Chlub Leabhar', *Feasta*, Deireadh Fómhair, 19.

— 1953b. Léirmheas ar *Cois Caoláire*, *Comhar*, Samhain, 19.

— 1955. "Scríbhneoireacht sa Ghaeilge Inniu", *Studies*, Earrach, 86-91.

— 1980. Introduction to *A Dream Recurring and other Stories and Poems*, Maxwell House Winners 2, Arlen House, Dublin, 9-12.

Miller, Kerby, A. 1985. *Emigrants and Exiles: Ireland and the Irish Exodus to North America*, Oxford University Press, Oxford, New York.

— 1995. Miller, Kerby A., with David Doyle and Patricia Kelleher, "For Love and Liberty: Irish women, migration and domesticity in Ireland and America, 1815- 1920" in P. O' Sullivan (ed.) *Irish Women and Irish Migration*, 41-60.

Moore, Brian. 1955. *Judith Hearne*, Andre Deutsch Ltd., London.

Moser, Peter. 1993. "Rural Economy and Female Emigration in the West of Ireland 1936-1956" in *UCG Women's Studies Centre Review*, Vol. 2, 41-51.

Murphy, Maureen. 1973. "The Double Vision of Liam O' Flaherty", *Éire-Ireland* VIII , Fall, 20-5.

— 1997. "The Fionnuala Factor: Irish Sibling Emigration at the Turn of the Century", in Bradley and Valiulis (eds) *Gender and Sexuality in Modern Ireland*, 85-101.

Nash, Catherine. 1993. "Remapping and Renaming: New Cartographies of Identity, Gender and Landscape in Ireland" *Feminist Review*, Summer, No. 44., 39-57.

— 1997. "Embodied Irishness: Gender, Sexuality and Irish Identities" in Graham (ed.) *In Search of Ireland: A Cultural Geography*, 108-27.

Neville, Grace. 1995. "Dark Lady of the Archives: Towards an Analysis of Women and Emigration to North America in Irish Folklore" in O' Dowd and Wichert (eds) *Chattel, Servant or Citizen: Women's Status in Church, State and Society*, 200 -14.

Ní Annracháin, Máire. 1979. "An Bheirt Mhicil", *Scríobh* 4, 207-14.

— 1994. "An tSuibiacht Abú, an tSuibiacht Amú", *Oghma* 6, 11- 21.

— 1996. "Ar Imeall na Litríochta", *Graph* 2, 56-63.

— 1998a. Ní Annracháin, Máire agus Nic Dhiarmada, Bríona (eagarthóirí), *Téacs agus Comhthéacs: Gnéithe de Chritic na Gaeilge*, Cló Ollscoile Chorcaí, Corcaigh.

— 1998b. "Máirtín Ó Cadhain, Ceist na mBan agus Ceisteanna Ban" in Ó Háinle (eag.) *Criostalú*, 34-52.

Ní Bhrádaigh, Siobhán. 1996. *Mairéad Ní Ghráda: Ceannródaí Drámaíochta*, Cló Iar-Chonnachta, Conamara.

Nic Dhiarmada, Bríona. 1995. Nóta ar an scéal 'Iníon Rí na Cathrach Deirge' le A. Bourke, in Micheál Ó hOibicín *Réaltra*, An Cló Ceilteach, Baile Átha Cliath, 136-7.

Nic Dhonnchadha, Máiréad. 1973. Léirmheas ar *Dán*, T. Bairéad, *Gleann an Leasa*, A. Ó Liatháin, *Breacadh*, D. Ó hÓgáin, *Feasta*, Samhain, 16-7.

Nic Eoin, Máirín.1982. *An Litríocht Réigiúnach*, An Clóchomhar, Baile Átha Cliath.

— 1984. "Úrscéalaíocht na Gaeilge 1974-1984", *Comhar*, Lúnasa, 15-21.

— 1985. " Éirí Amach 1916 agus Litríocht na Gaeilge" *Irisleabhar Mhá Nuad*, 38-61.

— 1990. "An Scríbhneoir aguc an Imirce Éigeantach: Scrúdú ar Shaothar Cruthaitheach Dhónaill Mhic Amhlaigh", *Oghma* 2, 92-104.

— 1992a. "Léiriú na mBan sna Leabhair" in Ó hAnluain (eag.) *Leath na Spéire*, 13-41.

— 1992b. Léirmheas ar *An Dúil is Dual*, G. Denvir, *Comhar*, Aibreán, 23-4.

Nic Fhearghusa, Aoife. 1998. *Glór Baineann, Glor an Léargais: An tSochaí, an Bheith agus Dánta Dheirdre Brennan*, Coiscéim, Baile Átha Cliath.

Ní Chléirigh, Siobhán.1990. *Eiriceachtaí agus Scéalta Eile le hAlan Titley: Saothar Iar-Nua-Aoiseach*. Miontráchtas M.A., Ollscoil na hÉireann, Má Nuad.

Ní Chnáimhsí, Eibhlín. 1993. *Maighdeanacha, Máithreacha agus Mná Meánaosta: Carachtar na mBan i saothar Mháire*. Mórthráchtas M.A., An Coláiste Ollscoile, Baile Átha Cliath.

Ní Chonmhidhe- Piskorski, Méadhbh (eag.). 1997. "Focail Ghaeilge as Cill Scíre, Co na Mí, ó bhéal Jack Weldon,1954" in *Ríocht na Midhe*, Vol.IX, No.3, 180 - 96.

Ní Chuilleanáin, Eiléan (ed.). 1985. *Irish Women: Image and Achievement*, Arlen House, Dublin.

Nic Pháidín, Caoilfhionn (eag.). 1982. *Scéalta as Comhar*, Comhar Teoranta, Baile Átha Cliath.

— 1984. Léirmheas ar *An Fête agus Scéalta Eile*, B.Ó Conaire, *Comhar*, Samhain, 49.

Ní Dhiarmada, Emer. 1970. "An Coinníoll Daonna: Sracfhéachaint ar na scéalta in *Cois Caoláire*", M. Ó Cadhain, *Irisleabhar Mhá Nuad*, 64-74.

Ní Dhonnchadha, Aisling. 1981. *An Gearrscéal sa Ghaeilge 1898-1940*, An Clóchomhar, Baile Átha Cliath.

— 1982. Léirmheas ar *Beoir Bhaile*, D. Mac Amhlaigh, *Comhar*, Samhain, 46.

— 1984. "Pádraic Breathnach agus a chuid Gearrscéalta", *Comhar*, Lúnasa, 37-39.

— 1985 (roghnaitheoir). *Dúshlán: Cnuasach Gearrscéalta*, Sáirséal Ó Marcaigh, Baile Átha Cliath.

— 1987. Léirmheas ar *Mac an tSagairt*, M. Ó Conghaile, *Comhar*, Márta, 27-8.

— 1992. "Fleá an tSaoil", *Irisleabhar Mhá Nuad*, 187-200.

— 1997. "An Grá agus an Ghruaim: Téama an Chaidrimh i nGearrscéalaíocht Ghaeilge na Seachtóidí", *Irisleabhar Mhá Nuad*, 24-49.

— 1998. " 'Is sa duine atá ár spéis': Sracfhéachaint ar roinnt aistí léirmheasa ar phrós na Gaeilge sna caogaidí", *Léachtaí Cholm Cille* XXVIII, 48- 73.

Ní Dhuinnshléibhe, Máirín. 1989. "Saol na mBan" in Ó Muircheartaigh (eag.) *Oidhreacht an Bhlascaoid*, 334-45.

Ní Fhoghlú, Siobhán. 1987. "Ding Thú!", *Comhar*, Nollaig, 51-5.

— 1991. "Col ag Mná le Próschruthú i nGaeilge?", *Comhar*, Lúnasa, 4-5.

Ní Mhuiríosa, Máirín.1966. "Smaointe Fánacha ar Litríocht na Gaeilge", *An tUltach*, Márta, 3,11.

Ní Ríordáin, Michelle. 1991. "Ar mo Sheilf ". Léirmheas ar *Bás Bharra agus Scéalta Eile*, M. Ó Laoghaire, *Comhar*, Márta, 41.

Ní Shé, Mairéad. 1987. "Séamus Ó Néill: Saol agus Saothar", *Irisleabhar Mhá Nuad*, 62-101.

Ní Shúilleabháin, Siobhán. 1954. "Corca Dhuibhne", *Comhar*, Aibreán, 3-5, 19.

Noonan, P. B. Fr. 1954. "Why Few Irish Marry" in O' Brien (ed.) *The Vanishing Irish: The Enigma of the Modern World*, 46- 53.

Nowlan, Kevin B. and Williams T.D.(eds). 1969. *Ireland in the War Years and After (1939-1950)*, Gill and Macmillan Ltd., Dublin.

Oakley, Ann. 1976. *Housewife*, Pelican, London.

Ó Baoighill, Pádraig. 1954. "Beo ar an Imirce", *Comhar*, Samhain, 24-5.

O' Brien, Frank. 1968. *Filíocht Ghaeilge na Linne Seo*, An Clóchomhar, Baile Átha Cliath.

O' Brien, James. 1982. "Three Irish women story writers of the 1970s" in Peter Connolly (ed.) *Literature and the Changing Ireland*, Irish Literary Studies 9, Colin Smythe, Buckinghamshire, 199-205.

O' Brien, John A. (ed.). 1954 [1953]. *The Vanishing Irish: The Enigma of the Modern World*, W. H. Allen, London.

Ó Buachalla, Breandán. 1967. "Ó Cadhain, Ó Céileachair, Ó Flaithearta", *Comhar*, Bealtaine, 69-75.

Ó Cadhain, Máirtín. 1949. Léirmheas ar *Tarry Flynn*, *Comhar*, Márta, 28.

— 1969. *Páipéir Bhána agus Páipéir Bhreaca*, An Clóchomhar, Baile Átha Cliath.

— 1971. "Irish Prose in the Twentieth Century" in J. E. Caerwyn Williams (ed.) *Literature in Celtic Countries*, Cardiff University of Wales Press, Cardiff, 139-51.

— 1973. *As an nGéibheann: Litreacha chuig Tomás Bairéad*, Sáirséal agus Dill, Baile Átha Cliath.

— 1981. "An Gearrscéal sa Ghaeilge" *Scríobh* 5, 100-5.

— 1995. "Páipéir Bhreaca." Caint a craoladh ar Raidió Éireann 11 Bealtaine 1952, *Comhar*, Samhain, 44-6.

O' Carroll, Íde. 1990. *Irish Women's Emigration to America*, Attic Press, Dublin.

Ó Cearbhaill, Pádraig. 1990. *Ba Bheannacht a bheith Óg*, Coiscéim, Baile Átha Cliath.

Ó Cearnaigh, Séan. 1995. *Scríbhneoirí na Gaeilge 1945-1995*, Comhar Teoranta, Baile Átha Cliath.

Ó Céileachair, Donncha. 1955. "Meath nó cur le chéile", *Feasta*, Meitheamh, 5-6.

— 1956. "Gairm na Gaeltachta", *Feasta*, Eanáir, 2-3, 22.

Ó Céilleachair, Séamus. 1960. "Donncha Ó Céileachair, R.I.P.", *Feasta*, Meán Fómhair 5.

Ó Ciosáin, Éamon. 1988. Léirmheas ar *Eiriceachtaí agus Scéalta Eile*, A. Titley, *Graph* 5, 7.

— 1995. Réamhrá le *An Triail*, M. Ní Ghráda, An Gúm, Baile Átha Cliath, [1978], 7-14.

Ó Coigligh, Ciarán (eag.). 1984. *Caitlín Maude: Dánta*, Coiscéim, Baile Átha Cliath.

— 1988 (eag.). *Caitlín Maude: Drámaíocht agus Prós*, Coiscéim, Baile Átha Cliath.

Ó Conaola, Dara. 1984. Comhar-Rá 7. Gabriel Rosenstock i gcomhrá le Dara Ó Conaola, *Comhar*, Bealtaine, 14-5.

— 1992. "Scríbhneoir Misiúnach: *Misiún ar Muir*", Dara Ó Conaola ag caint le hEithne O' Connell, *Graph* 12, 12-4.

Ó Conghaile, Micheál. 1986. *Iris '86*, RTÉ. Clár teilifíse. Micheál Ó Conghaile faoi agallamh ag Mairéad Ní Nuadháin, 10 Samhain.

— 1987. "Meon na hImirce" *Irisleabhar Mhá Nuad*, 260-73.

— 1988. *Conamara agus Árainn 1880-1980: Gnéithe den Stair Shóisialta*, Cló Iar-Chonnachta, Conamara.

O' Connor, Anne. 1979. "The Placeless Dead", *Sinsear*, 33-41.

O' Connor, Frank. 1963. *The Lonely Voice: A Study of the Short Story*, The World Publishing Co., Cleveland.

O' Connor, Pat. 1998. *Emerging Voices: Women in Contemporary Irish Society*, IPA, Dublin.

Ó Corcora, Domhnall. 1949. "An Braon Fírinneach" *Feasta*, Feabhra, 13-4.

Ó Corráin, Ailbhe. 1982. "An tSamhlaíocht v. an Réaltacht i gcuid scríbhneoireachta Shéamuis agus Sheosaimh Mhic Grianna" *An tUltach*, Meitheamh, 36-40.

— 1992. "Teanga Mháire" in Mac Congáil (eag.) *Jonneen Khordaroy Answers Critics*, 94-107.

Ó Crualaoich, Gearóid, 1981. "Domhan na Cille agus Domhan na Bréige", *Scríobh* 5, 80-6.

Ó Curraoin, Seán. 1974. Léirmheas ar *Dán*, T. Bairéad, *Comhar*, Eanáir, 18-9.

Ó Dálaigh, Pádraig. 1957. "Ní Léitheoirí go Leabhair", *An Léitheoir*, Nollaig, 3-6.

Ó Danachair, Caoimhín. 1962. "The Family in Irish Tradition", *Christus Rex*, July, Vol. XVI, 185-96.

— 1985. "Marriage in Irish Folk Tradition" in Cosgrove (ed.) *Marriage in Ireland*, 99-115.

Ó Doibhlin, Breandán. 1971a. "Agóid Dheireanach Mháirtín Ó Cadhain", *Comhar*, Feabhra, 11-4.

— 1971b. "An Coimhthíos", *Irisleabhar Mhá Nuad*, 8-24.

— 1975. "An Grá sa Nuaphrós", *Léachtaí Cholm Cille* VI, 117-25.

— 1992. "Stíl Scríbhneoireachta Mháire" in Mac Congáil (eag.) *Jonneen Khordaroy Answers Critics*, 85-93.

Ó Dónaill [Domhnaill], Niall. 1951. *Forbairt na Gaeilge*, Sáirséal agus Dill, Baile Átha Cliath.

— 1953. "Saor Focal gan Sárú" *Comhar*, Méan Fómhair, 18-9.

— 1955. "Gearrscéalta comh maith is a scríobhadh le fada". Léirmheas ar *Bullaí Mhártain*, D. Ó Céileachair agus S. Ní Chéileachair, *Inniu*, 16 Nollaig, 5.

O'Dowd, Mary and Wichert, Sabine (eds). 1995. *Chattel, Servant or Citizen: Women's Status in Church, State and Society*, Historical Studies XIX, Institute of Irish Studies, Belfast.

Ó Droighneáin, Muiris. 1962. Léirmheas ar *An Stáca ar an gCarraigín*, C. Ó Ruairc, *An tUltach*, Eanáir, 3.

— 1969. "Muintir na mBailte Móra". Léirmheas ar *Oineachlann*, C. Ó Floinn, *An tUltach*, Eanáir, 20.

Ó Dubhthaigh, Fiachra. 1981. *Léargas ar Dúil Uí Fhlaithearta*, FNT, Baile Átha Cliath.

— 1986. *Léargas ar scéalta Bullaí Mhártain*, FNT, Cathair na Mart.

Ó Dúshláine, Tadhg. 1978. "Múineadh an Ghearrscéil", *Léachtaí Cholm Cille* IX, 77-109.

— 1987. "An Coimpléasc Priompallánach", *Comhar*, Nollaig, 4-11.

O' Faolain, Nuala. 1983. "Women, Writing and Ireland Now" in Coogan (ed.) *Ireland and the Arts*, 88-91.

— 1985. "Irish Women and Writing in Modern Ireland" in Ní Chuilleanáin (ed.) *Irish Women: Image and Achievement*, 127-35.

— 1995. "An urgent, ignorant and mute sex life in the hidden Ireland", *The Irish Times*, 4 September, 14.

O' Faolain, Sean. 1972 [1948]. *The Short Story*, The Mercier Press, Cork.

Ó Fiaich, An t-Athair Tomás. 1974. "Saothair Mháire mar Fhoinse don Stair Shóisialta", *Léachtaí Cholm Cille V*, 5-30.

O' Flaherty, Liam. 1948. *Two Lovely Beasts and Other Stories*, Gollancz, London.

— 1971. *Selected Short Stories of Liam O' Flaherty*, New English Library, London.

Ó Flaithearta (Flaithbheartaigh), Liam. 1949. "*An Braon Broghach*", *Comhar*, Bealtaine, 5, 30.

Ó Flannagáin, Domhnall. 1950. Léirmheas ar *Taobh thall den Teorainn*, T. Ó hUid, *Feasta*, Samhain, 19.

Ó Floinn, Tomás. 1955a. "Úrscéalaíocht na Gaeilge" *Comhar*, Aibreán, 6-10.

— 1955b. "Féachaint Romhainn", *Comhar*, Lúnasa, 7-12.

— 1976. "Ár nÓgfhear Díbhirceach Féin", *Comhar*, Aibreán, 11.

— 1982. Léirmheas ar *Scríobh* 5, *Comhar*, Iúil, 28-30.

— 1985. "*Comhar* agus an léirmheastóireacht" in *An Comhchaidreamh: Crann a Chraobhaigh*, Stiofán Ó hAnnracháin a chóirigh, An Clóchomhar, Baile Átha Cliath, 55-61.

O'Flynn, Criostoir. 2001. *A Writer's Life*, Obelisk Books, Dublin.

Ó Fuaráin. Séamus. 1990. *Saothar Dhónaill Mhic Amhlaigh: Iriseoireacht, Cumadóireacht, Tráchtaireacht Shóisialta*. Miontráchtas M.A., Ollscoil na hÉireann, Má Nuad.

Ó Gaora, Piaras. 1971. Léirmheas ar *Sweeney agus Scéalta Eile*, D. Mac Amhlaigh, *Comhar*, Aibreán, 20-1.

Ó Glaisne, Risteárd. 1963. "Litríocht na Nua-Ghaeilge", *Feasta*, Iúil, 23-4.

— 1973. *Saoirse na mBan*, Cló Grianréime, Baile Átha Cliath.

— 1980. "Rogha Teanga: Ó Flaithearta agus an Ghaeilge", *Comhar*, Meitheamh, 16-7.

— 1981. "Irish with Raw Force" *The Sunday Tribune*, 11 January, 14.

Ó Gráinne, Diarmuid. 1990. *An Dá Mháirtín*, Comhar Teoranta, Baile Átha Cliath.

— 1997. "Cé a chuirfidh ar son an chine ionnarbtha?", *Feasta*, Márta, 23-5.

Ó Grianna, Séamus. (Máire). 1946a. "Agus ba mhaith leat bheith do sgríbhneoir", *An Iris*, Feabhra, 28-34.

— 1946b. "Comhairle do Scríbhneoirí Óga", *Comhar*, Nollaig, 1.

Ó Háinle, Cathal. 1977. "An Pósadh sa Nuaphrós", *Léachtaí Cholm Cille* VIII, Má Nuad, 89-108.

— 1978. *Promhadh Pinn*, An Sagart, Má Nuad.

— 1992. "Gearrscéalta Mháire" in Mac Congáil (eag.) *Jonneen Khordaroy Answers Critics*, 108-24.

— 1994. "Ó Chaint na nDaoine go dtí an Caighdeán Oifigiúil" in Kim McCone, Damien McManus, Cathal Ó Háinle, Nicholas Williams, Liam Breatnach (eagarthóirí) *Stair na Gaeilge*, Roinn na Sean-Ghaeilge, Maigh Nuad, 745-93.

— 1998. "'Cúig Mo Láimhe Dhéanta'" in Ó Háinle (eag.) *Criostalú*, 119-53.

— (eag.). 1998. *Criostalú: Aistí ar Shaothar Mháirtín Uí Chadhain*, Coiscéim, Baile Átha Cliath.

O' Hanlon, Redmond. 1981. "Craftsmen abú!" *Léirmheas ar Na Déithe Luachmhara Deiridh*, P. Breathnach, The Irish Press, 15 January, 6.

Ó hAnluain, Eoghan. 1965. "Ábhar Léitheoireachta". Léirmheas ar *Sléibhte Mhaigh Eo*, M. Ó hOdhráin, *Comhar*, Meitheamh, 25-6.

— 1967. "Fan go nInseoidh mé". Léirmheas ar *Gort na Gréine*, C.Ó Ruairc, *Comhar*, Eanáir, 18.

— 1971. "Léargas Doilíosach" *Comhar*, Deireadh Fómhair,10-5.

— (eag.). 1971. *Duitse na hÚdair: An Gearrscéal Gaeilge ó thosach anuas: méar-ar- eolas don nua-léitheoir*, Raidió Éireann, Aibreán-Meitheamh.

— 1973. "The Twentieth Century: Prose and Verse" in Aodh de Blácam, *Gaelic Literature Surveyed*, The Talbot Press, Dublin, 387- 405.

— 1977. *An Díthreabhach agus Scéalta Eile as Comhar*, Cló Mercier, Baile Átha Cliath agus Corcaigh.

— (ed.). 1991a. "Irish Writing: Prose Fiction and Poetry 1900-1988" in Seamus Deane (ed.) *The Field Day Anthology of Irish Writing*, Volume 111, Field Day Publications, Derry, 814-7.

— 1991b. "*A hAon agus a hAon.*" Léirmheas ar *Sceallóga*, D. de Bréadún, *Anois*, 16-7 Márta, 13.

— (eag.). 1992. *Leath na Spéire*, An Clóchomhar, Baile Átha Cliath.

Ó hAnnáin, Pádraig. 1965. "Donncha Ó Céileachair", *Irisleabhar Mhá Nuad*, 42-9.

Ó Héalaí, Pádraig. 1992. 'Gnéithe de Bhéaloideas an Linbh', *Léachtaí Cholm Cille* XXII, 81-122.

Ó hÉigeartaigh, Seán. 1949. "Léitheorí *Comhar*, a mian agus a mianach" , *Comhar*, Meitheamh, 16-7.

— 1960. "Donncha Ó Céileachair", *Comhar*, Deireadh Fómhair, 7-8, 26.

Ó hEithir, Breandán. 1962. "Máire", *Comhar*, Nollaig, 31.

— 1971. "Duitse na hÚdair: Liam Ó Flatharta", *The RTE Guide*, 30 April, 13.

— 1976. "Liam Ó Flatharta agus a dhúchas", *Comhar*, Lúnasa, 5-8.

Ó hUanacháin, Mícheál. 1970. "In a Fallow Land", *Hibernia*, 18 December, 11.

— 1971a. "Logorrhea", *Hibernia*, 10 Meán Fómhair, 15.

— 1971b. "Laigí agus Loiceadh an Duine". Léirmheas ar *Sweeney agus Scéalta Eile*, D.Mac Amhlaigh, *Feasta*, Meán Fómhair, 21-2.

Ó hUid, Tarlach. 1949a. "An Scríbhneoir fán Mhiondarcáin", *Comhar*, Lúnasa, 11,14.

— 1949b. "Níl san Inspiorad ach Dea-Chuimhne", *Comhar*, Meán Fómhair, 13, 20.

— 1949c. "An tEasnamh a bhacas dúinn bheith Éifeachtach", *Comhar*, Samhain, 21, 26.

Ó Laighin, Seán (eag.). 1990. *Ó Cadhain i bhFeasta*, Clódhanna Teoranta, Baile Átha Cliath.

Ó Laoghaire, an tAthair Diarmuid, S.J. 1954. "Muire i Litríocht na hÉireann," *The Furrow,* Vol. 5, March,152-65.

Ó Laoghaire, Pilib. 1995. *Déirc an Dóchais: Léamh ar Shaothar Phádhraic Óig Uí Chonaire,* Cló Iar-Chonnachta, Conamara.

O' Leary, Philip. 1986. "Castles of Gold: America and Americans in the Fiction of Séamus Ó Grianna", *Éire-Ireland* XXI, 2, 70-84.

— 1987. "Roundup of Gaelic Prose", *Irish Literary Supplement,* Fall, 33-4.

— 1988. "Discouraging words from the Golden West: The Conamara of Pádhraic Óg Ó Conaire", *Proceedings of the Harvard Celtic Colloquium,* Vol. 8, Harvard, 85-129.

Ó Liatháin, Annraoi. 1946. "Ag Éirghe as an Scríobhnóireacht", *Indiu,* 1 Márta, 3.

— 1960. "An Náisiún Caillte", *Comhar,* Meán Fómhair, 26-7.

— 1973. Réamhrá le *Gleann an Leasa agus Scéalta Eile,* Sáirséal agus Dill, Baile Átha Cliath.

— 1978. "Beirt Scríbhneoir le Dealramh", *Feasta,* Iúil, 16.

Olsen, Tillie. 1978. *Silences,* Delacorte Press, New York.

Ó Máille, Tomás. 1966 [1952]. *Seanfhocla Chonnacht,* Imleabhar II, Oifig an tSoláthair, Baile Átha Cliath.

Ó Maolchathaigh, Séamas. 1963. *An Gleann is a Raibh Ann,* An Clóchomhar, Baile Átha Cliath.

Ó Muircheartaigh, Aogán (eag.). 1989. *Oidhreacht an Bhlascaoid,* Coiscéim, Baile Átha Cliath.

Ó Muircheartaigh, Tomás. 1948. Léirmheas ar *Tonn Tuile,* S. Ó Néill, *Feasta,* Bealtaine, 11.

Ó Muirí, Damien. 1975. "An Grá sa Nuafhilíocht", *Léachtaí Cholm Cille* VI, 88-116.

— 1977. "An Mhoráltacht sa Nuafhilíocht", *Léachtaí Cholm Cille* VIII, 55-88.

— 1978. "Struchtúr agus Téamaí in Úrscéalta 'Mháire'", *Irisleabhar Mhá Nuad,* 49-73.

Ó Muraíle, Nollaig. 1971. "Críost Duine. Smaointe ar Bheatha Chríost i Scéalta Mháirtín Uí Chadhain", *Irisleabhar Mhá Nuad,* 25-40.

Ó Murchú, Maitiú. 1973 . Léirmheas ar *Déirc an Díomhaointis,* P.Óg Ó Conaire, *An tUltach,* Nollaig, 23.

— 1974. "Saothar Daonnúil", *Comhar,* Iúil, 19-20.

— 1975. "Scríbhneoir idir dhá shaol." Léirmheas ar *Breacadh,* D. Ó hÓgáin, *An tUltach,* Márta, 21-2.

Ó Murchú, Séamas. 1976. "An Chaint in 'Ciumhais an Chriathraigh' ", *Nua-Aois,* 71-7.

— 1980. Nóta ar an eagrán nua d'*Idir Shúgradh is Dáiríre, Comhar,* Deireadh Fómhair, 41-2.

Ó Murchú, Seosamh. 1987. "Córas iompair is ea an Guth", *Comhar,* Nollaig, 28-33.

Ó Neachtain, Joe Steve. 1984. Léirmheas ar *An Fête agus Scéalta Eile,* B.Ó Conaire, *Peann agus Pár,* Raidió na Gaeltachta. 14 Deireadh Fómhair.

Ó Néill, Séamus. 1949 Léirmheas ar *Ór na hAitinne*, T. Bairéad, *Comhar*, Iúil, 24.

Ó Niallagáin, Muiris. 1965. "Gearrscéalaí Óg", *Irisleabhar Mhá Nuad*, 64-5.

Ó Ríordáin, Seán. 1952. *Eireaball Spideoige*, Sáirséal agus Dill, Baile Átha Cliath.

— 1971. "Útamáil Uí Chadhain", *The Irish Times*, 10 Iúil, 12.

O' Rourke, Brian. 1980. *The Conscience of the Race: Sex and Religion in Irish and French Novels 1941-1973*, Four Courts Press, Dublin.

Ó Ruairc, Conchubhar. 1973. *Feartlaoi: Cnuasach Véarsaí*, An Clóchomhar, Baile Átha Cliath.

Ó Scolaí, Darach. 1985. Léirmheas ar *Sean-Dair agus Scéalta Eile*, L. Prút, *Comhar*, Meán Fómhair, 40.

Ó Siadhail, Seán. 1986. "Caidé a d'imigh ar Fhear na hAislinge?", *Irisleabhar Mhá Nuad*, 134-52.

Ó Siochrú, Pádraig. 1969. "Great Gas ag Ródaíocht." Léirmheas ar *Turas go Túinis*, Ú. Ní Mhaoileoin, *Comhar*, Deireadh Fómhair, 29-30.

Ostriker, Alicia. 1986. *Stealing the Language: The Emergence of Women's Poetry in America*, Beacon Press, Boston.

Ó Súilleabháin, Diarmaid. 1971. '*Is túisce foirm ná scéal*', Diarmaid Ó Súilleabháin ag caint le hEoghan Ó hAnluain agus Cathal Ó Háinle, sa tsraith 'Duitse na hÚdair,' Raidió Éireann, 15 Meitheamh.

— 1985. "An Scríbhneoireacht", *Irisleabhar Mhá Nuad*, 8-37.

O'Sullivan, Derry. 1987. *Cá bhfuil do Iúdás?*, Coiscéim, Baile Átha Cliath.

O' Sullivan, Patrick (ed.). *Irish Women and Irish Migration*, Leicester University Press, London, New York.

Ó Treasaigh, Lorcán S. 1992. Léirmheas ar *Sceallóga*, D. de Bréadún, *Comhar*, Feabhra, 27-8.

Ó Tuama, Seán. 1953. "Scríbhneoir Ionraic". Léirmheas ar *Cois Caoláire*, M. Ó Cadhain, *Feasta*, Samhain, 13-4.

— 1955a. "*Cré na Cille* agus *Séadna*", *Comhar*, Feabhra, 7-8, 29.

— 1955b. "Ba Dhiabhail iad na Seanbhuachaillí", *Feasta*, Nollaig, 29-32.

— 1962. Réamhrá le *Iognáid Loyola*, D. Ó Céileachair, Fás, Baile Átha Cliath, 5-7.

— 1974. "Donncha Ó Céileachair: Scríbhneoir idir dhá thraidisiún", *Scríobh* 1, 31-9.

— 1980. "Tiomna roimh Bhás", *Comhar*, Deireadh Fómhair, 55-8.

— 1987. "An Domhan a Chruthaigh Titley", *Comhar*, Nollaig, 17-9.

Ó Tuathaigh, Gearóid. 1979. "Language, Literature and Culture in Ireland since the War" in Lee (ed.) *Ireland 1945-70*, 111-23.

Pasco, Allan H. 1994. "On Defining Short Stories" in May (ed.) *The New Short Story Theories*, 114-30.

Pearson, Carol and Pope, Katherine. 1981. *The Female Hero in American and British Literature*, R.R.Bowker Co., New York, London.

Peigí Rose. 1992. " Seamus Ó Grianna: A Pioneer of Modern Irish Literature", in *Peigí ar 'Mháire'*, Coiscéim, Baile Átha Cliath, 47-57.

Power, Richard. 1954. Léirmheas ar *Cois Caoláire*, M. Ó Cadhain, *The Bell*, January, 60-1.

Prút, Liam. 1988. Léirmheas ar *Ar na Tamhnacha*, P. Breathnach, *Comhar*, Eanáir, 28-9.

— 1997. (eag.). *Cion Fir: Aisí Thomáis Uí Fhloinn in Comhar*, Comhar, Baile Átha Cliath.

Quinn, Gerard. 1969. "The Changing Pattern of Irish Society, 1938-1951" in Nowlan and Williams (eds) *Ireland in the War Years, and After*, 120-33.

Rafroidi, Patrick. 1978. "Literature in Ireland: A New Birth of Freedom?" in *Études Irlandaises*, Décembre, 101-10.

— 1979. Rafroidi, Patrick and Brown, Terence (eds). *The Irish Short Story*, Colin Smythe Ltd., Buckinghamshire.

Reid, Ian. 1977. *The Short Story*, Methuen and Co. Ltd., London.

Rich, Adrienne. 1979. *On Lies, Secrets, and Silence: Selected Prose 1966-1978*, W.W. Norton & Company, New York, London.

Riggs, Pádraigín. 1974. *Bua an tSeanchaí: Treoir don leabhar Bullaí Mhártain*, Cló Mercier, Corcaigh agus Baile Átha Cliath.

— 1978. *Donncha Ó Céileachair*, Oifig an tSoláthair, Baile Átha Cliath.

— 1997. "Laochra (Athchuairt ar Bhullaí Mhártain agus ar Shochraid Neil)", *Feasta*, Bealtaine, 58-60.

Robbins, Ruth. 2000. *Literary Feminisms*, Macmillan Press, London.

Rockwell, Joan. 1974. *Fact in Fiction: The Use of Literature in the Systematic Study of Society*, Routledge and Kegan Paul, London.

Rosenstock, Gabriel agus Ó Coileáin, Daithí. 1975. "Modern Poetry in Irish", *The Irish Times*, 1 May, 10.

Scheper-Hughes. Nancy. 1979. *Saints, Scholars and Schizophrenics*, University of California Press, Berkeley, Los Angeles, London.

Scholes, Robert. 1979. *Fabulation and Metafiction*, University of Illinois Press, Urbana, Chicago, London.

Shaw, Valerie. 1983. *The Short Story: A Critical Introduction*, Longman, London.

Smyth, Ailbhe (ed.). 1989. *Wildish Things: An Anthology of New Irish Women's Writing*, Attic Press, Dublin.

Spender, Dale. 1980. *Man Made Language*, Routledge and Kegan Paul, London, Boston, Henley.

Steiner, George. 1978. *On Difficulty and Other Essays*, Oxford University Press, Oxford.

Thompson, Richard J., 1983. "The Sage who deep in Central Nature Delves: Liam O'Flaherty's Short Stories", *Éire-Ireland*, Spring, 80-97.

Titley, Alan. 1966. "Turisti, Trattori agus Taisteal". Léirmheas ar *An Maith Leat Spaigití?*, Ú. Ní Mhaoileoin, *Comhar*, Samhain, 21.

— 1975. *Máirtín Ó Cadhain: Clár Saothair*, An Clóchomhar, Baile Átha Cliath.

— 1977. Léirmheas ar *An tSraith Tógtha*, M. Ó Cadhain, *Comhar*, Samhain, 20-1.

— 1980a. "The Disease of the Irish Short Story", *Hibernia*, 7 February, 15-6.

— 1980b. "Máirtín Ó Cadhain agus Foirm an Ghearrscéil", *Comhar*, Deireadh Fómhair, 34-40.

— 1981a. "Máirtín Ó Cadhain (1906-1970): Cainteoir na Treibhe", *Éire-Ireland* XVI, no. 3, 6-21.

— 1981b. "Contemporary Irish Literature", *The Crane Bag*, Vol.5, no.2, 59-65.

— 1981c. "Ag Déanamh Páipéir - Foinsí Inspioráide an Chadhnaigh", *Comhar*, Nollaig, 34-42.

— 1983. "Máirtín Ó Cadhain, An Tallann Dálach, Lopa de Vega agus Creach na Maidine", *Irisleabhar Mhá Nuad*, 8-19.

— 1987. "An Bobailín á scaoileadh amach", *Comhar*, Nollaig, 40-3.

— 1990. "A Triumph of the Storyteller's Art", *The Irish Times*, 8 December, 9.

— 1991. *An tÚrscéal Gaeilge*, An Clóchomhar, Baile Átha Cliath.

— 1992. "Mná agus Daoine" in Ó hAnluain (eag.) *Leath na Spéire*, 42-60.

Travers, Pauric. 1995a. "Emigration and Gender: The Case of Ireland 1922-1960" in O'Dowd and Wichert (eds) *Chattel, Servant or Citizen:Women's Status in Church, State and Society*, 187- 99.

— 1995b. "'There was nothing for me there": Irish Female Emigration, 1922-1971' in O' Sullivan (ed.) *Irish Women and Irish Migration*, 146-67.

Trevor, William. 1972. *The Ballroom of Romance and Other Stories*, The Bodley Head, London.

Uí Anluain, Caitlín. 1995. "Téama na Collaíochta i Nua-Phrós na Gaeilge", *Irisleabhar Mhá Nuad*, 55-67.

— 1996. "An Grá Collaí i Saothar Phádraic Bhreathnaigh", *Comhar*, 28-30.

Uí Chonaire, Rhóda. 1979. "Ní gléas go gearrscéal", *Comhar*, Deireadh Fómhair, 22-3.

Valiulis, Maryann Gialanella. 1995. "Neither Feminist nor Flapper: The Ecclesiastical Construction of the Ideal Irish Woman" in O'Dowd and Wichert (eds) *Chattel, Servant or Citzen: Women's Status in Church, State and Society*, 168-86.

Viney, Ethna. 1968. "Woman in Rural Ireland", *Christus Rex*, Vol. XX11, no. 4, October, 333-42.

— 1987a. "Invisible Women of Ireland", *The Irish Times*, 6 June, *Weekend* 11.

— 1987b. "A Question of Leisure", *The Irish Times*, 22 August, Weekend 11.

Walsh, Dick. 1996. "The past holds no answers for terrors of today", *The Irish Times*, 10 February, 14.

— 1997. "Time for pendulum to swing back from smugness", *The Irish Times*, 6 December, 16.

Warner, Marina. 1976. *Alone of All her Sex: The Myth and the Cult of the Virgin Mary*, Picador, London.

Waugh, Patricia. 1984. *Metafiction: The Theory and Practice of Self-Conscious Fiction*, Methuen, London.

Welch, Robert. 1993. *Changing States: Transformations in Modern Irish Writing*, Routledge, London, New York.

White, Victoria. 1990. "A Maeve Binchy as Gaeilge", *The Irish Times*, 21 November, 11.

INNÉACS GINEARÁLTA

INNÉACS NA SCÉALTA